Historia Öfver Kriget Emellan Sverige Och Ryssland: Åren 1808 Och 1809...

Gustaf Adolf Montgomery

Nabu Public Domain Reprints:

You are holding a reproduction of an original work published before 1923 that is in the public domain in the United States of America, and possibly other countries. You may freely copy and distribute this work as no entity (individual or corporate) has a copyright on the body of the work. This book may contain prior copyright references, and library stamps (as most of these works were scanned from library copies). These have been scanned and retained as part of the historical artifact.

This book may have occasional imperfections such as missing or blurred pages, poor pictures, errant marks, etc. that were either part of the original artifact, or were introduced by the scanning process. We believe this work is culturally important, and despite the imperfections, have elected to bring it back into print as part of our continuing commitment to the preservation of printed works worldwide. We appreciate your understanding of the imperfections in the preservation process, and hope you enjoy this valuable book.

Balt 1368.08.50

HARVARD COLLEGE LIBRARY
FROM THE
ARCHIBALD CARY COOLIDGE
FUND
Oct 26, 1934
(2 vols in 1)

INLEDNING.

Redan år 1827 utkom i Petersburg, *Précis des événements Militaires des Campagnes de 1808 et 1809 en Finlande, dans la dernière guerre entre la Russie et la Svède*, par *L. G. C. P. de S****.

Om detta utkast samt om dermed sammanhängande händelser i allmänhet, fällde den vördnadsvärde, snillrike och mångkunnige f. d. Kansli-Presidenten, Friherre EHRENHEIM, följande omdöme: "Den Svenske Läsaren finner här en hittills saknad öfversigt af hela eröfrings-processens långa kedja, alltifrån *Lovisa* till *Grislehamn*, med de fleste detaillerne af ömsom tillkämpade och eftergifne eller försummade fördelar, och aftvungne förluster; han igenfinner här sina älskade minnen bredvid de sorgliga, sina väckningar till ömkan, ovilja, grämelse öfver oss sjelfva, då och då till national-känsla och tröst; men han söker fåfängt; hvad han ock icke bör vänta, en uppriktig framställning af krigets upphof och orsaker, af de utomordentlige medel, som valdes till dess utförande. Det är en dunstkrets, som omgifver de fiendtliga krigs-operationerna, och som borde upplysas för att rättvist bedöma framstegen å ena sidan och motståndet å den andra. — Den politiska taktiken bör uppställas bredvid den militära, deras manövrar förbindas, för att komplettera historien, förklara skiften af motgång och lycka, och slutligen sjelfva utslagen. En sådan återkallelse af slumrande håkomster har utan tvifvel sitt obehag; men då såren en gång äro vidrörda, vore det en skyldighet att behörigen ansa dem."

"Skräck-scenerna vid *Jena* och *Friedland* hade förvånat den unga Kejsar ALEXANDER och försatt honom i bekymmer om sitt eget bestånd. Han räckte handen åt den Oemotståndlige (Napoleon), blef emottagen i hans öppna armar, och ur sin förlägenhet gick han på en gång att deltaga i bestämmelsen af Europeiska kontinentens öden. På congressen i *Tilsit* lades, utan kontroll och motvigt, ömsesidiga förstoringsplaner: der blef Finland ALEXANDER tillerkändt, och följderna deraf dröjde ej att yppa sig."

"Om hösten samma år erböds GUSTAF ADOLF att biträda alliansen med Frankrike, det vill säga, att ingå i kontinental-systemet och bryta med England. Det var, på den punkt Sverige då stod, synbarligen omöjligt, såsom en säker uppoffring af dess handelsflotta och en blottställning af dess vestra kust. Anbudet afböjdes. Kontinental-systemet var redan besvärligt för Ryssland sjelft, blef sedermera odrägligt och ett biskäl till den påföljande rupturen med Frankrike. — Det må då, åtminstone nu efteråt, förlåtas GUSTAF ADOLF, att han undandrog sig det: han trodde ännu ej på möjligheten af ett fredsbrott med ALEXANDER, sin anförvandt och sin sednaste allierade."

"Propositionen var egentligen en compliment åt folkrätten, en bemantling af den beslutade inkräktningen, och den bereddes under ombytliga demonstrationer af vänskap och hotelser. Finska gränsen berestes af en militärperson, som det berättades, för att utse platser för nya fältverk: troppar sammandrogos och åtskildes, magaziner anlades och flyttades; emot årets slut började transporter af ammunition och kommenderingar att gå fram och tillbaka emellan Petersburg och gränsen, allt för att vänja oss vid rörelserne och bereda en öfverrumpling. Ändteligen inträdde den årstiden, då Finland var afskuret från moderlandet, och nu uppdrogs på en gång förlåten. Kejsar ALEXANDER förklarade rent ut, att han måste hafva Finland; men ville ej hafva en by derutöfver*). En Rysk armé inrycker öfver gränsen: derifrån utfärdas en proclamation till Finska folket ifrån vänner, som kommo att

---

*) Detta är ett misstag. Så uppriktig var kejsar Alexander aldrig. Tvertom hade han, på gifven anledning, med synbar rörelse försäkrat Svenska ambassadören, grefve Stedingk, "att omständigheterna tvungo honom till demonstrationer, men att det skulle stadna dervid, samt att han icke ville afhända sin svåger en enda by i Finland." — Emellertid var manifestet, hvari Finnarne uppmanades till affall, redan tryckt, inkräktningen af Finland beslutad, och den dertill bestämda hären redan i fullt antåg. *Förf.*

göra dem lyckliga. Det uppmanas till affall ifrån dess lagliga öfverhet, fick löften om frihet och en egen konstitution, som, efter undergifvenheten, skulle fastställas på en riksdag i Åbo; och denna proclamation, undertecknad af *Buxhöwden*, skickas till kyrkorna att kungöras på predikstolarna. Krigstheatern var nu tills vidare uppstädad till en tummelplats för stämplingar, der krigsoperationerna blott föreställde machineriet i ett revolutionssystem, en parad af stridskrafter för att uppmuntra och skydda ett affälligt anhang; och dessa krafter voro i början sparsamt tilltagna, i hopp att förförelserna skulle göra ytterligare ansträngningar umbärliga. Med denna karakter, som kriget i sin början fick, är det serdeles uppbyggligt att se en underordnad befälhafvare framträda i loyautetens mantel för Sveaborg *)."

"Historien har haft sina konvulsiva epoker, då något stort stats-intresse händelsevis råkat frigöras från sin politiska och moraliska motvigt, och öfverlemnas åt begärens autokrati. Den menskliga svagheten, hänförd af högsta magtens impulsioner, samfundsordningens band, lyckans bländverk, yrar blindvis fram på den öppnade vägen och tar det beställsamma nitet till måttstock för gerningarnas moralité. Detta är en oundviklig lag, grundad i staternas organism, en följd af förhållandet emellan faktorer och redskap, lydnadens palladium för ögonblicket. Men ändteligen skall en gång målet upphinnas eller öfvergifvas, ett slut-resultat uppstå: rörelsernas hvirfvel lägger sig, dunsterna skingras, larmet tystnar, och nu vaknar det lugna förnuftets domsrätt, med den outplånliga känslan för det sanna, rätta och ädla. Efter dem utdelar nu den allmänna opinionen lagrarne. — Hon bildar efter dem sina mönster för stridsmän i deras blanka, obefläckade vapen, med deras öppna frimodighet, i den ridderliga gestallt, som gör segervinnaren aktningsvärd äfven för de besegrade."

"Ifrån den stora krigstheatern i Tyskland kastades krigsfacklan till Finland; men följde väl med henne några vanartade krigsbruk? Och de fältherrar, som lyste der, både i

---

*) General, grefve van Suchtolen, sedermera Rysk ambassadör i Stockholm och fader till författaren af *Précis des événements Militaires*, etc.

med- och motgångar, tillgrepo de några hjelpemedel, som de allmänna krigslagarne ej erkände?"

"Finska folket kände sina ankommande välgörare, och blef oryggligt i troheten emot sin regering. Dess fasta, varma tillgifvenhet stod färdig till hvilket bistånd, hvilka uppoffringar, som kunde påkallas. Landets fysiska beskaffenhet gåfvo utvägar att uppehålla och förlama anfallen; tid kunde vinnas att i en bättre årstid samla egna och främmande krafter, för att hejda inkräktningen eller åtminstone göra den dyrköpt och freden en gång dräglig."

"Huru begagnades dessa medel? Nu kunna vi återgå till den upplyste historie-skrifvaren och se oss rättvist bedömde i våra fel, som utgingo från hjertat af statskraften, för att motverka hvad det sunda förnuftet, krigskonsten och fosterlandskänslan föreskrefvo till de hotades räddning."

"Vid första tidningen om det fiendtliga inbrottet, afsändes en general en chef, genom sin verkliga plats närmast om det förtroendet att besörja provinsens försvar, men af alla Svenska generaler, ibland alla arméns officerare, den, som minst var uppdraget vuxen. I sin exempellösa svaghet gick han med bäfvan ut på en bana, der han föresåg uselheten blottställd [*]), och visste, genom hofmanna-skicklighet,

---

[*]) Detta, liksom det föregående och efterföljande, synes vara ett hårdt domslut om den då varande högste befälhafvaren öfver Finska hären, Hans Exellens, grefve Klingspor. Men då det är fäldt af konungens närmaste rådgifvare i politiska frågor, af en vidtfrägdad statsman samt en man med friherre Ehrenheims omdöme och osvikeliga både sannings- och fosterlandskänsla, har man ingen rätt att anse det för obehörigt, äfven om utgången ej hade besannat detsamma. Till ytterligare styrka för detta omdöme, bör en dermed gemenskap egande anekdot här icke förtigas. Då grefve Klingspor var nämnd till general en chef i Finland, mötte han vid utgången från konungen, i yttre rummet, friherre Ehrenheim, för hvilken han berättade om sin skedda utnämning, med tillägg: *"Men jag kan icke, jag åtager mig icke, att försvara Finland mot Rysslands öfvermagt."* — *"Hvarföre emottager Ni då ett uppdrag, som ni hvarken kan eller vill uppfylla?"* frågade frih. Ehrenheim med någon värma. *"Vänd om till konungen, så skall jag befria er från detsamma."* — Klingspor gjorde det ej; men Ehrenheim sade likväl åt konungen: "att Klingspor så mycket mindre borde få ett så vigtigt uppdrag, som *han icke tror sig kunna försvara Finland* och dessutom ej i något hänseende är vuxen en sådan plats. Jag hoppas Ers Maj:t förlåter mig att jag blandar mig i en sak, som ej angår mig i annat fall, än som den, hvilken lifligt älskar E. Maj:ts och fosterlandets

att tillkonstla sig en instruktion, olyckligt märkvärdig i våra krigs-annaler, der, med några matta förbehåll, som feghetens föraktade, öppet fält var honom gifvet att fly ända upp till Nordens ödemarker, utan att behöfva ens se sig tillbaka efter den fiendtliga styrkan, som förföljde."

"Denna frihet begagnades. Den Svenska tapperheten gäckad af den påträngande fienden, fjättrad af högsta magtens sanslösa anstalter, var innesluten uti individuella känslor för ära och fosterland, och väntade fåfängt en gemensam, kraftig väckelse till afgörande företag. Finska folket, långt ifrån att uppkallas emot det öfverhängande förtrycket, måste undergifva sig, så till sägandes, man för man; måste se alla försvarsmedel öfvergifna, ammunitions-förråden dränkta, skärgårds-eskadrar brända, magaziner förstörda, hästar och boskap bortförde, allt i grund af den instruktion, som den olycklige general en chefen medförde. Ändteligen uppträdde några behjertade krigsmän och hejdade den vanhederliga reträtten, der instruktionen tycktes medgifva det. Krafterna spändes till motstånd. Krigsäran fick lif igen; men det var för sent *). Största och bästa delen af landet var i fiendens våld, en regering organiserad i Åbo, och Finland förklaradt som en oskiljaktig del af Ryska riket."

"Det Finska kriget var nu slutadt; det Ryska ej. Det drefs öfver till Svenska kusterna, der ännu några kraftyttringar syntes i nationen, några gnistor af lif. Voro de farliga för den nya besittningen, så att de också behöfde trampas ut? Eller visade sig nya utsigter till byten? Eller voro frukterne af congresserna i *Tilsit* och *Erfurt* ej ännu fullt skördade? Men en oväntad katastrof upphäfde på en gång alla krigs-

---

ära." — "*Jag förlåter Er välmening; men Klingspor försvarar nog Finland,*" svarade konungen.

*) För sent hade det då kanske icke varit, om konungen tillika med öfverbefälhafvaren i Finland, förstått anlita och behörigen använda alla de hjelpmedel, hvilka, både inom krigsorten och utom densamma, ännu voro att tillgå, och hvilka uppvägt, kanhända tillintetgjort, den öfverhängande faran. Detta kan så mycket mera förmodas, som de strödda krafter, hvilka begagnades, utan plan och samband i krigsföretagen, verkade till betydliga, ehuru, af orsaker, som nyss blifvit nämnde, onyttiga, enstaka framgångar. Sandelska fördelningens tillkämpade fördelar äro ett bevis derpå. *Förf.*

pretexter: freden slöts. Kejsar ALEXANDER behöll af sina eröfringar mera än han i början ämnade taga, och, i behjertande af våra förluster, gaf oss en lottsedel på Norrige."

"Sådana äro de allmänna åsigterna af det Finska kriget, drifjädrarne utom och inom oss med deras resultat. I hela Svenska historien finnes ej en bedröfligare Epok. Å ena sidan en fast beslutad inkräktning af en granne, som, likgiltig om medlen, hade kolossala krafter i bakhåll att utföra den. I eget sköte en hemsk och rådvill öfverstyrelse, som spridde, slösade, missbrukade de yttersta krafterna, utan annan synbar plan, än ett blindt hopp på det tillkommande, under lättsinniga, förtviflade uppoffringar af det närvarande. Patriotism, fädernesland förlorade sig i idéala fantomer, gömda bakom ruiner, hvilkas gränsor, obestämda för ögat, voro för aningarne förfärliga."

"Med dessa allmänna åsigter, denna ram till hela taflan, går man ut på stridsfältet, till detaljerna af krigsoperationerna och finner der ett slags upprättelse i en skörd af hedrande bedrifter å båda sidor. Den Svenska fosterlandskänslan, sårad, förödmjukad af så många sorgliga minnen, får här i någon mån godtgöra dem vid monumenterna af Svensk tapperhet, som så ofta höjde sig öfver tidernas förbistring, och spillde ädelt blod i gagnlösa offer. Hon är skyldig dem sin tacksamhet*), som stridde för national-äran, och sökte

---

*) Om denna tacksamhet väcktes af sjelfva den nya regeringen, straxt efter 1809 års regements-förändring, en framställning till de då församlade ständerne, och desse anslogo åt de i Sverige qvarstannande af Finska härens befäl så knappa expektans-löner (t. ex. åt subaltern-officerare 111 R:dr 5 sk. 4 r:st. om året), att de utan skuldsättning omöjligen kunde lifnära sig med dem. Också nödgades de flesta återvända till Finland och dess nya beherrskare, hvilken visade mera ädelmod för sina tappra motståndare. Visserligen var Sverige fattigt; men det saknade dock icke utvägar att anslå rundliga summor åt hufvudmännen och en del af deltagarne i statshvälfningen, likasom att, under samma tid, bevilja miljoner till Götha Kanal, hvilket visserligen var oklanderligt, men likväl icke angelägnare än tacksamheten mot dem, *som stridde för national-äran och spillde sitt blod vid fosterlandets försvar.* Författaren lyckades att öfvertala H. E. grefve G. Löwenhjelm, såsom sjelf deltagare i Finska härens uppoffrande öden, att väcka en motion, under 1834 års Riksdag, om en national-högkomst åt de få af Finska härens qvarlefvor, hvilka ännu finnas i Sverige; men författaren känner icke att några åtgärder derpå följt, åtgärder neml. som otvifvelaktigt, om de blifvit vidtagna, lika mycket skulle hafva hedrat de belönande som de belönade.

aftvätta en stor fläck på ett gammalt välförtjent namn. Hon är skyldig några blomster på de fallnas grafvar, en öm gärd åt vålnader, som irra omkring på en främmande jord. Deras ben, begrafna i askan af den vulkan, som skakade fäderneslandet ända till dess medelpunkt, begära en hand full Svensk mull, att de må omfattas och invexa i patriotismens ekrötter till en kommande uppståndelses dag."

"Af allt det anförda lärer det synas, i hvilket system en Svensk historia om Finska kriget bör skrifvas; huru nödvändigt det är, att der sammanställa orsakerna med verkningarne, medlen med utslagen, att upptäcka hela labyrinten af impulsioner och reaktioner, om den ofta bortskymda Svenska krigsäran skall njuta någon rättvisa af efterverlden. Det bör ej döljas, att en sådan historia är under arbete. Dertill äro vigtiga materialier äfven så sorgfälligt som lyckligt samlade: der skall, i det möjligaste, hela kedjan af händelserna följas, både genom lönngångar och i öppen dag; ingen förtjenst misskännas; men också inga triumfer medgifvas, utom dem, som erkännas af äran och sanningen [*])."

---

[*]) Så långt frih. F. Ehrenheims omdöme ur Medborg. Militär Tidning, N:o 12, för år 1828, hvars utgifvare var förf. erkebiskop Wingård, i sitt Åminnelsetal i Svenska Academien öfver framl. H. E. grefve Lagerbjelke, yttrar sig om Ehrenheim: "Jag mins lifligt anblicken af denna höga gestalt, i hvilken en lika hög själ innebodde. Tryggheten af sinnesstyrka och rent uppsåt hvilade på hans panna. Djupt förstånd, hugstorhet, viljekraft, värdighet, stränghet i fordringarne af sig sjelf, noggrannhet i dem af andra, huldhet att uppmuntra den gryende förtjensten, rättvisa mot den dagande — hafva dessa som egenskaper försvunnit från vårt statslif eller blott på det fördelat sig, sedan de förenades hos *Fredrik Ehrenheim*? En yngre tid, full af anspråk, ville ej förstå honom. Den kunde han icke böja; än mindre ville han under den böja sin stolthet. Utan agg, såsom utan förebråelse, lemnade han derföre det offentliga lifvets tummelplats, för att njuta sig sjelf i vetenskapernas sköte. Den vördnadsvärde åldrige, som hållit i kraftig hand ledtrådarne genom statskonstens irrgångar, spanade, med värman af en ynglings första kärlek, naturens hemligheter och fick oskyldigare svar än chifferns eller tvetalans." — Mer än en gång sökte han förmå sin konung att ändra sin politik, att afstå från sina omogna, olycksbringande planer. Ännu i sista ögonblicket bad han, besvor han konungen att återkalla krigsgärden, att sammankalla ständerna, att underhandla med sina fiender; men förgäfves: han var lika halsstarrig som förblindad. Hans tro på öfvernaturlig hjelp och på hans falska vänners råd, gjorde honom känslolös för allt annat, t. o. m. för den ögonskenliga fara, hvari han bringat sig sjelf, sin thron och riket, och hvarpå fri-

Denna tanke, uttalad af en sådan man som friherre Ehrenheim, om det nu utkommande arbetet, är den mest smickrande uppmuntran en författare kan önska sig. Motsatsen har dock här egt rum. Detta omdöme var fäldt för tretton år sedan. Det har således icke särdeles påskyndat arbetets utgifvande; och det är, i denna stund, mera förläggarens än författarens förtjenst, att det nu utkommer, i fall nemligen utgifvandet kan hänföras dertill.

Att genomtränga den *dunstkrets*, som omgifver denna tids händelser, *"att uppställa den politiska taktiken bredvid den militära, förbinda begges manövrar, sammanställa orsakerna med verkningarne, upptäcka hela labyrinten af impulsioner och reaktioner,"* är ingalunda en lätt sak, och likväl fordrar sagde omdöme allt detta af författaren. Han har icke haft den förmätenheten, att tro sig vuxen ett sådant uppdrag. Dertill erfordrades att känna alla den tidens statsmanna hemligheter, och isynnerhet Petersburgska kabinettets. Med tålmodighet har författaren, i nära 2:ne årtionden [*], väntat att någon skulle lyfta på denna Isis slöja. Detta har icke skett. Man nödgas således, med biträde af tillgängliga käl-

---

herre Ehrenheim, med en beundransvärd frimodighet fästade sin suveräna, despotiskt sinnade konungs uppmärksamhet. Han beseglade dessa sina råd med begäran om afsked från sin höga förtroende-post: allt förgäfves. Han skulle ändå lemnat honom, om han icke värderat konungens andra goda egenskaper: hans välmening, hans rättskänsla, hans ordhållighet, hans gudsfruktan. Såsom Ehrenheim anade och sade konungen, men snarare än han förmodade, var konungens olycksmått fylldt. Ehrenheim ville dock icke stå qvar och trampa på den fallna kronans spillror eller bygga sin lycka på sin konungs fall. Han drog sig ur händelsernas hvirfvel och egnade sig helt och hållet åt vetenskaperna. Ibland hans många utmärkta egenskaper bör åtminstone en ej lemnas onämnd, neml. att han, af sina ringa tillgångar, skänkte emellan 7 à 800 T:r säd åt ett län, hvars invånare lidit genom det olyckliga kriget. Sådan var denne ovanlige man, sådan, hvad jag på ett annat ställe anmärkt, att han kunde anses som en relik från Roms lysande tidehvarf, förenande, med en Aristidisk rättrådighet, Catos djupsinnighet, Taciti författarekraft och Plinii mångkunnighet, hvarom hans efterlemnade skrifter vittsorda. Han aflcd med ett Sokratiskt lugn, d. 2 Aug. 1828 i sitt 75:te år. Det var samma år som han fällde det här förut upptagna, i Modh. Millt. Tidn. tryckta, omdöme om detta krig, dess händelser och Finska härens öfver-general.

[*] Han började sina samlingar redan 1823, samt offentliggjorde sin afsigt 1821.

lor och anledningar, hvilka skola åberopas, söka en utredning af de politiska trådar, som hopspunnits och de redskap, som blifvit begagnade för att få den, för Sverige så olyckliga väfnaden fulländad.

De Ryska planerna gå långt tillbaka. Det är uppenbart, att det, alltsedan Peter den stores tid, utgjort Petersburgska kabinettets åtrå, att få Finland förenadt med Ryssland. Peter sjelf, som högt värderade sin motståndare och läromästare i kriget, hade kanske ännu icke denna afsigt, helst han var beredd, att, utom Ingermanland, Estland, Petersburg och Liffland, återlemna det då redan eröfrade Finland samt återskaffa Sverige dess i öfrigt under samma krig förlorade länder. Men då den ärfda hämnden, afunden och äregirigheten lönnmördade det Svenska lejonet, den sagolika hjelten, som likväl ej var någon stor statsman, blefvo också Peters tänkesätt ändrade och hvad hans statskonst då ej ansåg sig kunna verkställa, hade den blott uppskjutit. Hela den så kallade frihetstiden var endast en tid af politisk vanmagt och beroende af Ryskt-Engelska eller Franska penningar, hvilka undergräfde Svenskmanna ära och mördade vår politiska sjelfständighet.

Ryska kriget, åren 1741—43, fördt under politiskt vankelmod och inhemsk afund, uppenbarade åter de Ryska planerna och det Svenska förräderiet, då en hel krigshär, utan strid, sträckte vapen och freden kostade ett stycke land af detta Finland, hvars återstod Ryska kabinettet sedan ej lemnat ur sigte. Catharina II uppfattade detta ögonmärke, med en hos henne egendomlig värma.

Hon, oöfverträfflig i konsten att uppfinna och utföra de mest invecklade, politiska kombinationer, lyckades väl icke att fullständigt vinna det mål hon åsyftade med Anjala-Förbundet, och de intriger*) hon spelade i Finland under hela

---

*) Den förtjenstfulle öfverste G. M. Sprengtporten, hvilken med så mycken framgång ordnade Finska gränsförsvaret och bildade ett dugligt befäl samt användbara trupper, lockades genom dem att lemna den Svenska och att förrädiskt ingå i den Ryska tjensten, hvarunder han slogs mot sitt förra fosterland 1789, och säkerligen var en bland dem, som uppgjorde Anjala Förbundet med de missnöjda bland Svenska aristokratien. — *Browne*, *Arndts* samt enskildtes uppgifter.

1788 & 1789 årens krig; men de frön hon då, förut och sedermera utsådde, togo dock rot i Svensk jord, för att, i tidernas fullbordan, bära Rysk frukt. Så hade hon gjort i *Polen*, så i *Kurland* och så gjorde hon nu i Sverige. Hennes medel och lockelser bestodo deri, att giftblanda fosterlandskänslan, tillintetgöra sjelfständighets-begäret och mörda den politiska moralen.

En öfverhand tagande praktlystnad, en falsk ärelust, flärd och ett lättsinne att lefva öfver tillgångarne, äro, hos hvarje fattig nation, igenkänningstecken att en sådan förledelse redan eger eller kan ega rum.

GUSTAF III, med varmt fosterlandssinne, stolt och ridderlig, saknade hvarken själskraft eller vilja att motstå de Ryska syften, hvaraf han var omgifven. Hans 1772 års lyckade regementsförändring, hvilken var lika nödvändig, som välgörande, bragte dessas anhängare i verklig förtviflan. Men de tröstade sig snart, då de märkte, att han använde sin utvidgade magt till ädlare syften än blott politiska planer. Men vid det han skapade ett nytt, mera kraftigt och bestämdt regeringssätt, trodde man att han skulle begagna detsamma mot den granne, som Svenskarne mest hade att frukta. Denna tro utgjorde alla fosterlandssinnade medborgares fröjd, på samma gång den verkade oro hos de stridigt tänkande.

Den snillrike konungens fredliga yrken, att hägna konster och vetenskaper, att uppmuntra deras idkare, att lifva vitterheten, att införa smak och förfining i sammanlefnaden, lugnade likväl de sednare och all politik glömdes. Det blef sångens, glädjens och de sköna konsternas blomstringstid. Det var, såsom skalden sjunger, en förtjusare på thronen och hans spira var en trollstaf, som framkallade snillen öfver allt; men Svenska snillen, med Svenska syften: Linné, Melanderhjelm, Schéele, Bergman i vetenskaperna; Gyllenlenborg, Creutz, Bellman, Lidner, Kellgren, Oxenstjerna, Leopold, Franzén, m. fl. i sången; Schröderheim, Höpken, Hermanson, Lehnberg, m. fl. i vältaligheten; Ehrensvärd och Chapman i de praktiska vetenskaperna, och Sergel i den bildande konsten; desse tre sistnämnde äro ensamt värdige, oöfverträffade representanter af ett eget tidehvarf, hvars skapare ej

Inledning.

behöfde för sin odödlighet annan ära än denna. Men konsten, vitterheten och glädjen, hvilkas anförare och deltagare han var, hänförde honom dock icke att glömma stats-chefens allvarsammare värf. Hans hjerta, lifvadt af nöjet, var det också af mod och ära. Inom hans verksamma hufvud inrymdes stora och mångartade förslag. Svenska akademiens och Svenska skådespelets stiftande, hindrade honom ej att på samma gång tänka på lagskipning, tornerspel, äreminnen, sällskapsnöjen, skaldskap och — hvilket synes otroligast — på krigiska eröfringar.

Så skedde likväl; och under så beskaffade förhållanden förberedde han 1788 års krig, hvilket hade ett stort och väluttänkt fosterländskt syfte. Men ehuru hufvudplanen blef tillintetgjord genom afund och Ryska förledelser, fortsattes dock kriget och lemnade konungen tillfällen att visa nya egenskaper, dem man icke väntade att han skulle ega. Ändrade förhållanden påkallade krigets slut. Det slöts med bibehållen krigsära och utan någon landförlust. Men penningebehofvet, satte honom i ett beroende, hvaraf Catharina ej försummade att begagna sig. Det var således han inleddes i krigsplanerna mot Frankrike. Han insåg, kanhända, sjelf hennes egentliga afsigt; men hans financiella betryck var för stort, den rôl man lät honom spela så lockande, det ridderliga, heroiska, uppseende väckande i företaget så hänförande, isynnerhet på ett sådant sinne som Gustafs, att han ej kunde motstå frestelsen, ej afslå det förbländande anbudet.

Det afskyvärda lönnmordet, hvaraf Gustaf träffades, frälsade väl honom, men ej hans efterträdare, från den utlagda snaran [*]). Förmyndare-regeringen hade den stora förtjensten, att undvika all Rysk inflytelse.

---

[*]) Denna hade *Gustafs* snille och fintlighet, samt hans brinnande fosterlandskänsla troligen förstått och förmått att både undvika och kanske förvandla till afgörande fördelar, för det för honom kära Svenska namnet, åt hvilket han redan skänkt de sköna konsternas, vältalighetens och talangens oförgängliga glans. Hvad han kunnat åstadkomma på ärans blodiga bana, i möjligt samband med det honom värdiga *Napoleonska* snillet, hör nu blott inom gissningarnes område.

Gustaf IV Adolf uppfostrades deremot enligt Catharinas föreskrift, intresserades för ett Ryskt giftermål *) och omgafs af hennes anhang, hvars afsigt icke utgjorde något mer eller mindre, än att bringa hela Sverige i Rysslands våld **). Samma minister, som ej mindre klokt än kraftigt medverkat till Polens delning, skickades till Stockholm. Han, liksom hans efterträdare, måste dock återkallas på förmyndare regeringens begäran, emedan de gingo för öppet till väga och derefter förlorade detta anhang, på en tid, sitt hufvudsakligaste stöd, genom upptäckandet af Armfeltska ligan.

Men genast efter Gustaf Adolfs uppstigande på thronen och framgent under manteln af nära slägtskap med kejsar Alexander, vidtog och utgrenade sig det Petersburgska kabinettets inflytelse, vid tilltagande kraft inom Sverige.

Då denna inflytelse ej ännu oförtäckt kunde förråda Gustaf Adolf, missledde den honom under alla möjliga skepnader. Inga medel, som kunde medverka dertill, försummades. Hans sinnesförfattning och hans fördomar: allt begagnades på det noggrannaste. Derifrån hans misstanke om sin farbrors redlighet, derifrån hans religions-vurmerier, hans vidskepliga tro på öfvernaturlig hjelp och på Jungs förklaringar öfver Uppenbarelse-Boken; derifrån hans orubbliga hat till det förmenta vilddjuret Napoleon ***); derifrån den halsstarriga villfarelse, den otroliga blindhet, hvarmed han bedref sin politik; derifrån ändteligen den långa kedja af misstag, motgångar och olyckor, som förföljde honom och hvilka, enligt vederbörandes beräkning, skulle störta honom ifrån thronen.

Det har erfordrats hela denna förklaring, hela denna antydning af medel, hvilka blifvit begagnade, af förhållanden, som egt rum, för att göra händelsernas följder mindre öf-

---

*) Det är allmänt kändt, huru dervid tillgick, samt att det misslyckade i denna *Catharinas* plan sårade henne så djupt, att det beröfvade henne lifvet. Allt medför sin lön: sjelfva intrigerna hämna, ej sällan, sig sjelfva.

**) Detta antydes af *John Brown* i hans: Svenska Hofvet under Konungarne Gustaf III och Gustaf IV Adolf, s. 250 och följ.

***) Detta hat, inpregladt genom Badiska hofvet, genom Ryskt inflytande.

verraskande, än de äro smärtande för fosterlandsvännen, för att göra det begripligt, *hvarföre* GUSTAF ADOLF *ej trodde på möjligheten af ett fredsbrott med* ALEXANDER, *sin anförvandt och sednaste allierade;* samt för att finna en ledtråd genom den labyrinth och de mörka irrgångar, hvari de kända sympathierna och den mägtiga inflytelsen hade inledt de Svenska verktygen, och derigenom förirrat den Svenska fosterlandskänslan, samt insöft det fordom vaksamma Svenska Lejonet mot en Örn, på hvars flygt det alltid bordt hafva öppna och klarsynta ögon.

På detta sätt trodde det Petersburgska kabinettet sig hafva uppgjort sin plan så väl, att den år 1808 åsyftade inkräktningen ej påkallade någon uppoffring, mindre någon blodsutgjutelse; och det var förmodeligen derföre kejsar ALEXANDER lät förstå, att han, med sin fåtaliga krigshär, kom såsom en fader och vän, att skänka lugn och oberoende åt det, under Svenska väldet, olyckliga Finska folket*).

Man förebrår GUSTAF ADOLF, att han glömde hedrens lagar**), då han året förut (1807), under kriget i Pommern, sökte öfvertala Franska marskalken *Brune*, att gå i en annan monarks tjenst. Men ingen häfdatecknare har man hittills sett anklaga kejsar ALEXANDER, att han åsidosatt *ärans bud*, när han ej blott tubbade en eller annan person, utan alla embets och tjenstemän, ja hela landets befolkning, till glömska af ed, heder och pligt, med ett ord: till förräderi mot sin rättmätiga öfverhet och sitt fosterland.

Men ej nog dermed. I det man erbjöd GUSTAF ADOLF ett förbund med Frankrike, på oantagliga vilkor, som Ryssland sjelft ansåg för en börda och beklagade sig öfver dem; under det man förberedde och utförde en inkräktning af denna befolkning, detta Finland, som man kom *att lyckliggöra*, förehade man förrädiska stämplingar emot sjelfva den konungs thron, med hvilken man underhandlade, under slägtskapens, vänskapens eller deltagandets larf. Verkställigheten häraf skulle, med både Ryska och Franska partiernas understöd,

---

*) Se Buxhöwdens, i Alexanders namn, utfärdade proklamationer till Finlands inbyggare, dat. d. 22 Febr. 1808.

**) Se *John Browns* åberopade arbete, s. 289.

för sig gå i medlet af April 1808 *), då den, hvilket först var påtänkt, ej kommit att ske året förut i Pommern **). Hvem ser icke i alla dessa förhållanden, i denna oväntade dubbelhet hos tvenne de mägtigaste regenter inom Europa, i dessa förrädiska stämplingar utom och inom riket, i denna långa kedja af lockelser och snaror ***), med ett ord: i denna alla samhällsband upplösande, all sund fosterlandskraft utsugande pestsmitta, inympad i sjelfva hjertat af statskroppen, hvars öfverhufvud tillika var vilseförd, insnärd i falska vänners nät, blind för bättre råd, oböjlig, utan förutseende, okunnig i krigssaker, rådlös i krigsfaror; hvem ser icke, säger jag, i allt detta orsakerna, driffjädrarne till de försummade, uteblifna, högst nödvändiga förberedelserna till kriget, till den olämpliga, syftesvidriga instruktion †) för detsamma, till valet af högste befälhafvaren öfver Finska hären, till Sveaborgs vanhederliga kapitulation ††), till det rådvilla, splittrade, ändamålsvidriga, planlösa i fälttåget samt försvaret i det hela, liksom slutligen till Gustaf IV Adolfs och dess ätts olycka.

Således förklaras mycket af det politiskt-moraliska i sjelfva krigshändelserna; liksom de högre redskapens beskaffenhet och uppförande dervid.

---

*) Se *Brown*, s. 306. — Brown sjelf sändes, af detta anhang, i detta ärende till *London*, att inhemta kabinettets i S:t James tankar derom och utverka dess bifall, om ej medverkan dertill. Sid. 307 och följ.

**) Konungen hade fått en aning om detta förräderi, hvilket en slump tillintetgjorde.

***) Redan den erfarne och statskloke *Jussuf Pascha*, kommendant i Otschakow, under Carl XII:s tid, fruktade mindre Moskowiternas magt än deras list och förledelser. Det är med dem de vunnit sina största segrar; en Asiatisk-Grekisk statskonst, den äfven Philip i Macedonien begagnade med fördel. Sist åberopade Bidrag.

†) En insändare (Bidraget N:o 43) har upplyst, att Rysk inflytelse var med i rådet der denna instruktion beslöts. Man erinre sig, huru densamma förstått att ännu i våra dagar skaffa sig besoldade anhängare, inom sjelfva den så kallade fria, eller rättare oppositions tidningspressen både i London och isynnerhet i Frankrike, på hvilket sednare ställe den till och med inom utrikes kabinettets tjenstemän hade ett ombud. Dessa förhållanden ådagalägga klokheten och vidsträcktheten af Petersburgska kabinettets magt och inflytande.

††) Dervid åberopade Ryska underhandlarne fredsartiklarne i *Tilsit*, och, med stöd deraf, omöjligheten för Sverige att mot *Napoleons* och *Alexanders* förenade magt, försvara Finland, helst *Gustaf Adolfs* afsättning vore af desamma beslutad, samt allt motstånd således dåraktigt, och det trodde förmodligen äfven kommendanten på Sveaborg, som otvifvelaktigt var medvetande af de förrädiska planerna uti hufvudstaden.

Dessa förlamade, på den Svenska sidan, då de ej öppet kunde eller vågade motarbeta och tillintetgöra, alla ändamålsenliga, tillfälliga företag, eller all personlig tapperhet, skicklighet och ihärdighet.

Derföre hade de anfallande å sin sida hela fördelen af det högre politiskt-strategiska i kriget, hvaremot, på de försvarandes (helst då den fysiska öfvermagten hos de förra också var ojemförlig), det personliga modet hos mängden, om ock understödt af den mest brinnande, allt uppoffrande fosterlandskänsla förr eller sednare måste duka under. Under andra förhållanden, då fosterlandskärleken understödes af snillet, erfarenheten, modet hos regenten och dess närmaste omgifning, förenad med plan och klokhet i krigsrörelser, samt en allt lifvande öfverensstämmelse emellan befallande och lydande, odelad pligtkänsla hos dem begge, med blott ett syfte hos alla att ej sky någon uppoffring för fäderneslandets försvar, då betyder antalets underlägsenhet föga, då kan en nation af tre miljoner invånare försvara sig mot en anfallande af fyratio miljoner.

Sådana exempel saknas icke i historien, och afräknar man de här förut antydda tillfälligtvis befintliga, ehuru genom långa förberedelser åstadkomna, politiskt-moraliskt verkande missförhållandena i detta krig, skall man föröfrigt deri finna ett ytterligare föredöme att åberopa, i detta hedrande hänseende.

Utan att förneka, tvertom med liflig, samvetsgrann föresats att göra Ryska befälet och soldaten fullkomlig rättvisa för skicklighet och mod, förmodar man dock att detta krigs blodiga tilldragelser, hvad Finska hären och dess i krigsfaror deltagande befäl beträffar, skola uppenbara och vitsorda: att det Svenska namnet, äfven under dessa i alla hänseenden ogynsamma omständigheter, försvarat sitt gamla rykte, sitt frejdade anseende, sin uråldriga ära.

Författaren har bivistat samma krig, som han beskrifver. Han borde således, enligt mångens väntan, kunna med osviklig noggrannhet uppfatta och teckna händelsernas gång; den sakkunnige skall dock ej fordra någon ofelbarhet.

Utom det, att författaren då var helt ung, mycket underordnad, vanligen stridande i ledet, befanns krigstheatern sådan, att ingen personligen kunde vara öfverallt, icke en gång med den krigsskara man tillhörde. Beskrifningen måste således grundas på annat än sakkännedom såsom åsyna vittne, äfven om denna vore mångfalldigt vidsträcktare än författarens, churu densamma kan underlätta omdömet i det hela, samt någon gång lemna tillfälle att beriktiga en eller annan deremot stridig eller eljest tvetydig uppgift.

Att helt och hållet undgå misstag är dock icke möjligt. Oaktadt det mest samvetsgranna bemödande att vara tillförlitlig och opartisk, kunna dock, serdeles i mindre delar, misstag lätt insmyga sig, antingen af bristande eller vilseförande underrättelser.

Att förf. icke saknat upplysningar synes af följande uppgift på desamma:

N:o 1. Bulletiner under kriget mellan Sverige, Ryssland och Danmark åren 1808 och 1809. Stockholm, 1812.
2. Journal du Nord. Petersburg 1808 och 1809. Ej fullständig.
3. Utdrag ur Kongl. Helsinge Regementets historia under 1808 och 1809 årens Fälttåg af C. P. Ström, Öfv. Löjtn. Handskrift.
4. Bidrag till historien om 1808 års Fälttåg i Finland, af A. R. Andersin, Major, Reg:ts Qvartermästare vid Vendes Art. Reg:te, Afdelningsbefälhafvare vid 3:dje 6:pundiga åkande batteriet under samma krig. Handskrift.
5. Skriftliga meddelanden om samma krig af Öfverste Hofflander.
6. D:o d:o af Generalen m. m. Friherre Lagerbring.
7. Anteckningar under 1808 och 1809 årens krig af Löjtn. Molin. Handskrift.
8. Bidrag i dagboksform af E. K. Handskrift.
9. Anteckningar under expeditionen till Österbotten under 1808 och 1809 årens fälttåg af Fredr. Ridderhjerta. Handskrift.
10. Sanna Upplysningar angående de orsaker, som gifvit anledning till den emellan f. d. vice Amiralen och Kommendanten på Sveaborgs fästning, Olof Cronstedt och Kejserl. Ryska Generalen Suchtelen, d. 6 April 1808 slutne Convention, angående fästningens uppgifvande; på hvilken Convention fästningens öfvergång d. 3 Maj 1808 grundade sig. Utgifne af f. d. vice Amiralen O. Cronstedt, jemte bifogad relation i samma ämne af Majoren Gust. Hjärne. Stockholm, Delén 1811.
11. Orsakerna till Sveaborgs öfvergång och tillståndet under dess belägring, af J. G. Båth. Stockholm, 1809.
12. Underdånig relation rörande Sveaborgs öfvergång af C. J. Durietz. Stockholm, 1810.
13. Anmärkningar vid de af f. d. vice Amiralen O Cronstedt till trycket utgifne Sanna Upplysningar om orsakerna till Sveaborgs öfvergång den 3 Maj 1808, författade af General Friherre von Döbeln. Stockholm, 1811.
14. Handlingar rörande så väl Gardes-Regementernas förhållande i allmänhet, som den af Kongl. Lifgardet till fot enskilt verkställda reträtt under anförande af dess dåvarande Bataljons-Chef, Majoren och Riddaren J. W. Tornerhjelm. Stockholm, 1809.
15. Ekonomiska bidrag vid Fälttågen 1808 och 1809 m. m. af G. F. Klingstedt. Stockholm, 1832.

16. En Officers vid f. d. Finska armén lefnadshändelser och missöden (framl. Öfverste Eek) jemte nekrologiska bidrag af *Gust. Montgomery.* Stockholm, 1820.
17. Biografi öfver f. d. Landshöfdingen och Riddaren af Svärds-Ordens Stora Kors *G. Edelstam*, af *Gust. Montgomery* 1825. — Aftryck ur dagbladet Journalen.
18. Biografi öfver framl. General-Löjtn. m. m. Friherre *E. von Vegesack* af *Gust. Montgomery.* Stockholm, 1827.
19. Precis des évenéments Militaires des Campagnes de 1808 en Finlande dans la dernière guerre entre la Russie et la Suède par C. L. G. C. P. de S***. Petersburg, 1827.
20. Anmärkningar i anledning af handlingar rörande Sveriges äldre, nyare och nyaste historia samt historiska personer, af *Gust. Montgomery* 1831. — Aftryck ur Journalen.
21. Kriget emellan Sverige och Ryssland åren 1808 och 1809 af Paul *van Suchtelen*. General-Löjtn. i Kejserl. Rysk tjenst. Öfversatt af *R. F. G. Wrede*. Andra Uppl. Stockholm, 1836.
22. Betraktelser i anledning af Ryska Generalen *P. van Suchtelens* historiska berättelse om kriget emellan Sverige och Ryssland 1808 och 1809, af *G. Lagerbring*. General-Löjtn. Upsala, 1836.
23. Anteckningar öfver Fälttågen emot Ryssland 1808 och 1809, af C. J. *Holm*, tjenstförrättande Regements-Pastor vid Savolax Jäg. Reg:te. Stockholm, 1836.
24. Anmärkningar och nödvändiga upplysningar vid Hr C. J. Holms anteckningar öfver Fälttågen emot Ryssland 1808 och 1809 af *G. Adlercreutz*. Stockholm, 1836.
25. Relation om f. d. Savolax Brigadens deltagande i 1808 och 1809 årens Fälttåg i Finland och Vesterbotten af Greg. Ad:son *Aminoff.* Götheborg, 1839.
26. Medborgerlig Militär-Tidning för 1827 och 1828, utgifven af *Gust. Montgomery.* Stockholm.
27. Sammandrag af Finska Arméns 5:te Brigads krigsoperationer 1808. Handskrift lemnad af framl. Fältmarskalken Grefve *Sandels*.
28. Beilage zu der S:t Petersburgischen Zeitung 1808. N:r 51.
29. En bundt med nära 30 planchartor, jemte upplysningar, lemnade af H. E. General Grefve *G. Löwenhjelm*.
30. Några anteckningar öfver 1808 års krig, jemte några ord om General *von Döbeln*. Handskrift af en sakkunnig Anonym.
31 och 32. Tvenne dryga folianter general- och fördelningsordres, mönstrings- och kommendör-rullor, förslag, m. m. öfver en del af Savolaxska brigaden. Handskrift.
33. C. M. Gripenbergs underd. concept-rapport af d. 28 Mars 1808, om Svartholms fästnings försvar och öfvergång, jemte relation angående samma fästning, ifrån och med den 21 Febr. till d. 18 Mars s. å. Original-handskrift, med vederbörande befälhafvares egenhändiga underskrifter.
34. Om Sveaborg och dess beskaffenhet. Handskrift. Anonym.
35 och 36. Generalen von Döbelns egenhändiga rapporter och anteckningar jemte original-order, bref, plankartor, m. m., lemnade af hans son. Handskrift.
37. Kongl. Björneborgs Regementes händelser, under 1808 och 1809 årens Fälttåg. Handskrift af framl. Öfverste *Eek*.

Inledning.

38. Utdrag af anteckningar rörande 1808 och 1809 årens krigshändelser i Finland. Handskrift af *J.*
39. Om Karelska Jägare-Corpsens deltagande i 1808 och 1809 års krig. Handskrift af en Anonym.
40. Upplysningar om nämnde krig och det högre Svenska befälet. Handskrift af *Pohjan Poika.*
41 och 42. Några anmärkningar om affären vid NyCarleby d. 24 Jun. 1808 och Svenska högqvarterets belägenhet i Kråkuäs by i medio Sept. s. å. Handskrift af en Anonym.
43. I anledning af en uppsatts i Medborgerlig Militär-Tidning, reflexioner och upplysningar om samma krig. Handskrift af Anonym.
44. Anmärkningar öfver v. Suchtelens beskrifning om 1808 och 1809 årens krig. Handskrift af en anonym, men sakkunnig person.
45. P. M. i Handskrift af en känd och aktad medlem af f. d. Finska hären (nu mera i Svensk tjenst) om några krigshändelser 1808.
46. Bidrag till historien om åren 1808, 1809 och 1813 m. m. af *N-v-n.* Stockholm, 1840.
47. Berättelser om öfvergången till Finland och affären i Wasa d. 25 Juni 1808. Handskrift af en dervid närvarande off:r, numera General-Major.
48. Skildringar ur Svenska historien under Gustaf III och Gustaf IV Adolf af *E. M. Arndt.* Öfversättning. Upsala, 1840.
49. P. M. om tilldragelserna vid Säfvar, af ett ögonvittne. Anonymt.
50. Relation om händelserna i Luleå m. m. af J. P. *Hesselius.* Gefle, 1810.

Dessutom har Författaren haft tillgång till Krigs-Hofrättens undersökningar om Sveaborgs kapitulation och konventionen i Kalix, jemte egna anteckningar, uppfattade i minnet eller efter trovärdiga och sakkunnige personers berättelser om den tidens krigshändelser.

Med denna mängd af bidrag och upplysande underrättelser, har man visserligen ett rikt förråd att begagna; men just denna rikedom skapar en stor villrådighet i valet, helst såsom händelsen varit här, om uppgifterna äro olika, ej sällan alldeles stridiga mot hvarandra. Att då medla mellan dem, att genom jemförelser och sannolikheter, afgöra hvad som är antagligast och det rätta, och således väga och bedöma tvenne lika trovärdiga upplysningar, hvilkas författare man känner, att bestämma hvad af deras möjligen olika uppgifter är det sanna, att lika litet låta förleda sig af den enas framställningsförmåga, som af den andras följdriktighet eller skenbara sakkunskap, är svårare än mången tror och har hos mig, flera än en gång, verkat stor villrådighet.

Lika svårt är det att bestämma, huru en krigshistoria rätteligen bör skrifvas: antingen endast berättande, upptagande händelserna sådana de förefallit, eller derjemte jemförande, granskande, bedömande, anekdotiskt. Föredömen af dessa olika sätt finnas ifrån de äldsta till de sednaste tider. Att

Inledning.

följa något visst föredöme eller att gå en medelväg, vore måhända bäst. Men valet och isynnerhet verkställigheten äro lika svåra, i det ena som det andra fallet, äfven om man mindre litade, än man vanligen gör det, på sin egen uppfattning både af ämnet och sättet att utföra detsamma *).

Jag har följt min, måhända, mindre lyckliga ingifvelse i sättet att beskrifva händelsernas gång, hvilka, enligt min öfvertygelse, än påkallat endast berättelse, än jemförelse och om-

---

*) Språkets renhet har förf. sökt åstadkomma så mycket som möjligt och derföre blott i nödfall begagnat fremmande ord. Dem han af de vanligen använda gifvit en egen eller af andra författare förut begagnad Svensk tydning äro följande:

Armé	här	d:o eld	d:o eld
Corps	skara	Tournera	omringa, kringgå, kringränna
Trupp	flock		
Avant-garde	(Förtraf om rytteri	Kavalleri	rytteri
	(Förskara om fotfolk.	Flanqve-attaque	sido-anfall
Arrier-gard	eftertrupp	Front-attaque	bröst-anfall
Front	framför	Reciprocité	motsvarighet
Queu	bakom	Initiativ-manöver	förrörelse
Manöver	rörelse	Trosslinie	Tross-sträcka
Kontusion	kulstöt	Desertör	öfverlöpare
Lokal	läge, belägenhet	Spion på fienden	kunskapare
Flanque	sida, flygel	— från fienden	spejare
Kantonerings-qvarter	lägerställe	Flanqverande	bestrykande
Nattqvarter	nattläger	Batterier	bröstvärn
Detaschera	afskilja	Kanonbatterier	styckevärn
Kanoner	stycken	Strategisk	krigsklokt, krigslistigt
Bloquera	inspärra	Politiskt	statsklokt, statslistigt
Parlementär	underhandlare	Chamade	eftergift
Patrullera	bevaka	Recochetterande	studsande
Posterings-Corps	bevakningsskara	Dominerande	beherrskande
Elevation	bågskott	Guerilla-krig	ströftåg
Kanonslupar	styckeslupar	— corps	ströfskara
Recognoscera	speja, undersöka	Observations-corps	bevakningsskara
Recommendera	förorda	Formera	uppställa, bilda
Ammunition	skott, l. skjutbehof eller medel.	Campagne	fälttåg
		Division) Brigad)	här-fördelning
Proviant	munnförråd		
Fourage	foder.	Artilleri	skytteri
Artillerist	styckekarl l. man	Trainör) Marodör)	eftersläntrare
Reserve (Armé) (Corps) (Trupp)	hjelp (här) (skara) (flock)	Embrasur	skottglugg
		Marche-forcé	hastfärd, sträcktåg; marsch
Remontera	hästförse		
Deployera	utbreda	Order	befallning
Muskött	handgevär		

döme, samt än en eller annan upplysande anekdot. Der personligheten märkbarare ingripit i förhållanderna, har jag, så vidt det sig göra låtit och min egen kännedom eller osvikliga upplysningar föranledt dertill, lemnat korta karakteristiska teckningar öfver sådana individer. Jag har visserligen sålunda gått öfver den vanliga gränsen och formen i detta hänseende; men jag tror mig hafva gjort derigenom de flesta läsare ett nöje, samt en och annan på händelsernas och personligheternas ömsesidiga inverkan uppmärksam läsare verklig nytta, utan att det minsta hafva skadat, helre gagnat, äfven historien.

Såsom bilaga har jag tillagt en teckning af märkvärdigare personer, födda i Finland, hvilka verkat derstädes eller inom Sverige för det allmänna bästa, antingen såsom embetsmän, härförare, vetenskapsmän eller lärare. m. m.

Hvad som emellertid närmare hör till mitt ämne, är en kort teckning af landet, der de blodiga händelserna tilldrogo sig, jemte det folks härkomst, som försvarade denna sin fosterbygd, hvilken troligen ingenstädes, ehuru dyrbar den är öfverallt och för alla folkslag, har varmare dyrkare än Finnarne äro det af sitt kalla hemland.

Dess inhemska namn är *Suomi* och *Suomenmaa*; det sednare en förkortning af *Suomiehen-maa* eller på Svenska: *Kärrinvånares land.*

Det är, inberäknadt Wiborgs Län, beläget emellan 59° 48' och 70° Nordlig bredd, samt 36° 56" och 49° 50" längd. Dess utsträckning, från norr till söder, utgör således omkring 110 mil (hvaraf Lappland ensamt upptager något mer än 30) och från öster till vester, med Åland och dess Öar, emellan 30 och 75 mil. Areala innehållet uppgår, utom Lappmarken, till ungefär 2,600 Svenska eller 5.300 geografiska qvadrat mil.

Landet, i allmänhet fruktbärande, är uppfylldt af berg, skogar, sjöar, strömmar och myror, och lemnar sålunda rika tillfällen till försvar.

Inledning.

Finska nationen anses för en utflyttning från någon folkstam ur östra och mellersta Asien, samt närmast beslägtad med Hungarer eller Ungrare *). Också kallades deras stamförvandter, vid sluttningen af Uralska bergsåsen, *Östra Finnar*.

Om dem talas redan århundraden före Kristi födelse; om deras afkomlingar emellan floderna *Ob* och *Jaxartes* samt berget *Imaus* och *Kaspiska* hafvet kort före Kristum; och först omkring 4:de århundradet förmodas de hafva intagit sina nuvarande boningsplatser **). Till denna stam höra *Kvæner*, *Karelare* och *Tavastar*.

---

*) Se Finland och dess Invånare, af *Fr. Rühs*. Andra Upplagan, utgifven af *A. I. Arwidsson*, Lärobok i Finlands Historia och Geografi, af *A. I. Arwidsson*, samt Finlands Forntid i Chronologisk öfversigt, af *G. Rein*, hvilka förf. haft till sitt rättesnöre. Enligt *Arndt*, *Klapproth* och *Rask*, skola Finnarne i äldsta tider varit mycket utbredda och spår af dem finnas öfver hela Europa, likasom på vestra kusten af Afrika samt i södra delen af Asien. Finska språket, som räknar 14 à 16 kasus, och således eger mycken böjlighet och finhet att uttrycka de minsta skiljaktigheter, jemte stor rikedom och välljud, har den egenheten att alldeles icke angifva några könsskillnader. Det har brist på goda och fulltoniga rim, hvarföre den ursprungliga Finska skaldekonsten begagnar endast bokstafs annonser (på den första bokstafven i orden). Rimmet är infördt af fremlingar; men är, af nyssnämde orsak, föga lämpligt för Finnarnes språk.

**) De ryktbaraste af Finnarnes utgreningar voro *Bjarmerna*, bosatte i *Perm* (fordom kalladt *Bjarmaland*) och dess invånare *Pormier*, *Permiäker* och *Sirjäner*. De förde en vidsträckt handel, och landet var en medelpunkt både för Skandinaviska, Ryska och Indiska varubyten, hvarigenom de samlade en stor rikedom, som väckte ej mindre de *Nordiska* vikingarnes än äfven *Grekers*, *Persers* och *Arabers* uppmärksamhet och roflystnad. Skatter samlades, isynnerhet i det tempel eller rättare på den plats norrut på näset vid Vinån (Dwinafloden), som var helgad åt Finnarnes gud, kallad *Jumala*, hvars bild der fanns upprest och stället omgifvet med en hög skidgård, inom hvilken landets invånare höll ständig vakt. Det var en national-helgedom, målet för religiösa vallfarter, föreningspunkten för de vidtutgrenade Finska stammarne, som alla offrade der mer eller mindre af hvad de förvärfvat genom handel eller rof, de ende förvärfningssätt den tiden, och af hvilka det sednare var hederligare än det förra, och hvaraf smaken ännu velat bibehålla sig, ehuru under ett allmännare syfte och något vackrare namn: krig. Bjarmerna hade en högre bildning än de öfrige Finnarne, hvars *Asar* eller prestslägt de skulle kunna kallas. *Jumala* var den ende gud, hvars bild Finnarne uppstält, och som de erkände såsom den ende, allsmägtige, andlige och osynlige herrskaren af hela verlden och alla varelser. De andra, af dem erkända gudomligheter ansågo Finnarne blott såsom halfgudar, åt hvilka de icke reste några bilder. *Kawe*, den äldste, med tillnamnet *Ukko* (den gamle), låg 30 somrar i qve-

Inledning.

Till de förstnämnda räknas de inbyggare, som bosatte sig i norra Österbotten och anses hafva gifvit sitt namn åt *Kajana*, på Finska *Kainunmaa*.

Karelarne intogo hela det nuvarande Savolax och Karelen, hade *Kvæner* och Tavastar till grannar i nordvest och vester; i öster och söder utbredde de sig längs Hvita Hafvet, Bjarmarnes landamären, kring *Onega*, begge sidorna af *Ladoga* och ned mot Ingermanland.

Tavastarne innehafva landet af samma namn; och alla dessa Finnar, men de sistnämnde isynnerhet, hafva ända ifrån de älsta tider utkämpat många blodiga strider med sina grannar, helst med Ryssarne, hvilka ofta härjat inom deras område på ett sätt, som ända till våra dagar bibehållit det djupa hat Finnarne hyst mot dem.

Svenskarnes första framfart, serdeles under Erik (IX) den heliges tid, 1156 eller 1157, då kärlekens milda lära utbreddes med eld och svärd, lemnade icke bättre intryck. Det var *Birger Jarl*, som 1249, genom eröfringen af Österbotten och anläggningen af Korsholm (Åbo anlades 1229),

---

den af sin moder *Kannotar* (kraftens, allmagtens dotter); men då han lednade att längre ligga der, trädde han derur i full rustning, med svärd och sköld och sadlad häst. *Wäinämöinen* och *Ilmarinen* voro hans söner; den förra krigets och konsternas gud, samt upphofvet till all bildning; och när han spelade på *kantele*, ett af honom uppfunnet instrument, svarande mot *harpa*, förtjusades alla djur och sjelf fällde han glädjetårar; den sednare, luftens och vädrets och vindarnes beherrskare, tillika uppfinnare af jern och smide. *Ukko* var åskans och blixtens gud, förmodligen ett binamn på *Kawe*; *Kaleva*, det ondas upphof, gudomligheternas motståndare, var stor, förfärlig och stark och hade 12 söner, alla lika fadren i utomordentliga krafter. (*Hiisi*, *Soini*, *Kihavanskoinen* och *Liektöinen* har man ännu reda på.) De vältade stora stenar och berg på hvarandra, och deras unga flickor buro stenar i samma ändamål i sina förkläden. Finnarne hade dessutom lägre gudomligheter för skogar, sjöar, källor. Sålunda voro: *Hippa*, *Hyyptö*, *Kuippana*, *Tapio* skogsgudar och *Tapios* maka, *Tapiolan Emäntä*, skogens vårdarinna, jagtens befrämjerska. *Kekri* eller *Köyry* boskapens och åkerbrukets skyddare; *Hillervo*, gudinna för forsar, bäckar och källor, befordrade utterjagt; *Ween Emäntä*, hafvets vårdarinna, gaf godt fiske; *Maan Haltiat* eller *Tontut* (tomtegubbar) gåfvo trefnad i hus, och *Sukkamieli*, kärleksgudinnan, som bevekte hårda hjertan. Begrepp om odödlighet hade också Finnarne och *Tuonela* l. *Manala* kallades den saliga ort, der själarne samlades: samt *Tuoni* den, som herrskade derstädes. *Tuonen-Neito*, dödens jungfru, omtalas i sångerna, kallade *Runot* (runor) och *Loihtut* (besvärjelser).

stadgade Svenska väldet i Finland. Karelarne voro de svårast och sednast underkufvade.

År 1306 delades landet i tre ståthållarskap eller höfdingedömen, efter de tre slotten *Åbo*, *Tavastehus* och *Wiborg*, hvarest deras styresmän bodde. Och som de Svenske konungarne valde dertill tappra, kloka och kraftfulla män, hvilka förstodo att vinna Finnarnes förtroende, så förmådde de, hvad våld aldrig förmår på Finska sinnet, ingifva en orubblig tillgifvenhet för den Svenska öfvermagten, hvars rättrådighet de lärde både att värdera och älska.

Huru de sedermera, under nära sex och ett halft århundrade, försvarat sitt och Svenska moderlandets ära och oberoende under CARLAR och GUSTAFVER, inom och utom Finlands område, mot Ryssar, Danskar och Tyskar är allmänt kändt och behöfver icke nu närmare beskrifvas.

Krigisk anda utgör dessutom grunddraget i Finska folkets lynne. Finska svärd och pilar voro i de älsta tider ryktbara för sin utmärkta godhet. Finska ihärdigheten, kraften och modet hafva öfvergått till ordspråk. Såsom soldater äro Finnarne, i de flesta fall, oförlikneliga både i förmågan att trotsa köld och hunger, samt att ej modfällas af mötande svårigheter, men böjligheten, villigheten att, efter befälhafvares godtfinnande, hastigt ändra ställning, är icke särdeles berömvärd och ropet *piirittää* eller *kringränna* har på dem en magisk verkan. Det första kan härröra deraf, att Finska lynnet gerna vill fullfölja hvar sak, synnerligast ett börjadt anfall mot fienden; och det andra deraf, att han helst ser sin motståndare i synen och räknar icke då så noga på dess öfverlägsenhet, den han på ett eller annat sätt tror sig kunna tillintetgöra, hvaremot en osynlig, bakom varande fiende gör på honom ett vidrigt intryck.

För öfrigt lefva Finnarne mycket sparsamt, äro rättrådiga och gudfruktiga samt, hafva starka lemmar och genom arbete och luftstreck härdade kroppar [*]), med styft sinne och

---

[*]) Hvartill, äfvensom till deras smidighet och renlighet, deras täta badande i stark hetta, hvarefter de kasta sig i snö eller kallt vatten, ej litet torde bidraga. Vanligen bada sig Finnarne hvarje lördags afton, samt på vissa orter eller vid strängt sommararbete hvarje afton.

modigt hjerta *). Till lynnet ömsom glada och allvarliga, med mycken känsla för musik, hvilken hos dem är enkel och melodiös, men i det hela dyster **), hysa Finnarne orubblig trohet mot regent och öfverhet, och äro icke lätt tillgänglige för fremmande förledelser, ej heller hysa de begär efter ombyte och förändringar.

Finlands folkmängd vid krigets utbrott 1808 torde hafva uppgått till en million inbyggare eller något deröfver. Att luftstrecket är sundt bevisar sig deraf, att man vanligen räknar att blott en person årligen dör af hvar 50:de, samt att fem barn, öfver hufvud taget, födas af hvarje ägtenskap. Folkökningen har utgjort de sednare tiderna nära 17,000 personer om året ***).

Sådant är detta Finland och dess klimat, sådana dess inbyggare, deras härkomst, seder och lynne, sådana detta lands tillgångar, hvilka, genom nästan outtömliga skogar, malmfält, odlingsbar jord och idoga begagnare deraf föröka sig med hvarje år, sådant, med ett ord, detta nära sex och ett halft århundrade gamla broderland, som beröfvade Sverige under 1808 och 1809 årens krig, endast genom en oklok, korttänkt

---

*) Deremot äro de hämndgirige och glömma ej lätt oförrätter. Från grymhet kan man ej heller frikalla dem. Sällan slutas trätor utan slagsmål, och dessa ej gerna utan blod. De bära i allmänhet en knif vid sidan och begagna den vid allvarsammare tillfällen, med ömsesidigt uppmanande, att säga huru mycket motparten tål af knifsudden, hvilken derefter och ej mer blottas och begagnas. Ett mindre blodflöde anses för intet; men ofta händer ock, att det blir för starkt och såret för djupt, och derföre intaga ransakningar om slagsmål och mord (åtminstone var förhållandet sådant i den ort der förf. vistades), en ej ringa del i domstolarnes protokoller.

**) Eller rättare vemodsfull; också är deras dans — märkvärdigt nog — ganska långsam, men mycket taktmässig, likaså deras melodiösa kyrkosång.

***) Och oaktadt denna folkökning afsätta och utskeppa Finnarne mycket födoämnen, såsom smör, fläsk och ej sällan säd; dessutom talg, hudar, bräder, bjelkar, timmer, tjära samt fisk och något vildt. Jernverken hafva tilltagit, äfvensom glasbruk, klädesfabriker och finare väfnader, utom hvad allmogens flit tillverkar i vallmar, lärfter, hampväfnader och strumpor, m. m. Inom Finlands olika trakter odlas med mer och mindre framgång hvete, råg, korn, hafra, bohvete, ärter, bönor, kål, potates, rofvor, lin, hampa, m. m. På vissa ställen, såsom i Tavastland, Savolax och Karelen, räknas icke 10:de kornet för en vanlig skörd. Fruktträd, körsbär och plommon, med flere ädlare bärsorter, växa och bära frukt i södra delen af landet.

Inledning. XXV

statskonst och bristande politisk moral, eller förgiftad nationalkänsla hos oligarkien. Det beröfvades derjemte detta *snillets och tålamodets arbete, detta alster af femtio-åra mödor och mer än tjugufem millioner Riksdalers omkostnad, som Sveas Lejon uppfört emot Rysslands örnar på 6 öar* *) *i granit och med granit, försvarade* af niohundrade eldgap; och detta Nordens Gibraltar, denna Sveas borg kostade eröfraren knappast två veckors spärning, några hundrade kanonskott och några underhandlingar.

Deremot består Rysslands storhet och magt mindre af dess vidsträckta ägorymd och dess 50 millioners, till språk och seder så olika befolkning, än af dess kloka och följdriktiga statskonst, som ej svigtar, ej urartar, ej förändras, antingen CATHARINA den listiga eller PAUL den fånige sitter på thronen. Oligarkiens grundsatser och anda äro der alltid desamma, alltid fosterländskt verkande. *Roms* statskonst är hos den återupplifvad: att målet helgar medlen; att statens storhet och ära böra afses framför allt annat, framför både enskildta personers, korporationers och t. o. m. dynastiska intressen; att herrska genom att söndra och förleda **) i fremmande, samt, i nödfall, äfven inom eget

---

*) På *Vargön* eller hufvudfästningen, är fältmarskalkens, grefve Ehrensvärds grafvård (af Sergel) upprest. Den består af en aflång fyrkant i slipad granit, på hvars smala ändar äro innefattade, i den ena främstäfven och i den andra akterdelen af en kanonslup, jemte hans vapen, kask, sköld och värja, allt af bronz. Inskriften är:
    Här hvilar Ehrensvärd,
    Omgifven af sina arbeten och sin flotta.
"Hans flotta är det icke mer," säger general von Döbeln; "men hans arbete "återstår. Ädla skugga, var tröstad! Det är icke magten, som utgör men-"niskans värde; det är snillet. Ditt arbete skall alltid framkalla be-"undran."

**) Derpå hafva vi förut åberopat bevis; men ännu bör ett tilläggas. — Sedan Ryska ministern i Stockholm Hr Alopæus, i anseende till sitt och Ryska kabinettets förhållande, blifvit satt under bevakning, anhölls ett till honom skickadt ilbud, som medförde åtskilliga skrifvelser från Ryska utrikes stats-ministern, grefve Romanzoff, ibland hvilka, utom allmänna uppdrag att söndra och förleda Svenska nationen, äfven följande mera enskildta förekommer (N:o 5) på Fransyska språket, hvarifrån det ordagrant är öfversatt så lydande:
    Min Herre!
Någre personer tro, att general Armfelt, föga nöjd med Svenska konungens sätt att bemöta honom, är, måhända, beredvillig att helt och

Inledning.

land; och att aldrig sluta fred efter ett nederlag eller motgång i krig.

Det var denna sednare grundsats, som ej allenast frälsade, utan ock förstorade Rysslands magt under den förfärliga kampen emellan *Söderns* och *Österns* örnar år 1812.

Hvem vet, hvad Sverige nu varit om det 1809 och äfven förut följt samma statskonst?

Kejsar Alexanders otålighet, att, efter Finlands eröfring och med dess bibehållande, så snart som möjligt få sluta fred, bevisar bäst, att äfven han, churu en mägtig herrskare, fruktade förändrade statsförhållanden. Också dröjde det icke länge, förrän oväntade moln framskymtade på den för Rysslands politik år 1808 så ljusa himmelen.

Händelserna i Bayonne, Österrikes rustningar, Napoleons magtspråk, Englands ihärdighet att icke blott sjelft fortsätta kriget, utan ock att dertill öfvertala och besolda andra stater, nu på en gång verksamt i Madrid, Wien och Berlin, med ett förledande öga redan fästadt på kabinettet i S:t Petersburg, kunde icke undgå Alexanders eller rättare hans statskloke rådgifvares oroande uppmärksamhet.

Gustaf Adolf kanske anade äfven något sådant, och det var, måhända, detta dunkla förevetande, som föranledde hans

---

hållet lemna hofvet i Stockholm. Som han icke är Svensk utan Finsk adelsman, synes hans öfvergång ej vara omöjlig, och, under nuvarande förhållanden, vore den för oss mycket fördelaktig.

Innan ni, min herre, lemnar Sverige, behagade ni undersöka, hvilka de önskningar äro, dem Herr Armfelt i detta hänseende hyser. — Om han inlåter sig med er i underhandlingar härom, bör ni ej underlåta att behandla saken på det mest grannlaga sätt; men, utan att förbinda er till något bestämdt, inskränker ni er att förespegla honom alla de fördelar, som kunna smickra hans äregirighet. Jag blir er mycket förbunden, om ni låter mig snart få kännedom om följderna af edra mått och steg.

Jag känner er erfarenhet i sådana ämnen och har således icke af nöden att fästa er uppmärksamhet huru väsendtligt det är, att sådana underhandlingar verkställas så, att de ej komprometera er. Jag litar i detta fall fullkomligt på er försigtighet och har äran &c.

St. Petersburg Grefve N. de Romanzoff.
den 5 Febr. 1808.

På detta sätt hade förmodligen *Sprentporten*, *Ehrenström*, *Hagelström*, *Jägerhorn*, *Palmfelt*, m. fl. blifvit inledda i förräderi; men kunde penningar eller äreställen tysta deras samveten, eller befria dem från hvarje hederlig mans förakt, äfven inom sjelfva Ryssland?

Inledning.

hallstarrighet, hvilken otvifvelaktigt hade i efterverldens omdöme fått namn af *ståndaktighet* och orubblig *karakterskraft*, om han klart känt och klokt utfört hvad han ansåg för det rätta och bästa, så väl i politiskt som militäriskt hänseende.

Men brist härpå, lika mycket som de lockelser, hvaraf han var omgifven, förorsakade hans och Sveriges olycka.

Slutligen, för att få beskrifningen härom så tydlig som möjligt, har jag, i stället för de vanligen begagnade kapitel och §§, indelat densamma i månader, såsom den ram, inom hvilken jag samlat sagde tidrymds händelser vid de olika krigsskarorna till lands och vatten, med öfverskrift af de personer och härar eller härafdelningar, hvartill de höra. Derigenom igenkännes både de sinsemellan sammanhängande tilldragelserna, och de personer som hufvudsakligt föranledt dem. Man kan sålunda få en öfversigt af det hela och en närmare kännedom af delarne, efter läsarens behag och önskan; och det månadteliga afbrottet, hellre än att störa sammanhanget, underlättar, hoppas jag, händelsernas sammanlänkning till ett helt, genom angifvandet på hvarje sida af år, månad och dag, jemte de utmärktare personligheter, som deltagit i händelserna.

För öfrigt har jag försett densamma med något öfver 500 noter, hvilka jag hoppas vara, i allmänhet, förtjente af läsarens uppmärksamhet, såsom innehållande än upplysningar, än anekdoter; men för att icke störa berättelsen i dess fortgång, finnas de stälde under den text dit de höra, och kunna således öfverhoppas af de läsare, som icke vilja afbrytas eller uppehållas af dem.

Måtte det hela likaså visst motsvara hvarje upplyst läsares billiga anspråk, som det varit författarens samvetsgranna bemödande, att göra hvar och en, vän eller fiende, full rättvisa, utan allt afseende på person och utan all menniskofruktan!

Till och med hans lifliga fosterlandskänsla har mången gång nödgats gifva vika för sanningens heligare kraf.

De ickeuppsåtliga fel, liksom andra brister, hvilka här kunna förefinnas och af sakkunniga blifva uppgifna, skola med nöje och tacksamhet rättas i en ny upplaga, i händelse behofvet skulle erfordra en sådan, hvilket författaren lifligt önskar, ej för sin egen skull; men till billig ersättning för förläggarens icke ringa uppoffringar vid utgifvandet af denna.

ÅR 1808.

FEBRUARI MÅNAD.

Oaktadt fredsvilkoren i *Tilsit* den **7 Juli 1807**, emellan Frankrike och Ryssland, ej kunde vara okände för Svenska regeringen, och ej heller voro det; oaktadt en vänskaplig magts varningar och den allmänna meningen, hvilken understöddes af tidens politiska ställningar och förhållanden, att Ryssarne ernade anfalla Finland och intaga det, gjordes likväl inga nödvändiga förberedelser till detta lands försvar [1]. Tvertom tilläts en Rysk officer [2] att vistas ifrån **1806** till början af **1808** [3] i *Helsingfors*, der han otvifvelaktigt hade äfven ett annat uppdrag än det snart fulländade, att på sin regerings vägnar uppköpa några tusen Svenska gevär, som bättre kunnat begagnas af oss än emot oss. Ryssarne deremot samlade krigsskaror och förråder i närheten *af Svenska gränsen*. Åt dessa rustningar lyckades man att gifva ett sken, som dolde deras verkliga ändamål och mångdubblade härens numerär [4]. Den uppgafs ända till **60,000** man, till och med af Svenska

---

[1] Gustaf Adolf, som enskildt och genom sin minister i Petersburg erhöll försäkringar om vänskap, trodde förmodligen icke på något fredsbrott.
[2] Majoren vid Ryska artilleriet Schulman, hvilken tillika hade tillträde till Sveaborgs fästning och fick derom, likasom om vissa officerares tänkesätt och förhållanden, en kännedom, som blef af mycken vigt vid de påföljande underhandlingarna om Sveaborgs öfvergång.
[3] Bidraget, N:o 25, sid. 7 noten.
[4] Sjelfva *Paul van Suchtelen* medger det, i Bidraget, N:o 21 sid. 8.

Första delen.

sändebudet i Petersburg [1]). Den utgjorde i verkligheten vid inbrottet icke stort mer än fjerdedelen deraf, eller omkring 16,000 man af alla vapen [2]). — Men denna ringa styrkas skickligt verkstälda fram och återtåg i och omkring Petersburg, verkade ett förstoradt rykte om dess antal och till osäkerhet, om ej döljande, af dess egentliga afsigt, hvarom vårt sändebud i nämnde hufvudstad, i början hade lika förvillande kännedom, som om antalet. Sluteligen kunde den rätta afsigten icke längre döljas, och då underrättade han derom, under den 23 Jan., både Svenska regeringen och öfver-befälet i Finland.

I anledning af denna underrättelse utfärdade tjenstförrättande general-befälhafvaren i Finland, generallöjtnanten *af Klercker*, under den 1 Febr., befallning till Finska regementerne att samla sig.

Savolakska brigaden kunde icke, i anseende till dess vidsträckta läge, oaktadt all möda och nit både hos befäl och trupp, vara församlad förr än den 20.

Skulle Ryska inbrottet skett med den hastighet, som det kunnat, samt, i så fatta omständigheter, bordt ske, hade större delen af Finska hären blifvit tagen på sina rotar och sjelfva *Sveaborg* fallit i den öfverrumplande fiendens våld, innan dess försvar i något hänseende hunnit ordnas [3]).

---

1) Bidrag N:o 15, sid. 9 noten.
2) Bidrag N:o 21, sid. 9. Den på Ryska språket författade historien om detta krig (af Gen.-L:t *Michaeloffski-Danileffskij*) uppger styrkan till 24,000 man af alla vapen och grader, men inberäknar det betydliga antal, som ej var under gevär på stället och blott stodo i rullorna. *v. Suchtelens* uppgift är således vida pålitligare, helst han rättat sig efter verkliga förhållandet, hvaremot den förre endast följt de offentliga rapporterna, hvilka öfverallt, men isynnerhet hos Ryssarne, äro föga pålitliga.
3) Det intygar också *Greg. Ad:an Aminoff*, i dess åberopade Bidrag N:o 25 och uppger sättet huru det, denna tiden på året, med fortskaffningen af några tusen man på slädar, lätt kunnat ske, då Sveaborg ej hade större besättning (den öfriga var permitterad), än att knappt vakthållningen kunde bestridas,

Till all lycka dröjde det fiendtliga infallet nära en månad. Denna tid, ehuru kort den var för en så mångartad verksamhet, som den nu af fosterlandspligten påkallade, begagnades af general *Klercker* och kommendanten på Sveaborgs fästning, vice amiralen *Cronstedt* med den mest hedrande omtanka.

De spridda skarorna samlades, munnförråd, skjutmedel, sjukhus- och utrednings-persedlar, foder-, stycke- och fortskaffnings-tross, hvilket allt saknades eller befanns i det ömkligaste skick, anskaffades, och tjenstemän samt ståndspersoner, ja allmogen, täflade i nit och uppoffringar [1]) till vinnande af det åsyftade ändamålet.

Den skicklige och driftige öfverste-löjtnanten vid Savolaks regemente, *Torsten Tavast*, sattes i spetsen för kommissariatet och uppfyllde sitt uppdrag med framgång.

Inom Sveaborg, hvilket regeringen lemnat åt sitt öde, likasom landtförsvaret, rådde icke mindre verksamhet. Dess bestyckning, beräknad för sjöförsvar, måste ändras efter fordringarne för ett nu förestående landtförsvar. Dertill måste i hast nödige behof af virke och plankor anskaffas, en mängd felande styckebäddningar förfärdigas, de gamle iståndsättas, befästningens yttre försvar fulländas med timrade vallar, bristen på gröfre stycken fyllas af skärgårds-flottans förråder, mera krut upphandlas, skott af alla slag göras och hvad efter Finska artilleri-regementernas af-

---

då alla skottbehof, med vallsutredning, funnos i förråderna och ingen enda lavett, som höll första skottet, utom på de verk, hvilka sommartiden bestryka inloppet till Gustafsvärd.

1) Rust- och rotehållare funnos (t. ex. inom de 2:ne indelta regementerna af Savolakska brigaden), som frivilligt sammansköto 1,910 lisp. 13 skålp. bröd, 944 lisp. 13 1/2 skålp. viktualie-varor, 2,087 lisp. hö och 19 t:r 21k:r hafra. Bidraget N:o 25. I allmänhet försedde rust- och rotehållare, på derom gjord uppmaning, förråderna med en månads proviant och foder.

täg från Helsingfors var qvarlemnadt, ditföras. Med ett ord: amiral *Cronstedt* lyckades att med kraft, verksamhet och omtanka, sätta fästningen i ett aktningsbjudande försvarsskick, hvilket hemtade en ytterligare styrka af en nu erhållen mer än 6,000 mans besättning.

Emellertid inbröt Ryska hären i trenne skaror, vid *Abborfors*, *Anjala* och *Keltis*, öfver Svenska gränsen, utan vanlig och formlig, ja utan all annan krigsförklaring, än tvenne proklamationer af Ryska öfver-befälhafvaren [1]).

---

1) Den första, dat. Fredrickshamn d. 22 Febr., innehållande hufvudsakligen att Ryska kejsaren beslutat, såsom orden lyda, att "med öfriga Ryska rikets provinser förena Finland under dess milda regering", samt att "uppmana landets deputerade att samlas i *Åbo* *), för att rådgöra om allt hvad till landets välfärd göras kan." — Den andra är af följande ordagranna innehåll: "Soldater, min allernådigste keisare giör det ondt, att han är för anlåten, emot dess önskan, til et verkeligt Beskydd, endast för lugnets, stillhetens erhållande samt för Finnarnas lycka att låta sina Truppar inrycka uti Finnland. — Vid detta rättvisa företagande har han stadfäst, att ej låta skjuta första skottett, til dess J, glömmande egen frihet, och föragtande lugnet, begynnen at vara verksamme, och til vårt missnöje hafven J det gjort. Förnyande denna hans Kejserl. Mayestäts vilja försäkrande Finska Nation om dess uppriktiga och sanna välvilja för detta land och ånyo förvissande äfven er Soldater at J egen del uti dess Kejserliga Mayestäts nåd, — J gode Finnar som igenom ödets skickelser ären landets krigsfolk J ären mer beklagansvärde J lemnen eder hemvisten edra anförvandter och måsten söka döden för en orättvis sak. Soldater min allernådigste Kejsare har anbefaldt mig at tillåta den af eder Som frivilligt afgifver gevär, at återvända til sina hemvister, eller hvart hvar och en önskar, och dessutom, betalar för hvarje gevär Två rubell för en sabel och andre vapen En rubell, Samt för hvarje häst Tjo Rubell, Hvem ibland Eder skulle så litet älska lugnet, at han icke skyndar sig at släcka det orätta uppmanandet till krig för att skaffa sig ett fredligt och lyckligt lif under min allernådigste Kejsares beskydd. Louisa Högqvarteret d. 22 Febr. 1808. Orriginalet är underskrifvet af Grefve Buxhöwden." — Hvaremot från Svenska regeringen afsändes följande svar: "Hvar laglig Regering, hvar manlig och redlig Krigsman, hvar trogen undersåte döme detta förfarande. Ett lömskt infall i en

---

*) Som ännu var en Svensk tillhörighet; men denna säkerhet om Ryska vapnenens framgång, bevisar att man i Petersburg förut kände Svenska regeringens plan, att, utan motstånd, lemna Finland och utan hvilken kännedom Ryssarne ej inryckt med en så otillräcklig styrka, och ej heller i förhand till ständernas samlings-ort utsatt ett ställe, hvilket de ej egde, och som det eljest hade varit osäkert om de någonsin skulle komma att äga. Dessutom förseddes grefve Buxhöwden, enl. Michailoffskis uppgift, af kejsaren med S:t Annæ Ordens kors, att utdelas åt de pastorer i Finland, hvilka visade nit för Ryska härens vänskapsfulla emottagande, m. m.

Den 21, 23. Elimä; *Ahrenkil;* Muttom; *Bremer.*

Fienden förmodade, att Finska krigsskarorna, efter sådana uppmaningar, lockelser, försäkringar och löften, ej skulle aflossa ett skott, icke visa någon motsträfvighet, icke lemna sina lugna hem, hustrur och barn, för att kasta sig i krigets äfventyr, lidanden och olyckor för en *orättvis sak*, såsom orden lyda i nämde proklamation.

Finska krigarne besvarade dessa uppmaningar med ett tyst förakt och det tappra motstånd, man här och der gaf dem tillfälle att ådagalägga.

Vid *Elimä* försvarade sig *Ahrenkils* postering, d. 21, ett helt dygn, mot en vida öfverlägsen styrka af Ryska skidlöpare och ryttare. Han bergade dervarande upplag och drog sig med ordning tillbaka.

Vid *Muttom* by bevakade kaptenen vid Björneborgs reg:mte J. C. *Bremer*, med sitt kompani, vägarne åt Mörskom, Lappträsk och Liljendal. Han blef den 23 först anfallen af en ryttare-skara, som uthärdade endast några väl riktade salfvor innan den återvände. En half timma derefter gjordes anfallet af både häst- och fotfolk; men hvilket också afslogs. Men vid tredje försöket, som skedde med ökad styrka och en öfver-

---

frodlig grannes land, börjadt med budkaflar till uppror, är oerhördt i alla tider, äfven de sednare, så rika eljest på exempel af våld och orättvisa. Ryska riket, Frankrikes allierad, är ej mägtigt nog att enligt Folkrättens former afbida ett motstånd af en genom årstiden åt sig sjelf lemnad Provins. Det behöfver förräderi och försåt: Regeringen söker köpa folket i massa genom löften om friheten, Anföraren vill köpa Soldaten styckta1s, som han kunnat köpa lifegna på Petersburg och Rigas Torg."

"*Finnlands Trogne Inbyggare! Aktningsvärde Folk!* Er Konung har under hela sin Regering sörjt för ljus, odling och välmåga i Edert land; en trolös Granne hotar att störta Er ned tillbaka till framfarna tidehvarf: Ert grannskap blef honom en förebråelse. Hans svärd är sträckt öfver Edra hufvuden, hans blodiga händer åt er egendom, hans bloss åt Edra hemvister: och hans löften åsyfta blott att utan fara få nalkas dem. Grämd öfver krigets olyckor, men tillfredsställd att ej hafva vållat dem, vet Er Konung, att Edra hjertan blifva oförförda, Ert mod okufvadt tills Han kan fritt nyttja Sina egna och sin bundsförvandts krafter att skydda och hämnas Er. Stockholm d. &c."

Den 23, 24. Muttom; *Gestrin*. Kuuskoski; *Eck, Stjernvall, Brakel.* Salmela; *Fleming.*

flyglande rörelse, nödgades Bremer draga sig tillbaka åt Mörskom. Fältväbel *Gestrin* utmärkte sig i synnerhet.

Vid *Kuuskoski*, den 24, försvarade sig Major *Eck*, med sin bataljon Björneborgare; men den skicklige och modige öfverste-löjtnanten och riddaren *Stjernvall*, omringad af Ryssarne, blef fången [1]. Den tappre löjtnant *Brakel* skyddade, med sine jägare, återtåget för de närgångne Ryssarnes försök att oroa, samt, om möjligt, afbryta detsamma. *Eck* drog sig med ordning åt Mörskom [2].

Samma dag visade sig Ryssarne vid *Salmela* by. De mottogos med köld af öfversten, baron *Fleming*, hvilken befalte Åbo läns jägare och en afdelning

---

[1] Han hade rest till högqvarteret för att öfverlägga om försvaret, då han vid återkomsten hörde skott från byn. Han skyndade sig tillbaka och ehuru han såg några Ryssar svärma i byn, trodde han dock att hans jägare skulle hålla dem undan, och han, med sin raska häst, kunna köra igenom de spridda fienderna; men hästen skenade, släden kastades omkull och den djerfve köraren, som redan kommit förbi flera Ryssar, blef tillfångatagen. — Samma öde träffade regements-auditören, assessor *Johusson*, som af nyfikenhet dröjt för länge qvar i byn.

Stjernvalls fångenskap var en förlust för hären. Han hade, aftonen förut, yttrat mycken bitterhet emot Ryssarnes försåtliga inbrott och uppmanat sina kamrater att modigt vedergälla detta förfarande, tilläggande: "Adlercreutz och jag hafva förpligtat oss, att, hvad i vår förmåga står, låta fienden dyrt betala de fördelar han vill vinna." Han qvarstadnade dock i Finland, lät begagna sig i Rysk tjenst, samt emottog ordnar och värdigheter af Finlands *försåtlige* inkräktare.

[2] Under återtåget till Forsby hände, att en löjtnant *Andersin* ansåg sig pligtig att hälsa på de efterföljande Ryssarne med några sexpundiga skott. Men öfverste v. Döbeln förebrådde honom derföre, emedan afståndet var för stort. Några ögonblick derefter inträffade likväl, att en fiendens haubits borttog taket af en närbelägen koja, hvari en marketentare bjöd ut drickvaror, och samma granat kom, likt en objuden och okär gäst, ej blott till, men äfven uti sjelfva punsch-bålen. Andersin fick nu befallning att skjuta tillbaka. — Den närmaste stadens borgare, som trodde Svenskarne hafva följt en annan väg, voro beredde att mottaga Ryssarna, och Magistraten hade inställt sig, klädd i kappa och värja, för att vid tullporten välkomna Ryssarne; men mötte i stället Svenskarne. v. Döbeln, häröfver uppbragt, emottog dem deremot på *Ryskt sätt.* Bidraget, N:o 4.

Den 27. Käkelä; *Adlercreutz.*

Nylands dragoner, att kasta fienden tillbaka. Han uppmanade dem att slås som Svenskar, och de gjorde så.

Under major Furuhjelm drogo sig Björneborgarne vidare tillbaka från *Mörskom* till *Orimattila*, der de förenade sig med Åboländningarne.

Vid *Käkelä* by, den **27**, öfverraskades dessa sedermera midt i natten i sina qvarter af Ryssarne. Öfverste *Adlercreutz*, som förde befälet öfver de här samlade trupperna, hade försummat [1]) att låta bevaka venstra flygelvägen, hvarifrån det oväntade anfallet skedde. Deremot försummade han icke, att i ögonblicket, med den honom egna bestämdhet, ordna försvaret.

Ryssarnes flera gångor förnyade, och under förfärligt skrik gjorda anfall afslogs. De inträngde flera än en gång i byn och blefvo med bajonetten tillbakakastade. Inga fiendens bemödande kunde rubba Björneborgarnes, Åboländningarnes och Nylands jägares ståndaktighet. Deras ifver att rusa på Ryssarne utom byn, kunde med möda återhållas af *Adlercreutz*, som mot en okänd styrka, midt i natten, icke ville vedervåga en möjligen olika strid. Trettiosex graders köld, mörkret och en oupphörlig eld sammanparad med de blanka vapnens gny, gjorde denna strid till en verklig bardalek, säger *Adlercreutz* i sin rapport om densamma. Kl. 2 om morgonen minskade sig fiendens eld, och kl. 3 hade hans anfalls-skaror dragit sig tillbaka.

Adlercreutz beredde sig på ett nytt försvar, då han erhöll befallning att fortsätta återtåget. Han tröstade de stridslystne trupperne sålunda: "Vi hafva i natt slagit fienden. Vi draga oss derföre såsom segrare tillbaka. Misstron icke edert befäl eller den plan Kongl.

---

1) Hvilket han öppet tillstår i sin rapport af den 28.

Den 28. Okerois; *Adlercreutz*, *Fleming*.

Maj:t antagit för kriget. Varen säkre derpå, att J skolen få visa edert mod, då något ändamål till landets försvar derigenom kan vinnas."

En hop allmoge var härvid samlad, och anmälde sig vara beredd att gripa till vapen för fäderneslandets försvar; men vapen- och mat-brist hindrade antagandet af dessa anbud, under ett återtåg, hvilket redan, utan ökad menniskomassa och deraf lätt härflytande oordningar, påkallade besvär och omtanka.

Öfversten, baron *Fleming*, som förde befälet i den by, der kampen ägde rum, utmärkte sig genom mod och verksamhet.

Förlusten var ej betydlig på Svenska sidan. Utom några fångar, som gjordes, och några vapen, hvilka togos, är Ryssarnes förlust icke känd.

Ifrån *Orimattila* fortsattes återtåget till *Kangantaka* by. Tavastehus regemente, som på vägen till *Iitis* gått fram till Nyby, fick befallning att draga sig undan till *Okerois*, en half mil från *Kangantaka*.

Af misstag hade en bataljon Åboländningar, som skulle qvarstanna i *Okerois*, till Tavastehusarnes ankomst, fortsatt sitt återtåg till *Kangantaka*, hvarigenom förutnämnde ställe var blottadt.

Underrättad derom påskyndade *Adlercreutz* Tavastehusarnes marsch; men fienderna begagnade sig med sådan snabbhet af tillfället, att de, på anfall oberedde och af den stränga kölden [1]) och det besvärlige återtåget utmattade Tavastehusarne icke kunde hålla stånd. De tillbakakastades af de raskt påträngande Ryssarne, hvilket åstadkom någon oordning och förlust, som ej kunde hindras ens af den till striden hastande, mo-

---

1) Hvari de i 16 timmar hade stått under gevär, inberäknadt marschen från Lahtis och Sairakkala.

dige och förslagne öfverste *Adlercreutz*. — Fångne blefvo: major *von Essen* och fändrik *Tamelander* af Tavastehus fotfolk, samt löjtnanterne *Uggla* och *Strålenhjelm* af jägarne, alla sårade. Trettio man stupade, blefvo sårade och fångne, utom de som till händer och fötter blifvit förkylde. Ryssarnes förlust är ej uppgifven; men ansågs i döde och sårade ej obetydlig.

Derefter fortsattes återtåget till Tavastehus, i hvars granskap, sammanstötte Åboläns, Björneborgs och Tavastehus regementer, jemte Nylands dragoner och infanteri, Österbottens södra bataljon och nödigt antal fältstycken.

St. Mickel. *Cronstedt.*

Under tiden hade de Savolakska regementerne samlat sig i *St. Mickel*, hvarest de, under öfversten, grefve *Cronstedt*, inträffade den 20.

Ryssarne, under general *Tutschkoff*, hade på denna sida inbrutit öfver Svenska gränsen den 28, vid *Rantasalmi, Sulkava, Puumala* och *Kristina*.

Deras rörelser och företag bevakades endast af en ströfflock Nylands dragoner, under löjtnant *Ruthenskiöld*, som vid *Ingila* stötte på en Kossack-postering och jagade densamma undan.

MARS MÅNAD.

Ehuru den Ryska styrka, som närmade sig till *St. Mickel*, icke var fruktansvärd och föga manstarkare än den dervarande Svenska, beslöt grefve *Cronstedt* dock att draga sig undan; han gjorde det dagen efter, sedan han ifrån Tavastehus förråd erhållit

900 st. brukbara gevär [1]). De mindre dugliga lemnades qvar i *St. Mickel.*

Utom det att Cronstedt ej ansåg detta ställe, vintertiden, med framgång kunna försvaras, verkade till återtåget den omständigheten, att hans flyglar voro blottade, i synnerhet åt *Jokkas*. Att öfverbefälhafvaren lemnat denna punkt, om ej obevakad, åtminstone oförsvarad, var så mycket mera anmärkningsvärdt, som de olika vägar, hvarpå Ryska trupperne på detta håll framryckte, der förenade sig.

En del af de i St. Mickel anlagde förrådshusen, tillika med kanonsluparne i Kristina, uppbrändes, jemte kronans byggnader, utom den, hvari de oduglige ansedde gevären förvarades och hvilka derföre föllo i Ryssarnes händer och användes af dem mot Svenskarne [2]).

Så mycket den i hast samlade häst-tillgången möjligen tillät, medtogs af de härvarande betydliga förråd; men återstoden måste offras åt lågorna, i brist af omtanka att i tid undanskaffa dem.

Sedan ett falskt rykte bringat Savolaksarne att stå en hel natt under gevär i en köld, som ändamålslöst försatte **100** tappra soldater på sjukhuset och med detsamma i fiendens våld, vidtog återtåget.

Det började den **1** och verkställdes genom *Haukivuori* och *Pieksämäki* till *Leppävirta*.

Denna marsch på en för fienden okänd och i allmänhet mindre begagnad väg, verkade villrådighet i general *Tutschkoffs* rörelser. Derigenom fick *Cronstedt* tid och rådrum att ordna sina skaror, samt att medföra mat- och utredningsförråder, jemte stycken, hvilka skulle åtfölja hären.

---
1) Dessa fördes en fjerdedels mil nära Ryska gränsen utan bevakning och kommo lyckligen fram.
2) Hvilka sedan saknade vapen att lemna åt den talrika allmoge, som ville resa sig till fosterlandets försvar.

Klercker.

Emellertid hade general *Klercker* samlat sina skaror i nejden af Tavastehus. — Denne 70:årige general med brinnande mod, ernade försvara sig der och lemna en hufvud-drabbning. Han trodde Svenska hären stark nog att kunna mäta sig med fienden, som visserligen till numerären var något större; men denna fördel motvägdes af Finnarnas stridslust, af deras åtrå att försvara sin hembygd, och att i de sinas åsyn få visa hvad de förmådde genom sin ihärdighet, sin tapperhet och varma fosterlandskänsla.

Denna tillförsigt, denna sinnes-stämning, underhållen och stärkt af de tillfälliga strider, som redan egt rum, trodde general *Klercker* sig ej böra lemna obegagnad, helst ett otvunget återtåg af honom ansågs olämpligt och möjligen modfällande för de tappre, hvilka redan allmänt klandrade den.

En slagtning var sålunda af honom beslutad och alla förberedande åtgärder dertill vidtagna, då högsta befälhafvaren för Finska hären, H. Ex. grefve *M. Klingspor* [1]) ankom med konungens Instruktion af den 4 Februari [2]).

---

1) Vid dess general-stab voro anställde: såsom general-adjutant för hären, öfversten, grefve G. Löwenhjelm; expeditions-chefer: majorerne v. Knorring och v. Otter; såsom stabs-adjutanter: öfv.-löjtn. Suremain, kapt:ne M. Björnstjerna, baron Ramsay och Clairfelt och såsom grefve Klingspors egne adjutanter: majoren baron Wrede och kapt. Ulfsparre.

Öfverste af Schenbom var af konungen nämnd till general-intendent.

Första fördelningen (brigaden) (under öfverste Palmfelt), utgjordes af Björneborgs regemente 1000 man, dess rusthålls och varg:a bataljoner 1250 man, af Nylands fotfolk 500, d:o jägarne 130, Nyländs dragoner 300 eller tillsammans 3,118 man, utom skytteri.

Andra fördelningen (under öfverste Adlercreutz), bestående af Åbo läns fotfolk, 500, samma reg:tes rusthålls bataljon med dess vargering 750, en bataljon Tavastehus läns fotfolk 500, d:o jägare 250, samt af Nylands dragoner 250, eller tillsammans 2,250 man, utom skytteri, hvartill här stötte och med denna fördelning förenades Österbottens reg:te 1000 man.

Tredje fördelningen utgjordes af de Savolakska och Karelska skarorna till häst och fot, 2 kompanier af arméens flotta, tillsammans 3,750 man, utom skytteri. (Under öfversten, grefve Cronstedts befäl).

2) Detta maktpåliggande dokument har följande ordalydelse:

Klingsporska hären.

Ehuru denna instruktion föreskrifver "frälsningen af armén och fästningarnas försäkrande, såsom förnämsta ändamålet af försvarsanstalterne under påstående vinter", ålägger den likväl derjemte, att, "så långt möjligt blifva kan, den inträngande fienden söka hin-

---

"GUSTAF ADOLPH med Guds Nåde &c. &c.

Wår synnerliga ynnest &c. — Sedan politiska ställningen i allmänhet tagit ett sådant skick, att, oaktadt WI uti det yttersta sökt och ännu söke att med Hans Kejserliga Ryska Majestät underhålla de fredliga förbindelser, som Oss redan länge förenat, synas likväl de anstalter, hvilka å Ryska sidan nu förehafvas, syfta åt ett snart fredsbrott, hvilket om det skulle inträffa under påstående vinter, då undsättning ifrån Sverige, i anseende till den afbrutna communicationen icke meddelas kan, skulle blifva så mycket betänkligare, som de af naturen den blida årstiden danade pass och starka positioner, sedan sjöar och kärr blifvit isbetäckta, icke med någon fördel kunna af Finska Armén mot en inträngande öfverlägsen fiende begagnas. WI finne fördenskull i sådan händelse förnämsta uppmärksamheten böra användas att rädda hvad af Armén frälsas kan, att uti fästningarna Sveaborg och Svartholmen inkasta så mycket trupper, som utrymmet derstädes medgifver, och att låta den öfriga delen af Finska Armén i möjligaste ordning draga sig åt Österbotten, intill dess med första öppet vatten andra anstalter till landets återvinnande kunna tagas. I detta afseende afsände WI nu Öfversten och Riddaren af Wår Svärds-Orden af Schenbom, för att bereda subsistancen för den öfriga delen af Finska Armén, å de ställen dit den bör retraiten anställa. WI anbefalle äfven vederbörande, att Eder så fort sig göra låter öfversända Nittioentusen (91,000) R:dr Banco, hvaraf Sextiotusende (60,000) R:dr såsom aflöning för garnisonen på Sveaborg samt Sextusende (6,000) R:dr till garnisonens aflöning på Svartholmen, under den tid desse fästningar af fienden kunna instängde blifva, böra commendanterne under deras och vederbörande uppbördsmäns vård och ansvar öfverlemnas. Det som af förenämnde summa sedan återstår, ägen J att till Finska General-krigs-commissariatet öfverlemna, för att användas dels till betalande af nödige artillerihästar, efter vederbörligen åsatt värde, dels till aflöning för den i fält blifvande armén, så länge och intill dess flere medel för sistnämnde behof kunna Eder härifrån tillställte varda; men ehuru WI, såsom förbemält är, anser frälsningen af armén och fästningarnas försäkrande böra blifva förnämsta ändamålet af förvarsanstalterne under påstående vinter, vänte WI likväl att J så långt möjeligt kan blifva, söken att den inträngande fienden hindra och emotstå, samt icke förr än nöden påtränger retraiten företagen. I sådant afseende vilje WI Eder följande till Eder efterrättelse i nåder meddela. Så snart J förnimmen anstalterne å Ryska sidan taga ett hotande utseende, eller äfven dessförinnan i den mån Commendanterna till nödige arbetens bedrifvande det fordra skulle, ägen J att förstärka garnisonerne å Sveaborgs och Svartholms fästningar, så att Sveaborg, utom Artilleriet, Arméns flottas trupper samt de för flottans framdeles utrustning erforderlige båtsmän, erhåller till besättning ungefärligen 6,000 man, samt Svartholmen 500 man, utom nödigt Artillerie, som till sistnämnde ställe af Eder genast commenderas bör. Garnisonen å Svea-

dra och emotstå, samt icke förr än nöden påtränger retraiten företaga."

Åberopande denna föreskrift, jemte Ryska härens öfverlägsna antal, lät grefve *Klingspor* [1]) det tillkallade krigsrådet förstå, att han icke tilltrodde sig kun-

---

borg finne WI helst böra utgöras af de der redan förlagda bataillonen af Hennes Majestäts Enkedrottningens och Jägerhorns ke Regementerne, hvilkas *permitterade*, äfvenså väl som sjöartilleriets och landtartilleriets, genast inkallas skola; 2:o af 500 man af Nylands, 500 man af Åbo läns samt 500 man af Tavastehus Linie-infanterie-regementer, hvilke, enär de till fästningen incommenderas, böra dit medföra, den hvarje af dessa bataillonen tillhörande nya tross. 3:o af förenämnde regementers samt Nylands dragonekorps vargering, tillsammans 1,800 man samt 4:o hela Adlercreutzska regementet äfven 1,800 man; börande vid uppbådandet af dessa trupper den ordning följas, att de som långst äro bortbelägne först incommenderas; men som i afseende på Adlercreutzska regementet och förenämde vargerings bataillonen, i fall rätta föremålet af deras sammandragande blefve genast kändt, flera svårigheter kunde möta deras församlande, så anbefalle WI, uti bifogade bref, Landshöfdingarne och Regements-Cheferne, att så fort sig göra låter till en och samma dag och å de vanliga mötesplatserne dessa trupper uppbåda, för att undergå besigtnings- och cassations-mönstring, på lika sätt som förut med de andre Finske regementer anbefallt blifvit, ägande J, att så snart de i förberörde afseende församlade blifvit, genast låta dem till Sveaborg afmarchera. Till garnison å Svartholmen förmode Wi den i Lovisa förlagde bataillon af Jägerhornska regementet, 300 man under Major *Gripenbergs* befäl, sedan alla dess permitterade blifvit inkallade, lämpligast kunna användas, tillika med de under Nylands jägare-bataillon hörande tvenne värfvade compagnier, hvilka sistnämde på lika sätt dessförinnan sammandragas och af Eder commenderas böra, som här ofvan i afseende på Adlercreutzska regementet befallt blifvit. Det öfriga af de uti nedre delen af Finland förlagde trupper bören J, så snart anledningar till alfvarsammare rörelser å gränsen sig visas eller underrättelser inlöpa om verklige fiendtlige afsigter, ikring Tavastehus sammandraga och vid ordernes utfärdande derom besörja, att rotarne och de rustande förse sine karlar med kost och fourage, för så många dagar och emot samma vilkor, som vanliga varit, då hastigt uppbrott de förra åren för befarade fiendtligheters skull blifvit anbefallt. Desse vid Tavastehus således församlade trupper böra fördelas uti tvenne brigader, hvaraf den första kommer att bestå

---

1) I underdånig rapport till konungen, från *Akkas Totola* d. 9, uppger han såsom orsak till återtåget, utom fiendens öfverlägsenhet, behofvet att förena sig med Savolaks fördelningen, för att, jemte den landtstorm, som upprättades i Österbotten, med samlade krafter motsätta sig fiendens vidare framryckande. Dessa skäl synas svaga, helst fiendens befarade öfverlägsenhet var mera skenbar än verklig. Tjenstgörande general-adjutanten, grefve Löwenhjelm understödde general Klerckers tanke; men grefve Klingspor erinrade honom om instructionens ordalydelse (den Löwenhjelm i dess helhet icke fått se) samt om Lewenhaupts öde.

Förf. och Bidraget N:o 24.

na våga en hufvud-drabbning, som af general *Klercker* fortsatt yrkades, i stöd af de skäl, hvilka förut äro åberopade, och under försäkran, att fiendens styrka voro mindre än den förmodades vara, att han sjelf ville utföra sin plan och med sitt 73:åriga hufvud an-

---

af Björneborgs regemente 1,000 man, dess rusthålls och vargerings batailloner 1,250 man, 500 man af Nylands infanteri, 130 man af Nylands jägare, 250 man Tavastehus jägare och 300 man af Nylands dragoner, tillsammans 3,430 man, utom nödigt artilleri, som å brigaden fördelas bör. Till Chef för denna brigad hafva WI i nåder utsett General-Adjutanten, Öfversten och Riddaren af Wår Svärds-Orden Palmfelt, hvars förordnande WI Eder härhos öfversände, för att honom tillställas, enär behofvet så fordrar. På lika sätt och i lika afsigt tillsände WI Eder äfven Wårt nådiga förordnande för General-Adjutanten, Öfversten och Riddaren af Wår Svärds-Orden Adlercreutz, att i egenskap af Brigad-chef föra befälet öfver andra brigaden, hvilken kommer att utgöras af en bataillon Åbo läns infanteri 500 man, samma regementes rusthålls-bataillon med dess vargering 750 man, en bataillon af Tavastehus läns infanteri 500 man, 250 man af Tavastehus läns jägare samt 250 man af Nylands dragoner, tillsammans 2,250 man, utom nödigt artilleri. Den tredje Brigad-chefen, Öfversten, General-Adjutanten och Riddaren af Wår Svärds-Orden Grefve Cronstedt, som har under dess befäl alla Savolakske och Carelske trupperne, bören J med behörige ordres förse, att så snart anledningar till fiendtlige rörelser på Savolakske gränsen skulle märkas, genast församla alla trupperne samt med de Savolakske, under retirerande, försvara sig ända till *Jorois;* der hålla stånd så länge möjligt kan blifva samt draga sig sedan tillbaka genom *Cuopio,* hvarest Carelske jägarne böra få ordres att tillstöta, för att sedan, med den öfriga brigaden, öfver *Idensalmi* retirera åt *Uleåborg;* börande så väl under denna retrait, som enär de nedra brigaderna blifvit tvungna att draga sig tillbaka åt Österbotten, så mycket af hästar och boskap som från det öfverlemnade landet samlas kan, derifrån medföras på det fienden så medelst må betagas utvägen till föda och transporter. WI anbefalle nu äfven Commendanten å Sveaborg, vice Amiralen, Commendeuren och Riddaren med Stora Korset af Wår Svärds-Orden, och Commendeuren med Stora Korset af S:t Johannis af Jerusalem Orden, Cronstedt, att genast använda all möjlig omtanka till fästningens behöriga iståndsättande och försvar, att till de i sådant afseende nödige arbeten hos Eder reqvirera erforderligt manskap, samt af Finska båtsmännen uppbåda nödig styrka för utrustningen af 20 Canonslupar, 51 Canonjollar och 2 Hemmema, som under tiden böra beredas att med första öppet vatten kunna utlöpa; att i händelse under påstående vintertid fienden öfver gränsen inbryta skulle och de i fält varande Finska trupper, sedan garnisonerne förrberörde förstärkningar erhållit, blefvo nödsakade till retraite, då med lif och blod till det yttersta försvara fästningen, samt hellre än att låta den der förlagda flotta falla i fiendens händer, densamma, enär sådant ej längre kunde hindras, med alla tillhörige förråd och effecter uppbrännas. Hvad Commendanten på Svartholmen

svara för utgången, tilläggande med värma: *"må det falla för fäderneslandet."*

Detta ämne påkallar så mycket mera en närmare utredning, till vägledande af den sakkunnige och oväldige läsarens omdöme, som det länge varit tvist och tvifvel underkastadt, hvad som nu var rättast, antingen

---

åter angår, så bör han väl af eder förses med lika ordres, att genast besörja om fästningens behöriga iståndsättande, att ofördröjligen låta företaga och verkställa alla i sådant afseende nödige arbeten, och att sedan fienden i landet inbrutit, med den genom Eder försorg förstärkte garnisonen försvara fästningen till sista man; men som, enligt Wår ofvangifne befallning, Major *Gripenberg* kommer att med en bataillon af Jägerhornska regementet å Svartholmen förläggas och han är äldre Officer än Capitaine *Schoults*, tillsände WI Eder hosgående förseglade förordnande för att Major *Gripenberg* i sinom tid tillställas, och hvarmedelst WI uppdraga honom att i fästningen taga öfverbefälet, samt i öfrigt rätta sig efter de för Commendantskapet utfärdade instructioner och befallningar. Vidare, och som i händelse det befarade vinteranfallet från Ryska sidan skulle äga rum, det icke möjligt blifver att frälsa den i *Åbo* förlagda escadren af arméns flotta, så anse WI densamma med alla sina förrådshus böra uppbrännas, så snart fienden öfver gränsen inbrutit och armén blifvit nödsakad att åt Österbotten retirera. WI tillsände Eder fördenskull hosgående Ordres, som J egen att i förrberörde afseende Escadre-chefen till verkställighet i behörig tid öfversända. På lika sätt och vid lika tillfälle bören J derom besörja, att arméns flottas fartyg och effecter i *Christina* och *Warkaus* icke måga falla uti fiendens händer, utan heldre uppbrände och förstörde varda, så snart Finska trupperna blifva satte i nödvändighet, att förrberörde orter för den inträngande fienden öppne lemna; börande J föröfrigt anstalt foga, att de sistnämde escadrer, tillhörande Volontaire-compagnier, hvilkas permitterade, lika med den öfriga arméns, genast inkallas böra, så snart förenämde uppbränningar verkställde blifvit, sedan jemte de öfrige af Finska trupperne genast åt Österbottniska sidan sig retirera. Slutligen, och som de befallningar WI Eder nu gifvit, grunda sig på de kunskaper WI för det närvarande äga om Ryska Kejsarens afsigter, men dessa under tiden dels kunna undergå förändring, dels kanhända hastigare eller långsammare utvecklas, än WI ännu äga anledning att förmoda, öfverlemne WI till Eder försigtighet att vidtaga alla de anstalter, som J finnen mest böra bidraga till de ändamål WI för Eder nu ådagalagt, så att på det nogaste iakttages det fienden icke må kunna begagna sig af de förråd, som till äfventyrs icke skulle hinna frälsas, men hvilka fördenskull böra för allt bruk och nyttjande innan retraiten förstöras. Skulle åter med anfallet till våren fördröjas, blifva då andre mått och steg nödige, hvarom WI Eder i sådan händelse närmare underrätta skole. WI befalle Eder &c. Stockholms Slott den 4 Februari 1808.

GUSTAF ADOLPH.

C. Lagerbring."

Till Herr Generalen Grefve *Klingspor.*

att bjuda fienden spetsen eller — hvad som skedde — frivilligt draga sig tillbaka 1).

De, hvilka med grefve *Klingspor*, äro af den sednare tanken, åberopa, såsom skäl derför, konungens föreskrift, fiendens öfverlägsna antal och behofvet att samla alla de stridskrafter, som det bakom varande landet kunde erbjuda, för att sedan, med förenad styrka, kunna emotstå fienden.

De åter, som dela general *Klerckers* åsigt 2) och således äro af den motsatta öfvertygelsen, göra följande inkast: att konungens åberopade föreskrift, enligt hvad visadt är, icke förbjuder, tvertom ålägger Finska härens öfverbefälhafvare, att göra allt möjligt motstånd, samt att ej draga sig tillbaka, förr än nöden påtränger; att den förmodade fiendtliga öfverlägsenhet var mera inbillad än verklig, hvarom man inom eget land, omgifven af redlige, fienden hatande medborgare, ej bordt vara länge okunnig; att de stridskrafter man hade att samla längre in i landet, ej voro betydlige, hvaremot fienden, med sina stora tillgån-

---

1) Det fanns också en tredje utväg, den af Sveaborgs store uppbyggare afsedda, att inkasta Finska hären i fästningen, tills öppet vatten kunde tillåta dess begagnande när och hvar som helst, för att under tiden utgöra en betänklig styrka på fiendens rygg. Detta var också amiral Cronstedts önskan och väntan; men de otillräckliga förråden af födoämnen tillåto icke hopande af denna menniskomassa på ett ställe. — Hade detta skett, så är det troligt, att fästningen och Finland blifvit frälsade, den förra från kommendantens förräderi och det sednare från fiendens våld, helst om det lilla kriget blott egt rum, och landet blifvit försvaradt på Spanskt sätt och med dess fosterlands-känsla, samt Ryssarnes skaror och förråder sålunda öfverallt bortplockade och tillintetgjorda.

2) Ibland dessa var också öfverste Adlercreutz en, som trodde att här, hvarest Svenskarne voro jemnstarka med fienden, skulle de Finska trupparne icke hafva sparat lif och blod, emedan de midt ibland de sina stridt för allt som var dem heligt, för *äran* och *hembygden*. Och hade man slagit fienden, och han icke genast erhållit betydlig förstärkning, så skulle Svenskarne afgjort vinterfälttåget redan vid dess början.

gar, kunde hinna hopdraga ansenliga förstärkningar och genom landets intagande vinna ett nu saknadt både militäriskt och politiskt fotfäste; att Finska truppernas brinnande stridslust [1]) var en moralisk kraft af öfvervägande fördel, som ej borde lemnas obegagnad; och slutligen: att en förlorad drabbning aldrig kunde medföra svårare följder än ett allmänt återtåg, hvilket, äfven frivilligt företaget, alltid och isynnerhet denna årstid, med derunder åtföljande mödor och sjukdomar, kostar föga mindre folk än en, om ock blodig, strid, som i alla fall varit ärofullare, och vida mer tillfredsställande, än ett otvunget öfverlemnande af hemlandet. Dessutom kunde alla förråder transporteras undan på återtågsvägen och sålunda ingenting af dem vedervågas, genom en till äfventyrs mindre lycklig utgång af slaget. — Alla dessa skäl gällde äfven för Savolakska fördelningen, isynnerhet då den befann sig i och omkring *Carlvik* och *Leppävirta*, der läget och fiendens ställning [2]) gåfvo hopp om en ärorik seger för våra vapen. — Skulle en lika framgång — hvilket ej heller var någon skälig anledning att betvifla — krönt Svenska vapnen vid *Tavastehus*, och Ryssarne sålunda öfver allt blifvit slagne, hade hela det bakom varande landet, eller nära $\frac{15}{16}$:delar af Finland, varit frälsadt från både egna och fiendtliga härars förödande genomtåg, den redan intagna delen af landet befriad, flere af de förråd och magaziner, jemte arméens flotta i Åbo bibehållna, de der nu föllo i fiendens

---

1) Intygad af grefve Cronstedt sjelf i dess rapport, dat. Kuopio d. 12 Mars, deri han säger, att hans tropp "*brann af begär, att mäta sig med den fiendtliga och redan visat missnöje deröfver, att den måste öfvergifva sitt fosterland*", neml. utan strid.

2) Som, enligt *Aminoffs* uppgift, var sådan att han befanns innesluten af våra skarer utan för Carlviks och Leppävirta strömdrag, hvilket sällan fryser så starkt, att den bär större tyngder.

Första delen.

händer, kanske större delen af de inryckte Ryska strödda skarorna, med tillhjelp af Sveaborgs då användbara och talrika besättning, tagen, denna fästnings spärrning tillintetgjord, en oberäknelig moralisk öfvervigt samt behöflig tid vunnen, till ordnandet af ett planmessigare och kraftigare motstånd för nästa anfall från Ryssarnes sida.

I stället, såsom omnämndt är, beslöt grefve *Klingspor* [1]) att lemna det befästade *Tavastehus*. Sedan förråder och magaziner, så mycket som medhunnos och transport-tillgångarne medgåfvo, blifvit tömda och afsända längre inåt landet, uppbröt hären i tvenne afdelningar, den 7 Mars, från nejden af *Tavastehus*, på tvenne vägar. Den ena, under grefve *Klingspors* eget befäl, drog sig undan till venster, på den så kallade stora vägen, genom *Hvittis* och *Björneborg*, åt *Wasa*, hvartåt äfven den andra tågade, under öfverste *Adlercreutz*, på vägen till höger genom *Tammerfors* och *Ilmola*. Ryssarne inryckte, under grefve *Buxhöwden*, i Tavastehus [2]) den 8 och funno der 18 kanoner och 3 mörsare, alla förnaglade, utom 12,000 gamla gevär, som blifvit försänkte.

I *Tammerfors* föll också, genom bristande omtanka hos general-intendenten, ett icke obetydligt munnförråd i fiendens händer.

---

1) Fruktande Lewenhaupts och Buddenbrocks öde, om han tog ett steg mot instruktionen, ehuru densamma, hvilket förut är nämndt, icke förbjuder en skälig strid.

2) Härifrån tillskref Ryska öfver-generalen den Svenska, med uppmaning, att nedlägga vapen eller lemna landet utan strid. En mängd bevekande skäl upprepas i detta hänseende. Klingspor hade den redligheten, att lemna sådana bref obesvarade och att skicka dem till Svenska regeringen.

Den 11. Klingsporska hären. *Adlercreutz; Ramsay; Hattanpää. Reutersköld; Tyrvis.*

Vid försvaret, den 11, af de återstående ofantliga trosskolonnerna, som, i tid och efterhand, men icke på en gång bordt afgå, blefvo brigad-chefens adjutanter, baron Stackelberg och löjtnant Rohr fångne. Löjtnanten vid Nylands dragoner, Ramsay, frälsade ifrån samma öde fyra soldater af Björneborgs regemente. Det var öfverste Adlercreutz sjelf, som i spetsen för sin brors, ryttmästaren Adlercreutz's sqvadron, slutligen tillbakahöll de fiender, hvilka oroade hans återtåg och ville bemäktiga sig hans magaziner och transporter. Detta skedde på isen under *Hattanpää* gård.

Af de fem bataljoner, som ur denna fördelning togo vägen till venster från Tammerfors, bildades en fjerde fördelning, under öfverste Gripenbergs befäl. En bataljon af Åbo läns regemente, med dertill hörande fältstycken, anförde af major Reuterskjöld, som gick en genväg öfver isen, för att förena sig med eftertruppen, blef omringad af slutna fiendtliga sqvadroner samt omkring 200 ströfvande Kosacker. Men ehuru denna lilla afdelning var belastad med tross och hindrad i sitt tåg af djup snö, afviste dock dess befälhafvare med föragt fiendens uppmaning att gifva sig, i det han svarade: *att den som tilltrodde sig taga honom, borde göra det.* Derpå öppnade han sig väg genom fiendens leder och fortsatte sedermera sitt återtåg, jemte fördelningen, genom *Tyrvis* till *Ulfsby*, der den inträffade den 16.

Första fördelningen hade, efter sin marsch ifrån *Tavastehus*, den 15 kommit till *Gördelby*, nästan oaf-

Den 17. Klingsporska hären. Lauttakylä. Ragvalds by.

brutet, men isynnerhet från *Lauttakylä*, oroad af den efterföljande fienden [1]).

Andra fördelningen drog sig samtidigt tillbaka ifrån *Tammerfors*, på *Ikalis* vägen, genom *Tavastkyrö*, *Laurikainen*, *Kuivanen* och *Hirvijärvi*, för att sålunda förena sig med 1:sta och 4:de fördelningarne, i nejden af *Wasa*, der man påräknade ett allmänt samband med 3:dje fördelningen eller de Savolakske och Karelske brigaderna, samt *Kajana* bataljon och norra delen af Vesterbottens regemente, jemte *Wasa* nya vargerings regemente och *Uleåborgs* fri-bataljon.

Nära *Haistila*, vid *Ragvalds* by, anföllo Ryssarne med stor liflighet 4:de brigadens förtrupp, bestående af Åbo läns rusthålls-bataljon, 2:ne parti-stycken och en sqvadron under major *Reuterskölds* befäl. Detta inträffade den 17. General-adjutanten för arméen, grefve *Löwenhjelm*, inställde sig genast, för att ordna och leda försvaret. Fienden hade redan framträngt på andra sidan stranden, ända till *Rantala*, derifrån han med haubitzer och jägare besköt vår högra flygel, hvars rörelse försvårades af den djupa snön. Tavastehus andra jägar-bataljon beordrades intaga skogen på vår venstra sida, för att hindra fienden vidare framtränga framför oss. För att göra Ryssarnes eld overksam från södra stranden, drogs Åbo läns bataljon tillbaka, dit vägen kröker från elfven. Återstoden af fördelningen

---

1) De sydliga orterna lemnades, jemte Finlands hufvudstad Åbo, försvarslöse åt Ryssarne. Den i Åbo varande skärgårds-eskadern, bestående af 24 kanonslupar, 8 d:o jollar, 2 bat.-chefs fartyg, 3 kokslupar, 1 sjuktransportfartyg, 1 vattenskuta, 1 ammunitions-fartyg, blef uppbränd; och 280 metall- och 48 jern-stycken, tillika med en mängd kulor, vapen och ammunition, föllo i fiendens händer, jemte det befästade *Hangö* udd, med 55 stycken. Batterierne voro dock icke fulländade; men blefvo det snart af Ryssarne.

Reutercrona. Clairfelt. Sidén. Gestrin. Cronstedt.

uppställdes vid *Ulfsby*. Dessa rörelser skedde under det lifligaste vapenskifte. Major *Reutercrona* och kapten *Clairfelt* blefvo lindrigt, och en under-officer, jemte 15 man, svårt sårade samt två dödade. Isynnerhet utmärkte sig under-officerarne *Sidén* och *Gestrin*, både genom djerfhet och själsnärvaro. Ryska styrkan bestod af 6 fältstycken och 1,200 man, anförde af furst *Bragation*, som lät anfalla med värma, samt begagnade sig med skicklighet af belägenheten, hotande Svenskarnes flyglar och *Björneborg*, hvarifrån förråderna dock hunno bortföras, medan 4:de fördelningen, påföljande dagen drog sig undan till Norrmark.

Den såkallade stora Finska hären, eller 1:sta, 2:dra och 4:de brigaderne, fortsatte derefter, utan anmärkningsvärda händelser, nästan obehindrad från Ryssarnes sida, men för bättre utrymme i nattlägren på skilda vägar, sitt återtåg till nejden af *Wasa*, der den inträffade i slutet af månaden.

Cronstedtska Fördelningen.

Under tiden hade grefve *Cronstedts* fördelning, som den 1 uppbröt från *St. Mickel*, fortsatt sitt återtåg genom *Siikamäki* och *Utriala* till *Leppävirta*, dit den ankom den 8.

Vid *Pieksämäki* afskildes en bataljon jägare, med 2 st. 3:pundingar, att bevaka den väg, som går derifrån, genom *Suonejoki* kapell, till *Kuopio*.

Den 11. Cronstedtska Fördelningen. Leppävirta.

Emellertid hotade Ryssarne, under general *Bulatoff*, *Warkaus* eller *Laivanlinna*, både ifrån *Jorois* och *Rantasalmi* sidan. Anfallet skedde lyckligtvis för sent. Hvad som af förråderna icke kunde bergas, uppbrändes, tillika med dervarande kanonslupar; styckena förnaglades och besättningen [1]) förenade sig med fördelningen i *Leppävirta*, hvarifrån densamma betäckte den nu betydligt ökade trossen [2]).

En undersökningsflock af skidlöpare afsändes den 11 om morgonen åt *Laivanlinna*, under kapt. Germ. *Aminoff*. Han stötte på en ansenlig Rysk styrka, som framryckte med den oförvägenhet, att den, straxt på eftermiddagen, befann sig, midt ibland våra lägerställen, på isen utanför *Carlsviks* herrgård, der vår hufvudfältvakt var utsatt och dit nu befalltes, såsom undsättning, 1 bataljon (den 2:dra) Savolaks jägare. Tredje och fjerde infanteri samt första och fjerde jägare-bataljonerna af Savolaks regemente, med 6 st. 3pundingar och 8 st. gaffelnickor, jemte dragonerna, ryckte ifrån kyrkobyn ner på isen, der de uppställde sig i slagtordning framför den stridsfärdiga Ryska skaran, hvilken blott väntade sina bakom varande fält-stycken för att anfalla. Våra stridsmän ryckte genast fram, och våra stycken spelade, så snart de kunde nå den Ryska skaran. Emellertid underhölls en liflig handgevärseld af de båda härarnas skidlöpare, vid en med småskog beväxt udde framför vår högra flygel.

Major Gustaf *Ehrenroth* hade, under tiden, med 1:sta och 2:dra Savolaks infanteri-bataljonerna ifrån deras lägerställen, i *Nikkilänmäki* och *Flinkilä* byar, ryckt

---

1) Utgörande 550 man vargering, 50 man af härens flotta samt 17 styckemän.
2) Bestående af skottbehof, munsförråd och foder.

Den 11. Cronstedska Fördelningen. Leppävirta.

ut på isen och kom sålunda nästan i ryggen på fiendens äfventyrliga ställning. Förmodligen förorsakade denna välberäknade rörelse, att Ryssarnes anfall ej blott uteblef, utan ock att de i sina företag visade stor villrådighet, med oro inväntande den förstärkning, som de längre fram erhöllo [1]). Den hufvudsakliga striden bestod nu mera endast i en ömsesidig stycke-eld, och ett par försök af fiendens rytteri, att hugga in på vår venstra flygel. Dessa försök, som icke voro förtviflans utan beräkningens, att förekomma det för fienden vådliga i vår för-rörelse, tillintetgjordes af våra dragoner, första gången genom ett raskt och väl utfördt sidoanfall, och den andra genom ett tappert bröstmotstånd, understödt af 4:de jägare-bataljons flygel-eld.

I mörkningen, då fördelningens stora tross-sträcka hunnit komma i behöflig förväg, vidtog återtåget, hvilket, utan att fördelningen förföljdes af fienden, fortsattes genom natten till *Paukarlaks*, 2½ mil från *Leppävirta*. Denna strid var ej blodig. Vår förlust be-

---

1) Man förebrår Cronstedt, att han lemnat detta tillfälle obegagnadt, antingen af obeslutsamhet eller af okunnighet om belägenheten och fiendernas verkliga styrka; troligen det sednare, emedan han, i sin rapport af den 13, åberopar såsom skäl för sitt återtåg fiendens öfverlägsna skytteri och Ryssarnes förmodade afsigt, att samma natt eller i *gryningen andra morgonen* omkringgå oss — och likväl voro de sjelfve omringade och hade troligen blifvit slagne och tagne, om Ehrenroth fått fullfölja sitt anfall, understödt af den på isen uppställda delen af fördelningen. Någon qvillkorlig befallning att utan strid gå tillbaka hade han icke, då han slutar sin åberopade rapport med de orden: "*att jag har tagit det steg* (som han mot bestämd befallning ej kunnat taga) *att uti bataille rangée exponera min Konungs troppar, hvilka till ett lyckligare tillfälle* (hvar och när kunde det påräknas?) *böra sparas, var en nödvändighet, dels för att betaga fienden den tanken, att Savolakska truppen ville undvika all affair med den Ryska, dels ock att tillfridsställa min trupp, som brann af håg att mäta sig med den fiendtliga, och som visat missnöje deröfver att den måste* (otvungen) *öfvergifva sitt Fosterland.*" Huru mycket mera tillfridsställande och nyttigt hade det då ej varit, att besegra fienden och frälsa sin födelsebygd.

Den 11. Cronstedtska Fördelningen. *Ehrenroth. Martineau. Dunker.*

stod af en man dödad och 3 dragoner samt 4 hästar sårade. Fiendens var något betydligare [1]) utom några fångar, hvilka gjordes af major *Ehrenroths* skara. Han sjelf utmärkte sig både genom mod, stridslust och rådighet; likaså major *Martineau* och kornett *Dunker*, begge vid Karelska dragonerna, som afslogo fiendens rytteri-anfall.

För att ej onödigtvis öka trossen, sänktes den 12 vid Paukarlaks de på slädlavetter ställde gaffelnickor, som, under striden den 11, befunnos oanvändbara.

Utom 4:de Savolakska jägare-bataljonen och 2:ne stycken, under kapten J. Z. Dunker, hvilka utgjorde eftertruppen och stadnade vid *Henriksnäs*, inträffade Cronstedtska fördelningen den 13 i Kuopio, der 2:ne

---

[1] Man berättade, och en insändare anser det trovärdigt, att befälhafvaren för Ryska härvarande skytteriet stupat. Major Ehrenroths betjent-dragon nedsköt en Rysk husar, efter en kort strid i begge härarnas åsyn. — Såsom ett bevis, huru litet krigsvane äfven duglige stridsmän äro efter en längre fred, må anföras, att ett kompani under striden var afskildt och antingen glömdes eller kunde ej befallning om samtidigt återtåg dit anskaffas. Då befälhafvaren hörde elden tystna, och sedan han underrättat sig om orsaken dertill, drog han sig, genom en omväg, förbi *Leppävirta* kyrka och marscherade till *Niirala* gästgifvaregård, 1 mil. Der tog han nattläger, kopplade gevären på gården, utsatte en skildtvakt för dem och begaf sig med manskapet till hvila. Vid fördelningens framkomst till *Paukarlaks* saknades kompaniet. En dragon-patrull afskickades genast att uppsöka detsamma. Anländ till *Niirala*, såg den i månskenet kopplade gevär och skildtvakten. Patrullen nalkades med yttersta försigtighet; men öfverraskades på det gladaste, vid det välkända anropet: *halt, verdal* (det Ryska är: *Stuj*). Kompanie-befälhafvaren erhöll sina order, och anlände lika lyckligt som oförmodadt till fördelningen, den 12. — En annan bevakning, bestående af 1 underofficer och några jägare, på vägen till *Pieksämäki*, blef äfven afskuren; men sökte sig fram genom omvägar och upphann hufvudstyrkan i *Kuopio*. I förra fallet godtgjorde fiendens försummelse att bespeja sin belägenhet, Svenska befälhafvarens oförsigtighet, att så nära fienden hvila sig, utan större bevakning än en gevärspost; i båda fallen, men synnerligast i det sednare, var det berömvärdt och skickligt, att undkomma genom en trakt, som var uppfylld af fiender. Bidrag. N:o 35.

Den 15. Cronstedtska Fördelningen. *Duncker.*
Jynkkä.

bataljoner (600 man) Karelska jägare äfven förenade sig med densamma.

Ehuru manskapet behöft någon hvila, efter det långvariga återtåget i skarp köld och på svåra, snöfyllda vägar, måste man likväl, i anseende till otillräckliga munnförråder härstädes för hela den nu församlade styrkan, fortsätta detsamma åt *Idensalmi*. Men dessförinnan oroade Ryssarne den 14, fördelningens eftertrupper, hvilka dagen derpå blefvo häftigt angripne. *Duncker* försvarade sig modigt, oaktadt fiendens stora öfverlägsenhet i antal. Tillbakatåget skedde i sluten fyrkant, med fältstyckena på flyglarne, öfver den milslånga isen till *Toiwola*, der den öfriga delen af fördelningen med sina stycken stannat. Vid *Jynkkä* hamn, emellan *Henriksnäs* och *Kuopio*, var fiendens anfall isynnerhet lifligt. Hans skidlöpare voro de som minst hindrades i sina rörelser af den djupa snön. På isen gjorde fiendens rytteri försök att hugga in; men *Duncker* förstod att med lika mycken rådighet som mod begagna sin fåtaliga styrka, och lyckades att med kraft afvisa hvarje anfall. Våra små stycken gjorde god verkan, hvarje gång Ryssarne sökte bryta sig fram längs vägen. Ändteligen och sedan *Duncker* i 4 timmar motstått en fyrdubbelt starkare fiende, erhöll han första bataljon af Savolaks regemente till sin förstärkning.

Sedan *Duncker* verkställt sitt hedrande återtåg öfver den milslånga isen, oupphörligt anfallen och omgifven af öfverlägsna fiender, hvilka beundrade denna ringtaliga skaras tapperhet, köld och ordning, upphann han fördelningen vid *Toiwola*. Der

*Cronstedtska Fördelningen. Duncker. Malm.
Nandelstadt. Thimm. Wattulin. Brundert.*

uppstod en stark stycke-eld och emellan härarnes skidlöpare en liflig handgevärseld, som varade öfver 2 timmar. I skymningen fortsatte fördelningen återtåget, genom natten till *Kasurila*. — Fienden förföljde icke öfver en fjerdedels mil.

Under denna lika allvarsamma som långvariga strid vid eftertruppen, utmärkte sig isynnerhet dess befälhafvare, kapit. *Duncker* jemte kapit. *Malm* och löjtn. *Brundert*, samt vid dragonerna kornett *Nandelstadt*, som fick sju pikstyng och ett kulskott, under det han gjorde ett djerft anfall mot Kosackerne, af hvilka han nedhögg en och återtog med detsamma en af dem tagen dragonhäst, jemte det han red omkull en Kosack-officer. Under-officern vid dragonerna, *Thimm*, utmärkte sig äfven för mod och rådighet. *Hapaniemi* kadetten *Argillander* blef dödskjuten, jemte 6 man; sårade: styckjunkaren *Wattulin* och 11 man, fångne eller förkomne 13 man. Efter alla anledningar var Ryssarnes förlust betydligt större.

Cronstedt nämner i sin rapport (af d. 16) om denna strid, att hans fördelning "*var mycket nöjd, att hafva haft tillfälle att mäta sig med sin fiende.*" Också visade alla, som deltogo i denna strid, en berömvärd köld och tapperhet.

Fördelningen fortsatte återtåget så, att den inträffade den 17 uti *Idensalmi*, hvarifrån den, efter en dags rast, marscherade vidare och stannade den 29 i nejden af *Uleåborg*, till hvilket hufvudförråd under detta krig, den umbärliga trossen förut var afsänd, och till besättnings tjenstgöring derstädes befalld kapitenen och riddaren *Orbinsky* och löjtnant *Kempe*,

Cronstedtska Fördelningen. Sveaborg.

med 100 man af det äldsta och minst tjenstbara manskapet.

Ryska hären under General *Tutschkoff* 1:a [1]), som egentligen icke förföljde Cronstedtska fördelningen längre än till *Kuopio* [2]), tog derifrån till större delen af, på en sidoväg, genom *Rautalampi* och *Lintulaks*, åt *Gamla Carleby*. Vägen åt *Idensalmi* bevakades endast af en mindre afdelning, försedd med en half sqvadron Kosacker [3]).

Sveaborg.

Den 2 nalkades en Rysk fördelning lätta trupper *Helsingfors*, under grefve *Orloff Denisoffs* befäl, understödd af general *Borosdins* rytteri.

En annan skara, anförd af öfverste *Anshelm de Gibory*, tågade från *Östersundom* till det då isbetäckta vatten, som skiljer *Helsingfors* från fästningen och bildar dess hamn.

Den bataljon af Adlercreutzska regementet, som, under major *Tolls* befäl, skulle bevaka *Helsingfors*, tog, jemte kommendanten derstädes, öfverste *Guloff-*

---

1) Genom nummertal utmärker man i Ryssland olika personer med samma slägtnamn.

2) Att Klingspor icke blef förekommen vid Wasa eller Gamla Carleby, tillskrifves Tutschkoffs dröjsmål i Kuopio; men man besinnar ej, att han icke kunde lemna Cronstedtska fördelningen obevakad, med en styrka som man icke utan stor fara låter stå i sin rygg eller på sina flyglar; och det förra hade blifvit händelsen, om Tutschkoff genast öfvergifvit Kuopio stad.

3) Det var denna lindriga bevakning, på denna trakt, som gjorde det möjligt för de rotar af Kuopio och Idensalmi kompanier af Savolaks reg:te, hvilka vid utbrottet voro vakanta, att, med rekryterna, inställa sig vid fördelningen i *Frantsila*. På samma sätt lyckades det majoren och ridd. B. A. och fendriken Greg. Z:son Aminoff, att, efter sitt tillfrisknande i hemorten, upphinna fördelningen derstädes.

sky, genast flygten och förlorade derunder, mot en mycket underlägsen fiende, 73 man fångne. Återstoden af bataljonen, samlad af kapiten *Kræmer* och af honom uppmanad att försvara sig, kom lyckligen och utan vidare förlust till *Sveaborg*.

I *Helsingfors* [1]) eröfrade Ryssarne 18 kanoner, 1 haubitz, 20,000 styckekulor, 4,000 bomber och granater, 4,500 handgevär och ett väl försedt sjukhus.

Fästningen omringades genast med 4 bataljoner lätt fotfolk och 200 man ytteri, under general *Rajevski*. Efter honom fick den unge och förslagne generalen, grefve *Kamensky* befälet, hvars styrka omvexlade efter som behofvet på andra ställen befanns mer eller mindre påträngande. I början uppgick den knappt till en tredjedel af besättningens antal, hvarmed den aldrig var jemnstark. Ryska skytteriet öfversteg icke under hela belägringen 46 kanoner, 16 mörsare, med 1 kompani artillerister, understödde af 2 kompanier skansgräfvare samt 4 sqvadroner husarer. Det gröfre skytteriet hade Ryssarne, med största svårighet, på slädar framskaffat från fästningarna i Ryska Finland. General *van Suchtelen* ledde belägringsanstalterna, med en öfvervägande krigs- och stats-listig skicklighet [2]). Anläggning af styckevärn kostade de mödosammaste arbeten, emedan omständigheterna ej medgåfvo att uppföra dem af annat än fasciner och rullkorgar, hvilka erbjuda ett svagt motstånd och ega ringa fasthet, hvar-

---

1) Kapt. och ridd. C. J. Duriets anmälde sig, att med den bataljon af enkedrottningens regite, som han anförde, återtaga denna stad; men amiral Cronstedt afslog detta hedrande tillbud, under förevändning, att staden icke var ämnad att försvaras samt att besättningen på Sveaborg borde sparas. Bidraget N:o 12.

2) Han var tillika anställd som Ryska öfver-generalens rådgifvare.

före fienden nödsakades gifva bröstvärnen en utomordentlig tjocklek. På de kala, nu af djup snö öfverhöljda klipporna, var en fullkomlig brist på jord och torf. Utom svårigheten att på isen uppföra approscher och bresch-batterier, förbjöd äfven bristen på grofva stycken, på skjutbehof, arbetsfolk, verktyg samt till och med manskap, de anfallande blotta tanken att här följa den methodiska gången af en regelbunden belägring [1]). Såsom en möjlig utväg väcktes ett ögonblick fråga om stormning; men kejsar Alexanders vilja och sunda förstånd förkastade sådant, bjudande endast att, i mån af de tilltagande möjligheterna, hopdraga spärrningen, beskjuta fästningen, och blott såsom yttersta försöket äfventyra en stormning.

Ett Ryskt styckevärn, uppfördt på en klippa midt i hamnen emellan fästningen och *Helsingfors*, började med att rikta sin eld på några hundrade arbetare, hvilka framför *Sveaborg* söndersågade isen på de ställen kommendanten ansåg lättast tillgängliga. Fästningen svarade med liflighet och då det skedde med bågskott, så voro husen i *Helsingfors* blottstälda nästan för hvarje afskjuten kula och hela staden hotades sålunda med en fullkomlig förstöring [2]). En Rysk underhandlare inställde sig hos kommendanten, amiral

---

1) Förf. har här, liksom längre fram, i det som rör denna belägring och dess för Svenskarne smärtsamma tilldragelser, ofta följt de för hofsamhet och sakkännedom utmärkta uppgifterne derom i Paul van Suchtelens bok om detta krig, så vidt de neml. ej varit motsagde af säkrare underrättelser från Svenska sidan. Hans far var dessutom densamme, som ledde de militäriska och diplomatiska åtgärderna derunder. Och i allmänhet synes P. v. Suchtelens beskrifning om detta krig vara mera opartisk än H:r Michailoffskis, såvidt Förf. sett den sednares början, såsom hufvudsakligt grundad mera på de öfverdrifna offentliga rapporterna å Ryska sidan, än på verkliga förhållandet.

2) Detta öde hade denna stad hellre bordt undergå, än att låta densamma blifva ett ostördt tillhåll för Ryssarne, helst dessa, på 3 mils omfång, icke hade något annat anmärkningsvärdt tak öfver hufvudet under den nuvarande stränga kölden. Genom denna stads förstörelse hade fienden nästan blifvit urståndsatt, att fortfara med Sveaborgs belägring.

Cronstedt, med föreställningar om den skada, som vederfors stadens invånare, hvilka hade vänner och anhöriga ibland besättningen, samt med hot att vedergälla på andra Svenska städer, det öde *Helsingfors* kunde undergå. *Cronstedt* svarade i början kallt, att fästningens försvar fordrade stadens uppoffring; men sedan han hört sitt krigsråd [1], ändrade han beslut, och man öfverenskom, att, mot det att fienden ej skulle uppföra något verk på stads-sidan, densamma icke heller skulle beskjutas från fästningen.

Detta mot pligtkänsla och försvarsplanen stridande deltagande för *Helsingfors* och dess inbyggare, skänkte fienden ett önskadt tillfälle, det enda som i närheten fanns, att i fullkomlig säkerhet derstädes anlägga sina förråder och sjukhus, jemte det att generalitetet och manskapet fingo ett behöfligt och eljest saknadt hvilo- och upphålls-ställe. Skulle öfverenskommelsen varit jemngod för begge härarne och amiral *Cronstedt* förstått att yrka derpå, liksom på en motsvarighet, som var naturlig, så hade Ryssarne ej i något hänseende bordt få begagna sig af ett ställe, som af Svenskarne ej fick beskjutas; och endast under sådana förbehåll och vilkor hade en sådan skonsamhet mot staden möjligen kunnat både beviljas och försvaras. Nu var den alldeles oförsvarlig och så mycket mera skadlig, som detta *Cronstedts* vacklande i sitt en gång fattade manligare beslut och hans visade slapphet i om-

---

[1] Bestående af öfverstarne *Wärnhjelm*, *Jägerhorn* och *Gutoffsky*; öfv.-löjtn. *De la Motte*, *Nordenstam* och *Wedenstjerna*; majorerne *Stjernschantz*, *Olivestam*, *Hauswolff*, *Broberg* och *G. Hjärne*, samt kapten *Fock* och kommendantens adjut., major *U. Liljesparre*. Detta krigsråd, aflade icke ed, oaktadt krigsartiklars och reglementers ovillkorliga föreskrift, och de flesta ledamöter voro, enligt H:r *Michailoffski's* uppgift, förberedda att ingå på de vilkor Ryssarne behagade föreslå; men de som återvände i Svensk tjenst, såsom *Liljesparre*, böra åtminstone undantagas från denna vanärande tillvitelse.

dömeskraft och karaktersstyrka, uppenbarade inför den uppmärksamme underhandlaren å fiendtliga sidan, att det fanns ett säkrare medel än vapenmagtens, att vinna det vigtiga ändamålet: *Sveaborgs* öfvergång.

Medan Ryska skytteriet småningom besatte de kringliggande höjderna, hvarifrån det, ehuru nästan endast på måfå, besköt qvarnar, förrådshus, slupskjul och träbyggnader, som ej voro betäckte af vallarne, fortsatte general *van Suchtelen* de muntliga underhandlingarna.

Han tycktes märka, att den moraliska kraften hos några af de Svenska befälhafvarne [1]), ej svarade emot fästningens egen försvarsförmåga. Denna upptäckt [2]) tjente honom till ledtråd för de åtgärder, genom hvilka han påskyndade fästningens fall.

Ibland medel, som härtill bidrogo, begagnades: att underhålla oron; att förse *Cronstedt* och krigsrådet med nyheter, med bulletiner, dagblad och tidsskrifter (kanske enkom tryckta för ändamålet och tillfället), hvilka innehöllo för Sverige mindre fördelaktiga underrättelser; ifrån öfvergifna familjer, för dagen beställda eller diktade bref, hvilka omtalade allt, som kunde gagna Ryssarne och skaka de belägrades sinnen, i sin afskilda belägenhet beklagligen öppna för dylika intryck, hvarigenom, likasom af falska uppgifter om hären och ställningen i det hela, den politiserande och sig sjelf misstroende kommendanten missleddes, framför allt genom berättelser om Ryssarnes stora an-

---

1) Ibland hvilkas antal man tror att öfverste *Jägerhorn* isynnerhet hörde. Han bodde förut i *Lovisa* och man misstänker, att han redan då lyssnat till Ryska anbud samt ingått förbindelser, dem han nu skulle afbörda, så mycket lättare, som han lyckats förskaffa sig alltför stort inflytande öfver amiral Cronstedt. Bidraget N:o 23.

2) Detta medgifves också af underhandlarens son, den förut åberopade författaren å Ryska sidan af detta krigs tilldragelser.

Sveaborg. Svartholm. Gripenberg.

tal samt oupphörligt till dem anländande förstärkningar: detta bestyrktes af rykten från *Helsingfors*, hvarest fiendens samma skaror, helst om nätterna, marscherade fram och tillbaka med alla slags vapen, för att sålunda stärka stadsboernes tro på det oräkneliga antalet; att genom täta larmtecken, hvilka oftast gåfvos nattetid, hålla besättningen ständigt under gevär: detta skedde stundom endast genom en hop trumslagare och enstaka jägare, som i skygd af klipporna oförväget smögo sig fram, och stundom af ett eller tvenne batterier fältstycken, hvilka på den kringliggande isen närmade sig fästningen och gåfvo eld på ett drufhagelskotts afstånd. Krigslister, ställen och tid omvexlades med klokhet, och artilleri-öfversten *Argun* utmärkte sig deri synnerligen, och var en riktig *väckare* för besättningen på *Sveaborg*, hvars kommendant dessutom var nog obetänksam, att utan behof slösa med de i en fästning alltid så dyrbara skjutmedlen, derigenom att han med hela lag besvarade enstaka eller fåtaliga och overksamma skott, dem Ryssarne lossade mot fästningen, mera af krigslist än beräkning att kunna skada. Hufvudsakligen af denna egna beskaffenhet bestodo anfalls- och försvarsanstalterna hittills vid *Sveaborg*.

Svartholm. Gripenberg.

Händelserna vid *Svartholm*, en af fästningens starkare, afskilde verk, voro icke mera tillfridsställande. Till befälhafvare derstädes hade konungen, i dess förut åberopade Instruktion (den 4 Febr.), utsett majoren

Svartholm; *Gripenberg.*

och riddaren C. M. *Gripenberg*, med befallning, att *till sista man* försvara denna fästning.

Dess spärrning leddes, ehuru för dervarande befälhafvare omärkligt, af samme statskloke ingeniör general, hvilken ordnade det förmodade anfallet mot hufvudfästningen; och som händelserna vid *Svartholm* otvifvelaktigt utgjorde förspelet till dem, som inträffade vid *Sveaborg*, och, efter alla anledningar, förbereddes af samma person eller personer, som i större skala afbördade ingångna förbindelser på sistnämnde ställe, så har man trott sig böra upptaga de hufvudsakligaste af dem [1]). Redan innan ett skott var lossadt,

---

[1] En lycklig händelse har bragt i författarens händer den original-journal eller relation, som fördes öfver tilldragelserna och krigs-konseljens öfverläggningar på Svartholm. De här meddelade utdragen derur, utgöra ovedersägliga fakta, så mycket mera äfven juridiskt bindande, som öfverbefälhafvaren tillika med kommendanten, place-majoren och krigsrådets öfriga medlemmar, för hvarje dag egenhändigt deri underskrifvit sina namn. Denna relation börjar den 21 Febr. och slutar med den 16 Mars, 2:ne dagar innan fästningen öfverlemnades. Bidraget N:o 33.

Redan påföljande dag, den 22 Febr., anmälde sig en Rysk underhandlare, som ansågs vara general samt åtföljdes af tvenne civila personer, hvilka talade Svenska, och hvilka isynnerhet, enligt orden i relationen, med de mest bevekande skäl uppfordrade fästningen. Anbudet afslogs och krigsrådet förband sig, samma dag, under edsförpligtelse (hvilken högtidligt aflades och egenhändigt underskrefs af öfverbefälhafvaren, majoren C. M. *Gripenberg*, kommendanten, kapitenen von *Schoultz*, majoren vid Jägerhorrnska regementet W. G. *Ehrencrona*, kapiten A. *Munsterhjelm*, kapiten vid nyssnämnde regemente, place-majoren G. *Ehrenstolpe*, löjtn. vid fortification *Rabin*, löjtn. vid Nylands regem. C. *Hasper* och under-löjtn. vid artill. C. J. *Holst*): 1:o *att vilja lefva och dö med hvarandra,* 2:o *att den, som först proponerar att öfvergifva fästningen, så länge tillgång på proviant och amunition finnes, och så länge något hopp är till secours eller möjlighet att kunna försvara sig, skall strast arresteras och som förrädare anses och dömas.* 3:o *att ej ingå uti någon kapitulation, innan breschen på hufvudvallen blifvit försvarad emot en storm åtminstone.* Att man redan haft någon yttre anledning, att ingå denna fosterländska och hos hvarje dess försvarare lika naturliga, som heliga förbindelse, likasom att pligtkänslan ännu icke var afkyld eller förgiftad, synes deraf, att dagen derpå hölls ståndrätt, hvarvid fältväbeln vid Jägerhorrnska reg:t C. G. Edlin dömdes för förräderi, (hvartill han äfven sökt förleda manskapet), att mista lif, ära och gods. Då domen icke genast,

Första delen.

redan innan ett styckevärn på Ryska sidan befans uppfördt eller ens någon fiende ännu kommit inom fästnings synkrets, börjades underhandlingen, förmodligen i afsigt, att undersöka sinnesstämningen, att insmyga förledelser, med ett ord, att känna sig före, hvad i under-

såsom sig bordt, verkställdes, utan skulle underställas konungens eller högsta befälhafvarens bepröfvande, fängslades brottslingen under tiden. — Garnisonen bestod af artill. 29 man, Nylands infant. vargering 96, Nylands jägare 174, Nylands jäg. vargering 37 och Jägerhornska reg:ts lifbat. 298, tillsammans 634 man.

Matpersedlar anskaffades och allmogen deromkring täflade att dermed förse fästningen. Den 26 Febr. inkommo bönderne med 12 lass, sjelfve försedda med laddade bössor och beredde att med lif och blod försvara sig, för att kunna, såsom de sade, *förekomma svält hos garnisonen.*

Den 27 inberättade en säker kunskapare, att fienden icke ägde någon betydlig styrka i Lovisa, samt att han ej, på denna sidan, hade några förstärkningar att vänta, äfvensom att hans afsigt var att blott innesluta Svartholm, för att hindra all gemenskap med fasta landet, samt att han icke hade större stycken än 6-pundigar.

Den 28 lossades första 12-pundiga skottet, på en synlig 30 man stark Kossack patrull. — Den 29 affyrades för samma orsak ett 18-pundigt skott. — Den 1 Mars lossades ett skott på tvenne åkande spejare. En man gick öfver till fienden. — Som *Källare*-landet var det enda ställe, hvarpå fienden med fördel kunde anlägga batterier samt der fanns ett torpställe, hvaraf fienden kunde betjena sig till herberge för en mindre flock, så beslöt man att förstöra detsamma. (Deremot, enligt hvad förut är anmärkt, skonade man *Helsingfors*, hvilket erbjöd skydd åt en hel här; men förstördes ett torp, hvars tillvarelse var likgiltig för alla andra utom den arma, kanske med hustru och barn, som der hade tak öfver hufvudet. — Den 2 öfverlopp åter en man af Jägerhornska reg:t, och en ny underhandlare anmälde sig, som än en gång uppfordrade fästningen, under försäkran: att den ej kunde försvaras, att den hade en *svag* garnison (sannt nog i moraliskt hänseende), att den vore illa befästad, att hela Finland redan var intaget (till 1/16 sannt); att man ville spara oskyldigt blod, samt att det för den Svenska tapperheten, ej var någon skymf, att öfvergifva en så beskaffad fästning. Framställningen afslogs. — Den 5 öfverlopp en Jägerhornare. — Den 6 lossades ett 12-pundigt skott på 13 Ryska dragoner. — Den 7 afvek åter en af Jägerhornska regementet. — Den 9 ankom åter en underhandlare, öfversten vid artill. *Twarakoff*, hvilken, jemte hans tolk, med förbundna ögon insläpptes i fästningen. Uti kejsarens namn uppfordrade han, fästningen på förut åberopade skäl, med tillägg: att *Helsingfors* och trakten deromkring vore tagen, *Sveaborg* svårt innesluten och på väg att dagtinga; att kejsaren beslutit att för evigt införlifva Finland med Ryssland och uppvisade en äldre grundritning af fästningen. Äfven denna gång afslogs förslaget. En half timma efter underhandlarens afresa, öppnade ett hittills doldt batteri på Björnvikslandet, på vid pass 1000 alnars afstånd, sin eld med konkavkulor, bomber och granater, samt fortfor till kl. 3 e. m.; men utan all verkan. Dess eld besvarades med 6-, 12- och 18-

handlingsväg var att hoppas. Också medföljde blott en militär, mot tvenne civila personer, hvilka sednare begagnade Svenskt tungomål för genomdrifvandet af Ryska afsigter.

De misslyckades väl denna gång i hufvudsaken, neml. att få kommendanten att lyssna till de bevekligt

---

pundiga kulskott, som förstörde 2 fiendtliga skanskorgar och tystade dess stycken. Kl. 8 e. m. började åter fiendens eld, hvilken besvarades till dess den snart upphörde. En man sårades inom fästningen. Den 9 beslöt krigsrådet, att spara de gröfre styckeskotten, hvarpå tillgången var mindre. Hittills hade blott halfva besättningen stått under gevär om natten; nu skulle hela styrkan göra det. Kl. 8 på aftonen öfverlade krigsrådet, huruvida det icke vore skäl, att begära en vapenhvila. Såsom orsaker dertill framställdes, att en sjettedel af besättningen redan vore sjuk; att man hade för få artillerister; att det fanns endast 2 ris kardnspapper; att man befarade, det fienden skulle, med glödgade kulor, antända fästningens trädhus (hvilka knappast funnos); att man hade dåliga eldsläcknings-anstalter, samt att man behöfde vinna tid att iståndsätta bristfälligheterna i fästningen*). Af dessa anledningar beslöt man att föreslå: 1:o ett stillestånd på 6 veckor, eller på viss uppsägningstid. 2:o status quo under tiden, i allt och i alla företag å båda sidor. — Den 10. En del af natten fortfor fiendens eld, hvilken blott störtade ner några skorstenar och bräckte några fönster; ingen menniska skadades. Stilleståndsanbudet afslogs af Ryska generalen Mukanoff, som sade sig hafva kejsarens befallning, att, kosta hvad det ville, taga fästningen, att han väl insåg, att detta icke skulle aflöpa utan stor manspillan; men sådant betyder föga i Ryssland. Det gjorde honom likväl ondt, att ej kunna bifalla Gripenbergs önskan.

På derom gjord förfrågan uppgåfvo läkarne, att de hade brist på en del**) medikamenter och att de knappast ***) förslogo öfver 8 dagar för det närvarande ovanligt tillökta antalet sjuka (circa 1/6:del af styrkan). — Den 11. Det för denna dag införda beslutet, att, med fästningens grofva stycken förstöra det större fiendtliga styckevärnet, är öfverkorsadt (af hvem?). — Fiendens stycke-eld varade blott halfannan timma sent på aftonen, utan all annan skada, än att flera fönster bräcktes.

Nu sammankallades besättningens alla officerare, att höras huruvida de instämde i den begäran om vapenhvila, hvilken konseljen ämnade förnya, och som officerarne voro af samma tanke, samt tillika uppgåfvo, att de förnummit missnöje bland manskapet, jemte hot att med våld förändra sin belägenhet, utan att likväl någon kunde bevisa uppgiften, under undskyllan, att de ej känt de hotande i nattens mörker och i en större hop ej kunnat urskilja de talande till personer och namn, så beslöt man att anhålla om stillestånd på en månad, under vilkor, att om fred eller undsättning

*) Detta sednare tillagt i journalen af öfverbefälhafvaren egenhändigt.
**) *En del* är här, af *Gripenberg* egenhändigt, ändradt till: *betydlig del*. Sådana förändringar, till hans fördel, finnas flera.
***) På samma sätt ändradt till: *icke mera*.

gjorda framställningarne, om omöjligheten att, mot Ryska öfvermagten, försvara fästningen, men det dröjde ej länge innan det visade sig inom besättningen, hvilka syften fienden hade och huru det fanns likstämmiga ställningar och förhållanden emellan Sveaborg

---

dessförinnan icke inträffade, borde fästningen öfverlemnas åt fienden. Kommendanten, kapiten *Schoultz* och place-majoren, kapiten *Ehrenstolpe* uppdrogs att derom underhandla med Ryska generalen; men denne ville tala personligen med Gripenberg, hvilken derföre gick ur fästningen — och fick afslag; men, af serskild uppmärksamhet för hans person, beviljade Ryska generalen trenne dagars betänketid, för vilkoren af en fullständig dagtingan, hvarunder fiendtligheterna skulle inställas och allting vara orubbadt; men kunde inom dessa 3 dagar ingen ny öfverenskommelse träffas, skulle fästningen stormas, kosta hvad det ville. (Tomt hot kostar ej mycket.) — Den 12 rymde åter 2 man af Jägerhornska regem. Denna och påföljande dagen fick besättningen hvila (i så måtto var detta 3 dagars vapenstillestånd nyttigt; men det hade, beklagligen, äfven andra följder). — Den 14 var det muntligt afslutade stilleståndet tilländalupet. Nu sammankallades åter alla officerarne af besättningen och underrättades om fästningens närvarande, i alla delar trängande och bekymmersamma belägenhet, den de sade sig noggrannt känna; och hvarföre de enhälligt ansågo det vara omöjligt att längre motstå en fiende, hvars utvägar ansågos stora och afsigten ögonskenlig, att, med hvilken uppoffring som helst vinna sitt mål, hvaremot fästningen hade oöfvervinneliga svårigheter att bekämpa. — Derefter sammanträdde krigsrådets ledamöter, för hvilka öfverbefälhafvaren tillkännagaf samtlige officerarnes enhälliga tanke, och gjorde sedan en teckning af fästningens tillstånd: att artillerister ej finnas till mer än hvarannan och hvartredje kanon, att nära 1/4:del af befäl och manskap låg sjuk; att 16 man (endast 6 äro förut uppgifne) hade rymt och voro döde; att bristfälligheter i fästningsförsvaret funnos oafhulpne; att 2:ne 18-pundiga stycken, som verksamt kunna beskjuta fiendtliga batteriet å Björnvikslandet, äro obetäckte och följaktligen utsatte att snart blifva demonterade; att vattensprutorna ej voro nog användbara; att vattnet frös i dem, ehuru det uppvärmdes; att matvatten (ehuru snö fanns öfver allt) var att tillgå blott utom fästningsporten, i en 6 alnars utspräugd berggrop, stillastående och *otillräckligt* *); att vattenhemtning från sjön måste ske midt för fiendens batterier; att en del af besättningen är oexcerserad; att den har dålig bevaring och beklädnad; att man befarade ett allmänt missnöje hos truppen; att det fanns endast tvenne smärre handqvaruar **); att tillgång till bagare saknades; att medikaments förrådet var nära medtaget; att fienden förstört alla skorstenar och fenster, hvarigenom boningshusen blifvit kalla; och såsom allmän sumärkning tillägges: att alla försök misslyckats att få kännedom om fiendens och vår egen armées ställning, utom den underrättelsen,

---

*) Tillagdt af förenämnde hand.
**) Hvarvid den kända handen tillagdt, att de ej kunnat iståndsättas, af brist på skicklige handtverkare. Flere andra till hans fördel gjorde ändringar att förtiga.

och Svartholm ej blott i Ryssarnes sätt och medel att komma till målet, dessa fästningars eröfring, utan ock i vissa öfverensstämmelser [1]) hos de försvarande inom desamma. Hvad befälhafvaren vid Jägerhornska regementet inom hufvud-fästningen egentligen tänkte, kunde den uppmärksamme erfara hos hans underlydande i det afskilda fästet. Hvad den förre förmodas hafva menat, uttalade de sednare snarare och mera uppenbart, än det, må hända, öfverensstämde med en nödig försigtighet [2]).

På Svenska sidan fäste man ingen uppmärksamhet vid dessa förhållanden, hvarpå ingen af vederbörande,

---

att general en chef *Klingspor* vore afrest till Stockholm och således med honom ingen kommunication att förvänta; att bönder inberättat, det fienden anlagt ett batteri på *Myrholmen* vid *Wådön*, samt att en trovärdig man medelat honom, att landet omkring *Helsingfors* redan vore besatt af Ryska trupper.

Efter denna framställning förelade öfverbefälhafvaren krigsrådets ledamöter den frågan: "huruvida det vore öfverenstämmande med så väl hans egen, som öfrige ledamöters undersåtliga pligt och sanna militär ära, antingen soutinera fästningen till sista man utan afseende på förutnämnde olägenheter, eller om öfvervägande skäl funnos, som kunde synas antagliga för att öfverlemna denna Kongl. Maj:ts och Sveriges Svartholms fästning till Hans Maj:t Kejsaren af Ryssland?" Hvaruppå krigsrådets ledamöter enhälligt beslöto: "då ingen anledning var att förmoda, det någon undsättning snart kunde erhållas och om fästningen, i afseende på bröd och öfrig proviant, skulle kunna bibehållas 10 högst 12 dagar (eden att dö med hvarandra och ej kapitulera förr än breschen på hufvudvallen blifvit försvarad åtminstone mot en storm, liksom konungens befallning att stå till sista man, glömdes, af hvilka *bevekande* skäl må konseljen sjelf uppgifva, ty de åberopade gälla icke hos någon, som lifvas af *medborgerlig pligt* och *sann militär ära*), befinner den sig dock uti den yttersta belägenhet, så väl i afseende på de sjukas lidande och slutligen ömkansvärda död (ömkansvärdt är blott det lif och den död, som ej förenas med fosterlandskänsla, mod och heder), sedan alla medikaments- (nyss förut var det blott en del) förråder nu befunnos vara uttömde, såsom äfven, i anledning af de i berättelsen om fästningens tillstånd omrörda öfriga trängande omständigheter, att fästningen icke längre kunde konserveras, utan bör uppgifvas till Hans Ryska kejserliga Majestät emot de kapitulations-vilkor, som längre fram äro upptagne."

1) Sympathier.
2) Man erinre sig, att en under-officer vid Jägerhornska reg:t inom Svartholm blef dömd för förräderi, hvartill han äfven öfvertalat manskapet, af hvilket flera sedermera rymde till fienden.

hvarken på Sveaborg eller Svartholm förmodligen ens tänkte, oaktadt flere inträffade omständigheter bordt upplysa dem, att planer och förledelser voro å färde, samt att tänkesätt och yttranden vexlades, hvilka icke öfverensstämde med den oförfalskade fosterlandskänslan och den allt trotsande, allt uppoffrande pligten att försvara sig.

Medan allmogen täflade med hvarandra i nit och omtanka att förse fästningen med matförråder, på det att brist af dem ej måtte förkorta försvaret; under det att tillförlitliga underrättelser, utan möda, erhöllos om fiendens ringa styrka, föga hopp om förstärkningar och saknad af groft artilleri; under det, eller omedelbart derefter, öfverbefälhafvaren, kommendanten och krigsrådets medlemmar med ed förbundo sig, att lefva och dö tillsamman, att den, som först yttrade benägenhet till otidig eftergift, skulle anses och dömas såsom förrädare; under det man förstörde en fattig torpares koja, uti ifvern att undandraga fienden allt möjligt värn i den stränga kölden; under det att ett eller annat enstaka skott på åkande eller ridande tillfällige patruller, mera för öfnings än behofs skull, blifvit lossade, — började vederbörande på Svartholm redan att tänka på medel att, i skydd af något skenskäl, komma ifrån försvarsförbindelsen.

Så snart fienden uppfört ett eller annat styckevärn och beskjutit fästningen då och då, under en eller annan timma, och några skorstenar blifvit krossade, några fönster söndersplittrade, en man händelsevis sårad och sjukantalet ökadt, blef nöden så stor, att man ej längre kunde afbida de tätt och ofta inträffade underhandlingarne från Ryska sidan, utan beslöt att sjelf öppna en sådan, om erhållande af vapenhvila. Ehuru fördelaktigt detta anbud var för fienden, afslog han detsamma; men inseende sinnesstämningen inom fästningen och förlitande sig på den beräknade utgången, beviljade Ryska generalen, på förnyad framställning, under förevändning af personlig välvilja mot öfverbefälhafvaren, trenne dagars betänketid, hvarunder vapenbraket skulle upphöra. Detta brak, jemte hotet att, kosta hvad som helst, en storm derefter skulle företagas, verkade till den i krigshistorien hittills oerhörda händelsen, att fästningen öfverlemnades den 18 åt fienden, utan att ett enda skott vidare lossades, utan att ett enda lif var förspildt, ens den minsta bresch skjuten, och utan att dess intagande kostat fienden mera än uppförandet af tvenne styckevärn, inalles 8 å högst 10 timmars skjutning och besväret af trenne underhandlingar.

Den ingångna dagtingan har följande lydelse:

1:o att fästningen uppgifves i dess nu befintliga skick, med alla dess tillhörigheter, kanoner, magasiner och förråder.

2:o att garnisonen afmarscherar med alla öfliga hederstecken, innan den nedlägger gevär.

3:o att officerare och civile tjenstemän få medföra deras enskilda egendom, likaså manskapet, hvad det kan bära på sig af proviant och beklädnad.

4:o att befälet får bära sina värjor och bo hvar det vill inom Finland, samt återfå hvad som möjligen kan vara det eller detsammas familjer fråntaget af de Ryska trupperna.

5:o att amnesti måtte ega rum för det förflutna, äfven mot Ryska f. d. undersåter, om sådana finnas på fästningen.

6:o att de sjuka vårdas, antingen på stället eller transporterade till Lovisa.

7:o att tid förbehålles för utflyttningen och afmarschen, utan trängsel eller hinder af Ryska trupper.

8:o att alla lönlösa af officerare och civila få, efter deras grader, under fångenskapen sådant appointement, att de honnettement kunna soutinera sig.

9:o att om fred eller stillestånd vore slutadt, innan fästningen öfverlemnas, skall denna kapitulation anses ogjord.

10:o att fångar och missdådare fängslade förvaras och qvarhållas.

11:o att en rapport [1]) om denna kapitulation, med hvad dertill hörer, obehindradt får afgå till konungen.

Visserligen var denna fästning icke i något förträffligt försvarskick, den var tvertom behäftad med flera felaktigheter, dem fienden, efter intagandet, likväl genast afhjelpte; den hade en otillräcklig och till en del oexerserad besättning, hvars sjuklighet var i tilltagande; den saknade behöfligt antal duglige gevär och medel att förfärdiga skott; men dessa brister betydde intet, så länge de ej inverkat menligt på försvarskraften, som ännu icke var pröfvad, hvarken i afseende på sjelfva fästningens eller dess besättnings förmåga att motstå ett anfall, hvilket aldrig gjordes. Helt annat hade förhållandet varit, om en svår bresch blifvit öppnad och blottat fästningens bristfälligheter, eller en afslagen storm kostat så mycket folk, att man med den svaga och sjuka återstoden af besättningen, med något hopp om framgång, icke kunde vedervåga ett nytt anfall, eller om matförrådet eller skjutmedlen, oaktadt klokt och spar-

---
1) Den kom aldrig fram.

samt begagnande, varit alldeles uttömda, då hade en dagtingan möjligen kunnat urskuldas; men knappast då, med bibehållen sann krigsära, hvarifrån lydnadspligten är oskiljaktig, enär konungens befallning bestämdt innehöll, att fästningen borde försvaras *till sista man* [1]).

Svartholms öfvergång blef en stor vinning för Ryssarne, hvilka der togo 200 kanoner och mörsare, 634 man, jemte ett betydligt förråd af vapen, skjutbehof och födoämnen. Denna fästning stänger inloppet till *Lovisa* hamn, och skulle, vid öppet vatten, afbrutit sjöfarten utmed kusten. Förlusten deraf ökade fiendens stridskrafter, i samma förhållande som den minskade Svenskarnes, oberäknadt den smärtsamma förebild den skulle utgöra till *Sveaborgs öde*.

APRIL MÅNAD.

Sveaborg.

Sistnämnde fästnings spärrning hade fortgått den sednare delen af Mars månad, hvarunder, å Ryska sidan, styckevärn blifvit anlagda, ett stort på bergen utanför *Ulrikasborg*, ett mindre på *Skatudden* och Blekholms-klipporne [2]). Ifrån dem besköto Ryssarne *Sveaborg*.

---

[1]) Dess öfverbefälhafvare, major Gripenberg, som hade detta förtroende-uppdrag och denna befallning af sin konung, har så mycket mera brännmärkt sitt namn, som han straxt derpå antog Rysk tjenst. I ett bref, med Bidraget N:o 33, uppgifves orsaken dertill hafva varit ett bedrägeri af dåvarande general-gouvernören i Finland, grefve *Sprengtporten*, hvilken, Gripenberg ohördan, och innan han fått eller ens begärt afsked ur Svensk tjenst eller Finland ännu var afträdt, skaffade honom en majors plats i Ryska armeén, hvarifrån han, så snart den i Ryska författningarne föreskrifna tiden af ett år tilländalupit, genast tog afsked och lefde blott några år derefter, nedtryckt af sorg och harm öfver denna honom tillfogade skymf.

[2]) N:o 1 med 4 st. 40-pundiga enhörningar, och 2 st. 200-pund. mörsare, Ryskt

Sveaborg. *Cronstedt.*

Detta skedde den **29, 30** och **31** Mars samt den 1 och 2 April, om dagarne ifrån de fasta styckevärnen och om nätterne ifrån de rörliga, hvilka, i skydd af uddar och klippor så mycket som möjligt oförmärkte nalkades fästningen, hvarifrån de med fördel väl icke kunde träffas; men hvilken de ej heller särdeles förmådde skada. Likväl vågade Ryssarne en gång försöket, att med sina rörliga bröstvärn, nalkas mera obetäckte eller på öppna isen; men, ehuru det skedde under nattens mörker, uppenbarades det vid dagningen, att fästningens stycken gjort sådan verkan på folk och hästar, att fienden visserligen icke skulle förnya detta försök, och gjorde det ej heller.

Deremot förnyade han sina mindre farliga underhandlingar. Desse verkade bättre än hans styckedunder. Underhandlaren varseblef, att amiral Cronstedt, van att se som sjöman, med ängslan betraktade några tillgängligare ställen, några luckor i sambandet af fästningsverken; att han uttröttade sitt manskap och ej lemnade det någon hvila; att han begagnade det onödigtvis på vallarne, vid minsta skjutning från Ryska sidan; att han ansåg *Sveaborg* som ett fartyg, blottstäldt för äntring; att han, jemte åtskillige af hans officerare, låto öfvertyga sig, att vintern, som omgaf fästningen med is, beröfvade den dess hufvudsakligaste styrka, samt att den nu ej var tryggad för en öfverrumpling.

Som Cronstedt oförsigtigt hade inom fästningen intagit en mängd onyttiga menniskor, hvilka, vid Ryssarnes infall, sökt sin tillflygt derstädes, och han nu insåg det fel

---

mått. N:o 2 med 6 st. 80-pund. mörsare och N:o 3 med 2 st. 40-pundiga haubitser.

han begått, så ville han befria sig ifrån dem så mycket helre, som deras underhåll minskade det munnförråd, som borde utgöra en tillgång för besättningen. På underhandlings väg kunde amiral Cronstedt ej vinna Ryska befälets medgifvande, att desse flygtingar finge återvända till sina hem, och då de frivilligt eller på befallning lemnade fästningen i denna afsigt, blefvo de af Ryska förposterne tillbakadrifne. Att såsom Franska marskalken *Davoust* i Hamburg, utan afseende på person, använda dem vid nödiga arbeten i och för fästningens försvar, hvarigenom besättningens krafter blifvit sparade, (t. ex. vid is-sågning och bröstvärns byggnader m. m.) dertill hade amiral Cronstedt ej tillräcklig sinnesstyrka och beslutsamhet. Deremot afslog han värdigt det af fienden gjorda anbudet åt hans familj: att få lemna den inneslutna fästningen.

Emellertid satte de täta underhandlingarne det uppmärksamma Ryska ombudet i tillfälle, att lära känna vissa förhållanden inom fästningen; neml. att det fanns äldre stabs-officerare, hvilka en lång följd af år endast varit idoge jordbrukare på sina boställen, jemte subalterner, som aldrig bivistat något fälttåg; att det herrskade ett slags afundsjuka emellan de infödde Svenskarne och Finnarne; att oro och fruktan egde rum hos det stora antal af makar, qvinnor och barn, samt andra onyttiga personer, hvilka tagit sin tillflygt till eller fått stadna qvar inom fästningen; att det rådde en fast tro på Ryska härens stora öfverlägsenhet; att amiral *Cronstedt* tycktes ogilla det politiska system, som följdes af hans regering; att han ansåg *Sveaborg* som en osäker besittning; att han, framför allt, var bekymrad om skärgårdsflottan, på hvilken han under 1788 och 1789 års krig, i drabbningarne vid *Wiborg* och *Svensk-*

sund, kämpat med ära, och hvilken en förderflig bomb nu lätt kunde förvandla i aska; att han misshushållade med skjutmedlen, då han utan ändamål och behof besvarade Ryssarnes enstaka skott; att han hyste en viss farhåga, i hänseende till Sveriges förbund med England, hvars uppriktighet mot hvarje annan sjömagt de inträffade händelserna i *Köpenhamn* gåfvo anledning att misstro, och hvarom Ryska underhandlaren, liksom om hvad förut blifvit åberopadt, icke försummade att erinra; att han visade någon förlägenhet i försvaret af orörliga murar, samt att han, såsom menniska och husfar, plågades af de lidanden, hvilka ett stort antal honom kära personer fingo vidkännas.

Dessa omständigheter verkade ofördelaktigt både på kommendanten och hans krigsråd, inom hvilket rådde en ständig förvirring och villrådighet. En sådan sinnesstämning medför alltid förderfliga åtgärder. Att tveka, att betänka sig äro stora fel i en belägenhet, der det finnes blott en utväg för pligtuppfyllandet, den, att försvara sig i det yttersta, utan att afväga följderna, utan att beräkna uppoffringarne.

Denna karakterskraft och beslutsamhet saknades hos Sveaborgs kommendant, som, villrådig och misstroende sig sjelf i en kinkig belägenhet, hvilken erfordrade tillförsigt och orubblig, allt trottsande ihärdighet, i sitt vacklande handlings- och tänkesätt, underhölls af den eller dem, åt hvilkas råd och ledning han anförtrodde sig. Hans och deras obeslutsamhet och modlöshet, hvilket alltid inträffar, tilltog med hvarje dag, smittade alla äldre officerare, som kommo i beröring med dem, och förlamade den gemensamma kraft, som nu erfordrades och hvilken helre behöft stärkas än minskas.

Det är en gammal sanning: *att en fästning, som öfverlägger, redan har till hälften gifvit sig.* Denna regel, liksom mycket annat, hvars uppfyllande krigsäran och pligtkänslan kräfva hos upprigtiga, varma, osviklige fosterlandsförsvarare, glömdes af amiral Cronstedt och hans krigsråd; men erinrades så mycket lifligare af fienden, och isynnerhet af dess utmärkt skicklige underhandlare vid *Sveaborg*.

Han lät derjemte *Cronstedt* förstå, det Ryska kejsaren beslutat att, till en början uppoffra 24,000 man, som redan anländt [1]), för att storma fästningen; men att ett lika antal var i antågande från det inre af Ryssland, ifall första försöket misslyckades, hvilket, under intet hänseende, syntes honom ens tänkbart, mindre troligt. Han sökte, och förmodligen äfven lyckades, öfverbevisa Cronstedt om omöjligheten att vintertiden försvara *Sveaborg*. Kartor framlades och batterier, som ännu ej voro påtänkta, mindre anlagda, utpekades såsom redan färdiga, hvilka skulle krossa fästningen; deltagande visades för det blodbad och de grymheter, som voro oskiljaktiga från en stormning, helst man förmenade sig icke kunna uraktlåta att uppmuntra soldaten med löfte om plundring; att dessa fasaväckande tilldragelser voro alltför beklagliga, dem endast amiral Cronstedt kunde förekomma, eller ock sätta dem på sin egen räkning, för att med sådana blods-uppträden belasta sitt samvete. Dessutom tillades: att en regementsförändring skett i Stockholm; att drottningen emottagit styrelsen; att 30,000 Fransmän landstigit i Skåne; att nationens alla tänkande, upplysta med-

---

1) Det var oförlåtligt af Cronstedt, att vara okunnig om sin motståndares verkliga styrka; emedan fästningens spärrning icke fanns strängare handhafd, än att kringliggande allmoge nattetid insmögo sig med bref och matvaror.

lemmar hyste sympathier med dem och tro på deras kejserl. herres oöfvervinnelighet, hvilken det var en dårskap af konungen att trottsa; att befallning från den nya regeringen, inom 8 dagar, ofelbart skulle ankomma om fästningens öfverlemnande; men att Ryska generalitetet föresatt sig, att dessförinnan, kosta hvad det ville, taga densamma, för att med denna eröfring vinna sin kejsares bevågenhet; att han beklagade kommendanten, som fått sig försvaret af denna fästning uppdraget, med blott en hand full gamla soldater, och de öfriga endast reserver och rekryter; att kommendantens anseende vore i hela Europa för väl kändt, för att någon skulle understå sig misstänka honom för feghet eller ens svaghet; samt att Ryska generalitetet icke ens ansåg för någon heder att taga en fästning, som var så illa försvarad och så bristfällig [1]).

Då härtill lägges, att några af de personer, som på Svenska sidan blifvit begagnade vid underhandlingarne, återkom från *Helsingfors*, berättade: *att de sett en stor mängd stormstegar, uppstapplade längs alla gator utmed husen*, och när man noga beräknade de stora förstärkningar (hvilka, enligt hvad förut är anmärkt, alla morgnar inträffade i staden, men ryckte ut om nätterna, för att påföljande dag ånyo återkomma), dem stadsboerne sett anlända; så öfvertygades kommendanten mer och mer, om vissheten af den snart förestående stormningen och bedröfvades öfver de förskräckliga följderne deraf. Farhågan för en sådan händelse gick så långt, att en trumpetare fick befallning, att nattetid vara beständigt till hands uti högvakten, för att, i fall af behof, gifva signal till dagtingan[2]).

---

1) Bidragen N:o 12 och 21. Hvad i det förra blifvit uppgifvit af kapt. *Durietz*, är inför krigsrätten med edliga vittnen bestyrkt; och andra än sålunda vittsordade uppgifter, äro icke af författ. begagnade.

2) Befallning var gifven åt kapt. och ridd. *Durietz* hvilken väg han borde dra-

Ehuru stormning icke var utom möjlighetens område, helst kommendanten och krigsrådet trodde på fiendens stora antal krigare, hvarpå Ryska härförare ej behöfva spara, och ehuru befallning derom verkligen redan var, för syn skull, utfärdad från Petersburg [1]), hade kommendanten likväl bordt noga öfverväga, huruvida ett sådant företag, från fiendens sida, i något hänseende kunde lyckas, huruvida det hade någon anledning eller ens rimlighet för sig att göra det. Och i fall det för den mogna, lugna, fördomsfria pröfningen ej kunde hafva det, i händelse alla skäliga, lätt beräkneliga och förutsedda anledningar talade deremot, så borde man icke frukta att den kloke fienden skulle göra ett försök, som icke gaf något hopp om framgång, helst det för den politiserande kommendanten ej bordt vara okändt, att den då varande Ryska sjelfherrkarens milda och menskliga lynne ej älskade att offra menniskoblod utan ändamål.

Endast den i *Helsingfors* synliga *stora* mängden af stormstegar förebådade något sådant försök från fiendens sida, emedan ingen enda bresch ännu var skjuten, blott några tak bräckta och någon kanon demonterad; besättningen var fulltalig, oberäknadt 5 man dödade [2]), 30 sårade samt några hundra insjuknade; fästningen befanns, i det hela, oska-

---

ga sig tillbaka in i fästningen, sedan fienden stormat de yttre verken, och då öfverste Jägerhorn, på Stora Svartö, vid ett batteri fick se trekantiga vallpikar, yttrade han: "för Guds skull, göm undan dessa; ty om fienden får se dem, sedan han stormat, så erhåller ingen af er pardon."

1) Bidraget N:o 13, af generalen friherre *von Döbeln* uppges detsamma. Voro dessa befallningar verkligen utfärdade, kunde de ej vara annat än för syns skull, för att visas åt kommendanten och så mycket säkrare verka på honom.

2) Den unge officeren som stupade, var under-löjtnanten vid artilleriet *Appolloff*, hvilken blef skjuten under en utmarsch från Gustafssvärd med om-

dad, späckad med **900** kanoner till valls, försedd med krut och kulor, samt ej i saknad af lefnadsmedel; murarne voro genom is-sågningen otillgängliga och dess befästning så ställd, att de olika verken bistodo hvarandra och de yttre försvarades af de inre.

En formlig och regelmessig belägring kunde dessutom icke vintertiden företagas, mindre utföras. Man behöfde således ej utmatta eller äfventyra besättningen genom utfall, hvilkas föremål är att, så länge som möjligt, hindra fienden att anlägga approcher och logementer samt, inom dem, bresch-batterier. Ryssarne kunde icke osedde nalkas Sveaborg, och deras i skydd af skär och klippor anlagda batterier, förtjente icke en gång att från fästningen med liflig eld besvaras, endast oroas med ett och annat mörsar-kast eller något rikochettskott, emedan fiendens eld ej kunde åstadkomma något annat ondt uti fästningen, än det att händelsevis skada någon kanon eller itända någon träkoja. Att blottställa hela besättningen till valls natt och dag, var helt och hållet ett misstag, som väl icke kostade många lif; men dock, likväl utan allt behof, oroade och utmattade manskapet.

Skulle likväl Ryssarne vågat en stormning så hade den otvifvelaktigt kostat mycket folk och likväl misslyckats, emedan närmandet till fästningen skulle ske på öppna isen, under ett från alla håll verkande och korsande kulregn från hundradetals eldgap, hvarmed de afskilda fästningsverken, på ett utmärkt väl beräknadt sätt, understöda hvarandra och försvara sig sjelfva samt det hela. Äfven om de yttre verken *Wester Svartö*, *Långörn*, *Löwen* och *Lilla*

---

kring 200 man, anförde af adjutanten Jack, för att skaffa granris. Han åtföljde frivilligt detta företag.

Öster Svartö, med stor manspillan, kunnat på en gång genom storm intagas, hade den tid, som fienden derefter behöft, att vidare göra en samlad kraftansträngning mot *Stora Öster Svartö*, ytterligare kostat honom otroligt mycket folk. Och likväl återstod för honom ännu den starkast bestyckade hufvudfästningen, inom hvilken den odödlige *Ehrensvärd*, med snillets, vetenskapens och konstens förenade förmåga, bildat ett försvar, som skulle motstå hvarje anfall, äfven af det mest öfverlägsna antal. *Vargön* utgör detta allt trotsande hufvudförsvar, med en allt beherrskande och förstörande stycke-eld från *Gustafssvärds* inre bastioner, långs hela anfalls-linjen.

En behjertad kommendant, som ej misskänt dessa omätliga fördelar och velat begagna dem, kunde ingenting högre önska för sin och besättningens ära, än att Ryssarne gjort ett försök att storma *Sveaborg*, säker derom att de tusentals med fiender, som blifvit begagnade dertill, varit tillintetgjorda; hvilket hade lifvat både befäl och manskap inom fästningen, samt otvifvelaktigt förtagit fienden all lust att förnya anfallet, liksom alla oädla bemödanden att bringa fästningen till öfvergång utan svärdsegg, utan uppoffringar, ja utan ens rimliga kapitulations vilkor.

Man erbjöd nu sådana, och under förevändning att vinna tid, rädda flottan, spara krut och kulor, antogos de med en förvånande både hastighet och obetänksamhet af kommendanten och krigsrådet, i den öfvertygelse, åtminstone hos den förre [1]), att han bevarat hedern och ej skadat fäderneslandet. Men detta anklagar, och skall, så länge häfderna förvara minnet

---

[1]) I fall man neml. skall sätta tro till hans försäkran derom, i sin underdåniga rapport till konungen.

Första delen.

af *Sveaborg*, fortfara att anklaga dess kommendant och krigsråd, både för en stor materiel förlust, utom den af sjelfva Finland, hvars bålverk denna fästning skulle vara, samt att hafva åsidosatt den gamla Svenska krigsärans och fosterlandskänslans heligaste pligt, den att i det yttersta försvara sig och det som är anförtrodt i ens vård. Med glömska häraf, ingingo kommendanten och krigsrådet följande så kallade:

"KONVENTION

emellan v. Amiralen m. m. Cronstedt å Svenska, och General en Chefen för Ingenieur-Korpsen, m. m. van Suchtelen å Ryska sidan."

"Det skall vara ett stillestånd emellan de Ryska trupper, som belägra Sveaborg och Svenska besättningen, ifrån och med i dag till den 3 Maj nya stylen af innevarande år 1808."

"Om kl. 12 middagen förenämnde 3 Maj fästningen icke erhållit en kraftig hjelpsändning, åtminstone af 5 linjeskepp, så skall den öfverlemnas åt Hans Kejserl. Maj:ts trupper: välförståendes att denna hjelpsändning redan verkligen skall vara inlupen i Sveaborgs hamn, vid den utsatte timmen och att den skall räknas som vore den icke anländ, om den endast vore i sigte af fästningen."

"Dagen efter sedan denna Konvention blifvit gillad af en Chef kommenderande Generalen, Grefve Buxhöwden, skall Amiral Cronstedt låta utrymma Långörns-holmen, hvars vakt skall aflösas af en Rysk vakt. De två följande dagarna, det vill säga 24 timmar efter hvarandra, skall detsamma ske med *Vester-Svartö*, jemte det lilla verket *Löwen* på den angränsande klippan, och med Lilla *Öster-Svartö*."

"Garnizonerna som finnas der, skola öfvergå till de stora Öarne, som utgöra fästningen och medföra endast hvad hvar och en enskildt tillhörer, utan att förstöra eller skada det minsta af verken, magaziner, artilleriet eller ammunitionen; undantag eger endast rum med provianten, som fritt kan medtagas."

"Af de tre öar [1]), som utgöra en borgen för denna Konvention, skall *Långörns-holmen* helt och hållet afträdas till Ryska trupperne, hvilka likväl före den 3 Maj icke der kunna företaga något arbete på den sidan, som vetter emot fästningen. Hvad angår de två andra öarne, så skola de, ehuru besatte af samma trupper, återställas, i fall hjelpsändningen ankommer före den utsatta tiden, i alldeles samma tillstånd, hvaruti de sig befinna. Emellertid förblifva de dervarande Svenske hospitalerne under insigt af egne Läkare och föreståndare, som icke få hafva någon annan gemenskap med Sveaborg, än för transporten af tillfrisknade eller sjuke, som i stället kunna ditkomma, utan att öfverstiga antalet af de nu dervarande. Qvarnen och bageriet på Vester Svartö förblifva till dessa hospitalers begagnande."

"Den 3 Maj n. st., då fästningen öfverlemnas, skall garnizonen utmarschera med all militärisk heder, på samma vilkor, i anseende till ceremonialet, som de, hvilka blifvit Svartholms garnizon beviljade."

"Kl. 12 slagen förenämde dag, skall ön *Gustafssvärd* vara utrymd af Svenska garnizonen och på samma timme besättas af Ryska trupperne, som på samma tid skola aflösa vakten vid *Vargö* porten, ledande till Gustafssvärd. Ön *Vargö*, likasom *Stora Öster-*

---

1) Alla väl befästade.

Svartö skola utrymmas under loppet af dagen, om möjligt är, eller ock sednast dagen derpå, allt efter som garnizonen kan öfverföras på slupar, i händelse att isen då icke bär. I anseende till denna osäkerhet skall man öfverenskomma emot omförmälde tid, om de efter omständigheterna mest passande mått och steg för garnizonens säkraste och skyndsammaste transport till fasta landet, äfvensom för hushållens säkerhet, så väl de qvarblifvandes som deras, hvilka komma att åtfölja garnizonen."

"Hvarje person förblifver i besittning af sin egendom; allt hvad som icke är enskild tillhörighet, qvarstadnar i fästningen, och Amiralen förbinder sig, att deraf, ifrån detta ögonblick, ingenting förstöra och att icke låta något fartyg, af hvad egenskap det vara må utgå ur hamnen, hvilken anses för blockerad, likasom fästningen, med ett ord, att icke låta utlägga i sjön de fartyg, som icke redan äro der."

"Alla Officerare, hvilka äro införlde Svenskar, erhålla tillstånd, om de sådant åstunda, att återvända till Sverige, emot afgifvande af sitt hedersord, att under hela detta krig icke tjena emot Ryssland eller dess bundsförvandter. Svenske under-officerare och soldater skola, under militärisk bevakning, afsändas till *Wiborg* eller andra närbelägna ställen. Alla de, som önska stadna under H. M. Kejsarens af Ryssland herravälde, skola aflägga trohetsed, och kunna åtnjuta de fördelar, hvilka H. Maj:t erbjuder genom sin proklamation af d. $\frac{19}{31}$ Mars 1808."

"De Finska regementerne, som gå i H. Maj:t Kejsarens tjenst, skola icke begagnas emot Sverige eller dess bundsförvandter under loppet af detta krig, och skola de för öfrigt åtnjuta de förmoner, som de å H.

M:ts vägnar kungjorda proklamationer innehålla, isynnerhet den af d. $\frac{17}{37}$ Mars detta år."

"Adlercreutzska regementet skall, efter att hafva aflagt trohetsed, och så länge kriget varar, förblifva såsom regemente, med åtnjutande af samma förmåner som för det närvarande."

"Allt hvad som blifvit sagdt om landt-trupperna, skall likaledes ega rum för marin-trupperna. De civila embetsmännen, och isynnerhet hvarje person, äro inbegripne, under lika förhållande, i dessa artiklar."

"Fästningen skall öfverlemnas med alla dess tillhörigheter, artilleri, ammunition och magaziner af alla slag, äfvensom med allt som hörer till flottan eller skärgårds-eskadern, hvaraf, ifrån detta ögonblick, intet skall skadas eller förstöras, lika litet som något af allt det öfriga."

"Skärgårdsflottan skall efter freden återställas, enligt dess särskilda förteckning, till Sverige, i händelse att England likaledes återställer till Danmark den flotta, som det förlidit år fråntog denna magt."

"Fästningens arkiv, planer och andra papper, rörande fästningen eller marinen, skola troget öfverlemnas till de officerare, hvilka utses att emottaga dem. Man förlitar sig på Amiralens hedersord, att intet häraf afvändes."

"Allt möjligt biträde skall lemnas till hushållens flyttning, och i allmänhet skall i allt, som icke genom denna Konvention uttryckeligen är fastställdt, å båda sidor med uppriktighet förfaras."

"I händelse att vid hjelpsändningens ankomst, före den utsatta tiden, öarne *Vester-Svartö* och lilla *Öster-Svartö* skola utrymmas, förbinder sig Amiralen, att för detta ändamål anskaffa ett så tillräckligt antal slupar, att utrymmandet må kunna verkställas på 24 timmar, under hvilka inga fiendtligheter få ega rum, innan Ryska trupperne ankommit på fasta landet."

"På holmen Lånnan framför Sveaborg den 6 April 1808"

"*Cronstedt.   Suchtelen.*"

"Särskild Artikel."

"Sedan Amiral Cronstedt föreslagit att, i händelse fästningen öfverlemnas enligt innehållet af Konventionen af detta dato, dess Krigs-kassas skuld, icke öfverstigande 100,000 R:dr Svensk banko och bestyrkt efter alla vanliga formaliteter, må betalas, för Sveriges räkning, af H. M. Kejsaren af Ryssland; så förbinder sig en Chef kommenderande Generalen för Ryska arméen, Grefve Buxhöwden, att härtill begära Kejsaren sin Herres samtycke, samt göra allt hvad möjligt är för att erhålla det."

"Herr Amiralen får afsända tvenne kurirer till Konungen, en södra vägen och den andra norr om. De skola förses med pass och skyddsvakt, och man skall befrämja deras resa på allt möjligt sätt."

"På holmen Lånnan framför Sveaborg den 6 April 1808."

"*Cronstedt.   Suchtelen.*"

Sådan var denna så kallade konvention. Med undantag af en och annan fästnings öfverlemnande genom öppet förräderi, är denna Sveaborgs dagtingan exempellös i krigshistorien.

Att rättfärdiga detta omdöme, erfordras blott att känna, hvad som är allmänt bekant, att ingenting ännu tvingade kommendanten att låta föreskrifva sig några kapitulations vilkor, äfven om de varit lika fördelaktiga för Sveaborgs besättning, som de nu antagna voro skadliga och vanhedrande.

Amiral *Cronstedt* kunde icke åberopa, samt åberopade icke heller, i sin rapport till konungen [1]), att

---

[1]) Dat. Sveaborg d. 7 April, men hvilken framkom samma dag fästningen skulle öfverlemnas, så lydande: "Underdånigste Rapport. Sedan fienden den 2 sistl. Mars kl. 5 om morgonen, pousserade våra förposter och marcherade mot *Helsingfors* stad, der jag endast kunde hafva en bataljon af Adlercreutzska Regementet liggande, blef denna tvungen att retirera in i Fästningen; under vägen voro de eftersatte af fiendens Kosacker och dragoner: och som bataljonen hade flere vakter utsatte, hunno ej alla stöta till den, så att 73 man af bataljonen blefvo fångne, och 11 blesserade medfördes till fästningen: några kanonskott lossades, då genast förföljelsen upphörde. — All communication med staden upphörde och fienden utsträckte sina posteringar rundt om fästningen. — I brist af excercerad manskap kunde ingenting emot dem föreiagas; nästan dagligen skjöts några skott på deras recognosceurer och lätta troppar; mycket ris syntes dagligen köras af flera hundrade hästar till staden."

"Den 17 Mars kl. 2 e. m. började fienden skjuta från ett batteri bakom Bleckholmsklipporna med ganska hög elevation, så att kulor af 6 och 12 pund. kanoner drefvos in uti fästningen. Dessa besvarades genast från de verk, som lågo ditåt, och denna kanonad varade till kl. 5 e. m."

"Den 18, 19 och 20 fortfor fienden att några timmar om dagen och äfven om natten beskjuta fästningen med granater och eldkulor, samt äfven kalla kulor. Fienden hade nu anlagt ett stort batteri på Skatudden."

"Den 21 Mars ankom en parlamentair från fienden, som på isen behörigen emottogs, hvilken erböd mig en conference med fiendtlige Generalen, som blef utsatt till följande dagen på Lånnan, en liten holme under Fästningens kanoner. Denna conference skedde den 23 och angick isynnerhet, att ifrån fästningen ej skulle skjutas åt staden, der under dessa dagar mycken skada vore tillfogad och flere af invånarne sårade, hvaremot fienden skulle lägga sina batterier utom den linien och ej heller hafva sina rörliga pjecer i samma direction; som nu öfverenskoms och aftaltes."

"Den 28 Mars upptäcktes vid dager det fienden anlagt ett stort batteri utanför *Ulricasborg* på bergen, hvilket genast började beskjutas från fästningen, då äfven från detta och Skatudds-batteriet, besvarades så väl med bomber, granater som kulor.

"Den 29, 30 och 31 samt 1 och 2 April bombarderade och kanonerade fienden om dagen från de fasta batterierna, men om nätterne äfven från dem och rörliga batterier på isen uti flera directioner, sökande sig alltid skygd bakom låga uddar och klippor, der deras kanoner ej så väl kunde träffas från fästningen, utom en gång då fienden vågade sig mera obetäckt ut på isen, då utaf hästar och folk, som vid dagen syntes liggande döde, kunde slutas att de haft någorlunda förlust. Denna bombardering och kanonad, ehuru sträng, har genom den Högstes underbara försyn ej gjort all den skada man bordt vänta: några gånger har väl eld varit tänd, men alltid släckt, tak bräckte, kanoner demouterade och andra skador. Utaf garnizonen har en officer och 5 man blifvit dödade, 1 under-officer

han saknade all tillgång på skjutbehof eller munnförråder, tvenne omständigheter, men också de enda, som kunna urskulda den för en oförfärad krigare och sann fosterlandsvän smärtande nödvändigheten, att åt fienden öfverlemna en fästning och en talrik besättning.

och 31 man svårt blesserade samt flera mindre skadade. — Befäl och manskap hafva med en berömvärd ståndaktighet och mod serverat kanonerna, och har jag varit tvungen att mycket fatignera dem medelst bevakningar, arbete vid fortificationen och artilleriet, samt isning kring fästningen, hvilken i denna svåra årstiden varit mycket mödosam, och har jag nu på sjukhusen och i qvarteren 515 man sjuka, en kännbar minskning i denna svaga garnizon."

"Under dessa 10 dagar har utaf krutförådet 1/3:del åtgått, oaktadt all sparsamhet."

"Flere batterier hafva upptäckts anlagda på Stansvik, Kalfholmen, Sandhamn, Kungsholmen och Blåholmen, hvilket äfven af en deserteur, som om natten ankom, är besannadt, utom de så kallade ambulanta pjecer."

"Den 2 April om eftermiddagen ankom en fiendtlig parlamentair, då ett möte på förra stället blef aftaldt till dagen derpå, då Ryske Generalen föreslog en Konvention till fästningens öfverlemnande, i händelse ingen secours vid öppet vatten skulle ankomma."

"Efter flere conferenser och öfverläggningar med dem Krigs-Conseil-Reglementet utstakar, är i dag i underdånighet närlagde Konvention afslutad."

"Eder Kongl. Maj:t täcktes i nådigt öfvervägande taga, att då denna fästning uti sitt nu ofärdiga och ofullkomliga tillstånd, endast är anlagd för en attaqve sommartiden, förlorar den oändligen af sin styrka vintertiden, då isen ligger och gör den tillgänglig på alla sidor. Alla verk måste hållas besatte: vidlyftigheten af fästningen, der det ena verket ej så lätt kan understödja det andra, gör en stor reserv nödvändig, hvartill den närvarande garnizon ej är tillräcklig; utan måste alla verk, sedan de fått hvad möjligt varit tilldela dem, sakna de som sjukna, och som garnizonen består af bara recruter, då Hennes Kongl. Maj:t Enkedrottningens Lifregimente och Jägerhorrska Bataljonen undantages, så kan intet stort försvar räknas i handgevären, om fienden försökte en storm; äfven saknas nödigt befäl vid reserv-korpserne, endast 5 à 6 Officerare till 600 man, så att, ehuru jag tagit hvad sparas kunnat från andra regementer, är bristen ändå kännbar. Flottans Officerare äro delte som artillerister till verken, men hvar bastion har knappast en officer, och till 3 kanoner har endast 2 man artillerister kunnat delas: sedan fienden anlagt flera batterier kring fästningen och fått sina behof, så komma äfven flera verk att nyttja sina kanoner, hvarigenom krutåtgången blir mycket större, och då på de förflutna 10 dagar 1/3:del af förrådet åtgått, så lärer ej kunna beräknas, att krut för mer 15 dagar finnes, hvarföre fästningen måste i brist deraf kapitulera, om ej andra olyckor, eldsvådor och åtgång på manskap gjort det nödvändigt förut."

"Och som innan den tiden ingen secours stod att vänta, har jag ansett min underdåniga skyldighet vara, att för Eders Kongl. Maj:t och Riket i

Kommendanten föreger väl, att "denna fästning förlorat oändligt af sin styrka under vintertiden", helst dess tillstånd af honom uppgifves både såsom *ofärdigt och ofullkomligt* [1]); äfvensom att garnisonen och artilleristerne voro otillräckliga. Men dessa föregifna brister i befästningen och inom besättningen voro ju endast inbillade, så länge försvarskraften icke var pröfvad, samt någon verklig fara ännu icke visat sig, än mindre en storm försökt. Och huru en stormning bordt aflöpa, är förut visadt.

---

det längsta försvara denna mig nådigst anförtrodda fästning, tills möjligheten af en undsättning, såsom det ändamål, hvartill den är anlagd. Detta var den längsta tiden och de bästa vilkor jag kunde erhålla. Negociation är af fienden börjad, af mig ofta afbruten, och af dem återtagen, och har jag alltid varit beredd till försvar så länge möjligt varit."

"Hvad *Långörn* beträffar, är den holmen af den beskaffenhet, att om fienden tändt eld på trädpavillonen, hade jag i brist på boningsrum för garnizonen, måst öfvergifva den; i nuvarande tillstånd kan den alltid återtagas när som helst, efter den är kommenderad af de andra holmarne."

"Eders Kongl. Maj:t täcktes nådigst finna, att Svenska vapnens krigsära ej är fördunklad genom det försvar denna fästning redan gjort, helst när öfverväges fästningens tillstånd och belägenhet, huru svagt den varit försedd med sina förnödenheter, och hvad arbete måst användas, för att på 3:ne veckor få den i någorlunda försvarstillstånd, och då fienden ankom till Helsingfors, var till den ena frontens försvar ej att påräkna mer än 200 man infanteri, och under hela denna tiden har hvar dag någon kanon blifvit uppsatt att öka defension, att med den oexercerade garnizon intet utfall kunnat vågas, för att afhålla fienden anlägga sina batterier hvar som helst, och genom en croiserad eld intet skygd varit på vallarna för kanonservicerne: så vågar jag hoppas att denna garnison uppfyllt sina skyldigheter. Reguliera fästningar uti bättre stånd, bättre försedda med större och excrcerad garnizon, hafva inom kortare tid varit tvungne att gifva sig. Sveaborg den 7 April 1808."

"C. C. CRONSTEDT.

C. Limnell."

Dagl. Allehanda, N:o 105 den 7 Maj. 1808.

"Lieutenant Callerstedt vid H. M. Drottningens Lifregemente inträffade den 3 Maj om aftonen i Stockholm, med ofvanstående underdåniga rapport till Konungen, sedan han emellan Sveaborg och Finska Arméns Högqvarter (hvilket ännu den 25 April var i Lumijoki) af fienden varit uppehållen i 19 dagar.

---

1) Dessa svepskäl återfinner man i Ryska underhandlarens framställningar, hvarifrån de snarare äro tagne, än af kommendantens egen öfvertygelse.

Förevändningen af krutförrådets minskning till en tredjedel, under blott 10 dagars skjutning, såsom en anledning till dagtingan, påkallar ingen annan vederläggning, än den redan afgifna, att denna krutåtgång var onödig, så länge fiendens kanonad ej erfordrade att besvaras med liflig eld från fästningen. Att, enligt kommendantens slutliga uppgift, återstoden af krutförrådet ej skulle räcka längre än 10 dagar, har blott sin rigtighet, såvida misshushållning dermed fortfor framgent såsom hittills. I motsatt fall hade det varit tillräckligt intill öppet vatten.

Kapitulantens hufvudafsigt, åtminstone den uppgifna, att förvara fästningen i *det längsta*, eller till dess en *undsättning hann anlända*, tål också ej en alfvarsam pröfning, då blott ett enda exempel kunde anföras derpå, att hafvet kring *Sveaborg* varit öppet den 3 Maj. Så långt man föröfrigt minnes, hade redden deromkring ej varit tillgänglig förr än den 10 Maj, hvilket också var händelsen det föregående året 1807, ehuru vintern och kölden då voro vida mildare.

Att antaga den enda möjligheten mot otaliga omöjligheter, var ej att "förvara fästningen i *det längsta och tills undsättning* kunde erhållas;" det var tvertom, att, *med* alla anledningar *mot* en enda, blifva af med densamma, och derom var fienden äfven förvissad, då han *började* och *återtog* de af kommendanten en gång afbrutna underhandlingarne. Deras enträgna fortsättande från Ryska sidan, hade ensamt bordt öfvertyga kommendanten, att det var fienden och icke han, som var angelägen om en dagtingan, hvarom, ifall fästningen eller dess besättning befunnits i en förtviflad eller kritisk belägenhet, den försvarande, ej den anfallande, bordt öppna underhandlingar. Men när den sednare likväl gjorde det, hade den förra, då han ej var nödstäld, bordt antingen kallt afvisa hvarje försök att fortsätta anspråksfulla, endast förledande underhandlingar, eller ock bestämdt och oåterkalleligt föreskrifva vilkor, hvilkas antagande ej varit gynsamt endast för fienden.

De nu öfverenskomna och antagna beredde icke allenast den ringaste fördel åt en starkt bestyckad fästning, som ej vidkändes något slags nöd, utan de öfverlemnade äfven åt fienden en stor del af försvarskraften, neml. *Långörn*, *Vester-Svartö* och *Löwen*. Och likväl trodde kommendanten sig hafva gjort konung och fädernesland en stor tjenst, genom denna nesliga dagtingan, utan att sjelf inse, eller i hopp att kunna inbilla andra, att det ej var detsamma, om han öfverlemnade fästningen antingen den 7 April eller den 3 Maj.

Den allmänna tron hos befälet på fästningen och äfven ibland den tänkande delen af manskapet var emellertid, att den af alla aktade och älskade kommendanten icke utan sina goda, ehuru hemliga skäl, ingått denna eljest oförklarliga dagtingan. Med få ord: man trodde så mycket helre, att derunder dolde sig en djupt beräknad *krigslist*, som kommendanten låtit undfalla sig den försäkran, att framtiden skulle uppenbara, hvad han menat dermed, och redan den 8 eller dagen efter *Långörns* öfverlåtande, hvilket väckte allmänt missnöje, lofvades på general-orderna, en framdeles *upptäckt af de anledningar, hvilka, en gång kända, skulle rättfärdiga amiralens förhållande.*

Det är således en pligt, att, innan man fäller det slutliga omdömet, invänta den 3 Maj.

ÖFVERSIGT.

Innan vi återvända till krigsskarornas händelser, hvilka äro mera tillfridsställande än de, som inträffat på fästningarne *Svartholm* och *Sveaborg*, torde en blick på ställningen i allmänhet vara nödig.

Visserligen finnes, enligt hvad förut blifvit anfördt, mycket att anmärka, vid försvaret af södra Finland, liksom vid planen för kriget i det hela.

Någon ursäkt för konungens försummelse, att i tid ordna Finlands försvar, kan väl hemtas deraf, att han för mycket förlitade sig på försäkringar om vänskap af kejsar Alexander, som var hans frände och sednast hans allierade [1]). Sjelfva det oväntade inbrottet i Finland, sökte kejsaren dessutom bemantla och bortblanda, med försäkran att det blott var ett försigtighetssteg, det han sett sig tvungen att taga, för att förmå konungen att ändra sitt politiska handlingssätt.

De i kejsarens namn af öfverbefälhafvaren öfver de inryckta Ryska skarorna utfärdade och tryckta proklamationerna till Finlands inbyggare, af den 18 och 22 Februari, motsäga redan denna diplomatiska försäkran och det dröjde ej längre än till påföljande månad, då kejsaren sjelf, under den 28 Mars, öppet förklarade inför alla hof, att "han, ifrån denna stund, ansåg den del af Finland, hvilket hittills tillhört Sverige, så-

---

1) Genom konventionen emellan Sverige och Ryssland af den 14 Januari 1805, art. IX. Det oaktadt ingick Alexander en serskild fred med Frankrike i *Tilsit*, och genom en hemlig artikel tillförsäkrades honom Finland.

Deremot hade Gustaf Adolf, med sin vanliga redlighet, icke handlat falskt emot Ryssland, och med bestämdhet afvisat både det anbud Franska öfverbefälhafvaren i Tyskland gjorde, i November 1806, att öfverlemna Norrige åt Sverige, samt den 14 i nämnde månad afslagit ett lika beskaffadt tillbud af Franska ministern *Bourrienne* till chargé d'affaires *Netzel*, jemte general *Grandjeans* framställning till Friherre *Tavast* den 27 Maj 1807, att Sverige kunde begära hvilka gränsor det ville; emedan det borde motväga Rysslands magt.

som ett genom vapen eröfradt landskap, det han för everldeliga tider förenat med sitt rike."

Samma förklaring hade redan mer än en månad förut varit afgifven i de kringspridda, nyss åberopade, proklamationerna, då ingen eröfring med vapen hvarken af en enda stad eller ett enda landskap egt rum, lika litet som det ännu skett, ehuru Finska hären dragit sig tillbaka [1]).

Detta uppförande å Rysslands sida gaf Svenska regeringen anledning, att, under den 11 Mars, utfärda och trycka en förklaring, författad af dåvarande kanslipresidenten, friherre Ehrenheim, hvilken förtjenar eftertidens uppmärksamhet. Den är af följande lydelse:

FÖRKLARING.

"Att Ryska trupper d. 21 sistl. Februari gjort ett fiendtligt infall i Finland, är först genom en telegraftidning blifvit Kongl. Maj:t bekant, och strax derpå genom en å Hans Kejserl. Ryska Maj:ts vägnar i provinsen utspridd uppmaning till uppror och affall."

"Ett fridsbrott utan föregången Krigsförklaring, utan någon enda förut uppgifven klagopunkt, börjadt med förräderi, ledt af en Fäderneslandets förrädare [2]) vid sidan af den befälhafvande, är en händelse, som har få exempel, och som redan straxt bör väcka afsky; men när dermed sammanhålles hvad nyss begge hofven emellan förefallit, när detta förfarande betraktas i sitt mörka afbrott emot en bundsförvandts visade ära och tro, så kan ingen känsla, intet namn omfatta en sådan misshandling; den skall stå ensam i historien, som en råga på tidehvarfvets styggelser."

---

1) Ryske generalen *Michailoffski-Danileffskis* uppgift, uti hans Historia om kriget 1808, att kejsar Alexander förklarat Finland för en Rysk provins, för att hämnas sitt sändebuds arresterande i Stockholm, är troligen beräknad endast för kortsynte och enfaldige läsare.
2) Jöran *Sprengtporten.*

"På en tid, då H. K. Ryska M:t syntes ömma för förtryckta Regenter och länder, då Han insåg de faror som hotade hela Europa, fördes Kongl. Maj:t, genom lika tänkesätt, med Honom i förbindelser, grundade på förtroende till en granne, en slägting, en sjelfständig Regent. Ryska Kejsaren hade till förmon för det allmänna interesset ingått nyttiga förbund, hade sjelf ouppfyllda förbindelser af Frankrike att fordra, hade magt att understödja egen och allas rätt. Kongl. M:t förbant sig med honom, och är nu af honom anfallen just för att hafva varit hans bundsförvandt."

"Aldrig har någon Furste kunnat ingå förbindelser med större hopp om obrottslighet. Kejsaren var personligen förolämpad genom Franska styrelsens fräcka vägran, att uppfylla en sluten och beseglad traktat, genom den mångfaldiga vanvördnad Hans egen person bevisades: Ryska nationen var förolämpad, då den offentligen utropades för vildar och barbarer. Allt hvad för en regering heligt var införlifvades med det gemensamma interesset; huru skulle man ej tro oåterkalleligt hvad Kejsaren förklarade: *att han skulle förkasta alla mer eller mindre fördelaktiga fredsvillkor, som ej stodo att förena med Ryska namnets ära, Fäderneslandets säkerhet, alliansernas helgd och hela Europas allmänna lugn*" [1]).

"Huruvida dessa stora ändamål genom freden i Tilsit vunnos, har samtiden redan dömt, och skall framtiden närmare erfara [2]). Konungen stod qvar på Krigstheatern och tvärt emot Conventionens lydelse [3]) under-

---

1) Ryska manifestet af den 30 Augusti 1806.
2) Denna erfarenhet fick Ryssarne redan 1812 ganska öfvertygande vidkännas.
Förf:s not.
3) De begge höga kontraherande förbinda sig på det kraftigaste och formligaste, att, sedan fiendtligheterna engång börjat, ej nedlägga vapen eller underhandla om någon förlikning med Franska regeringen, utan efter inbördes

rättades ej om stillestånd eller fredsnegociationer förr än freden var gjord. Efter erhållen tidning härom, åtföljd af ett kallt och flyktigt anbud, att bidraga till fred, lät Konungen förnya begäran om stillestånd (som bordt vara i Tilsiter freden betingadt), men fick afböjande svar, och insåg värdet af Rysslands medverkan. Konungen fann sig nu mera ur stånd, att längre försvara sina Tyska stater och måste öfvergifva dem."

"Efter denna förlust, förorsakad genom Rysslands affall, återförsattes Kongl. M:t utom krigstheatern, och sökte blott inom sitt rike njuta det lugn, som dess läge tycktes lofva. Med Ryssland hade Kongl. M:t redligen uppfyllt sina förbindelser, och väntade, ehuru nu mera under ett skiljaktigt system, rättvisa för hvad under det framfarna var gjordt. Konungen hade med sina krigsskepp understödt de Ryska operationerne, hade för Kejsaren öppnat sina krigsförråder, hade förkastat och genast upptäckt de anbud Franska styrelsen lät göra, bland annat, att för ett fridsbrott med Ryssland, midt under kriget, då Ryska gränsen och sjelfva hufvudstaden voro försvarslöse, skaffa Sverige igen alla Kon. Carl XII:tes förlorade provinser, med hvilken del dessutom af Ryska riket, som Kongl. M:t kunde åstunda. Kongl. M:t är långt öfver det beröm att hafva emotstått så låga frestelser, men väntar så mycket strängare dom öfver det våld, som nu Dess land påföres af samma skonta magt."

"Småningom började följderna visa sig af hemliga artiklar i Tilsiter freden, som man genast misstänkte, och som Ryska ministèren sedermera erkänt. Den löjliga skräckbild Franska styrelsen uppsatt, för

---

öfverenskommelse. — Convention mellan Sverige och Ryssland af den 14 Jan. 1805. Art. IX.

att inkräkta fasta landet, faran af Englands handel, höjdes öfver Norden, för att äfven dit sträcka förtrycket och eländet, som från hamn till hamn, från stat till stat öfvergått Europa. — Ingen regering lemnas åt sin egen upplysning och erfarenhet, intet folkslag åt sin egen lofliga idoghet, ingen medelklass erkännes emellan vasall och fiende. Freder betyda förbund, förbund undergifvenhet, och ifrån Paris förestafvas åt de såkallade sjelfständiga bundsförvandterne, grundsatser, lagar och författningar, som under det de befrämja herrsklystnaden, våldföra det heligaste i samhällen och mellan dem" [1]).

"Man beredde sig således förlidne höst i Petersburg till en brytning med England, och afvaktade blott årstiden, att med någorlunda säkerhet kunna utföra den, när genom en not af d. 6 Oct. Kongl. M:t den proposition gjordes, att, i likhet med hvad 1780 var öfverenskommit, bidraga att stänga Östersjön för främmande krigsskepp. Kongl. M:t lät under d. 13 Nov. svara: att så länge Franska magten rådde öfver en så stor del af Östersjöns södra hamnar och der utöfvade sitt uteslutande systèm, kunde Östersjön ej fredas, hvarföre Kongl. M:t anmodade H:s Kejserl. M:t, att först söka förmå Fransoserna öfvergifva dem, och när samma framställning d. 27 i samma månad förnyades, såsom en förbindelse, grundad på 1780 års convention, förklarades omständligen under d. 21 Jan. sistl., att genom 1801 års convention emellan Ryssland och England, hvilken Kongl. M:t på Rysslands enträgna begäran och under Dess egen garanti biträdt, var den föregående beväpnade neutraliteten alldeles

---

1) Man kan icke med mera sanning karakterisera det Napoleonska väldet, än hvad frih. Ehrenheim här i få ord gjort och hvarmed hela Europa instämde några år derefter.   Förf:s not.

upphäfven: att Kongl. M:t då iklädt sig direkte förbindelser med England i detta ämne, hvilka ej billigen kunde brytas, så länge denna magt å Dess sida uppfylde sina: att med den upphäfna beväpnade neutraliteten förföll äfven det derå grundade aftal om Östersjöns stängande, hvilket till närvarande omständigheter var så mycket mindre lämpligt, som den då påräknade Danska sjömagten nu ej gafs, och England sedermera upptäckt vägen genom stora Bält: men, att om Sverige ej kunde med väpnad magt bidraga att freda Östersjön, så ville det deremot åtaga sig att genom underhandling med England erhålla, att det icke skickade något krigsskepp dit, så framt ingen annan magt der rustade, eller nya fiendtligheter föranläto det att ditkomma med hjelpsändning."

"Att Sverige skulle tjena Ryssland till förmur, sedan det behagat provocera England; att det skall uppoffra sin flotta och sin handel för att försvara *Cronstadt* och *Revel*, var väl för mycket begärdt. Och så börjades straxt vid dessa framställningar krigsrustningar på Ryska gränsen. Kongl. M:t såg dem ännu med trygghet, sålänge inga klagopunkter anfördes, inga ovillkorliga påståenden gjordes. Anbudet att genom öfverenskommelse freda Östersjön visade utsigter af lugn och vinst för Ryssland, för hela Norden, som tycktes icke utan stort ansvar kunna afslås. Rysslands hamnar, derigenom mera öppna, än de under hela kriget varit, kunde emottaga en täflan om deras produkter, som på många år varit okänd. Grannsämja, handelsrörelse, hvila efter ett olyckligt krig, något bifall efter en ännu olyckligare fred, det var för Kejsaren hvad Konungens anbud innebar. Det gjordes med grundad tillförsigt till Englands instämmelse: Kongl. M:t väntade Dess bi-

Första delen.

fall, långt innan den så mycket fruktade Engelska flottan kunde komma med hämden i Östersjön. Ett svar härå påskyndades: Konungens ambassadör skulle den 15 Febr., i ett låfvadt enskilt företräde inför Kejsaren, yrka denna gemensamma angelägenhet, då på en gång Beskickningens communicationer med Sverige våldsamt afskuros och Ryska trupper i Finland inryckte med proklamationer" [1]).

"Hvar laglig Regering, hvar manlig och redlig krigsman, hvar trogen undersåte döme detta förfarande. Ett lömskt infall i en fredlig grannes land, börjadt med budkaflar till uppror, är oerhördt i alla tider, äfven de sednare, så rika eljest på exempel af våld och orättvisa. Ryska Riket, Frankrikes allierad, är ej mägtigt nog, att, enligt folkrättens former, afbida ett motstånd af en genom årstiden åt sig sjelf lemnad provins. Det behöfver förräderi och försåt: Regeringen söker köpa folket i massa genom löften om frihet, anföraren vill köpa soldaten stycktals, som han kunnat köpa lifegna på *Peterburgs* eller *Rigas* torg."

"*Finlands trogne Innebyggare! Aktningsvärde Folk!* Er Konung har under hela sin regering sörjt för ljus, och odling och välmåga i ert land; en trolös granne hotar att störta Er ner tillbaka till framfarna tidehvarf: Ert granskap blef honom en förebråelse. Hans svärd är sträckt öfver Edra hufvuden, hans blodiga händer åt Er egendom, hans bloss åt Edra hemvister: och hans löften åsyfta blott att utan fara få nalkas dem. Grämd öfver krigets olyckor, men tillfredsställd att ej hafva vållat dem, vet *Er Konung*, att Edra hjertan blifva oförförde, Ert mod okufvadt, tills Han kan fritt nyttja sina egna och sin bundsförvants krafter, att skydda och hämnas Er."

---
1) Uppmanande till förräderi.

Oaktadt så motsägande och föga hedrande förhållanden å det Petersburgska kabinettets sida, beklagade det sig öfver sitt sändebuds arrestering i Stockholm [1]). Gustaf Adolf uppgaf såsom skäl dertill: "Ryssarnes inbrott utan någon föregången krigsförklaring, tillika med de utspridda proklamationerna, som uppmanade invånarne till uppror, otrohet och förräderi mot sin lagliga regering. Han ansåg sig, måhända med rätta, ej mera kunna i *Alopæi* person respektera hans diplomatiska karakter, hvilken tiderna och det allmänna förtroendet hållit helig bland nationerna, endast emedan den ansågs som en borgen för de regeringars redlighet, hvarifrån den kommit."

Som Danska kabinettets förhållande äfven var tvetydigt, så anmodade man dess sändebud, att, inom 12 dygn, aflemna en upplysning öfver sitt hofs afsigter. Han svarade den 14 Mars, med en formlig krigsförklaring, hvarefter han anbefalldes att genast begifva sig från Sverige.

Sålunda befann sig detta land invecklatt i ett ganska vidt utseende krig.

Sedan Ryssland, genom Frankrikes bemedling, den 24 Augusti 1807, i *Slobosia* vid *Giurgewo* vunnit ett vapenstillestånd med Porten, samt Fath Aly Schach i Persien äfven lämpade sig efter Napoleons önskningar, blef det så mycket mera öfvermägtigt Sverige, som detta sednare derjemte hade till fiender Frankrike och Danmark.

Vår ende bundsförvandt var England, hvars fördel och politik förenade sig, att kraftigt understödja

---

[1]) Det bör anmärkas att Ryska kejsaren icke tillät någon hämnd mot Svenska sändebudet i Petersburg.

det nu hårdt ansatta Sverige. Det försäkrade, genom en serskild traktat af den 8 Februari, om en krigshjelp af **100,000** p. sterl. i månaden, jemte undsättning i Bottniska Viken af örlogsskepp, med **10,000** man till landsättning, der behofvet mest påkallade ett kraftigt biträde.

Fosterlandskänslan, lifvad af den öfverhängande faran, offrade frivilligt för det allmänna bästa ej ringa enskilda gåfvor, till förökande af statens tillgångar att underhålla kriget.

Sjelfva konungens egenmägtiga och emot grundlagarne stridande utskrifning af **100,000** man, att, under namn af landtvärn, förstärka Svenska hären, rönte ej det ringaste motstånd. Men oaktadt medborgarnes berömvärda och fosterländska beredvillighet [1]) att lemna sina söner, samt att, till någon del, der tillgångarne det medgåfvo, bekläda dem till fäderneslandets försvar, kunde staten dock ej utrusta och underhålla mera än **50,000** man. Hade dessa blifvit försedde med dugligt befäl och nödig beklädnad, samt i öfrigt väl vårdade och i tid inöfvade uti det angelägnaste af krigsyrket, så hade hela hären, inberäknad den indeldta med dess vargering och förstärkning, utgjort en användbar försvarskraft af öfver **100,000** man, en af de största härar Sverige någonsin på en gång uppställt. Med den och Englands tillhjelp, hade Sverige, ehuru det befanns angripet på en gång af talrika och mägtiga fiender, varit tryggadt, i fall, nemligen, försvaret blifvit ordnadt på ett bestämdt och ändamålsenligt sätt.

---

1) Många äldre och yngre personer, af alla samhällsklasser, anmälde sig att deltaga i fosterlandets försvar. I synnerhet lifvades man af dessa känslor och föresattser i början af kriget. Men äfven under motgångarne, uppenbarade sig ännu samma tänkesätt. Ibland andra anmälde sig kopisten P. A. Blidberg i krigs-expeditionen, i slutet af Oktober månad, att ingå i krigstjenst, med förbehåll, hvilket konungen beviljade, att, under sin frånvaro, få beräkna sin tur och befordringsrätt inom kansliet.

Deremot var allt ställdt på en vacklande och illa beräknad grund. Alla konungens beslut voro följder af ögonblickets intryck, hvilkas ombytlighet och motsägelser endast kan jemföras med öfvermåttet af hans planlösa anordningar, i afseende både på anfalls- och försvarsåtgärderna. De saknade allt samband, all klok beräkning, ehuru utgångna från den upprigtigaste välmening och den allvarligaste fosterlandskänsla. Oredan ökades deraf, att han blandade sig i allt, och ville, vid hvarje tillfälle, personligen gifva de befallningar han för ögonblicket ansåg tjenligast.

Till en början ordnade han hären i full afsigt att inkräkta de Danska staterna, och i sådant ändamål erhöll generalen, friherrre *Toll* under sitt befäl ungefär 12,000 man, att, i förening med de utlofvade och i Maj anlända 10,000 Engelsmän, göra en landstigning på Seland. Denna plan öfvergafs likväl genast, och Engelska hjelphären blef på intet sätt använd, både i följd af konungens vacklande anordningar och i anledning af de obestämda föreskrifter Engelska generalen medförde. Den återvände i början af Juli till England, utan att hafva satt sin fot på Svensk botten, sedan den, något öfver en månad, legat på Götheborgs redd.

Ehuru Danskarne icke gjorde något försök till landstigning i södra Sverige, bibehöll Toll sina 12,000 man overksamma under hela kriget, då en tredje- eller fjerdedel deraf varit tillräcklig att bevaka kusten, och ett dubbelt antal allt för ringa, i fall Fransmännens hot gått i verkställighet, att, i samband med Danskarne, landsätta 50 à 60,000 man [1]) i Skåne. Att detta blott var ett hot, hade hvar och en kunnat inse, som

---

1) Denna härs högsta befälhafvare var *Prinsen af Pontecorvo*, hvilken, några år derefter, blef sin kongl. motståndares valda efterträdare, och genom sitt ädla förhållande redan då fäste Svenskarnes uppmärksamhet.

kände att Engelsmännen voro, eller när som helst kunde blifva herrar i Sundet.

En annan här, under namn af vestra armén, ställdes under generalen, friherre Armfelts befäl, att begagnas mot Norige. Dess styrka, inberäknad högra flygeln under general-adjutanten Bergenstråle, och den venstra under general-majoren Vegesack, utgjorde omkring 11,000 man. Denna här, med en reserv af 6,000 man i Örebro län, hade sin sträckning från *Svinesund* till Jemtland. Dess första afsigt, att öfverraska Norrmännen[1]), misslyckades i följd af bristande samband i rörelserna, otillräckliga munn- och krigsförråder, samt brist på enhet i befäl; ty flyglarne stodo både under konungen direkte och tillika under Armfelt. Derefter inskränkte sig vestra härens åtgärder, för hela kriget, att bevaka Norska gränsen.

Örlogs- och skärgårdsflottorna utrustades, med en landstigningshär af vid pass 4 à 5,000 man.

Med Finska härens krigare utgjorde det sålunda använda antalet omkring 50,000 man. En lika stor styrka hade således bordt vara tillgänglig till Finlands förstärkning, och skulle blott hälften deraf i tid och på en gång, blifvit använd för detta vigtiga ändamål, så hade Finland varit frälsadt, oaktadt *Sveaborgs* oväntade och nesliga öfvergång.

Men i stället låg denna betydliga krigareskara antingen gagnlös i sina hemorter, eller kunde den ej användas i brist på vapen, kläder och matförråder, eller

---

1) För hvilket ändamål Engelska kabinettet erbjöd att lemna Gustaf IV Adolf understöd af manskap; men konungen anmodade, i egenhändig skrifvelse, den 17 April 1808, sin minister att svara: "att jag ej önskade några Engelska trupper i Sverige till biträde vid ett anfall på Norrige; men till en diversion på Norska kusten, då ett företag på Seland kommer i fråga, önskar jag att 5 à 6,000 man Engelska trupper då måtte förenas med de Svenska."

ock, hvad som oftast inträffade, anbefaldes smärre afdelningar deraf, att, ändamålslöst, tåga fram och tillbaka inom Sverige, utmed hvars kuster smärre skaror seglade på samma sätt, som de andra marscherade.

Och om en flock någongång användes för Finlands undsättning och lyckades att dit öfverkomma, så var den så obetydlig eller så ändamålsvidrigt begagnad, att dermed ej kunde vinnas någonting.

Sålunda lemnades det af en slug och mägtig fiende öfversvämmade Finland, jemte dess käcke stridsmän, åt sitt öde, under en, måhända, välmenande, men svag, åldrig och i det egentliga krigsyrket alldeles okunnig och modlös öfverbefälhafvares ledning [1]).

Hittills hade södra Finlands krigare, oaktadt deras oförstäldt yttrade åtrå, att på ett afgörande sätt få *mäta sig med fienden*, sett sig tvungna, att draga sig tillbaka, i djup snö och under 30 à 40 graders köld.

De enstaka, tillfälliga strider, som ägt rum, bevisade, att de ej vanslägtats sedan Gustaf Adolf den Stores samt den X:de och XII:te Carls tider [2]).

---

1) Det hade varit fråga, att dertill utse generalen, friherre Armfelt, som önskade sig detta befäl; men fick ett annat. Man utnämnde i stället till H. E. grefve Klingspors biträde en ung, kunnig och verksam general-adjutant, öfversten, grefve *G. Löwenhjelm*, hvilken skulle få en hemlig instruktion, den han likväl, innan bestämd fråga derom uppstod, undanbad sig, för att ej såra sin öfverbefälhafvare, hvilken han, utan högre och serskildt uppdrag, önskade öfvertyga, ej leda till att handla efter sina åsigter. Att han missräknade sig, erfor han genast, då fråga uppstod att våga en afgörande drabbning vid *Tavastehus*. General-adjutanten yrkade derpå; men öfverbefälhafvaren nekade dertill, i stöd af konungens föreskrift, hvari väl en sådan strid icke förbjöds, men innehållet var så obestämdt, att det kunde tydas godtyckligt, helst om man, hvilket nu verkstäldes, läste den styckevis och ej i sitt hela sammanhang. Uti ett bref från dåvarande friherre *Gust. af Wetterstedt* till kansli-presidenten, friherre *Ehrenheim* (den 5 Februari 1808) upplyses, att Gustaf Adolf sjelf varit villrådig om grefve *Klingspor* var tjenlig till öfverbefälhafvare; men konungen hade lemnat honom rättighet, "*att gå från sin plats, om han finner sig oförmögen att uppfylla den, under närvarande omständigheter.*" Tillika yttras i samma bref, att konungen sjelf ernat genast öfverresa till Finland, hvilket af brefskrifvaren afstyrktes, "*i anseende till communicationernas osäkerhet.*"

2) Gustaf II Adolf begagnade alltid Finnarne i svåra och afgörande ögonblick, un-

Det långa återtåget hade likväl varit ytterst besvärligt, och lemnat i fiendens händer större delen af landet, med dess vigtigaste städer och vapenplatser: *Svartholm*, med dess besättning, förråder och bestyckning; det befästade *Hangö udd*, med 55 kanoner och ammunition [1]); *Lovisa*, med ett foderförråd; *Borgå; Helsingfors*, med betydliga munn- och krigsförråder; *Tavastehus*, med dess befästade slott och 18 kanoner, 3 mörsare (förnaglade) och 12,000 gevär försänkte (oduglige, enligt Svenska uppgiften); *Tamerfors; Björneborg; Christinestad; Wasa; Ny* och *Gamla Carleby; Kuopio; Åbo*, med slottet och 280 metallkanoner, samt en mängd jernkanoner, jemte skjutbehof; men den här förlagda delen af skärgårdsflottan, utgörande 24 kanonslupar, 8 kanonjollar, 2 kanonbarkasser, 2 bataljons-chefsfartyg, 3 kokslupar, 1 sjuktransportfartyg, 1 vattenskuta och 1 ammunitionsfartyg, eller tillsammans 42, blefvo uppbrända; likaså den del af den så kallade *Saimen*-flottiljen, som låg vid *Warkaus* och *Christina*, hvilkas kanoner sänktes och de förråder, som ej kunde medtagas, offrades åt lågorna, jemte kanonsluparne.

Ryssarne voro dock icke belåtne med dessa stora och hastiga eröfringar. Öfverbefälhafvaren, grefve *Buxhoewdens* plan var [2]), att afskära Svenskarnes operationslinje vid Wasa och få hela Finska hären, liksom fästningarne, att gifva sig eller ock att, i lindri-

---

der yttrande: "*mina Finnar skola göra't.*" Samma tanke hade den X Carl om Finnarne, och den XII jemförde dem med sin lifvakt, "*som ej var att leka med*", säger en ryktbar historieskrifvare.

1) Jemte af Svenskarne dit samlade materialier till befästningens fullbordande. Ryssarne besörjde verkställigheten.

2) Bidraget N:o 21, sid. 31 & 32 upplyser både derom, samt att Ryska hären vid inbrottet icke öfversteg 16,000 man. Finska härens numerär på papper, utgjorde, jemte vargeringen, 17,415 man, hvarifrån afgå vakanser och garnisoner. Ryssarne erhöllo likväl snart nya förstärkningar.

gaste fall, tvinga densamma att helt och hållet lemna Finland, och draga sig öfver Bottniska Viken.

Dessa *Buxhoewdens* förslag kunde icke vara, och voro icke heller grundade på den styrka han hade att använda, för att vinna så afgörande och ej ringa syften. Han grundade dem ensamt på den öfvertygelse han skapat och med skicklighet underhöll, att de spridda skaror, hvarmed han framryckte, blott utgjorde förutsända afdelningar af lika många *fruktansvärda kolonner* [1]), som voro i antågande, ehuru dessa aldeles icke funnos, men hvilket likväl allmänt troddes.

På denna tanke, detta toma spöke, denna oerhörda villfarelse byggde Ryska öfverbefälhafvaren sin djerfva plan, att öfverraska ett helt land, att spränga, taga eller fördrifva öfver hafvet dess försvarare och skrämma dess befästade orter att dagtinga.

Fiendens egen historieskrifvare [2]) föranlåtes att medgifva, "att det var *för mycket*, ja att det var *ett fel*, att lita på en dylik irring." Han tillägger: "att man med skäl kan förvånas öfver Svenska anförarnes långvariga förblindelse." Han har rätt, att man måste förvånas deröfver, att de icke i eget land kunde skaffa sig pålitligare upplysningar om fiendens verkliga styrka och förehafvanden, framför allt i ett land, der hvarenda invånare brann af hat mot den inryckande fienden, hvilken åtminstone ingen bland allmogen, samt de lägre embets och tjenstemännen ville underkasta sig, än mindre tjena med råd och dåd; i ett land, med ett ord, der till och med hvar medborgare sjelf var villig att framföra de underrättelser, hvarom Svenska befälet önskat kännedom och hvilkas saknad nu kostat så stora och smärtsamma uppoffringar.

───────
1) Bidraget N:o 21, sid. 71. Således medgifvet af Ryssarne sjelfva.
2) Samma Bidrag, sid. 71 och 72.

Emellertid var fienden, enligt hvad redan nämndt är, icke belåten med de framsteg och landvinningar han hittills gjort. De lätta framgångarne stegrade hans öfvermod, hvilket gick ända derhän, att han ville förekomma *Klingspors* och *Adlercreutz's* förening vid *Wasa*, och derefter tvinga dem, tillika med Österbottningarne och *Cronstedts* Savolaksare att nedlägga vapen.

I denna afsigt hade *Buxhoewden* ordnadt anfallet, efter intagandet af *Tavastehus*. General-Löjtnanten furst *Bagration*, med 3,000 man, hade befallning att långsamt förfölja *Klingspor*, medan general-majoren *Schepeleff* rigtade sitt tåg med 2,000 man åt *Åbo*, hvaremot general-löjtnanten *Tutschkoff*, nära 6,000 man stark, skulle, på tvenne kolonner [1]), skyndsamt rycka fram till *Wasa* eller *Gamla Carleby* och vara der innan *Klingspor*. Öfverste *Adlercreutz* skulle följas tätt i spåren af en annan Rysk afdelning, under den verksamme och djerfve öfverste *Kulneff*, till dess han kom i samband med *Tutschkoffska* hären och generalmajoren *Rajevski*, som efterträdt furst *Bagration*, hvilken deremot fått befälet öfver en afdelning, som på strandvägen tågade åt *Åbo* [2]).

Denna Buxhoewdens plan misslyckades [3]), genom *Klingspors* och *Adlercreutz's* redan skedda förening och vunna samband med Österbottningar, Savolaksare, *Kajana bataljon* under öfverst-löjtnant *Fahlander*,

---

1) Den ena från *Jorois*, den andra, som följde Cronstedtska fördelningen, från *Kuopio*, der general-majoren *Bulatoff* qvarlemnades med 4 bataljoner.

2) På åtta dygn tillryggalade han en sträcka af 20 mil, utan annan hvila för sin skara, än en dag i *Björneborg*. *Schepeleff* hann dock dit före honom.

3) Härtill ansågs general *Tutschkoff* vara orsaken, emedan han ej hunnit så fort fram, som man påräknat. Hans långa marsch, de svåra vägarne och omöjligheten att snarare få fram nödiga förråder, frikalla honom från hvarje rättvis förebråelse.

Wasa nyss uppsatte regemente, under öfverst-löjtnant *Conradi* samt *Uleåborgs* fribataljon, under major *Bosin*.

Ryska öfverbefälhafvaren, missnöjd öfver hvad som inträffat och några dagar villrådig hvad beslut han nu mera skulle fatta, ansåg ögonblicket ej vara förloradt, att, genom ett framryckande på *Uleåborg*, ännu vinna samma ändamål.

General-major *Bulatoff* befalldes, att, i sträckmarscher, genom *Idensalmi* och *Piipola* tåga åt *Uleåborg*, medan general-löjtnanten *Tutschkoff* 1 emellertid skulle fullfölja sitt tåg på *Jakobsstad* och *Gamla Carleby*. Begge hade befallning att anfalla Svenskarne öfverallt, der de ville göra motstånd. General *Rajevski* qvarlemnade en nödig styrka i *Wasa*, så väl för att bevaka *Qvarken*, hvilken ansågs lätt att då öfvergå, som att trygga sambandet med de öfriga Ryska fördelningarne, hvilkas afstånd ifrån utgångspunkten med hvarje dag förlängde sig, under det att lifsmedel ej med behöflig skyndsamhet kunde fortskaffas [1]).

Klingsporska hären.

Sådan var grefve *Buxhoewdens* sednaste plan och sådan Ryska arméens ställning, medan Svenska hären, under *Klingspor*, vid slutet af Mars månad, dragit sig åt *Gamla Carleby* och de *Savolakske* och *Karelske*

---

1) "En af de största svårigheterna", säger *Suchtelen* (sid. 33) "var bristen på transportmedel. Svenskarne medtogo invånarnes hästar och foder. Med oerhörd kostnad framskaffades förnödenheterna ifrån Ryssland, och Ryska hären hade endast att tacka kejsar *Alexanders* egen omsorg och då varande krigsministern, grefve *Araktschejeffs* outtröttliga bemödanden, för det den någon gång var i åtnjutande af öfverflöd, och ofta undslapp att vidkännas saknaden af det mest oumbärliga."

Klingsporska hären; *Wergelin;* Sundby den 1.

skarorna, under grefve *Cronstedt*, befunno sig kring trakten af *Uleåborg;* men för att bevaka den väg, som tager af från Pulkkila till *Brahestad*, befaltes en del af *Cronstedtska* krigarne att återvända till *Frantzila* och återstoden att stadna i *Limingo*.

Kapten *Brummer*, vid arméens flotta, hade samlat sitt båtsmanskompani, 357 man; men som han ej mera kunde framkomma till *Sveaborg*, öfvertalade han sitt manskap att tjena till lands, hvartill han inöfvat det. Med denna styrka förenades nu 72 man af *Åbo* eskadern.

Denna bataljon, jemte *Wasa* nya roterings regemente, 657 man, och *Uleåborgs* fribataljon 274 man, skickades till *Uleåborg*, att exerceras. I samma ändamål inträffade der äfven Kajana bataljon, 335 man [1]).

Innan *Klingsporska* härens uppbrott till *Gamla Carleby*, tillfångatogs af fouriern *Wergelin*, vid Österbottens regemente, under ett ströftåg, blott med tillhjelp af en bonde, en i samma ärende stadd Rysk ingenör-kapten vid namn *Zittnikoff*, tillika med en under-officer, ehuru dessa försvarade sig tappert.

Den 1 April aftågade första och den 2 tredje fördelningen till *Gamla Carleby;* hvaremot den andra fördelningen gick, den 1, ända till *Maringais*. Natten förut blef tredje fördelningens fältvakt, vid *Sundby*, oroad af Kossacker. Och då ryttmästar *Möllersvärd*, med några dragoner, skulle undersöka belägen-

---

1) Vid denna bataljon tjente författaren under hela kriget, i början såsom under-officer, då han till fots marscherade fram och tillbaka i Finland och vidare tillbaka till Umeå i Vesterbotten, öfver 250 mil, egande endast de kläder han hade på sig, och ej sällan utan strumpor och med dåliga skoplagg i den strängaste köld. Men han var ej ensam i denna belägenhet, lika litet som i den, att med sin soldatportion anse sig belåten, och sålunda utrustad trotsa detta krigs mångfaldiga lidanden.

Klingsporska hären; Gripenberg.

heten, stötte han på en öfverlägsen styrka af fiendtliga husarer, för hvilka han måste draga sig tillbaka; men hvarunder kornett *Segerstråle* blef sårad och tvenne man fångne.

Då samma fördelning skulle, den 1 April, afgå på tvenne vintervägar, i tvenne afdelningar, till *Lepplaks*, för att der förena sig, hvilket äfven lyckades, blef åter dess eftertrupp oroad. Fördelnings-befälhafvaren, öfverste *Gripenberg*, ernade tåga till nämde ställe på en mycket begagnad biväg. Hela hans styrka var redan i full marsch, då eftertruppen, bestående af *Tavastehus* regementes 1:sta bataljon, 2:ne 6-pundiga kanoner och en skadron dragoner, blef anfallen af den raska öfverste *Kulnéff*. Den ena kanonen fastnade, på ett trångt ställe, i den djupa snön och dess tistelstång afbröts, hvarigenom något uppehåll och oreda uppstod. Svenskarnes ställning var äfventyrlig, helst Ryssarne, med 100 man rytteri och en skara jägare, stängt återtåget och syntes färdiga att med ett modigt anfall öka oredan, taga våra kanoner och hindra fördelningens framtågande. Men öfverste *Gripenberg* satte sig i spetsen för sin eftertrupp, för att uppehålla, om ej spränga, den anfallande fienden. Detta lyckades. Fienden studsade vid denna Svenskarnes beslutsamhet. Detta uppehåll begagnade *Gripenberg* med skicklighet. Han lät den delen af fördelningen, som fienden ännu icke kunnat oroa, fortsätta sitt tåg samma väg den en gång tagit, helst denna var så trång att någon omvändning ej var möjlig. Sjelf beslöt han, att, i spetsen för efterskaran, gå stora vägen förbi *Pedersöre* kyrka, såsom tjenligare för kanonernas framskaffande. Emellertid hade *Gripenberg* ställt en trepundig kanon i skogsbrynet, der vägen gick fram. Sedan den bräckta ti-

<small>Klingsporska hären; *Gripenberg, Wetterhoff, Mancke.*</small>

stelstången var lagad, hvilket upptog nära en timma, lät han fortsätta återtåget. Men så snart det skulle begynna, anföll fiendens husarer våra dragoner, hvilka skulle betäcka infanteriets uppbrott. Dragonerna måste rymma fältet för *Kulneffs* husarer, hvilka angrepo med den oförvägenhet, att de trängde fram ända till kanonbetäckningen, af hvilken en man fick ett sabelhugg. Men deremot gjorde samma styckes drufhagelskott en så mycket kraftigare verkan, som det var oväntadt. Också skingrades derigenom fiendens husarer, liksom dess jägare, hvilkas anfall tillintetgjordes af förenämnde Tavastehus regementes första bataljon. Ryssarne drogo sig tillbaka och tredje fördelningen fortsatte utan hinder sitt återtåg till *Lepplaks*, der de förenade afdelningarne inträffade.

Öfverste *Gripenberg* uppenbarade vid detta tillfälle en berömvärd rådighet, likaså utmärkte sig anföraren för efterskaran, öfverste-löjtnanten och riddaren *Wetterhoff*, bataljons-chefen, majoren och riddaren *Gripenberg* och under-löjtnanten vid artilleriet *Mancke*, hvilka alla visade mod och lugn, samt *Mancke* derjemte mycken käckhet och skicklighet i begagnandet af sin trepundiga kanon, som spridde död och förstörelse ibland fiendens djerfva husarer, hvilkas förlust ej är känd. Vår bestod af 6 man dödskjutne och 4 man sårade.

Detta raska försvar gjorde Ryssarne, för en tid, mindre närgångna.

Den 2 rastades, för att uttömma den del af förråderna i *Gamla Carleby*, som icke, enligt förut tagne mått och steg, var afsänd till *Uleåborg*. Samma dag förenades tredje fördelningen med den första i *Gamla Carleby*.

Den 3 marscherade första fördelningen till *Korpelaks*, tredje fördelningen till *Maringais* och den andra till *Lohto*, hvarest den första fördelningen inträffade den 4, medan den tredje tågade till *Kannus* och den andra till *Kalajoki*, der första och tredje fördelningarne tillstötte den 5, då den andra marscherade ända till *Ypperi*.

Den 6 och 7 rastade Svenska hären.

Ryska förtrupperne, anförde af *Kulnéff* och *Turtschaninoff*, följde Svenskarne i spåren, och som de förut lamt eftersatte *Klingspor*, på det *Tutschkoff* skulle hinna förekomma honom, så måste de nu skynda så mycket raskare. De hade tillryggalagt på 22 dygn icke mindre än 60 mil, den sednare tiden, liksom Svenskarne, i svårt yrväder och djupa vägar, hvilka med hvarje dag blefvo värre, sedan den förra mer än 30 graders kölden förbytt sig till 5 à 6 graders värme. Denna förändrade väderlek påskyndade *Klingspors* återtåg, hvilket verkstäldes med svårighet och utan särdeles ordning. Detta gaf fienden anledning att förmoda, det Finska krigarne voro missbelåtne med sin ställning och derföre möjligen benägne att nedlägga vapen. En Herr *v. Huberg*, anställd i diplomatiska ärender, afsändes af Ryssarne att söka tillvägabringa en underhandling derom. Förberedande försök gjordes att väcka missnöje hos manskapet, samt afund emellan vissa högre officerare inom Finska hären, hvilken emellertid dragit sig den 8 till *Pyhäjoki*, der den, i anseende till ånyo inträffad 25 à 30 graders köld, fick hvila, samt, för att i möjligaste måtto förtära landets tillgångar undan fienden och till besparande af egna förråder, ålades att lefva för kontant.

Under denna hvilotid fortsattes, med ospard möda, de underhandlingar, för hvilka fienden, genom deras ovanliga framgång vid *Svartholm* och *Sveaborg*, fått en så kär försmak.

Proklamationer, lockelser och uppmaningar till förräderi vexlade om hvarandra. De förra utspriddes öfver allt och till alla. De sednare framfördes af fiendens kända och okända, ohöljda och förklädda, Ryska och Finska, besoldade och obesoldade, frivilliga och tvungne utskickade. Förmätenheten gick så långt, att befälhafvaren för Ryska förposterne, öfverste *Kulnéff*, genom en ordentlig underhandlare, yttrade sin åstundan, att, i detta hänseende, få personligen tala vid anföraren för Svenska eftertrupperna, för att åt honom öfverlemna de Ryska proklamationerna [1]). Denna önskan blef

---

1) Dessa voro af följande innehåll.

PROCLAMATION.

Finlands Inbyggare! J som med fruktan sedt Kejserliga Ryska Tropparnas annalkande, erfarenheten har öfvertygadt Eder, att hvarken ert lugn eller säkerhet blifvit störde. J ägen redan flera bevis af Dess Kejserliga Majestäts Nåd. Landets Lagar äro bibehållne. Till Handelens befordrande är förra Riksgränsens Tullar upphäfne. Uti Städerna äro Tull- och Accis-afgiften för de ifrån Landet till försäljning inkommande Producter afskaffad. Edre Medbröder som blifvit Krigsfångar få återresa till deras hemvister. Den skadan som uppkommit igenom Tropparnas Marcher ersättes. Till att belöna den beredvillighet, hvarmed min Allernådigste Kejsares Befallningar blifvit under dess Armees Marcher uti Finland utförde, så befrias härigenom, uppå Dess Kejserliga Majestäts Allernådigste Befallning, alla Finlands Inbyggare, ifrån och med innevarande år, ifrån den till Svenska Riksskuldens afbetalande faststälde Bevillnings-afgiften. Åbo den $\frac{12}{24}$ Martii 1808.

General utaf Infanteriet, En Chef Commenderande Dess Kejserliga Majestäts Armée uti Finland, Krigs-Gouverneur uti Liff- Est- och Curland, Riddare af alla Ryska Kejserliga och Preussiske Konungsliga Ordnar, samt Commendeur af den helige S. Jerusalems Orden

Grefve BUXHÖWDEN.

ej uppfylld; den besvarades nekande och med en nödig tillrättavisning för det obehöriga i dylika försök [1]).

PROCLAMATION.

De vid nu conqueterade Finnlands Arméer, tjänande Herrar Officerare, underrättas härigenom, att den som öfver Finnlands Gränts är Svänska Arméen följacktig, och ej inom tre veckor, räknadt ifrån denna dag, infinner sig på sit Boställe, eller hos någon af Herrar Landshöfdingar tillkjänna gifver sin ankomst, uteslutes 1:mo ifrån den af Hans Kejserliga Majestät uti Proclamation af den $\frac{10}{21}$ Martii innevarande år, beviljade förmån, att vid Finska Arméen, utan förändring, som den härtils af Svänska Regeringen varit förordnad, under Dess Kejserliga Majestäts Spira framdeles blifva allernådigst bibehållen. 2:do Blifver dess Lön och Boställe genast för Kejserlig Räkning disponerad, och 3:tjo kommer all dess Egendom att confisqueras. Helsingfors Högqvarter den $\frac{21\ \text{Martii}}{2\ \text{April}}$ 1808.

General utaf Infanteriet, En Chef Commenderande Hans Kejserliga Majestäts Armée uti Finland, Krigs-Gouverneur uti Liff- Est- och Curland, Riddare af alla Kejserliga Ryska och Konungsliga Preussiska Orduar, samt Commendeur af den helige S. Jerusalems Orden

Grefve BUXHOEVDEN.

General en Chef, Grefve Buxhoevden, af Hans Majestät Kejsaren utaf Ryssland befullmäktigad, uppfyller Hans Majestäts Faderliga omsorg för detta Landets Innevånares väl, af alla Stånd, då Han ser Finska Arméens bekymrade belägenhet, att antingen öfvergifva Fäderneslandet, skiljas ifrån sina Familler, förlora sin egendom, eller antaga villkor, som den i allmänhet ej fullkomligen känner, skyndar sig att öfvertyga Arméen om fördelarna deraf, görande den, uti sin Souverains namn, följande propositioner:

1:o. Då Hans Majestät Kejsaren uti Dess Declaration af den $\frac{16}{28}$ innevarande Martii förklarat, att StorFurstendömet Finland skall för alltid med Dess Stater förenas, så är det utan tvifvel, att Finnska Arméens Tjenste-

---

[1]) I öfversättning från Fransyskan har svaret till *Kulneff* följande lydelse: "Herr Öfverste! Efter den berättelse kapiteuen, baron *Ramsay* aflagt för H. E. General en chef, om hvad ni meddelat honom, finner Hans Exc. allt vidare samtal onödigt. Generalen beklagar er uprigtigt, Min Herre, att hafva erhållit uppdrag om sådana underhandlingar, samt gör er fullkomlig rättvisa för den grannlagenhet, som hindrat er att mera direct göra honom en framställning af denna egenskap. För öfrigt är Hans Exc. benägen att tro, det era generaler och ni sjelf gör honom och den krigshär, han har den äran att anföra för mycken rättvisa, för att ett ögonblick hafva väntat ett annat svar än det, som män af ära lemna på hvarje anbud, stridande mot deras pligt. Har äran &c.
Grefve *G. Löwenhjelm*, General-Adjutant.

Första delen.

82   1808 APRIL.

Att något eller några lyssnat till de Ryska anbuden [2]), ansåg ryktet för otvifvelaktigt; men fienden måste sjelf, till Svenska namnets heder, medgifva, att utgången, i det hela, icke rättfärdigade det förmätna

---

män, som är constituerad af infödde uti landet, så snart de lemna Fiendens Fana, hafva rättighet att njuta alla de fördelar, som dem i likhet med andre Ryska Undersåtare äro förunnade; och således hafva de hvarken för sina personer, eller deras egendom, vid hvilken politisk förändring som helst, något att frukta.

2:o. Alla Officerare, UnderOfficerare och Soldater, som ej fortsätta Kriget, kunna deltaga uti de fördelar, som Proclamationen af den $\frac{10}{22}$ sistl. Februari gifver; undantagande Svenska Officerare, UnderOfficerare och Soldater; men hvarje infödd Finne tillåtes att resa till sitt hemvist, och Officerarne blifva med respenningar försedde.

3:o. Soldaterne erhålla för hvarje Gevär, som de aflemna, två Rubel, för en Sabel en Rubel och för hvarje häst tio Rubel. Dessutom bekommer hvar Soldat, som begär att resa hem, två Riksdaler.

4:o Hvarje Militaire, som önskar att begagna sig af de uti Proclamation af den $\frac{19}{31}$ innevarande Martii gifne fördelar, blifver på dess begäran antagen vid den Ryska Finska Arméen, hvarest han behåller samma rang och lön, han hade innan Finnland conqueterades af Kejserliga Trupperna; men ingen blifver tvungen att antaga tjenst emot sin vilja.

5:o. Officerare, UnderOfficerare och Soldater utaf Ryska Finska Arméen tvingas ej, under nuvarande Krig, att tjena mot Sverige.

6:o. För Svenska Officerare lägges ej hinder, att, efter deras önskan, resa till Sverige, om de förbinda sig, att under nuvarande Krig, ej tjena emot Ryssland eller dess allierade. Under-Officerare och Soldater blifva under escorte följde till Wiborg, hvarest de förblifva till dess Freden emellan Ryssland och Sverige är slutad.

7:o alla infödda Finnar, som äro vid Svenska Arméen, underrättas härigenom, att om de, oaktadt föreskrifne fördelar, dröja att enligt desse anbud antaga tjenst uti deras Fädernesland, eller ankomma till dess familler, så hafva de att för följderna skylla sig sjelf, och hvilka ådraga dem, i anledning af Proclamation, daterad den $\frac{21\ Martii}{2\ Aprill}$, att utan skonsmål

---

2) Uti Skildringar ur Svenska Historien under Gustaf III och Gustaf IV Adolf, af *E. M. Arndt*, uppgifves sid. 204, not., att "öfversten vid Nylands dragoner, friherre *Wright*, med 10 af sina officerare gick hem", d. v. s. till Ryssarne. Det är sannt, att öfverste *Wright* qvarlemnade sig sjuk, jemte några officerare; men icke att de voro 10 och endast adelsmän. Deras namn finnas icke upptagne. Att de och *Wright*, liksom många andra embets- och tjenstemän i Finland, lyssnat till Ryska förledelserna, kan anses för säkert. — Deremot utmärkte sig de qvarblifne, både frälse och ofrälse officerarne af Nylands dragoner, liksom deras vederlikar, för mod och fosterlandskärlek under hela kriget. — Många af dem tjenstgjorde vid infanteriet och vid staben, samt tillkämpade sig grader och hederstecken.

hoppet; "den utvisade tvertom, att Svenskarne med klokhet förstått att vinna tid, den de begagnat till att återställa sin kolonns tågordning, hvari en stor oreda varit rådande" [1]). Den författare, som yttrar detta, tillägger: "under 64 graders nordlig bredd återvaknade ändtligen det Svenska Lejonet." Att det således länge nog blundat, kan ej ens fienden förneka; men Svenskarne kunna likväl trösta sig dermed, att det vaknade omsider, ehuru något sent.

Af påföljande händelser synes tydligen, att fienden, i harmen öfver den oväntade utgången af sina underhandlings försök, genom ett djerft och kraftigt anfall, ernade ådagalägga, att man icke förgäfves trotsade hans magt och gäckade hans anbud.

Deremot fingo de Finska krigarne tillfälle att bevisa, hvad äfven öfverste *von Döbeln* i sin rapport [2]) omnämner, att de *föregående dagarnes uppmaningar till mened och förräderi*, i stället att minska, tvertom ökat och uppeldat deras ifver och mod, till osvikligt försvar af deras fosterland och Svenska namnets ära.

---

för alltid förlora all deras egendom, och glädjen att någonsin återkomma till Fäderneslandet och deras familler. Helsingfors den $\frac{27\ \text{Martii}}{8\ \text{Aprill}}$ 1808.

General utaf Infanteriet, En Chef Commenderande Hans Kejserliga Majestäts Armée uti Finland, Krigs-Gouverneur uti Liff- Est- och Curland, Riddare af alla Kejserliga Ryska och Konungsliga Preussiska Ordnar, samt Commendeur af den helige S. Jerusalems Orden

Grefve BUXHOEVDEN.

1) *Suchtelen*, Bilagan N:o 21.
2) Om träffningarna vid *Ypperi*, *Wiret* och *Pyhäjoki*, dat. den 17 April 1808.

Klingsporska hären; *von Döbeln;* Ypperi, Wiret, Pyhäjoki den 16.

Då Svenska hären den **16** skulle fortsätta återtåget från *Pyhäjoki* till *Brahestad* och trakten deromkring, blef tredje fördelningen, hvilken utgjorde eftertruppen, redan klockan half 4 om morgonen häftigt anfallen vid *Ypperi*. Detta verkställdes af en öfverlägsen styrka till häst och fot, åtföljd både af kanoner och kastmaschiner. Afsigten var synbarligen, att omringa fördelningen och taga den innan dess förening kunde ske med den i *Pyhäjoki* förlagda första fördelningen, eller innan denna skulle hinna till undsättning.

Att förekomma detta, befallde fördelnings-chefen *Gripenberg* öfversten och riddaren *von Döbeln*, hvilken med en del af sin bataljon utgjort fältvakten och med den andra delen låg närmast densamma, att, med samlad styrka, tappert försvara sig mot den fiende, som påträngde från landsidan. *Von Döbeln*, alltid omtänksam, hade lyckligtvis dagen förut, efter slutad gudstjenst, anvisat hvart kompani, sin stridsplats och låtit upptrampa den djupa snövägen till densamma. Han hade äfven anmält hos tjenstgörande general-adjutanten både olägenheterna och faran af de spridda qvarteren; men ehuru ingen rättelse skedde, förekoms dock all vådlig påföljd deraf, genom kompani-chefernas berömvärda snabbhet att samla sitt manskap; och der anfallet blef lifligast var äfven försvaret förutsedt.

Öfversten och riddaren *von Essen* befalltes, att med sin bataljon intaga höjderna vid sjön, och hindra fienden att komma upp på landsvägen. Det grofva artilleriet, som, i anseende till den djupa snön, förökad af det nyss infallna yrvädret, med största svårighet kunde nyttjas och transporteras, sattes emellertid, jemte rytteriet, i marsch åt *Pyhäjoki* och anbefalldes att skyndsamt draga sig undan, på det att fienden icke måtte hinna afskära dess återtåg. Derefter lät den tappre fördelnings-chefen en bataljon i sender ställa sig på ömse sidor om *landsvägen*, med en 3-punding i luckan till betäckning och försvar af de andras återtåg. Fienden framrusade med vildt skrik, liksom för att dermed förfära sina motståndare, på hvilka sådant icke verkade det ringaste. Under det häftigaste anfall, med fortsatta rop, liflig stycke- och handgevärseld, drog sig Nylands bataljon, anförd af *von Döbeln*, med orubbad ordning tillbaka och blef ändtligen vid *Ypperi* bro, aflöst af *Tavastehus* bataljon, sedan den förre i åtta dagar utgjort eftertruppen.

Den sednare anfördes af öfverste *von Essen*, som i kedja, oaktadt den djupa snön, höll höjden med den slutna truppen på vägen. Denna trupp utgjordes af Tavastehus regementes första och andra bataljoner, hvilka på en gång afhöllo sidoanfället från hafskusten och bröstanfallet på landsvägen, understödda af *von Essens* spridda skaror [1]. Sålunda vexlade försvaret under det blodiga återtåget, med mycken ordning och mod. Försvarets kraft mot det lifliga anfallet bevisas deraf, att blott en half mil voro tillryggalagda under fem timmars marsch, då slutligen, på en fjerdedels mil nära *Py-*

---

[1] Här, liksom flera gångor förut, insågs bristen på skidor och öfvade skidlöpare, en brist, i dessa nordligare trakter, så mycket lättare afhulpen, som hvar bonde här begagnar detta sätt att framkomma, både fort och lätt, på den djupaste snö, isynnerhet om våren, då snön fryser till *skara*, hvarpå man med skidor kan marschera 6 à 7 mil om dagen. Vid ströftåg, under ett vinterfälttåg, äro skidlöpare högst nyttige, samt kunna oroa och göra fienden mycken afbräck. Endast Savolaksarne hade skidlöpare, och begagnade dem ofta med fördel.

häjoki, general-adjutanten för arméen inträffade med vidare anordningar. Han befallte öfverste *Gripenberg* att göra stånd, uppställa sitt grofva artilleri och med infanteriet intaga höjderna på båda sidor om landsvägen. Detta skedde vid *Wirets* torp, på mindre än en timmas tid, med biträde af öfverbefälhafvarens adjutanter, majoren baron *von Otter* och kaptenen *Björnstjerna*.

Oaktadt fiendens hastigt förenade och öfverlägsna styrka, hvarmed han djerft anföll, blef han här manligt emottagen och uppehållen, på det att första fördelningen, som innehade byarne uti och omkring *Pyhäjoki*, emellertid skulle hinna samla sig till försvar på sjön nedanför kyrkan, der den betäckte Svenska härens högra flygel, hvilken Ryssarne syntes vilja kringgå utmed hafsbandet.

Så snart detta ändamål var vunnet, fick den svårt ansatta tredje fördelningen med sin verksamma befälhafvare, öfverste *Gripenberg*, befallning att draga sig tillbaka från *Wiret*, der han, med sina modiga Nyländningar och Tavastehusare, tappert försvarat sig, liksom under hela det vådliga och besvärliga återtåget i snöyra och köld, utan hvila och utan någon förfriskning. Ammunitionen var redan nära slut, då Åboläns rusthålls bataljon tillstötte från första fördelningen, med uppdrag, att, under *von Döbeln*, utgöra eftertruppen, hvarigenom tredje fördelningen fick draga sig undan från den häftigaste striden, och fortsätta återtåget till *Piehänki*, samt vidare, efter blott en timmas rast derstädes, till *Brahestad*. Majoren, baron *von Otter* erbjöd sig frivilligt, att vara öfverste *von Döbeln* till biträde och med honom dela dagens fara och ära.

<small>Klingsporska hären; Pyhäjoki den 16; *Löwenhjelm, Clairfelt.*</small>

Ännu en half mil fortfor återtåget under lika häftiga anfall från fiendens sida, då lifbataljonen af Åbo läns regemente äfven tillstötte till nödig hjelp för samma regementes rusthållsbataljon, hvilken nu hade ensam motstått Ryssarnes lika öfverlägsna, som lifliga förföljande, med alla slags vapen [1]).

Dessa bataljoner förenade erhöllo befallning att draga sig isvägen åt *Brahestad*, hvilken väg fienden äfven tog, förmodligen för att afskära vårt återtåg, och då första fördelningen, vid *Pyhäjoki*, var i begrepp att uppbryta, blef den anfallen af Ryssarne, med ryttéri och fotfolk, föregångne af en skarp haubitz- och kanoneld. Som angreppet verkstäldes isynnerhet med kavalleri, på isen, vid mynningen af *Pyhäjoki* elf, satte sig general-adjutanten för arméen, grefve G. *Löwenhjelm* i spetsen för trenne sqvadroner Nylands dragoner, för att göra schok på detsamma. Men som detta verkställdes med mera mod än beräkning, och således utan att bekymra sig om hans dragoner mangrannt följde honom eller icke, blef han fången, jemte sin adjutant, kaptenen *Clairfelt*, som ville understödja honom.

Efter ett obetydligt uppehåll, föranledt af grefve *Löwenhjelms* nyss omnämnda, något för djerfva företag [2]), hvilket troligen ej lyckats, äfven om de tre

---

<small>1) *Von Döbeln* säger i sin rapport om denna reträtt, att "den förtjenar ett rum i krigshistorien och rusthålls bataljon af Åbo läns regemente, som med en enkel kedja, och steg för steg, försvarade sig, serskildt beröm, tillika med tredje brigaden och dess chef, som från kl. 1/2 4 om morgonen till öfver 9 under beständig eld och vilda anfall, i svårt väder och vägalag, på ett förundransvärdt sätt sig förhållit." Han tillägger: "De blodstänkningar af döde kamraters sår på min hatt och kläder, änskönt jag suttit till häst, blir en stadig anfordran till högaktning för deras minne." &c.

2) Det blef likväl icke alldeles gagnlöst; emedan löjtnanten *Andersin*, med</small>

sqvadronerna, som sig bordt, följt sin modfulla chef, gjorde Ryska husarerna, hvilka erhållit förstärkning, ett nytt försök att anfalla våra dragoner, som drogo sig på sidan af infanteriet, hvilket derigenom fick tillfälle att understödja dem och med välrigtade handgevärssalvor drifva husarerna tillbaka. Men i detsamma utbredde sig en annan talrik rytterikolonn på den ena flygeln, samt något framför oss. Bataljonerna ryckte genast fram i sträckmarscher med kanoner på den sidan, der Ryssarne visade sig, och med tvenne dylika vid för- och tvenne vid efterskaran, samt trossen skyddad af fotfolket på den motsatta flygeln. Eftertruppen tågade i spridd ordning, betäckt på flyglarne af Nylands dragoner, och på detta sätt fortsattes återtåget, under fiendens förföljande, nära en mil, då han upphörde dermed. Öfversten och riddaren *Adlercreutz*, (som efter grefve *Löwenhjelm* blifvit förordnad till general-adjutant för arméen, och efter honom öfverste *von Döbeln* till chef för andra fördelningen), hade befälet under den sednare delen af detta märkvärdiga återtåg. Nattlägerställen togos af första fördelningen i *Pattjoki*, af den andra i *Salo* och den tredje, hvilken nästan hela dagen varit i elden, samt i köld och yrväder utstått de största mödorna, i *Brahestad* och *Palo*.

---

sina tvenne sexpundingar, stod utan betäckning på isen och hade säkert blifvit tagen, om grefve *Löwenhjelms* ankomst icke inträffat. Men han hade kunnat skydda de Svenska kanonerna, utan det offer som här gjordes. Kort derpå inträffade en annan olycka, hvilken beklagades af hela hären. Öfversten för Åbo läns regemente, friherre *Fleming*, red ner till Andersin, för att på närmare håll taga fiendens rörelser och företag i ögonsigte; men träffades af en Rysk granat, som borttog ena benet, så att han föll af hästen på ett af Andersins stycken. Denne tappre officer inbäddades omsorgsfullt af Andersin i en släde, och afsändes till *Brahestad;* men dog likväl efter amputationen.

Klingsporska hären; Pyhäjoki den 16. *Erling, Bruncrona, Bergenstråle, Forselles, Heintzii, Brummer, Rehbinder, Standersköld, Cederblad, Fleming.*

Ryska öfverstarne *Turtschaninoff* och *Karpenkoff* anföllo häftigast på landsidan, samt *Kulneff* på isen, ut med kusten. Deras mod och tilltagsenhet förtjenar allt möjligt loford, likasom deras ihärdighet och skicklighet.

Fiendens förlust är ej känd, och hvarken å Svenska eller Ryska sidan hittills uppgifven; men den kan, med allt skäl, anses betydlig, emedan han ej skonade sig, utan påträngde med oförvägenhet, äfven då våra kanoner och vårt fotfolk beskjöto dem på nära håll och mot slutna massor.

Vår förlust var ej heller ringa. Af general-staben: öfversten, m. m. grefve *Löwenhjelm* och kapitenen *Clairfelt* fångne och sårade; af Nylands infanteri regemente dödskjuten: adjutanten *Erling* och 3 man. Dödligt sårad: kapiten *Bruncrona;* lindrigare: kapiten *Bergenstråle,* en under-officer [1]) och 16 man. Af Nylands dragoner, sårade: löjtnanten *af Forselles,* kornetterne *Heintzii* och *Brummer,* 2 under-officerare, 3 korporaler och 6 dragoner, samt derjemte fångne: 2 korporaler och 7 dragoner; lindrigt sårad majoren och riddaren *Rothkirk.* Af Tavastehus regemente, dödskjutne 63 man; sårade löjtnanterne, baron *Rehbinder, Standersköld* och *Cederblad,* samt 2 under-officerare och 30 man. Fången: löjtnanten *Törner.* Af artilleriet, dödskjuten 1 man; sårade 2 man. Af Åbo läns infanteri: dödskjuten 1 trumslagare; svårt sårade: öfversten och riddaren baron *Fleming,* samt 5 man. Af Åbo

---

1) Under-officerarnes namn äro ej uppgifne, ehuru de tappre ej borde vara namnlöse, hvarken bland underbefäl eller manskap.

Klingsporska hären; *Örnstedt.* Siikajoki den 18. *Adlercreutz.*

läns rusthålls bataljon, sårade: kaptenen *Örnstedt* och 20 man; eller tillsammans dödskjutne: 1 officer och 68 man, fångne: 3 officerare och 10 man och sårade 13 officerare, 5 under-officerare och 83 man.

Efter en dags rast (den 17), då förposterne oroades och skott vexlades [1]), fortsatte Finska hären dagen derpå, den 18, återtåget åt *Siikajoki.* Högqvarteret hade förflyttat sig i förväg till *Pietula* by. Andra fördelningen utgjorde efterskaran. Underrättelse om anfall inlopp från flera håll. Generaladjutanten *Adlercreutz* satte sig i verksamhet, och undersökte förhållanderna i allmänhet. Han vidtog nödiga anstalter till säkerhet för den ena och försvar för den andra fördelningen, samt öfversåg och ordnade det hela. Han befallte en sqvadron dragoner undersöka och försvara sjösidan; en afdelning 6-pundiga kanoner att stadna vid *Siikajoki* gästgifvaregård, samt andra fördelningen att bevaka byn och utbreda en kedja till höger och venster om densamma. Ryssarne dröjde ej att anfalla. De voro gynnade af belägenheten. Våra 6-pundiga stycken besvarade väl med framgång deras 4-pundingar; men deras närgångna jägare smögo sig omkring och igenom vår kedja, och kommo, i skygd af skog och stenar, så nära oss, att de nedsköto en del af styckekarlarne, samt öfverflyglade oss med förstärkta skaror.

---

1) Stabs-adjutanten, baron *Ramsay*, med 18 man Nylands dragoner och 20 man af Björneborgs regemente under fendrik *Granfelt*, skulle undersöka Ryssarnes ställning. De blefvo häftigt anfallne, och endast Granfelts modiga beslutsamhet, att, med fäld bajonett, bana sig väg genom en mångdubbelt större styrka, frälste dem från de på skidor omringande Ryssarne. Återtåget understöddes derefter af ett kompani Björneborgare, under kapitenen, baron *Karpelan*, samt tvenne 3-pundiga kanoner, förde af den tappre löjtnanten *Charpentier.*

Klingsporska hären; Siikajoki den 18. *Adlercreutz.*

I följd deraf befallde *Adlercreutz* andra fördelningen att draga sig tillbaka på norra sidan af elfven, der första och tredje fördelningarne voro uppställde i slagordning. Emellertid hade fiendens rytteri trängt sig fram till mynningen af *Siikajoki* elf. Tre sqvadroner dragoner befalltes att möta och hindra det att hugga in på vår, öfver samma å återtågande andra fördelning; men denna afsigt höll på att förfelas, ty Ryska kavalleriet lät ej uppehålla sig. Förlitande sig på sitt öfverlägsna antal ryckte det fram och våra dragoner måste draga sig undan, till verklig fara för andra fördelningen, hvilken likväl hann göra sitt återtåg utan förlust, hufvudsakligen skyddad af 2 fältstycken och Nylands jägare, hvilka *Adlercreutz* emellertid låtit i detta ändamål framrycka till *Pietula* by.

Sedan Ryssarne sålunda kommit i besittning af prestgården, kyrkbyn och hela södra stranden, fortsatte de sitt anfall med samma raskhet. Det verkstäldes med alla slags vapen. Den fiendtliga stycke-, granat- och jägarelden besvarades med köld och säkra skott från vår sida. Men som *Adlercreutz* ansåg belägenheten för trång för hela härens rörelser, lät han andra fördelningen (*von Döbeln*), hvilken hittills varit mest i elden, afgå till *Pietula*, på hvilken väg återtåget skulle ske och dit trossen redan afgått. De öfriga fördelningarne försvarade under tiden slagfältet. Striden hade redan oafbrutet fortfarit ifrån kl. 1 till kl. 6 e. m. Högqvarteret, som ett ögonblick var i fara att blifva taget af djerft framryckande Ryska jägare, hvilka general-stabsvakten lyckades att kasta tillbaka, var redan i säkerhet, tillika med det i *Siikajoki* upplagda förrådet, då *Adlercreutz*, för att vinna bättre och rymligare lägerställen än här var att tillgå, beslöt att draga sig längre tillbaka. Han hade emellertid visat fienden, att han ej kunde tvingas dertill.

Tredje fördelningen fick befallning att börja återtåget. Derigenom försvagades vår venstra flygel. Fienden bemärkte det och skickade genast en stark skara, understödd af jägare, att öfverflygla på denna sida. Det lyckades och vi måste en stund uthärda en korseld. Den återstående bataljonen och tredje fördelningen erhöll befallning, att förstärka vår sålunda hårdt ansatta venstra flygel. *Adlercreutz*, uppmärksam och öfverallt tillstädes, insåg att Ryssarne, genom denna öfverflygling, försvagat sin midtel, der våra väl rigtade 6-pundiga kanoner nödgat fiendens styckeeld att tystna, och fattade derföre det i dessa omständigheter lika djerfva som afgörande beslut, att genombryta hans medelpunkt. Major *von Hertzen* vid Nylands jägarkompani och löjtnanten *Kihlström* vid Rautalampi kompani af Tavastehus regemente, befalldes att hastigt rycka öfver ån och med häftighet anfalla, samt, om möjligt, intaga kyrkbyn. Vår stycke- och handgevärseld skulle emellertid upphöra, för att hvarken hindra eller förvilla de stormande; endast på venstra flygeln fortsattes mot de kringrännande fienderna en jemn skottvexling.

Major *von Hertzen* verkställde med framgång det honom hedrande, men vådliga uppdraget, och kastade Ryssarne tillbaka. Löjtnant *Kihlström* hejdades ett ögonblick på ån, då öfverste-löjtnant *Suremain* ankom med befallning till honom, att genast fortsätta anfallet och understödja major *v. Hertzen*, hvilken

Klingsporska hären; Siikajoki den 18.

redan fått fast fot på södra sidan. I detsamma anlände brigad-adjutanten *Ramsay* med lika uppdrag, och han åtföljde de stormande, hvilka lyckades, att, under hurrarop, drifva fienden undan sig och intaga hans ställning.

Efter denna framgång skickades tvenne kompanier af Åbo läns regemente, åtföljde af kapiten *Björnstjerna*, att biträda de förre samt att längs ån afskära återtåget för de Ryssar, som öfverflyglat på venstra sidan. Flere fångar togos, så väl af dem som af major *von Hertzen*. Ytterligare befalltes tvenne kompanier af samma regemente, att understödja anfallet på gästgifvaregården, der Ryssarne samlade sig i sluten skara, hvilken gjorde kraftigt motstånd; men så snart öfverste *von Essen* anlände med sin Tavastehus jägare-bataljon, måste fienden gifva vika.

En annan del af Tavastehus jägare anbefalldes att intaga skogen emellan prestgården och kyrkbyn längs stranden, der Ryssarne ånyo fattat stånd och hvarifrån de fortforo att underhålla en liflig eld. Stabs-adjutanten, kapiten *Ramsay* anförde detta anfall, hvilket verkställdes med fullkomlig framgång.

Som fienden ej ville vika undan på vår venstra flygel, der han börjat sin kringrännings-rörelse med så mycken fördel, skickades tvenne kompanier af Tavastehus lif-bataljon att ytterligare förstärka anfallet derstädes. Det leddes af kapitenen *Björnstjerna*, och Finnarne undanträngde Ryssarne både här och äfven vid gatan framom gästgifvaregården, der de gjorde ihärdigt motstånd; men sprängdes af en mindre skara Åboländningar, i spetsen för hvilka brigad-adjutanten *Ramsay* sjelfmant

<small>Klingsporska hären; Siikajoki den 18. *Adlercreutz.*</small>

ställde sig. Detta anfall understöddes af en trepundig kanon, hvilken gjorde god verkan.

Adlercreutz befallde Tavastehus jägare, som redan voro utan skott, att, det oaktadt i kedja öfverflygla fienden på vår högra flygel och med hurrarop, hvilket begagnades vid alla anfall, för att uppelda manskapet och låta Ryssarne höra huru enstämmigt och gladt det Svenska modet går till väga, undantränga dem, som vågade motstå anfallet. Fienden ryggade öfverallt. Svenskarne förföljde med raskhet. För hvarje styckeskott, som Ryssarne lossade, för att uppehålla vårt påträngande, hurrade vår förskara, samt ökade anfallstegen och ifvern. Det var en segerglädje att höra och se, huru de af det besvärliga långa återtåget hittills utledsnade och uttröttade Finnarnes mod växte och deras själskrafter lifvades att ej sky någon fara, och ej låta något motstånd uppehålla sig. Dagens hjelte, som ordnat försvaret, det han plötsligen förvandlade till anfall, general-adjutanten, öfverste *Adlercreutz,* befallde, efter nära en half mils förföljande sina tappra landsmän att stadna. De behöfde hvila; men sjelfva tänkte de ej derpå. Likväl måste de först sysselsätta sig dermed att taga de fiender, hvilka, under de häftiga anfallen, blifvit afskurna eller sprängda från sina skaror.

Derefter utsattes nödiga fältvakter och återstoden af hären intog lägerställen i och omkring *Siikajoki,* ett namn, som, i anledning af dagens för Svenska vapnen ärorika händelser, alltid skall bibehålla ett rum i krigshistorien. Ej derföre att striden der i och för sig sjelf var så blodig eller märkvärdig, den var ej ens

Klingsporska hären. *Adlercreutz.*

påtänkt å Svenska sidan, utan helt och hållet en följd af tillfälligheten [1]); men derföre, att det som vanligen påskyndar ett påbörjadt och anbefaldt återtåg, neml. ett djerft anfall, en för de ryggande vådlig öfverflyglings rörelse från de påträngandes sida, denna gång åstadkom motsatsen. Denna omständighet ådagalägger hela omfånget af *Adlercreutz's* både kalla uppmärksamhet och djerfva beslutsamhet, tvenne egenskaper, som utmärka en duglig härförare, genom hvilka han nu, lika oväntadt för Ryssar som Svenskar [2]), gjorde slut på de sednares långa, nedslående, snart sagdt, nesliga återtåg. Men ej nog dermed: han förvandlade det förut hopplösa försvaret till ett segerrikt anfall och den allmänna, djupt rotade tron på Ryssarnes öfverlägsenhet, med deras derifrån härledda stolta tillförsigt att vara oöfvervinneliga, tillintetgjorde han genom ett enda modigt beslut.

Deri bestod segern vid *Siikajoki*, som för ingen del var afgörande, icke ens af menligt inflytande på fiendens stridskrafter, hvilka, genom några hundra mans förlust ej kunde förlora sin materiela öfvervigt;

---

1) Nödvändigheten att skydda högqvarteret, öfver-generalen och trossen, hvilken kommit i betänklig oordning. Bidraget, N:o 30.

2) Fienden hade kringgått Klingspors begge flyglar, och i det krigsråd, som nu hölls, yrkade flertalet att Svenska hären derföre borde fortsätta återtåget. Men den tappre, rådige *Adlercreutz* förklarade, att han ansåg Ryssarne hafva, genom denna öfverflyglings rörelse, i den grad försvagat sin midtel, att de icke förmådde motstå ett hurtigt anfall. På denna grund anbefallde han detsamma, och det leddes af hans adjutanter *Björnstjerna* och *Carl Ramsay.* Så snart *Adlercreutz* emottog general-adjutants befattningen, gjorde han grefve *Klingspor* uppmärksam derpå, att det nu vore tid att försvara härens krigsära och landet, att krigskarorna voro samlade samt att således ingenting längre kunde ursäkta det skändliga och hastiga återtåget. Denna framställning gillades, och det öfverlemnades åt *Adlercreutz* att ordna och utföra alla rörelser och företag, hvarom han dock aldrig försummade att inhemta grefve *Klingspors* tanke och vilja.
— Bidraget, N:o 21.

Klingsporska hären; *Gestrin, Adlercreutz,
Blume, Finkenberg, Kræmer, Heideman,
af Forselles, Kihlström.*

men han förlorade, hvad som är vida mer, sitt afgjorda sjelfförtroende [1]), jemte sin tro på egen oemotståndlighet, och denna förlust å Ryssarnes sida, blef en dyrbar vinst för Svenskarne, ja en seger, som medförde vigtiga följder; men hade kunnat och bordt hafva ännu större och mera afgörande.

Emellertid böra icke de tappre glömmas, som medverkade till utgången af denna dags händelser. Ibland deras antal och som serskildt blifvit namngifne, höra: vid artilleriet, under-löjtnanten *Gestrin*, hvars nästan alla styckekarlar blefvo skjutne; vid Nylands dragoner: ryttmästaren *Adlercreutz*, som gjorde brigad-adjutants tjenst; vid Björneborgs regemente: fendrik *Blume*, hvilken med bajonetten bröt sig genom en öfverlägsen styrka, som afskurit honom återtåget; vid Åbo läns regemente: löjtnanten *Finkenberg;* vid Tavastehus regemente: löjtnanten *Kræmer* och fendrik *Heideman;* vid Tavastehus jägare: kapitenen *af Forselles*, som modigt förhöll sig under Ryssarnes anfall och blef dervid illa sårad, samt löjtnant *Kihlström*, hvilken föll ett offer för sitt oförfärade mod. De af staben, som under striden begagnades, äro förut omnämnde, äfvensom majoren och riddaren *von Hertzen*, hvilken modigt och beslutsamt genombröt fiendens midtel. Af

---

1) Också måste den motsatta sidans häfdatecknare medgifva, "att här skedde öfvergången från den strängaste defensiv till offensiva rörelser å Svenskarnes sida, och att detta vapenskifte ingaf ny kraft åt en krigshär, på hvars moraliska clement, ett sex veckors oabrutet återtåg kunnat inverka ofördelaktigt. Anmärkningsvärdt är" tillägger han, "att då öfverste *Kulneff* såg en Svensk officer (*Björnstjerna*), som utan skonsamhet blottställde sig, förbjöd han, med den honom egna storsinthet, sina jägare att skjuta på honom; *Adlercreutz*, ledd af en lika känsla af beundran, befallde, på sin sida, att skona *Kulneff!*" — Bilagan, N:o 21.

Klingsporska hären. *Adlercreutz, Kulnéff, v. Pahlen, Turtschaninoff, Silin, Kihlström, Reutersköld.*

manskap, som mest varit i elden, bör man ej förgäta andra fördelningen, under sin tappra befälhafvare *von Döbeln*, en del af Tavastehus regemente under den käcke öfversten *von Essen* och tredje fördelningen under *Gripenberg*, hvars mod och verksamhet ej heller nu voro sig olika.

På Ryssarnes sida uppgifvas öfverstarne *Kulnéff, v. Pahlen, Turtschaninoff* och *Silin*, såsom de, hvilka mycket utmärkt sig för mod och rådighet.

Deras förlust bestod af fångne: majoren *Konski*, 4 subaltern-officerare, hvaraf 3 illa sårade, samt omkring 260 under-officerare och soldater, utom dödade och svårt sårade, hvilkas antal uppskattas lika med de fångnes. Dessutom förlorade fienden 2 fanor, 2 trummor och en myckenhet handgevär och jägarstudsare.

Svenskarnes förlust i dödade och illa sårade, ibland de förra löjtnanten *Kihlström* och bland de sednare majoren och riddaren *Reutersköld*, anses ej mindre än Ryssarnes, ehuru någon närmare uppgift derpå ej finnes i de offentliga rapporterna [1]).

---

[1]) En sådan saknar man äfven öfver de underordnade, som utmärkte sig vid detta tillfälle. Uti en egenhändigt författad uppsats yttrar *von Döbeln* följande: "Änskönt förtjensterna redan tyckas vara mångfaldiga, bör ingen glömmas. Tappert förhållande gläder visserligen en dygdig konungs hjerta, så rikt på belöning, ty dess (och fäderneslandets) välbehag är den enda belöning en rättskaffens stridsman önskar och förväntar. Allt har ännu icke blifvit kändt; den tystlåtna tapperheten behöfver tid och rådrum; den förgäter sig sjelf och ofta förgätes den af andra. Finska armén och folket måste man beundra. Skiljaktiga i seder och språk med moderlandet, äro deras väsendtliga karaktersdrag också olika, ty kärlek till medbröder existerar icke annorlunda än af vårdad uppfostran. För sin heder och namnkunnighet hysa de en berömvärd tillgifvenhet, liksom för Konung och Svenska lagen, som skyddar alla — och allt; och denna motsats af Ryska styrelsens och dess embetsmäns våldsamma ofog och godtycke, gör moder-

Första delen. 7

Sandels.

I stället för att begagna den framgång de Svenska vapnen här tillkämpade sig, och rycka raskt framåt, medan fiendens bestörtning ännu fortfor, återlemnades redan påföljande dagen slagfältet och *Klingsporska* hären drog sig tillbaka till *Lumijoki* och *Limingo*. Det skedde under förevändning, att komma i närmare förening med de Savolakska krigarne, samt hufvudförrådet i *Uleåborg*. I *Karinkanta* by qvarstadnade en bataljon Nylands infanteri, såsom härens efterskara.

Sandels.

Emellertid hade en femte fördelning blifvit bildad, hvilken skulle utgöras af Vesterbottens lifbataljon, 511 man, trenne kompanier Österbottens norra bataljon, 393, Savolaks jägare, lifbataljonen, 253, Kajana bataljon, 335, Wasa regemente, 657, Uleåborgs bataljon, 274, sjömilitie bataljon, 357, arméns flottas volontär-division, 72, en sqvadron Karelske dragoner, 88, samt ett batteri 6- och ett 3-pundiga kanoner, med deras styckekarlar, 112, eller tillsamman 3,152 man.

---

landet kärt, hvilken känsla nogsamt framlyst under arméns långvariga retraite. Modfäld aflägsnade sig krigshären från egendom, hustru, barn och vänner; allt lemnades till en grym fiendes kända roflystnad, men då denna krigshär insett nödvändigheten att fly utan att strida, inser den också nödvändigheten att med blodskamp återvinna det land, utländskt förräderi, stiftadt af föraktliga affällingar, en trolös granne genom dem velat besegra. Fiendens försök, att under löftens och förförelsens falskt lysande fackla, som vårt förakt utsläckt, vinna segrar, har misslyckats och hans hopp är tillintetgjordt; ty rättskaffens ära måste slutligen segra. Skulle den ock af ödets okända lagar öfvervinnas, blir Finska armén och nation alltid värd sina medbröders aktning och kan tryggt säga, om dess blodstänkta vapen måste krossade nedläggas, att vi ha förlorat allt utom hedern — och kärleken till Svensk Konung, lag och fosterland följer oss till grafven." — Bidragen, N:o 34 och 35.

Cronstedt.

Men Wasa regemente, Uleåborgs bataljon och 225 man af Kajana bataljon, uppsatte under påstående krig, förlades till *Uleåborg*, för att öfvas och bildas i krigsyrkets nödvändigaste delar, samt sjömilitie bataljonen och arméns flottas division, hvilka afsändes, den förra till Sverige och den sednare till *Uleåborg*, att vid instundande öppet vatten begagnas till sjös. Sålunda utgjorde femte fördelningens egentliga styrka, inberäknadt rytteri och kanoner, endast 1,527 man, öfver hvilka befälet uppdrogs åt öfversten och riddaren *Sandels*.

Efter striden vid *Siikajoki* anbefalldes denna fördelning att afgå till *Uleåsalo*, med framkastad bevakning ända till *Carlön*, hvarigenom den på sjösidan betäckte *Klingsporska* härens högra flygel och *Uleåborgs* stad.

Cronstedt.

Fjerde fördelningen, eller hufvudstyrkan af de Savolakske krigarne under grefve *Cronstedt*, hade, under tiden, fått befallning, att lägra sig i *Tümmes* och *Frantsila*. Derifrån bevakades vägarne till *Pulkkila* och *Brahestad*. Dervid hände, att en skidlöpare patrull, anförd af sergeant *Silfstén* vid Savolaks jägare, nära förstnämnde ställe, stötte på en Kossack bevakning, hvaraf en dödades och 3:ne sårades.

Ryssarne hade emellertid besatt *Siikajoki* och sträckte sin ställning ifrån hafvet till *Revolaks*, der general-major *Bulatoff* låg med omkring 2,000 man och 5 kanoner, inberäknade 2:ne sqvadroner Grodnoska husarer.

1808 APRIL.

Cronstedtska fördelningen; den 27, Revolaks; Adlercreutz, von Otter.

Sedan fienden hunnit hemta sig från den bestörtning, hvaruti utgången af sista striden försatt honom, och då Svenskarne icke begagnat sig deraf, eller ens oroat honom, inberättade säkra kunskapare, det han vore sinnad, att, genom ett samtidigt anfall från *Siikajoki* och *Revolaks* öfverraska och spränga den nu förenade Finska hären. Så mycken tillförsigt hade en veckas hvila återgifvit honom. Men om *Adlercreutz* lemnat honom denna besinningstid, hvilken, till någon del, måhända var behöflig äfven för Svenskarne, både i anseende till årstiden och det långa besvärliga återtåget; så återvaknade, vid denna underrättelse, äfven hans verksamhet, och med den honom egna dristighet i tanke och handling, beslöt han att förekomma detta Ryssarnes tillernade anfall.

I denna afsigt gaf han den fjerde fördelningen, under grefve *Cronstedt*, befallning, att, den 27 kl. 3 om morgonen, anfalla *Revolaks*, hvilket samtidigt skulle oroas från *Lumijoki* sidan, och sedan fienden, vid förstnämnde ställe, vore slagen, borde marschen fortsättas gemensamt på *Brahestad*, för att dymedelst afskära fiendens återtåg från *Siikajoki*, som då skulle anfallas af de i *Lumijoki* förlagde trenne fördelningarne.

Till fullföljande af denna djerfva plan, anbefalldes ett kompani af Tavastehus regemente, att, på eftermiddagen den 26, förstärka bevakningen i *Lankinen*, ett ställe emellan *Lumijoki* och *Revolaks*, hvarest 100 man Björneborgs jägare, under löjtnant *Blume*, voro utsatta. I spetsen för denna ringa styrka satte sig *Adlercreutz*, biträdd af major *von Otter* och sjelf-

Cronstedtska fördelningen; den 27, Revolaks;
Adlercreutz, von Otter, Lange, Blume.

mant af sin bror ryttmästaren *Adlercreutz*, om natten i marsch, samt inträffade kl. 3 om morgonen den 27 vid Revolaks, hvilket, enligt befallning, skulle först anfallas af *Cronstedt* ifrån *Paavola* sidan. Men då detta ej skedde och *Adlercreutz* redan var upptäckt af en Rysk fältvakt, besinnade han sig icke längre än en half timma, att med sina 150 tappra Björneborgare rusa på fienden, säker derom att innan kort varda understödd af *Cronstedt*, hvars styrka utgjordes af 4 bataljoner Savolaks fotfolk, 2:ne bataljoner (1:sta och 2:dra) Savolaks och 2 dito Karelska jägare, 50 man rytteri och 4 stycken 3-pund. kanoner, eller tillsamman omkring 1,800 man. För att så mycket mera draga fiendens uppmärksamhet och styrka åt detta håll, och ej lemna honom rådrum att ordna sig till ett kraftigare försvar, fortsatte *Adlercreutz* sitt anfall med fäld bajonet och intog på detta sätt den ena gården efter den andra. Hans adjutanter, major *von Otter*, ryttmästaren *Adlercreutz* och löjtnant *Lange*, lemnade sina hästar och ställde sig i spetsen för de stormande. Ryssarnes ihärdiga motstånd och deras ojemnförliga öfverlägsenhet minskade ännu icke de fåtaligas mod och ifver. I tre hela timmar hade *Adlercreutz* redan med sin ringa hop underhållit striden, utan att *Cronstedt* ännu afhördes. Men hans bror ryttmästar *Adlercreutz* blef nu illa sårad [1]), och mera än femtedelen af manskapet hade delat hans öde. Närmaste befälhafvaren, löjtnant *Blume*, gjorde väl allt för att bibehålla de fördelar hans ringa styrka så dyrt förvärfvat; men ställningen blef med hvart fördröjdt ögon-

---

1) Detta förordsakade någon oordning; ty general-adjutanten kunde ej lemna sin bror utan vård. Han, biträdd af major *von Otter*, skaffade honom undan till närmaste hus och sökte der förbinda honom.

blick vådligare, och då de från *Paavola* anfallande ännu ej syntes till, ansåg *Adlercreutz* rådligast att draga sig tillbaka ¹). Detta skedde med köld och ordning, samt utan att den tjugufaldigt starkare fienden vågade förfölja ett enda steg. Dessa handfulla tappre hade emellertid, under trenne timmars blodig fäktning, dragit till sig fiendens hela uppmärksamhet, trotsande dess stora öfverlägsenhet, samt eröfrat af honom några och 30 fångar, jemte en hop beväringspersedlar.

Cronstedt hade icke varit overksam; men den sent framkomna befallningen, de spridda lägerställena, uti byar, långt aflägsna från hvarandra, jemte dåliga eller inga ordentliga vägar, gjorde att hans skaror ej voro samlade förr än kl. 1 om natten. Sedan hade han ännu nära 1½ mil att framrycka, på en nästan obanad vinterväg, hvilken dagsmejan gjort så sned, att kanonerna måste fortskaffas mestadels med handkraft ²).

På ¾:dels mil nära Revolaks vid *Lunki* hemman stötte *Cronstedt* på Ryssarnes förvakt, hvilken drefs tillbaka, då den icke kunde tagas.

Vägen delar sig, vid *Häntelä*, ¼ mil från *Revolaks*; den venstra följer *Siikajoki* å och den högra går öfver åkrar och ängar, fram till kyrkan (hvilken ligger på högra åstranden), der vägarne åter förena sig. På den venstra, längs ån, skickades öfverste-löjtnanten *Christiernin*, med 2:ne bataljoner fotfolk, 1 bataljon Savolaks och 1 dito Karelske jägare, med 2:ne

---

1) Han trodde att befallningen, som af misstag afgått med brefpost, i stället för serskildt ilbud, icke framkommit till Grefve *Cronstedt*.

2) "Position vid Revolaks," säger *Greg. A:son Aminoff*, "var endast känd genom de berättelser bönderne i *Paavola* derom lemnade, och derefter uppgjordes anfallsplanen." — Jag har följt Aminoffs uppgift om denna strid; emedan den föga afviker från de offentliga rapporterna och enskildta berättelser.

Cronstedtska fördelningen; Revolaks den 27.

trepundiga kanoner. På den högra: öfverste-löjtnanten G. *Aminoff*, med lika styrka, hvaraf han afskilde de begge jägar-bataljonerna, under major J. H. *Furumark*, att, genom skogen, åt höger, söka uppnå Revolaksviken och längs densamma anfalla Ryssarne i ryggen. Skaren, som lyckligtvis bar, lättade emellan dessa afdelningar en förbindelse, som hufvudsakligen befordrades af skidlöpare och de spridda förtrupperna. Så verkställdes framryckandet emot kyrkan, hvarunder de gårdar fienden innehade utmed stränderna, intogos af Savolaksarne under *Christiernin;* de under *Aminoff* hade mot sig endast spridda Ryssar, hvilka jagades tillbaka mot kyrkan, der begge skarorna sammanstötte, med undantag af de ytterst till höger under *Furumark*. Striden började omkring en half timma sednare än *Adlercreutz* nödgats draga sig undan.

Från kyrkan upptäcktes Ryssarnes slagtordning. Hufvudförsvaret syntes förenadt i och omkring prestgården, med kanoner framför sig och en stark infanterimassa, såsom hjelpskara, bakom sig. Svenskarnes trepundingar ställdes vid kyrkan och beskjöto derifrån med mycken framgång fiendens fältstycken. — Under striden uppdrogs åt kapitenen och riddaren M. *Ehrenroth*, att, med första bataljonen af Savolaks infanteri och första bataljonen Karelske jägare, anfalla de till höger om prestgården befintliga Ryssar, hvarvid han understödde kaptenen *Aflecht,* som, med andra Savolaks infanteri bataljonen, skulle göra sjelfva bröstanfallet mot samma ställe. Tredje infanteri bataljonen, anförd af öfverste-löjtnanten och riddaren *Lode,* borde emellertid sysselsätta de till venster om prestgården stående fiender. Fjerde infanteri bataljo-

Cronstedtska fördelningen; Revolaks den 27;
Kask, Costian.

nen, under kapitenen *L. Ladau,* qvarstadnade till undsättning vid kyrkan. Skidlöparne, af serskildt dertill utsedt manskap, ställdes under kaptenen *Germ. Aminoff,* hvilken hittills utgjort förskaran och nu fick uppdrag att kringgå fiendens venstra flygel. De vexlade först skott med fienden. Alla till anfall bestämda skaror uppställdes på ån, hvars höga stränder skyddade dem mot Ryssarnes kanoneld, som lifligt riktades mot dem.

Det gemensamma framryckandet skedde med kraft och djerfhet. Svåraste lotten träffade kapiten *Aflecht,* samt andra Savolakska infanteri bataljon, som med utomordentligt mod stormade prestgården [1]), intog den och eröfrade det der stående fiendtliga artilleriet, utgörande 2:ne åttapundiga metallkanoner och 1 fyrapundig metallhaubitz.

---

1) I likhet med de Österbottniska prestgårdarne i allmänhet, kringbygd och försedd blott med 2:ne portgångar, hvilket försvårar anfallet och ökar försvaret. Och som general *Bulatoff* personligen förde befälet härstädes, uppstod der den häftigaste striden. Den höga stranden skyddade de anfallande, hvilka, sedan de klättrat uppför densamma, hade endast ett muskötts-skotthåll att passera under kanon-elden, hvarföre ej många sådana skott hunno lossas på dem; men hvilka dock, i anseende till närheten, gjorde så mycket större verkan, isynnerhet det sista, det generalen sjelf påstods hafva antändt. Sedan Ryska batteriet var taget, uppstod ett förfärligt nederlag med bajonetten i de tvenne portgångarna, der de försvarande nedgjordes eller tillfångatogos. General *Bulatoff* begaf sig nu skyndsamt till den bakom prestgården uppställda hjelpskaran, hvilken då redan var i handgemäng med våra kringgångna bataljoner och nu äfven blef anfallen af tredje infanteri bataljonen, som emellertid förenat sig med den mycket försvagade andra. Under detta handgemäng träffade N:o 61 *Kask* af Savolaks rgementes öfverste-löjtnants kompani, en Rysk officer, som han ville taga. Men officeren försvarade sig med värjan, då *Kask,* med ett skott, sträckte honom till marken. Denne officer var *Bulatoff,* hvilken då fick sitt tredje sår. Fanjunkar *Costian* tog en af generalens adjutanter, löjtnanten *Schulinus*, och denne underrättade Svenskarne om *Bulatoffs* öde. Han bars till prestgården och förbands der. Bidraget, N:o 35.

Cronstedtska fördelningen; Revolaks den 27.

Under denna strid, som fortgick öfver allt, upptäcktes en ifrån *Brahestad*-sidan ankommande Rysk skara med 2:ne kanoner, anförd af General *Garnault*.

Framtill raskt anfallen af nämde fjerde infanteri bataljon, till venster af högra flygelns förskara och till höger af de vid prestgården umbärliga Savolaksare, blef Garnaultska fördelningen inom några ögonblick öfverändakastad, och flydde i största oordning, dels åt *Siikajoki* och dels på skogsvägen åt *Paljoki*. En fyrapundig metallhaubits, hvars anspann blifvit undanskjutit, togs af högra flygelns förtrupp, efter ett tappert försvar af styckekarlarne, sedan dess betäckning skymfeligen flyktat [1]). Denna ringa flock Savolaksare hade skyndat öfver ån midt för *Wirsu* hemman, samt, efter att derifrån hafva fördrifvit fienden, i skygd af husen kommit nämde haubits ungefär 100 steg nära, på hvilket obetydliga afstånd de måste uthärda tre drufhagelskott, men utan verkan [2]), innan den togs, då den ånyo befanns laddad.

Sålunda slutade denna strid [3]) kl. 10 förmiddagen, sedan den varat nära tre timmar. Följderna deraf voro ganska ärofulla för Svenska vapnen; men hade otvifvelaktigt blifvit det än mera, i fall *Cronstedt* kunnat komma fram på samma gång som *Adlercreutz*, hvil-

---

1) En Finsk soldat ryckte en stupad Ryss i mustacherna; men hans kamrat afstyrde detta, med de orden: "*Gör ej illa åt Ryssen, han är vår furir skytt*" (den som beställer qvarter åt dem som komma efter).

2) Emedan den lossades med samma elevation, som varit begagnad emot den anryckande 4:de bataljonen, hvilken nu var på 400 alnars afstånd. Det var den djupa snön, som hindrade framryckandet.

3) De under *Furumark* till höger afskilda tvenne jägar-bataljonerna, lossade endast några skott på Ryssarnes rytteri, hvilket längs elfven drog sig åt *Siikajoki*. Då dessa bataljoner under striden upptäcktes, förorsakades derigenom ett falskt larm. Det rätta förhållandet insågs likväl snart.

Cronstedtska fördelningen; Revolaks den 27.

kens dristiga försök med en hand full tappre, likväl väsendtligen bidrog till den lyckliga utgången [1]).

I alla fall hade fångarnes antal blifvit betydligare, om Cronstedt kunnat förfölja fienden; men marschen genom natten och den häftiga striden, med dess ansträngningar, hade utmattat soldaterna och det starka snöfallet, jemte dagsmejan, hvilken upplöste vägarne och gjorde skaran ogagnbar, hindrade detta.

Oaktadt *Cronstedts* kloka mått och steg vid anfallet, samt befälets, likasom manskapets utmärkt tappra förhållande derunder, hade stridens utgång ändå lätteligen kunnat blifva mindre fördelaktig för Svenskarne, i händelse general *Garnaults* fördelning ådagalagt samma ihärdiga mod, som general *Bulatoffs*. Men den förre lät lika hastigt kasta sig från slagfältet, som han der plötsligen visade sig. Hade *Garnaults* trupp kunnat förföljas, skulle den troligen sträckt gevär, att döma efter det uppförande den ådagalade under striden [2]).

Dagens seger hade den ärorika följden, att befälhafvande generalen å Ryska sidan *Bulatoff*[3]), med

---

[1] Derigenom att Ryssarne, som fått kunskap om anfallet, och således voro beredda på detsamma, numera trodde sig säkra efter *Adlercreutz* återtåg, hvarföre general *Garnault* befann sig på marsch till Siikajoki, då Cronstedtska anfallet återkallade honom till Revolaks. *Adlercreutz* hade, genom en med blyerts skrifven biljett, afsänd med en bonde, underrättat Cronstedt om sitt misslyckade försök och lemnat till hans godtfinnande, att antingen återvända eller fullfölja anfallet, till hvilket sednare denne beslöt sig och utförde det med framgång.

[2] Enligt *van Suchtelens* uppgift var general *Garnault* personligen icke tillstädes, utan framom sin här, hvilken således befanns utan anförare. — Det bör anmärkas, att anfallet på *Revolaks* skedde i följd af de upplysningar kapellanen på stället *Abr. Mellin* lyckats meddela Adlercreutz, om Ryssarnes styrka och ställning, m. m. Kapellansgården utgjorde den blodigaste stridsplatsen under denna ärofulla drabbning, hvarvid *Mellin*, med hustru och flera späda barn, i sina genomskjutna rum, delade krigarnes faror och undergick fiendens omilda behandling. Den bekante novellförfattaren *Gust. Henr. Mellin*, är en son af nämnde kapellan i Revolaks.

[3] Som visade ett berömvärdt förhållande, lät sönderrifva sina fanor och af-

Cromstedtska fördelningen; Revolaks den 27.
Aflecht, Bucht.

tre adjutanter, tvenne äldre officerare, en prest, en läkare, och 432 man af underbefäl och manskap, bland hvilka 43 sårade, blefvo fångne och föga mindre antal dödade, hvaraf 4 officerare och 200 man blefvo begrafne af Svenskarne. Dessutom eröfrades: 2:ne fanstänger, 2:ne ättapundiga kanoner af metall, 2:ne fyrapundiga metallhaubitzer, 1 lavett med föreställare, 20 st. ammunitions-kärror, 93 st. hästar, samt största delen af trossen [1]).

Dessa eröfringar skedde icke utan blodiga offer på Svenska sidan; dödskjutne kapten *Aflecht*, som ha-

sände en officer till general *Tutschkoff*, med underrättelse, att han tänkte stupa med svärdet i handen. H. E. grefve *Klingspor* lät vårda hans svåra sår och alla Svenskar hedrade honom, helst han sjelf, såsom fiende, iakttagit ett menskligt och ädelt uppförande mot Svenskarne.

1) För hvilka de tappra icke erhöllo några prispenningar, undantagande manskapet, som fick en dags portion i kontant. — För öfrigt anmärker Greg. Ad:son *Aminoff*, att då högra flygelns förskara, hvarvid han befann sig, och hvilken utgjorde 2 officerare, 2 under-officerare och 60 man af 3:dje bataljonen Savolaks infanteri, skulle gå öfver ån, för att anfalla *Wirsu* hemman, blef den på isen oförmodadt angripen af en sqvadron *Grodnoska* husarer. Lyckligtvis hade från samma förtrupp, innan öfvergången företogs, en under-officer och 4 man blifvit afsända att rekognosera en på högra elfstranden befintlig skogsdunge. Denna lilla patrull bemärkte husarernas anfall och begynte emot dem en sidoeld, hvilken hejdade dem, i samma ögonblick schocken skulle verkställas. Husarerna vände om, och den raska under-officeren skyddade sålunda förskaran från ett anfall, hvilket säkerligen skulle hafva kostat Svenskarna 40 à 50 man i den obeqväma ställning, hvari de befunno sig, sträfvande utför den branta åstranden. Det var samma under-officer, vid namn *Greg. Bucht*, som under 1789 års krig (då korporal) genom en lika djerf fintlighet räddade en postering vid *Pihlajanlaks*. — Sedan *Garnault* var slagen och de spridda Savolaksarne i hamn och häl förföljde de flyende Ryssarne, kastade sig en del af desse i en hölada, hvarifrån de underhöllo en liflig gevärseld (höladorna äro i denna ort vanligen mycket glest timrade). "Våra soldater", säger *Aminoff*,"ännu ej krigsvana, ställde sig omkring ladan för att besvara elden, då tvenne veteraner från 1789 års krig (N:o 78 *Hjelt* och N:o 82 *Stolt* af Kuopio kompani), gjorde sina yngre kamrater uppmärksamme på origtigheten att vexla skott med en till 3/4 betäckt fiende, sjelfve rusande fram mot laddörren, den de uppsprängde, under hot att hugga ner de innevarande, om de ej genast gåfvo sig, hvarpå Ryssarne sträckte gevär."

Cronstedtska fördelningen; Revolaks den 27. *Tigerstedt, Burghausen, Meinander, Christiernin, Brusin, Aminoff, Ladau, Ehrenroth, Furumark, Fabritius, Carlqvist, Reiher, Molander.*

de befälet öfver andra Savolakska, infanteri bataljonen hvilken stormade prestgården; tjenstgörande fältmätnings-officeren, löjtnanten vid samma regemente *Erik Alex. Tigerstedt*, en hoppfull ung man, med kunskaper och gladt väsende, som allmänt saknades; samt en under-officer och 16 man. Sårade: vid Karelska jägarne, löjtnanten *B. von Burghausen;* vid Savolaks infanteri, fendrikarne *A. W. Meinander* och *Greg. Tigerstedt*, (hvilken sistnämde erhöll tvenne svåra bajonett-styng i bröstet, då han frälste en af sina soldater), samt 1 under-officer och 72 man.

Ibland dem, hvilka under denna för Svenska vapnen hedrande strid synnerligen utmärkte sig, upptaga de offentliga rapporterna, utom dem som stupade och blifvit sårade, öfverste-löjtnanten *Christiernin*, stabs-adjutanten, löjtnant *Brusin*, skidlöpar-befälhafvaren vid de Savolakske jägarne *Germ. Aminoff*, kapitenerne vid dess infanteri *Ladau* och *Ehrenroth*, löjtnanterne *Furumark* och *Fabritius,* hvilken sednare, efter den dödade kapiten *Aflecht*, hade befälet öfver den bataljon, som stormade och intog prestgården, förste adjutanten *Carlqvist*, andre adjutanten *Reiher* och kadetten *Molander*. Att en hvar täflade med dessa att uppfylla sin pligt mot fäderneslandet, är lika säkert, som att befälhafvarens, öfversten, grefve *Cronstedts* mod och ovanliga kallblodighet under de största faror förtjena bifall och aktning.

Följande dagen, den 28, afgick majoren *G. Ehrenroth*, med första bataljonen af Savolaks infanteri, 25

Klingsporska hären; Cronstedtska fördelningen.

skidlöpare och några dragoner, samma väg fienden flytt, till *Puoti* by, belägen vid stora landsvägen mellan *Wasa* och *Uleåborg*. Det skedde för att oroa fienden och borttaga en dess postering vid *Patjoki*. Våra skidlöpare hade redan kringgått densamma, men då anfallet skulle börja, ankom en Svensk parlementär, hvilket förorsakade ett litet uppehåll, det de alltid uppmärksamme Kossackerna genast begagnade, för att komma ur sin vådliga ställning.

Emellertid verkade denna rörelse hos Ryssarne en sådan skräck, att de hufvudstupa utrymde *Brahestad*. Hade *Ehrenroths* styrka tillåtit honom att rycka fram till nämnde stad, skulle en betydlig transport af lifsmedel fallit i Svenskarnes händer. Ett sednare försök, att taga den, skedde för sent.

Sedan majoren *H. Adlercreutz*, med en bataljon Tavastehus jägare, besatt *Puoti* samt andra och tredje fördelningarne ankommit till *Siikajoki*, återvände *Ehrenroth* med sin skara, den 30, till fjerde fördelningen, som ännu uppehöll sig uti och omkring *Revolaks*, hvarest äfven inträffade andra bataljonen af Savolaks jägare, under major *Tujulin*, hvilken qvarlemnades i *Martila*.

Den egentliga afsigten med striden vid Revolaks, hvars framgång, enligt sjelfva planen, skulle hafva till följd Cronstedtska härens vidare framryckande [1]), för att dymedelst afskära Ryssarnes återtåg från *Brahestad*, hvilket skulle anfallas af Klingsporska hären, samtidigt med denna kringränning, förfelades af orsaker, som icke äro uppgifna. Cronstedtska skarorna, som marscherat genom natten och blifvit utmattade af den

---
1) Hvarom Klingspors rapport af den 29 April lemnar bestämd uppgift.

blodiga striden, behöfde hvila; men härunder hade någon annan af Klingsporska fördelningarna kunnat rycka fram, antingen för att fullfölja den förut fattade planen, eller ock för att förfölja fienden, begagna sig af dess förvirring, uppsnappa dess förråder, taga dess enstaka posteringar, genom ströfskaror framom och på sidorna af dess återtåg oroa honom, och göra allt det afbräck, hvartill det lilla kriget så väl lämpar sig, uti ett afskuret land, med stridslystna, redan segervana, säkra och djerfva skyttar, hvilka känna hvarje dal, hvar höjd och hvar buske.

Men liksom de nio dagarne, emellan striden vid *Siikajoki* och *Revolaks*, förflöto utan allt ändamål, förlorade under hvila och besinning, så förspilldes den alltid vigtiga, men synnerligast efter en seger dyrbara tiden af sju veckor, innan Klingsporska hären åter sattes i rörelse.

Att årstiden var hinderlig kan ej nekas; men att den icke helt och hållet kunde tillintetgöra hvarje företag, hvarje rörelse, hade redan *Ehrenroths* marsch bevisat, liksom den förskräckelse densamma förorsakade hos Ryssarne i *Brahestad*, och det bevisades ytterligare af de snart inträffande händelserna vid *Sandelska* fördelningen [1]).

---

1) Man må icke invända, att landet var utblottadt, att hästar, transportmedel, munnförråder saknades. Detsamma hade kunnat återhålla *Sandels;* men Klingspor kunde göra såsom denne, taga fiendens förråder och deras hästar. — Det var så mycket angelägnare, att begagna den icke länge återstående vintertiden att få Ryssarne undan, som den snart inträffande blidare väderleken skulle förorsaka nya hinder, hvilka voro omöjliga att öfvervinna. Ty då floderna svälla öfver sina bräddar och strömmarne rusa fram med stormens hastighet, kan ingen komma fram. — Och sjelfva sommaren framter i ett så genomskuret land, som Finland, tusende motstånd, hvilka kunna uppehålla en framtågande här, äfven med öfverlägsna stridskrafter. Derföre var det ytterst vigtigt, att, medan isarne buro, förjaga fienden så långt som möjligt; ty snart sagdt, hvarje fotbredd beredde nya hinder för Svenskarne.

Men sådant är kriget; man försöker, man vågar aldrig nog. Och likväl saknades ingalunda djerfhet hos någon af Finska härens redan ryktbara befälhafvare och minst hos den, som vid *Siikajoki* förvandlade det hopplösa återtåget till anfall och seger, och som vid Revolaks, med 150 man, vågade anfalla en nära tjugufaldig öfverlägsenhet, mot *Bulatoffs* och *Garnaults* ännu förenade härar. "Men norden är en tung nation, full af hetsigheter; häraf komma inga storverk, men de vanliga hastverk. Dessimellan dväljes hon i dvala, och i en slags sinneshvila tager hon en stor hvila" [1]. Och denna hvila hos Klingsporska hären blef verkeligen en stor hvila; ty den fortfor, i och omkring *Kalajoki*, med högqvarteret i *Brahestad*, uti fulla sju veckor [2]. Det är redan antydt att den kunnat användas bättre, helst hans motståndare, general *Tutschkoff*, med öfverlefvorna af *Bulatoffs* skara, ej hade mer än omkring 5,560 man fotfolk, 600 man rytteri och 19 fältstycken, hvaremot *Klingsporska* hären, inberäknade *Cronstedtska* och *Sandelska* afdelningarne utgjorde omkring 9,000 man, med några och fyratio fältstycken.

Ryssarnes plan var likväl bruten. Grefve *Buxhoewden* hade redan lyckönskat kejsaren till hela Finlands eröfring. Han hade befallt *Tutschkoff*, att icke gå längre än till *Uleåborg*, der lemna en bevakning och sedan draga sig med hufvudstyrkan tillbaka åt *Brahestad*. Sedermera ernade *Buxhoewden* inskrän-

---

1) Säger Ehrensvärd.

2) Och likväl saknade icke *Klingspor* upplysning om invånarnes sinnesstämning i de trakter, som voro besatte af Ryssarne. En deputation från dessa orter, samt en från de intagna städerna, hade smygt sig fram till honom, och underrättade honom, att fienden ej var stark samt att Svenskarne, vid deras ankomst, ej skulle sakna födoämnen. Brist på dem kunde således icke uppehålla honom. — Bidraget N:o 49.

Klingsporska hären; Sandelska fördelningen.

ka sin verksamhet till ett vaksamt försvarskrig, och med de starka stödjepunkterne *Helsingfors* och *Tavastehus*, trodde han, med större bevakningsskaror i *Åbo* och *Wasa,* kunna beherrska hela Finland och genom ströftrupper och kustposteringar upptäcka och förekomma landstigningar från Svenska sidan. Dessa beräkningar, hvilka redan gått till fullständig visshet, hade striderna vid *Siikajoki* och *Revolaks* plötsligt tillintetgjort [1]). Det var likväl något, hvars vigt ej bör misskännas, ehuru fienden hade byggt sin sålunda rubbade plan mera på diplomatiska än militäriska grunder.

Sandelska fördelningen hade emellertid uppbrutit, den 29, från *Uleåsalo* och den 30 inträffat i *Frantsila* [2]). utom sexpundingarne, hvilka, i anseende till den djupa snön, hvarken kunde medföras eller begagnas, och derföre afsändes till *Uleåborg,* att göras brukbara till sommarfälttåget, äfvensom Karelska dragonerna (utom 1 officer och 20 man), såsom oanvändbara denna årstid, lemnades i *Limingo,* att excerceras och förses med hästar.

---

[1]) Liksom det hopp, i fall det varit annat än en lös förmodan, hvarom *Michailoffskij-Danileffskij* ordar, såsom om en afgjord sak, "att en mängd *Finska officerare, hvilka tjente vid grefve Klingspors här, hade haft i sinnet att lemna densamma och återvända till sina boställen*, dels af *den misströstan som rådde i Svenska hären*, ända till nämnde strider och dels i anledning af de Buxhoewdenska proklamationerna." Han tillägger, "*att några officerare redan lemnat Svenska hären*", förmodligen öfverste Wright i *Brahestad* och de af *Åbo* läns regemente, hvilka stadnade qvar i Björneborg, under föregifven sjukdom, inom Finland känd under smädenamnet: *Björneborgska febern.* Att stämpla *en mängd* såsom lika sinnade, är en vanärande beskyllning, helst alla qvarvarande lika modigt som beslutsamt uppfyllde sina pligter.

[2]) En by hvarifrån vår snillrike skalds förfäder härstamma, och som föranledt det för alla Svenskar älskliga namnet *Franzén.*

MAJ MÅNAD.

Klingsporska hären.

Under den 1 i denna månad lät fältmarskalken, grefve Klingspor utgå en så lydande:

"ALLMÄN KUNGÖRELSE."

"Sedan den högsta Guden förunnat Konungens, min allernådigste Herres krigsmagt tvenne segrar öfver Rikets trolösa fiender, som med väpnad hand på ett trolöst sätt velat inkräkta detta land och folk, hvilka ifrån uråldriga tider med den största och mest utmärkta trohet och nit uppfyllt deras undersåtliga och medborgerliga pligter, hafva dessa våldsverkare flyktat så från Siikajoki som Brahestad, sedan de genom grymheter visat hvad öde de ämna eder."

"Det blir med eder tillhjelp, gode och redlige Österbottningar, mine käre vänner, som, under Guds beskydd och med den tappre armé, hvars anförande är mig i nåder anförtrodt, jag skulle kunna befria eder från Ryska oket, hvaraf J redan haft en kännbar försmak. Jag uppmanar eder samtelige Svenske trogne undersåtare, att med alla krafter vara mig med den krigsmagt, som tappert går fienden till mötes, behjelplige, gå arméen tillhanda så väl med forors framskaffande, som upplåtande af hvad till lifsuppehälle af edra tappre medborgare och försvarare tarfvas: det behöfves bröd eller spannmål, torrt eller färskt kött, samt hö och halm, hvilket skall blifva eder betaldt, det ankommer på eder de framsteg krigsmagten kan göra, medan vägalaget ej tillåter att dessa trupparnes förnödenheter från magazinerna kunna forslas."

Första delen. 8

"Jag väntar detta kraftiga biträde af eder, äfvensom att J, hvar och en i sin mån, tillfogen fienden all den skada och afbräck, J från urminnes tider kände tappre Österbottningar, honom tillfoga kunnen. — Om eder Konungs nåd kan jag försäkra. Af eder begär jag vänskap och förtroende."

Det märkvärdigaste i denna kungörelse är, att den uppmanar landtmännen att göra fienden *all möjlig skada och afbräck*, utan att lofva dem vapen och ledare, och utan att säga dem, huru de skulle understödas af hären. En folkhop utan ordning, utan befäl, utan vapen, störtar sig sjelf och de sina i faror och olycka, samt kallar öfver sig och sin hembygd fiendens hämd, utan att väsendtligen gagna fosterlandsförsvaret, hvilket bör ordnas planmessigt och utföras med klok beräkning [1]).

Då Klingspor ej kunde lofva de bönder, som ville bidraga till landets försvar och fiendens fördrifvande, hvarken vapen eller befäl, borde han endast hafva uppmanat och uppmuntrat dem, att om fienden och hans företag lemna så snara och säkra upplysningar, som möjligt, helst dessa vanligen saknades och hvaröfver Klingspor ej sällan klagar, och hvilkas saknad, flera än en gång, hade menliga följder både under återtåget och framryckandet, liksom vid ett och annat serskildt försvar och anfall.

---

1) Också insåg en del af allmogen sjelf detsamma. Ombud från flera af fienden ännu besatta socknar, infunno sig hos *Klingspor*, med upplysning, att omkring 2,000 man på deras orter voro beredda att gripa till vapen, blott de erhöllo sådana, men ville blott göra det i förening med hären; hvarföre de begärde föreskrift, på hvad tid och ställe de skulle utföra företaget. Klingspor tackade dem, sägande: "*när jag behöfver ert biträde, skall jag kalla på er.*" — Bidraget, N:o 23.

Häraf synes, liksom af flera framdeles förekommande upplysningar om allmogens fosterländska beredvillighet att gripa till vapen, att ett ordnadt national-försvar kunnat hafva oberäkneligt afgörande följder.

Klingsporska hären; Sandelska fördelningen.

Det finnes ett ogenomträngligt svalg emellan tvenne fiendtliga härar vid åsynen af hvarandra; ännu mera på afstånd, då anförarne ej förstå, att genom andra medel än förposter och rekognosörer skaffa sig upplysningar om företag och förhållanden.

Sandels.

Sandels, som förstod att göra sig underrättad om sin motståndares ställning och rörelser, hvarom han sällan, om någonsin, befanns okunnig, ordnade också nu sitt tillernade anfall på *Pulkkila* derefter.

Han kände, att Ryssarne hade i nämnde by en styrka af omkring 500 man, med 2:ne fältstycken, jemte något rytteri under öfverste *Abukoffs* befäl, hvilken skulle bevaka vägen åt *Idensalmi* och *Kuopio,* och stod i förbindelse med general *Tutschkoff,* genom *Haapajärvi* och *Kärsämäki,* på hvilken väg, liksom på den bakom sig, han hade att draga sig tillbaka, i händelse han blef anfallen.

För att tillintetgöra dessa *Abukoffs* utvägar för hans återtåg, befallte Sandels öfverste-löjtnanten *Fahlander,* med 200 man af Österbottens regemente, 50 man af hans egen eller Kajana bataljon och 80 man Savolaks jägare, att, på e. m. den 1, uppbryta från *Frantsila,* samt genom *Pelkola* by, och sålunda medelst en 5 mils omväg, komma fienden i ryggen och afstänga för honom flykten åt *Kuopio.* En officer och 50 man af Österbottens regemente skulle han afsända till *Karhukangas* by af *Pyhäjoki* socken, för att betäcka de

> Klingsporska hären; Sandelska fördelningen,
> Pulkkila den 2.

i *Frantsila* qvarblifna krigarne. *Sandels* sjelf uppbröt samma dag, straxt efter slutad gudstjenst och afsjunget *te Deum* [1]), med 300 man af Vesterbottens regemente, 80 man af Savolaks jägare, några dragoner och 2:ne trepundiga stycken, längs landsvägen. Han anlände kl. 10 om aftonen till *Sippola*, 1½ mil nära *Pulkkila*. Under natten afskickades kapiten *Silfverbrand*, med 70 man Vesterbottningar och 10 Savolaks jägare, för att, öfver *Jylhä* by, kringgå fiendens venstra flygel. Emellertid fortsatte *Sandels*, med hufvudstyrkan, sitt framryckande äfven under natten; emedan det gemensamma anfallet på fienden skulle ske kl. 3 på morgonen den 2.

Vid *Niileksensaari* by, en half mil från *Pulkkila* kyrka, stötte *Sandels* på en Kossack-postering, hvilken tillfångatogs, utom befälhafvande under-officeren, som stupade.

Sandels hade bordt, enligt öfverenskommelse, börja anfallet. Men då öfverste-löjtnanten *Fahlander* hindrad af djup snö, icke kunde komma till sin bestämmelse, utmed den föreskrifna skogsvägen, nödgades han taga en annan förbi *Pulkkila* prestgård, hvarigenom hans ankomst upptäcktes och han således såg sig tvungen att börja striden.

Ehuru hans soldater voro uttröttade af en besvärlig, nära 5 mils lång marsch genom natten, skedde anfallet dock med hurtighet och flera gårdar intogos med storm, under hurrarop. Men den häftigt påträngande och till antalet öfverlägsna fienden, nödgade *Fahlander* att lemna de vunna fördelarne och draga sig

---

1) Öfver segern vid Revolaks.

<small>Klingsporska hären; Sandelska fördelningen;
Pulkkila den 2.</small>

något tillbaka. *Sandelska* skaran, som hörde styckeskotten, samt var lifvad af stridslust och begär att understöda sina kamrater, skyndade i språng den återstående vägen af nära en half mil. Med trepundingarne framför sig, skidlöpare och jägare på flyglarne, ryckte *Sandels* mot Ryssarne, hvilka, under lifligt försvar, kastade sig in uti de i kyrkobyn belägna gårdar; der de ifrån husen, genom fönster och gluggar, tillfogade de anfallande någon förlust. *Sandels* lät sina stycken nedskjuta dessa hus; hvarefter hans fotfolk, med fälld bajonet och hurrarop, rusade på fienden, hvilken på samma sätt ånyo anfölls af *Fahlander*, då den oförfärade *Abukoff*, på alla sidor omringad, efter ett nära fyra timmars förtvifladt försvar, illa sårad och inlindad i sina fanor ändteligen måste sträcka gevär. Endast 2:ne fältstycken och några flyktingar var allt som på Ryska sidan blef räddadt, och det genom en ung officers rådighet. Denne officer[1]) förenade sig vid *Ruokala* med general *Tutschkoff*.

För öfrigt föll allt i *Sandels* händer. Befälhafvaren, öfverste-löjtnant *Abukoff*, med 5 officerare, 18 under-officerare 27 Kossacker och omkring 250 man blefvo fångne, af hvilka *Abukoff*, jemte 3 officerare, 1 under-officer och 70 man voro sårade; dödskjutne funnos, 1 officer, 3 under-officerare och 40 man. Dessutom eröfrades 2:ne fanor, en 6-pundig metallkanon och en mängd beväringsoch utrednings-persedlar, hästar, trummor, vagnar, brännvin, m. m.

En vid stridens början uppkommen stark dimma, dolde fiendens ställning, hvarföre man nödgades för-

---
<small>1) *Serbin*, andré kapiten vid Mohileffska regementet.</small>

Klingsporska hären; Sandelska fördelningen;
Pulkkila den 2. *Lagerborg*, *Hedenqvist*,
Öqvist, *Ekedahl*, *Tigerstedt*, *Simolin*, *Edgren*, *Fahlander*, *Duncker*, *Longe*, *Burman*, *Enesköld*.

dröja det afgörande anfallet, för att ej af misstag komma i handgemäng med egna krigare; hvarefter svårigheten att hastigt kunna framrusa på den djupa snön jemte fiendens lifliga musköterield och välriktade drufhagelskott, på de framryckande slutna lederna å de smala vägarna, förlängde drabbningen och gjorde den blodigare än den bordt blifva.

Svenskarnes förlust utgjorde, i sårade: vid Vesterbottens regemente, major *Lagerborg*, hvilken efteråt blef ett offer för sitt mod, löjtnant *Hedenqvist*, underofficerarne *Öqvist* och *Ekedahl*, samt 20 man; vid Savolaks jägare: under-löjtnant *Tigerstedt*, under-officer *Simolin* [1]) och 19 man; vid Österbottens regemente: under-officeren *Edgren* och 13 man och vid Kajana bataljon 5 man. Dödskjutne voro inalles 10 man.

I den offentliga rapporten om denna strid nämnes, öfverste-löjtnanten och riddaren *Fahlander*, kapiten *Duncker*, vid Kajana bataljon, löjtnanterne *Longe* och *Burman*, vid Savolaks jägare, och fendrik *Enesköld* vid Vesterbottens regemente, såsom de hvilka utmärkt sig, ehuru alla, så väl befäl som manskap täflade att visa det mod och den ihärdighet, som egnar käcka och nitfulla fosterlandsförsvarare.

Ej mindre för befälhafvaren öfverste *Sandels* sjelf, än äfven för hans officerare och manskap ligger beviset derpå, ej allenast i den ärofulla utgången af denna drabbning, utan fast mer i den oförtrutenhet, hvar-

---

1) Som redan var kastad bland de döda kropparne, då en rörelse bland dem gaf anledning till närmare undersökning, och *Simoline* räddades.

Klingsporska hären; Sandelska fördelningen.

med man fortfor att förfölja fienden, trotsande och besegrande, knappast uppehållen, aldrig länge hindrad af den djupa snön, eller af de upplösta vägarne, eller farliga isarne, eller, längre fram, af öfversvämningar[1]), hvilka förstörde broar, eller af andra svårigheter, dem Ryssarne och årstiden beständigt täflade att uppställa mot de djerft och uttröttligt framryckande Sandelska skarorna.

Hade den liktänkta Klingsporska hären fått eller kunnat iakttaga samma förhållande, är icke att betvifla, det följderna skolat blifva enahanda på denna som på den Sandelska sidan, eller att sydvestra delen af Finland blifvit lika hastigt rensad från fiender, med förlust af deras munn- och krigsförråder, som den nordöstra delen blef det.

Men innan vi följa den Sandelska fördelningens ytterligare rörelser och framgångar, så tillfridsställande för fosterlandskänslan och så hedrande för fosterlands-försvaret, erinrar oss tidsföljden, att det ännu återstår att fullända en teckning af motsatt förhållande, bittert nedslående och djupt smärtande för hvarje vän till Svenska namnets ära.

---

1) Vårvärmen verkar i norden en hastig öfvergång ifrån *snö* till *vatten*. Den ena dagen är man omgifven af djup snö och orubbliga ismassor; den andra hotas man ej sällan redan af skummande böljor och brusande strömmar, hvilka, längs åar och dalar, drifva isstycken, stenar eller sönderbrutna broar, stundom hus och byggnader.

Sveaborg.

På *Sveaborg* nalkades nu den tidpunkt, då dess kommendant skulle visa nyttan af fem och tjugu millioners uppoffring och ett halft århundrades mödor, nedlagda i och för uppförandet af detta nordens Gibraltar. Det ögonblick närmade sig, då *Ehrensvärds* snilleverk skulle uppenbara sin kraft, då hans granitvallar för första gången skulle pröfvas mot de fiendtliga kulorna, dem de voro bestämde att emotstå, då dess tusende eldgap skulle visa hvad verkan de kunde åstadkomma på de Ryska massorna, hvilka de voro ernade att tillintetgöra. Den stund var snart inne, då *Sveaborgs* namnkunnige kommendant och talrika besättning skulle ådagalägga, den förra: huruvida han förtjenade sin konungs stora förtroende, och sitt eget ej obetydliga rykte för mod och fosterlandskärlek; de sednare, huru den var en värdig försvarare af den dyrbaraste nationella egendom, som kunde lemnas i dess händer; begge, att de ej glömt, hvad krigaren aldrig får glömma, att lif och lemmar äro de uppoffringar, som ej få sparas då det gäller fäderneslandets försvar och dess ära; båda, att närmare och fjärmare, kamrater, vänner och fiender, kände och okände, att hela fosterlandet blickade på dem med hopp och fruktan. Sist af alla borde den på ärans bana grånade kommendanten förgäta, att på hans orubbliga ståndaktighet berodde, ej blott besättningens utan ock hela hans eget väl och anseende, och att samtid och efterverld skulle en dag af honom fordra en sträng räkenskap, huru han uppfyllt det heligaste af sina åligganden, det, att ej dagtinga med sin pligt och heder, utan helre uppoffra allt annat, att helre svika alla andra och helst fiendens anspråk på ordhålligheten af ingångna förbindelser, förhastade, obetänksamma, blinda, öfvertalade, mutade eller icke; att helre låta begrafva sig under fästets ruiner, än förråda sin konungs och fosterlandets sak, och handlöst eller fegt eller brottsligt öfverlemna åt en trolös fiende en af Europas yppersta fästningar, sitt eget kära fosterlands kraftigaste *borg* [1]).

Inför sådana grundsatser kan kommendanten, amiral C. O. *Cronstedts* förklaring [2]) ej anses tillfyllestgörande, icke ens minskande det oväntade och vanärande i hans förhållande. Opartiskheten bjuder dock ett upptagande och vederläggande af de hufvudsakligaste bevekelsegrunder och orsaker, hvilka, enligt hans tanke, rättfärdiga hans uppförande.

Han grundar sin förklaring [3]) på besvarandet af följande frågor:

1:o. "Om och huru länge Sveaborgs fästning möjligen hade kunnat försvara sig?" Sedan han omständligen, ehuru icke hörande till frågan, sökt visa, att *Sveaborg* icke var bestämd till land- utan till sjöfästning, samt att dess styrka i förra hänseendet var ringa, och sedan han vidare med hårda ord klandrat krigshärens återtåg till norra Österbotten, kommer han till den slutsatsen: att garnisonens fåtalighet och brist på artilleri-manskap, hvarigenom en man måste sköta två à tre kanoner, att besättningens tilltagande sjuklighet, förorsakad af det stränga arbetet det oafbrut-

---

[1] Framl. baron *Klerckers* samlingar upplysa, att bönderna låtit försäkra: *"att vi icke skola lemna vår kung i sticket, under det han icke kan hjelpa oss, och vi må väl kunna orka hålla ut till sommaren, då han sjelf med sitt krigsfolk kan hinna hit."* — Med en allmoge, som lifvas af en sådan anda, att hvar man ville gå ur huset, blott man gaf dem vapen och en vink, hade mycket kunnat uträttas, i fall man velat eller förstått att begagna dem.

[2] Daterad den 17 December 1810, och ingifven till Kongl. krigs-hofrätten den 18 Januari 1811.

[3] I förbigående upplyser Cronstedt, att Svenska regeringen begick den oklokheten, att 1807 ifrån artilleri-förrådet i Helsingfors försälja åt Ryssland en mängd af gevär och metallkanoner.

na nattvaket, samt ammunitionens minskning gjorde det omöjligt, att försvara fästningen längre än till den 10 eller högst 15 April.

Häremot behöfver blott erinras, att besättningen var talrik nog då den öfvergick de belägrandes antal, att bristen på styckekarlar lätt kunde ersättas, om man dertill inöfvade arméens flottas manskap, att det beständiga nattvaket var alldeles onödigt, då isningen hindrade Ryssarne att storma fästningen och i allt fall hade aldrig mer än en tredjedel af besättningen bordt vara till valls, hvarigenom manskapet fått hvila, samt ej, utan behof, behöft uttröttas, och då skulle också sjukligheten till stor del varit förekommen, ehuru det befintliga sjukantalet ej var ovanligt; att ammunitionsåtgången, genom det ändamålslösa skjutandet, ofta med hela lag, på tillfälliga batterier och fiender, var högst klandervärdt, men om rättelse deri blifvit införd och omtanka och besparing iakttagen med detta för en fästning, näst födoämnen, dyrbaraste behof, så hade försvaret med det förråd af krut och kulor, som förefanns, hvilket är ådagalagdt, kunnat förlängas till medlet af Maj, i stället för att kommendanten befarade dess slut samma tid i April.

2:o. "Om, i händelse af en oundviklig öfvergång, det varit förmånligare för Sverige, att fästningen blifvit intagen den 10, 12 eller 15 April, än att dermed dröjdes till den 3 Maj?"

Han trodde att fästningen, i anseende till ammunitionens otillräcklighet, icke kunde hålla sig längre äu till medlet af April, han ville derföre, genom en konvention, bespara den del deraf, som ännu fanns qvar, för att använda den, om han den 3 Maj skulle få förstärkning från Sverige. Han tillägger: att ehuru han yrkade, att den **20 Maj** skulle bestämmas till den dag, då fästningen borde öfverlemnas, i fall ingen undsättning anlände, kunde han icke förmå fienden att derpå ingå. Och då han ej var den segrande, stod det icke i hans förmåga att föreskrifva fienden andra vilkor, än dem han ville lemna, hvarföre han måste ingå på den **3 Maj**, helst han hoppades och förlitade sig på Svenska regeringens omtanka, att, då den kände fästningens betryckta tillstånd och konventionens vilkor, den ej skulle försumma att, inom denna tid, afsända den äskade hjelpen. "I händelse blott något krigsskepp, äfven på afstånd, hade inom middagstiden den **3 Maj** blifvit synligt, så hade jag egt hopp, att, med den ammunition jag egde" (yttrar han), "försvara mig till den **15 Maj**, inom hvilken tid en större undsättning hade kunnat vara ankommen, genom hvilken utväg fästningen kunnat vara sauverad, men hvilket icke varit möjligt, utan den ingångna konventionen och det derigenom erhållna stillestånd och rådrum."

Anklagelsen att han ej uppfyllt konungens bestämda befallning, att uppbränna skärgårds-flottan, möter han med det svaromål: att då afsigten med konventionen ej var, att uppgifva fästningen, utan att derigenom få den längst försvarad och då flottan påräknades att, vid öppet vatten, göra fästningen ett betydligt biträde, kunde han således icke, genom dess förstörande, betaga sig detta kraftiga biträde. Med mera skäl kan man klandra", tillägger han, "att jag, vid konventionens undertecknande, afträdde några af de yttre verken. Jag åberopar mig, hvad jag förut anfört, att jag ej kunde föreskrifva lagar; utan måste nöja mig med de vilkor, som voro någorlunda rimliga, då de icke gjorde min afsigt overkställbar."

Innan man går att vederläggaude möta dessa kommendantens förmenanden och inkast, böra tvenne hans öfriga frågor upptagas, för att sedan i ett sammanhang besvaras.

3:o. "Om fästningens öfvergång kunde i mer eller mindre mån bidraga till eröfringen af Finland?" och

4:o. "Om det kan anses vara ett fel af en kommendant, att, när han tydligen ser fästningens öfvergång inom kort tid vara en oundviklig nödvändighet, han genom ett villkorligt stillestånd söker förlänga denna öfvergång, och hålla möjligheten öppen, att kunna bibehålla fästningen genom väntad undsättning, heldre än att endast under en kort tid försvara sig och derefter nödgas uppgifva fästningen, utan allt hopp att kunna återtaga den?"

Den tredje frågan hör väl icke till ämnet, än mindre hörde den till kommendantens befattning och allraminst till hans omsorg, hvilken hade till sitt enda syfte att tillse, det ingenting åsidosattes af allt hvad som kunde bidraga till fästningens försvar. I detta hänseende försummade han mycket, medan han, utan behof och nytta, offrade tid, omtanka och uppmärksamhet på andra föremål, hvarmed han ej hade att sig befatta, såsom det i hans tanke origtiga i krigshärens återtåg och regeringens politik. Att fästningens öfvergång skulle inverka på, om icke direkt afgöra, Finlands eröfring, är naturligt. Det utgjorde en icke ringa fördel för den under samma tid återtågande Ryska hären, hvars ena skara efter den andra blef slagen vid *Revolaks*, *Pulkkila* och *Kuopio*, att nu få förstärkning af den del, som belägrat *Sveaborg*, och tillika undgå att blifva oroad i sin rygg, kanske slagen, åtminstone få sina förråder förstörda, af Svenska trupperna derstädes. Framför allt under det fortsatta sommarfälttåget var *Sveaborgs* öfvergång en oersättelig förlust för Svenskarne, hvilka derigenom saknade sin enda och kraftigaste anfalls och stödjepunkt, på ryggen af fienden, hvars rörelser och företag nu voro obehindrade och utan all farhåga att afskäras eller ens oroas bakifrån, isynnerhet på en med för lång operationsbas framryckande fiende, hvilken öfverallt kunde anfallas långs Bottniska viken, med *Sveaborg* för Svenskarne till utgångs eller stödjepunkt.

I moraliskt hänseende verkade denna fästnings öfvergång dessutom lika nedslående och smärtande på Svenska hären och hela nationen, som den för Ryssarne var uppmuntrande och en stor anledning till den segerfröjd, hvilken de också firade af själ och hjerta.

Den andra frågan tager sitt stöd af den förut utredda falska grunden, att ammunitionen ej skulle räcka längre än till den 15 April. Den förra misshushållningen dermed [1]) borde väl icke anses såsom ett ovilkorligt rättesnöre för framtiden, såsom en pligt, den man måste uppfylla. Tvertom borde den orimliga åtgången, det hittills tanklösa, oförsvarliga förspillandet af krut och kulor helre väcka omtankan, än ohjelpligen insöfva den. Dessutom voro 2,000 centner krut (Ryssarne sade sig ha erhållit 3,000), 10,000 patroner och 340,000 kastkroppar ännu att tillgå, då konventionen ingicks och denna tillgång var ej ringa, i fall skjutningen blifvit inskränkt till det nödvändiga. Ingen skälig, icke ens rimlig anledning, gjorde det således till något nödtvång, att antaga de vilkor fienden

---

[1]) Blott man såg en Kossack, så lossades kanonskott på honom och från flera batterier sköts ofta med glatta lag natt och dag på fiendens kastbatterier, hvilka gjorde ringa skada. Kastmaschinerna nyttjades icke, ehuru de varit nyttigare och besparat ammunitionen.

behagade föreskrifva, äfven om utsigten att erhålla undsättning inom den 3 Maj varit mindre tvetydig än den var det, och hvarom äfven erinrades i sjelfva krigsrådet, af den oförförde och icke missledda delen af dess ledamöter. Emellan den 20, som kommendanten föreslog, och den 3 Maj, som Ryska underhandlaren ville hafva antagen, var ett så stort utrymme till jemkning å båda sidor, att en fördelaktigare tidsbestämmelse bordt kunna vinnas, i fall kommendanten förstått eller velat påyrka mera skäliga vilkor, än de som bestämdes [1]). Då ingen öfverhängande fara, ingen förhanden varande brist nödgade kommendanten att ingå något slags öfverenskommelse, synes intet förhastande bordt ega rum; och likväl blyges han icke att yttra, det *"han måste nöja sig med de vilkor, som fienden behagade föreskrifva"*, och ibland dessa hörde icke blott dagbestämningen den 3 Maj, utan ock att *Långörn*, jemte *Vester-Svartö*, *Löwen* och lilla *Öster-Svartö*, med alla dess tillhörigheter, genast skulle öfverlemnas åt Ryssarne. Och det oaktadt vågar han, att, inför sina underlydande, ja inför domstolen och samtiden, åberopa sin afsigt hafva varit, att sålunda bevara fästningen och flottan åt Sverige, ehuru han, genom ett otvunget antagande af sådana vilkor, redan uppenbarade, att han antingen var oförsvarligt blind eller en förrädare. Och derom öfvertyga dessutom alla hans mått och steg, ifrån samma stund den vanärande dagtingan var ingången; ty öfverenskommelse kan den med skäl ej kallas, då den ena parten fick alla, men den andra inga fördelar. Att fienden ifrån och med den 6 April

---

1) Den 3 Maj, var så mycket mera oantaglig, som det första fartyget icke inlopp till rännan föregående år, för än den 10 Maj, då isen två dagar förut var obruten innanför fyrbåken. Major *Mannerstråle* intygar, att han ej kunde erinra sig, att den inre hamnen varit öppen i början af Maj.

till och med den 3 Maj, upphörde att beskjuta fästningen, kan väl icke anses såsom någon fördel för en fästning, som icke kunde i något anmärkningsvärdt hänseende lida deraf, och någon annan fördel medgaf icke den ingångna dagtingan. Men närmare betraktadt var detta upphörande af skjutningen också en fördel för fienden, hvilken derigenom besparade både sin ammunition och sitt folk, dem han behöfde och äfven begagnade på ett annat håll.

Hade *Cronstedt* verkligen, hvad han försäkrar, med denna öfverenskommelse och med de dervid gjorda stora uppoffringar afsett fästningens bevarande för Sverige, genom erhållande af undsättning inom den 3 Maj, så skulle han i och med detsamma bordt göra det förbehåll, att hans rapport derom, inom viss tid och dag (den kortast möjliga), genom Ryssarnes bestämda medverkan, bordt vara framkommen till Stockholm, att om de försummade meddela giltigt bevis derpå, det skulle anses såsom ett löftesbrott, hvilket tillintetgjorde hela dagtingan. Nu deremot uppfyllde Ryssarne det i en serskild artikel gjorda matta och obestämda förbehåll [1]), att kommendantens kurirer skulle förses med pass och skyddsvakt, samt att de på allt möjligt sätt skulle befrämja deras resa, så, att kurirerna framkommo till *Stockholm* samma dag på aftonen (den 3 Maj), som fästningen öfverlemnades.

När man till denna uppenbara försummelse [2]), att skaffa regeringen i tid upplysning om tilldragelserna i fästningen och derigenom bereda sig möjlighet, att, inom den

---

1) Ryska generalen *Michailoffskij-Danileffskij* medger: "att amiral *Cronstedts* afskickade kurirer, uppehöllos på vägen, af oss (Ryssar), under allehanda förevändningar."

2) Liksom den, att ej förbehålla besättningen rättighet att återvända till Sverige, hvarigenom hären åtminstone blifvit förstärkt med 6000 man. Samma försummelse vidlåder kommendanten på Svartholm.

bestämda tiden, få någon undsättning och sålunda en skälig anledning (hvilken dessutom ej saknades) att bryta densamma, lägger åtskilliga andra tvetydiga mått och steg, som nedanföre skola uppgifvas, så visar det sig mer och mer klart, att afsigten för ingen del var, att, under mellantiden, spara ammunitionen, för att sedan med så mycket större eftertryck fortsätta försvaret.

Ibland dessa tvetydiga mått och steg höra [1]), att konventionen upplästes oredigt i blåsväder och icke förr än en timma innan *Långörn* afträddes. Kommendanten lofvade att framdeles rättfärdiga sig [2]). Bestörtningen blef allmän. Hans beröm öfver besättningens förhållande besvarades med ett tyst förakt. Uppläsningen skedde icke för hela den på ett ställe samlade garnisonen, utan på olika platser, så att befälet icke hann meddela sig förr än *Långörn* och andra fästen voro bortgifne. Missnöjet spridde sig dock omkring. Kapitenen vid enke-drottningens lifregemente *C. J. Durietz*, gjorde kommendanten uppmärksam derpå, samt hvilka ohyggliga uppträden deraf voro att befara, med tillägg: "*att till dessas förekommande vore bäst, att amiralen sjelf gaf en vink till insurrektion, och under gehänget förde befälet.*" Han blef tankfull, men gaf ej något svar, då öfverste Jägerhorn steg fram och sade: "*menar ni, att amiralen och jag vilja sträcka våra hufvuden för er insurrektions skull?*" Durietz invände: "*tvertom torde detta vara medlet att frälsa dem.*" — "*Det tillhör så väl er som trup-*

---

[1] Att för en del af reserven, som hade sina egna chefer, tillsattes serskildta öfverbefälhafvare, hvilka kallades till medlemmar i krigsrådet, hvarifrån kommendanterna på de afskilda fästningsverken uteslötos, ehuru reglementet tydligen stadgar, att äfven de skola deltaga i krigsrådet, hvilket dessutom, äfven mot tydlig föreskrift, icke aflade ed. Tvertemot reglementets föreskrift gick kommendanten utom fästningen, då det underhandlades.

[2] Detta rättfärdigande skedde dock aldrig.

pen att lyda", svarade Jägerhorn, *"utan att resonera öfver amiralens göromål och bevisar en dålig esprit i Regementet, hvaraf mitt icke skall smittas"* [1]). — *"Regementets esprit"*, svarade Durietz, *"är, hvad den alltid varit, att icke vanhedra sig, och hvad smittan angår, så torde den redan tagit omkring sig* [2]).

Sådana yttranden mellan befallande och lydande, uppenbara tillräckligt hurudan tanke de sednare hyste om konventionen. Och amiralens och hans rådgifvares farhågor bevisas bäst deraf, att officerarne fingo befallning att samlas hos sina chefer, hvilka skulle upplysa dem om konventionens fördelar, med anmodan att lugna manskapet, hvars ammunition genast borde inlemnas.

Några yngre officerare öfverlade likväl om sättet att rädda fästningen och man erbjöd öfverste *Nordensköld* [3]) befälet, så snart amiralen och hans rådgifvare

---

[1] Man erinre sig, huru, på Svartholms fästning ett annat slags smitta röjdes inom hans (Jägerhornska) regemente, neml. försök till myteri och beständiga rymningar till fienden.

[2] Bidraget, N:o 12, till sannfärdigheten vitsordadt inför krigs-hofrätten.

[3] Han svarade: att "ehuru jag är en gammal man och har hustru och barn samt tak öfver hufvudet, hvad de flesta af dessa hufvudlösa menniskor icke hafva, skulle jag aldrig kunna göra hvad de gjort. Att när jag noga beräknar händelserna, det synes som detta varit en öfverlagd plan; men nu är det för sent att hjelpa det!" — Bidraget, N:o 12. — Under tryckningen har författaren fått del af de *Klerckerska* samlingarne, hvilka kongl. sekreteraren *Lundholm* benäget medelat honom. De bevisa, att denna förmodan ej saknar all grund. General *Klercker* har egenhändigt antecknat sig till minnes följande, i detta hänseende, anmärkningsvärda upplysningar: att då *Klercker* åt general-majoren *Ehrenroth* (som redan begärt och strax derefter erhöll afsked) meddelade sin plan, att försvara gränsen vid Ryssarnes inbrott, svarade Ehrenroth, *"att planen vore ganska god, men halp till ingenting; ty Finland skulle ändå engång höra till Ryssland och vore så godt först som sist."* — *"Öfverste Palmfelt"*, yttrar general *Klercker*, *"efter gammal vana, bakslug, drager gerna sig ur spelet då det gäller, och trodde nu att Klercker icke skulle kunna undgå ansvar, som samlade trupper på gränsen, isynnerhet som konungen utsatt samlings platsen vid Tavastehus."*

Första delen.

blifvit arresterade. Han ansåg det vara för sent, och likaså öfverste-löjtnanten, baron *Lejonhufvud*, hvilken icke heller gillade den ingångna konventionen.

Det oaktadt var en öfverenskommelse träffad, af ett betydligt antal yngre officerare, att rädda fästnin-

---

Om *Svartholms* kommendant, major Gripenberg, yttrar general *Klercker*, att konungen icke bordt lemna honom detta befäl, *emedan han aldrig varit känd för militär utan som poet*. — Amiral *Cronstedt* var, enligt *Klerckers* omdöme, "en ganska god och käck sjöman, men är af Jägerhornska slägten och samma esprit, hade äfven många utlåtelser, så väl nu som förut, angående Sveaborgs och Finlands försvar; t. ex.: Sverige kunde aldrig behålla Sveaborg och Finland, om Ryssland förstod att betjena sig af sin öfverlägsna magt." — Med sådana tänkesätt hos en del af det högre befälet, måste man verkeligen instämma med öfverste *Nordensköld* i hans afsigt: att när man noga beräknar händelserna, synes alltsammans varit en förut öfverlagd plan. Det är derföre en hugnad att här kunna, ur samma *Klerckerska* samlingar, anföra åtminstone en person, hvilken ådagalagt motsatta både tanke- och handlingssätt, som i hög grad hedra honom. Det är neml. dåvarande ambassadören, H. E. grefve *Stedingk*, som från *Petersburg* tillskrifver general *Klercker*, under den 28 Januari 1808, följande: "Jag anser för min skyldighet att underrätta herr generalen, det ett fredsbrott tyckes vara nära för handen emellan Sverige och Ryssland. Ryssarnes disponibla styrka i detta ögonblick belöper sig ungefär till 60,000 man; deras plan skall vara, att innan våren och under påstående vinter bemästra sig Sveaborg, Svartholm och Hangö-udd, så att försvaret af dessa vigtiga punkter lärer blifva ett hufvudändamål för vår omtanka. — — — Ryssarne tro att eröfringen af Finland skall gå ganska lätt, och vara gjord inom två månader; men jag litar på Finnarnes trohet, och deras afsky för Ryska oket, och aldrig har ett anfall varit mera orättvist, mera nedrigt, än det som hotar oss. Utom kejsaren, och Fransoser som råda på honom, är ingen, till och med Ryss, som icke förafskyr det." — — —
I ett sednare bref rättar samma ambassadör sin uppgift om Ryska härens antal. Det är dateradt *Petersburg* den 14 Februari 1808, så lydande: "Ställningen är alltid densamma härstädes, och jag väntar mig alla ögonblick att utbrottet sker; men emellertid ha vi vunnit några dagar, som jag är säker ha blifvit väl använda till landets försvar. Hela styrkan med hvilken Ryssarne komma att gå öfver gränsen, belöper sig ej på 20,000 man, detta på tre eller fyra ställen. Hufvudstyrkan lär gå öfver vid *Keltis* för att tränga in i landet på vägen till Tavastehus. Sedan våra fästningar ha blifvit provianterade, blir det angelägnaste, efter min tanke, att conservera resten af arméen på ett sätt, som hvarken utesluter motstånd, men ej heller ger fienden anledning att kunna komma den i ryggen, och afskära dess retraite. De många by och vintervägar bli mycket besvärliga; men jag förmodar att herr generalen lärer långt för detta ha condemneradt alla dem, som löpa åt gränsen, och att de således äro igenyrade. En väg till hvar by, och den inåt landet, är mycket tillräcklig. — — — Min ställning här är nu så svår och brydsam, att jag långt heldre skulle

gen. Verkställigheten borde likväl uppskjutas i det längsta, för att vinna tid och hinna få de nödiga förberedelserna dertill ordnade. Natten emellan den 1 och 2 Maj var redan bestämd för utförandet deraf.

Men emellertid uppstod hvarjehanda betänkligheter, hvilka sednare bevisa, att afsigten var af vederbörande befarad och blef derföre i tid motarbetad.

På *Lilla Öster-Svartö* och *Vester-Svartö* hade man, troligen med beräkning, qvarlemnat 400 sjuka; man kunde således ej återtaga dessa fästen, utan att utsätta 400 kamrater för fiendens raseri eller egna kulors förstörelse. Långörns återtagande ansågs nästan omöjligt, åtminstone genom stormning, emedan donjonen var för tätt späckad med nickor emellan de gröfre styckena, hvilket arbete blef färdigt dagen förr än denna fästning öfverlemnades åt fienden, och dessutom var muren af en ovanlig höjd. Dess återtagande var likväl af vigt, icke blott derföre, att en mängd kastmachiner der voro qvarlemnade, utan ock, emedan man endast derifrån kunde beskjuta Ryssarnes batterier på *Ulrikasborg*, *Ugnsmunnen* och *Skatudden*, samt bestryka utrymmet emellan staden och fästningen.

Genom ett bihang till konventionen utlofvades åt soldaten, i sista dagarne af April, 8 sk. banko om da-

---

vilja stå framför ett fiendtligt batteri. Emellertid använder jag alla möjliga krafter för att vinna tid, om jag ej förmår att afvärja kriget."

Anonyma underrättelser från Petersburg öfverensstämde, enligt samma Klerckerska handlingar, med H. E. Stedingks upplysningar, att missnöje fanns hos Ryska nation öfver detta krig och kejsarens försoning med Fransmännen; att om Svenskarne skulle lyckas att afslå Ryssarnes anfall vid gränsen, skulle en revolution utbryta i Petersburg och kejsar Alexander spela om thron och lif; att flera betydande embetsmän i Ryssland redan nedlagt sina embeten; att sjelfva kejsaren vore vacklande i sitt beslut, men att Napoleons utskickade voro de rådande, m. m. Det var således ett högt spel kejsar *Alexander* och hans svåger konung *Gustaf IV Adolf* den tiden spelade; men med olika framgång.

gen, samt frihet att begifva sig på landet, hvarigenom hans missnöje lade sig, tillika med lusten att kasta sig i äfventyr. Dertill kom, att förråderna öppnades åt honom till plundring i några dagar, sedan det redbaraste förut blifvit undantaget och förvaradt för fiendens åtkomst.

Det var en egen sysselsättning för soldaten, att först plundra, sedan sälja sitt byte och derefter förvandla det i bränvin [1]).

Derjemte blefvo hästarne till hästqvarnen dels sålde, dels bortgifne och dels bortförde, så att densamma redan den 24 April upphörde att mala [2]). Denna omständighet var en af de betänkligaste, helst magasins-förvaltaren upplyste, att förrådet på mjöl och bröd ej var större än att det åtgick vid provianteringen den 1 Maj. Krigsartiklarnes sednaste förändring [3]) motverkade också mycket de missnöjdes beslutsamhet, som dessutom rubbades af de rykten, hvilka man troligen med flit kringspridt och hvartill många satte tro: "att krigshären kapitulerat, att 30,000 Fransmän, jemte en Norrsk armé, inryckt i Sverige; att konungen gifvit hemliga order att lemna fästningen; att hela kriget var blott för syn skull; att konungen låtit afsätta sig, för att undvika undertecknandet af alliansen med Frankrike samt att det rättfärdigande amiralen lofvat, syftade på dessa förhållanden."

---

1) Man erinre sig att kommendanten och vederbörande hade, uti konventionens serskilda artikel, förbehållit sig 100,000 R:dr Svenska bankosedlar. Således voro de sjelfve icke heller lottlösa under denna sköfling.

2) Den kunde dagligen förmala 19 tunnor råg; men behofvet för garnisonen var omkring 30 tunnor om dagen.

3) En § af följande lydelse uteslöts: "att om kommendant i en fästning ville uppgifva sitt fäste, så eger hvar och en i sin tur att åtaga sig befälet, arrestera sina förmän och blifva åtlydd, samt, i händelse af olycklig utgång, icke efter den blifva ansedd, utan efter de anledningar han haft till sitt företag."

Men amiralen lät, det oaktadt, på Stora Öster-Svartö, ännu de sista dagarne, uppföra ett batteri mot *Lilla Öster-Svartö*, för att gifva styrka åt den öfvertygelsen, att han ernade bryta konventionen.

Från fiendens sida gafs också dertill många öppna anledningar. Sålunda flyttade Ryssarne, tvert emot konventionens tydliga bokstaf, båken; de anlade snart sagdt under fästningens kanoner nya batterier, af hvilka de svåraste voro 2:ne på båkholmen, på några hundrade alnars afstånd från *Gustafssvärd*, och hvilka beherrskade fästningen. Demarkations-linjen utsattes vid sågningen, så att *Sveaborg* befanns helt och hållet innesluten och omringad [1]).

Mot alla dessa ingrepp från fiendens sida gjorde amiral *Cronstedt* ingen anmärkning, ehuru han derom erinrades af flera [2]). Och än mindre begagnade

---

1) Dessa tillgrepp mot konventionens ordalydelse, skedde enligt kejsarens egenhändiga bref till grefve Buxhoewden, hvilken tillika af *Alexander* förmanades, att öfvertala isynnerhet de Finska soldaterna, att gå hem och derföre bemöta dem mycket välvilligt, lemna dem penningar och gifva dem bränvin. Deremot borde officerarne på fästningen, så litet som möjligt få besöka Helsingfors, samt då på allt sätt hindras att se Ryssarnes klena anordningar, m. m.

2) Ibland andra af majoren vid Svea artilleri-regemente *Gust. Hjärne*, hvilken, ehuru medlem i krigsrådet, var emot konventionens ingående och gjorde nu så mycket lifligare påminnelser mot dessa Ryssarnes tillgrepp och löftesbrott, som amiralen, vid konventionens uppställande, låtit förstå, att den blott afsåg vinnande af tid samt att amiralen således hade för afsigt att bryta konventionen, och derigenom bevara både flottan och fästningen åt Sverige. Denna förmodan gjorde *Hjärne* mera villig att instämma medde öfrige, och emedan amiral *Cronstedt* ansågs för den klokaste och mest rättskaffens embetsman, som egde allas oinskränkta aktning och förtroende, så förenade sig *Hjärne*, jemte de öfriga, uti amiralens förslag och öfvertygelse. Öfverste *Jägerhorn* uppgifves af *Hjärne*, som den der kraftigast försvarat konventionens nödvändighet. — "Sedan man ändteligen såg huru den skulle slutas, uppkastade befälet många förslag att bryta konventionen, men brist på enig rådighet och beslutsamhet tillintetgjorde dem alla. Ledsnad öfver det förestående olyckliga ödet", säger slutligen *Hjärne*, "hade intagit och nedfällt alla sinnen. — Bidraget, N:o 10. — Amiral *Cronstedt* hade yttrat åt general-adjutanten *Bergenstråle* (fången vid Wasa), att han blifvit af öfverste *Jägerhorn* förförd att ingå kapitulationen. Af Sveaborgs besättning gick en baron *Hjerta* och kapiten *Brummer*

han densamma, hvilket alla påräknat, såsom skäl att bryta konventionen, ehuru han derpå förut, mer än en gång, ledt mångas förhoppningar, hvarpå också fjerde frågan i hans förklaring syftar, hvilken numera icke erfordrar serskildt svar, sedan allting, så väl åtgärderna å hans som fiendens sida, tydligen ådagalägger, att han aldrig haft för afsigt, att, genom den ingångna konventionen, bevara fästningen och flottan[1]) åt Sverige.

Hvad han verkeligen åsyftat, uppdagades ytterligare af hans bemödanden att samla och kringsprida de Ryska proklamationerna, samt att på dem fästa de med hans åtgärder missnöjdes uppmärksamhet [2]).

Under sådana förhållanden nalkades, som sagdt är, den olyckliga stunden, då fästningen och flottan skulle öfverlemnas till Ryssarne. En åtgärd vidtogs ännu, för att dessförinnan råga måttet af kommendantens klandervärda och tvetydiga uppförande. "Genom order gafs tillkänna, att kompani-cheferne, som förmodades skulle hafva spanmål innestående hos provi-

---

genast i Rysk tjenst. Under-kommendanten vid *Svartholm*, kapiten *Schultz*, kallade sin nyfödde son *Alexander*, hvarföre kejsaren utnämnde honom till *port-épée-junkare vid Finska gardet*.

1) Den han tvertom, oaktadt konungens uttryckliga befallning att uppbränna, i händelse af fästningens öfvergång, bevarade åt Ryssarne, tillika med *Sveaborg*. Han meddelade krigsrådet denna befallning, men sade tillika: "att om så olyckligt skulle, mot förmodan, inträffa, att fästningen komme, att öfverlåtas, vore väl nu momenten att låta bränna den; men åter i det säkra hopp vi äga, att ej behöfva uppfylla de ingångna förbindelserna, så vore flottans brännande ett företag, som vid framdeles öppet vatten, just då man blef i behof att nyttja den, blefve af de mest betydliga följder." — Bidraget, N:o 10.

2) Sålunda yttrade han till kapiten *Durietz*, då han ännu en gång klandrade konventionen: "*har ni då icke läst deras proklamationer, de äro åberopade i konventionen?* (Han framtog en samling af dem); *Efter dem får ni behålla er nu varande inkomst, och kan få er en bataljon, eller hvad ni kan accordera er, med den dertill hörande inkomst dessutom.*" — *Durietz* lemnade amiralen med förakt och alldeles förvånad, under föresats att icke vidare tala vid honom. Dessa proklamationer funnos äfven hos soldaterna. — Bidraget, N:o 12.

antmästaren i *Helsingfors*, kunde, mot reqvisition, utfå den på fästningen" [1]). Men ej nog med denna offentliga uppmaning åt vederbörande, att begagna sig af tillfället; kompani-befälhafvarne ålades tillika, "att inkomma med förteckningar på det frånvarande manskapet och dessas permissionstid" [2]); det förra i omisskännelig afsigt att tysta missnöjet hos kompani-befälet, och det sednare för att öka antalet af Svenskarnas förlust, likasom den ej varit nog stor.

De smärtsamma uppoffringarne skulle tillika ökas genom förödmjukelsen [3]), att se Ryssarne, snart sagdt, befalla inom en befäst ort, som var och genom en enda vink af kommendanten, ännu länge kunnat förblifva Svenskarnes tillhörighet.

Då den afgörande, man kan utan all öfverdrift tillägga, den vanärande stunden var inne, steg missnöjet till sin höjd. Arresteringar skedde hvart ögonblick de sednaste timmarne. Många soldater hotade högt på sjelfva borggården, att de skulle krossa kommendanten, hvilken

---

1) "Ehuru ypperligt tillfället var", säger kapiten *Durietz*, "profiterade jag icke deraf, oaktadt itererade påminnelser derom gjordes."

2) Samma kapiten Durietz svarade skrifteligen, att han dagen förut kl. 12 uppbränt alla kompaniets handlingar, hvarföre han icke kunde lemna den fordrade förteckningen; men att han likväl med säkerhet påminte sig, att N:o 27 *Lindström* var permitterad till Upsala. Vid paraden fick han tilltal för den uteblifna förteckningen. Hans svar blef: att *"han heldre ville minska än öka de olyckliges antal; och att, om meningen vore att komplettera regementet åt Ryssarne, han då finge tillkännagifva, det hans kompani uttjent sin kapitulation med gårdagen."*

3) General Kaminskij inkom, de sista dagarne, utan förbundna ögon, i fästningen, för att ordna om sättet för dess öfverlemnande och besättningens afmarsch, hvilken, i anseende till Ryssarnes svaga styrka, skulle ske småningom. Amiralen och *Kaminskij* blefvo icke ense om vaktens besättande vid *Hårlemans* port. — "Det var högst humiliant", yttrar Durietz, "att se och höra den afgörande ton Kaminskij förde; den gjorde en ordentlig kontrast mot amiralens." Också blef amiralens begäran afslagen; och det var blott genom ett origtigt namngifvande på vakten, som han sedermera vann sitt ändamål. — Bidraget, N:o 12.

derföre fann rådligast, att förse sig med en serskild bevakning.

Det hela antog en dyster och mörk anblick. Sorg och förtviflan målade sig i de flestas ansigten; alla fällde tårar, befäl, soldater, hustrur och barn. Under förbannelser och tandagnislan nedlade några hundrade man i sender af den utmarscherande garnisonen sina vapen, dem de krossade eller bortkastade, inför den fåtaliga, uselt utstyrda och tillika af denna syn förstummade och häpne fienden.

Så skymfligt föll *Sveaborg* den 3 Maj. Detta granitfäste, inom ramarne på Götha lejon, uppsnappades, liksom i förbiflygten, af den Ryska örnen. Den kejserliga flaggan hissades den 8, och tillika afsjöngs Te Deum på *Vargön* — vid *Ehrensvärds* grafvård — af *Ryssar*. De hade allt skäl dertill; ty eröfringen gälde ingenting mindre än en af Europas betydligaste fästningar, med 58 metallstycken, 1,975 af jern, 9,535 styckeskott, nära 2,000 centner krut, 10,000 patroner, 340,000 kastkroppar, nära 9,000 gevär och andra vapen, 2 hämeenmaa, 20 kanonslupar, 51 kanonjollar, 4 kanonbarkasser, 1 kutterbrigg, 1 avisjagt, 4 bataljons-chefsfartyg, 2 kokslupar, 3 vattenskutor och en mängd andra bevärade farkoster, betydligt nederlag af sjöförnödenheter, jemte ej obetydliga förråder af mat och foder, samt dessutom 208 officerare och nära 6,000 man, med fanor och tillbehör.

Dessa stora fördelar kostade Ryssland omkring 10 dagars kanonad, några underhandlingar och knappast 100 man [1]). Motståndet på Svenska sidan medtog blott

---

[1]) Härtill komma, enligt Ryska generalen *Michailoffskij-Danileffskijs* intyg, några tiotusental silfver-rublar, om ej åt kommendanten, dock åt någon eller några af dem, som förledde honom. Han upptager ett bref från grefve Buxhoewden till kejsar *Alexander*, deruti stora summor reqvireras, för

5 man dödskjutne samt en under-officer och 31 man sårade. Så ringa förlust upplyser bäst om arten af detta försvar och kommendantens fega förhållande [1]), hvilken fienden sjelf nödgats beklaga, med tillägg: *"att han af ödet kallades till ett värf, hvars utförande synes hafva öfverstigit hans förmåga"* [2]). Huru

---

att befordra fästningens öfvergång; denna begäran beviljades. Uppgiften är ganska skymfande för krigsrådet, utan att vara fullt bevisande; ty om äfven stora penningesummor blifvit anfordrade, för underhandlingarne om Sveaborgs och Svartholms öfvergång, följer deraf likväl icke, att de begagnades för detta ändamål. De hafva möjligen kunnat stadna hos den anfordrande. Åtminstone förblef amiral Cronstedt obemedlad, och lika litet är det kändt, att några andra af krigs-rådet blifvit särdeles förmögna genom detta sitt nesliga förhållande.

1) Ja förrädiska, om man jemför det med kommendanter, hvilka i äldre eller nyare tider med mandom och ståndaktighet försvarat mindre starka fästen, mot talrikare fiender; såsom t. ex. inom fäderneslandet, under Carl XII:s krig, *Dünamünde* af öfverste *Budberg*, hvilken, då ammunitionen var slut, försvarade sig med stenar, stekspett och sjudande vatten, hvarmed de stormande öfversköljdes. Bredvid soldaterna kämpade deras hustrur och 500 Svenskar afslogo sålunda en storm af 2000 Sachsare, af hvilka 500 man stupade, med 60 officerare, jemte deras general *Carlovitz*. — *Narva* med dåliga försvarsverk och otillräckliga förråder försvarades af den tappre *Rud. Horn* mot hela Ryska hären, som, efter oerhörda uppoffringar, slutligen lyckades att storma och intaga det. Sjelfva den barbariska fienden måste högakta en sådan kommendant. — *Rigas* försvar af *Helmfeldt*, med 5000 man och en pestartad smitta, (som bortryckte i Helmfeldts hus 21 personer och 3 hans söner), mot 90,000 Ryssar under tsaren *Alexejs* befäl, är ett af de vackraste krigshistorien vet omtala. *De la Gardie* delar äran häraf. Fjorton tusen Ryssar omkommo och Riga frälstes. Ett svårt sår, som bräckte Helmfeldts hufvudskål, hindrade honom icke att fortfarande deltaga i det modiga försvaret, hvilket frälste hela Liffland. — Utom fäderneslandet äro, de sednare tiderna, *Saragossas* af *Palafox*, *Hamburgs* af prinsen af *Eckmühl* och *Antverpens* af *Chassé*, verldskunniga för det ihärdiga, tappra, allt uppoffrande motstånd dervid ådagalades. *Palafox* och *Chassé* stodo qvar, omgifne endast af lik och ruiner. *Cronstedt* hade 5 man dödade, ingen mur bräckt; var omgifven af en flotta, fulla förråd och 6000 man, nästan oskadade.

2) Likväl fann Ryska kejsaren för godt att skydda honom, jemte andra hans vederlikar, emot krigs-hofrättens dom. Skrifvelsen i detta hänseende, från regeringen till justitie-kansleren, är daterad Stockholms Slott den 17 Jan. 1811, så lydande: "Som Hans Kejserl. Maj:t låtit förklara bemälte officerare vara inbegripne uti deras antal, hvilka, antingen genom gerningar eller tänkesätt till H. M. Kejsarens förmån, under kriget sig utmärkt och således genom 11 art. i fredstraktaten voro skyddade för all rättegång och redovisning; alltså vele WI — — härigenom förordna, att all vidare åtgärd angående ej mindre de officerare af Finska armeén, hvilka af en eller annan orsak, utan lagliga skäl, armeén efterblifvit, än om Sveaborgs och Svart-

mycket bättre för Sverige och honom sjelf, om han ägt mod och beslutsamhet att förena sitt stoft med den store *Ehrensvärds*, att under ihärdigt försvar begrafva sig ibland *Sveaborgs* ruiner, hvarifrån hans krigsära, om också dyrköpt, lik en annan Phœnix, uppstigit omstrålad af ett minne, som i stället att förödmjuka och vanära, i århundraden hade hedrat det Svenska namnet [1]).

---

holms fästningars uppgifvande till fienden och orsakerna till den i *Seiwis* den 25 Mars 1809 ingångna kapitulation, nu mera kommer att upphöra; dock att, om någon af de, i anledning häraf tilltalade officerare, åstunda inför Svensk domstol bevisa det tillvitelserna äro ogrundade, sådant bör vara honom tillåtet; hvilket eder härigenom i nåder tillkännagifves och hvarom WI jemväl genom serskild nådig skrifvelse af denna dag Krigs-Hofrätten underrättat." — Uti ordens-kapitlet den 26 påföljande Mars förklaras, att v. amiralen *Cronstedt* ej längre tillåts bära ordenstecknet för riddare och kommendörer af svärds-ordens stora kors, ej heller öfverste *Jägerhorn* och major *Gripenberg* svärds-orden, om de icke sjelfvilligt inställde sig inför Svensk domstol. Då dessa ej inställt sig för att bevisa sin oskuld, hafva de, i och med detsamma, sjelfva godkänt den stämpel af förräderi, hvilken redan samtiden satt på deras namn.

1) Att amiral *Cronstedt* var förledd af förrädiska stämplare, äfven i Sverige, emot Gustaf Adolf, är ganska troligt. Sannolikheten häraf ökes af den allmänt gängse uppgiften, att han, på sin sotsäng, anmodat läkaren, att, i sin närvaro, uppbränna den portfölj han hade gömd under sin hufvudkudde, och hvars innehåll betydligen skulle rättfärdiga honom. Att stämplingar mot konungens person, åsyftande hans afsättning, verkligen, redan i början och i medlet af April, voro å bane i Stockholm, derom upplyser tillställarnes Engelska ombud *John Brown*, i hans åberopade arbete, sid. 306 och följ. Och sid. 505 uppger han, huru en Engelsk kutterbriggs oväntade ankomst hindrade Fransmän och Danskar, att verkställa en tillernad landstigning på Skånska kusten. Afsigten var att dela Sverige emellan Danmark och Ryssland, så framt *Gustaf Adolf* ej dessförinnan var afsatt. Till denna afsättning skulle Ryssarne bidraga genom en hastig landstigning i Sverige, för att tillika snart sluta fälttåget. Ryska ministern i Stockholm Herr *Alopæus*, hade, enligt *Michailoffskij-Danileffskij* uppgift, underrättat sin regering derom, att sinnestämningen i Sverige och isynnerhet i dess hufvudstad, var förberedd derpå, fördelaktig för Ryssarne och stämd mot konungen, hvilkens företag, åtgärder och befallningar man *lamt* verkställde eller *underkastade tadel och gyckel*, m. m. Dessa för hvarje redlig Svensk lika sårande beskyllningar som obetänksamma beskymfningar, påkalla ingen vederläggning. De återfalla på sitt upphof och bevisa blott herr *Alopæi* och hans omgifnings föraktliga bemödanden och tänkesätt, samt rättfärdiga hans arrestering. Grefve *Buxhoewden* uppskattade bättre Svenskarnes nationalkänsla, krigiska lynne samt frihets och sjelfständighets begrepp, då han afstyrkte från alla försök, att med en handfull äf-

Detta skola de företag göra, dem vi nu återgå att beskrifva.

———

ventyrare göra en landstigning i Sverige. Han begärde dertill femtio tusen man, 200 kanonslupar och en eskader örlogsskepp. Detta femdubbla antal mot hvad kejsaren, enligt *Alopœis* förmenande, ansåg tillräckligt, väckte besinning och verkade uppskof. Emellertid hör det till denna tidens besynnerliga tilldragelser, att straxt efter Sveaborgs öfvergång och nästan i sammanhang dermed, eller natten emellan den 5 och 6 Maj ankom underrättelse med kurir från *Grislehamn*, att Ryska hären på *Åland* inskeppat sig för att landstiga på Svenska kusten. En timma derefter anlände en annan kurir, med uppgift att fienden redan landstigit samt att det var möjligt, att Kossackerna kunde hinna till hufvudstaden följande morgon. Konungen steg upp från sin säng, skickade efter grefvarne *Ugglas* och *Fersen*, samt anmodade drottningen att hålla sig färdig till en snar flykt. För första gången, sedan han blef myndig, lät han äfven inbjuda sin farbror, hertig Carl, att deltaga i öfverläggningen. Konungen syntes blek och nästan tillintetgjord af de nedslående underrättelserna. Drottningen rådde sin gemål att föreslå ett stillestånd och begära tid för att sluta fred, genom Frankrikes bemedling. Konungen stadnade med sina rådgifvare i det beslutet, att inrätta ett regentskap, hvaruti hertig Carl skulle föra ordet, och som erhöll det obehagliga uppdraget, att af den annalkande fienden skaffa hufvudstaden de bästa möjliga vilkor. Utan att afbida vidare upplysningar, beslöt konungen att lemna Stockholm, begifva sig till Götheborg och der inskeppa sig på England. Under förberedelserna till denna flykt anlände en tredje kurir, som underrättade att alltsamman var ett blindt alarm, att endast några ströfvande Kossacker landsatt och plundrat ett eller annat bondhemman, samt att man, i den starka snöyran, tagit deras båtar för en skärgårdsflotta, m. m. Med undantag af dessa Kossacker var hela upptåget blott en tillställning af konungens fiender, för att sätta hans mod, fintlighet och ståndaktighet på ett prof, som kunde underrätta dem huru de borde förhålla sig och huruvida det vore någon fara underkastadt att låta honom behålla lifvet, då spiran skulle ryckas ur hans händer. Enligt *Brown* s. 309 och 310.

De straxt härpå följande framgångarne i Finland gjorde emellertid konungens fiender ännu en tid villrådiga, och dessutom ville de afvakta sitt ombuds, Herr *Browns*, återkomst från England, dit han påföljande Juni afreste.

1808 MAJ.

Sandelska fördelningen; *Schantz, Tavaststjerna.*

Enligt hvad förut nämdt är, lät *Sandels* hindra sig hvarken af årstid eller vägalag eller manskapets behof af hvila, efter långa och besvärliga marscher, att fullfölja segern vid *Pulkkila*. Öfverste-löjtnanten *Fahlander* fick befallning, att, med 250 man, afgå till *Kärsämäki;* major *Grotenfelt* med 150 man ända fram till *Ahokylä* på Savolakska gränsen och löjtnant *Burman,* med 100 man, till *Haapajärvi*, alla i afsigt, dels att hindra de å dessa vägar framtågande Ryssar att förena sig och dels att uppsnappa och borttaga alla de förråd och transporter, som kunde öfverkommas.

Sedan öfverste-löjtnant *Fahlander*, utan manspillan, bemägtigat sig en transport af åtta stycken på medar satta vagnar, med 4 hästar för hvarje samt 60 slädar fyllda med födoämnen och en vagn på medar med medikamenter, skyddade af 2 officerare, 8 under-officerare och 29 man, hvilka alla blefvo tillfångatagne, återkom han redan den 5 till fördelningen, hvarmed också löjtnant *Burman*, efter slutadt värf, hade förenat sig, medhafvande 4 Kossackhästar och åtskilliga beväringspersedlar, en del efter Ryssar, dem allmogen mördat.

Major *Grotenfelt* hade, i nejden af *Peippo* gästgifvaregård, anträffat smärre Ryska flockar, dem han tillfångatog, tillsamman utgörande 3 under-officerare och 38 man. Under tiden hade han låtit löjtnanten *Schantz* och under-löjtnanten *Tavaststjerna*, med 50 man, afgå till *Ahokylä*, der desse unge officerare bemägtigade sig en Rysk transport med lifsmedel, bestående af 120 hästar, samt tillika 2 under-officerare och

Den 6. Sandelska fördelningen. **Saviselkä;
Malm. Nissilä; Bosin.** Idensalmi; *Erik
Ollikainen, Boisman, Gummerus, Genti, Krister Hokkanen.*

9 man. Samtidigt var kapiten *Malm* från *Peippo* afsänd till *Saviselkä* by, hvarest han från fienden borttog 28 lass, med skjutbehof af alla slag.

Majoren och riddaren *Bosin*, som, med 100 man af *Uleåborgs* bataljon, var anbefalld att genom *Kajana* afgå till *Nissilä* kapell och *Strömdals* bruk i *Kuopio* län, der fienden förmodades hafva betydliga förråder, inträffade i stället uti *Idensalmi*, då han erfor att denna förmodan ej var sann. Vid ankomsten till *Nissilä* stötte han på en transport af 80 lass födoämnen, den han borttog jemte sex man af betäckningen. De öfrige flyktade åt *Idensalmi*, hvars betydliga förråder Ryssarne, efter dessas ankomst, säkert uppbränt, om icke ortens modige allmoge samlat sig i hast, den 6, under anförande af bonden *Erik Ollikainen*. Med hans bondskara förenade sig landtmätaren *Boisman* [1]) och kollegan *Gummerus*, hvilka begge blefvo illa sårade under stormningen af Ryska förråds betäckningen vid *Walkiamäki* och vakten vid *Idensalmi*. Det fiendtliga förrådet, bestående af omkring 200 lass födoämnen, togs jemte 50 man fångar. En bonde föll ett offer för sin fosterlandskärlek. Jemte *Erik Ollikainen*, som rusade främst på fienden, utmärkte sig nämndemannen *Genti* och bonden *Krister Hokkanen*. Den förstnämnde belöntes strax derpå med hederstecknet för tapperhet i fält.

---

1) Som med sina drängar redan hade tagit och afväpnat anföraren, kapitenen *Baronewitz*, hvilken likväl fick tillfälle att undkomma, då *Boisman* erhöll tre sår.

Den 9. Sandelska fördelningen. Kapakka; *Clementeoff*.

För att bemägtiga sig *Kuopio* stad, jemte dervarande förråder, ditsände *Sandels* den för sin skicklighet och tapperhet redan kände kapitenen vid Savolaks jägare *Malm*, med **100** man, jemte löjtnant *Burman* vid samma jägare, med **20** och löjtnant G. W. *Clementeoff* med **70** man af Kajana bataljon. Han borde tränga sig fram med största skyndsamhet och högsta uppmärksamhet. Brist på hästar nödgade honom att låta manskapet, trotsande årstidens otaliga svårigheter, till fots göra ansträngande marscher. Den **7** skedde uppbrottet från *Peippo*. Den **9** inträffade han vid *Idensalmi* kyrka, hvarest major *Bosin* innehade sin ställning. Underrättelsen att en fiendtligt skara skulle här tillstöta, för att återtaga det nyligen eröfrade förrådet, gjorde att *Malm* stadnade der till påföljande morgon. Men sedan han, genom säkra kunskapare, blifvit upplyst, att denna fiendtliga styrka nyligen befunnit sig i *Taipale* by, hvarifrån den var under marsch till *Idensalmi*, beslöt han att öfverraska densamma. Löjtnant *Clementeoff*, med sina **70** man af Kajana bataljon, afskickades att på en biväg genskjuta fienden och göra på honom ett raskt bröstanfall, hvilket skulle understödas af *Malm*. *Clementeoff* anträffade Ryssarne vid *Kapakka* torp och angrep dem lika käckt som oförmodadt, så att de genast togo till flykten, men blefvo omringade och förlorade sålunda, fångne: **1** officer, **3** under-officerare och **85** man, utom **5** stupade och några sårade. Endast **7** man undkommo genom skogen; men upphunnos af några raska Savolakska jägare dagen derpå. Dessutom eröfrades en hop beverings- och utredningspersedlar. Löjtnant *Clementeoff*, vid Kajana bataljon och under-officeren

Sandelska fördelningen; *Åkerman, Boisman.*

Åkerman vid Savolaks jägare, namngifvas såsom de der genom sin rådighet och djerfhet afgjort stridens utgång, tillika med landtmätaren *Boisman*, hvilken, oaktadt sina några dagar förut erhållna sår, kom här till mötes samt icke blott tillhandagick med nödiga upplysningar, utan derjemte med sabeln i hand deltog i striden.

Sedan de gjorda fångarne blifvit afsända till major *Bosin*, som hade befallning att draga sig tillbaka till *Nissilä*, för att der bevaka vägarna åt *Idensalmi* och Kajana, fortsatte kapiten *Malm* framryckandet till *Kuopio*.

På $2\frac{1}{4}$ mil nära denna stad möttes han af några hundrade bönder från Kuopio trakten, under anförande af skolmästaren *Hellgrén*. De voro beväpnade med bössor, spjut, yxor och jernskodda stafvar, samt önskade att blifva använda mot fienden; men isynnerhet att få deltaga i stormningen af staden. Ehuru kapiten *Malm* icke kunde påräkna något kraftigt biträde af denna odisciplinerade och illa beväpade skara, ville han likväl ej afslå dess fosterländska anbud [1]).

Den 11 om aftonen ankom han till *Maaninga*, $\frac{3}{8}$:dels mil nära staden. Han ordnade anfallet för följande morgon. Sin ringa styrka indelade han i tre flockar, 30 man infanteri och 30 jägare i hvarje. Med den första flocken skulle löjtnant *Burman* anfalla stadens södra sida; med den andra löjtnant *Clementeoff* dess midtel och med den tredje under-löjtnanten *Tavaststjerna* dess norra sida. De tillkomne bönderna in-

---

1) Den Savolakska och Karelska allmogen i allmänhet lifvades af en brinnande lust att deltaga i fosterlandsförsvaret, för hvilket ändamål den hvart ögonblick var färdig att uppoffra lif och egendom.

Sandelska fördelningen; Kuopio den 12; *Burman, Löthman, Tavaststjerna.*

deltes också i trenne flockar, med anvisning att ställa sig i spridd ordning på isen, utom skotthåll från staden, på alla derifrån löpande vägar och icke röra sig från sina anvista ställen eller intränga i staden, utan serskild befallning. Klockan 2 om natten skulle anfallet ske. Det första skott som lossades, utgjorde tecknet till allmän stormning.

Löjtnant *Burman*, som skulle taga Ryssarne i ryggen på södra sidan, der han ställt den honom åtföljande bondskaran, kom först i handgemäng med dem, och möttes af en häftig eld; men *Burman* angrep dem genast med bajonetten och fördref dem, jemte flera tillstötande Ryska förstärkningar, utan allt uppehåll genom hela staden åt *Toivola* ner på isen, der han, åtföljd af några man, sprang på en fiendtlig hop, sårade två man med sina pistoler och gjorde 52 man till fångar, understödd af fanjunkaren J. *Löthman* vid Kajana bataljon.

Samtidigt angreps staden af löjtnant *Clementeoffs* och under-löjtnant *Tavaststjernas* fördelningar. Ryssarne försvarade sig hårdnackadt på gator, uti gränder och hus, hvarifrån de endast med bajonetten kunde undanträngas. Under-löjtnanten *Tavaststjerna*, med några man, rusade in i ett hus, nedsköt en man och tog 8 fångar. Derefter marscherade han med de sina till torget, der han snart befann sig emellan tvenne fiendtliga flockar. Han anföll den starkare och blef med detsamma understödd af löjtnant G. W. *Clementeoff*; då Ryssarne måste vika, och taga flykten dels åt den närbelägna skogen, dels ut på isen.

<small>Sandelska fördelningen; Kuopio den 12.</small>

Emellertid hade en flock af Ryssarne tagit sin tillflykt i den såkallade kronogården (förra kanslihuset), samt underhöllo derifrån, genom dörrar och fönster, en mördande gevärseld. Några Savolaks jägare försökte intränga genom förstugudörren och trappan; men möttes af lifliga skott, hvilka sårade tvenne af dem. Kapiten *Malm,* som var med öfver allt och isynnerhet der faran var störst, lät, i brist af kanoner, beskjuta huset med de gamla Sprengtportska studsarne, hvaraf några ännu funnos; men då detta ej medförde särdeles verkan, befallte han en af fångarne förkunna sina kamrater, att om de icke gåfvo sig, skulle huset itändas. Under tiden hade en hop bönder inträngt i staden, och dessa försökte storma huset, då skjutningen derifrån ånyo vidtog. I detsamma rusade löjtnant *Burman* upp åt trappan, med spänd pistol i handen, och ropade åt Ryssarne, att de voro hans fångar. Redan hade man riktat mot honom fem gevärsmynningar, då han aflossade sitt pistolskott, hvilket illa sårade en man, och de öfriga 36 friska och 50 sjuka öfverlemnade sig åt honom och hans soldater.

Ryska befälhafvaren, som dagen förut, med en mindre afdelning begifvit sig ur staden, att förvissa sig om sannfärdigheten af det rykte man hade utspridt, att bönderna samlat sig för att anfalla honom, återkom nu.

Åsynen af hans ankomst väckte allmän uppmärksamhet, och då man gjorde sig färdig att taga honom, insåg han sin vådliga ställning, och lyckades undkomma till *Warkaus,* derigenom att bönderne öfvergifvit de dem anvista platser, och utan tillstånd be-

Första delen.

gifvit sig till staden. De hade redan der gjort några tillgrepp, då kapiten *Malm* lyckades återkalla dem till ordning och lydnad.

Efter en nära fyra timmars strid var staden eröfrad, med nära 300 fångar [1]) utom en prest och fyra läkare, jemte 1,200 tunnor säd, 1000 mattor mjöl och gryn, 1000 lisp. kött, 10,000 lisp. hö, tvenne bodar med handelsvaror, samt en myckenhet beväringsoch utredningspersedlar.

Med hvilken vårdslöshet Ryssarne, ehuru betäckte inom husen och riktande sina skott på stöd från fönster och gluggar, men deremot, med hvilken säkerhet Finnarne handtera geväret, bevisar sig bäst af den olika förlusten under denna hårdnackade strid. Fienden förlorade 40 i dödskjutne och illa sårade; Svenskarne ej stort mera än tiondedelen deraf.

De friska fångarne blefvo afsände till *Pulkkila*, under bevakning af 5 soldater och 30 beväpnade bönder, anförde af en nämndeman.

Landshöfdingen i *Kuopio* län, *Wibelius*, hade, under Ryssarnes dervaro, med sällsynt frimodighet och fosterlandskänsla försvarat invånarnes personliga och egendoms frihet, mot de kränkningar deraf, som fienden ville utöfva [2]).

---

1) Många af dem sjuka.
2) Då högsta befälhafvaren öfver Ryska hären, grefve *Buxhoewden*, befallde honom att konfiskera de officerares löner, hvilka följt med Finska hären, samt att föranstalta om deras boställens och egendomars utarrenderande för kejserlig räkning, erinrade han utan fruktan: "att då kejsaren offentligen låtit försäkra om okränkt bibehållande af landets lagar, följer deraf, hvad Svensk lag förmår, att ingen kan annans mans rätt förverka, ej mannen hustruns, ej gäldenär borgenärens och att hvar och en eger sin sak ensam böta. Om nu de i deras tjenste- och trohetsplikt stadde herrar militärer af Finska arméen förverkat deras egendom, för ett brott, dem förut okändt, så förenar sig icke med lagen, att deras hustrur och borgenärer skola straf-

Sandelska fördelningen.

Vid underrättelsen derom, att Ryssarne hotade att från *Perho* och *Saarijärvi*, genom *Laukkas* och *Rautalampi*, återtaga *Kuopio*, skyndade återstoden af den svaga Sandelska fördelningen, att, den 13, uppbryta från *Pulkkila*. För att ej allt för mycket blifva uppehållen af denna årstids otaliga olägenheter, i denna nordliga och af många vattendrag afskurna trakt, medtog *Sandels* blott den oumbärligaste delen af sin tross.

Att emellertid förstärka den lilla flock, hvarmed kapiten *Malm* intagit denna stad, befalltes major *Grotenfelt* att skynda dit med 300 man i sträckmarsch, göra tillika förberedande anstalter för den efterkommande skarans öfverfart öfver *Toivola* pass, samt besörja om förbakning af det i *Kuopio* tagna mjölet.

Sandels inträffade den 17 uti *Idensalmi*, der han rastade till den 18, fortsatte marschen den 19 och ankom den 20 till *Toivola*, hvarifrån bönderna uppsågat isen, öfver det milslånga passet till Koupio, så att en farled var öppen för båtar, hvarpå större delen af styrkan samma dag öfverfördes till *Kelloniemi*, samt afgick vidare innan aftonen till staden.

Under-löjtnant *Tavaststjerna*, med 50 man af kapiten *Malms* uthvilade manskap, afsändes genast till

---

fas för hvad männer och gäldenärer brutit, och följaktligen ej hustrurnas lott i boet, ej borgenärernas förstäckningar gå förlorad. — — — Eders Exc., som upplyst känner ärans lagar, som på dem förvärfvat ära och ryktbarhet, kan visst icke högakta en nation, som sjelf ej vet högakta ära, dygd och pligt. Mitt åliggande är att bibehålla lugn, och freda hvar och en under lagarna, och det skall jag af alla krafter, som en redlig man, vaka för, tills jag det ej mer förmår, då medvetandet af uppfyllda pligter skall följa mig till olyckan, tiggarkojan eller grafven, och min, under några och trettio års embetsförvaltning, förslitna och utnötta varelse på ålderdomens dagar af bekymmer och sorger nedtryckt, åtminstone icke med förbannelse gå af skådeplatsen."

Sandelska fördelningen; *Krogius.*

Rautalampi, för att, med tillhjelp af tillstötande bönder, söka taga fiendens dervarande förråd, och tillika bevaka den väg, som derifrån leder till Österbotten.

Stabs-adjutanten, löjtnant *Wallgrén,* såsom kännare af landet, fick befallning att med 170 man söka kringgå *Warkaus* eller *Laivalinna,* hvilket sedan 1788 års krig utgjort en plats för krigsförråd. Tåget skulle verkställas öfver *Leppävirta,* längs en skogsväg, och vidare öfver *Osmajärvi* å och *Ruokojärvi* sjö.

Emellertid afgick *Sandels,* med 300 man under major *Grotenfelt,* utmed landsvägen, för att anfalla *Warkaus* framifrån. Vid frammarschen togs Ryssarnes förråd i *Leppävirta* [1]). Kyrkoherden i socknen *Krogius,* med tillhjelp af allmogen, hade hittills innehaft det såsom eröfradt af fienden, hvilken, helre än att afbida anfallet, dagtingade bort det.

Ryssarne, underrättade om eller misstänkande afsigten med Svenskarnes rörelser, skyndade att utrymma *Warkaus,* och drogo sig till *Jorois,* dit major *Grotenfelt* och löjtnant *Wallgrén* befalltes att påskynda sin marsch, för att icke lemna den flyktande fienden tillfälle att sätta sig i försvarstillstånd, eller hinna bortföra eller förstöra sina upplag. Men äfven detta ställe hade fienden öfvergifvit med dervarande förråd, utgörande 66 t:r råg, 84 t:r korn, 72 t:r hafra och ungefär 1000 lisp. hö, jemte en mängd beväringsremtygs- och utredningspersedlar.

Kapiten *Spåre,* med 100 man af Kajana bataljon, afsändes att förstärka och taga befälet öfver de 50

---
1) Det utgjorde 110 t:r råg, 25 t:r rågmjöl, 58 t:r korn, 125 t:r hafra, samt ungefär 1000 lisp. hö.

Sandelska fördelningen; Koivisto.

man, som, under *Tavaststjerna*, voro afgångna till *Rautalampi*, hvars förråd var eröfradt, bestående af 11 mattor rågmjöl, 31 dito gryn och 15 dito hafra.

Öfverste-löjtnant *Fahlander* hade fått i uppdrag att taga härvarande pass i ögonsigte, samt att, med kapiten *Spåres* 150 man, tränga längre in i landet, uppsnappa fiendens förråd och söka upptäcka om denne hade några förstärkningar i antåg från *Saarijärvi* och *Laukkas*. Till kyrkoherden i nyssnämnde församling afskickade han ett hemligt bud, och begärde upplysningar om fiendens ställning och styrka. Uppdraget var vådligt, emedan en Rysk afdelning var förlagd på kyrkobacken och i sjelfva prestgården. Svaret nedskrefs af kyrkoherdens dotter, och afsändes.

Ehuru *Fahlander* blifvit underrättad, att Ryssarne hade, öfver *Karstula*, en betydlig förstärkning i anmarsch, beslöt han, att, med sina 100 man af Kajana bataljon och 50 man af Savolaks jägare, genom sträckmarscher, förekomma dem och taga deras betydliga förråd i *Koivisto* by af Laukkas socken. Genom sitt utskickade bud upplystes han, att bevakningen der blifvit förstärkt, men ej med någon betydlig styrka, samt att ett försök af en mindre flock bönder att bemägtiga sig detsamma misslyckats. Dessa omständigheter hindrade honom lika litet, som underrättelsen att en betydlig Rysk skara verkligen var i antågande från *Karstula*, att fullfölja anfallet.

Koivisto by utgjordes af tvenne hemman, med många hus och byggnader, närmast omgifne af åkrar och dernäst af skog och kärr.

Fahlander, som numera, för sitt välförhållande vid *Pulkkila*, fått en öfverste fullmagt, afsände tvenne yngre officerare, jemte 50 man, att kringgå fienden med yttersta varsamhet och skyndsamhet. De borde vara framkomne midnattstiden och då börja anfallet; men lamt, emedan afsigten dermed var blott att oroa fienden och förekomma dess flykt.

Det afgörande anfallet förbehöll *Fahlander* sig sjelf, med sina 100 man af Kajana bataljon.

Fältvakten var redan med den snabbhet öfverrumplad, att den icke hann lossa ett enda skott, innan den var tagen. Men en mellanvakt, en ensam Kossack, hvars häst — hvilket ofta händer hos Kossackerna — täflade i vaksamhet med ryttaren, upptäckte de framsmygande, ehuru de voro dolde af tät skog. Han red med blixtens hastighet till hufvudstyrkan, som väcktes ur sin djupa sömn.

Redan var anfallstimman inne, utan att man hörde af dem, som skulle börja det. *Fahlander* stod med sin lilla hop, i skogsbrynet, och såg huru fienden samlade och uppställde sig [1]).

Att vänta längre var vådligt. Ryssarne kunde upptäcka vårt ringa antal, och möjligen äfven hinna få den väntade förstärkningen. Manskapets stridslystnad tilltog med otåligheten att vänta. Det rådde en besynnerlig, en egen tystnad, med en stegrad uppmärksamhet på fiendens minsta rörelser.

Fahlander kunde ej dröja längre. Han gaf befallning till anfall, hvilket skedde längs en smal gata

---

[1]) Detta verkställdes mod en otrolig hästighet, nästan utan klädsel. En trumslagare, hvilken stod på ett tak med sin trumma och en under-officer, bidrog isynnerhet till Ryssarnes uppväckande och uppställning. Samma under-offier stod längst qvar, och förde ännu befälet, ehuru dödligt sårad. Officerarne hade deremot flyktat, nästan nakna; deras kläder voro qvarlemnade.

Sandelska fördelningen; Koivisto; *Spolander, Montgomery, Nordeman.*

mellan tvenne gärdesgårdar [1]), först i plutons-, sedan i trupp-front. Löjtnant *Spolander* anförde första plutonen och under-officeren *Montgomery* [2]) den första truppen. Intet skott lossades. Framryckandet skedde med hurrarop och fälld bajonett, mot de på gården uppställda Ryssarne, in i hvars led man rusade. Fienden, som hade fördel af höjden, beskjöt de anfallande med yttersta häftighet och mottog de först framrusande med en förvånande köld [3]). Dess leder blefvo likväl sprängda, och det fortsatta försvaret inom och i skydd af hus och byggnader blef snart tillintetgjordt, samt en hastig och allmän flykt fiendens enda räddningsmedel. Man dröjde icke att förfölja de flyende; men som den kringgående skaran, uppehållen af oländig mark och lång omväg, icke i rättan tid hade framkommit, undsluppo de flesta. Likväl gjordes 27 fångar, 11 stupade och 9 voro illa sårade. Ställets betydliga förråder eröfrades och flere af de bönder [4]), som vid första försöket att bemägtiga sig *Koivisto*, fallit i fiendens våld, blefvo nu befriade. — Uti den offentliga rapporten om denna träffning utmärkas under-officerarne *Montgomery* och *Nordeman*, för de-

---

1) En så beskaffad bygata samt i allmänhet en väg emellan tvenne gärdesgårdar, får, i Finland, det provinciella namnet: *tdg*.

2) Författaren.

3) Detta var en af de få gångor, Ryssarne afvaktade ett anfall af den Svenska bajonetten. En af Kajana bataljon genomstack tvenne Ryssar på en gång och under striden fem. Också befann han sig i en verklig *berserkvrede*, och fradgade af ett slags ursinnighet. Finnarne voro mycket missnöjde, då deras långa bajonetter utbyttes mot de kortare. De kunde ej förstå nyttan af detta ombyte. De nästan fruktade förräderi derunder.

4) De befunnos 2 om 2 fastbundna med ryggarne mot hvarandra, samt till händer och fötter hopvidjade med stora tunga trädblock. De voro hotade med det grymmaste dödsstraff, hvilket skulle verkställas, så snart den väntade föreskriften från högre befälhafvare anländt. De voro glada öfver be-

ras mod och rådighet, att med egna händer hafva tagit fångar, ehuru ännu ynglingar [1]).

Öfverste *Fahlander* återvände till fördelningen och lemnade befälet åt kapiten *Spåre*.

Bristen på hästar, jemte underrättelsen, att 2000 Ryssar voro i antåg från *Karstula*, nödgade kapiten *Spåre*, att, åt närmast boende allmoge, utdela Koivisto förråden af mjöl och spanmål, utom 56 mattor mjöl och 4 dito gryn, samt ett antal beväringspersedlar, hvilka medtogos under återtåget till *Kivisalmi*, bakom hvars pass han fattade stånd och der öfverste *Fahlander* inträffade.

Dels före och dels liktidigt med dessa rörelser, hade bönder från Rautalampi socken samlat sig, först på egen hand borttagit smärre förråder, och sedan förstärkt sig med bönder från Laukkas, för att fortsätta sina ströftåg. De sammanrafsade hoparne infunno sig vid Laukkas kyrka, der ett mindre förråd qvarstadnat, i följd af menföre, och bevakades af 9 man soldater och en under-officer. Dessa blefvo tagne utan motstånd, och plundringen börjades. Oväsendet hördes till den nära belägne prestgården, och kyrkoherden infann sig hos bönderna, samt föreställde dem, att sådana företag af allmogen ensamt, endast föranledde straffåtgärder från Ryssarnes sida, hvilka vida mera skadade landet, än fienden led genom förlusten

---

frielsen, men sade, att de ej hade fruktat det öde, som eljest förestått dem; emedan de trodde sig hafva handlat rätt, då de ville befria sig från en hatad fiende.

1) Den förstnämnde hade helt och hållet den händelsen, att han dagen förut skarpslipat sin huggare, att tacka för att han tog en fiende, hvars högra arm han illa sårade, samma ögonblick denne drog ut laddstocken ur det gevär, hvarmed han ärnade nedskjuta honom.

af ett ringa antal mjöl-mattor. Han besvarades med hotelser och några mot honom riktade bössor, samt undslapp oskadd endast genom sina egna sockenboers mellankomst. — Tåget fortsattes till Walkola by, 1 mil längre fram åt Koivisto, der ett större förråd bortfördes; men några bönder stadnade qvar, och plägade sig på bekostnaden af sitt byte. En Rysk fördelning anlände från sednast nämnde ställe, nedsköto några rusiga bönder och plundrade byn. — Hittills hade fienden hållit en sträng krigstukt; men nu var sköflingslusten lössläpt, och alla byar der Ryssarne framtågade, utplundrades. Detta fortsattes oafbrutet under hela sommaren. Bönderna lemnade sina boningar [1]), och togo sin tillflykt till otillgängliga skogar, der de nödgades uppehålla sig, intill dess kölden tvang dem att återsöka varma bostäder. Följden blef en smittosam sjukdom, hvilken bortryckte tusentals menniskor.

Emellertid hade *Sandels* personligen återvändt till *Warkaus*, der han besörjde om detsammas sättande i försvarligt skick, och undanskaffande af der eröfrade betydliga förråd af stycken och skjutbehof [2]).

Han afsände dessutom mindre afdelningar till *Sulkava*, samt ända fram till *Parkkumäki* och *Kalilaks* byar inom Ryska gränsen. Här underrättad om Ryssarnes förehafvanden att samla förstärkningar, fann *Sandels* rådligast att återkalla kapiten *Malm* från

---

1) Emellan Saarijärvi och Rautalampi kyrkor, ett afstånd af mera än 10 mil, funnos endast tvenne ställen, hvarifrån invånarne icke afflyttat.

2) Bestående af 4 st. 24-pundingar, 4 st. 18 d:o, 9 st. 12 d:o, 2 st. 6-pundiga slangor, 12 st. 3-pundingar, 36 partikanoner, 31 st. gaffelnickor, dels med, dels utan lavetter, 879 st. 60-pundiga granater, 2,711 st. 40-pund. d:o, 460 st. 16-pund. d:o, 1,165 st. 24-pund. d:o, 3,770 st. 12-pund. d:o, 11,061 st. 6-pund. d:o, 5,359 st. 3-pund. d:o, 4,968 st. 2-pund. d:o, 1,680 st. 16-löd. jernskrot, &c. &c.

Klingsporska hären. Spåre.

Jokkas till nejden af *Jorois*, der major *Grotenfelt* hade sin skara, hvilken erhöll befallning, att, i händelse af anfall, efter ett tappert försvar, draga sig till *Warkaus*, hvarest major *Schildt* var förlagd med sina Vesterbottningar.

Det blef nu den tappre *Sandels* lott, att gå försvars- i stället för anfalls-vis till väga.

Medan hans ringa styrka betydligen sammansmält, af den 50 mils långa marschen i det värsta menföre, hvarunder han ifrån *Pulkkila* till *Kuopio* tågade mer än tjugu mil inom sju dagar, trotsande och besegrande alla årstidens besvärligheter, samt på flera ställen modigt besegrat fienden, vid *Pulkkila, Kärsämäki, Piippo, Ahokylä, Nissilä, Saviselkä, Walkiamäki, Rautalampi, Kuopio, Koivisto, Leppävirta, Jorois* och *Warkaus* eröfrat mer och mindre betydliga förråder[1]), flera än 100 fält- och andra stycken, tagit 13 officerare och nära 1000 man fångar och nedgjort ett stort antal, hade *Klingsporska* hären legat stilla och gjorde det ännu.

Klingsporska hären.

Endast under-officeren vid Tavastehus regemente *Spåre*, af Gripenbergs eller tredje fördelningen, med 30 man, gör derifrån ett undantag. Han erhöll befallning att undersöka, i hvad mån Ryssarne bevakade *Kelvio*-trakten. Han framträngde med mycken skicklighet från Himango genom *Kerola*, förbi flera fiendtliga posterin-

---

[1]) Uppgående till närmare 6000 t:r säd och flera tusende lisp. kött, hö, m. m. oberäknadt hvad som af fiendens upplag blef förstördt, förskingradt eller uppbrändt.

gar, ända till *Peltokorpi* by, 1 mil norr om *Gamla Carleby*. Der stötte han på 40 Ryska jägare, 25 hussarer och lika många Kossacker. Dessa hade en förvakt af 20 jägare och 10 ryttare, ifrån hvilka en under-officer och 4 hussarer voro utskickade på bespejning. Dem anföll *Spåre;* men lyckades blott att taga under-officeraren med häst och mundering. Som han nu fann sig upptäckt och insåg att han sjelf skulle bli anfallen, tog han det djerfva beslutet att förekomma detsamma. Han smög sig förbi den mindre styrkan, rusade deremot oförväget på den större, honom tredubbelt öfverlägsna, kastade den öfverända, dödade och sårade flera, samt återvände genast för att anfalla den förut förbigångna, honom jemnstarka fienden, dref också den på flykten och tog af honom två hussarer med hästar, jemte fyra fotjägare tillfånga, hvarefter han, utan en enda mans förlust, återvände till fördelningen. *Spåre* blef, för sitt välförhållande, utnämnd till officer.

ÅLAND.

Det återstår att ibland denna månads ärorika händelser upptaga dem på *Åland* och *Gottland*. — Ryssarne, som redan i April gjort besök på förra stället, men utan att dröja der, hade, i början af denna månad, dit återkommit, under öfverste *Wuitschs* befäl, med närmare **700** man.

Han befallde, att alla åtta-bords båtar skulle transporteras till sådana hamnar, hvarifrån de lättast kunde utgå till sjös; att alla vapen, af hvad beskaffenhet som helst, skulle lemnas till kronobetjeningen, undantagande dem, som af ståndspersoner innehades; samt att alla fartyg skulle, inom 24 timmar, försättas i segelbart stånd och isen vakas ifrån hamnarne så långt, att fartygen, med möjligaste första, kunde komma ut på hafvet.

Dessa befallningar skulle verkställas vid förlust af lif och egendom, i fall de försummades eller fördröjdes; och då man invände, att det var en omöjlighet, att inom 24 timmar sätta fartygen i segelbart skick, hotades de motvilliga att mista öron och näsa, samt derefter varda afsända till *Sibirien*. Då beslöt länsman *Arén*, att uppmana allmogen till Ålands försvar, hvarom han underrättade pastors-adjunkten i Finnströms socken, *Gummerus*, hvilken genast infann sig hos *Arén* och delade hans fosterländska tänkesätt och afsigter.

I tysthet och med hastighet affärdades bud till allmogen i de andra socknarne. Bönderna inställde sig genast, beväpnade med bössor, yxor och jernskodda påkar, samt uppmuntrades af *Gummerus* att våga lif och blod under försvaret af sin frihet och sin egendom. Inom dygnet grep denna bondhop, anförd af *Gummerus* och *Arén*, alla Ryssar på fasta landet af ön, med undantag af dervarande befälhafvaren *von Neidhardt*, hvilken, med två Kossacker, fick tillfälle att undkomma; men öfverallt förföljd nödgades äfven han infinna sig i Finnströms prestgård och der anmäla sig såsom fånge. På *Gummeri* tillsägelse behandlades de Ryska fångarne med foglighet af bönderna, oaktadt desse förut icke erfarit någon skonsamhet, ej ens mensklighet från Ryssarnes sida.

Åland; Kumlinge den 9.

Några dagar derefter visade sig löjtnant *von Kapfelman*, med några kanonslupar, i trakten af *Kumlinge*. Genom *Gummerus*, som infann sig hos honom, uppmanade äfven han Åländningarne att resa sig, för att understöda honom i bemödandet att befria de Åländska öarne från fienden. Adjunkten *Gummerus*, som utfärdat budkaflar om den stridbara allmogens samlande, återkom den 9 med 300 man bönder till Kumlinge; 150 man voro der redan förut [1]).

Emellertid hade löjtnant *Kapfelman* ingått åtta dagars stillestånd med Ryska befälhafvaren, öfverste *Wuitsch*, hvilken förbundit sig, att, under denna tid, icke söka undkomma och ej heller låta någon af de honom underlydande begifva sig ifrån *Kumlinge* ön, hvars invånare af honom och hans manskap med foglighet skulle behandlas; och i fall han, inom dessa åtta dagar, ej erhöll förstärkning, skulle han sträcka gevär. Men som han icke uppfyllde sina förbindelser, utan i sället vidtog öfverförandet af sina soldater till *Brändö*, samt tillät plundringar och misshandlingar öfvergå *Kumlinge* bönderna, hvars hustrur och barn anropade *Kapfelmans* skydd, ansåg denne stilleståndsvilkoren vara öfverträdda. Han befallde derföre löjtnanten, grefve *Cronstedt*, som hade befälet öfver barkasen N:o 11, att, med tillhjelp af bönderna på tre stora båtar, skyndsamt bråka sig genom isen till östra sidan af ön, för att hindra fiendens öfverfart till *Brändö*. Derpå skickade han en underhandlare till

---

1) Deras antal uppgifves af *Michailoffskij Danileffskij* till icke mindre än tretusen man. — Denna öfverdrift kan icke vara ett misstag, utan beräkning, för att sålunda öfverskyla felsteget, att åt sitt öde, på öar långt afskilda från fasta landet och all undsättning, lemna en handfull tappre. Öfverste *Wuitsch* ställdes under krigsrätt, efter sin återkomst från Svenska fångenskapen; men blef frikänd.

Åland.

Wuitsch, förebrådde honom sitt löftesbrott och uppmanade honom att gifva sig, hvarpå följde afslag. Då ryckte löjtnant *Kapfelman* fram med sin kanon-barkas och lossade på fienden några skott; men hvilka ej gjorde nog verkan. Han satte 5 tvåpundiga nickor på underredet af bondvagnar, landsteg och ställde dem på en höjd, hvarifrån han med fördel kunde beskjuta Ryssarne. *Gummerus* och hans bönder följde med *Kapfelman*, hvilken sjelf tog befälet till lands och lemnade det öfver barkasen åt löjtnant *Lagerhjelm*, hvilken med sin skonert *Fröja* icke kunde närma sig landet för grundt vatten. Striden varade nästan hela dagen, med mycken liflighet, innan Ryssarne sträckte gevär. En öfverste, 1 öfverste-löjtnant, 1 major, 5 kapitener, 12 subaltern-officerare, 1 läkare, 3 fältskärer, 38 under-officerare och 410 soldater, blefvo tagne, jemte ett mindre förråd af bröd och gryn samt en hop beväringspersedlar. — Efter denna ärofulla förrättning med sina modiga Åländningar, afsade sig *Gummerus* all vidare befattning, önskade sig en behöflig hvila, efter fyra dygns nattvak, oro, omtanke, ansträngningar och faror [1]). *Arén* deremot fortsatte ännu, att, både såsom krigare och tjensteman gagna sitt fädernesland, hvilket, på sjelfva Åland, hade personer af motsatta tänke- och handlingssätt [2]).

Löjtnanten, grefve *Cronstedt* hade samma dag, med barkasen N:o 11 och 70 man Åländningar, hvil-

---

1) Den rådige och modige länsmanen *Aréns*, jemte den lika beskaffade adjunkten *Gummerus*' belöning, blef en medalj för tapperhet, att bäras i Svärdsordens band.

2) Expeditions-befallningsmannen *Klenberg*, uppsyningsmannen *Erlund*, skallfogden *Fogelholm* och länsmannen i *Kumlinge*, hvilka af löjtnant *Kapfelman* arresterades, såsom Ryskt sinnade och fienden bebjelplige. — Bidraget, N:o 1.

ka landsattes, anfallit Ryska posteringen på *Brändö*. Ryssarne gjorde raskt motstånd; men några 12-pundiga skråskott och de tappre Åländningarne, tvingade dem att ge sig. Här togos 52 man, 4,500 rubel och 12 hästar, samt 5 officerare [1]) och 37 man på en annan ö, jemte en mängd beväringspersedlar och skott.

Löjtnant *Lagerhjelm*, med skonerten Fröja, hade den 28 afgått till *Korpoströms* gård, och vid *Killingeholmen*, ¾ mil derifrån, förstört en af fienden uppkastad skans, och tillika bemägtigat sig två kanoner, 123 gevär, samt andra vapen, jemte krut, hvilka Ryssarne tagit ifrån allmogen och der undangömt, för att öfverföras till Åbo.

Åland, som 1590 af Johan III upphöjdes till grefskap, då han förlänade det åt sin son hertig Johan, består af en mängd större och mindre öar, hvilka otvifvelaktigt i forntiden varit tillhåll för vikingar, och så kallade sjö- samt näs-konungar.

Åländningarnes frihetssinne [2]) och lust för äfventyr, förenadt med mod och skicklighet att trotsa vattenelementets vådor, erinrar ännu om denna deras härkomst. De äro säkra skyttar och födde sjömän; skäl- och fiskfångst hörer till deras lefnadssätt, mera än jordbruket. Välmågan är allmän och de fleste ega guld och silfver i sina hus. De spridda öarne utgöra sju kyrksocknar, och hade redan denna tid en sammanräknad folkmängd af något öfver 12,000 invånare, hvaraf nära 3,000 voro vapenföre.

---
1) Deribland befälhafvaren, major *Scheremetjeff*.
2) De hysa ännu en fast tro på egen nationalitet. På frågan om de äro Ryssar, Svenskar eller Finnar, svara de: "*Nej, vi äro Åländningar; vi äre ett eget folk.*"

Gottland.

Till följd af denna sednare omständighet utfärdade konungen, den 26, en befallning om uppsättandet af ett landtvärn på Åland, hvilken ö skulle utgöra, från de talrika hamnarne derstädes, en utgångspunkt för de landstigningar, hvarmed konungen ernade undsätta *Klingspor*. Men huru dessa företag kunde ordnas och sammanlänkas med Finska härens rörelser, och konungens tro på nödvändigheten att i närheten af hufvudstaden hafva ett större antal stridbara tropper församlade, få vi längre fram erfara, liksom den planlöshet, hvarmed dessa och andra landstigningar och förstärkningar verkställdes.

GOTTLAND.

I slutet af April hade en Rysk eskader under kontre-amiralen *Bodisco*, med omkring 1,200 man linjetrupper om bord, ankommit till *Gottland*. Landsättningen på och intagningen af denna ö skedde utan motstånd. v. Landshöfdingen derstädes *af Klint* hade väl redan uppkallat en del af Gottlands stridbara allmoge till försvar; men då rykten och berättelser angåfvo, att fiendens styrka voro mångdubbelt större än den *Klint* hunnit samla, ansåg han allt motstånd, med oöfvade och illa beväpnade bondhopar, ändamålslöst och ledande endast till onödig blodsutgjutelse. De fingo således återvända hvar och en till sitt.

Så snart Konungen fick underrättelse om denna händelse, anbefallde han kontre-amiralen, friherre *Ce-*

derström, att med sin eskader af den utevarande stora flottan och 1,835 man fotfolk[1]), under öfverstelöjtnanten, friherre *Fleetwood*, fördrifva Ryssarne från *Gottland*.

Den 14 ankrade *Cederström* utanför ön och genast landsattes trupperna, samt voro redan på vägen åt *Wisby*, då den underhandlare, som *Cederström* afsände till Ryska befälhafvaren, återkom, jemte den sednares ombud, hvilken hade i uppdrag att öfverenskomma om kapitulations vilkoren. Dessa uppgjordes i så lydande:

ARTIKLAR,

angående ön Gottlands öfverlemnande:

1:o. Hans Kejserl. Ryska Maj:ts troppar utrymma ön inom 2:ne dagars tid, och öfverlemna åt Hans Kongl. Svenska Maj:ts troppar alla vapen, ammunition och artilleri, som de fört med sig eller tagit på ön. De gifva sitt hedersord, att icke på ett års tid bära vapen mot konungen af Sverige eller dess bundsförvandter.

2:o. Alla effecter och förråder, af hvad namn som helst, tillhörande konungen af Sverige och som af Ryska tropparna egentligen blifvit förtärde, skola betalas kontant, eller genom en general-assignation, äfvensom värdet af alla reqvisitioner i fall de egt rum.

3:o. Ryska tropparne föra med sig alla deras effecter och egendom och begifva sig till *Slitö;* de skola der inskeppa sig på samma fartyg, med hvilka de äro hitkomne. Desse skola blifva försedde med pass, för att kunna fritt återvända, utan hinder, till Ryska

---

1) *Michailefskij-Danilefskij* uppger dess antal till 5000 man, eller nära trefallt större än det verkliga beloppet.

Första delen.

eller Preussiska hamnar, och i fall de behöfva, få de nödiga provisioner mot betalning. Undertecknadt den 16 Maj 1808.

R. Cederström. *Bodisco.*

Svenskarne eröfrade derjemte 6 st. sexpundiga metall-kanoner, med tillbehör, 38 hästar, 1,419 gevär med tillbehör, en mängd krut, skott och utredningspersedlar. — Ryska styrkan, som nedlade gevär mot fritt aftåg, bestod af 1 amiral, 2 öfverstar, 3 majorer, 6 kapitener, 51 subaltern-officerare, 178 under-officerare och 1,056 soldater.

För denna kapitulation dömdes *Bodisco* [1]) strängt i Ryssland, ehuru hans förhållande i verkligheten icke var klandervärdt. Innesluten på en aflägsen ö, utan hopp om undsättning, utan lifsmedel, omgifven af Svenska örlogsflottan på sjön och af en nära dubbel styrka till lands, hvad kunde han annat göra än underhandla eller slås till sista man? När en kapitulation i hans ställning ansågs icke blott klandervärd utan till och med brottslig, huru skall man då bedöma tilldragelserna på *Sveaborg* och *Svartholm?* [2])

Fältstyckena och Jönköpings regemente qvarlemnades på Gottland; det sednare till stam för dervarande landtvärn, hvilket skulle inöfvas. Återstoden af

---

1) Hans officerare förlorade också sina *värjor*, under förevändning, att *de sjelfva medgifvit deras nedläggande genom kapitulationen.* De återfingo dem likväl efter en viss tid, äfvensom Bodisco sin tjenst och sina ordnar.

Gustaf Adolf var icke heller nöjd med amiral *Cederströms* förhållande. Konungen förebrådde honom, att *han icke tillfångatagit Bodisco och hans trupp* eller nedgjorde den.

2) Amiral Bodisco frälsade sig sjelf och sin trupp, och kunde icke göra mera. Hans förhållande på Gottland tillskyndade honom allmän aktning för den ordning, rättrådighet och krigstukt han vidmagthöll hos soldaten. Hans yttrande, att Ryssland anser Gottlands besittning för sig lika vigtig som Finlands, är värdt att ihågkomma.

Öfversigt.

trupperna återvände till Skånska hären, under fältmarschalken *Toll*, som hade en betydlig styrka under sig, utan att behöfva eller ens kunna använda den.

JUNI MÅNAD.

ÖFVERSIGT.

Krigshändelserna lemna anledning till några militäriska och personligen karakteristiska omdömen, dem man kanske ej bör undanhålla den mindre sakkunnige läsaren. De framtida planerna påkalla också en kort framställning.

Då Svenskarne, i början af fälttåget och sedan Ryska styrkan var känd, begingo det felet, att ej göra ett alfvarsamt motstånd, hade Ryssarne derefter att förebrå sig ett icke mindre, utan nästan större fel, det nemligen, att icke genast verkställa sina anfallsrörelser och med detsamma Finlands eröfring, öfver *Kuopio* på *Uleåborg.* Derigenom hade *Klingsporska* hären blifvit afskuren. Så snart denne här lemnade *Tavastehus* och *Björneborg*, var afsigten uppenbar med återtåget, hvilket i allmänhet verkställdes raskt och ordningsfullt. Det utgjorde derföre en stor, en nästan oförklarlig förblindelse hos Ryska öfverbefälhafvaren, att tro det Svenska hären skulle lemna Finland, antingen öfver *Qvarken* ifrån *Wasa* till *Umeå*, eller norr om Bottniska viken öfver *Torneå*. Ett icke mindre fel begick

Buxhoewden, då han, efter *Siikajoki* striden, insåg sitt misstag, sökte gödtgöra det med en så svag skara, som den *Bulatoffska* och så nära Svenskarnes hufvudhär.

Begge härarnes högsta ledare synas haft samma fel och samma förtjenster. Båda voro ganska kloka och erfarna förvaltande styresmän. Också hade den Svenska uppstigit till härförare från general-intendent, en befattning, hvari han uppenbarat mycken skicklighet; deremot saknade han alla en krigares och generals egenskaper: fintlighet, djerfhet och personlig ihärdighet, äfvensom en härförares förmåga att känna, ordna, leda och beherrska allt. Grefve *Buxhoewden,* ehuru praktisk soldat, egde icke heller något krigaresnille. Begge voro gamla, den Svenska likväl äldst. Ingendera älskade vapenbraket, hvilket dock den sednare undvek mera än den förra [1]). De delade derföre icke krigarnes faror; ingendera uppmuntrade personligen de stridandes mod under sjelfva bardaleken. Båda bedömde och ledde härarnes rörelser på afstånd och efter berättelser; begge voro således mera ekonomiska än militäriska befälhafvare. De hade likväl olika framgång; kanske äfven derföre att de hade olika beherrskare, ehuru den Ryska icke heller för sin person var någon härförare; men han förstod att begagna och omgifva sig af utmärkta personligheter i alla yrken.

Hvad Ryska befälhafvaren försummade i början af fälttåget, lät han icke längre fram komma sig till last.

Deremot uraktlät den Svenska, att begagna sig af sin motståndares fel, med den kraft och ihärdighet,

---

1) Den Svenska öfverbefälhafvaren bedömdes inom sin egen här, i enlighet med denna teckning. En karrikatur gick ibland befälet, hvari han var afbildad sittande i en kursläda, körd norrut med lössläppta tyglar. Han ropar åt adjutanten, som kör: "*min vän, hör ni skotten?*" Denne svarar med långsträckt hals: "*åh nej, Ers Excellens, dem ha vi aldrig hört!*"

som vederbordt. Och likväl visade honom *Sandels*, att det var ingen omöjlighet, oaktadt årstidens och väglagets svårigheter, att rycka fram och undantränga fienden. Men om *Klingspor* icke kunde besluta sig dertill, hade han åtminstone bordt inse nyttan och nödvändigheten deraf, att, ifrån sin hittills overksamma här, lemna åt Sandels en betydligare förstärkning, hvarigenom det blifvit möjligt för honom, att antingen framtränga öfver Ryska gränsen och sålunda nödga *Buxhoewden* att öfvergifva södra Finland, eller satt honom i tillfälle att bibehålla sig kring *Jorois*, hvarigenom han på en gång stått i en hotande, öfverflyglande ställning till *Klingspors* motståndare och derjemte innehaft en mycket afskuren trakt, som erbjuder många ypperliga, naturliga försvarspunkter.

Om *Sandels* kunnat bibehålla denna ställning, med en styrka af högt 3 à 4,000 man, hvartill tillgångar icke saknades, om en del af den orörliga *Klingsporska* hären dertill blifvit begagnad, så hade derigenom ej allenast vunnits mera samband i de begge Svenska härarnes rörelser och företag, utan fienden i ock med detsamma varit urståndsatt, att från denna sida af Ryssland skicka förstärkningar, och *Klingspor* och *Sandels* hade lättare och med större fördel kunnat erhålla bistånd ifrån Sverige, eller också allmogen uppkallas, ordnas och öfvas till härens förstärkning. Och om Svenskarnes skärgårdsflotta hållit kusten och stängt för Ryssarne all gemenskap och förbindelse sjöledes med sin landthär, så hade *Buxhoewden* antingen varit nödsakad att hufvudstupa draga sig tillbaka, eller, lemnad åt sig sjelf, i brist af födoämnen [1]), kommit i en ganska brydsam, troligen förtviflad belägenhet.

1) En *kull* eller säck mjöl kostade redan Ryssarne, transportkostnaden inberäknad, 25 rubel silfver eller lika många R:dr Rglds.

I stället försummades allt detta, hvaremot Ryssarne, genom *Svartholms* och *Sveaborgs* kapitulationer [1]), kommo i tillfälle att draga större delen af de trupper, som blifvit använda vid dessa fästningars belägring, till förstärkningar både åt *Klingspors* och *Sandels* motståndare.

Den förskräckelse, som den sednares framgångar utbredde i Ryssland, serdeles i trakten af *Nyslott* och *Willmanstrand,* hvarifrån man, af en kanhända otidig säkerhet och i behof af manskap på andra håll, tagit större delen af besättningarne, nödgade Ryska regeringen att i största hast och med mycken ansträngning framskaffa mera trupper ifrån det inre af det stora riket.

Den anfördes af [2]) generalen *Barclay de Tolly*, hvilken i sträckmarscher skyndade fram mot *Sandels*, hvars styrka, alltid ringa, nu sammansmält, genom flera mer och mindre blodiga träffningar och öfverståndna mödor, till en obetydlighet af 1,500 man.

Denna Barclay de Tolly's fördelning (Ryska härens 6:te division) bestod af mer än 7,000 man, samt utgjorde således större delen af de 12,000 mans förstärkning, som grefve *Buxhoewden* begärt och väntade. Hans till 23,000 man sammansmälta här, borde sålunda bringas till 35,000 man, då sommarfälttåget skulle vidtaga.

Klingspors hittills varande motståndare, general *Tutschkoff*, hade förlorat befälet och blifvit ställd till ansvar, för det han icke kunnat intaga Uleåborg. Svenskarnes framgångar ansågos vara en följd af hans miss-

---

1) Underrättelsen derom verkade ytterst obehagligt på **Klingsporska** och **Sandelska** härarne, hvaraf många redliga öfverraskades på det smärtsammaste.

2) De utgjordes af 4 bataljoner, 5 sqvadroner, 1 kompani skansgräfvare och 24 fältstycken, utom några trepundiga enhörningar.

tag, men icke af deras klokhet eller tapperhet. General *Rajeffskij* fick befälet efter honom, och hans fördelning ökades till nära 7,000 man af alla vapen. Han skulle, i förening med *Barclay de Tolly*, slå både *Klingspor* och *Sandels*. Medan *Rajefski* hade att hejda *Klingspors* marsch till Wasa, skulle *Barclay de Tolly*, qvarlemnande 3,000 man i Kuopio till förstärkning åt *Sandels* motståndare, gå emellan honom och *Klingspor*, hotande begges eller enderas rygg. Om den sednare ville, med en betydligare styrka, kasta sig på *Barclay de Tolly*, skulle *Rajefskij* skynda sig att kringgå *Klingspor* åt Uleåborg, eller med få ord: de begge Ryska generalerna hade befallning, att bringa sina motståndare emellan sig och sålunda emellan tvenne eldar. *Rajefskijs* stödjepunkt var *Tammerfors*, *Barclay de Tollys*, *Wiborg* och *Willmanstrand*, på hvilka ställen han lemnade en undsättning af 8 bataljoner och 5 sqvadroner.

De andra Ryska skarorna, under grefve *Kaminskijs* befäl, hade sin ställning från *Hangö-udd* till *Lovisa;* och den under furst *Bagration*, från *Tavastehus* till *Åbo* och *Björneborg*. Den förra skulle bevaka *Sveaborg*, samt derjemte kusterna, hvilkas försvar borde utgöra deras hufvudsakliga både ögonmärke och åliggande.

Med dessa planer och anordningar för sommarfälttåget, trodde grefve *Buxhoewden* sig innan kort kunna återtaga hela Finland och förvandla Svenskarnes framgångar till deras plötsliga undergång. Han betänkte icke *Rajefskijs* och *Barclay de Tollys* afskilda ställning, utan all möjlighet att snart och således verksamt kunna understöda hvarandra. Om den ena blef slagen eller tillbakaträngd, så var den andra i och med detsamma nödsakad att äfven draga sig undan, för att icke stå ensam, skiljd från all undsättning, med blottade flyglar och rygg. Att utgången till alla delar och så fullständigt som det kunnat ske, icke rättfärdigar dessa inkast, minskar hvarken deras sanning eller grefve *Buxhoewdens* oförlåtliga misstag, att på en så falsk grund bygga sin plan. Det är alltid ett stort militäriskt fel, att röra sig med splittrade krafter. I det oafbrutna sambandet, i det nära sammanhanget emellan delade skaror, ligger, näst den förenade styrkan, den största kraften.

Svenska konungens plan deremot var den, att i samband med Engelska hjelpsändningen, 10,000 man, göra landstigningar i ryggen på Ryska hären i nejden af Wiborg, i ändamål att intaga denna stad eller omringa den, att med ströfskaror hota *Petersburg* och *Willmanstrand*, att oroa Ryska härens flyglar och rygg, att uppsnappa eller förstöra deras förråder och transporter, m. m. I fall en landstigning icke kunde verkställas vid Wiborg, så borde den ske i samma afsigt vid Kymmene elfs utlopp, för att, i förening med Klingsporska hären, slå Ryssarne eller åtminstone tvinga dem att alldeles öfvergifva Finland. Men alla dessa beräkningar strandade mot Engelska generalen *Moores* invändningar, att han icke hade rättighet att aflägsna sina trupper från kusten och icke heller att förena dem med de Svenska under ett befäl [1]).

För öfrigt hade konungen ingen bestämd uppgjord plan för detta krig, och huru litet hans splittrade landstignings företag i Finland kunna räknas dertill, visar

---

1) *Moore* lärer dessutom besvarat *Gustaf Adolfs* enträgenhet med den bitterhet, att konungen uppretades och förbjöd honom att lemna Stockholm, hvarifrån han dock, med sin assistents pass och namn, genast afreste till Götheborg och sina trupper, hvilka befunno sig på Engelska flottan. Han afseglade med dem till Spanien, der han träffades af en ärofull död vid *Ferrol*.

<small>Sandels fördelning; Kivisalmi den 7. Jorois den 12; *Grotenfelt.*</small>

sig längre fram. Emellertid bör man nämna, att han valde *Åland* till utgångspunkt för dem, och till sitt högqvarter, hvarifrån alla krigsföretag skulle ordnas och ledas [1]).

<small>Sandels fördelning; Kivisalmi den 7. Jorois den 12; *Grotenfelt.*</small>

Sandels afbidade den mer än fyrdubbelt öfverlägsna fienden med orubbadt mod. Under det han påskyndade Wasa regementes marsch till sin förstärkning, jemte ett batteri sexpundiga kanoner och en sqvadron *Karelska* dragoner, hvilka stodo i nejden af *Uleåborg*, fann han rådligast att samla sin styrka, för att med förenad kraft och större eftertryck kunna motstå, åtminstone hejda, sin påträngande fiende.

Denne visade sig, att börja med, vid *Kivisalmi* pass den 7 dennes. Öfverste *Fahlander*, som försvarade detsamma, lät några Savolaks jägare, med sina gamla studsare, skjuta några säkra skott öfver det breda passet och genast drogo Ryssarne sig tillbaka, under det de itände några bondhemman, hvilkas uppbrännande icke kunde tillskynda dem den ringaste nytta.

Först den 12 visade fienden större beslutsamhet. Han anföll, 2,000 man stark, den Svenska posteringen vid *Jorois*, knappast 300 man, under major *Groten-*

<small>1) Att *Gustaf IV Adolf*, enligt *Michaeloffskij-Danileffskijs* uppgift, "utsåg Åland till basis för sina operationer, för att icke aflägsna sina trupper för långt från den mot honom (kungen) fiendtligt stämda hufvudstaden", är icke den enda förolämpning denne författare, (troligen dertill förledd af Ryska ministerns i Stockholm uppgifter), tillåter sig mot densamma och dess aktningsvärda borgerskap, hvilket, under det föregående kriget mot samma fiender, lika hedrande som sjelfmant ådagalagt sitt fosterländska nit.</small>

Den 14; Kutumäki; *Söderhjelm*.

felt, som, försedd med blott en sexpundig slanga utan fordon, försvarade detta pass tvenne dygn. Ryssarne hade fem kanoner och två enhörningar. Flere försök misslyckades, att förmå *Grotenfells* Savolaksare att ge vika. Men i skydd af ett den 13 inträffadt snöslask, hvilket skymde utsigten, lyckades det den öfverlägsne fienden att uppkasta ett bröstvärn, hvarifrån han påföljande dag öppnade en liflig stycke-eld. Under densamma kastade han en fältbrygga öfver passet mot Svenskarnes venstra flygel, och trängde sig fram, oaktadt det tappraste motstånd, samt nödgade *Grotenfelt*, att kl. 3 e. m., draga sig tillbaka. Återtåget skedde dock med ordning och fortsatt försvar till *Kuvansi*, hvars bro genast efter öfvergången förstördes. Men som detta pass, i anseende till det låga vattnet, var vadbart, och fiendens rytteri, med jägare bak i sadeln, redan på flera ställen kommit öfver detsamma, måste *Grotenfelt* fortsätta återtåget till *Warkaus*, der han fattade stånd.

Emellertid hade en annan Rysk skara från *Willmanstrand*, öfver *S:t Mickel* nalkats vår postering vid *Kutumäki*, der några fältverk voro uppkastade och skulle försvaras af kapiten *Söderhjelm*, med sina 100 man Österbottningar, biträdda af 40 dragoner och 2 trepundiga kanoner. Han blef anfallen samtidigt med *Grotenfelt* vid *Jorois*, och af en nära lika stor Rysk styrka, med lika många kanoner. Men äfven här mötte Ryssarne, den 14, lika motstånd. Dagen förut hade *Söderhjelm* fråntagit fienden en uhlan och några hästar, och påföljande dag försvarade han sig mot Ryssarnes tiofaldiga öfverlägsenhet, utmärkt tappert, i sex timmar, afbidande öfverste *Fahlander*, som

Sandels fördelning.

med sin lilla flock befann sig i *Kivisalmi* och sålunda varit kringränd, om han ej hunnit tillstöta härstädes. Men då kapiten *Söderhjelm* var af den talrika fienden på alla håll ansatt och nära att blifva uppslukad, måste han, ehuru *Fahlander* ej anländt, draga sig tillbaka, hvilket skedde med mycken käckhet, steg för steg till *Suonejoki*, hvarest *Sandels*, med de få krigare han samlat från *Kuopio*, redan inträffat, i afsigt att betäcka denna väg och möta den derpå framträngande fienden.

Major *Schildt*, med sina Vesterbottningar, förstärkte af Savolaksare, under major *Grotenfelt*, hade ej den sednares eller kapiten *Söderhjelms* beslutsamhet och kraft att försvara sig, ehuru Vesterbottningarne icke vanslägtats från sin urgamla tapperhet, hvari de utmärkte sig äfven under detta krig, jemte sin villighet och på gudsfruktan grundade krigstukt. Han drog sig tillbaka, af farhåga att blifva afskuren, först till *Paukarlaks* och vidare till *Suonejoki*, der *Sandels* befann sig. Denne var likväl för svag att, på detta ställe, motstå den numera förenade Ryska styrkan under *Barclay de Tolly*, helst denne redan på ena flygeln, med en del af sin skara, öfvergått passet ½:dels mil nedanom bron, vid en der belägen qvarn, och äfven hotade den andra; ty flera vad voro tillgängliga i detta hänseende.

Sandels drog sig, den 15, fot för fot, undan den häftigt påträngande fienden till *Henriksnäs* gästgifvaregård, 1 ¼:dels mil från *Kuopio* stad. Här beslöt han, helst stället erböd någon anledning dertill, att stadna, dels i ändamål att ännu en gång i det längsta invänta öfverste *Fahlander*, hvars öde väckte allmänt deltagande, isynnerhet som fruktan var större än hoppet; och dels för att besörja om förrådens och trossens rodd öfver det mils breda passet till *Toivola*, hvarest han ernade fatta stånd och försvara sig i det yttersta.

Öfverste *Fahlander*, som emellertid, vid *Kivisalmi*, för sent fått underrättelse om händelserna vid *Kutumäki*, för att hinna dit innan kapiten *Söderhjelm* var undanträngd, såg sig nu omringad och lemnad helt och hållet åt sig sjelf och sitt öde. Hans belägenhet var brydsam. Han var på alla sidor innesluten af en tiofaldt starkare fiende, alla vägar stängda, allt hopp om undsättning förloradt, ögonblicket inne att bli krossad; men likväl föll det hvarken honom eller någon af hans följeslagare in, att tänka på underhandling, att dagtinga och rädda sig undan faran på detta sätt. Öfverläggning egde rum; men blott om hvilken af de tvenne utvägar, de enda, som återstodo, borde väljas, antingen den han tog eller den att slå sig igenom den Ryska öfvermagt, som tvungit *Grotenfelt*, *Söderhjelm* och *Schildt* att lemna honom i sticket. Men detta steg, såsom det mest förtviflade, sparades till den stund, då intet annat mera återstod.

I hast samlades alla båtar, som i denna nejd voro att tillgå. Antalet blef ringa. Med möda kunde *Fahlanders* lilla styrka inrymmas på dem; de utgjorde likväl det enda hoppet för hans räddning ur den öfverhängande faran.

En sorglig förrättning återstod ännu, föreskrifven af nödvändigheten, utförd af fosterlandskänslan, af nitet att beröfva fienden allt som kunde beröfvas honom. De förråder och effekter, som voro qvar, kronans eller enskildtas tillhörigheter, (största delen utgjor-

Sandels fördelning; *Stenqvist*.

des af dessa sednare), och som omöjligen kunde medtagas, uppbrändes jemte bron öfver det mindre sundet.

Derefter inskeppade man sig i båtarne och den *Fahlanderska* krigsflocken, bestående af en hand full tappre, blef nu flytande. Man rodde omkring holmar, klippor och vikar; man drog sina farkoster öfver en landtunga.

Sålunda fortfor man, under oafbrutna mödor, i storm och oväder, att nära halft annat dygn irra på *Konnevesi* bedrägliga vattenyta, då *Fahlander* beslöt att göra en landstigning, på sidan af *Suonejoki*, i hopp att *Sandels* ännu kunde finnas der.

Men ehuru förvillande vattutåget skett, för att missleda fienden, om han upptäckt det, och ehuru tyst och hastigt landstigningen verkställdes, lyckades det likväl de uppmärksamma Ryssarne att få kännedom derom. De läto *Fahlander* komma en fjerdedels mil på deras område, innan han, genom en pålitlig budbärare, en trogon bonde, fick upplysning om fiendens förehafvanden [1]).

Emellertid hade det af nattvak, arbete och bristande födoämnen, utmattade manskapet fått tillstånd att på en liten slätt, omgifven af en högväxt, mörk och tät skog, sätta sig, för att taga en stunds hvila. Aftonskymningen och den äfventyrliga ställningen ökade den omgifvande dysterheten, hvilken kanske äfven öfverensstämde med mångens sinnesstämning. Allt var stilla som grafven, då på en gång hördes ett hemskt dån, icke ett vapengny, som lifvar krigaren, men ett rassel, liksom förskräckta, flyende brottslingar kom-

---

[1] En länsman vid namn *Stenqvist*, gjorde med sin rådighet och sin kännedom af trakten detta ovanliga och besvärliga återtåg möjligt.

mit i rörelse och skrämt hvarandra. Det är omöjligt att beskrifva det fremmande, gåtlika, hemska intryck, denna sällsamma händelse verkade. Man såg för första och säkert äfven för sista gången dessa modiga krigare, som trotsat så många faror, som ej bäfvat för fiendens kulor och svärd, för ett ögonblick, under ett oredigt slummer, låta öfverraska sig af ett till någon del falskt alarm, uppkommet af ett obetänksamt utrop: *vi äro omringade* [1]). Under denna oordning blef ensamt författarens yngre bror sårad [2]). Det lyckades ganska hastigt befälet, att återkalla de förvillade till sans, lydnad och ordning.

Sedan oredan upphört, manskapet åter samlat sig, faran och den öfverlägsna fiendens nära granskap och afsigt var inhemtad, jemte omöjligheten att slå sig igenom, beslöt *Fahlander* att återvända till sina båtar.

Redan var återmarschen börjad, då man plötsligen fick den öfverraskande, men säkra underrättelsen, att Ryssarne förekommit oss, att de intagit den strand och trakt vi nyss lemnat samt att båtbevakningen kunnat frälsa sig blott derigenom, att den rodt undan; men utan att lossa något skott, hvarigenom den åtminstone fästat de landsattes uppmärksamhet på hvad som inträffat.

---

1) Det är anmärkningsvärdt, att en så modig soldat, som den Finska, kan hysa farhåga för blotta utropet: *kringränd*. Får han blott vända ansigtet mot den kringgångne, så är allt bra, liksom han trodde på den gamla grundsatsen: *att blott den fiende, som man icke ser, är farlig.*

2) Genom den omsorg manskapet sedan visade honom under hela återtåget, sökte det att godtgöra denna olycka, som ynglingen bar med lugn, samt tillfrisknade snart. Tvenne äldre bröder delade också och öfverlefde med författaren detta krigs många och blodiga strider, samt nästan otroliga uppoffringar; men ensamt författ. blef qvar i Svensk tjenst efter fredsslutet.

Sandels fördelning; *Fahlander* i Karttula.

Nu syntes öfverste *Fahlanders* belägenhet mer än någonsin förtviflad. Det tycktes, som alla vidriga händelser, alla olyckor hade förenat sig, att, om möjligt, tillintetgöra hans rådighet, hans och truppens mod och ståndaktighet. Här fanns intet ögonblick att förlora; hvarje besinning, hvarje öfverläggning, var ett vådligt dröjsmål, hvarje högljuddare samtal en möjlig signal till vår upptäckt samt till anfall af en fiende, hvilken fanns öfverallt och som kände vår ställning.

Det som tycktes utgöra vår synnerliga farhåga, det utgjorde, hvad ofta inträffar, vårt enda värn, vår säkraste tillflygt, nemligen traktens oländighet, den täta nästan ogenomträngliga skogen, de djupa dalarne, de mörka hålorna; dessa jemte tystnaden och snabbheten i våra rörelser, voro de enda återstående medel, hvarigenom man nu mera kunde rädda sig, åtminstone från ögonblickets annars oundvikliga undergång.

Sålunda öfverlemnade man sig med enhälligt förtroende till befälhafvarens klokhet, till lyckans ledning.

Utan föda, med inga eller dåliga skoplagg, utslitna kläder, med hvart steg mer och mer sårade, blodiga fötter, förut utmattade kroppar, smög man sig fram, under nära 2 dygn, öfver kärr och berg, genom skogar och dälder, utan klagan, utan att ett enda ljud af knot eller missnöje undföll någon, utan att en enda man tröttnade eller blef efter, tills man ändteligen inträffade i *Karttula* by. Hit hade båtarne och dess bevakning förut anländt. Invånarne här täflade att förse de behöfvande med nödiga förfriskningar.

Det är icke lätt att afgöra, hvad som mera pröfvar ståndaktigheten och sinnesstyrkan, antingen att i det yttersta trotsa för handen varande mödor och faror, i hopp att de kunna besegras, eller att helt oförmodadt, ifrån nyss öfvervunna ryckas till nya, isynnerhet från en hvila, som lofvat någon varaktighet, den man väl förtjent, men som man knappast hunnit intaga, förr än det gäller att öfvergifva den.

Ett återkommit bud ifrån *Sandels* underrättade derom, att ingen tid var att förlora, om *Fahlander* skulle hinna förena sig med honom. Man måste lemna den framburna maten, hvaraf man näppeligen hunnit mätta sig, man nödgades ånyo trampa med de fötter, bära med de skuldror, hvilkas sår man börjat vårda. Uppbrottet skedde likväl med den största hastighet, och vägen från *Karttula* till *Henriksnäs* tillryggalades nästan i språng och under fröjderop.

Med hvilka ömsesidiga känslor af glädje och tillfridsställelse man nu omfamnades af vapenbröder, ifrån hvilka man genom så många gemensamma faror och olycksbådande händelser varit skiljd, och med hvad loford man öfverhopade *Fahlander* och hans följeslagare i olyckan, den de öfvervunnit, snaror, dem de undgått, hinder och uppoffringar dem de trotsat, hörer till de ärorika, krigiskt sköna minnen, som man fåfängt söker att beskrifva och som den jemnlika erfarenheten ensamt förstår att rätt uppskatta.

Straxt derefter fortsattes återtåget, tillika med fördelningen, som blifvit förstärkt med det nyss uppsatta *Wasa* regemente. *Sandels* utgjorde sjelf eftertruppen med 350 man och 2 sexpundiga kanoner. Ett vackrare återtåg har väl ingen verkstäldt. Medan fördelningens öfriga skaror rodde öfver det mils breda passet till *Toivola*, dit förråderna förut voro öfver-

Sandels fördelning; Toivola den 18; Colliander.

förda, anfölls eftertruppen, den 18 på e. m., af en öfverlägsen fiende, med fältstycken och rytteri. Den kallblodighet och ordning, med hvilken 100 man af *Wasa* läns ungdom, anförde af löjtnant *Colliander*, under skjutning plutonsvis, steg för steg, försvarade sig mot den häftigt påträngande fienden af mångdubbelt antal, väckte sjelfva veteranens beundran [1]).

Genom detta käcka försvar kunde öfverfarten till *Toivola* hinderlöst verkställas af den öfriga hären, och *Sandels* sjelf var en ibland de sista, som kom öfver jemte eftertruppen.

De *Sandelska* skarorna, hvilka varit skilda på olika håll, under tillfälliga befäl, stodo nu återförenade, efter många olika öden, stora öfverståndna besvärligheter och faror; men också derföre mycket minskade. De många träffningarne, de långa, hastiga och mödosamma sträckmarscherna, under en svår årstid och på obanade vägar, hade medtagit många af hans förut fåtaliga fördelning. Det sista återtåget, med det manliga försvaret vid *Jorois*, *Kutumäki* och *Henriksnäs* hade icke heller aflupit utan blod. Dödskjutne voro: 1 under-officer och 20 man; sårade: 1 officer, 1 under-officer och 30 man, samt fångne vid *Jorois:* 1 styckjunkare och 9 man. Ryssarnes förlust, äfven under denna tid, var visserligen betydligare och uppskattas till 3 officerare, 10 under-officerare och 200 man dödade, samt ungefär ett lika antal sårade.

---

1) Detta bevisar, hvad äfven Napoleon med sina unga konskriberade ådagalade, att det icke, hos fosterländskt sinnade män, behöfves mycken exercisvana, för att bli dugliga krigare. Skada blott, att ej all Finlands vapenföra, och krigslystna ungdom och män blefvo beväpnade och något öfvade, samt derefter begagnade mot fienden!

Första delen.

Sandels fördelning.

Men de hade också erhållit betydliga förstärkningar, hvaremot dem *Sandels* fått knapt ersatte dess gjorda förluster. Hans sammanlagda styrka bestod nu af ett 6-pundigt och ett 3-pundigt batteri, med 100 man styckekarlar, Karelske dragoner 91, Vesterbottens lifbataljon 348, Österbottens d:o 293, Kajana d:o 200, Wasa regemente 516, Savolaks jägare 209, eller tillsamman blott 1,757 man [1]). Hans motståndares styrka kan ej uppskattas till mindre än 5 à 6,000 man af Rysslands kärntrupper och gardesregementen under *Barclay de Tolly*, en af fiendens bästa generaler.

Sandels intog en fast ställning vid *Toivola* och ställde sin bevakning så, med uppkastade stycke- och bröstvärn, att han i det längsta här kunde försvara sig, äfven mot den flertaliga öfverlägsenheten å Ryssarnes sida. Om fienden blef mästare af denna stora vattenled, var *Sandels* högra flygel, på en sträcka af mer än två mil, ända till *Ruokovirta* ström, tillgänglig och blottställd. Han sökte, genom pålningar vid *Magasinsviken*, *Sammakkolaks* och *Saviniemi*, samt försänkningar vid *Wajasalmi* och *Karhunsalmi* sund, så mycket ske kunde, minska farhågorna på denna sida, samt tillika samla och ihopsätta alla befintliga båtar, hvaraf de större förbygdes till kanonbåtar. Tjenlige och nödvändige fältvakter och posteringar utsattes tillika, äfvensom båtbevakningar, hvilka beständigt sjöledes borde bespeja fiendens rörelser och företag.

Det kunde icke undgå *Sandels* behjertande, att på hans vaksamhet och orubbade ståndaktighet berodde ej blott hans eget utan ock *Klingsporska* härens öde.

---

1) *Michaeloffskij-Danileffskij* uppger hans styrka, utom *Wasa* regemente, till 3,000 man, hvilket är ett stort misstag.

Sandels fördelning; *Stenius, Tianen.*

Likväl var han i en så vigtig ställning lemnad åt sig sjelf, med en obetydlig skara, på 60 mil skild ifrån hufvudhären, med ett stort omfång att försvara, emedan hans venstra flygel sträckte sig ända till *Karelen*, hvilket nu bevakades endast af bönder, som frivilligt samlat sig under en af sina likars anförande [1]).

Sandels inskränkte sig dock icke, oaktadt sin fåtaliga styrka, till ett blott och bart försvar på stället; han utsträckte det tvertom ända derhän, att han gjorde ganska djerfva anfall mot sina till antalet öfverlägsna motståndare, dem han sålunda försatte i en brydsam osäkerhet, än derigenom, att han oroade dem framifrån, än på flyglarne och än flera mil bakom dem, öfverraskande, uppsnappande eller förstörande deras förråder, posteringar och transporter.

Barclay de Tolly, som icke kunde ana, att han i Sandels hade en så på en gång klok och oförvägen motståndare, trodde sig, efter hans återtåg till och förskansande vid *Toivola*, med all säkerhet kunna verkställa sin öfverbefälhafvares befallning, att förena sig med general *Rajevski*, hvilken stod i trakten af *Gamla Carleby*. Derifrån skulle dessa generaler samverka

---

1) De voro blott en par hundra man; men bönderna i Karelen hade erbjudit sig, att, till en styrka af 2,000 man, vara redo att samlas, blott de fingo befäl och gevär. *Klingspor* uppger, i sin rapport af den 26 Maj 1808, fullkomligen sanningslöst, att de fått vapen och skott. Desse några hundrade man af allmoge, hvilka sjelfve beväpnat sig, stodo under studenten *Stenius'* och bonden *Tianens* befäl. Den sistnämnde erhöll under kriget 1 R:dr om dagen, belönades med tapperhetsmodalj af silfver och med gränse-kaptens fullmagt. Efter kriget måste han återvända till en fiende, som under fälttåget hade satt pris på hans hufvud och uppbränt hans boning. Det fanns medel att bygga Götha Kanal, ett ganska hedrande företag; men till den icke mindre hedrande, alltid mera angelägna pligten att belöna sina återstående tappra, allt uppoffrande fosterlands försvarare af Finska hären, voro inga medel att tillgå, ej ens till deras mest nödtorftiga uppehälle.

Sandels fördelning; Toivola, Kelloniemi.

till utförande af Ryssarnes hufvudplan, att tillbakatränga *Klingspor* öfver *Torneå* till Vesterbotten.

Vid sin afmarsch qvarlemnade *Barclay de Tolly* i Kuopio fem bataljoner fotfolk, något rytteri och ett halft batteri, under general-major *Rachmanoff*.

Sandels hade emellertid, genom säkra kunskapare, erhållit underrättelse både att *Barclay de Tolly* afgått, i afsigt att förena sig med *Rajevski*, samt att Ryssarne väntade en betydlig transport af födoämnen från *Warkaus* till *Kuopio*. För att bemägtiga sig densamma befalltes nu mera majoren och riddaren *Duncker* samt kapitenen och riddaren *Malm*, att, med 240 Österbottningar och Savolaks jägare, begifva sig på 20 båtar något öfver tre mil bakom Ryska hären, till *Paukarlaks* by, genom hvilken transporten skulle gå.

Men för att afvända Ryssarnes uppmärksamhet på detta företag beslöt *Sandels*, att, under tiden, natten emellan den 25 och 26 med 600 man och 4 fältstycken, på 60 båtar, göra en landstigning i nejden af *Kuopio*. Denna styrka var afdelad i tvenne skaror; den ena, anförd af majoren och riddaren *Arnkihl*, som hade befallning att landsätta sitt manskap vid *Julkulanniemi* och *Savilaks*, och den andra, under majoren och riddaren *Schildt*, vid *Ilkoniemi* och *Kelloniemi*. Den sednare, hvars venstra flygel anfördes af major *Roos*, hade i uppdrag, att, om det kunde ske utan stora uppoffringar, storma fiendens dervarande fältverk och borttaga dess stycken, medan den förra, i skygd af holmar, vikar och uddar, gjorde en omväg, för att vid *Savilaks* falla Ryssarne i ryggen. *Sandels*, som personligen ledde det hela, anvisade *Schildt*, hvars båtar häftigt beskötos från fiendens fältverk vid *Kelloniemi*-stranden, de

Sandels fördelning.

ställen, hvarest han lättast och med minsta fara kunde göra landstigningen, hvilken verkställdes kl. 11 e. m. med hastighet, ordning och således med kallblodighet.

Anfallet på fiendens fältverk skedde likväl icke med den snabbhet och hurtighet, att ej dess 7 kanoner redan hunnit bortföras. Deras bevakning, liksom Ryssarnes öfriga försvarsstyrka vid *Kelloniemi*, nödgades draga sig tillbaka åt Kuopio, ehuru under fortsatt eld. Men då *Arnkihl* ännu icke var framkommen och *Sandels* derföre befarade, att fienden kunde hinna få en större förstärkning åt detta håll, hvarigenom *Schildts* ringa flock kunde blifva blottställd, kanske afskuren från landstigningsstället, befallde han den sistnämnde att draga sig tillbaka och intaga båtarne. Det skedde kl. 1 om morgonen. Men på det att fienden ändå icke skulle tro sig säker på denna sida, och således kasta sig med förenad styrka på *Arnkihl*, fingo kanonbåtarne befallning att rycka fram och öppna en liflig stycke-eld, medan *Schildts* båtar ånyo skulle närma sig stranden i låtsad afsigt att landstiga. — *Arnkihl* hade just nu framkommit och den lifliga skottvexlingen tillkännagaf, att han mötte ett häftigt motstånd.

Han hade landstigit med hufvudstyrkan vid *Julkulanniemi* och med den återstående vid *Savilaks* vik, och ifrån förstnämnda ställe undandrifvit Ryssarne ända till *Harjula* gård, hvarest begge hans afdelningar sammanstötte. Han hade redan tagit 12 fångar och en hop beväringspersedlar, samt nödgat fienden, som, med 2:ne fältstycken och 500 man, sökte försvara sig, att fly, då han märkte att *Schildts* afdelning icke understödde anfallet samt att han derföre icke kunde våga att längre ensam fortsätta detsamma, helst hans motståndare

Sandels fördelning; Toivola, Kelloniemi den 26;
Kræmer, Colliander, Tulander, Wiklund,
N:o 37.

erhållit betydliga förstärkningar från *Kuopio*. Med möda kunde han förmå manskapet, isynnerhet *Wasa* ungdomen, som ville hämnas sina stupade kamrater, att återvända, ehuru striden redan varat till kl. 4 på morgonen. Hans återtåg skedde steg för steg, ehuru Ryssarne nu, i sin ordning, gjorde mer och mindre raska anfall.

I sammanhang med stridens slut på denna sida, upphörde *Schildts* afdelning också med skottvexlingen, och både han och *Arnkihl* inträffade åter i *Toivola* kl. 6 f. m. den 26, den förra med förlust af blott en man dödad samt 1 under-officer och 4 soldater sårade; men den sednare af den käcke fendrik *von Kræmer* och 14 man dödskjutne, samt 7 sårade. *Arnkihl* berömmer mycket tjenstförrättande kapitenen *Colliander*, under-officerarne *Tulander* och *Wiklund*, samt soldaten N:o 37 vid *Wasa* regemente och Pedersöre kompani, hvilken sednare, ehuru ung och första gången i elden, gjorde flera fångar och lifvades af en brinnande stridslust [1]). På Ryska sidan nämnas öfverste *Potemkin* och tvenne fransyska ädlingar, grefvarne *De la Garde* och *Rastignac* ibland dem, som utmärkt sig.

Emellertid hade major *Duncker* samma dag på e. m. lyckligen inträffat vid *Paukarlaks*, der han landsatt sina tappra följeslagare. Detta verkställdes med mycken tysthet, emedan Ryssarne hade en betydligare styrka i *Wehmasmäki*, hvilken han redan passerat oförmärkt; men hvarifrån han snart kunde bli anfallen

---

[1]) Det är klandervärdt, att man så sällan i offentliga rapporter och uti enskildta uppgifter finner namngifna de af underbefäl och manskap, som stupat, blifvit sårade eller utmärkt sig.

Sandels fördelning; Toivola; Paukarlaks den 25.
Duncker.

och således hela planen tillintetgjord, om han blefve upptäckt. Också bemärkte han, ifrån sitt tillhåll i ett skogsbryn, det han intagit, en Kossackpatrull från *Wehmasmäki*. Den lät han obehindradt rida både fram och tillbaka. Men straxt derefter afdelade han löjtnant *Roos*, med 50 man Österbottningar och Savolaks jägare, att smyga sig på södra och löjtnant *Castrén*, med lika styrka, på norra sidan af *Paukarlaks* by, med uppdrag åt *Roos*, att, då den väntade transporten skulle ankomma, låta den obehindradt gå förbi sig till byn, hvarefter densamma skulle anfallas på en gång fram- och bakifrån. Den öfriga styrkan behöll *Duncker* hos sig, att användas efter omständigheterna. Kl. mellan 9 och 10 upptäcktes denna ansenliga transport ankommande från *Leppävirta*. Den tycktes erna stadna ⅜:dels mil från *Paukarlaks*, vid en äng, i förmodad afsigt att beta sina hästar. Under-löjtnanten *Weber*, med 50 Savolaks jägare, fick derföre befallning, att i största hast och alldeles oförmärkt smyga till nämnde ställe, låta transporten gå sig förbi och sedan genast anfalla densamma. Under tiden marscherade *Duncker* sjelf, jemte kapiten *Malm*, med återstående trupper, och intogo mellanrummet af *Roos's* och *Castréns* ställning. Den Ryska transporten stadnade icke, utan fortsatte sitt tåg förbi löjtnant *Weber*, då han genast anföll den bakifrån, löjtnant *Roos* i midteln och *Duncker* och *Malm* framifrån; hvaremot *Castrén* fick befallning att bibehålla sin ställning och i händelse han blef anfallen af Ryssarne i *Wehmasmäki*, borde han försvara sig till sista man. Den Ryska bevakningen gjorde icke långvarigt motstånd. En officer och 10 man stupade, 1 under-officer och 8 man gåfvo sig och de öfrige tillika med trosskuskarne lyckades att undkomma i den täta skogen. Som *Duncker* icke kunde medföra mer än 29 mattor mjöl, 1 d:o bröd och 1 d:o hafra, 1 karta, 3 officers-värjor och en hop bref, så blef återstoden af transporten, bestående af 200 vagnar, förespända med 2 å 3 hästar samt 500 artillerihästar nedgjord eller uppbränd, sedan likväl manskapet fått gripa åt sig hvad det kunde medtaga. Man förmodade, att en betydlig krigskassa dervid blifvit lägornas rof.

Denna förlust var för fienden så mycket mera känbar, som han redan rönte brist på lifsmedel i *Kuopio*, och denna stad är belägen 12½ mil från *Nyslott*, utgångsstället för de Ryska transporterna, och således denna osäkra väg den enda, hvarpå födoämnen kunde och skulle tillföras.

Den 26 om aftonen var major *Duncker* tillbaka vid *Toivola*, med sina raska följeslagare, hvaraf han icke förlorat en enda.

General *Barclay de Tolly* hade, i anseende till de af *Sandels* skaror vid deras återtåg öfver allt förstörda broarne, ännu icke hunnit längre än till *Kivisalmi*, hvaröfver han höll på att bereda sig en säker öfvergång, då han fick underrättelse om den fara, hvari *Rachmanoff* och hans transporter sväfvade kring *Kuopio*. Denne sednare beklagade sig öfver sin vådliga ställning, med trupper, som ledo brist på föda samt oafbrutet minskades af beständiga anfall och uttröttades af en oafbruten och mycket besvärlig bevakningstjenstgöring.

Dessa magtpåliggande omständigheter föranläto *Barclay de Tolly*, att oförtöfvadt vända om; och han

Sandels fördelning; Toivola.

kunde snart lyckönska sig, att sjelfmant hafva vågat ett beslut, hvaraf hans egen skaras och kanske hela Ryska härens säkerhet berodde [1]). Han inskränkte sig att endast återställa sambandet med *Rajevskij*, och förstärka honom med tvenne regementen, under öfverste *Wlasloff*. Med återstoden af sin styrka inträffade han i nejden af *Kuopio*, den 30, samma dag *Sandels* för andra gången försökte en alfvarsam landstigning mot denna stad, hvars bevakning han nästan dagligen lät oroa genom mindre afdelningar till lands och vatten.

I förmodan att *Barclay de Tolly* ännu icke hunnit återkomma så nära sistnämnde stad, att han kunde bistå *Rachmanoff*, som vid *Kelloniemi* hade en styrka af 5 kanoner och 500 man, dem *Sandels* genom ett raskt anfall trodde sig åtminstone kunna undantränga, och sålunda möjligen återtaga *Kuopio* stad.

Dessutom hade han för afsigt, att genom detta djerfva anfall afvända fiendens uppmärksamhet från *Lintulaks*, der major *von Ficandt* befann sig i en ganska brydsam belägenhet, om hans motståndare äfven från denna sida kunde påräkna och erhålla understöd.

I detta dubbla ändamål ordnade *Sandels* sitt anfall. Uppbrottet skedde den 30 sent om aftonen. Major *Grotenfelt* skulle, med 150 man och 2 sexpundiga fältstycken, närma sig sjelfva staden och genom ett blindt anfall sysselsätta fiendens dervarande styrka. Under samma tid hade kapiten *Söderhjelm*, med 240 man, i uppdrag att landstiga vid *Kitlulanlaks* till höger, och som han hade längsta vägen, borde han bör-

---

1) Enligt *van Suchtelens* medgifvande, hvaraf bäst synes huru vigtiga och afgörande Sandels rörelser voro, och likväl var han så litet understödd från Svenska hufvudhären.

Sandels fördelning; Toivola; Kuopio; *Söderhjelm*. Kelloniemi den 30.

ja anfallet, medan nu mera kapitenen och riddaren *Burman*, med 200 man och 2:ne fältstycken, skulle göra detsamma i midteln vid *Kelloniemi*, jemte det majoren och riddaren *Duncker*, med 500 man och 1 sexpunding samt 1 trepunding, hade befallning, att, till venster vid *Honkaniemi*, verkställa hufvudanfallet, taga fiendtliga styrkan och batteriet vid *Likolaks* i ryggen, bemägtiga sig detsamma och sedermera, i förening med kapiten *Söderhjelm*, vända sig emot *Kelloniemi*, hvilket borde anfallas samtidigt af *Burman*. Alla dessa rörelser, landstigningar och anfall hade hvarje befälhafvare befallning att verkställa med största ordning, skyndsamhet och behjertenhet. Väderleken gynnade företaget och en stark dimma dolde den lågt flytande, men till antalet betydliga båtflottan, hvars serskildta afdelningar, i följd af deras olika bestämmelser, under rask rodd och i sällsynt ordning, tysta och uppmärksamma, ej olika i skilda flockar simmande vattenfoglar, med sin anförare i spetsen, togo af till höger och venster.

Vid midnattstiden begynte major *Grotenfelt* beskjuta staden. Straxt derefter hade den raska kapiten *Söderhjelm* landstigit, oaktadt ett hårdnackadt motstånd och den häftigaste stycke- och jägare-eld. Den oförskräckte kapiten *Burman* hade ock börjat bardaleken. Begge ryckte fram under hurrarop, med stor hurtighet. Gevärskott, härskri och styckedunder, genljödo från alla håll, och försatte Ryssarne i den största villrådighet och farhåga.

Söderhjelm, jagande undan sina motståndare, hade redan trängt sig så långt fram, att han var i ryggen på Ryssarne vid *Kelloniemi*, ifrån hvars batterier, som af *Burman* förstördes, kanonerna hufvudstupa bortfördes och fienden fortsatte flykten till *Likolaks*, hvars bro han uppbrände. Allt lofvade en lysande framgång, och *Burman* och *Söderhjelm* fortforo att undantränga sina motståndare, hvilka stundeligen blefvo förstärkte med friska trupper; men emedan major *Duncker*, hvilken skulle göra hufvudanfallet, ännu icke afhördes och *Sandels* befarade att de förra kunde blifva krossade af öfvermagten, eller afskurna från sina båtar, nödgades han befalla dem att draga sig tillbaka. Att han ej misstog sig i den sednare förmodan, bevisades snart, då återtåget skulle verkställas och man såg sig på alla håll omgifven af fiender, hvilka redan trängt sig ända till *Burmans* landstigningsställe. Löjtnant *von Schantz*, som med sina Kajaniter, efter ett raskt anfall, fördjupad i en skog, utstod den mest mördande jägare-eld, sökte förgäfves att med fäld bajonett slå sig igenom de fiender, som omringat honom. Han blef fången, jemte fältväbel *Nordeman* och de flesta af sina följeslagare [1]).

Kapiten *Söderhjelm*, mot hvilken de härstädes samlade fienderna med förenad styrka vände sig, blef nu hårdt ansatt; men han försvarade sig, biträdd af löjtnant *Castrén*, med en hjeltes lugn och kraft, tog några fångar, bemägtigade sig en hop beverings- och remtygs-persedlar samt drog sig fot för fot tillbaka till sina båtar, dem han lyckades intaga, oaktadt Ryssarnes oupphörliga anfall och försök att afskära honom från desamma.

---

[1]) Förf. var en ibland de få, som lyckades, att, med en hand full, slå sig igenom och undgå detta hårda öde. *Nordeman* frälste sig genom sin rådighet från fångenskapen i Ryssland, samt återkom året derpå till Svenska hären i Vesterbotten.

1808 JUNI.

Sandels fördelning; Toivola; Kelloniemi den 30.

Major *Duncker*, en af Sandelska härens tappraste, klokaste och djerfvaste officerare, hade denna gången, hvilket någon gång händer den bästa, misstagit sig, då han först ville med sitt artilleri ränsa stranden ifrån den längs densamma förlagda fiendtliga jägarekedja, innan han landsteg, och förhalade derigenom en dyrbar tid. Densamma begagnade Ryssarne med den uppmärksamhet, att *Barclay de Tolly*, som befann sig $\frac{3}{4}$:dels mil ifrån staden, hann sända sina skaror till den nödställda *Rachmanoffs* undsättning. Härigenom, och genom den eljest oförtrutna major *Dunkers* ändamålslösa uppehåll, frälste Ryssarne sina 500 man och 5 stycken vid *Kelloniemi*, samt, måhända, derjemte *Kuopio* stad.

Det anfall *Duncker*, efter den fördröjda landstigningen, gjorde, var visserligen både raskt och djerft. Han jagade sina motståndare med fäld bajonett, och hurrarop undan sig ända till landsvägen; men här mötte honom 1,500 man af Ryssarnes gardes-jägare och Revelska linje-infanteri. Dessa tappre, bepröfvade krigare mottogo ståndaktigt *Dunckers* modiga anfall, ehuru understödt af ryttmästar *Fuchs* med 100 man från *Grotenfels* afdelning, hvilket bistånd *Sandels* nu afsändt för att taga fienden i ryggen. Men Ryssarne stodo icke blott oryggligt qvar, utan började tillika en öfverflyglingsrörelse, hvarföre *Duncker* fann rådligast att draga sig tillbaka. Han hade dock tagit 17 fångar. De olika afdelningarne intogo nu alla sina båtar och kommo tillbaka till *Toivola* kl. 8 f. m. dagen efter deras afresa.

Detta väl uttänkta ehuru djerfva försök, om det skett några dagar eller blott dagen förut, hade då

<small>Sandels fördelning; *Weber*, *Andersin*, *Hästesko*, *Lidström*.</small>

fullständigt lyckats, och skulle, i sådant fall, medfört nästan oberäkneliga fördelar för Svenska hären i Finland. Det hade likväl äfven nu till stor del kunnat lyckas, fastän *Barclay de Tolly* var återkommen, om ej en opåräknad händelse, kvilken ej sällan i krig förstör de klokaste beräkningar, hade inträffat, den, att den modigaste och djerfvaste gjorde ett misstag, ej af obetänksamhet, men af obehöflig omtänksamhet. En tillfällighet, en besinning, blott ett infall verkar i kritiska ögonblick med afgörande följder. Detta inträffade nu till *Sandelska* skarans motgång.

Helt och hållet misslyckades likväl icke försöket. Det försatte Ryssarne i *Kuopio* i verklig farhåga, det tillintetgjorde hvarje tanke hos *Barclay de Tolly*, att ytterligare minska styrkan derstädes och det tillskyndade fienden känbara förluster. Men det kostade äfven *Sandels* ej obetydligt. Striden var lika långvarig som häftig. Under-löjtnanten *Weber*, vid Savolaks jägare, stupade, under ett modigt anfall på fienden, jemte 1 under-officer och 20 man af de serskildta trupperna. Sårade: under-löjtnanten *Andersin* [1]), löjtnant *Hästesko*, fanjunkaren *Lidström* och 50 man. Fångne och saknade: löjtnant *von Schantz*, fältväbel *Nordeman*, sergeant *Nicander* samt 20 à 30 man.

Ryssarnes förlust deremot uppgår, enligt deras eget medgifvande, under de tvenne landstignings för-

---

<small>1) Han träffades af ett 12-lödigt skrot i benet; men som han hade gömt en bundt sedlar emellan strumpan och stöfvelu, blef hans ben frälst, ty kulan uppehölls af detta hinder, och hade föga inträngt i benet. En af hans artillerister förlorade begge armarne, medan han langade skott. På författarens båt förlorade en af roddarena hufvudet, hvilket en kanonkula borttog med den hastighet, att kroppen icke genast nedföll. — Bidraget, N:o 4.</small>

Sandels fördelning; Toivola; *Uggla, Andersin, Gyllenborg, Tammelander, Fuchs, Norrgren, Eneschöld, Georgii, Lidström, af Bjerkén, Callerstedt, Volker, Zidén, Stjerncreutz, Söderhjelm, Castrén.*

söken den **25** och **30**, till icke mindre än **1,300** man, öfver- och under-befälet inberäknadt.

Ehuru det redan blifvit antydt, hvilka vid denna träffning utmärkte sig, må dock tilläggas de namn, som den offentliga rapporten upptager; nemligen vid artilleriet: kapitenen *Uggla*, hvilken med drift besörjt utredningen af kanonerna på båtar och som batteri-chef fört befälet, tillika med löjtnant *Andersin*, samt under-officerarne *Gyllenborg* och *Tammelander*, hvilka med berömvärd skicklighet användt detta vapen, så väl på sjön, som vid landstigningarne; ryttmästaren *Fuchs* och löjtnant *Norrgren*, vid Karelska dragonerna, hvilka vid de begge sista striderna hade infanteri-befäl; under-löjtnanterne *Tuderus* och *Neiglick*, vid Savolaks jägare; fendrik *Eneschöld*, adjutanten *Georgii* samt fanjunkar *Lidström*, vid Vesterbottens regemente; löjtnanten *af Bjerkén* vid Kajana bataljon; löjtnanterne *Callerstedt* och *Volker*, fendrikarne *Zidén* och *Stjerncreutz*, vid Wasa regemente, hvilka landstego med behjertenhet, samt raskt och modigt rusade på fienden. Likväl utgöra kapiten *Söderhjelm*, och till en del löjtnant *Castrén* vid Österbottens regemente glanspunkter i dagens ärorika, ehuru, utaf anförde skäl, blodiga händelser.

Klingsporska hären.

Klingsporska hären hade, emellertid, till denna månad fortfarit i sin overksamhet uti och omkring *Kalajoki* och *Brahestad*, hvarest högqvarteret mesta tiden qvarstod [1]).

Ifrån tredje fördelningen hade under-officeren *Hake*, vid Tavastehus regemente, med några man, fått uppdrag, att, i början af månaden, undersöka fiendens ställning vid *Kelvio*. *Hake* smög sig fram på $\frac{1}{4}$:dels mil nära *Nedervetil*, hvarest han fråntog fienden en under-officer och 8 man, hvilka voro på ströftåg, att hos allmogen samla matförråd, hvarpå Ryssarne ledo brist.

Likaså fick major *von Fieandt*, med 200 man af samma fördelning, befallning att bemägtiga sig ett Ryskt förråd i *Perho*. För att inom de djupa skogarne dölja sitt framryckande, tog han en omväg genom *Lesti* kapell och *Kinnula*. Efter flera dagars tåg inträffade han i *Perho* den 8 och vidtog så kloka mått och steg, att förrådet föll i hans händer, jemte den Ryska bevakningen, bestående af 1 officer, 6 under-officerare och 85 man, utom 1 officer och 2 man dödskjutne. Femhundrade mattor hafra, 60 d:o bohvetegryn samt något bröd och kött, föllo uti *Fieandts* våld, utom en hop beväringspersedlar, dem han utdelade åt den stridbara allmogen. Han fortsatte derpå sin marsch och borttog, några dagar derefter, i trakten af *Saarijärvi*, tvenne betydliga, men svagt betäckta Ryska transporter.

Ehuru general *Rajevskij*, som efterträdt *Tutschkoff* i befälet öfver Ryska trupperna i nordvestra Finland,

---

1) Klingspor hade visserligen, under denna tid, anskaffat nödiga hästar, vagnar och kärror, i stället för dem han lemnat i fiendens våld, jemte Finska härens i godt stånd varande utredningstross, hvilka nu kostade kronan ansenliga summor i uppköp.

beslutat att i det längsta bibehålla sig på vestra stranden af *Gamla Carleby* elf, och ehuru han genom bevakningsafdelningar i *Oravais*, *Wasa* och *Lillkyro* sorgfälligt sökte trygga sina förbindelser med *Buxhoewden*, gjorde major *von Fieundts* djerfva företag, hvarigenom han förlorade en månads lifsmedel, det likväl för honom nödvändigt, att, utan svärdslag, lemna denna sin fördelaktiga och väl befästade ställning [1]).

Han lät derföre generalerna *Kosatschkoffskij*, och *Kniper*, med fem bataljoner fotfolk, något rytteri och nio fältstycken, gå till *Lappo*, der fyra landsvägar sammanstöta, och befallte dem att bibehålla detta ställe. *Wasa* anförtroddes åt general *Demidoff*, med 2 bataljoner fotfolk och 200 gardes-kossacker, utom artilleri. Det 24:de jägar-regementet, på vägen från *Laukkas* till *Saarijärvi*, fick befallning, att, i sträckmarscher, gå till *Lintulaks*. Med hufvudstyrkan intog han sin ställning i *Lillkyro*. General *Jankovitsch* qvarblef i *Ny Carleby* med förtrupperna.

Klingspor flyttade emellertid den 13 sitt högqvarter till *Himango* och den 17 till *Gamla Carleby*, till hvars granskap hans härfördelningar äfven afmätt och långsamt drogo sig, under föregifvande, att han icke kände fiendens styrka och afsigt, hvarföre han trodde sig helre böra vara *för mycket försigtig* än *för mycket oförvägen*. Men just denna bristande känne-

---

1) Man öfvertygas af dessa händelser, hvad *Klingspor* med mera verksamhet kunnat åstadkomma blott genom det lilla kriget, då Fieandt med 200 man kunde uträtta så mycket. Klingspor var denna enda gång också i antal vuxen sin motståndare, hvilken han kunnat alldeles förstöra, om han känt förhållandet och förstått att begagna sig af detsamma. I stället lät han flera veckors tid gå sig ur händerna, och åtnöjde sig att kasta Ryssarne tillbaka från Ny Carleby, Lappo, samt, efter många betänkligheter, från Alavo, sedan alla afgörande rörelser och företag ej mera kunde lyckas, såsom för sent vidtague.

dom ¹) ligger honom högeligen till last, helst i eget land, der han öfverallt var omgifven af en redlig allmoge ²), hvilken hatade fienden, och den underordnade tjenstemanna-personalen, som älskade att gagna sin rättmätiga regering.

Major *Fieandt*, hvars styrka var förstärkt till 650 man med 2 trepundingar, innehade *Perho*, med uppdrag att söka borttaga fiendens transporter ifrån *Saarijärvi* genom *Lintulaks*, och att oroa Ryssarne i *Lappo*.

Ändtligen, och sedan konungen underrättat Klingspor, att en landstigning skulle ske på *Wasa*, för att i samband med Finska hären, bidraga till fiendens fördrifvande, beslöt han att göra ett anfall på *Ny Carleby*, der *Jankovitsch* förskansat sig.

Medan *Klingspor* samlade sina skaror, afsändes majoren och riddaren *von Hertzen*, med en mindre styrka, att göra sig underrättad om fiendens ställning. Han uppfyllde sitt uppdrag med den uppmärksamhet, att han dervid tog en Rysk officer och åtta Kossacker.

Den 23 voro andra och tredje fördelningarne förenade vid *Sundby*, 1¼ mil från *Ny Carleby*. Anfallet på denna stad skulle ske påföljande dag, kl. 4 om morgonen. General-adjutanten för hären, generalmajoren *Adlercreutz*, skulle leda detsamma. Upp-

---

1) Deröfver klagade icke *Sandels*, och han saknade icke heller kännedom, hvarken om fiendens styrka eller förehafvande; men han förstod att utvälja listiga och djerfva spejare och betalade dem väl.

2) Hvilka äfven i denna ort hvart ögonblick var färdig att dela sjelfva krigarnes öde. En by (Wittick) nära Gamla Carleby, som ville försvara sig, blef i den grad utplundrad och förstörd af Ryssarne, att knappt golf och tak funnos qvar i husen.

Första delen.

Klingsporska hären; *Adlercreutz*; Ny Carleby den 24.

brottet skedde den **23**, sent på e. m. Majoren och riddaren, baron *C. von Otter*, med lifbataljonen af Österbottens regemente och en bataljon Nyländningar, anförde af majoren och riddaren *Elis Furuhjelm*, hade befallning att taga Ryssarne i ryggen. Hans öfvergång af *Ny Carleby* å borde ske vid *Drakas* och *Ryssä* gårdar, i *Nederjeppo* by. Han hade en svår väg dit genom skog och kärr. Genom böndernas outtröttliga biträde fick han **14** båtar och **2:ne** färjor samlade, hvarpå öfvergången verkställdes. Från *Soklots* by gick öfverste *von Döbeln*, med sin fördelning, på en alldeles okänd och af Ryssarne obevakad, men svår gångstig, ledande rakt på staden, dit han hastigt och dristigt borde framtränga, för att afskära de fiendtliga trupper och posteringar, som voro på norra sidan af ån. Kapiten *Langensköld*, med **200** man, skulle på båtar landstiga vid inloppet af södra sidan af elfven, öfverrumpla dervarande vakt och derefter storma det närmaste batteriet, som försvarade ingången till staden.

Adlercreutz sjelf följde med *Gripenbergs* fördelning, hvars skytteri stod under majoren och riddaren *Charpentiers* befäl. Denna styrka tågade på den vanliga landsvägen [1]). Den var framme vid fiendens fältvakt kl. 4 om morgonen. *Adlercreutz* väntade en half timma på *von Döbeln*, som borde börja anfallet. Men då han icke afhördes, befallte *Adlercreutz* öf-

---

1) Svenska öfver-generalen hade väl alla Svenska ordnar, utom svärdsordens stora kors, hvilken man kan förtjena endast på slagfältet, genom en vunnen strid. Att bereda Klingspor denna heder, öfvertalades han att nu följa med; men han lärer funnit det lämpligare, att vända om till sitt mindre äfventyrliga om också mindre ärorika högqvarter, bakom krigshären. — Bidraget, N:o 42.

verste-löjtnanten och riddaren *Wetterhoff*, med några dragoner under kornett *Düring*, jemte Tavastehus regementes lifbataljon, att gå på och kasta Ryssarnes förskaror tillbaka, hvilket hurtigt verkställdes. Men då Svenskarnes sidopatruller stötte på ett bakhåll i skogen till venster om landsvägen, afsändes löjtnant *Gottsman* och fendrik *Heideman*, med 100 man i kedja, att undanjaga dessa smyglare.

Emellertid fortsatte *Adlercreutz*, med återstoden af fördelningen och artilleriet, frammarschen på landsvägen, utan att märka det fienden på andra sidan af ån hade ett batteri, som icke oroade våra förtrupper; men så snart vårt skytteri kom i höjd af detsamma, öppnade det en liflig eld, hvilken kunnat blifva ganska farlig, helst Svenskarne tågade i sluten kolonn, om ej dess skott varit för högt rigtade och derföre gingo öfver. Major *Charpentiers* tvenne sexpundiga kanoner tystade dock snart denna eld, hvarefter Ryssarne skyndsamt drogo sig undan bakom staden, och antände bron, hvars hastiga förstörande *Adlercreutz*, oaktadt allt sitt bemödande, icke kunde förekomma.

I detta ögonblick ankom också *von Döbeln*, med andra fördelningen, hvilken blifvit uppehållen af den öfver all förmodan svåra vägen. Denna händelse var så mycket vidrigare (hvilket *Adlercreutz* sjelf medger [1]), som general *Jankovitsch*, med hela dess stab, jemte alla de Ryska trupper, hvilka vid träffningens början dragit sig till norra sidan af ån, eljest blifvit tagne [2]).

---

[1] I sin rapport af den 25.

[2] Ett oblidt öde ville äfven här, att bröstanfallet skedde för tidigt. En timmas uppskof hade varit nog, att ändra utgången af detta anfall, som då blifvit ett af de ärorikaste. Svenskarne voro här vida starkare än Ryssarne. Men ett fel låg både i plan och utförandet å de förras sida. I planen

Öfverste *von Döbeln*, harmsen öfver denna, af honom oförvållade motgång, försökte, under sin stridslust, att med egen fara vada öfver strömmen. Han sjelf och de oförvägne, som gjorde försöket, höllo på att vedervåga sitt lif och måste derföre afstå derifrån.

Jankovitsch, utan att begagna sig af sin befästade, fördelaktiga ställning på södra sidan af strömmen, skyndade undan, ehuru han icke så hastigt kunde förföljas, då bron var afbränd. Men under det han tog återvägen till *Lappo*, stötte han på *von Otters* afdelning, hvars förtrupp öppnade en liflig eld, i spridd ordning, förd af fendrik *Herlin*, understödd af *von Otters* slutna bataljoner.

Gripenbergs och *von Döbelns* skaror visade den lifligaste åtrå att få mäta sig med fienden, och understöda *von Otter*, hvars ringa styrka man befarade skulle duka under för Ryssarnes öfverlägsna antal, med 9 fältstycken. *Von Döbeln*, alltid verksam, hade, genom några raska och nitiska borgares tillhjelp, öfverkommit några båtar, hvarpå han öfverförde en hand full tappre, i spetsen för hvilka han skyndade att upphinna *Jankovitsch;* men förgäfves. Han hade kastat sig på vägen åt *Wasa*, då han erfor att den till *Lappo* var stängd. *Von Döbeln* tog likväl några och trettio efterblefna Ryssar. Kapiten *Langensköld* förenade sig med *von Otter*, som fick en man dödad och två sårade, den enda förlust, som denna strid ko-

---

derföre, att *von Döbeln* var för svag och fick för liten tid på sig, samt att någon styrka skickades långs inloppet, hvarigenom anfallet ovillkorligen skulle röjas; i utförandet, emedan *Adlercreutz* förhastade sig och började striden, då han tvertom bordt vänta och dölja sig, till dess *von Döbeln* hunnit fram, hvarigenom general *Jankovitsch* och hans stab, fältstycken och här varit i fällan. — Många trovärdiga personer inom Svenska hären uppgifva likväl, att man', inom Svenska högqvarteret, så illa doldt planen till anfallet, att Ryssarne redan aftonen förut hade fått kunskap derom.

<small>Klingsporska hären; Bergenstråles fördelning; Hamrén.</small>

stade Svenskarne, hvaremot Ryssarne hade tio man dödskjutne och lika många sårade, utom dem de undanfört, samt 1 officer, 1 under-officer och 61 man fångne.

Andra fördelningen, under *von Döbeln*, förlades söder om *Ny Carleby* ström, och den tredje, under *Gripenberg*, i sjelfva staden, hvars inbyggare, liksom de i *Gamla Carleby*, visade mycken glädje öfver Svenskarnes återkomst.

Jankovitsch, hvars hastiga återtåg bragte hans trupper i oordning, samlade dem åter vid *Juutas* och drog sig vidare tillbaka till *Munsala* och *Vörå*, der han ånyo fattade stånd.

<small>Bergenstråles fördelning.</small>

I sammanhang med besättandet af *Ny Carleby* hade general-adjutanten *J. Bergenstråle*, med 1,090 man Vesterbottningar och Jemtländningar, samt 4 fältstycken, enligt konungens befallning, inskeppat sig i *Umeå*, samt, efter tvenne dagars segling, kommit öfver Bottniska viken. Han hade konungens befallning, att intaga *Wasa* stad och sedan oroa *Klingspors* motståndare i ryggen [1]. Landstigningen skedde den 24 om aftonen vid *Österhaukmo* by, hvarifrån marschen genast fortsattes ¾:dels mil till *Qveflaks*. Löjtnant *Hamrén*, som anförde förtrupperna, bestående af Vester-

---

[1] Löjtnanten *af Lund*, vid arméens flotta, hade förut blifvit afskild med 1 officer och 50 man, för att landstiga söder om *Wasa*, och derigenom draga fiendens uppmärksamhet dithän, samt, om möjligt, framtränga på den sidan ända till staden.

Klingsporska hären; Bergenstråles fördelning;
Löfman. Wasa den 25.

bottens jägare, tillfångatog en Rysk kapiten, och länsmannen *Löfman* en jägare och tre Kossacker. Ifrån *Qveflaks* afsändes kapiten *Sandman*, med 128 Jemtländningar och 48 man Vesterbottningar. Han hade bestämdt uppdrag att rycka fram *Karperö*-vägen, emellan kusten och hufvudstyrkans marschväg, i ändamål att betäcka dess högra flygel, samt ovillkorlig befallning att tränga fram till *Wasa*.

Bergenstråle framryckte dit utan uppehåll. I *Weickars* by hade bönderna, vid underrättelsen om Svenskarnes ankomst, tagit fyra Kossacker och dödskjutit en; de förre voro äfven sårade, emedan de försvarat sig tappert. Vid *Martois* by bade en under-officer och 17 Ryska jägare intagit en bondstuga och försvarade sig derifrån, mot löjtnant *Hamréns* förskara, med ohejdad djerfhet. Till tidens vinnande blef stugan antänd och taket inföll redan på ena sidan, innan de öfverlefvande fyra gåfvo sig.

Vid *Höstvesi* by, ¼:dels mil från staden, tilläts truppen, som marscherat hela natten, hvila en timma [1]). Vid uppbrottet derifrån togs åter en Kossack. Anfallet med hurrarop skedde genom vestra tullporten utan motstånd, öfver tvenne gator till köpmangatan, hvarest förskaran stadnade. De fyra Ryska fältstyckena, som voro ställda i korsgatan, beströko sålunda alla ditlöpande gator och gjorde en mördande verkan på Vesterbottningarne, hvilkas nederlag förökades af den gevärseld, som Ryssarne gåfvo från fönster och tak.

---

1) Här erhölls underrättelse, att general *Demidoff* marscherat ur staden åt Toby, förmodligen i anledning af löjtnanten *af Lunds* rörelse. Med marschen fortskyndades derföre, och snart upptäcktes att Demidoff var på återvägen. Strax utan för staden afskildes kapiten Dalberg, med den allmoge, som slutit sig till trupperne, för att på venstra sidan oroa fienden,

<small>Klingsporska hären; Bergenstråles fördelning; von Knorring.</small>

För att hindra Ryssarne att kringgå vår venstra flygel, afsändes major *Amnéus* med 100 man, hvilka borde intaga en höjd vid slutet af staden, midt för hofrätts-huset.

Emellertid hade general *Demidoff*, som med hufvudstyrkan och två fältstycken ryckt ur staden, för att möta *Bergenstråle* på vägen åt *Smedsby*, derifrån han, enligt ett falskt rykte, förmodades komma, återvändt med största skyndsamhet. Han kastade sig genast på *Bergenstråle*. Anfallet och försvaret voro lika hårdnackade. Det skedde från gata till gata, från hus till hus. Ett tre timmars mördande uppstod. *Bergenstråle* ville icke förlora sin eröfring, och hans Vesterbottningar icke ge vika. Några Ryska vagnar, hvars hästar blifvit undanskjutne, uppehöllo framträngandet. Dessa hinder blefvo undanröjde och Ryssarne tycktes draga sig tillbaka; men det var blott för att, utan för staden, på vår högra flygel, kringgå oss och sålunda, från *Karperö*-vägen, taga oss i ryggen. Derifrån befarade man dock intet; emedan kapiten *Sandman* var ditsänd. Men han afhördes ej och icke ens ett skott, som bevisade att han framkommit. *Bergenstråle* ernade, att, i så fatta omständigheter, draga sig tillbaka. Men den kallblodige öfverste-löjtnanten *L. v. Knorring* gjorde honom uppmärksam på vådorna dervid, och trodde deremot, att segren voro lättare, om man med kraft och ordning mötte fienden utan för den tull hvarigenom man kommit. Der, tillade han, skulle våra fältstycken verka oordning i fiendens leder, hvilka derefter med ett hurtigt bajonettanfall kunde sprängas. På detta sätt skulle också återtåget lättas, om det blefve oundvikligt.

Klingsporska hären; Bergenstråles fördelning.

Bergenstråle biföll detta förslag; men då *von Knorring* satt sin häst i galopp, att gifva nödiga befallningar till dess verkställighet, träffades han af ett skott i hufvudet och föll sanslös på gatan. De öfriga bataljons-befälhafvarne, majorerne *Ulfhjelm* och *Amnéus,* hade icke den illa sårade *von Knorrings* besinning och lugn, att skyndsamt ordna sina trupper. Den förre lemnade stridsfältet och den sednare blef, jemte *Bergenstråle* och några andra officerare, fången på en gård.

Befälhafvarens villrådighet under striden, jemte kapiten *Sandmans* oförklarliga dröjsmål, äro de orsaker, hvilka vållade detta företags olyckliga utgång. Hade kapiten *Sandman*, som hade kortare väg till Wasa än hufvudstyrkan, framkommit, så skulle *Demidoff* blifvit bragt emellan tvenne eldar och troligen slagen, eller åtminstone tvungen att lemna *Wasa*.

Återstoden, utan skott, hvaraf tillgången, både för manskapet och kanonerna, var otillräcklig, drog sig tillbaka åt *Haukmo*, dit den afdelningen af 100 man, som under löjtnant *Gyllengahm* var qvarlemnad, ¼:dels mil från *Weickars*, vid en der befintlig bro, på vägen åt *Lillkyro*, också fått befallning att skynda. Bron emellan *Österhaukmo* och *Qveflaks* refs och majoren *Ulfhjelm* samlade de flyktande, som den 26, kl. 7 f. m., inskeppade sig och afgick till *Svartöarne*. Båtar qvarlemnades i *Haukmo*-fjerden, till begagnande för möjligen efterkommande trupper. Fienden, som icke dröjde att efterfölja, var i hamn och häl. Kapiten *Sandman*, med sin afdelning, försummade icke att intaga en del af dessa båtar, och förena sig med den öfriga flottan, men tvenne andra, begag-

<small>Klingsporska hären; Bergenstråles fördelning;
Hård, Thurdfjell, von Knorring, Bergenstråle, Ahlqvist.</small>

nade af den flyende allmogen, blefvo af Ryssarne skjutna i sank.

Svenskarnes förlust var ej ringa; dödskjutne: batteri-chefen, löjtnanten *Hård* och regements-qvartermästaren *Turdfjell*, utom några under-officerare och en mängd soldater af Vesterbottens och Jemtlands regementen; fångne: befälhafvaren, general-adjutanten *Bergenstråle*, öfverste-löjtnanten *von Knorring*, svårt sårad i hufvudet, kapitenerne *af Donner*, *Eneschöld* och *Hollstén*, stabs-adjutanterne *Lychou* och *Bergenstråle*, löjtnant *Hoffstedt* och fendrikarne, grefve *Cronhjelm* och *Ulfhjelm;* af Vesterbottens och Jemtlands regemente: majoren och riddaren *Amnéus* och kapitenen *Stjernfelt*, 1 under-officer och 28 soldater; af artilleriet: 1 under-officer och 12 man, samt af Vesterbottningarne 150 man. Sårade, som undkommo, voro: Fanjunkaren *Ahlqvist*, af 2:ne kulor i låret, samt 100 man Vesterbottningar. Fyrahundra man Svenskar och Ryssar, betäckte gatorna i *Wasa*, hvars invånare, under förevändning att de biträdt Svenskarne, undergingo tvenne dygns plundring och misshandling. Krigets grymma nödvändighet kunde icke rättfärdiga detta ohyggliga förfarande. Motståndet var icke stadsboernas; det var den lagligen beväpnade krigsskarans, för hvars mod och ståndaktighet fredlige borgare, oskyldiga husfäder, deras makar, barn och tjenare, icke borde plikta, alraminst plundras och sönderslitas. Om denna grymhet varit ögonblickets verk, af en under stridens hetta uppretad och förvildad Rysk soldathop, så hade den genast bordt upphöra, när drabbningen slutade. Men att ej återkalla de ursinnige horderna till och lydnad ordning, utan låta dem fortfara att misshandla och mörda dagar och nätter, det måste anses för en beräknad, kall, samvetslös grymhet, hvarmed general *Demidoff* brännmärkte sitt namn [1]). — Utaf återstoden af *Bergenstråles* trupp bildades en 6:te fördelning, under öfverste *O. von Essens* befäl.

Löjtnant *af Lund* ankom till *Korsöarne*, hvarifrån löjtnant *Ridderhjerta* afgick till öarne *Walgrund* och *Replot*. Dagen derpå afskickade han löjtnant *Jacobsson*, med 30 Jemtländningar och 13 bönder, att landstiga vid *Sundom* i en bugt, kallad *Stråkan*, dit löjtnant *Ridderhjerta* också begaf sig, för att samla och uppbåda allmogen till försvar [2]).

I följd af dessa rörelser hade bönderne i *Sundom, Sålf, Rimal, Moikepää* och *Petalaks* tagit 35 Kossacker; i *Harrström, Malaks* och *Töiby*, den 26, 1 major och 36 Kossacker och jägare; i *Pörtom, Norrnäs* och *Nämpnäs*, den 27, 1 kapiten, 1 kamrer och 43 Kossacker och jägare, och den 28 i *Tjärlaks* 1 officer och 8 Kossacker. Alla dessa fångar fördes om bord till löjtnanten *af Lund*, som nu låg vid *Häststen*, der han också mottog de af bönderna i *Malaks*

---

1) Han sökte väl efteråt, under sitt vistande på Åland och i Åbo, att genom mildhet och rättvisa utplåna det minne af grymhet han efterlemnat i *Wasa*; men blodsskulder äro ej lätt afplanade.

2) Redan till *Umeå* hade bönderna kring Wasa afsändt ombud, som borde försäkra, att, så snart Svenskarne gjorde en landstigning, de icke skulle dröja att samla sig, blott de erhöllo befäl och skott. Löjtnant *Ridderhjerta* landsteg vid *Korsön* i *Wasa* skärgård. Genast kommo några bönder från *Walgrundsön*, och berättade, att deras komminister *Wennman* var Ryskt sinnad och hade derföre redan aflagt trohetsed åt kejsaren. De fruktade, att han skulle underrätta dem om anfallet på Wasa. I anledning deraf greps *Wennman af Ridderhjerta*, hvilken sammankallade allmogen och uppmuntrade den att träda under vapen.

Klingsporska hären.

fienden fråntagna transporter, bestående af **39** säckar råg och **48** d:o korn, samt en mängd utrednings- och beväringspersedlar.

Härtill bidrogo löjtnanterna *Ridderhjerta* och *Jacobsson*, med sina **30** soldater. Alla dagar ökade sig *Ridderhjertas* frivilliga skara. Han gjorde sina utfarter från *Sålfs* by, der han befästade sig vid ett litet pass, hvars bro refs. Han hade tvenne nickor och en trepunding; men med tre afsågade och svärtade stockändar, ställda i bröstvärnets skottgluggar, inbillade han Ryssarne, att han hade sex stycken. Löjtnant *Jacobsson*, vid Jemtländningarne, anförde de ströftåg som egde rum med de raska bondgossarne, hvilka, med sina skälbössor, gjorde säkra skott och ej voro blyga att gå fienden på lifvet. Den **26** Juni hade *Ridderhjerta* redan **250** sådana bussar omkring sig. Många af dem voro beväpnade med de karbiner, pistoler och sablar, de sjelfve tagit från Ryssarne.

Det misslyckade anfallet på *Wasa* väckte stort bekymmer, hos både den beväpnade och obeväpnade allmogen. *Ridderhjerta* hade redan erhållit major *Ulfhjelms* befallning, att begifva sig om bord och sedan landstiga vid *Ny Carleby;* men han hade icke hjerta att lemna sina tappra bönder i sticket, utan stadnade qvar, och som han tillika erhöll upplysning derom, att *Klingsporska* hären var i framryckande mot *Wasa*, beslöt han, att, med den beväpnade allmogen, understöda detsamma, för att få fienden emellan 2:ne eldar. Underrättelsen derom lifvade allmogens mod. Den plundrade, rengjorde, laddade ånyo sina bössor, skärpte sina flintor, matpåsar lades på ryggen, krut och kulor i fickorna, så att allt skulle vara redo, då fråga upp-

Klingsporska hären; Wasa; *Ridderhjerta*.
Flottan.

stod att rycka fram och "*nedlägga Ryssar som skälhundar;*" så föllo deras ord. Men Ryssarne hade sjelfmant gått undan; och ehuru glädjen deröfver var stor och fröjderop skallade kring hela nejden, voro dock flera missnöjda öfver sitt tillintetgjorda hopp, att få nedskjuta några af sina fiender. Till detta Ryssarnes i *Wasa* återtåg åt *Lappo*, var visserligen *Ridderhjertas* styrka väsendtligen bidragande; ty de voro öfvertygade, att, efter *Bergenstråles* nederlag, en liten bondhop icke vågat qvarstadna och då de sågo sex kanoner, förmodade de att en betydlig Svensk styrka hotade deras rygg.

Emellertid hade *Ridderhjertas* skara tagit flera officerare, öfver **100** man och mer än **100** Kossackhästar.

Flottan.

Amiralerna *Nauckhoff* och *Cederström*, hvilka hade befälet öfver Svenskarnes stora flotta, afseglade med densamma, efter *Gottlands* befriande och till dess skärgårdsflottan hunnit utrustas, till höjden af *Hangö*, vid inloppet till Finska viken. De kryssade så nära kusten som möjligt, för att hindra något ytterligare utlöpande af Ryska fartyg från *Sveaborg*. Men stället var icke särdeles väl valdt, emedan djupgående och seglande skepp icke kunna hindra grundlöpande roddfartyg att framrycka i skärgården, på sidan om segelleden. Här tryggade dessutom *Hangö* udd, befäst sedan **1789**, farleden för Ryssarne inomskärs. Amiral *Nauckhoff* insåg detta, hvarföre han lät förtöja

Flottan.

några fregatter och lätta fartyg i *Jungfrusund*, samt uppförde förskansningar på de näst intill belägna klipporna. Men det visade sig likväl, att skärgården ej kan stängas med linjeskepp och fregatter; ty Ryska skärgårdsflottan rodde norrom *Kimitto* ö, förbi *Jungfrusund*. På vestra sidan af ön, vid *Sandö ström*, blef denna flotta likväl länge uppehållen af Svenska kanonslupar, hvars antal dock icke utgjorde fjerdedelen af den Ryska skärgårdsflottan.

Af de nära etthundrade kanonslupar och kanonjollar, 25 så kallade turunmaa, 2 hämeenmaa och 1 brigg, utom flytande batterier, kuttrar, kanonbarkaser och andra bestyckade skärgårdsfartyg, byggda efter Chapmans ritningar, som Ryssarne fingo till skänks vid *Sveaborg*, voro redan utrustade 22 kanonslupar, 6 kanonjollar och 4 transportfartyg, bemannade med 3 bataljoner. Det lyckades dem, att smyga sig fram till *Åbo* skärgård, under anförande af löjtnant *Miakinin*.

Den ytterligare utrustningen fördröjdes och höll på att tillintetgöras af en Nemesis, som på Ryssarne ville hämnas Svenska kommendantens förfarande å Sveaborg. Ett kruthus, som innehöll hela tusen centner, sprang, af okänd orsak, i luften [1]). Knallen och utbrottet voro förfärliga. Man trodde hela fästningen förvandlad i en grushög. Elden rasade öfver allt. Ett stort förråd af marinförnödenheter blef uppbrändt. Flottan räddades endast genom de mest vågsamma ansträngningar af besättningen, hvilken fick många dö-

---

1) Det skedde den 3 Juni, och man förmodade att en soldat från Björneborgstrakten, hörande till besättningen och lifvad af hämd öfver den lätta eröfringen af denna starka fästning, antändt kruthuset för att skada Ryssarne, äfven med uppoffringen af sitt eget lif.

von Vegesacks fördelning.

dade och än flera sårade. Befälhafvaren för Ryska artilleriet, general *Wonnoff* hörde till de sednare. Fästningsverken blefvo dock föga skadade.

Svenska regeringen trodde sig, så länge *Sveaborg* var dess tillhörighet, med den der varande starka och väl försedda flottan, icke behöfva iståndsätta de få och gamla skärgårdsfartyg, som funnos i *Stockholm*. Denna tro var bedräglig och fördröjde åtgärderna i detta hänseende. Amiral *Hjelmstjerna* påskyndade Svenska skärgårdsflottans utrustande och hade redan fått några ut i skären; men antalet af dem, i slutet på denna och början af nästa månad, öfversteg icke 22 gamla kanonslupar, 6 à 8 ännu äldre och föga användbara galerer, samt 2:ne (beständigt norrut afskilda) små kanonbarkaser 1).

---

von Vegesacks fördelning.

General-majoren, friherre *von Vegesack* hade emellertid fått befallning, att, i skydd af en del af den nu utrustade skärgårdsflottan, göra en landstigning i nejden af *Åbo*, i ändamål att återtaga denna stad och derigenom understöda *Klingsporska* härens företag. Hans transportflotta bestod af obevärade skutor och båtar, hvilka vid *Billholms sund* betäcktes af 16 kanonslupar, benämd *Sottunga-eskadern*, under öfverstelöjtnant *Jönsson*.

---

1) Transportfartygen och alla obestyckade farkoster oberäknade, emedan de i sjelfva drabbningarne äro af ingen nytta, utan tvertom försvaga den flotta dit de höra, derigenom att de, till sin betäckning, upptaga en del af de verkliga krigsfartygen.

von Vegesacks fördelning; Lemo den 19
och 20.

Von Vegesacks skara bestod af tre så kallade brigader. Den första utgjordes af den sammanslagna styrkan af gardes-regementerna till fot, en sqvadron af lifgardet till häst och ett batteri trepundingar, under majoren och riddaren *Tornerhjelms* befäl; den andra af 2 bataljoner Upplands landtvärn, under öfverste-löjtnanten och riddaren *Reutercrona*, och den tredje af de två återstående bataljonerna af Upplands landtvärn, under öfverste-löjtnanten, baron *Wrangel*. Ifrån *Töfsala*, *Wehmo* och *Wirmo* allmoge hade 107 frivilliga inställt sig; och dessa jemte 106 af *Åbo läns* och *Björneborgs* regementernes reserver, hvilka också, manade af sin fosterlandskänsla, infunnit sig, ställdes, under namn af *frivilliga Finska skarpskyttar*, under stabs-adjutanten, löjtnant *E. von Vegesacks* befäl. Hela styrkan utgjorde omkring 2,000 man, hvaraf 1,400 voro landtvärn och oöfvade bönder.

Landstigningen med hufvudstyrkan skedde den 19 vid *Lemo* udde, blott en half mil från *Åbo*. En mindre afdelning rodde åt *Kimitto*, der densamma oroade general *Tutschkoff* 3:s postering.

Lifgardet till häst och fotgardetsjägare, under ryttmästaren *Broberg*, utgjorde förtruppen. I dess skydd uppkastade tvåhundrade frivilliga bönder i största hast, under löjtnant *Mejfings* inseende, ett fältverk på stranden, till betäckning för båtarne och för ett återtåg, om det kom i fråga. Vid *Kustö* och *Kakskerta* lemnades 100 man på hvardera ön.

Första och andra afdelningen, med fältstyckena, ryckte genast fram till *Ala-Lemo*, på stora *Åbo*-vägen. Kl. 8 om aftonen, en timma efter landstigningen, vidtog skottvexlingen mellan förposterna. Öfverste-löjtnant *Reutercrona*, med en bataljon, fick befallning att understödja gardets jägare vid *Ytter-Lemo*. Ryssarne försvarade sig raskt och sökte undantränga Svenskarne; men gardes-bataljonen tillbakaslog käckt hvarje fiendens anfall, hvilket skedde med sex stycken och nära 2,000 man. Striden var liflig och elden tystnade icke förr än kl. half 1 om natten. Nya skott utdelades. En kanon, hvarmed man ännu icke lossat ett enda skott, befanns sönderbräckt och återfördes om bord. Kl. 2 började fäktningen ånyo. Hittills hade Ryska öfversten *Wadkoffskij* uppehållit *von Vegesack*. Nu tillkom general *Baggohufvud*, som för ögonblicket hade furst *Bagrations* befäl, med 2:ne regementen (*Nevska* och *Pernovska*, 6 fältstycken och Finländska dragonerna), jemte några sqvadroner rytteri. Slagtningen blef allmän och häftig. Skogar och knappt tillgängliga klippor blefvo skådeplatsen för en blodig strid. Man slogs, med 1½ timmas uppehåll, i fjorton timmar. General *von Vegesack* var icke den man, som på bataljfältet ville ge med sig. Ryska styrkan var mer än dubbelt öfverlägsen i antal och ökades stundeligen; den hade 15 kanoner och betydligt rytteri. Den uppmuntrades af generalerne *Tutschkoff* 1:e (såsom volontär), *Baggohufvud* och *Borosdin*, samt öfverstarned *Wadkoffskij* och *Tschoglokoff*, hvilka alla, såsom simpla soldater, kastade sig i spetsen för de anfallande Ryska skarorna, hvilka dessutom för första gången lifvades af deras öfverbefälhafvares, grefve *Buxhoewdens* närvaro; ty hans högqvarter befanns i fara. "Tvenne gånger afslogs fienden, och aldrig kunde han bringa Svenskarne att vika. Eders Maj:ts garde", säger Vegesack, slogs som ett garde bör strida; och de frivil-

von Vegesacks fördelning; E. von Vegesack.

liga skarpskyttarne hafva slagits, som redliga Finnar och landtvärnet gjorde hvad man af detsamma kunde sig förvänta" [1]). — Gardet till häst erbjöd sig sjelfmant att tjenstgöra till fots som jägare, och erhöll för detta ändamål gevär. Det anfördes af ryttmästaren *Broberg* och garderna till fot af major *Tornerhjelm;* begge utmärkte sig, liksom löjtnant *von Vegesack* [2]), med sina frivilliga skarpskyttar. Men då Ryssarne ökade och utbredde sig mer och mer, en större afdelning hotade från *Tepelä* samt *Ala-Lemo* sattes i brand af fienden, och Svenskarnas leder allt för mycket glesnade, fann general *von Vegesack* bäst att draga sig tillbaka och åter inskeppa sina öfverblifna hårdt ansatta skaror. Detta verkställdes, under skydd af landtbatteriet och kanonsluparne, med den ordning, att samtelige trupperna middagstiden lyckligen voro om bord, oaktadt Ryssarnes häftiga påträngande och deras lifliga kanon- och haubitzeld.

Transport-flottan lade ut genom *Kustö* sund och lyftade kl. 7 e. m. ankar. Kanonsluparne betäckte dess slagtordning. Och som det var att förmoda, det Ryska skärgårdsflottan nu borde framrycka och söka komma den Svenska i ryggen, gick den sednare genom sundet emellan *Ålön* och *Kakskerta*, samt kastade ankar vid *Karslo*, uti inloppet af *Ersta* och *Rimitto*fjerden. Ehuru Ryska eskadern hade en väg af blott

---

[1] Detta sednare vitsord är likväl något tvetydigt, isynnerhet af en så upprigtig man som general *von Vegesack;* men man borde och kunde icke med skäl förvänta, att en oöfvad och med föga valdt befäl försedd bondhop, skulle göra mer än den här gjorde; ty både befäl och trupp stridde med ståndaktighet och mod, om också ej med den ordning, som gamla soldater.

[2] Han hade, med sina skarpskyttar, kastat sig med lika mycken rådighet, som tapperhet på fiendens venstra flygel, hvilken han såg släpa.

Första delen.

von Vegesacks fördelning; Lemo den 20. *Ramsay, de Géer, Aspelin, Drake, Sillén, Westin, Stare, Bundén, Kjällström, Holmlund, Adlerheim, Marquardt, Kniper, Strömberg, Gyllenhaal, Adelsvärd, Graaner, Wergland, Gerdes.*

tre fjerdedels mil ifrån *Runsala* till *Lemo*, blefvo dock Svenskarne af densamma icke oroade.

Svenskarnes förlust var känbar. En utmärkt officer, stabs-adjutanten, kapitenen, frih. *Ramsay* stupade, jemte 85 man. Svårt sårade voro: öfverste-löjtnanten och riddaren *Reutercrona*, kornetten, frih. *de Géer*, löjtnanterna *Aspelin*, *Drake* och *Sillén*, fendriken *Westin*, fanjunkaren *Stare*, fältväbel *Bundén*, under-officers korpralerna *Kjellström* och *Holmlund* samt 92 man; lindrigare: ryttmästaren *Adlerheim*, under-officerarne *Marquardt*, *Kniper* och *Strömberg* samt 17 man. Kontusioner hade stabs-adjutanten, löjtnant *Gyllenhaal*, adjutanten, frih. *Adelsvärd*, ryttmästaren *Graaner*, fendriken *Wergland* och fanjunkaren *Gerdes* erhållit. Ryssarnes förlust, enligt eget medgifvande, bestod af 1 under-officer och 6 man fångne, flera officerare och omkring 500 man stupade eller dödligt sårade.

Äfven denna landstigning, liksom den vid Wasa, ehuru med mindre förlust, och mera kraft, ordning och plan verkställd, misslyckades, hufvudsakligen dels af bristande samband och dels af otillräckligt antal trupper. Hade general *von Vegesack* blott haft 4,000 man, i stället för hälften deraf, så skulle han, ehuru underlägsen fienden, slagit Ryssarne och intagit *Åbo*. Skulle general-adjutanten *Bergenstråle* äfven varit försedd med ett dubbelt antal trupper och dessa blifvit ändamålsenligt använda, hade han med dem hafva eröf-

Skärgårdsflottan; Krampa och Hanga den 30.
Hjelmstjerna.

rat Wasa. Genom dessa lyckade landstigningar och anfall, hade följderna blifvit oberäkneliga, emedan den mest brådstörtande flykt näppeligen kunnat frälsat de Ryska skarorna i *Åbo*, *Wasa* och *Ny Carleby* ifrån att falla i Svenskarnes händer, helst om en allmän resning på deras sidor och rygg skett af den modiga allmogen, hvilken alltid var redo att uppträda och våga lif och blod för fosterlandet [1]). Man finner huru mycket Ryssarne sjelfve fruktade allmogen, då man läser deras historieskrifvares tankar [2]) om anfallet på *Åbo*. Han härleder nemligen dess misslyckande ifrån den händelsen, att *Buxhoewden* hade uppskjutit marknaden derstädes, som nu annars inträffat och han tror sig derigenom hafva räddat högqvarteret, till hvars bevakning endast några kompanier kunnat lemnas.

General-majoren *von Vegesack* förenade sig sedermera, jemte sina trupper, med de på *Åland* varande, under konungens eget befäl.

Skärgårdsflottan; Krampa och Hanga den 30.
Hjelmstjerna.

Amiral *Hjelmstjerna*, som fått sigte på Ryssarnes skärgårds-eskader, i södra inloppet af sundet emellan *Krampa* och *Hanga-holmen*, lättade ankar den 30, för att anfalla fienden. Klockan half 3 började striden med häftighet. Endast tre Svenska kanon-

---

1) Hvad en sådan resning, anförd af några dugligs och käcka partigångare, kunnat uträtta, få vi snart se, då under-officeren *Roths* förhållande omtalas.
2) *van Suchtelen.*

Holmén. Konungen; Skärgårdsflottan.

slupar, hvilka utgjorde förskaran, deltogo i denna drabbning, den första till sjös, emot 22 Ryska, med 6 kanonjollar. — Redan innan *Hjelmstjerna* hunnit att närmare undersöka Ryssarnes styrka och ställning, drogo de sig, skymda af röken utaf antänd halm, bakom *Krampholm*, undan till *Bockholms* sund, utanför *Åbo*, dit de af *Hjelmstjerna* blefvo eftersatta med hans 18 kanonslupar och 6 galerer.

Under denna träffning, som icke var långvarig, fick kanonslupen N:o 33, förd af under-löjtnanten, frih. *Rudbeck*, tre grundskott, två andra hade blifvit på samma sätt träffade, samt flera slupar och jollar mer och mindre skadade, likväl blefvo alla ånyo iståndsatta. Dödskjutne blefvo: löjtnanten och divisions-chefen *Holmén*, en båtsman och trenne af landtvärnet, hvaraf sex dessutom illa sårades, tillika med en volontär. Ryssarnes förlust är ej uppgifven.

JULI MÅNAD.

Konungen; Skärgårdsflottan.

Konungen, som ändteligen insåg omöjligheten, att, med sina illa ordnade krigstillgångar, både eröfra *Seeland* och angripa *Danmarks* hufvudstad, beslöt nu att personligen leda rörelserna både till lands och vatten mot södra Finland. Han gick om bord på jagten *Amadis*, åtföljd af v. amiralen, friherre v. *Rayalin*, kapiten-löjtnanten, grefve *Piper*, öfversten, friherre *Boye*, general-auditören, grefve *Gyllenborg*, förste kabinetts-

Konungen; Skärgårdsflottan.

sekreteraren *Wetterstedt*, förste expeditions-sekreteraren *Hederstjerna* och lifmedikus, doktor *Weigel.*

Hans Maj:t anlände till skärgårdsflottan den 4 vid *Väpsä*, ungefär en mil utanför *Åbo*, och anbefallte samma dag ett närmande mot fienden, för att utröna dess ställning och styrka.

Konungen var närvarande och ordnade sjelf skärgårdsflottans rörelser, under v. amiralen, frih. v. *Rayalin*, såsom tjenstgörande general-adjutant för flottorna och kontre-amiralen *Hjelmstjerna*, såsom befälhafvare för den skärgårdsflotta, hvilken var förenad med kusthären.

Framryckandet skedde, med åtta kanonslupar, hvaraf fyra landstignings-slupar under kapitenen och riddaren *Wirséns* befäl.

Den öfriga skärgårdsflottan [1]), som skulle understöda de förras företag, sattes i rörelse, så snart det förmärktes, att Ryssarnes fartyg, förtöjde under land och skyddade af starka bröstvärn, med samlad styrka, bestående af 32 kanonslupar och jollar, ryckte ut mot kapiten *Wirsén*. Svenska kanonsluparne utgjorde högra och galererna venstra flygeln. De ryckte fram i god ordning och med stor tapperhet, under konungens egna ögon, mot den öfverlägsna fienden, som kl. 6 e. m. öppnade en liflig kanonad, utan att den på 20 minuter besvarades af Svenskarne. Dessa nalkades honom lugnt närmare på lifvet, och gåfvo sedan en väl riktad och verksam stycke-eld.

Ryssarne sökte framtränga i sundet emellan *Hirvisalo* och *Rödnäs*, för att afskära *Wirséns* fyra

---
1) Utgörande 10 kanonslupar och 6 galerer.

<small>Konungen; Skärgårdsflottan; Bockholms sund den 4; *Geers, Rydberg.*</small>

slupar; men mötte ett så allvarsamt motstånd, så väl af *Wirsén*, som af flottans högra flygel, att de nödgades återvända. Då konungen såg en ovanlig rörelse i fiendens eskader, hvaraf en del vände och en annan framryckte, befallte Hans Maj:t, att, om möjligt, afskära den längst afskillda delen af kanonsluparne. Midteln och venstra flygeln ryckte derföre närmare mot fienden, som blef illa tilltygad och drifven tillbaka, i skydd af sina strandbatterier, hvilka nu öppnade en skarp stycke-eld med grofva kanoner och kastmaschiner från *Bockholmen* och *Runsala*.

Sedan *Wirsén* fått en slup obrukbar genom grundskott, mörker inträffade och försvårade vidare företag, samt ändamålet med striden var vunnen, befallte konungen, som beständigt lät ro sig under den häftigaste elden midt emellan sina kanonslupar, att drabbningen skulle upphöra. Svenska eskadern förtöjde sig vid *Väpsä* holmar, blott ett starkt styckehåll rätt utanför *Bockholms* sund, der den blef qvarliggande öfver fjorton dagar, blockerande den Ryska skärgårdsflottan.

Denna för Svenska skärgårdsflottan hedrande strid varade i fem timmar, hvarvid dess förlust blef i stupade: under-löjtnanten *Geers*, 1 volontär, samt 5 man af landtvärnet; sårade: underlöjtnanten *Rydberg*, 2 volontärer och 2 man af landtvärnet. Galeren *Serafim* fick tvenne skott i bogen, hvaraf ett aftog betingen; galeren *von Höpkens* 24-punding erhöll en remna tvers öfver långa fältet, hvarigenom den blef obrukbar; galeren *Taube:* en 12-punding skadad, och 2:ne skott i bogen, utan betydlig olägenhet; tre kanonslupar hade grundskott; fem flera skott i skrofvet

Konungen; Skärgårdsflottan.

och nästan alla blefvo mer eller mindre tilltygade, så i skrof som rundhult, åror och tacklage. På Ryssarnes sida voro förlusten och skadorna betydligare: flottans befälhafvare *Miakinin* illa sårad, flera af underbefälet och gemenskapen stupade, tre kanonslupar skjutna i sank och en mängd mer eller mindre skadade.

En tid härefter inskränkte sig Svenska skärgårdsflottan, att, i Åbo-trakten, medelst enstaka afsändningar af en eller annan landstigningsslup, föra det så kallade lilla kriget, uppsnappa mindre bavakningar, anfalla utposter och på detta sätt hålla fienden i en beständig och uttröttande uppmärksamhet och rörelse. Dessa öfverrumplingar till lands och vatten oroade Ryssarne mycket mera, än de större krigstillfälligheter, hvilka då och då egde rum.

Löjtnant *Thornton*, befälhafvare på briggen *Fredrik*, hade intagit sin ställning vid *Kaskö* hamn, hvarifrån han oroade fienden, likasom fendrik *von Carisien*, utsänd från örlogsskeppet *Fäderneslandet*, gjorde landstigning i *Purumpää* vik och en utflykt till *Dragfjerds* kapell, der den sednare tog några Kossacker och en hop med beväringspersedlar.

Den förre understödde, med tvenne trepundiga nickor, furieren *Wikström*, som med åtta soldater frälst sig från Sveaborg och vid *Nerpis* bro, den han upprifvit, samlade och ordnade under sig en hop bönder, hvilka anmält sig vilja vara med om att förgöra fienden [1]).

---

1) Dessa bönder ställdes sedermera, jemte *Wikström*, under Ridderhjertas befäl. *Wikströms* uppmaning till bönderna att samla och försvara sig, betraktades af Ryska öfver-generalen, såsom förräderi och förledelse "*af kejserliga Ryska undersåtare i Finland emot deras öfverhet*"; så säkra voro Ryssarne om sin besittning. — Likväl yttrar professor *Calonius* i ett program, ehuru omgifven af Ryssar, så frimodiga tänkesätt, att dessa väckte konungens och hans hofs uppmärksamhet, samt alla rättänkandes bifall.

Konungen.

Thorntons och hans rörelser hade den verkan, att Ryska general-majoren *Orloff-Denisoff* skyndade undan; men vågade icke göra det åt *Björneborg*, hvarken längs kusten eller på allmänna vägen, utan genom *Stora* kapell åt *Ikalis* socken, på bivägar och gångstigar.

Sedan general-majoren, frih. *von Vegesack* blifvit kallad till tjenstgörande general-adjutant hos konungen, begaf sig Hans Maj:t på sin jagt *Amadis* till *Jungfrusund*, för att, innan afresan till *Åland*, taga i ögnasigte kapiten *Sölfverarms* afdelning, bestående af 4 kanonslupar, samt en del af örlogsflottan under öfverste *Gegerfelts* befäl.

Konungen dröjde der några dagar. Öfverfarten till Ålandsskären skedde för Hans Maj:t under många besvärligheter och verkliga faror. Svåra stormar måste uthärdas flera dygn i en nödhamn, benämnd *Husö*, bildad af kala, obebodda klippor. Efter utloppet derifrån stötte konungens farkost på ref och blindskär, der han var nära att omkomma.

Ändteligen ankrade han den 21 vid *Kastelholm*, sedan han ifrån den 8, då han lemnade *Pitkäluoto*, uppehållit sig på denna vådliga, ehuru icke långa färd.

Här tilltalade och uppmuntrade konungen de reserver af Finska hären, hvilka sjelfmant inställt sig till tjenstgöring, och vid Godby, Ålands landtvärn samt ett stort antal Finska bönder, som frivilligt gripit till vapen. Dessa sednare och Finska reserverna, uppgående till 1,000 man, ställdes under stabs-adjutanten, kapiten *Gyllenbögels* befäl och skulle genast afgå att förstärka **Klingsporska** eller *norra Finska hären*, hvar-

Örlogs- och Skärgårdsflottan.

emot konungens på Åland samlade skaror, enligt hans befallning, benämndes *södra Finska arméen* [1]).

Konungen tog den 24 sitt högqvarter i *Grälsby* på Åland, och uppehöll sig der ända till September månad, sysselsatt med syftesvidriga, föga ordnade landstigningsplaner, onödigt stränga bevakningar och vaktparader, hvilka, jemte hans korsande och hvarandra motsägande befallningar, tillika med obilliga anspråk och domslut, uttröttade, utledsnade och afkylde alla, som lydde mer eller mindre omedelbart under honom.

Örlogs- och Skärgårdsflottan.

Svenskarne bevakade *Jungfrusund*, med en del af örlogsflottan, i afsigt att hindra Ryssarne att derigenom framkomma med några förstärkningar, hvilka uppgåfvos vilja bryta sig igenom, äfvensom att antända de Svenska fartygen.

Änteligen upptäckte fienden, att det smala sundet, som skiljer *Kimitto* från fasta landet, kunde genom ihärdigt arbete upprensas, för att tjena till farled för dess minst djupgående fartyg. Det mödosamma företaget lyckades fullkomligt. Svenskarne, som sent varseblefvo detta arbete, sökte förgäfves hindra det.

---

1) "Dessa förhållande och de redan vunna framgångarne" (yttrar frih. Wetterstedt, i bref den 19 till kansli-presidenten Ehrenheim), "verkade hos konungen stora förhoppningar och planer, byggda på omätliga illusioner, på eröfringen af Petersburg; men det är bättre", tillägger brefskrifvaren, "att de väckas, än att riktningen af ögonblickets ovilja sträcker sig till våldsamma steg emot England, hvilka alldeles skulle fylla måttet af våra olyckor." Konungen var nemligen så uppbragt på Herr *Thornton* och Engelska ministéren, att han ernade anfalla och uppbränna den Engelska flottan i Östersjön, hvilken var skickad till Sveriges biträde.

Örlogs- och Skärgårdsflottan; Sandöström eller Tandholmsundet den 21. *Rudbeck, Lilja, de Brunck, Hammarberg.*

Kapiten *Sölfverarm* ryckte an i denna afsigt, med sina 12 kanonslupar. Men Ryssarne hade nära 40 sådana. *Sölfverarm* var sysselsatt med försänkningar, för att göra denna genomfart osegelbar, då Ryssarnes befälhafvare, grefve *von Heyden* nalkades honom med stark rodd, kl. half 3 f. m. den 21. Drabbningen blef hårdnackad och varade i fulla tre timmar, då Svenskarne drogo sig omkring 1000 alnar tillbaka, hvarefter de åter fattade stånd i sin nya ställning. *Sölfverarms* kallblodiga förhållande och rörelser voro en af de mest utmärkta, som någonsin blifvit utförde af skärgårdsfartyg. Han hade att försvara sig mot en mer än tredubbel styrka, oberäknadt 2:ne fiendtliga styckevärn, jemte infanteri-eld på sina flyglar; men han visste att ersätta sin underlägsenhet i stridskrafter, genom ett väl beräknadt begagnande af belägenheten. Då han ånyo erbjöd drabbning, kunde hans fiender hvarken anfalla honom eller ens draga någon nytta af den framgång de vunnit.

Ryssarnes fingo sin befälhafvare, grefve *v. Heyden*, illa sårad och många stupade; men Svenskarnes förlust var ej heller ringa. Löjtnanten, frih. *Rudbeck*, styckjunkaren *Lilja*, 1 volontär, 2 båtsmän och 17 af landtvärnet voro dödskjutne; 2 volontärer, 4 båtsmän och 16 landtvärnssoldater svårt sårade, samt kapitenen *de Brunck* och under-löjtnanten *Hammarberg* lindrigt.

Sedan löjtnanten *Råberg*, med skonerten *Celeritas*, till ankars vid *Lökö* den 28, ½:dels mil utom *Nystad*, på udden *Kaibirte*, genom verkställd landstig-

Örlogs- och Skärgårdsflottan.

ning, i hast fått Ryska bevakningen derstädes att flykta; men tagit en soldat till fånga och en efterlemnad fältkanon i dervarande strandbatteri, jemte några beväringspersedlar, slutade denna månads rörelser både vid konungens Finska södra armée och flottorna.

Innan vi återvända till händelserna vid norra Finska hären, må en öfversigt lemnas öfver de Svenska och Ryska flottornas styrka och fördelning vid slutet af denna månad. Svenskarne hade vid nordvestra udden af *Ålö* 13 kanonslupar och 8 galerer; emellan *Kustö* och *Kakskerta* 4 kanonslupar, samt emellan nordvestra udden af Kimitto ön och fasta landet 22 kanonslupar. Hela antalet uppgick således till blott 39 kanonslupar och 8 gamla, nästan obrukbara galerer. Örlogsflottan bestod af 10 linjeskepp och 6 fregatter, hvaraf en del låg i *Jungfrusund* och *Örö;* och räknar man härtill några beväpnade köpmansfartyg, hvilka kryssade i Norrbotten (neml.: korvetten *der Biedermann*, briggarne *Fredrik, Svalan, Blomman, Ekonomien, Waksamheten*, skonerten *Celeritas* och ett avis-fartyg), så utgjorde Svenskarnes både sjö- och skärgårdsförsvar sammanlagde ungefär 70 bestyckade fartyg. Deremot bestod Ryssarnes skärgårds-försvar samma tid, af 106 bestyckade fartyg i Åbo skärgård, oberäknadt 9 linjeskepp och 9 fregatter samt åtskilliga mindre farkoster, som utlupit från Kronstadt, under amiral *Kanikoffs* befäl.

Major *von Fieandt*, som hade blifvit förstärkt af Savolaks fjerde infanteri-bataljonen, under major *C. H. Grotenfelt* och tredje bataljonen Savolaks jägare, under majoren *J. H. Furumark* samt tvenne trepundingar, befann sig nu i trakten af *Lintulaks*.

Han hade afskilt löjtnant *Harlin*, med 70 man, till *Möttönen*, hvarest han gjorde en känbar skada på de Ryssar, som voro sysselsatte med brons återställande; men nödgades slutligen draga sig tillbaka. Dagen derpå, eller den 2, blef *von Fieandt* af öfverste *Wlastoff* med flerfaldt öfverlägsen styrka anfallen vid *Lintulaks*, som den förre låtit betäcka med några förhuggningar, der vägarne från *Gamla Carleby* och *Wasa* sammanstöta. Ryssarnes anfall var raskt. De lyckades att besätta byn, då major *Grotenfelt* med storm återtog densamma, medan major *Furumark* hotade deras rygg. Men tvenne Ryska infanteri-bataljoner, hvilka legat fördolda i gärdesgårdsgatan och genom en artilleri-officers mindre käcka förhållande blefvo i tillfälle att framtränga, tvingade honom att draga sig tillbaka. Striden underhölls mycket lifligt och återtåget skedde ej längre än några tusende alnar från byn, der den förnyades, bron refs och v. Fieandt fortsatte sin marsch ostörd åt *Perho*.

Denna Ryssarnes framgång, efter hvilken öfverste *Wlastoff* satte sig i förbindelse med general *Rajefskijs* högra flygel, kostade dem major *Barbarisoff* och 250 man. Det modiga försvaret var ej mindre dyrköpt, då det beröfvade Svenskarne två officerare och 136 man, stupade, sårade och fångne.

För att göra sig underrättad om Ryssarnes ställning vid *Lappo*, samt borttaga en transport, som förmodades afgå från *Ilmola* till *Kuortane*, afsändes majoren och riddaren G. *Ehrenroth*, med första bataljonen af Savolaks infanteri, 2:ne trepundingar och 12 dragoner. Till *Ylistaro*, på vägen mellan *Lappo* och *Storkyro*, afgick, i samband härmed, kapiten *von Born* med 60 man, understödde af majoren C. *von Otters* afdelning vid sistnämnde ställe.

Den 8 hade *Ehrenroth* besatt *Lappo*, hvarifrån fienden flydde. Detta ställe var ganska vigtigt både för Svenskarne och Ryssarne. Der förenade sig vägarne från *Ny Carleby* och *Härmä*, från *Wasa* och *Tavastehus*, äfvensom från *Lintulaks*. En bataljon Karelske jägare, under majoren *Fredensköld*, hade äfven fått befallning att rycka hit från *Kauhava*, dit major *Tujulin*, med andra bataljonen Karelske jägare, i stället skulle afgå. Men vistelsen i *Lappo* blef icke långvarig; emedan Ryssarne skyndade att anfalla från *Kuortane*-sidan, med en mycket öfverlägsen och så väl fördelad styrka, att om major *Ehrenroth* varit mindre skicklig och djerf, han otvifvelaktigt blifvit tagen. Med sin ringa skara, slog han sig igenom, med blott 20 mans förlust, ehuru hans i kedja spridda trupper blefvo afskurne af den häftigt påträngande fienden. Men dessa afskurna 4 officerare och omkring 100 man sökte sig likväl genom skogen fram till hufvudhären, hvarest de inträffade dagen derpå. *Von Born*, som i tid blef underrättad om Ryssarnes anfall, drog sig, utan förlust, tillbaka från *Ylistaro*. Major *Tujulin* ankom äfven för att understöda *Ehrenroths* återtåg.

Hade general *Rajevskij*, med sin öfverlägsna styrka, fortsatt förföljandet med mera samband och raskhet, skulle Svenskarnes förlust troligen blifvit betydlig. Men den starka hettan, nu i samma förhållande mattande, som kölden icke längesedan var sträng, förlamade Ryssarne, hvilka dignade af trötthet. I fall *Klingspor* begagnat en större styrka till detta företag, så hade *Lappo* nu varit i Svenskarnes händer, utan den känbara blodsuppoffring, som dess intagande kostade några dagar härefter.

Medan Klingsporska skarorna, under grefve *Cronstedt, Gripenberg, von Döbeln* och *Palmfelt* drogo sig i små dagsmarscher åt *Härmä*, blef major *von Fieandt*, den 11, ånyo anfallen vid *Kokonsaari*, hvarest hans styrka nu utgjorde 1,100 man. Ryssarnes deremot bestod af *Wlastoffs* och *Kulnéffs* skaror, förenade under general *Jankovitsch*, af minst 3,000 man, utom kanoner och rytteri. Svenskarne försvarade sig dock modigt i hela åtta timmar, innan de drogo sig tillbaka till *Dunkars* bro, der de förstärktes af öfverste *von Essens* fördelning. *Fieandts* förlust bestod i stupade och sårade: sju officerare samt 161 underofficerare och soldater. Hvad fienden förlorat är ej uppgifvet; men att det ej varit ringa, kan bedömas af dess ställning, med flanken af sin linje mot Svenska styckena, hvilka, jemte handgevärs-elden, voro väl riktade och med lugn affyrade. Några dagar derefter drog *Jankovitsch* sig undan, och *Fieandt* framryckte åter till *Perho* och *Karstula*.

Efter dessa Ryssarnes försök att tillbakakasta *von Fieandt*, i tydlig afsigt att tränga sig fram till *Gamla Carleby* och komma sålunda *Klingspor* på ryggen, beslöt denne ändteligen en afgörande strid med sin motståndare general *Rajevskij*, som nu innehade en fördelaktig ställning vid *Lappo*. Detta upp-

Klingsporska hären; *Adlercreutz.* Lappo den 14.

drogs, efter vanligheten, åt hans general-adjutant, general-majoren *Adlercreutz.*

Den 13 samlade *Adlercreutz* sina stridsskaror vid *Neder Härmä*, sedan fienden dagen förut, med öfverlägsen styrka, anfallit och tillbakaträngt en framkastad fördelning nära *Kauhava*, under öfverste-löjtnanten *Martinau*. En fältbrygga slogs öfver *Härmä* å, hvarest hären gick öfver den 13 och marscherade till *Kaukava*, hvarifrån fienden drog sig tillbaka, efterlemnande endast något lätt rytteri att bevaka Svenskarnes rörelser. Hären bivakuerade till större delen påföljande natt.

Fjerde fördelningen, under grefve *Cronstedt*, utgjorde förskaran, och öfverste-löjtnant *Aminoff*, med en sqvadron Karelske dragoner jemte Karelske jägare, förtruppen, hvilken kl. 3 den 14 om morgonen kom i skottvexling med fienden. Framryckandet tillgick på vanligt sätt under detta krig, hvars anfalls-mekanism, i följd af den enahanda belägenheten, var till det mesta densamma. På landsvägen en sluten skara med 1 eller 2 fältstycken, och på sidorna i skogen jägarekedjor.

Adlercreutz följde med den slutna skaran. På ett afstånd af 1¼ mil ifrån *Lappo* blef motståndet häftigare. Ryssarne gjorde till och med ett lifligt anfall; de tillbakakastade förtruppen. *Adlercreutz* lät en bataljon af Savolaks jägare, under kapiten *Brunows* befäl, understödd af en annan bataljon af samma jägare, anförd af major *Tujulin*, rycka fram. Deras anfall i spridd ordning leddes af deras fördelnings-chef, den kallblodige grefve *Cronstedt*, som, under hurrarop, framträngde med den kraft och hastighet, att den slutna skaran på landsvägen med möda hann åtfölja kedjan i den oländiga marken och täta skogen på sidorna af vägen. *Adlercreutz* befallde dessa tappra att hvila och hemta andan; men genast voro Ryssarne framme och anföllo så snart Svenskarne stadnade. Savolaks jägare svärmade då åter på, med samma fart och mot lika häftig eld från fiendens sida. *Adlercreutz* ville aflösa de tappre, och efterskarorna, hvaribland isynnerhet Björneborgarne, med deras stridslystna befälhafvare *von Döbeln,* skickade flera bud med önskan att träda i jägarnes ställe. Men dessa ville icke blifva aflöste. De förbehöllo sig, såsom en dem, i egenskap af jägare, tillkommande företrädesrätt, att vara förtrupper [1]).

Ju mera striden närmade sig *Lappo*, ju häftigare blef den i följd af Ryssarnes tilltagande motstånd. En nu mera gles skog, gaf under-löjtnanten *von Becker,* en skicklig och käck officer, tillfälle att med sina trepundingar göra några vackra skott. Han beklagade blott att hans stycken voro för små, att kunna göra önskad verkan. De modiga jägarne, som ej tröttnade att gå på, ehuru ofta och kraftigt uppehållne, blefvo nu understödde af en dubbel kedja af 2:ne Savolaks infanteri-bataljoner, under majorerne *Ehrenroths* och *Törnes* befäl. Man kan deraf bäst bedöma, hvilket motstånd Svenskarne rönte, att de icke framkommo i sigte af byn, på en höjd, omkring 2 à 3,000 alnar derifrån, förr kl. närmare 4 e. m. Från detta ställe kun-

---

1) Dessa svarade: "Björneborgarnes tapperhet är förut känd; vi vilja också göra hvad vi kunna och en strid sådan som denna tillhör oss såsom jägare. Om vi vika, då må man aflösa oss." — Det var en ädel täflan ibland de tappra.

de man se fiendens ställning, och huru han hade ordnat sig till en allvarsam drabbning.

Marken emellan *Lappo* å och denna höjd utgöres till större delen af åker och äng. På norra sidan af ån ligger *Storbyn* och *Leohtala* by, hvilken sednare var oss och skogen närmare; på södra stranden *Lappo* kyrka och prestgård, jemte några hemman vid en mindre å, som från *Nurmo*-sidan faller i den större. Emellan *Storbyn* och kyrkan är en bro, hvaröfver landsvägen löper åt *Wasa*. Vid kyrkan aftager en sockenväg, hvilken, utmed den mindre ån, leder till *Nurmo* och *Ilmola*. Bakom *Leohtala* by var en spång, som fienden uppbrände under slaget.

Ryska hären befanns uppställd framför *Storbyn*, med Lappo å bakom sig. Dess venstra flygel utbredde sig mot ån, hvilken nedanom *Storbyn* böjer sig åt nordvest. Den högra sträckte sig till *Leohtala*, med sitt mesta rytteri på denna sida, i öppningen emellan begge flyglarne, hvaraf den högra hade 4 och den venstra 2 sexpundingar, samt i midteln 2:ne dito och 2 haubitzer. Styckedundret började genast på båda sidor; men utan särdeles verkan, ty afståndet var för stort. Endast de vid *Revolaks* eröfrade metallhaubitzerna gjorde god tjenst, under deras skicklige befälhafvare, kapiten *Kurtén*, hvilken med dem tvang fiendtliga rytteriet, att draga sig bakom *Leohtala* (eller *Liuhtari*) by.

Kapitenen och riddaren M. *Ehrenroth* afsändes, med en afdelning af första Savolaks infanteri-bataljonen, åt *Kuortane*-vägen, genom skogen, der han genast stötte på en större Rysk styrka, af hvilken han

Första delen. 15

blef häftigt angripen och tillbakaträngd. Han fick förstärkning af samma regementes andra bataljon, men innan denna han fram, slogo kulorna redan ned vid våra fältstycken [1]). I detsamma ankom den ytterligare ditskickade återstoden af första och andra infanteri och andra Savolaks jägare-bataljonens afdelningar, hvilka, understödda af tredje infanteri och första Karelska jägare-bataljonen, på slätten längs skogsbrynet, underhöllo på denna vår venstra flygel en liflig eld.

Emellertid fann *Adlercreutz* lämpligast, att verkställa en afgörande rörelse. Han befallde öfverste *von Döbeln*, att, med sina Björneborgare och 4 sexpundingar, genombryta Ryssarnes venstra flygel. Under tiden skulle tredje fördelningen anfalla deras högra; men då rapport i detsamma ankom, att en fiendtlig skara visat sig vid *Alapää* by, i ryggen på *von Döbeln*, befallte *Adlercreutz* öfverste *Gripenberg*, att, med tvenne bataljoner af dess fördelning, tillbakakasta dessa Ryssar, och sålunda befria Björneborgarne från det oväntade anfallet. Fiendens högra flygel var, såsom nämndt är, sysselsatt af *Cronstedts* Savolaksare, som ej ville eftergeve någon i tapperhet, hvari de täflade med Björneborgarne. En ringa återstod af fjerde, en bataljon af tredje och en dito af första fördelningen utgjorde hjelpskaran.

---

[1] Löjtnanten *Greg. Ad:son Aminoff* blef sänd, af kapiten *M. Ehrenroth*, med rapport om Ryssarnes ställning och framträngande, då *Adlercreutz* frågade honom: "*hafva Ryssarne gått öfver ån?*" ehuru ingen sådan fanns derstädes. Denna bristande kännedom af trakten, förmodar *Aminoff* ha varit orsaken dertill, att ej större styrka skickades dit, hvarigenom Ryssarnes återtåg skulle blifvit tillintetgjordt. Likväl var majoren *G. Ehrenroth* der några dagar förut och hade väl undersökt nejden, samt äfven fästat *Adlercreutz's* uppmärksamhet på nödväudigheten, att starkt besätta Kuortane vägen.

Klingsporska hären; *Eek, Grönhagen.*

Öfverste *von Döbeln* hade emellertid och redan innan befallning derom ankom, med största häftighet angripit sina fiender, hvilka, i den växande rågåkern, hvarigenom hans skaror framträngde, ställt ett osynligt, men mördande motstånd, hvilket förstärktes af deras förtäckta styckevärn, som beströko allt framför sig, tillika med vägarne till *Lappo, Storby* och *Salmis*. Men Björneborgarne och deras modige anförare [1]) läto ingenting uppehålla sig. Styckebrak, gevärssalvor, jägare-eld och hurrarop genljödo öfverallt der de framstörtade. Också måste Ryssarne, ehuru tappert de försvarade sig, snart gifva vika.

En bataljon af Savolaks infanteri, under den kallblodige öfverste-löjtnanten *Lode*, som hittills utgjort styrkebetäckningen, fick befallning att understöda *von Döbeln*. Och sedan misstaget om Ryssarnes anfall vid *Alapää* var utredt, fick *Gripenberg* samma uppdrag.

General *Rajevskij* [2]), sålunda försatt i en vådlig belägenhet, gjorde, midt under den häftigaste striden, en skickligt utförd frontförändring och lyckades tillika med mycken ordning och köld, att tillbakakasta sin venstra flygel. För att både betäcka sitt återtåg och hindra Svenskarne att framrycka, itände fienden spången och i detsamma *Leohtala* by, ehuru dess sjuka voro der förlagde.

---

1) Öfverste-löjtnant *Eek* och major *Grönhagen*, hvilka verkställde den vådliga stormningen, som ifrån torpet företogs på den förres förslag, voro tvenne mycket käcke och rådige officerare.

2) Som dagen förut undersökt ett bakom sin högra flygel varande moras, hvilket af hettan var upptorkadt, men likväl belades med fasciner, för att i nödfall kunna begagnas, både för kanoner, rytteri och fotfolk.

Klingsporska hären.

Återtåget skedde åt *Kuortane* öfver det förut omnämnda moraset, med en högst berömvärd ordning och således utan den ringaste förlust, ehuru *Rajevskij* var slagen ur fältet och omgifven af segrande Svenskar.

Hade deremot *Kuortane*-vägen i tid blifvit besatt af *Adlercreutz*, hvilken troligen icke kände dess vigt, så skulle Ryssarnes förlust blifvit afgörande för hela fälttåget [1]). Kapiten *von Fieandt*, hvilken med sin halfva Savolaks jägare-bataljon, befann sig på detta håll, var också den ende, som vid Ryssarnes frontförändring gjorde några och tjugu fångar.

Den inbrytande skymningen och den 13 timmars långvariga striden gjorde att *Adlercreutz* befallte att upphöra med fiendens förföljande.

Svenskarne stadnade på slagfältet: *von Döbeln* med sin andra fördelning, som utgjorde dagens glanspunkt, i *Storbyn*, den hans Björneborgare eröfrat, fjerde fördelningen, som ej heller varit overksam i dagens ära, bivuakerade; den tredje intog *Lappo* och den första, som utgjort hjelpskaran, emottog nu förposterna åt *Kuortane*.

Adlercreutz berömmer mycket hela härens ifver, att, utan undantag, vilja deltaga i dagens strid; men nämner serskildt Savolaks jägare, hvilka hela ¼ mil underhöllo en jemn eld, under det de undanträngde Ryssarne, som gjorde lifligt motstånd. Likväl tillägger han, att *von Döbeln* och hans Björneborgare, hvilka under hela frammarschen visade den största otålighet att få drabba med fienden, tillkommer den heder, som

---

1) Samma följder hade vunnits, om fiendens högra flygel blifvit bestormad då kyrkbyn blef det.

Klingsporska hären; *Ramsay, Blum, Aminoff, Gestrin, Qvanten, Gyllenbögel, Gripenberg, Lagermark, Wirsén, Uggla, Jägersköld, Cronstedt, Tujulin, Brunow, Fieandt, Berner.*

de dyrt köpte, att hufvudsakligen hafva afgjort segren. De störtade på fienden med en oförvägenhet, som, tilllägger han, denne fiende kanske aldrig förr erfarit, och hvilken den säkert aldrig skall glömma. Också bevittnades denna fördelnings tapperhet af fyra på stället stupade officerare, hvaribland tvenne för sitt mod, sin duglighet och sina fosterländska tänkesätt utmärkte och allmänt saknade: brigad-adjutanten, friherre *Ramsay* och löjtnanten *Magnus Blum*, hvilkas graf på valplatsen fuktades af alla tappres tårar, den ärorikaste prydnad hjeltar kunna få och gifva.

Kapitenen vid Savolaks infanteri *D. Aminoff*, förlorade sitt ben genom en styckekula och dog påföljande dag. Dessutom stupade under-löjtnanten *Gestrin* vid artilleriet och löjtnant *von Qvanten* vid Björneborgs regemente, hvilkas minne, liksom *Aminoffs*, också erhöll en rättvis gärd af saknad, för deras under detta krig visade välförhållande. Sårade: löjtnant *Gyllenbögel*, fendrikarne *G. Gripenberg, C. C. Lagermark, Wirsén, Uggla* och *Jägersköld*, alla af Björneborgs regemente. Sex andra officerare hade fått mindre kontusioner; men af under-officerarne och manskapet utgjorde stupade eller illa sårade omkring 106 man.

Utom de redan upptagna, nämnas i de offentliga rapporterna, ibland deras antal, som utmärkt sig, grefve *Cronstedt*, som ledde sina jägares anfall i 8 timmar med vanligt lugn; deras öfriga befäl borde alla eller ingen serskildt omtalas; major *Tujulin*, kapitenerne *Brunow* och *von Fieandt*, löjtnanterne *Berner*,

Klingsporska hären; *Vrede, Ekstubbe, Taube, Svartz, Andersin, Lind, Lundeberg, Sund, Uggla, Hesselius, v. Becker, Lode, Burghausen, Salmén, Furuhjelm, Eck, Grönhagen, Konow, Kothen, Carpelan, v. Schantz, Palmroth, Granfelt, de Besch, Schybergson, Lillius, Carlstedt, af Enehjelm, Björnstjerna, Kræmer, Klingspor, Lemke.*

Vrede, Ekstubbe, Taube, under-löjtnanterne *Svartz, Andersin, Lind* och *Lundeberg*, höra dock ibland de serskildt namngifne; likaså vid artilleriet, major *Sund*, kapiten *Uggla*, under-löjtnant *Hesselius* och *von Becker*; vid Savolaks infanteri: öfverste-löjtnant *Lode*; vid Karelske jägarne: kapiten *Burghausen* och under-löjtnanten *Salmén*; vid Björneborgarne öfverste-löjtnanterna *Furuhjelm* och *Eck*, major *Grönhagen*, kapitenerna *Konow, Kothen, Carpelan* och *von Schantz*, löjtnanterne *Schantz, Palmroth, Gyllenbögel, Granfelt, de Besch*; fendrikarne *Schybergson, Lillius, Lagermark, Uggla, Wirsén, Carlstedt, af Enehjelm, Jägerschöld, Adam Blum* och *Granfelt*; vid staben: kapiten *Björnstjerna* isynnerhet, jemte *Kræmer* och *Klingspor* samt fältmätnings-officeraren, löjtnant *Lemke*.

Svenskarnes styrka utgjorde något öfver **3,000** man, och Ryssarnes något öfver **5,000**. Deras förlust uppgick till omkring **400** man befäl och manskap, oberäknadt de sjuka och en del sårade, som förvandlades i aska, jemte *Leohtala* by.

Segern vid *Lappo* var hedrande för Svenska vapnen; men den var icke afgörande, hvilket den likväl, såsom anmärkt är, kunnat blifva.

Ryssarne drogo sig icke längre tillbaka, än tvenne små dagsmarscher från det slagfält de förlorat. Men de förlorade derjemte förbindelserna med sina öfriga

Klingsporska hären; Böttom; Paljakka måsse; Kajanus.

härar i Finland, och i sina företag och rörelser det samband, hvarförutan en krigshär saknar all styrka.

Om *Klingspor*, efter en eller annan dags hvila, ånyo anfallit dem, hade han, det medge Ryssarne sjelfve, gått en säker och afgörande seger till mötes. Men han afbidade händelsernas utveckling; den tappre *Adlercreutz* hade icke fria händer, han måste lyda sin och härens öfverbefälhafvare, och denne, gammal och betänklig, hoppades vinna målet med mindre ansträngningar. Han väntade, att snart erhålla de betydliga hjelpsändningar dem konungen lofvat honom, genom landstigningar i fiendens rygg och på hans flyglar.

Denna väntan eller hans naturliga försigtighet eller oförmåga att uppfatta fiendens kritiska och sin egen fördelaktiga ställning, jemte sammanhanget af det hela, gjorde att han inskränkte sig att låta *Fieandt* tillbakakatränga *Wlastoff*, som efterträdt *Jankovitsch*, till *Saarijärvi* och att framkasta några mindre fördelningar åt *Lappfjärd, Björneborg* och *Tammerfors*.

Sjelf stadnade *Klingspor*, med hufvudhären, ända till den 20 i *Lappo*, då första fördelningen, under den tvetydige *Palmfelt*, uppbröt och tågade närmare *Salmis*, och den andra, under den djerfve *von Döbeln*, åt *Ilmola* och *Kauhajoki*, att förstärka major *von Otters* afdelning, hvilken utgjorde der, intill medlet af September, härens yttersta högra flygel [1]).

---

[1] Vid *Böttom* anfölls friherre *von Otters* fältvakt, bestående af Österbottningarne, hvilka förlorade 1 officer och några man. Vid *Paljakka* måsse gjorde fienden också ett försök och striden var ej obetydlig. Det trötta manskapet ville helre slås än marschera; men Svenskarnes 6-pundingar blefvo skadade och återtåget skedde till *Kurikka*. Bataljons-predikanten *Kajanus* vid Österbottningarne var en ovanlig prest. Han befanns alltid med på slagfältet, tröstande de döende och förbindande de sårade, hvartill

Kliugsporska häreu; *Roth, Spof.*

Den **22** afgick fjerde fördelningen, under *Cronstedt* till *Tiistenjoki*, för att tjena till undsättning åt den första, som utgjorde förskaran och nu hade sina trupper framkastade till *Ruona* bro.

Ryssarne hade emellertid dragit sig åt *Alavo*, der de förskansade sig; hvarföre begge bataljonerna Karelske- och andra bataljonen Savolaks jägare besatte *Salmis*, dit också hela fjerde fördelningen den **28** samlades och der *Cronstedt* uppdrogs befälet, tillika öfver första och Svenska [1]) fördelningarne.

Klingspor förblef i sin overksamhet, och *Rajevskij*, som hvart ögonblick väntade sig att blifva anfallen och undanträngd, om ej tillintetgjord, vid *Alavo*, fick vara der ostörd af Finska härens fältmarskalk; men icke af en utaf dess mest underordnade medlemmar.

Hvad det lilla kriget och den väl beräknade djerfheten, ledd af en fullkomlig trakt-kännedom, kan uträtta, få vi se ännu en gång.

En simpel under-officer var den man, som bragte *Rajevskij* i mera bekymmer och hela hans här i större fara, än hvad *Klingspor* och alla hans företag hittills förmått åstadkomma, eller framdeles kunde göra.

Hans namn skall alltid intaga ett utmärkt rum i Svenska krigshistorien, måhända hans enda, ej derföre minsta belöning. Om och huru många hans jemlikar i mod och skicklighet funnos, vet man icke [2]),

---

han också hade färdighet; emedan han ägde någon kännedom i läkarekonsten. Vid *von Döbelns* framkomst möttes han af den ohyggliga synen af uppbrända eller plundrade hus, förstörda åkerfält, uppresta galgar och dödade invånare.

1) Som utgjordes af öfverlefvorna efter Wasa landstigningen: 1 bataljon Vesterbottningar, 2 d:o Jemtländningar med 1 sqvadron deras hästjägare, under öfversten *O. v. Essen.*

2) Hans kamrat, under-officeren *Spof*, bör icke heller glömmas; emedan han deltog i sin anförare *Rothe* alla företag.

då de ej fingo tillfälle att visa, att uppenbara sig, utan slumrade, outvecklade, blandade i massan och tillintetgjordes med den. De som här och der framblixtrade, blefvo icke heller nog framdragne. Många namn af underbefälet, bland korporaler och soldater, som förtjent att nämnas, äro aldrig uppgifna, utan lemnade åt en glömska, som anklagar det fädernesland för otacksamhet, för hvilket de uppoffrat mödor, lif och lemmar. Och, hvad värre är, denna otacksamhet verkar skadligt på fosterlands-försvaret i framtiden, hvars underordnade krigare nedstämmas af denna föresyn, i stället för att de borde upplifvas af vissheten och öfvertygelsen, det ej heller deras uppoffring för konung och land blifva förgätna i historien, den sanna ärans tempel, äfven om de glömmas med belöningar.

Hans' namn, som intager ett så lysande rum i det förra, var *Roth*, fältväbel vid *Ruovesi* kompani af Björneborgs regemente, på en gång de tappres vagga och högskola under detta krig.

Han uppgjorde en plan och erbjöd sig att utföra densamma med en hand full käcke [1]), dem han utvalde. Han ville obemärkt, på obanade vägar och genom ödemarker, öfver kärr, moras samt större och mindre sjöar, framtränga till trakten af *Ruovesi*, härja och uppbränna fiendens transporter och förråd, uppsnappa dess smärre bevakningar, samt, om han lyckades [2]) att samla en hop bönder under sig, oroa Ryssarne på deras rygg och sidor, hindra dem att få fram födoämnen och i allmänhet att afskära *Rajevskijs* förbindelser.

---

1) Fyratio man.
2) Hvilket han också gjorde.

Denne lika förslagne, som djerfve man aftågade kort efter träffningen vid *Lappo* och hade redan den 19 och 20 tillfogat fienden stor skada, bemägtigat sig en betydlig transport af mjöl och bröd, jemte en annan efter 73 hästar från *Orivesi*. Den sednares bevakning, bestående af 1 major, 1 subaltern-officer och 19 man, hade han dels nedgjort, dels tillfångatagit, jemte en annan officer till sjös med dess roddare. Den 21 tog han en stor Rysk skuta, lastad med 500 mattor mjöl. Af fruktan att förrådet vid *Wirdois*, skulle undergå samma öde, antände Ryssarne sjelfve detsamma.

Sålunda hade *Roth*, på några små båtar, begifvit sig till *Visuvesi*, der ett bredt sund afskär stora landsvägen från *Tammerfors* till *Wasa*. Han uppbrände bron deröfver, och smög sig sedan fram åt *Ruovesi*, der han förstörde en annan, ej mindre lång bro af 100 famnar.

Sedan han lagt sig på en liten holme, hopsamlade han alla båtar, äfven de minsta ökstockar, som han kunde upptäcka längs stränderna. Från detta oansenliga tillhåll gjorde han, likt de gamle vikingarne, eller de fordna sjökonungarne, täta ströftåg, hvarunder han anföll och uppsnappade eller förstörde flera transporter, ej mindre på de närmaste sjöarne än på de der omkring liggande landsvägarne.

Genom sin framgång med hvarje dag mera oförvägen, utställde han bakhåll, öfverrumplade smärre bevakningar och ilbud. Hans djerfhet gick så långt, att han (den 23) till och med gjorde ett försök på *Tammerfors* [1]), och med möda lyckades det trenne

---

[1]) Kommendanten derstädes uppgaf i sin rapport om detta försök och *Roths* företag i allmänhet, att Ryssarne blifvit anfallne till lands af general *Spoff* och till vatten af amiral *Roth*.

Klingsporska hären; Roth, Rajevskij.

Ryska kompanier, hvilka der utgjorde besättningen, att tvinga honom tillbaka [1]).

Roth hade sålunda, inom några dagar, bragt *Rajevskij* i en förtviflad belägenhet, nästan utan lifsmedel, utan föreskrifter från högre ort, utan förbindelse med de öfrige trupperne, ja utan alla underrättelser om hvad som föreföll hos dem.

Dessa omständigheter gjorde, att *Rajevskij* sammankallade sina förnämsta underbefälhafvare, för att höra deras råd. Sammankomsten skedde i *Alavo* och bivistades af generalerna *Demidoff*, *Jankovitsch* och *Kosatschkoffskij*, samt öfverstarne *Erikson*, *Froloff*, *Stegmann*, *Turtschaninoff* och *Kulnéff*.

General *Rajevskijs* framställning vid detta tillfälle förtjenar, att upptagas, till sitt hufvudsakligaste innehåll; emedan man derigenom får en klarare kunskap, både om de föregående händelserna och det närvarande förhållandet.

"— — — Då vi den 14 i denna månad blefvo angripne af en öfverlägsen fiende [2]), tvingade den eldsvåda [3]), som uppstod bakom vår linje, och äfven det sunda förståndet, att lemna det fält, på hvilket vi

---

1) Dessa och de följande underrättelserna om den tappre och kloke *Roths* förhållande och företag, liksom de öfverläggningar och farhågor, hvartill han bragte fienden, äro ej från Svenska sidan, samt finnas icke i de offentliga rapporterna, ej heller fullständigt i de enskildta bidragen, utan, hvad bättre bekräftar sanningen och mera hedrar Roth, dessa uppgifter äro nästan ordagrannt ifrån Ryssarne sjelfve, ifrån deras historieskrifvare, generalen van Suchtelen.

2) Man ser ett nytt bevis på Ryssarnes sätt att smickra sin obestridliga tapperhet, då de äfven nu omtala på Svenskarnes öfverlägsna antal, ehuru sanna förhållandet, enligt hvad förut är ådagalagdt, var motsatsen; ty de voro vid *Lappo* minst 5,000 man, vi ungefär 3,000 man.

3) Den de sjelfve förorsakade, men general Rajevskij ville, ganska illparigt, på någon annan än sig sjelf hvälfva denna händelse, hvarigenom Ryssarnes sjuke uppbrändes.

stredo. Genom eder tapperhet och edra kloka anordningar, undgingo vi att vidkännas några förluster [1]. J ären ej okunnige om hvad som förmådde mig, att draga mig tillbaka hit till *Alavo*. J skolen alla intyga, jag är förvissad derom, att klokheten, icke fruktan för fienden, bjudit mig till detta steg. Förstöringen af broarne [2] på vägen till *Tavastehus*, har mer än rättfärdigat denna min rörelse. Nu, mine herrar, går jag att till edert begrundande framställa de punkter, öfver hvilka jag önskar få inhemta edra tankar.

1:o. "Genom den rapport jag erhållit af kapiten *Laptieff*, skolen J erfara att vägen är afskuren till *Tavastehus;* och i fall vi äfven kunde återställa de förstörda broarne, så återstå oss nu mera, sedan våra transporter blifvit borttagne, ej tillräckliga lifsmedel, för att hinna fram till denna stad."

2:o "Om också, enligt öfverbefälhafvarens befallning, transporter blifvit afsända sjövägen till *Virdois*, kan jag väl med säkerhet lita derpå, att de ströfvare [3], som oroa farvattnen, skola tillåta dessa lifsmedel att komma fram till mig?"

3:o. "De sista underrättelser jag erhållit från öfverbefälhafvaren äro af den 3 i denna månad. Samma dag, efter slaget vid *Lappo*, affärdade jag till honom ett ilbud, med rapport öfver hvad som förefallit, och ge-

---

[1] Bataljfältet och några hundra stupade räknar han icke bland förluster.

[2] Men de voro ej förstörda förr än Roth gjorde det, och likväl bjöd *endast klokheten*, icke Svenskarnes svärd, ej von Döbelns anfall, ej Björneborgarnes tapperhet, honom att gå från Lappo? Man bör likväl vara rättvis äfven mot sina fiender, och det har författ. af denna bok sökt vara, och derföre aldrig förnekat Ryssarne och deras anförare den större skicklighet de i allmänhet under detta krig visade än Svenskarne. Här var det dock nöden, som tvingade dem att gå undan.

[3] Om några flera sådana ströfvare som Roth, funnits och blifvit afsände, så hade det varit slut med Ryska skarorna i Finland.

nom hvilket jag anhöll om tillstånd, att få draga mig åt *Tavastehus;* emedan jag ansåg mig för svag att uthärda ett fiendtligt angrepp, och jag ännu mycket mindre, enligt öfverbefälhafvarens föregångne anordningar, sjelf kunde gå anfallsvis till väga[1]). Den tid som varit behöflig, att härå erhålla svar, är tilländalupen. Jag måste antaga, att ilbudet fallit i fiendens händer, eller att det för de förstörda broarnes skull blifvit nödsakadt att vända om. Att vänta, förlänga min vistelse i *Alavo* skulle blottställa mig för nödvändigheten, att förbruka det ringa förråd af lifsmedel, som ännu kan uppehålla oss till vårt närmaste magazin, hvilket ligger i *Jyväskylä.*"

4:o. "Kunde jag vara säker, att erhålla lifsmedel, så skulle min närvaro tvifvelsutan hindra fienden, att med hela sin styrka vända sig åt *Tammerfors.* Drager jag mig tillbaka, så lemnar jag honom tillfälle att utbreda sig i landet samt allt mera öka sina stridskrafter."

5:o "Stadna vi här qvar, så beröfva vi *Tavastehus* och *Tammerfors* ett mägtigt skydd. Fienden skall möjligtvis qvarlemna i *Lappo* en obetydlig styrka, och dölja för oss en hufvudrörelse på den sistnämnda staden [2]). J kännen, likasåväl som jag, hvilka svårigheter vi ha att erhålla några tillförlitliga underrättelser och huru litet vi få tro eller förakta dem, som landets invånare lemna oss."

"Öfvervägen, mina herrar, moget, hvad jag här framställt och värdes hvar och en af eder, såsom en trogen fäderneslandets son, meddela mig sin tanke."

Tankarne voro ej delade; de voro enstämmiga för

---

1) Men så klok var icke den Svenska öfverbefälhafvaren. Han rörde sig hvarken åt Tammerfors eller på Lappo, med den kraft han bordt.
2) Dessa medgifvanden stå i uppenbar strid mot den förra försäkran, att *klokheten,* men icke *fruktan* eller Svenskarnes *svärd* tvungit honom tillbaka.

återtåget till *Tavastehus*, helst, medan öfverläggningen ännu varade, underrättelse erhölls, att *Roth* ytterligare anfallit och förstört tvenne transporter på *Ruovesi* och en vid *Kuru*.

Men Ryska öfverbefälhafvaren hade, vid denna tid, funnit nödigt att ställa alla de skaror, som voro i nordvestra och mellersta delen af Finland under en enda ny anförare.

Åtskilliga lysande vapenbragder, under fälttågen de tvenne föregående åren i Preussen, hade gifvit generallöjtnant grefve *Kamenskij* ett väl förtjent rykte. Han ankom den 24 till general *Rajevskijs* här och emottog befälet, samt frälste honom ifrån sitt stora bekymmer. Det var likväl med möda *Kamenskij* lyckades att framkomma, utan att blifva tagen af den djerfva partigångaren *Roth*. Detta inträffade dagen efter öfverläggningen.

Men äfven den lika verksamme, som modige *Kamenskij* fann rådligast, att draga sig tillbaka, på tvenne kolonner, åt *Tavastehus* och *Kuhmois*. Detta återtåg dolde han genom en låtsad anfallsrörelse af öfverste *Vlastoff* åt *Saarijärvi*, samt af öfverste *Sabanejeff* åt *Orivesi*. Men han bevakade tillika *Alavo* och lyckades att sålunda hålla *Klingspor* i overksamhet, medan han sjelf drog sig undan och under det *Roth*, lemnad åt sig sjelf, nödgades af *Sabanejeffs* öfverlägsna styrka, att öfvergifva sitt vikingatillhåll och söka återkomma till den här, hvarifrån han var afskild. Hade *Roth* kunnat fortfara att oroa *Kamenskijs* rygg och flyglar, samt att uppsnappa eller förstöra hans transporter, såsom han gjort med *Rajev-*

skijs, skulle den förre, lika litet som den sednare, kunnat bibehålla sig i dessa trakter, ehuru *Kamenskij* erhöll betydliga truppförstärkningar.

Gyllenbögel, Ridderhjerta.

Kapiten *Gyllenbögel*, med 1,000 man Finska reserver och frivilliga, hvilka, hvad förut är nämndt, på Åland blifvit något inöfvade, landsteg den 30 vid *Kaskö* och gick vidare till *Finnby* bro, afvaktande *Klingspors* närmare befallning.

Med *Gyllenbögel* förenade sig också *Ridderhjertas* och *Jacobsons* frivilliga skaror, sedan de blifvit betydligen förstärkta af allmoge kring *Wasa*. — Vid *Nerpes* kyrka hade *Ridderhjerta* en strid med Ryssarne. De uppbrände byn, hvilken *Ridderhjerta* ej kunde frälsa, emedan fienden hade förstört bron. Invånarne hade i allmänhet flyktat, utom några bönder, dem de gripit och upphängt vid en backe, andra till skräck och varnagel.

Åt de beväpnade bönderna anskaffades födoämnen af deras hustrur och barn.

Superkargen *Bladh* och hans son hade Ryssarne tagit med sig, uppbränt hans ladugård, jemte Nerpes prestgård, samt plundrat deras redbaraste egendom. Vid det hastiga återtåget hade Ryssarne nödgats lemna efter sig *Bladhs* schäs, hvari låg om hvartannat sängkläder, silfver, ljusstakar, skedar, knifvar, gafflar, med mera, hvilket allt återlemnades åt ägaren.

Sandels fördelning.

Sedan *Ridderhjerta* erhållit **100** mans förstärkning af Vesterbottens vargering, hvarigenom hans styrka, jemte landtvärnet, utgjorde nära **600** man, hemförlofvades den **23** alla bönderna, för att verkställa sin höbergning.

Den till *Benvik* ankomne major *Sjöman*, med 12 kanonjollar, skulle nu taga befälet, på det att sluparne och infanteriet skulle röra sig i samband med hvarandra, vid intagandet af *Christina* stad. Men han blef tagen af fienden nästan samma ögonblick han satte foten i land; emedan det skedde för nära fiendens förposter.

Ridderhjerta kunde icke fortsätta anfallet, utan nödgades draga sig tillbaka, efter ett modigt försvar och med några mans förlust, hvilken på Ryssarnes sida var större.

Straxt derefter förenades hans friskara med kapiten *Gyllenbögels*, och tillhörde nu mera densamma under hela återstående delen af fälttåget.

Sandels fördelning.

Sandels hade emellertid, efter vanligheten, icke varit overksam, ehuru hans landstignings-försök emot *Kuopio* icke medfört alla de fördelar han påräknade.

Ryssarne, som icke eftergifva någon i eftertanke, hade en kanonslups eskader vid *Wilmanstrand*. Denne tryggade deras välde öfver *Saimen*, hvilken, med *Haukivesi* och de Karelska insjöarne, bildar en kedja af vidsträckta vattendrag, som genomskära landet i norr och söder. De utflyta i *Ladoga* och Finska viken; men bryta sig innan dess i flera fall och afsättningar. Längs dem beslöto Ryssarne att flytta några af ofvannämnde kanonslupar, från *Saimen* till *Kallavesi*, nedanför *Kuopio*, till skydd för denna stad. De ökades efter hand, och nu upphörde *Kuopio* att vara blottstäldt för Sandels djerfva anfall; och med de bröstvärn Ryssarne uppförde på stranden, blefvo de slutligen fullkomligt säkra om denna stads besittning.

Öfverste *Sandels*, som icke heller förbisåg nyttan af att äga så beskaffade farkoster till sitt användande på *Kallavesi*, gjorde, redan i Maj, öfverbefälhafvaren uppmärksam på nödvändigheten af deras anskaffande; men utan påföljd.

Så snart *Sandels* fick kännedom derom, att Ryssarne voro i antågande med dessa kanonslupar, beslöt han att, om möjligt, hindra deras framkomst.

I de första dagarne af denna månad anbefallde han majoren och riddaren *Arnkihl*, såsom kännare af sjöväsendet, att med 500 man på 50 båtar, jemte tvenne trepundingar begifva sig till *Konnus* fors, förbi hvilken kanonsluparne skulle transporteras landvägen och der söka hindra deras öfverfart, eller också anfalla och äntra dem, om de anträffades förut.

Vid *Arnkihls* framkomst hade kanonsluparne redan kommit förbi nämnde fors och anträffades derföre på sjön, hvarest en strid emellan dem och *Arnkihl* uppstod, dock med obetydlig förlust för Svenskarne, hvilka, häftigt beskjutne från de bestyckade sluparne, nödgades återvända till *Toivola*.

Sandels fördubblade härefter sin uppmärksamhet på sin motståndare, hvilken, beherrskande *Kallavesi*,

Första delen. 16

nu lätt kunde anfalla och oroa honom på flera serskildta ställen, och isynnerhet å hans högra flygel, såsom den mest tillgängliga.

Sandels skickade derföre dit major *von Essen*, med sina Österbottningar, hvilka förlades till *Mauninga* kapell; och kapiten *Söderhjelm*, med 30 man, afskiljdes derifrån till *Ruokovirta* pass, som starkt förpålades, samt försågs med bröstvärn för manskapet och batterier för tvenne trepundingar. Likaledes skulle *Mustavirta* ström uppmärksamt bevakas af *von Essen*, på det att fienden ej skulle lyckas framtränga landvägen från denna sida.

Också missräknade sig icke *Sandels;* han blef nästan dagligen oroad [1]). Men han insåg tillika, att dessa smärre anfall bebådade något större, hvilka de mindre antingen skulle förbereda eller dölja, eller att Ryssarne genom dem trodde sig kunna insöfva Svenskarnes tro på något mera afgörande företag.

Ett sådant gjordes äfven från fiendens sida den 9, då 6 kanonslupar, jemte en mängd båtar, närmade sig Svenskarnes läger vid *Toivola*. Man lät desamma nalkas helt nära stranden, innan våra dervaran-

---

[1] För att undersöka Svenskarnes sinnesstämning, anmälde sig Ryska general-adjutanten, markis *Paulucci*, under förevändningar att få låna Svenska tidningar, hvilka han erhöll; men synnerligast dem, hvilka upptogo Ryssarnes barbariska plundring af Wasa. Derjemte beklagade han sig öfver Svenska skytteriets verkningar; men lofvade, att, inom åtta dagar, sjelf innehafva *Toivola* och ville i detta hänseende ingå ett vad. Löjtnant *Andersin*, som nu var sänd emot honom, sade sig vara beredvillig att ingå i detta förslag, om hans förman, *Sandels*, tillät det. Rådfrågad derom biföll han det, och den som förlorade vadet skulle bestå 10 bålar. Så snart åtta dagar voro förflutne, inställde sig markis *Paulucci* åter och beklagade att oförutsedda hinder uppskjutit Ryssarnes afgörande anfall, anmodade Svenska officerarne att komma till en holme och tömma de af honom förlorade bålarne. Tio officerare utseddes dertill och desse blefvo rundeligen trakterade; men Sandels behöll Toivola många åtta dagar ännu derefter, oaktadt alla möjliga försök gjordes från fiendens sida, att få honom derifrån. — Bidraget, N:o 4.

de batterier öppnade på de anryckande en väl riktad stycke-eld, hvarigenom tvenne kanonslupar fingo grundskott. Efter denna motgång, hvilken nödgade de skadade sluparnes besättning, att, under vår eld, öfvergå på de andra kanonsluparne, som togo dem i släptåg, upphörde Ryssarne denna gång att fortsätta anfallet och sitt landstigningsförsök.

Sandels var emellertid, med sin dagligen af sjukdomar, mödor och träffningar minskade här, lemnad åt sig sjelf, på 60 mil skiljd från den öfriga hären, samt nu mera utan hopp om förstärkning. I en sådan belägenhet var det af nöden, att han bakom sig hade någon fast punkt att draga sig till, i händelse han här blefve öfvermannad. Ett sådant ställe ville han i tid bereda sig, och utsåg dertill *Palois* pass, hvilket han nu lät befästa med biträde af bönder och hvarest han hade mindre yta än här att försvara, och der han således påräknade att kunna göra fienden ett långvarigare motstånd.

Sina förråd och sin onödiga tross lät han småningom afgå till *Idensalmi*, för att komma i säkerhet för hvarje öfverrumpling af den öfverlägsna fienden.

Under dessa förberedande anstalter, föreskrifne af omtanken och försigtigheten, hvilka hos honom voro lyckligen förenade med modet och djerfheten, erhöll han underrättelse om general-major *Alexejeffs* inryckande i *Karelen*. Han hade den 17 kommit till *Pelgjärvi*.

Som *Alexejeffs* skara till större delen bestod af rytteri, ansåg *Sandels* densamma i denna afskurna trakt icke särdeles farlig. Han skickade dit kornet *Brandenburg* och under-officeren *Brunow*, för att uppmana bönderna att gripa till vapen, och att öfver dem taga

Sandels fördelning; Toivola och Maaninga den 23; Söderhjelm.

befälet; mindre likväl att anfalla fienden än att bevaka dess rörelser och företag.

Sandels motståndare, ehuru något lugnare efter det sista misslyckade landstigningsförsöket, fortforo att samla båtar och låta förfärdiga en hop pråmar.

Det dröjde dock icke längre än till den **23**, då hans flottilj samlade sig på sitt vanliga ställe vid *Telko* holme. Tre kanonslupar, samt omkring 20 båtar afgingo och ställde kosan åt *Maaninga*. De syntes erhålla flera båtar till sin förstärkning ifrån *Savilaks*.

Sandels, som genast insåg fiendens afsigt, afsände 100 man af Wasa regemente till förstärkning åt major *von Essen*, hvilken befalltes, att, på allt möjligt sätt, söka afslå det tillernade anfallet.

Fienden, som genom ett bröstanfall trodde sig kunna dölja det egentliga ändamålet med sin rörelse, nalkades *Toivola* lägerställe kl. 8 om aftonen, med den öfriga flottiljen, åtföljd af båtar och pråmar, fyllda med landstigningstrupper. Landstigningen skulle verkställas under skydd af en liflig stycke-eld; men pråmarne, ehuru vädret var alldeles stilla, voro för tunga och oviga, att kunna arbeta sig upp ens i bredd med kanonsluparne och än mindre att kunna komma fram om dem, med den fart ett så beskaffadt försök erfordrade. Våra strandbatterier voro ej overksamme att mota anfallet, och Ryssarne funno sig tvungne att återvända med, oförrättade ärender, till sin ankarplats vid *Telko* holme.

Emellertid hade den åt *Maaninga* afgångne flottiljen framkommit samma afton eller rättare natt, och, med sina 500 mans besättning, ryckt mot kapiten *Sö-*

Sandels fördelning.

derhjelm vid *Ruokovirta*. En del sökte upptaga förpålningarne och tillika kringgå hans venstra flygel. Men alla dessa anfall och försök afslogos modigt af *Söderhjelm*, som nu var förstärkt med de 100 man af *Wasa* ungdom, hvilka *Sandels* i tid ditskickade. En af fiendens kanonslupar fick grundskott och 7 stycken af de mindre båtarne blefvo alldeles sönderskjutne af *Söderhjelms* trepundingar. Ryssarne, afvisade äfven härifrån, återvände; men landstego ånyo vid *Veänälä* by, på hvilken, jemte några andra byar, de hämnades sitt misslyckade försök, genom plundring och våldförande af de oskyldiga invånarne.

Detta, liksom det föregående anfallet den 9, blottade Ryssarnes svaghet till sjös, samt uppenbarade derjemte, huru litet *Sandels* hade att frukta för deras flotta, och isynnerhet de dermed förenade landstignings-pråmarne, på hvilka fienden förut bygde så stora förhoppningar.

Af denna anledning trodde sig *Sandels* kunna minska sin förut ringa styrka; hvarföre nu mera majoren och riddaren *Malm* fick befallning, att, med sitt kompani af Savolaks jägare, redan dagen derpå, eller den 24, afgå till Karelen. Honom uppdrogs att, med den samlade allmogens tillhjelp, fördrifva fienden derifrån. Men som denne, enligt en sednare ankommen rapport, redan hade inträngt till *Joensu* pass, äfvensom att blott ett ringare antal bönder voro ordentligen bevärade, samt en del nödgats återvända till sina hemvist, för bristande lifsmedel, så befalltes 120 man af Uleåborgs bataljon, hvilken låg vid *Jännenvirta*, att, jemte tvenne trepundingar, genast afgå till *Malms* förstärkning.

*Sandels fördelning; Karelen. Arméens flotta;
Sandö den 2.*

Major *Malm*, lika driftig som tapper, hade genast innan hjelpskaran var ankommen, den 31, på båtar skyndat till *Hammarlaks*, 2¼ mil på andra sidan *Joensuu*, i afsigt att afskära återtåget för Ryssarne. Men dessa, som fått kännedom om Svenska truppens ankomst, hade, utan att afvakta deras åsyn, dragit sig undan med den hast, att de efterlemnade 80 mattor hafra, dem *Malm* anammade tillika med 3 Ryska dragoner. *Malm* återvände med sitt byte till *Joensuu*, för att der invänta den anländande förstärkningen.

AUGUSTI MÅNAD.

Arméens flotta; Sandö den 2.

Sedan skärgårdsflottans ärofulla drabbning den 21 Juli vid Sandö ström, hade densamma blifvit förstärkt med 10 kanonslupar, under öfverste-löjtnant *Jönsson*, som förut legat utanför *Åbo*.

Grefve *von Heydens* efterträdare, kapiten *Dodt*, hade beslutit att fullfölja sin företrädares plan att söka undantränga Svenskarne, som icke egde flera än 22 kanonslupar vid *Sandö* ström och ett batteri med 4 stycken 24-pundingar på *Röfvareholmen*, midtemot *Päistärpää* udde. Deremot hade Ryssarne icke mindre än 80 bestyckade fartyg, fem, på åtskilliga ställen anlagda, öppna och förtäckta batterier, jemte en jägareskara längs stränderna af fasta landet och *Kimitto* ön.

Också voro Ryssarne, med skäl, så säkra om framgång, att deras öfverbefälhafvare, grefve *Buxhoewden*,

Arméens flotta; Sandö den 2.

åtföljd af sin general-stab, inställt sig vid *Kimitto*, för att åse den förestående striden till sjös.

Ryssarne började sitt anfall kl. emellan 2 och 3 om morgonen den 2.

Svenskarne, oaktadt sin ojemförliga underlägsenhet i antal, försvarade sig med berömvärd tapperhet. Segren, medger fienden sjelf, var länge vacklande. De ömsesidiga rörelserna med segel och åror skedde med mycken ordning.

Ryssarnes venstra flygel, understödd af en hittills obegagnad reserv af 20 kanonslupar, lyckades slutligen, att, med sin stora öfverlägsenhet, undantränga öfverstelöjtnant *Jönssons* högra flygel. Derigenom kunde Ryssarne beskjuta bakifrån det på *Röfvareholmen* anlagda batteriet, som låg i midten af Svenskarnes slagordning och utgjorde deras hufvudsakliga styrka. Emellertid gjorde detta batteri, liksom Svenska kanonsluparnes lifliga och skarpa eld, god verkan. Ryssarne gingo dels med båtar dels vadande öfver det smala blott 2 à 3 fot djupa sundet till *Sandö*.

Jönsson, efter att hafva blifvit illa sårad, drog sig långsamt och lugnt tillbaka.

Amiral *Hjelmstjerna* anlände i detsamma med 7 galerer, och 9 kanonslupar till mynningen af *Sandö ström*, och hindrade Ryssarnes vidare förföljande. En stark SO och SSO vind hindrade honom att förut komma fram från *Holmö*. Venstra flygeln började genast elden på fienden, som sökte tränga fram genom sundet, hvilken eld fortsattes af de galerer, som lågo i midteln, emedan de till höger belägna galererne icke kunde beskjuta fienden, som nu drog sig något bakom udden af *Sandö*.

Armeéns flotta; Sandö den 2; *Morin, Arosin, Jönsson.*

Redan hade drabbningeu varat nära 5 timmar och fortsattes vidare ifrån kl. half 8 till half 12, utan att några af Ryssarnes slupar kunde komma ur sundet. Men som blåsten tilltog och gick mera mot S.S.O och ingen hamn fanns, utan man låg på öppna fjerden uppfylld af grund, samt hade stundeligen att förvänta Ryska eskadern ifrån *Åbo*, hvarigenom både Svenskarnes rygg och deras vid *Holmö* i *Pargas* qvarliggande proviant- och andra obevärade fartyg blifvit blottställde, så drog *Hjelmstjerna* sig dit tillbaka med den ordning, att ej ett enda fartyg gick förloradt.

Han inträffade der kl. 1. Striden var emellertid ganska allvarsam, och Svenskarnes och Ryssarnes fartyg trängde så nära hvarandra, att årorna stundom stötte tillsamman, samt att en kanonslup, hvaröfver underlöjtnant *Morin* hade befälet, men som, efter hans död, fördes af styckjunkaren *Engel*, från en Rysk blef anropad med: "*gif dig, dobbra kamrat*", hvilken uppmaning af *Engel* blef besvarad med ett nickskott laddadt med skrot.

Ryssarnes förlust bestod i några kanonslupar och jollar, skjutna i sank, samt en mängd mer och mindre skadade, jemte 2 à 300 man stupade och illa sårade. Svenskarnes var ej heller ringa; dödskjutne: under-löjtnanterne vid arméens flotta *Morin* och *Arosin*, samt 69 af manskapet; sårade: öfverste-löjtnanten och riddaren *Jönsson* (svårt[1]), kapitenen och

---

1) Denne tappre officer, som dog af sina sår, skall hafva, omgifven af sina officerare, vid dödens annalkande, sträckande sina händer och blickar mot himlen, utropat: "Olof Cronstedt" (kommendanten på Sveaborg) "jag instämmer dig härmedelst inför Guds eviga domstol, att stå till ansvar för mina plågor och för så många tappre mäns lif, hvilka i dag blifvit skjutne med Svenska kulor från Svenska skepp. — Bilagan, N:o 48.

Arméens flotta; *Wirsén, Åhman, Ithimæus, Borgman, Sandberg, Sölfverarm, Öberg.*
Paléns fördelning; Westankärr den 3.

riddaren *Wirsén* och löjtnanten *Åhman* (lindrigt), löjtnanten *Ithimæus* och under-löjtnanten *Borgman* (svårt), under-löjtnanten *Sandberg*, 2 under-officerare och 93 man; kontusion: kapiten *Sölfverarm* (lindrigt), löjtnanten *Öberg* (svårt). Fångne: under-löjtnanten *Rydberg*, tillika sårad, t. f. landtvärns-officeraren *Mårtenson*, 5 under-befäl och 35 man på *Röfvareholmen*. Fyra stycken 24-pundingar, föllo derjemte i Ryssarnes våld.

Deras öfverbefälhafvare, grefve *Buxhoewden*, som från en klipphöjd sett, om ej ledt, hela denna sjö- och landträffning, hade återvändt till *Westankärr*, ett hemman, dit han för tillfället förlagt sin general-stab. Alla som omgåfvo honom voro upprymda öfver stridens utgång, och alla trodde sig i all säkerhet och lugn kunna lemna sig åt sin glada sinnesstämning vid det middagsbord, som nu skulle intagas, då en plötslig syn tillintetgjorde allas både glädje och matlust. Denna öfverraskande händelse var af sådan beskaffenhet, att den lätteligen kunnat mägtigt, måhända afgörande, inverka på hela krigets utgång, om ej grefve *Buxhoewden*, just då han skulle sätta sig till bords, kommit att kasta sina ögon ut åt den omgifvande trakten. På ett gevärs skotthåll blef han varse en flock Svenskar, som höllo på att ordna sig för att omringa huset, hvari han befann sig. Han befallde öfverste *Anshelm de Gibory*, att, i ögonblicket, med den svaga vakt han hade hos sig, göra det kraftigaste motstånd, medan han sjelf, lemnande i sticket sin värja, några ordensprydnader jemte det uppdukade bordet, med silfvret, skyndade att smyga sig undan till sin skärgårdsflotta.

Arméens flotta. Paléns fördelning; Westankärr den 2.

"Fjäsket", säger Ryssarnes tecknare af denna händelse, "ändå mera förderfligt i lägret än vid hofvet, gjorde denna öfverraskning möjlig. I afsigt att låta öfverbefälhafvaren åtföljas af en hedersvakt, nog öfverflödig på vägen emellan *Åbo* och *Kimitto*, hade en generalstabs-officer, utan generalens vetskap, låtit indraga flera kossackposter på stranden."

Öfverste *Palén* var af konungen befalld att med 74 man af Pommerska regementerna, 36 af Finska vargeringen och 856 man af Upplands landtvärn, jemte 6 stycken trepundingar, göra en landstigning i denna trakt, för att oroa fienden. Hans transport-fartyg betäcktes af fyra kanonslupar.

Uppehållen af motvind kunde han icke verkställa landstigningen förr än den 2. Den skedde vid *Skog* by, invid den så kallade norra *Långviken*, utan att blifva upptäckt af fienden. Då *Palén* om morgonen hörde ett starkt styckedunder vid *Sandö*, påskyndade det hans rörelser, för att så mycket lättare kunna öfverrumpla den på en annan sida sysselsatta fienden.

Detta lyckades så väl, att han oupptäckt framträngde på vid pass 1000 alnar nära *Westankärr* hemman, beläget i ryggen af de mot vår skärgårdsflotta riktade batterierna och i sigte af *Sandö ström*.

Underrättad af bönderna, att Ryska härarnes i Finland högsta befälhafvare, med en talrik stab, befann å nämnde hemman, hoppades öfverste *Palén* att kunna taga honom. Han ordnade sitt anfall derefter. Etthundra man befalltes kringgå hemmanet till venster och 50 man till höger. Förskaran, som emellertid låg

Arméens flotta; Paléns fördelning.

dold i skogsbrynet, skulle framtränga framifrån, så snart de kringgångne börjat anfallet.

Det var denna illa förtäckta skara, som grefve *Buxhoewden* såg genom fönstret; men de till venster kringrännandes långsamhet fördröjde anfallet och frälste *Buxhoewden* och hans stab.

Vid anfallet försvarade sig Ryska stabsvakten med beslutsamhet; men nödgades snart att kasta sig in uti närmaste skog.

Palén hade emellertid ställt första och andra bataljonen af landtvärnet på en bred vid hemmanet varande äng, högra flygeln stödd mot skogen, den venstra mot gården, artilleriet på en bredvid liggande höjd; fjerde bataljonen [1]) till hjelptrupp och den tredje afskiljdes till hälften på en i Svenskarnes rygg löpande väg, medan återstoden utgjorde styckebetäckning.

Dessa anordningar till ett regelbundet anfall, der det gällde att med möjligaste hastighet rusa på och öfverrumpla, beröfvade icke blott *Palén* den lysande ära att taga Ryssarnes högsta befälhafvare och hans talrika stab, utan gaf fienden derjemte tid att få undsättning af de trupper, som nyss förut vadat öfver till *Sandö*.

Desse, anförde af generalerne *Konovnitsin* och *Tulschkoff* 3:e, åtföljde af öfversten, grefve *Ivelitsch* och grefve *Buxhoewdens* adjutant, kapiten *Neidhardt*, hastade att försvara sin öfvergeneral och omringade öfverste *Palén* på alla håll, så att han, inom kort, var bragt emellan fyra eldar. Hans trepundingar gjorde föga verkan på längre afstånd, hvaremot Ryssar-

---

1) Rättare half-bataljoner; ty landtvärnet var deladt i halfbataljoner, för att lättare kunna både inöfvas och röra sig.

Arméens flotta. Paléns fördelning; Silfversvärd, Köhler, Edelfelt, Palén, Lewin, Gerdes, Björnstjerna, Ehrenström, Hagelbäck, Schwartz.

nes gröfre stycken och kastpjeser slungade död och förstörelse i Svenskarnes leder, der förvirring i landtvärnshopen också uppstod. Öfverste *Palén* ernade likväl oförskräckt framrycka, då v. amiral *Hjelmstjernas* underrättelse ankom, att utloppet vid *Sandö* af fienden var intagit och således allt anfall på *Kimitto* landet ändamålslöst. Han drog sig derföre tillbaka, med den ordning och framgång, att manskapet och kanonerna redan voro, oaktadt Ryssarnes lifliga förföljande och häftiga eld, om bord bragte, då, genom skutskepparnes okunnighet, tvenne bondgaleaser kommo i oordning och blefvo tagne. Den ene hade om bord ett kompani landtvärn, den andra skytteriet.

Denna långvariga strid kunde ej aflöpa utan kännbar förlust, äfven för Svenskarne, som derunder fingo skjutna: löjtnanten *Silfversvärd*, fendricken *Köhler*, sergeanten *Edelfelt* och 36 man; sårade genom kontusion: öfverste *Palén*, ryttmästaren *Lewin*, fendricken *Gerdes* och 23 man; fångne: löjtnanten *Brandt*, fendricken *Trostadius*, 30 artillerister och 112 man landtvärn, till hvilken de döde (36) och de sårade (19) äfven till största delen hörde.

Kapiten *Björnstjerna* hade äfven vid detta tillfälle utmärkt sig, likasom kapiten *Ehrenström* och fendricken *Köhler*, hvilken stupade, ett modigt offer för fäderneslandet, hvilket han och *Ehrenström* här frivilligt instält sig att försvara. Löjtnant *Hagelbäck* och fältväbel *Schwartz* voro äfven ibland dem, som utmärkte sig för mod och rådighet.

Ryssarnes förlust är ej närmare uppgifven, än till-

Lökö; Råbergh.

hopa med den skärgårdsflottan lidit, och derjemte sammanslagen med Svenskarnes, beräknad till 1,500 man.

Med all säkerhet kunna två tredjedelar deraf räknas fienden till skada; således med dagens strid till sjös, stupade och sårade omkring 1,000 man Ryssar.

Men de undgingo dock den större förlusten af sin öfvergeneral och hans stab, en händelse, som med de motgångar Ryssarne denna tid fått vidkännas i Österbotten, otvifvelaktigt gifvit Svenskarne en afgörande öfvervigt. Beröfvad sin öfverbefälhafvare, hade de Ryska skarorna och deras tillfällige anförare saknat allt samband, all sammanhållande ledning, hvarvid de nu så länge varit vane, genom grefve *Buxhoewdens* utmärkta förmåga att uppfylla denna vigtiga del af sin pligt. De hade, i saknad af alla föreskrifter, kommit uti en ganska brydsam ställning, i en oro och en osäkerhet, som ej kunnat annat än hafva mycket skadliga följder, hvilka knappast äro beräkneliga, om Svenska befälhafvarena förstått att begagna sig af så beskaffade omständigheter.

Löjtnant *Råbergh* på örlogs-skonerten *Celeritas*, som nu låg till ankars vid *Lökö* båk, gjorde i dessa dagar, likasom längre fram i denna månad, utflykter än hit än dit, för att oroa fienden och taga dess smärre posteringar. Så hade han, den 1, vid *Wuodensaari* anfallit en Rysk bevakning, hvilken likväl hann undkomma; men med förlust af sina hästar och en hop beväringspersedlar. Den 4 tog han, vid herrgården Torlaks, tvenne Ryssar, nedgjorde en, jemte tre hästar, samt bemägtigade sig några gevär, karbiner, pistoler och sablar. Den 12 tog han, på *Kordela* rusthåll, 3:ne Kossacker, tillika med deras vapen och andra tillbehör.

Örlogs-flottan; Jungfrusund den 17.

Svenska örlogsflottan, under kontre-amiralen *Nauckhoff*, hade bibehållit sin ställning vid *Jungfrusund*. Den 16 upptäcktes ett misstänkt fartyg ligga till ankars NW till N på ungefär 2 mils afstånd. Kapiten *Nordenskjöld* fick uppdrag att undersöka och bemägtiga sig detsamma, om det befanns fiendtligt. Det var ett pristagit Svenskt fartyg lastadt med gryn för örlogs-flottan, nu i händerna på Ryska löjtnanten *Katscherinoff* med 6 man, hvilka *Nordenskjöld* gjorde till fångar.

Natten mot den 17 hade Ryssarne, med kanonslupar och ett flytande batteri, anfallit skeppet *Fäderneslandet*, som förlorade 2 dödskjutne och 1 sårad; men *Fäderneslandet* försvarade sig så, att dess fiender måste gifva sig på flygten, ganska illa tilltygade.

Likväl, för att en gång för alla betaga Ryssarne lusten att oroa de i *Jungfrusund* liggande Svenska skepp, samt för att tillika, i någon betydlig mån, kunna skada dem, beslöt amiral *Nauckhoff*, att anfalla dem med flottans bestyckade barkaser och slupar.

Detta uppdrogs åt flottans flaggkapiten, öfverstelöjtnanten och riddaren *von Krusenstjerna*, med befallning att söka eröfra fiendens större skärgårds-fartyg, bestående af hämeenmaa *Styrbjörn* och *Hjalmar*, jemte tre briggar, liggande ostvart i farleden på *Löföfjerden*. Emedan transporten af Kronobergs regemente ännu qvarlåg för motvind, och man hade behof af säkra skyttar, anmodades befälhafvaren, majoren och riddaren *Hedenstjerna*, att lemna tio man till bemannande af de större och 6 till hvarje af de mindre barkaserna, eller tillsamman 132 man, med nödigt befäl.

Roddfartygen indelades så, att första afdelningen utgjordes af 7 barkaser och 3 slupar, den andra af 6 barkaser och 4 slupar och den tredje eller reserven af en barkas och 3 slupar.

Kapiten *Nordenskjöld* fick befälet öfver första afdelningen; löjtnant *Dreijer* öfver den andra och reserven behöll *Krusenstjerna* till sitt användande. Kapitenerna *af Klint* och *Rundqvist* voro hans adjutanter. Anryckningen skedde med första afdelningen till venster, den andra till höger och reserven bakom midt emellan begge flyglarne. Befälhafvarne voro i spetsen för hvar sin afdelning. Anfallsanordningen var den, att kapiten *Nordenskjöld* skulle, med befäl och besättning, i chefskeppet *Dristighetens* och *Fäderneslandets* barkaser samt *Försigtighetens* slup, äntra och eröfra hämeenmaa *Styrbjörn; Fäderneslandets* slup och *Adolf Fredriks* barkas borde lägga sig akter om samma hämeenmaa, för att, i fall af behof, undsätta med manskap. Löjtnant *Dreijer* skulle, med *Ärans*, *Tapperhetens* och *Svalans* barkaser samt *Tapperhetens* slup, äntra hämeenmaa *Hjalmar*. *Ärans* slup och *Bellonas* barkas borde ligga klar vid *Hjalmar*, att gifva undsättning om så behöfdes. Under-löjtnanten, grefve *Cronstedt,* med *Camillas* och prins *Fredrik Adolfs* barkaser, borde äntra och taga en af briggarne. Under-löjtnanten *Erlandsson,* med *Vladislaffs* och *Delfins* barkaser, skulle äntra den andra; under-löjtnanten *Moréen,* med *Gustaf III:s* barkas och *Adolf Fredriks* slup, understödd af ett fartyg från reserven, skulle äntra den tredje briggen. *Bellonas* och *Jarramas* slupar borde hålla sig beredda, att äntra första fiendtliga kanonslup som visade sig.

Ett starkt hurrarop skulle beteckna, att en äntring

hade skett, och trenne rop: *Lefve konungen!* med hurra, att ett skepp var eröfradt. En raket från öfverste-löjtnanten *Krusenstjernas* slup var tecknet till allmänt anfall.

Kl. närmare 11 om aftonen den 17 sattes alla fartygen under rodd, i den anbefalta ordningen. Vädret var stillt och vackert. Natten mörk. Marschen gick tyst och ordningsfullt. Fienden upptäckte ej de ankommande, förr än på en knapp engelsk mils afstånd. Hans båda hämeenmaa lågo på ungefär en kabellängds afstånd från hvarandra. *Hjalmar* N.O-vart från *Styrbjörn*, med 2:ne briggar i linje på venstra och en på sin högra flygel. Inga kanonslupar voro ännu synliga.

Kl. närmare 1 om natten hade den för sin skicklighet, rådighet och tapperhet kände kapiten *Nordensköld*, med chefs-skeppets barkas lagt om bord på *Styrbjörn*, den han, åtföljd af unge under-löjtnanten *Jägersköld*, jemte hela barkas-besättningen af soldater och sjömän, modigt och raskt äntrade, samt öppnade en liflig gevärs- och pistol-eld. Löjtnant *Edberg*, med *Dristighetens* barkas, under-löjtnanten *Wollin*, hvilken, ehuru chef för briggen *Phœnix*, begärde tillstånd att åtfölja *Fäderneslandets* barkas, kommo *Nordensköld* till biträde, jemte under-löjtnanten *Uggla*, med *Försigtighetens* slup, och, frivilligt, under-löjtnanterna *Melander*, *Lagerberg* och *Holmqvist*.

Ett par minuter derefter öppnades en häftig stycke-eld med kulor och skrå från den svåraste af de Ryska briggarne, mot våra roddfartyg, hvaraf *Vladislaffs* barkas sprang i luften och nitton man illa sårades.

Andra afdelningen hade, under uppsvängningen åt *Löfö* fjerden, genom försummad uppmärksamhet hos

1808 AUGUSTI.

Örlogs-flottan; Jungfrusund den 18.

officeraren å *Tapperhetens* barkas kommit i oordning, så att han trängt in och blandat sig med den första afdelningen. Löjtnant *Dreyer*, en rask och pålitlig officer, styrde, med *Svalans* barkas, rätt på *Hjalmars* förskepp; men, åtföljd endast af *Tapperhetens* slup, måste han vända om att underrätta befälhafvaren om detta misstag, för att få det rättadt. De unga officerarnes ifver och den häftiga elden gjorde alla bemödanden fruktlösa, att skilja *Tapperhetens* barkas och de andra fartygen från *Styrbjörns* sidor, för- och akterskepp, hvarest de endast blottställdes att i grund förstöras, dels af *Styrbjörns* batteri, som spelade öfver Svenskarnes hufvuden, samt dels af briggarnes och *Hjalmars* rundkulor och skrå.

Endast under-löjtnanten, grefve *Cronstedt*, en käck sjöman, som anförde *Camillas* barkas, ehuru också befinnande sig vid *Styrbjörn* och deltagande i samma stridstumult, hade, framför alla andra, den lugna uppmärksamheten att höra *Krusenstjernas* röst och befallning, samt att, biträdd af prins *Fredrik Adolfs* barkas, anförd af under-löjtnanten *Rumph*, hasta till att äntra den till höger om *Styrbjörn* liggande briggen. Det skedde med den framgång, att den eröfrades och boxerades lyckligt fram till *Jungfrusund*.

Emellertid fortsattes kampen om bord på *Styrbjörn* till kl. 2, då eröfringstecknet hördes. En kabel, hvarmed fartyget var förtöjdt, och som man icke genast bemärkt, hindrade dess snara bortförande. *Hjalmars* eld, som nu öppnades mot den, förstörde den, och en svår dimma gjorde att den under boxeringen satte på grund, der den blef lemnad.

Första delen.

Örlogs flottan; *Front, Ruthensparre, Lagerberg, Erlandsson, Nordenskjöld, Uggla.*

De af *Styrbjörns* befäl och besättning, som icke blefvo nedgjorde, togos tillfånga, hvaribland befälhafvaren för Ryska landttrupperna, öfverste *Herbusch* och chefen på en skonertbrigg *Sambulatoff*. Största delen af befälet och manskapet, jemte skepps-chefen, blefvo likväl nedgjorde under äntrings-kampen [1]).

Nu anlände fiendens kanonslupar; men vågade icke gifva sig i strid med Svenskarne och dessa hindrades af tjockan att förfölja dem.

Svalans barkas, som förlorat sitt roder, togs af *Krusenstjerna* i släptåg och alla återvände, ehuru de flesta fartygen voro skadade. Utom *Styrbjörn*, som icke kunde medtagas, eröfrades skonert-briggen *Eglé*, med 10 stycken trepundingar, den förstnämndes barkas, med 6 nickor, jemte dess joll. Ibland tagne trophéer befanns befäl-standaret på *Styrbjörn* och en flagg-gös och vimpel från skonert-briggen. Fångne, utom de redan nämnda officerarne, voro 21 man.

Af flottans hoppgifvande officerare blef under-löjtnanten *Front* dödskjuten, äfvensom löjtnant *Ruthensparre* af Kronobergs regemente. Svårt sårade voro under-löjtnanterne *Lagerberg* och *Erlandsson*; lindrigt: kapiten *Nordenskjöld* och under-löjtnant *Uggla*. Stupades och saknades antal af under-befäl och manskap uppgick till 63 man, och de mer eller mindre sårades till 111 man.

Amiral *Nauckhoff* berömmer väl de unga officerarnes tappra förhållande och ifver att drabba med

---
1) Blodbadet härörde deraf, att flera Ryssar först begärde *pardon*; men begagnade, säger *Nordenskjöld*, i samma ögonblick sina vapen, hvilket ökade de anfallandes raseri och de försvarandes antal i stupade, ty de blefvo nästan mangrannt nedgjorde.

1808 AUGUSTI.

Örlogs-flottan; *Cronstedt, af Klint, Rundqvist, Melander, Rehbinder, Cavallius, Ruthensparre.*

fienden; men anmärker: att "det fordras längre krigsvana, innan man kan förvänta ett så fullkomligt utförande af en plan, som svarar mot dess uppfattning. Denna vana", tillägger han, "vinnes ej utan någon uppoffring, och han tror att samma modiga, men mindre hetsiga förhållande hos de yngre officerarne, skall hädanefter åstadkomma ännu lyckligare följder."

Dessa voro dock ganska ärofulla och *Krusenstjerna*, liksom den tappre och rådige kapiten *Nordenskjöld*, vitsordar allas mod och nit. Den sednare tillkommer hufvudsakligast hedern af denna blodiga äntrings-drabbning. Dernäst berömmes under-löjtnanten, grefve *Cronstedt*, kapitenerne *af Klint* och *Rundqvist*, under-löjtnanterne *Lagerberg*, *Uggla*, *Melander* och baron *Rehbinder*. Löjtnanten L. J. *Cavallius'* af Kronobergs regemente modiga uppförande, likasom löjtnant *Ruthensparres* vitsordas också med skäl, emedan desse, åtföljde af sina tappra Kronobergare, deltogo i äntringen af *Styrbjörn*, hvarvid *Ruthensparre*, svårt sårad, stupade med ära.

Svenska örlogsflottan låg qvar till den 24, då den förstärktes med tvenne Engelska skepp, *Centaur* och *Implacable*, under kontre-amiralen *Samuel Hood*. Den gemensamma afseglingen, i afsigt att anfalla Ryska örlogsflottan, under amiral *Kanikoff*, bestående af 9 linjeskepp, 9 fregatter och åtskillige mindre fartyg, vid *Hangö* udd, bestämdes till påföljande dag. *Nauckhoff*, fick till sitt biträde Engelska löjtnanten *Thompson*, en utmärkt officer, hvilken, liksom hans amiral, förlorat högra armen under en drabbning, och amiral *Hood* från Svenska sidan under-löjtnanten, grefve *Rosen*.

Afseglingen skedde tidigt om morgonen den 25, att börja med NO a NO t. O under frisk refvad märssegels-kultje, men drog sig sedan till ONO och vidare till O t. N.

De Engelska skeppen, såsom bättre seglare än de Svenska, vunno mycket försprång.

Dagen derpå kom amiral *Hood* fram emot fienden, som hela tiden sökte, allt hvad han förmådde, att flyende segla undan. Kl. 5 passerade Engelska kapiten *Martin*, med *Implacable,* i lä om Ryssarnes lävarsta skepp, som lossade sitt lag. *Implacable* fortsatte sin kurs på behörigt afstånd för-om och vände så högt, att han med liten afhållning strök förbi fiendtliga skeppets bog, hvaråt han lossade sitt med 3 kulor laddade lag, gaf åter ett dylikt på sidan, vände ånyo och gaf ännu ett lag åt fiendens akterskepp. — Amiral *Hood* hade upphunnit, men måste spara sin eld, för att icke tillika skada *Implacable*. Ryska skeppet, med flygande segel, illa tillpyntadt hade då redan blifvit taget, om ej de öfriga Ryska skeppen, som voro i lovart, hållit fördevind ned, att lemna det undsättning. Trenne af dem voro nu inom skotthåll för amiral *Hood*, innan han höll af några kabel-längder och brassade derefter back, likväl endast 10 à 15 minuter för att invänta Svenska flottan, som oafbrutet arbetade sig upp, med forsa segel.

Fienden höll vinden och fortsatte att fly, i samma ögonblick *Hood* brassade back. Skeppet *Tapperheten* och fregatterna begynte att komma upp i Engel-

1808 AUGUSTI.

Örlogs-flottan; Baltisch port; Rosen, Lawless.

ska amiralens kölvatten. Han fortsatte jagten med alla segel, för att bringa Ryssarne till allmän drabbning, hvilken, efter alla anledningar, bordt kosta dem hela deras flotta. Dertill hade Engelska amiralen säkerligen, innan kort lyckats att tvinga Ryssarne, om icke vinden kastat sig till NO, hvarigenom de kunde draga sig till *Baltisch port*, der de inträffade med hela sin flotta efter 36 timmars ständig flykt, utom det skepp, som varit ute för *Implacable* och som nu ankrade utanför, betäckt af refvet under *Rågön*.

Amiral *Hood* bevakade det till sent på aftonen efter solnedgången, då han höll ned på detsamma och råkade dervid sjelf på grund; men blef genom *Implacable*, som ankrade akter-om, snart vindad på flott vatten. Han föll i samma ögonblick ned på Ryska skeppets bog, fångade dess bogspröt i sin storvant, fastsurrade det derstädes, kapade ankartåget och gaf sedan ifrån sig fullt lag, äntrade och tog detsamma. — Det hette *Vsevolod*, hade 74 kanoner, och fördes af kapiten *Rudneff*, som försvarade sig raskt. Amiral *Hood* berömmer under-löjtnanten, grefve *Rosens* tappra deltagande i äntringen af *Vsevolod*, hvarest anträffades 300 man döde och sårade. Engelsmännen fingo löjtnant *Lawless* svårt sårad, jemte 2 under-officerare och 63 man, utom 9 dödskjutne. Det prisgjorda Ryska linjeskeppet var så illa tilltygadt, att amiral *Hood* icke ansåg sig kunna medtaga det, utan lät uppbränna detsamma.

Det bör anmärkas, att den flyktande Ryska amiralen *Kanikoff* hade 48 kanoner mera än den Svenskt-Engelska flottan tillsamman.

Skärgårds-flottan; Grönvikssund den 30.

Den förra blef nu innesluten i Baltisch port ända till hösten.

Man försökte öfvertala amiral *Hanikoff* att dagtinga; men förgäfves. Sedan man oroat honom och lyckats att taga några mindre priser, satte, en uppkommen storm, som nödgade den Svenskt-Engelska flottan att aflägsna sig från stranden, den Ryska sednare på hösten i tillfälle att löpa ut och komma till *Kronstadt*, der den öfvervintrade.

Skärgårds-flottan; Grönvikssund den 30.

Gustaf Adolf hade befallt en del af skärgårdsflottan, att afgå till skären kring *Helsinge*, för att hindra Ryska flotiljen utan för *Åbo*, att sända kanonslupar till *Nystad*.

Öfverste-löjtnant *Brandt*, som fick detta uppdrag, stötte på Ryssarne i *Grönvikssund* den 30. De hade tagit sin ställning emellan holmarne vid *Vesterby* och *Frisilä*, färdiga att emottaga Svenskarne, som ej besinnade sig att anfalla. Den kallblodige, nu mera majoren och riddaren *Sölfverarm*, gick främst med sin fördelning. *Brandts* öfriga eskader fördelades genast till de begge sunden, för att så mycket snarare kunna omringa fienden. En skarp strid uppstod öfverallt. Den började middagstiden och fortfor med stor häftighet till kl. öfver 6 e. m., då fienden nödgades draga sig tillbaka åt *Palva* sund. Han skyndade undan utan att lossa ett enda skott, och förföljdes med ansträngd rodd och liflig eld, tills större delen af Ryssarnes slupar strukit sina flaggor; men utan att upphöra med sin flykt. Det annalkande mörkret, egna skadade fartyg, de sårades vård, möjligheten för de förut till antalet öfverlägsna fienderna att få förstärkning, voro skäl nog för öfverste-löjtnant *Brandt*, att, kl. 8 på aftonen, återvända till *Grönvikssund*, der hans eskader ankrade kl. 11.

Sönderskjutna slupar, flytande, stympade kroppar, spillror af fartyg, åror och båtar, tackel och tåg, som betäckte sundet och en del af storfjärden, utgjorde ärorika om än sorgliga vedermälen, att kampen varit allvarsam och blodig.

Ryssarne förlorade nio kanonslupar [1]), med kanoner och tillbehör, ett transportfartyg och flere båtar, jemte mycket folk i sårade, dödskjutne och drunknade. Deras befälhafvares chefs standar föll i Svenskarnes händer. Men denna strid kostade äfven dessa sednare ej ringa. Dödskjutne, vid arméens flotta: underlöjtnanten *Morén;* vid landtvärnet: löjtnanten *Lindman*, samt fendrikarne *Forsberg* och *Pettersson;* svårt sårad: fendrik *Kulman;* lindrigare: löjtnanterne *Lindgrén* och *Beckborg*, hvilken sednares kanonslup sprang i luften. En annan sköts i sank; men upptogs åter efter drabbningen. Af manskapet voro omkring **200** man dödade och sårade, några af under-befälet inberäknade.

Efteråt upptogs af Svenskarne ytterligare en af fiendens i sank skjutna kanonslupar, med tillbehör, samt dessutom en mängd kanoner, beväringr-, tågverks-, varfs- och segel-persedlar.

---

1) Af hvilka en sprang i luften och 8 skötos i sank, utom flera så illa skadade, att de ej på lång tid, om någonsin, kunde begagnas.

Klingsporska hären.

Ehuru hedrande denna skarpa träffning var emellan 35 Svenska och 44 Ryska kanonslupar, med 50 mans besättning på hvarje af de sednare, hade fiendens förlust otvifvelaktigt blifvit ännu mera känbar, kanske afgörande, om Svenskarne, före drabbningen, gjort sig bättre underrättade om läget och derefter rättat sina anordningar.

Klingsporska hären.

Då vi i slutet af Juli månad lemnade *Klingsporska* hären, befann den sig i trakten af *Kuortane*, med högqvarteret fortfarande i *Lappo*. Den framgång Svenskarne haft, och de förluster Ryssarne gjort, isynnerhet genom den djerfve *Roths* bemödanden, hade bragt de sednare i en så brydsam ställning, att den väckte farhågor i sjelfva *Petersburg*.

Krigsministern derstädes, som ledde förvaltningen med en verksam sorgfällighet samt all den framgång, den långa operationslinjen kunde medgifva, misströstade redan att kunna afhjelpa den förlust af förråder och transporter, hvilken Ryssarne fått vidkännas i mellersta delen af Finland. Sjelfva kejsaren delade dessa bekymmer. Det var ett ögonblick fråga om att draga Ryska härarne i Finland tillbaka, och förena dem närmare hvarandra i och omkring *Tavastehus*, för att der gå försvarsvis tillväga och afbida den kallare årstiden. Då upphörde sjelfva landet att erbjuda Svenskarne så många fördelar, som för det närvarande, och då skulle vintern sätta Ryssarne i tillfälle att återtaga anfallskriget; slädföret underlättade samlandet af nya förråder, framskaffandet utaf transporter utaf alla slag, samt af rekryter, och minskade eller tillintetgjorde farhågan för afbrutna förbindelser och oroande anfall på rygg och flyglar.

Likväl fann kejsar *Alexander* nödigt, att låta en undersökning om härens verkliga ställning och belägenhet föregå, innan detta beslut sattes i verkställighet. En smittosam, elakartad farsot, det långvariga krigets och dess mödors vanliga följeslagare, hvilken visade sig i norra Finland, der intet fältsjukhus fanns, ökade anledningarne till detta beslut.

Men sedan undersökning blifvit på stället verkställd af öfversten, markis *Paulucci* och sedermera underställd grefve *Buxhoewdens* bepröfvande, hvarefter det förslag, som i följd deraf uppgjordes, erhöll kejsarens stadfästelse, blef anfallskriget fortsatt.

I denna afsigt skickades, med sträckmarscher, förstärkningar till grefve *Buxhoewdens* serskilda skaror, hvars anförare befalldes, att, kosta hvad det ville, tillbakatränga Svenskarne öfver Bottniska viken.

Klingspor hade emellertid, med sin overksamhet, gifvit sina motståndare tid till allt detta, till den beslutade och utförda undersökningen af Ryska truppernes verkliga tillstånd, och till att samla och afsända förstärkningar och nya födoämnen.

Under loppet af denna månad ankom grefve *Wittgenstein*, med 9,000 man af alla vapen, att förstärka de trupper, som voro förlagda i södra delen af Finland. En annan af 8,000 man, inberäknadt 5 sqvadroner och 12 fältstycken, hade tagit sin riktning åt mellersta Finland, för att, efter omständigheterna, kunna undsätta *Bagration*, *Tutschkoff* eller *Kamenskij*, hvilken sistnämnde stod mot *Klingspor*. På samma gång antågade, genom Karelen, på *Sundels* yttersta venstra flygel, furst *Dolgoruki*, kejsarens adjutant, med **4,000** man, utryckta från *Sordavala*. Hela Ryska styrkan utgjorde i slutet af Augusti **47,547** man fotfolk och **8,000** man rytteri, samt **186** fältstycken, inberäknade **3,000** man på skärgårdsflottan.

Svenska styrkan samma tid i Finland kan icke uppskattas till högre belopp än **10,000** man fotfolk och rytteri, med omkring **40** fältstycken, oberäknadt de **4 à 5,000**, hvilka funnos på *Åland* under konungens eget befäl, samt landtvärns-besättningarne på skärgårds-flottan. *Sandels* fördelning, utgörande omkring **1,150** man, afgår från detta antal, hvari general-majoren, baron *von Vegesacks* skara, **2,000** man, deremot är inberäknad, ehuru ännu icke anländ.

Klingspors styrka, med *Gyllenbögels* friskara, utgjorde nu icke mer än högt **6,000** man, fördelade på många ställen; en del åt *Kauhajoki*, under *von Döbeln*, en annan åt *Christina*, under *Gyllenbögel* och en tredje, under *von Fieandt*, åt *Lintulaks*.

Men under slutet af Juni, hela Juli samt början af denna månad, då Ryska hären i Finland, spridd på alla möjliga håll, ej utgjorde större antal än omkring **23,547** man af alla vapen, och då *Klingspors* fördelning var nära jemnstark med sin motståndare, general *Rajevskij*, hvilken dessutom, med afbrutna förbindelser och uppbrända, förstörda eller uppsnappade munförråder, var försatt i verklig förlägenhet, då rörde sig *Klingspor* knappast ur stället.

Men sedan hans motståndare, generalen, grefve *Kamenskij*, hunnit uppbringa sin styrka till **10,000** man fotfolk och **1,200** man rytteri, med **46** fältstycken, eller väl dubbla antalet af *Klingspors* här, då vidtog den sednare några anordningar, hvilka åsyftade en rörel-

Klingsporska hären; Kauhajoki den 10; von Döbeln.

se framåt. Men nu hade också *Kamenskij* beslutat att göra detsamma. Han ryckte den 14 fram från *Tammerfors*, dit han förut dragit sig tillbaka, och tågade, genom *Jämsä* och *Jyväskylä*, åt *Saarijärvi*. Öfverste *Wlastoff* tågade fram, med 6 bataljoner och 7 fältstycken, åt *Karstula*, mot öfverste-löjtnant *von Fieandt*. General *Uschakoff*, som efterträdt den insjuknade general *Schepeleff*, fick befallning, att, med sin skara, närma sig *Kauhajoki*.

Denne sednare hade redan tillbakaträngt majoren, friherre *von Otter* till *Kurikka*, der öfverste *von Döbeln*, med sin fördelning, inträffade till hans undsättning.

Von Döbeln fattade stånd vid *Kauhajoki* [1]). Den

---

[1]) För att lemna ett begrepp om den tidens anfalls- och von Döbelns korta, bestämda uttrycks-sätt, meddelas här en af hans order. — "Aufallet sker kompanivis, i spridd ordning, det är med kedja; skydd sökes, säkra skott, liflig anmarsch, med kedjan ömsom i kull, att se, granska, ladda, omlaga skotten och samla krafter. Ett komp. i kedja understödjes alltid af en pluton i sluten eller 2 leder å högra, och en pluton å venstra flanken, färdiga att mottaga utfall, turnera och försvara kedjans genombrytning af fienden. Dessa plutoner få ej skjuta utan på 20 alnar, och då bajonett skall brukas. De blifva på hundra alnars afstånd från kedjan; men närma sig vid kedjans svärmning eller hurrarop till *attaque*."

"Tystnad hos manskapet och underbefäl. Tapperhet tillhör brigadens Läcka trupper; derföre äro de kände. Öfverilning undvikes, den menskliga hettan bör styras under stridens nödiga köld."

"Truppernas frammarsch sker med ett på afstånd fortgående avantgarde."

"Sidopatruller gifvas med 3 rotar af udda plutoner på högra och 3 rotar af jemna plutoner på venstra flanken, hvilka marschera med enkel kedja och en och en, på 30 à 40 alnars afstånd sig emellan i böjd med téten, som fördenskull går korta steg och tågande. Der fältet på siderne är öppet, följes synkretsens reglor. Så snart fienden skjuter, skonas hvarken åkerfält eller annat af sidopatrullerne; ty allt måste fram."

"Blesserade stadna efter; dock ensamme. Om attaquen göres af 2 kompanier, blifva 2 kompanier i reserv i hvarje bataljon."

"Sidotruppernes marsch och framgång observeras noga. Eld mot eget folk undviker kallsinnigt befäl."

9 afsände han kapitenen *von Konow*, med sitt kompani af Björneborgs regemente, åt *Hyyppä* by, för att, så vidt möjligt, afskära Ryssarnes förbindelse emellan *Ketturi* och *Nummijärvi*. Han stötte genast på deras förtrupp. *Konow* stadnade och förtäckte större delen af sitt manskap i skogen, på båda sidor om landsvägen.

Påföljande morgon kl. 1 visade sig Kosackerne, och ehuru försigtigt de redo fram, lyckades det likväl *von Konows* förtäckta trupp att öfverrumpla dem, hvarefter han drog sig tillbaka, för att ej blifva öfverflyglad af den med öfverlägsen infanteri-styrka framryckande fienden.

Dess anfall blef allmänt; ifrån *Tavastkyro*-sidan med 2 kompanier fotfolk, 100 man rytteri och 3 kanoner, ifrån *Lappfjärd* med 3 kompanier fotfolk.

Emot dem afsändes major *Gyllencreutz* och kapiten *Uggla* med 3 kompanier Österbottningar, och kapiten *von Konow* med sina Björneborgare.

Öfverste-löjtnanten och riddaren *Furuhjelm*, med sin bataljon af Björneborgs regemente, blef lifligt anfallen framför *Kauhajoki* by. Han försvarade sig modigt.

På denna bys venstra sida voro 2 kompanier Björneborgare uppställda, med ett kompani något bakom sig, till stöd för fältvakten, alla under majoren och riddaren *Grönhagens* befäl. Ett kompani Österbottningar och en sqvadron dragoner, såsom hjelpskara, vid kyrkan. Ett kompani af desamma, med en kanon i förhuggningen, och ett halft kompani vid prestgården, med 2 kanoner på en upphöjning bakom byn, att så mycket bättre bestryka fältet. Björneborgs lifbataljon, ⅟₄dels mil bakom vid *Knutila* gästgifvaregård, med 2 kompanier i kedja öster om ån; återstoden till stöd, tilllika med det ringa rytteriet, allt under öfverste-löjtnanten och riddaren *Eeks* befäl.

I sådan ställning emottog öfverste *von Döbeln* Ryssarne, hvilka, under härskri, gjorde ett raskt anfall och lyckades, till en början, att undantränga den främsta kedjan. Angreppet understöddes af en häftig kanonad och en på 6,000 alnars vidd utsträckt infanterield, hvilket på samma sätt besvarades.

Det kraftiga kanondunder, det oändliga smattrande och hvinande, som en så långt utsträckt musköteri- och jägare-eld åstadkommer, med ömsesidiga hurrarop af Svenskar och Ryssar, i gryningen af en vacker, solklar morgon, utgjorde ett högtidligt skådespel och ingaf egna underbara känslor, sådana man erfar endast vid dylika ögonblick, och hvilka ej kunna beskrifvas; ty de innefatta på en gång både vemod och fröjd, men de lifva stridslusten och stärka hoppet om seger.

Framgången var länge osäker; Svenskarnes tillstånd vid kyrkobyn ingalunda tillfredsställande. Men den käcke löjtnant *Hesselius* lyckades, att, med sin sexpunding, skada fiendens haubitz, hvilken tystnade. De på andra sidan om ån ställda Björneborgarne och Österbottningar, hade tvungit Ryssarne att vika tillbaka. Våra hjelpskaror måste tillika framrycka. Men Ryssarne trängde likväl ända intill hörnet af förhuggningen, på sidan om kanonerna, som nu kunde emottaga dem med drufhagelskott. Major *Grönhagen* befalltes att anfalla fiendens venstra flygel, och det skedde med afgörande eftertryck; likaså kapiten *Gripenbergs* samt löjtnanten och riddaren *Brakels* öfverflyglande anfall, med sina Björneborgare. Fienden ryggade. Svenskarne framryckte öfver allt under hurrarop, och förföljde

Klingsporska hären; *von Döbeln, de Besche, Herlin.*

sina flyktande motståndare, en half mil, till *Paljakka* mosse, der Ryssarne upprifvit bron, liksom den ⅜:dels mil längre bort belägna vid byn *Pendenen*, dit *von Döbelns* förtrupper efterföljt dem.

Denna 8 timmars långvariga, vackra och ordningsfulla strid, blef, ehuru häftig, ej mycket blodig. Likväl var fiendens förlust betydlig nog. Fångne: 1 under-officer och 13 man. Dödskjutne och illa sårade omkring 200 man. Det blodade slagfältet, betäckt med kringströdda beverings- och remtygspersedlar, dödade hästar, styckade kanonhjul, kött-tunnor, kok-käril samt kläder, bevisade att träffningen varit allvarsam och för Ryssarne känbar. För Svenskarne var förlusten ringa. Dödskjutne: 1 under-officer och 9 man. Mer och mindre svårt sårade: löjtnanterne *de Besche* och *Herlin*, 1 under-officer och 40 man. *Von Döbeln*, som denna dag med beslutsamhet mottog en mer än dubbelt till antalet öfverlägsen fiende, den han slog ur fältet och djerft tillbakakastade, berömmer alla sina underlydande, så väl af befäl som manskap.

Kapiten *Gyllenbögel*, underrättad derom, att Ryssarne sammandragit sina skaror och anryckt med dem mot *Kauhajoki*, uppbröt samma dag med sina landtvärnister och intog *Pielaks*, *Tjök* och *Kristinestad*, hvarefter han satte sig i gemenskap med *von Döbeln*. Detta hans framryckande skedde utan häftigt mostånd från fiendens, samt utan stor uppoffring på hans egen sida. Han förlorade i döde: 4 man; och sårade: sergeanten *Seman* och en man. Ryssarne hade fått flere dödade och sårade dem de medtagit.

I sammanhang med anfallet på *Kauhajoki*, hade

Klingsporska hären; *Adlercreutz.*

Ryssarne äfven gjort en rörelse framåt vid *Alavo*, hvilket öfverste *Palmfelt* innehade, med en del af sin fördelning, medan den öfriga delen låg vid *Sarvikka*. *Palmfelt*, som ej var någon *von Döbeln*, drog sig hufvudstupa tillbaka, uppbrände bron vid sistnämnde ställe och stadnade icke, ehuru ej förföljd, förr än vid *Ruona*.

De tvenne bataljonerna af Savolaks jägare och 2:ne trepundingar, hvilka stodo under majoren och riddaren *Tujulin*, fingo i stället uppdrag att återbesätta *Sarvikka*, der den för andra gången af öfverste *Palmfelt* onödigtvis förstörda bron, måste uppbyggas. Sin hufvudstyrka förlade han, der bivägarne från *Etseri* och *Töysä* sammanträffa, emellan *Kuhalampi* och *Sarvikka*, hvarest han ställde sin förvakt. En bataljon Karelske jägare förlades till *Kuhalampi*.

Efter träffningen vid *Kauhajoki* fingo *Döbeln* och *Gyllenbögel* befallning, att framrycka till *Lappfjärd* och *Nummijärvi*. Och då *Klingsporska* härens högra flygel sålunda erhållit ett betydligt försprång framför hans midtel och venstra flygel, ansåg han ändteligen nödigt, att komma i jemnhöjd med *Döbeln*, äfven derföre, att han eljest stod för enstaka, hotad af öfverlägsna fiender, utan hopp att få understöd af de andra fördelningarne, hvilka voro långt efter.

General-majoren, friherre *Adlercreutz* erhöll, efter vanligheten, uppdraget att framrycka, samt, om möjligt slå Ryssarne vid *Alavo*, i fall de icke frivilligt ville öfvergifva detta ställe.

Klingsporska hären, med *Adlercreutz* i spetsen, bröt upp den 16 från nejden af *Ruona*, der den innehade en stark ställning. Väderleken var mycket hinderlig. Det regnade oupphörligt. Hären måste dock bivuakera hela natten. Ryssarnes förtrupper rekognoserade [1]); men drogo sig tillbaka efter någon skottvexling.

Den 17 var vädret vackret. Sedan manskapet hunnit torka sina kläder, samt plundra och rengöra gevären, fortsattes marschen middagstiden [2]).

Numera general-majoren *Gripenberg*, med tredje fördelningen, förstärkt med en bataljon Savolaks infanteri, under majoren och riddaren *G. Ehrenroth*, som utgjorde förtruppen, hade befallning, att, på en kärrväg, afgå till venster om *Sarvikka*, åt *Alatöysä* och *Alavo*, i ryggen på fienden.

Numera general-majoren, grefve *Cronstedt* hade befälet näst friherre *Adlercreutz*, och följde i spetsen för den utmed landsvägen framryckande delen af hären, hvars förskara utgjordes af tvenne bataljoner Savolaks jägare, anförde af major *Tujulin*, tvenne bataljoner Åboländningar, samt 2:ne sex- och 2:ne trepundiga kanoner, under öfverste *Palmfelt*. Efter dem framryckte fjerde fördelningen, med dess fältstycken, och sist en bataljon af Vesterbottens regemente, under öfverste *von Essens* befäl.

Kl. half 2 anträffades Ryska förskaran vid *Rajala*. Den angreps raskt, försvarade sig beslutsamt; men måste slutligen draga sig tillbaka. Längre fram, vid en liten bäck, gjorde fienden, som fått förstärkning,

---

1) Dåvarande majoren *Adlercreutz* afsändes att taga närmare kännedom om den uppkomna skottvexlingen. "Min ridt", säger han, "igenom bivuakerna längs vägen, der manskapet plundrade och rengjorde gevären samt torkade sina kläder under de höga träden, utgjorde en så skön anblick, att den hade förtjent en skicklig målares pensel." — Bidraget, N:o 24.

2) Enligt general *Adlercreutz* rapport af den 18 Augusti.

Klingsporska hären; *Adlercreutz*.

å nyo hårdnackadt motstånd. General-majoren, grefve *Cronstedt*, hvilken, enligt sin vana, befann sig i spetsen för förtruppen, och nu, såsom alltid, i den häftigaste elden, för att, med sin föresyn af oföränderlig kallblodighet, uppmuntra de stridande, blef illa sårad. Liggande vid landsvägen på några soldatkappor såg han sin fördelning hasta förbi sig, för att hämnas sin älskade anförares öde. Ehuru Ryssarne gjorde allt möjligt motstånd, blefvo de likväl undanträngde. Anfallet understöddes af tvenne trepundingar, samt begge Åbo läns bataljonerna, under öfverstelöjtnanterne *Reutersköld* och *Reuterkrona*, hvilka förstärkte kedjan till höger och venster om vägen.

Ryssarne drogo sig långsamt mot *Alavo*, på hvars höjder, invid kyrkan, de sökte fästa sig; men så snart *Gripenbergs* skara syntes på *Alatöysä*-vägen, ändrade de sin ställning.

Deras högra flygel blef nu stödd emot *Alavo* sjö och den venstra mot skogen, som var fylld med jägare. Fyra sexpundiga kanoner och tvenne haubitser voro uppställda framför byn, på en upphöjning. Hufvudskaran stod framför deras läger, vid byn *Härkönen*. En dubbel kedja lätta trupper, dragen öfver fältet emellan torpet *Röikö* och sistnämnde by, framför hvilken de hade sitt läger, hvilket, med den till parad uppställda hären, med hvita underkläder (för någon tillfällig högtid, eller den de väntade i och för den snart förestående drabbningen [1]) gaf en ganska vacker anblick åt de anfallande.

---

[1] Emedan öfverste *Eriksson*, Ryssarnes befälhafvare, skall hafva yttrat: att "*han här skulle lära Svenskarne slås.*"

Klingsporska hären; *Adlercreutz*, *Gripenberg*, *Lode*.

General *Gripenberg* hade förenat sig med den öfriga hären och utgjorde hjelpskaran, utom en bataljon, som fick befallning att förstärka vår högra flygel, hvilken utgjordes af Svenska fördelningen, under öfverste *von Essen*, med större delen af första Savolaks och Nylands jägare-bataljoner, samt hade i uppdrag att tåga fram genom skogen, för att anfalla byn *Härkönen*. Återstoden af första fördelningen och tredje bataljonen af Savolaks infanteri ryckte an om *Röikö*. Karelske jägare intogo en däld, något framför detta ställe, invid sjön och utgjorde vår venstra flygel. Svenskarnes fältstycken ställdes till höger om *Röikö*, på en höjd, der haubitzerne icke fingo rum.

Under dessa anordningar fortfor en häftig styckeeld från begge sidor, och Ryssarnes granater oroade isynnerhet våra bakom *Röikö* hopträngda infanteri-bataljoner.

Karelske jägarne, hvilka hade en framdragen ställning och med sina säkra skott gjorde en mördande verkan inom fiendens högra flygel, blefvo nu hårdt ansatte, så att de nödgades draga sig tillbaka [1]). De förstärktes af en bataljon Savolaks infanteri, under den kallblodige öfverste-löjtnanten *Lode* [2]), hvilken fram-

---

1) General *Adlercreutz*, lika förslagen som modig, hejdade deras flygt med tillropet: "*fienden är slagen, segren vår; men det återstår blott att taga Ryska krigskassan, den fienden säkert ernår hårdnackadt försvara. Derföre, kamrater, höger omvänd Er, fäll bajonett, gå på!* Och alla vände om, fällde bajonett och gingo på med den kraft, att allt måste ge vika. — Bidraget, N:o 39. — Samma bidrag uppger, att major *Fredensköld*, som skulle anfalla Ryssarnes högra flygel, drog sig för långt åt skogen; men att löjtnant *Ancker*, som tog befälet efter den sårade kapiten *Wright*, med sitt kompani anföll fienden i ryggen; medan de andra trupparne framträngde på andra håll.

2) Majoren och riddaren *von Törne*, som med sin bataljon stod främst till hands att förstärka Karelarne, ville redan framrycka, då *Lode* invände: "*som jag*

Klingsporska hären; *Adlercreutz.*

ryckte med en utomordentlig beslutsamhet. Blottställd för fiendens kartesch- och handgevärs-eld marscherade han med sina Savolaksare raskt fram, under en tystnad, som bebådade död och förstörelse, utan att lossa ett skott, utan att hejdas af det mördande kulregnet, lugnt tillslutande de luckor det förorsakade, tills han såg hvitögat på fienden. Då kommenderade han halt, och gaf en bataljons-salfva, hvilken öppnade rum att med bajonetten, under hurrarop, inbryta i motståndarnes glesnade leder [1]).

Genombrytningen var nu verkställd och den fullföljdes af de efterföljande tappre skarorna. På Svenskarnes högra flygel gick man också käckt till väga. Åbo läns lätta bataljon, under öfverste-löjtnant *Reutercrona*, rensade här skogen. Man försummade icke heller der, att gå fienden på lifvet. Löjtnant *Lind*, med sina sexpundiga kanoner, trängde fram nästan på gevärs-skotthåll och gjorde god verkan med sina välriktade skott. Ryssarne gåfvo numera ej blott vika; de flydde öfver allt. Deras artilleri kom undan med större hastighet än deras fotfolk. Det blef en allmän och fullständig flykt [2]). Den lika skicklige som lugna kapiten *G. Kurtén*, hvilken förut icke kunat nyttja sina kastpjeser, begagnade dem nu med stor framgång på den

---

är äldst, bör jag gå förut med min bataljon." General *Adlercreutz*, som från en höjd ledde det hela, gillade det. Då *Lode* verkställde bajonett-anfallet, blef han svårt sårad och den käpp han hade i handen blef afskjuten. Han var en ovanligt lugn och tapper man, samt tillika gudfruktig, hvilket är naturligt hos det lugna, sanna modet. Hvarje gång han gick i elden, tog han först af sig hatten framför fronten och läste tyst en bön, hvarpå han drog sin sabel, yttrade några uppmuntrande ord till manskapet och var sedan soldat i ordets vackraste bemärkelse.

1) Denna enda salfva nedgjorde omkring 60 man af fienden. — Bidraget, N:o 25.

2) Skada blott, att Svenskarne icke hade några sqvadroner rytteri, att sända efter Ryssarne, för att hugga in på de flyende.

Klingsporska hären; Adlercreutz, von Hausen, Cronstedt, Lode, Tavast, Berner, Collén, von Torken, Aminoff, Strübing, v. Wright, Salmén. Eriksson, Sabanieff, von Reusch.

långa *Rako*-vägen, der fienden förföljdes af honom och en del af *Palmfelts* fördelning, 1¼ mil från slagfältet åt *Tammerfors*, det längsta *Klingspors* här någonsin, efter en vunnen träffning, fullföljt segren. Mörkret och den uppbrända bron vid *Olkonen* hindrade allt vidare förföljande.

Denna slagtning, säger *Adlercreutz*, var den hetaste, som under detta krig, hittills förefallit. Ryska styrkan, under öfverstarne *Eriksson* och *Sabanieff*, utgörande omkring 4,000 man, försvarade sig med berömvärd tapperhet. Den förstnämnde blef illa sårad, likasom den modige bataljons-chefen, kapiten *v. Reusch*, hvilken sistnämnde tillika blef fången, jemte 140 man. Fiendens förlust i döde och sårade beräknas till 700 man, hvilket vitsordar på en gång dess hårdnackade försvar och Svenskarnes större förmåga att skjuta lugnt och träffa väl.

Svenska styrkan utgjorde omkring 3,000 man, hvaraf icke fullt två tredjedelar voro i elden; men dess förlust var dock känbar. Stupade: fendriken *v. Hausen* vid Åbo läns regemente, samt af under-officerare och manskap omkring 300 man. Svårt sårade: generalmajoren, grefve *Cronstedt*, öfverste-löjtnanten *Lode* och majoren *Tavast* af Savolaks infanteri, löjtnanten *Berner* och under-löjtnanten *Collén* vid Savolaks jägare samt löjtnanten *von Torken* vid Åboländningarne. Lindrigare: kapitenen *Germ. Aminoff* och under-löjtnanten *Strübing*, kapitenen *von Wright* samt under-löjtnanten *Salmén* vid Karelske jägarne [1]).

[1] Utom sin stab och de här förut upptagne officerarne, namngifver *Adler-*

Klingsporska hären; *Adlercreutz, Bjerkén.*

Dessa blodiga offer hedrade visserligen Svenska tapperheten; men verkade icke uti annat hänseende till Svenska vapnens framgång i det hela. Segren för dagen var otvifvelaktig; men den inträffade nära en månad, åtminstone fjorton dagar för sent, och detta var fallet med de flesta af *Klingsporska* härens segrar, eller också begagnades de icke på annat sätt, än som en nästan ändamålslös, blodig eröfring af slagfältet [1]). Någon gång lemnades äfven det åter, utan behof, åt den slagna fienden, liksom segraren fruktat för sin framgång eller också för de vålnader, hvilka kunde uppstiga från slagfältet, såsom skräckfulla hämnare af onödiga blodsutgjutelser.

Vore dessa omdömen endast författarens, en mansålder efter händelser, dem man lättare kan öfverse, granska och klandra vid sitt skrifbord än under krigsbulret, omgifven af de förvillelser och osäkra underrättelser, hvilka äro så oskiljaktiga ifrån dylika tilldragelser, så hade de icke blifvit uttalade. Men samtid och ögonvittnen, erfarne, sakkunnige, fosterländskt sinnade krigare hafva instämt häri och i sina anteckningar meddelat dem åt efterkommande. Sjelfva fien-

---

creutz med beröm förste fält-läkaren, arkiatern *Bjerkén*, derföre att han följde hären till slagfältet och förband de sårade, under fiendens kulregn.

1) Hade detta framryckande och denna seger skett samtidigt med fältväbel *Roths* vikingafärder, så skulle Ryssarne varit förlorade, Rajevskijs härskara tagen eller tillintetgjord, kanske hela Finland, utom Sveaborg, åter i Svenskarnes våld. Så vigtigt är alltid begagnandet af tiden; men synnerligast i krig. Dagen, stunden, sjelfva ögonblicket är der afgörande. Men derom bekymrade sig icke *Klingspor*, hvilken saknade alla en härförares egenskaper af blixtrande ingifvelser och allt genomträngande beräkningar; i fall man ej får antaga, att hans oafbrutna dröjsmål och senfärdighet voro följder af en beräknad, vidt utgrenad plan, möjligen under högre ledning. Han hade blott den omtanke, som hufvudsakligast tillkommer general-intendenten. I denna befattning biträddes han isynnerhet af öfverjägmästaren *Klingstedt*, hvilken alltid och isynnerhet längre fram, visade mycken raskhet och nit.

Klingsporska hären; *Adlercreutz.*

den [1]), som dragit fördel af dessa misstag, hvilka skaffade honom ett furstendöme af Finska områdets vidd, med mera än en miljon tappra invånare, har icke kunnat återhålla dessa omdömen, dessa förebråelser, ehuru de minska Ryska krigsärans glans, utan att derföre urskulda Svenska öfverbefälhafvarnes förhållande [2]).

Emellertid stadnade han nu icke med sin här på slagfältet; (sjelf var han aldrig der, deltog aldrig i elden, hörde knappt på nära håll en skottvexling, om ej tvungen dertill af för mycket närgångna fiender, såsom vid *Kalajoki* och *Sikajoki*). En mindre afdelning af några hundrade man, under öfverste-löjtnant *Reutersköld*, fick uppdrag, att, på båtar från *Tuulijoki*, längs venstra stranden af *Toivesi* sjö, kringgå Ryssarnes högra flygel, för att taga deras tross, hvilken likväl var undkommen. Men sjelfva företaget, som var hotande, verkade så mycket, att *Eriksson*, hvilken ernade stadna vid byn *Herranen*, för att der sätta en gräns för Svenskarnes förföljande, ansåg sig nu öfverflyglad och fortsatte återtåget, hvarvid han uppbrände nämnde by och den dervid belägna bron. Denna by intogs några dagar derefter af Svenskarnes förskara, anförd af öfverste-löjtnanten *Wetterhoff*, efter en liflig träffning, och bron återställdes.

En annan afdelning, under den käcke och skicklige majoren och riddaren *G. Ehrenroth*, med 2:ne

---

[1] Bidraget, N:o 21, sid. 168.

[2] Dess olyckliga följder både ökades och fulländades genom konungens planlösa handlingssätt. Och då grefve Klingspor, efter denna seger, hos konungen anhöll om transport-fartyg, för att öfverföra Finska trupperna till Sverige, blef konungen så förbittrad, att han tillät Klingspor att lemna befälet och sjelf öfverrest till Stockholm, om han icke tilltrodde sig att kunna försvara Finland, hvilket konungen ytterligare ålade honom att göra. Konungen ville emellertid förmå H. E. friherre *Stedingk* att mottaga öfverbefälet; men han undanbad sig detsamma.

bataljoner Savolaks infanteri, ett kompani Tavastehus jägare, 25 dragoner, 2:ne sex- och 2:ne trepundiga kanoner, skickades på vägen åt *Jyväskylä*, i afslgt att taga den delen af Ryska trossen, som dragit sig undan åt detta håll. *Ehrenroth* framryckte till nära *Etseri* kyrka, der han erfor, att Ryssarne fattat stånd bakom det en fjerdedels mil längre fram belägna passet. Han afdelade kapiten *Borgenström*, med 80 man Tavastehus jägare, att sjöledes kringgå dem, besätta passet på andra sidan *Etserinselkä* och sålunda afskära deras återtåg. Men i brist på båtar kom *Borgenström* icke nog snart fram, medan Ryssarne, redan slagne af *Ehrenroth,* kastade sig med hela sin styrka på *Borgenström*, hvilken med en hand full jägare icke kunde hindra dem att slå sig igenom. Större delen af fiendens tross, 3 officerare och 42 man samt något slagtboskap föllo i *Ehrenroths* händer. Dessutom stupade 24 Ryssar, utan en enda mans förlust å hans sida.

Klingsporska hufvudhären hade också framryckt åt *Tammerfors*. Vid *Wirdois* uppstod ett handgemäng, hvilket slutades dermed, att Ryssarne lemnade äfven detta pass.

På Svenskarnes högra flygel hade i dessa dagar öfverste-löjtnanten *von Otter*, som, med en bataljon Björneborgare, innehade *Ömossa*, blifvit häftigt angripen af ett mycket öfverlägset antal Ryssar, anförde af öfverste *Bibikoff*. *Von Otter* nödgades, efter tvenne timmars raskt försvar, draga sig tillbaka till *Träskvik*, der han fick förstärkning och der han ånyo fattade stånd.

Såsom förut nämndt är, drogo Ryssarne sig tillbaka från *Lintulaks*, och numera öfverste-löjtnan-

Klingsporska hären.

ten *v. Fieandt*, framträngde till *Karstula*, med framskjutna förtrupper vid *Kalmari* by. Öfverste *Wlastoff* låg, förskansad, vid *Suárijärvi* kyrka, och i denna ställning bevakade dessa motståndare hvarandra en längre tid. *Wlastoff* väntade undsättning, under *Kamenskijs* befäl, för att företaga en alfvarsammare rörelse.

Härunder blef öfverste-löjtnant *Fieandt* underrättad, att en transport af lifsmedel skulle anlända till *Wlastoff*. Han utsände löjtnanten vid Tavastehus regemente, *G. M. v. Fieandt*, att, om möjligt, taga och förstöra den. *Fieandt* tågade fram på bivägar, anlände till *Möttölä* by, der transporten, efter uppgift, skulle rasta, och fördolde sig nära landsvägen. Medan han låg förstucken derstädes, blef han varse en vagn, hvaruti sutto Ryska officerare, eskorterade af några Kossacker. De passerade honom så nära, att han tydligen kunde höra dem tala, och han öfvervägde ett ögonblick, huruvida han ej borde anfalla dem. Men, emedan det egentliga ändamålet för hans uppdrag sålunda kunde gå förloradt, lät han dem, ostörde, fortsätta sin resa; tog och förstörde den straxt derefter inträffade transporten, af ungefär hundrade vagnar och kärror, samt återkom, utan någon förlust, till Karstula. Sedermera erfor han, att det varit general *Kamenskij*, hvilken sålunda undgått döden eller fångenskapen [1]).

---

[1] Vid samma tid visade allmogen i Laukkas, huru stor deras beredvillighet var, att bistå sina mot fienden kämpande landsmän, blott man förstått eller velat begagna dem. Hos kyrkoherden i församlingen inställde sig en skara af bönder, hvilkas afsigt var att afgå till Karstula; emedan ett vandrande bud underrättat dem, att öfverste-löjtnant *Fieandt* behöfde biträde, för att återbygga de af Ryssarne, under deras återtåg, förstörde broarna. De skulle, på skogsvägar, söka sig fram till det Svenska lägret, mera än 10 mil aflägset från deras hemvist. Kyrkoherden anmärkte, att *Fieandt* kunde härtill

Klingsporska hären; Karstula den 21.

Kort derpå (den 21) anfölls öfverste-löjtnant *von Fieandt* vid *Karstula*, hvarest han innehade en ganska stark ställning, emellan tvenne sjöar. Hans styrka uppgick blott till 1,253 man, hvaremot Ryssarnes, under öfverste *Wlastoff*, utgjorde omkring 3,000 man, och var således nära trefaldt starkare än *Ficandts*, hvilken dessutom lätt kunde kringgås öfver en till venster

---

uppbåda Saarijärvi sockens inbyggare; att ett biträde från Laukkas kom för sent, äfven om det varit af nöden, samt erinrade dem om faran att öfverrumplas af Ryska patruller och ströfkorpser, isynnerhet som bönderna icke hade andra vapen än arbets-redskap. Men då allmogen icke fann sig tillfredsställd deraf, erbjöd sig kyrkoherden, att afsända ett bud till *Fieandt*, för att erfara rätta förhållandet. I sådant ändamål afgick torparen *Erik*, på Jokiniemi torp, en förslagen och orädd man. Han medförde bref, tog vägen, genom skogarne, till venster om Ryssarnes ställning, och anlände första aftonen till *Kangashäkki* hemman, hvilket var öfvergifvit af ägarne, i följd af Ryssarnes våldsamma besök. Knapt var han anländ hit, för än han hörde ljudet af Ryska soldater, hvarföre han gömde sig bakom den i Finska bondstugor brukliga gråstens ugnen. Ryssarne inträdde, upptände eld i ugnen, gjorde sin aftonmåltid och lade sig till hvila, hvarvid några sökte sig plats uppå sjelfva ugnen, för att ligga så mycket varmare. Emellertid qvaldes *Erik* af dödsångest och en allt mera olidelig hetta, till dess alla voro insomnade. Att afbida dagen eller att söka undkomma i mörkret, öfver dem, som lägrat sig på golfvet, var ett lika stort vågspel. Han beslöt sig till det sednare, smög sig sakta fram, steg försigtigt öfver de sofvande; men stötte, närmare dörren, mot en soldat, hvilken uppvaknade. Nu störtade bonden ut, trampade djerft på de liggande; rop och buller uppstodo på alla sidor, men den flyende undkom, och några skott, lossade efter honom i mörkret, af utställde poster, träffade icke. — *Erik* återvände lyckligen från *Fieandt*, med det besked, att han aldrig begärt eller ens behöft några brobyggare från Laukkas.

Händelsen var allmänt bekant inom socken; men företag af detta slag dolde en hvar sorgfälligt för Ryssarne. Några månader förut hade postmästaren i Laukkas, *Essbjörn*, blifvit bortförd, angifven för gemenskap med Svenskarne; emedan en utskickad hos honom lyftat ett lönebelopp, hvilket *Essbjörn* uppburit för exc. *Klingspors* räkning. — Då *Kamenskij* anlände till Laukkas, inställde sig kyrkoherden hos honom, för att klaga öfver Ryssarnes framfart mot hans sockneboer. *Kamenskij* hade med sig, såsom tolk, en kristnad, Svensk Jude, *Joelson*. Denne hade utspionerat försändningen till *Fieandt*, och hotade presten med en angifvelse inför generalen. Sålunda lyckligtvis förberedd om faran, uppträdde kyrkoherden såsom kärande emot ogrundade beskyllningar, och *Kamenskij* var nog högsinnad, att icke lyssna till anklagelsen. — Dagen derpå undslapp han G. M. v. *Fieandts* kulor; en vedergällande lek af ödet, ty *Fieandt* blef sedermera måg åt kyrkoherden.

Klingsporska hären; *v. Fieandt, Hästesko, Reiher, Norrgren, Ladau, Nordensvan, Brunow, Wahlberg.*

löpande å, som öfver allt var vadbar. *Wlustoff* begagnade sig deraf och anföll *Fieandt* med lika mycken beslutsamhet, som skicklighet. Den sednares trupper råkade i oordning; en kanon var redan förlorad, men *von Fieandt* samlade sina skaror och återtog den. Likväl såg han sig öfvermannad och måste öfvergifva slagfältet. Återtåget skedde med för långt utsträckta, spridda flyglar, hvilka, af den häftigt påträngande fienden, blefvo afskurna, så att *Fieandt* vid framkomsten till *Lintulaks* var omgifven af blott 3 eller högst 400 man. Hade Ryssarne fortsatt anfallet, skulle han varit alldeles förlorad. Men sedan de skingrade afdelningarne åter hunno samla sig, utgjorde hans förlust ej mer än 305 man, utom 1 stupad [1]) och 6 sårade officerare [2]).

Under denna 16 timmars långvariga och blodiga strid, utmärkte sig isynnerhet major *Hästesko*, samt löjtnant *Reiher* [3]). Men oaktadt deras mod och ansträngnin-

---

1) Löjtnant *Norrgren*.
2) Deribland kapitenerne *Ladau, Nordensvan, Brunow* och *Wahlberg*.
3) Den förstnämnde skyddade kanonerne, då 6 st. artilleri-hästar stupade, till dess lika många dragon-hästar förespändes; den sednare återtog en kanon, som Ryssarne redan eröfrat. — Deremot efterlemnade sig en subaltern-officer, hvilken, hemkommen, blef så missaktad, att han, under en längre tid, aldrig tåldes i sockenboernas sällskap. Några soldater af Savolaks regemente och Jokkas kompani, hvilka följt denne officers exempel, blefvo af sina egna hustrur tillbakadrifne, och öfverhopade med förebråelser för deras pligtförgätenhet att lemna hären, dit de återvände och höllo sedermera hvarje blodsdroppa ospard för den fosterjord, som till en del redan var och snart helt och hållet förblef förlorad. Sådan var Finnarnes sinnesstämning, hvarpå några ytterligare drag må, ibland många lika beskaffade, anföras. Då Ryssarne inbröto i Savolaks, stadnade en af deras skaror på landsvägen, nära en afskedad Svensk tjenstemans egendom. Några officerare af gamla Liffländska familjer, inställde sig hos honom, för att verkställa inqvartering. Den åldrige tjenstemannen sade sig ej vilja emottaga någon sådan. De Ryska officerarne sågo smålende på hvarandra, erinrande egen-

gar, som deltogo i densamma, blef öfverste-löjtnant *v. Fieandt* slagen och derigenom frukterna af *Adlercreutz's* segrar på en gång tillintetgjorda.

Sandels hade likväl flera än en gång fästat sin öfverbefälhafvares uppmärksamhet derpå, huru angeläget det vore, att på denna väg ställa en tillräcklig styrka, för att kunna afslå hvarje Ryssarnes försök, att, på densamma, framtränga till *Gamla Carleby*, hvarigenom Finska hären vore instängd och kriget afgjordt samt fiendens afsigt vunnen, utan att han behöft slå hvarken *Sandels* eller *Klingspor*.

Ryssarne begingo det stora felet, att ej med några tusende man genast vidare undantränga *v. Fieandt* och intaga antingen *Ny-* eller *Gamla Carleby*, då *Klingsporska* hären varit alldeles afskuren från *Sandels* och Österbotten.

---

domsegaren, att han ej borde glömma de ömsesidiga förhållanderna samt att de kunde taga hvad han vägrade. Men denne sednare bad dem ej heller förgäta, att han var herre både i och öfver sitt hus, och således kunde, när han behagade, antända detsamma. I den gamles ord och uttryck låg en så fruktansvärd bestämdhet, att förvåning följde på de Ryska officerarnes första småleende. De inskränkte derefter sina anspråk på rum och herberge i den gamles underlydande hemman och torp, jemte anhållan, att han sjelf måtte emottaga åtminstone några officerare. Den förra delen af deras begäran hänsköt han till lägenhets innehafvarens eget godtfinnande, och förklarade sig, för egen del, villig, att herbergera några hyggliga officerare. Trenne sådana ankommo, alla bärande gamla Svenska namn, och dessa bemöttes med den gästfrihet, som vanligen herrskade på stället. Efteråt flera gångor erinrad om det vådliga i detta handlingssätt mot de Ryska officerarne, svarade han alltid, att han tyckte sig hafva vedervågat föga, då landet blifvit Ryskt, emedan lifvet för honom i och med detsamma förlorat sitt hufvudsakliga värde. — Lika fosterländskt sinnad var den gamles maka. De hade tvenne söner, af hvilka den ena blödde vid hären. Den andra gick i Svensk tjenst, på den civila banan. När denne sednare, efter återvunnen fred, besökte hemorten, och der fick förmånligt anbud af lön på stat, hvaremot han ägde ingen i Sverige, sade den varmt älskande modren: "*tigg helre i Sverige.*" Sonen ärar ännu den vördade modrens minne, derigenom att han tjenar härstädes. Hans gamla föräldrar, högaktade af alla, hafva hunnit en hög ålder, emedan de lefvat långt efter, sedan de firat sitt guldbröllop.

Klingsporska hären; Nummijärvi den 28; von Otter.

Till lycka för Svenskarne beslöt *Kamenskij* i stället, att, på en omväg vinna sin afsigt. Han lemnade *Wlastoff*, att ensam förfölja *v. Fieandt* till *Lintulaks*, och skyndade sjelf med hufvudstyrkan till *Alavo*. Denna marsch verkställde han med den hastighet, att han redan den 25 inträffade med större delen af sina trupper vid sistnämnde ställe.

Öfverste-löjtnant *von Otter*, som, efter träffningen vid *Kauhajoki*, med 5 kompanier af Österbottens och 98 man af Wasa regemente, 20 Nylands dragoner och 2:ne trepundiga kanoner, afsändes till *Nummijärvi*, 2¼ mil på vägen öfver *Tavastkyro*-skogen, erhöll den 24 förstärkning af 1 bataljon Björneborgare, 6 dragoner och 2:ne sexpundingar, under majoren och riddaren *Grönhagens* befäl.

Den 27 visade Ryssarne, att de ernade anfalla *von Otter*. Han vidtog sina åtgärder derefter. Påföljande dag inträffade hvad han förutsett. Redan kl. ½ 5 om morgonen började en häftig eld, utmed hela linjen. Anfallet skedde med kanoner, rytteri och fotfolk. Skjutningen var liflig; men utan att någonting derigenom afgjordes. *Von Otter* befallde då major *Grönhagen*, att rycka öfver bäcken och omringa fiendens högra flygel. Detta verkställdes med beslutsamhet af kapitenerne *von Konow* och *von Kothen*, åtföljde af löjtnanten *von Qvanten* samt fendrikarne *von Essen* och *Holmberg*, med ett kompani af Österbottningar och 2:ne af Björneborgs regemente. Deremot försökte fienden att bryta sig fram på sin venstra flygel; men kapitenen, friherre *Stromberg*, med lifkompaniet af Österbottens regemente och en pluton, under fendrik

Klingsporska hären; *Tigerström, Sandelin, von Qvanten, Holmberg.*

Hackzell, jemte en liten hjelpflock under kapiten *Pfeiffs* befäl, motstodo manligt ej blott hvarje anfall, utan tvungo äfven sina till antalet öfverlägsna motståndare att vika. Ryssarne angrepos hurtigt öfver allt och tillbakakastades på alla håll. Major *Gyllencreutz* och kapiten *Uggla,* med 2:ne fältstycken, förföljde dem öfver en half mil, hvarunder flera fångar gjordes, endast fendrik *Printz,* med tillhjelp af några man, tog 13 Ryssar. Denna öfver tre timmar fortfarande strid var ganska häftig; förbittringen, liksom tapperheten, stor å begge sidor. Belägenheten var missgynnande, och dimman, förtjockad af krutröken, så stark, att man icke kunde se något föremål, att man famlade liksom i mörkret och måste rätta alla sina rörelser efter fiendens eld.

Ryska styrkan anfördes af general-majoren *Uschakow,* hvilken förlorade i stupade, 2 officerare och 50 man samt fångne 2 officerare och 48 man. Af Svenskarne: en under-officer och 14 man dödskjutne; sårade: löjtnanterne *Tigerström, Sandelin, von Qvanten,* fendrik *Holmberg* (lindrigt), 3 under-officerare och 73 man. Fendrik *Printz* blef af en styckekula slagen från hästen; men utan att besväras af någon serdeles kontusion. Han gjorde adjutants tjenst. Ryssarne förlorade dessutom en mängd beväringspersedlar.

Klingsporska hären; Lappfjärd den 29; von Vegesack.

General-majoren, friherre *von Vegesack*, hvilken, enligt konungens befallning, med sina Uppländningar, Helsingar och Vestmanländningar [1]), ett batteri fältpjeser och 2:ne sqvadroner ryttori, tillsammans omkring 2,000 man, skulle landstiga vid Björneborg, hade, i anseende till den grunda stranden och den derigenom uppkomna både svårigheten och långsamheten att der landstiga, till tidens vinnande i stället landsatt vid *Kristinestad*. Han framryckte genast och förenade sig med andra fördelningen under öfverste-löjtnanten E. *Furuhjelm* [2]), samt kapiten *Gyllenbögels* friskara, i trakten af *Lappfjärd*, hvilket besattes af friherre *von Vegesack*.

Men Ryssarne, som icke kände *von Vegesacks* ankomst, hade beslutat att återtaga *Lappfjärd*, hvilket ställe den 29 af dem med raskhet anföls. De anfördes af öfverstarne *Bibikoff* och *Anshelm de Gibory*. De hade 4 fältstycken och omkring 3,000 man.

Anfallet var lifligt; men Svenskarne mottogo det med köld [3]). Helsinge jägare, Finska skarpskyttar,

---

1) Hvilka, sednare dock icke inträffade här, utan landsatte i stället vid *Kaskö*, dit de ankommo i det uslaste tillstånd. Deras afsegling hade skett ifrån Sundsvall, på ett gammalt, länge obegagnadt, bräckligt handelsfartyg, fördt af en åttatioårig gubbe. Till matroser användes landtvärns ynglingar, hvilka aldrig varit i sjötjenst. Vid en på hafvet uppkommen storm, tog fartyget läck, segel och tågverke brusto och kastades öfver bord. Den åldrige skepparen sjuknade och endast adjutanten C. G. *Jacks* rådighet och vana vid sjölifvet, frälsade farkost och folk från den undergång hvarmed man stundeligen hotades. Af en slump drefs man just dit man ville anlända, eller till *Kaskö* hamn. En timma efter landstigningen, sjönk den eländiga skutan, hvarpå man öfverkommit. Sådana voro anstalterna den tiden. — Bidraget, N:o 38.

2) Öfverste *von Döbeln*, såsom sjuk, var afrest till Wasa.

3) Så snart Ryssarne visade sig, befallte general *von Vegesack* den kallblodige artilleri-majoren *Fr. Uggla* att skjuta; men han svarade: "ännu är icke min tid." Missnöjd öfver detta svar skickade generalen efter sitt eget ar-

Klingsporska hären; *von Vegesack, Uggla, Knorring, Carpelan.*

Björneborgs bepröfvade bussar och *Gyllenbögels* frivilliga, fingo befallning att gå anfallsvis till väga mot bröstet af fiendens slagtordning, medan en bataljon af Upplands regemente togo honom på den högra, och en lika styrka Helsingar på dess venstra sida. Alla framryckte med den beslutsamhet, att Ryssarne genast drogo sig tillbaka och hvarje gång de sökte fatta stånd blefvo de med samma käckhet undandrifne. Vid *Öströma* [1]) ernade fienden göra ett starkare motstånd; men lika förgäfves. Mörkret hindrade att förfölja längre. Dagen derpå upphunnos Ryssarne vid *Ömossa*, der de sysselsatte sig med att upprifva bron och uppbränna byn; men det hindrades till största delen af major *Thede*, hvilken, i spetsen för Nylands dragoner, åtföljde af Helsinge jägare, gjorde ett djerft anfall, hvarigenom byn frälstes och mordbrännarne skingrades.

Dessa strider kostade svenskarne i stupade, 2 officerare och 15 man, och i sårade, 1 officer och 43 man. Deremot var fiendens förlust i fångne: 2 officerare, 4 under-officerare och 71 man, samt mera än 200 man dödskjutne och illa sårade.

Major *Uggla* vid artilleriet och adjutanterna *v. Knorring* och *Carpelan* vid Björneborgs regemente, nämnas af general *von Vegesack* serskildt, ehuru han

---

tilleri, hvilket anlände i full fart. "Herr general", ropade *Uggla*, "blottställ ej folket utan ändamål; jag ansvarar för utgången." — *Ugglas* säkerhet ingaf förtroende; de Svenska styckena fingo återvända. Så snart Ryssarne närmade sig på drufhagels afstånd, öppnade *Uggla*, från sina förtäckta batterier, en så väl riktad eld, att vågor af oordning visade sig i fiendens anfallsskara. Inom en timma tystnade Ryssarnes kanoner; och straxt derpå vidtog general *Vegesack* anfallsrörelsen. — Bidraget, N:o 21.

1) Namnet är upptaget efter uppgiften i de offentliga rapporterna. Torde vara *Uttermossa*.

Klingsporska hären; Kuortane den 31; Gripenberg.

i allmänhet berömmer både befälets och manskapets mod och nit [1])

Utom en bataljon Björneborgare, hvilken qvarstadnade hos general *von Vegesack*, fick andra fördelningen befallning, att, utan tidsutdrägt, afgå till *Kuortane* att förstärka Svenska härens venstra flygel. Men innan den hann dit ankom underrättelse, att general-major *Gripenberg*, som hade befälet vid sistnämnde ställe öfver en förskara af tre bataljoner under öfverste-löjtnant *Wetterhoff*, blifvit anfallen 1¼ mil framom *Kuortane* på *Alavo*-vägen. Ehuru Ryssarnes styrka var i alla vapen vida öfverlägsen *Gripenberg*, motstod han likväl flera gångor deras häftiga försök att undantränga honom. Striden var lika uthållig, som häftig. Öfvermannad nödgades han, steg för steg och under fortfarande liflig skottvexling, draga sig till *Ruona* bro, hvilken till en del blef bränd. Här slutades första dagens kamp och här stodo nu begge hufvudhärarne, *Klingspors* och *Kamenskijs* midt emot hvarandra, på ett styckeskotts afstånd.

Andra fördelningen och *Gyllenbögels* friskara fingo nu i stället befallning att gå till *Lillkyro*.

Men innan vi fortsätta teckningen af de efterföljande dagarnes skarpa och afgörande händelser vid Klingsporska hären, återstår att upptaga de tilldragelser, som, under loppet af denna månad, egt rum inom Sandelska fördelningen.

---

[1] Genom *von Vegesacks* seger var vägen öppen till Björneborg. Björneborgarnes glädje var gränslös, öfver hoppet att snart, såsom segervinnare, få gästa inom sin egen stad. Men dessa tappres hopp varade blott några dagar. Klingsporska härens och isynnerhet *Fieandtska* fördelningens motgångar, tillintetgjorde alla frukter af de vunna segrarne.

Sandels fördelning; Heikka den 9; Malm.

Af Sandelska skaran hade majoren och riddaren *Malm* blifvit skickad till Karelen, att hindra Ryssarnes inbrott derifrån. Öfversten, markis *Paulucci* förde nu befälet öfver *Malms* motståndare.

Sedan *Malm* blifvit förstärkt med 200 man Uleåborgare och hunnit samla nödigt antal båtar, gick han öfver *Joensuu* pass och marscherade till *Tohmajärvi,* samt derifrån vidare till *Pelgjärvi* socken, der Ryssarne samlat sig, i nejden af *Heikka.* De utgjorde 4 kompanier jägare och 500 man rytteri. Men denna öfverlägsenhet hindrade icke den modige *Malm,* att gå anfallsvis till väga.

Åt kornett *Brandenburg* uppdrog han, att, med 25 Savolaks jägare, 25 Uleåborgare och 100 man frivilligt väpnade bönder, genom *Pelkinsaari* kringgå fiendens venstra flygel, samt, om möjligt, tillika hindra dess återtåg. Genom *Matkaselkä* afsände han en annan hop bönder, att oroa fienden åt *Ruskiala* sidan. Sjelf framtågade han, med 70 man egne jägare, 90 man Uleåborgare och 200 bönder, jemte 2:ne trepundiga kanoner, samma dag, eller den 9, längs landsvägen åt *Heikka.* Som Ryssarne hade en fältvakt vid *Noitanoja,* befalltes sergeant *Rosenqvist,* att, med 16 Savolaks jägare, genom skogen kringgå densamma. *Rosenqvist* uppfyllde raskt och noggrannt sitt uppdrag, och han var denna fältvakt, bestående af 50 man jägare och 20 Kossacker, oförmärkt på ryggen, då befälhafvaren för *Malms* förtrupp, brigad-adjutanten *Wallgrén,* med fälld bajonett rusade framifrån på densamma. Men de fleste Ryssar räddade sig genom flykten åt sidan i skogen, och i ett närbeläget kärr. En under-officer och 14 jägare togos dock; 3 ryttare och

Första delen.

Sandels fördelning; Pelgjärvi d. 9; *Malm, Bosin, Löthman, Sterner.*

4 jägare stupade. Framryckandet fortsattes; en bro vid *Noitanoja*, som var bränd, blef åter uppbygd för artilleriet, medan fotfolket undanträngde Ryssarnes förskaror, hvilkas antal och motstånd beständigt förökades. De måste slutligen tillbakakastas med bajonetten. Vid *Pelgjärvi* kyrka hade fienden sin hufvudstyrka, hvilken blifvit förstärkt med ytterligare fyra kompanier jägare, under öfversten *Adamovitz*. Striden blef allt mera häftig. Ryssarne, förlitande sig på sin öfverlägsenhet, gjorde en rörelse, som hade för ändamål att kringgå *Malms* högra flygel; men förgäfves, emedan *Malm* drog sig i tid tillbaka, dels för att undvika onödig blodsutgjutelse och dels för att invänta sina öfriga truppers framkomst. Kornett *Brandenburg* ankom i detsamma på fiendens rygg och ryckte an käckt på de ryttare, som skickades emot honom, hvilka fingo vidkännas någon förlust. *Malm* dröjde ej att förnya kampen. Ryssarne gåfvo nu vika och hastade undan öfver gränsen. Den långvariga fäktningen, under $1\frac{1}{4}$ mils framtågande, och den än mera tröttande och långa öfverflyglings rörelsen med ovana, föga sammanhållande bönder, hindrade allt vidare förföljande.

Malm förlorade i stupade 10 soldater och 8 bönder, och i sårade: löjtnant *Bosin*, fendrik *Löthman* (som dog efteråt), sergeant *Sterner* (dog efteråt) och 18 man soldater och 16 bönder. Emedan Svenska trepundingarne fingo tillfälle att med drufhagel spela i fiendens slutna hopar, så blef Ryssarnes förlust ganska betydlig, och, utom hvad de kunnat medtaga, räknades de dödas och svårt sårades antal på slagfältet till omkring 200 man. Dessutom 1 under-officer och 30 man fångne.

Sandels fördelning; Svibelius, Wallgren, Mollerus, Brandenburg, Brunow, Rosenqvist.

Löjtnanterna *Bosin, Svibelius* och *Wallgren,* fendrik *Mollerus*, kornett *Brandenburg*, under-officerarne *Brunow, Rosenqvist* och *Sterner* utmärkte sig synnnerligen, under denna mer än sex timmar fortfarande strid.

Malm lyckades, genom detta lika så djerfva som välberäknade anfall, att befria Karelen från fienden, ehuru denne var honom till antalet mer än fyrafaldt öfverlägsen. Med större styrka hade han kunnat rycka öfver Ryska gränsen och intaga *Sordavala* stad, på vestra stranden af *Ladoga* sjön. Denna stad ansåg sig redan hotad, och Ryssarne samlade vid densamma alla deromkring tillgängliga stridskrafter.

Men major *Malm* var för mycket underlägsen, att våga ett sådant försök. Han ansåg sig icke ens böra qvarstadna vid *Heikka*, der han blott lemnade en bevakningsflock af 25 man, under nödigt befäl. Sjelf återvände han med hufvudstyrkan till *Tohmajärvi*, hvarest belägenheten till försvar fanns mera fördelaktig än här.

Sandels bibehöll sig ännu vid *Toivola*, ehuru Ryssarne, genom sina kanonslupar, hvilkas antal dagligen ökade sig, beherrskade det stora passet *Kallavesi* sjö, hvilket åtskiljde honom och fienden. Nu oroades hans läger nästan dagligen, och ej mindre sällan om nätterna, af Ryssarne, eller också oroade han dem.

På *Kallavesi* uppstod ett litet sjökrig, emellan några bestyckade slupar å Ryska sidan, samt båtar (af

Sandels fördelning; Toivola.

hvilka fienden ägde flertalet) å den Svenska. Dessutom gjordes å ömse sidor, men isynnerhet af *Sandels*, några djerfva utfall med smärre afdelningar till lands, hvarvid, likasom till sjös, mod, list och skicklighet ådagalades.

Sålunda afsände han öfverste-löjtnanten och riddaren *Christiernin*, med 300 man, att, på båtar, afgå ända till *Warkaus*, i ändamål att uppsnappa och förstöra Ryssarnes förråd af lifsmedel. Kunde han ej oupptäckt framkomma direkte dit, borde han taga en annan farled, genom *Wehmasalmi* sund till *Kisemä* å. Denna befanns likväl för grund och den andra vägen för väl bevakad, hvarföre *Christiernin* vände om, dock utan att hafva blifvit bemärkt af Ryssarne, ehuru han framträngt emellan deras kryssande kanonslupar.

Likaså befalldes fendrik *von Schoultz* och kornett *von Nandelstadt*, att, med 50 man, på båtar smyga sig förbi Ryska sjöbevakningen, hvars vaksamhet tycktes hafva minskats i följd af fiendens välde öfver *Kallavesi*. De borde framtränga, så obemärkte och så långt som möjligt, dels för att bespeja fiendens ställning och förehafvande till lands och vatten, samt dels för att borttaga eller åtminstone oroa dess enstaka och mindre bevakningar. Detta ströftåg skedde i skygd af en mörk natt. Vid *Pujonsaari* udde stötte *von Schoultz* på en rysk vakt, hvilken till större delen nedgjordes och tre man tillfångatogos. Derefter anträddes marschen åt *Julkula*, der inga båtar voro att tillgå, men hvarest en större fiendtlig styrka befann sig; hvarföre *von Schoultz* och *von Nandelstadt* återvände, utan att hafva förlorat en enda man.

Till bevakande af den ifrån *Räimä* till *Kasurila* by med förhuggningar betäckta väg, afsändes kapitenen vid Vesterbottens regemente *Gyllengahm*, med 100 man och 2 sexpundiga kanoner, af kapiten *Elfvings* nyss ankomna batteri, hvilket låg vid *Jaala* by. *Gyllengahm* hade det dubbla uppdraget, att hålla ett uppmärksamt öga på Ryssarnes förehafvanden å denna sida, samt att, vid första vink, vara beredd att oroa fienden på det ställe *Sandels* ansåg sådant lämpligast.

Emellertid fortfor fienden att göra sina utfarter på *Kallavesi*, dels för att oroa sin motståndares läger vid *Toivola*, och dels för att plundra enstaka byar och bondhemman, i trakten deromkring. Åboerna på *Waajasalo* holme voro isynnerhet utsatte för detta ofog.

För att afstyra detta, afskickades brigad-adjutanten, löjtnant *Fieandt*, med 50 man, till *Waajasalo*, dit han borde framtränga oförmärkt på båtar. Han landsteg i trakten af *Karhunsalmi* sund och *Leskelä* hemman, der hvarken åboer eller fiender funnos. Han tågade i spridd ordning tyst genom skogen till *Wihtakanta*, hvarest Ryska härens generalstab och en del andra officerare hade landsatt, från de vid stranden liggande kanonslupar, som tillika utgjorde deras betäckning. *Fieandt* sökte väl nalkas stället med all försigtighet; men i den skogslösa trakten vid gården, blef han upptäckt af fiendens vaksamma fältvakt. Han framrusade dock i fullt språng mot gården; men Ryssarne voro ej sena att skynda undan mot stranden, till dervarande bestyckade och bemannade båtar, hvarifrån de öppnade en liflig stycke-eld, medan *Fieandts* jägareflock gaf på de flyende några salvor. Under återvägen stötte *v. Fieandt* på en fiendtlig styrka, som emellertid landstigit och besatt *Leskelä* gård, hvarigenom han var afskuren från sina båtar.

Okunnig om de Ryssars antal, som han nu så oväntadt hade mot sig, beslöt *Fieandt* att icke genast anfalla dem, utan intog i stället en småskog, hvarest han uppställde sin flock i sluten kedja, för att sålunda förlänga sin front och förvilla fienden om sin styrka. Han befallde de sina behålla orubbad köld, och icke skjuta ett enda skott, innan han gaf tecken dertill och fienden befann sig på nära håll, då, sedan en säker salva var lossad, man med fälld bajonett och hurrarop, borde rusa på Ryssarne, drifva dem undan eller öppna sig väg genom deras leder. En enda mans otålighet, att i otid afskjuta sitt gevär, omintetgjorde denna plan. Fienden, som öppnade en liflig eld, drog sig tillbaka. På en äng samlade han sig dock till motstånd; men då *v. Fieandt* framryckte, hastade han undan och intog sina slupar.

I detsamma anlände majoren och riddaren *Dunker*, som med 150 man var afsänd till *Fieandts* understöd, hvilket nu likväl icke behöfdes, hvarföre begge återvände; *Fieandt* med förlust af en dödskjuten, hvaremot han hade tagit en fånge och säkert dödat flere af Ryssarne.

Derefter blef kapitenen och riddaren *Burman* befalld, att, med 100 man, betäcka denna holme för fiendens ströfverier, hvilka också upphörde, liksom dess landstigningsförsök på densamma.

Emellertid hade Ryssarne samlat betydliga förstärkningar i Karelen.

Majoren och riddaren *Malm*, derom okunnig, hade framryckt från *Tohmajärvi*, för att tillbakadrifva de Ryssar, som tagit sin ställning vid *Ruskiala* kyrka. De drogo sig till *Sordavala* stad, dit *Malm* var för svag att förfölja dem.

Under tiden hade en fiendtlig skara inryckt, öfver Nyslott, i *Kerimäki* och var i antågande åt *Kides* socken. Den bestod af nära 3,000 man, med sex fältstycken, under kejsarens general-adjutant, furst *Dolgoruki*.

Malm fick derföre befallning att draga sig tillbaka till *Joensuu*, samt härifrån, sedan han äfven derstädes blef hotad med öfverflyglande anfall, af en ojemförligt talrikare fiende, till *Taipale*.

Af furst *Dolgorukis* rörelser erfor *Sandels*, att hans motståndare ändtligen funnit det lämpligaste medlet, att tvinga honom till att öfvergifva *Toivola*, nemligen att med öfverlägsna stridskrafter hota hans hittills blottade venstra flygel.

För att likväl göra denna från Karelen framträngande fiende allt tänkbart uppehåll, afsände *Sandels*, under öfverste-löjtnant *Christiernins* befäl, 300 man af Kajana bataljon och Savolaks regemente, med 2:ne sexpundiga kanoner, till major *Malms* förstärkning vid *Taipale*, ett starkt pass. Der borde ett kraftigt försvar ega rum, på det att denna enda väg, hvarpå fienden med fördel kunde framtränga på sidan om *Toivola*, måtte stängas, och *Sandels* sålunda skyddas både från ett brådstörtadt återtåg och för att ej blifva afskuren.

Det är oförklarligt, hvarföre den uppmärksamme fienden icke längesedan begagnat denna utväg, att, öfver Karelen, tvinga *Sandels* till återtåg. Följden af ett sådant företag hade varit, att *Sandels* kunnat blifva slagen eller tvungen att draga sig tillbaka; hvarjemte *Klingsporska* hären antingen blifvit afskuren från Uleåborg, eller nödsakad att hufvudstupa skynda sig dit, eller, öfver Qvarken, sjöledes till *Umeå*.

Måhända trodde Ryska regeringen eller Ryska härens öfverbefälhafvare, att *Klingspor* och *Sandels* hade större styrka än de verkligen egde, och vågade derföre icke kasta sig emellan tvenne eldar, och sålunda tvinga sin fiende antingen till ett förtvifladt försvar eller ett lika beskaffadt anfall.

Rättelser till 1:sta Delen.

Sid.	r.	står:	läs:
VII	r. 2 noten	förf. erkebiskop	förf. — Erkebiskop
XII	— 14	— vid	— med
XXIV	— 19	— beröfvade	— beröfvades
9	— 5	— och fångne	— eller fångne
14	— 3,4	— voro	— vore
46	— 20	— återkom	— återkomna
115	— 14	— Öfverste	— Öfverste löjtnant
118	— 22	— *Fahlander,* Kapiten	— *Fahlander,* vid Kajana bataljon
—	— 23	— Kajana bataljon *utgår.*	
160	— 23	— styrka voro	— styrka vore
166	— 15	— Den anfördes	— De anfördes
193	2:dra noten	— Hvilka	— Hvilken
201	— 16	— ;	*utgår.*
210	sista raden	— hafva	— kunnat
264	—	— utaf	— af

Pl.

Svenska ▭ ▭ ▭ Jägare.
Ryska ▭ ▭ ▭ Jägare.

- Lahdenpäru
- Lahdenperä
- Kapari
- Häntilä
- Torp
- Nähkälä
- Nähkälä
- Häntilä
- Wänge
- Lungi
- Majra
- Pelokantjas

Vintervåg till Pavol

Sommarväg till Pavola

0 1 2 3 4 5 6 7 8 9 1000 2000 3000 al.

Pl:II.

ka Arméerne.

menderad af General Majoren m.m. Adlercreutz och den Ryska af Ge_

marche från Kauhava med 2 Bat. Savolaks Jägare, spridda, som Avant_
sidan Bat. Savolaks Infanteri och 2ne 3ttr Canoner.
g med Lappo Å i ryggen.
ställning sedan den intagit högden på vägen till Kauhava.
laks Infanteri, som sändes till skogen åt venster och stötte på den der poste_
on, men blefvo efter hand understödde af 1ste och 2dra Infanteri_ samt 2dra
e, som äfven Divisionsvis dit dirigerades.
t Åbo Läns Regemente som samlad afgick till de sistnämndes understöd, men
tillbakaträngd, hann den ej fram till Ł, forran Ryska Arrier-Gardet passe.

    g) 2dra Brigadens attack på Ryssarnes första
    ställning, hvarefter dessa intogo ställningen k.
    h) 2dra och 3dje Brigadens samt 3die Bat Savo_
    laks Infanteri och 1sta Bat Carelska Jägarnes at_
    tack på Ryssarnes andra ställning i k.
    l). Ryssarnes återtåg på vägen till Kuortane.

Svenskar   1sta Ställningen

Affairen vid ALAVO den 17 Augusti 1808.

a Svenska avant gardet under Öfver ste Grefve Cronstedts befäl.

b Corps d'armée femte Artilleri parqven under General Adlercreutz's befäl.

c 3:je Brigaden under General Gripen bergs befäl, som gjort en omsvängning sur rika för att taga fienden i ryggen.

5 Ryske förposterne i retraitte.

Vid början af affairen blef Grefve Cronstedt blesserad, hvarefter Öfverste Palmfeldt förde befälet under General Adlercreutz.

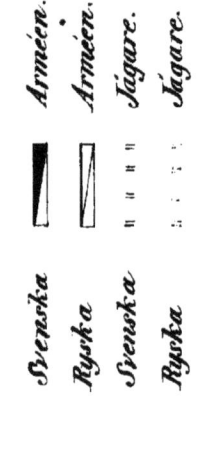

▰	Svenska Arméen.
▱	Ryska Arméen.
⋯	Svenska Jägare.
⋯	Ryska Jägare.

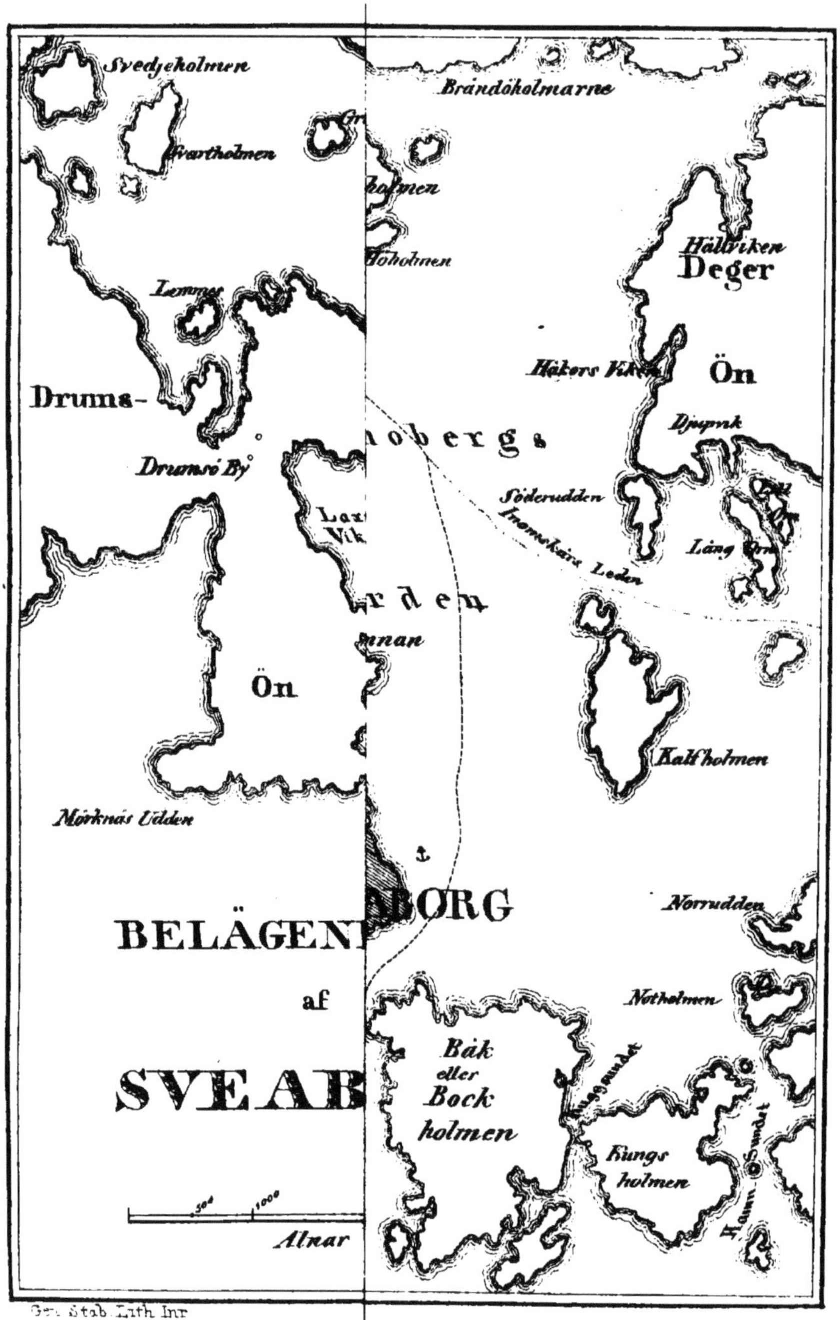

Gen. Stab. Lith. Inr.

HISTORIA

ÖFVER

KRIGET EMELLAN SVERIGE OCH RYSSLAND

ÅREN 1808 OCH 1809.

AF

GUST. MONTGOMERY.

SEDNARE DELEN,

MED TRE KARTOR.

ÖREBRO,
N. M. Lindhs Boktryckeri.
1842.

SEPTEMBER MÅNAD.

Klingsporska hären.

Klingspor hade, i följd af öfverste-löjtnant *von Fieandts* nederlag vid *Karstula* och sin derigenom blottade rygg och ena flygel, hvilka hans motståndare hotade, nödgats draga sig tillbaka med yttersta hastighet. Hans här måste, inom 36 timmar, denna årstid, tåga 7¼ mil. De fördelaktiga striderna, sednast utkämpade vid *Kauhajoki*, *Alavo*, *Nummijärvi*, *Lappfjerd*, *Ömossa* och *Kuortane*, voro nu gagnlösa för segrarena. *Klingspor* befann sig på återvägen, mera samlad till försvar vid *Ruona*, hvilket han ansåg af vigt att i det längsta bibehålla. Stället blef befästadt med i hast uppkastade fältverk.

Fjerde eller *Cronstedtska* fördelningen hade, sedan dess lugnt tappre befälhafvare svårt sårades, blifvit ställd under öfversten vid fortification *Cedergren*, hvilken fick i uppdrag att bevaka vägen ifrån *Lintulaks* emellan *Ruona* och *Salmis*, med en åt denna sida till *Mänkijärvi* framkastad förskara, samt 2 stycken 3-pundingar, under öfverste *Aminoffs* befäl. Svenska fördelningen, under öfverste *v. Essen*, besatte *Salmis*, för att hindra Ryssarne, att, vester om *Kuortane* sjön, kringgå *Ruona*.

Så snart Ryssarne framryckte öfver *Sarvikka*, indrogs *Mänkijärvi* bevakningen, utom en bataljon Karelske jägare, som der qvarlemnades.

1808 SEPTEMBER.

Klingsporska hären; *Adlercreutz;* Ruona den 1.

Alla *Kamenskijs* mått och steg tillkännagåfvo, att han ernade anfalla Svenskarnes ställning vid *Ruona*. Detta pass bildas af ett kärr, hvarigenom en bäck, kallad *Ruonanoja*, rinner, i en längd af omkring 1,000 famnar, med en bredd af högst tre famnar och tjenar till utlopp för en liten insjö, benämd *Nisous*, norr om *Kuortane* träsk. Vårtiden är kärret öfver allt under vatten, hvilket stiger någon gång ända till 2 à 3 alnar högt, hvarföre den deröfver slagna bron måste hafva den betydliga längden af 330 famnar. Deröfver går vägen från *Wasa* till *Tammerfors*. På vestra sidan om passet ligger blott *Ruona* by, med *Takala* länsmans boställe, jemte några torp, och på den östra *Mustapää*, *Sipola* och *Herroja* byar. Dessa intogos den 31 Augusti af *Kamenskij*, hvilken, samma natt, lät uppkasta ett starkt bröstvärn mot Svenskarnes högra flygel, som stödde sig mot en från den lilla sjön framskjutande udde. De sistnämnde hade här uppkastat ett batteri, äfvensom vid landsvägen. Venstra flygeln stödde sig mot en förhuggning, på andra sidan om *Lintulaks* vägen, hvarpå, bakom uppförde styckevärn, 4 sexpundiga kanoner voro uppställda. Trepundingar bakom fältverk, omgifna af slutna och spridda trupper, förstärkte dessutom Svenskarnes försvarskraft.

General-majoren, friherre *Adlercreutz* inställde sig äfven nu kl. 6 om morgonen, den 1, för att öfvervara den väntade kampen, och föra befälet öfver sina bepröfvade stridskamrater. Ställets försvar var ordnadt af general-majoren *Gripenberg*.

Kl. half 12 öppnade *Kamenskijs* grofva fältstycken sin eld. De besvarades från Svenska sidan. Misströstande, att med framgång kunna utföra ett bröst-

Klingsporska hären; *Adlercreutz*.

angrepp, tillbakahöll han sin venstra flygel, medan han förstärkte den högra, och samlade der, i skydd af den skarpa kanonaden och lifliga gevärs-elden, sina anfallsmassor. Dessa lät han med stormsteg framrycka, i afsigt att kringgå Svenskarnes venstra flygel. *Adlercreutz* upptäckte dock denna rörelse och ordnade försvaret derefter, så att, ehuru häftigt Ryska anfallet var, blef det ej blott med tapperhet afslaget, utan de angripande derjemte återkastade ända till *Herroja* by. Dervid tillfångatogos 2:ne officerare och 50 man. Denna by sökte *Adlercreutz* i sin ordning intaga; men förgäfves. Ryssarnes stora öfverlägsenhet gaf *Kamenskij* tillfälle, att, med afgörande stridskrafter, förstärka hvarje punkt som hotades med anfall. Dessa försök förnyades dock å ömse sidor, till dess mörkret och tröttheten hindrade mördandet.

Kamenskij hade hoppats, att den afdelning, bestående af 2:ne bataljoner, 2:ne sqvadroner lansryttare, med 2:ne lätta fältstycken, som han dagen förut afskickat, att, öfver *Wiitala* och *Kursi*, kringgå *Kuortane* träsk och åt *Salmi* taga *Adlercreutz* i ryggen, skullle i tid framkomma, och till hans fördel afgöra striden. Men fördjupad i en ovägad mark, hade den gått vilse. Emellertid erhöll *Adlercreutz* underrättelse, att *Mänkijärvi* bevakningen på *Lintulaks*-vägen, under öfverste *Aminoff*, blifvit häftig anfallen och tillbakaträngd. Denna omständighet jemte kännedomen om fiendens nyss omförmälde öfverflyglings-rörelse, sammanlagd med farhågan, att, under sådana förhållanden, med en betydligt försvagad, förut mycket underlägsen styrka, icke kunna motstå ett förnyadt anfall, verkade hos *Adlercreutz*, och det krigsråd, han efter den blodiga kampen tillkallade och hörde, beslutet att, i skygd af nattens mörker, oförmärkt lemna det med så mycken ihärdighet, med så stora uppoffringar försvarade och behållna slagfältet, som var betäckt af fiendens lik, ärorika, fast blodiga bevis på Svenskt mannamod, nu åter förgäfves ådagalagde. Någon eller några af krigsrådets medlemmar hade likväl gjort den invändningen, att man icke borde draga sig tillbaka, innan fiendens anfall, i händelse det ej kunde afslås, nödgade dertill; att ett frivilligt öfvergifvande af slagfältet skulle nedslå modet hos soldaten, hvilken med sitt blod försvarat det samt att ett återtåg, i mörka natten, med trupper uttröttade af stridsmödor, alltid vore svårare och betänkligare, än, efter åtnjuten hvila, på ljusa dagen, då man kunde upptäcka fiendens åtminstone närmaste rörelser och företag. Dessa kloka inkast verkade dock ingen ting mot öfvertygelsen hos flertalet, som icke nu, hvarken i krig eller fred, för första gången åstadkommit en skadlig åtgärd, antingen af kortsynthet eller falska intryck. *Adlercreutz*, segraren öfver en nära tredubbel flende, hvilken räknade sin styrka till 9,000 man, då Svenskarnes ej kunde uppskattas till mer än 3,500, drog sig under natten från slagfältet, der han qvarlemnade blott en bataljon, hvilken äfven skulle afgå tidigt på morgonen, för att förena sig med hufvudhären, en half mil derifrån, vid *Salmis*, der *Adlercreutz*, på en mindre utsträckt försvarsyta, beslöt att göra ett hårdnackadt motstånd.

Efter sitt lika misslyckade som blodiga försök att fördrifva Svenskarne från *Ruona*, misströstade äfven *Kamenskij*, att på denna väg vinna någon framgång. Äfven han beslöt således att draga sig undan, för att vidtaga andra åtgärder. Han hade redan satt sin tross och sina fältstycken i återtåg åt *Alavo*, då befälhafvaren för hans efterskara, den ej mindre djerfve än vaksamme öfverste *Kulnéff*, märkte att Svenskarnes vakteldar illa underhöllos. I egen person bespejade *Kulnéff* förhållandet och erfor att den dubbla post, som Svenskarne utsatt vid bron, var indragen, hvarpå han gick öfver den långa bron och fann sin förmodan besannad, att *Adlercreutz* dragit sig tillbaka. Han underrättade derom genast *Kamenskij*, som likväl hunnit komma så långt undan, att han, ehuru hastigt han återvände, icke mera kunde oroa Svenskarne, hvilka redan hunnit intaga sin nya ställning vid *Salmis*.

"Den brådska", anmärker Ryska härens historietecknare [1]) ganska sannt, "hvarmed anförare, efter en tvetydig drabbning, lemna stridsfältet, har man mer än en gång sett medföra de förderfligaste följder. *Kulnéffs* omtänksamma vaksamhet", tillägger han, "bevarade grefve *Kamenskij* ifrån att begå detta fel på samma gång som Svenskarne." Men de sednare hade ingen *Kulnéff* i *omtanka* och *vaksamhet*; och derföre fingo de plikta mer än dyrt, ty man kan, med allt skäl, påstå, att detta förhastade återtåg väsendtligen bidrog till fälttågets utgång, samt i och med detsamma till den återstående delens af Finland förlust. Skulle deremot *Kamenskij* fått draga sig tillbaka till *Alavo*, dit han redan var på vägen, så hade detta lifvat Svenskarnes stridslust och eldat deras härförares bemödanden, att upprätthålla och utvidga de vunna fördelarne. Några veckors uppehåll hade varit nog, för att hinna en årstid, som sjelfmant hade afbrutit fälttågets allvarsammare fortsättning. Den var redan i

---
1) *Van Suchtelen.*

denna nordliga trakt mycket hinderlig, isynnerhet för Ryssarne, hvilka ifrån mycket aflägsna håll, och på med hvar dag mer och mer svåra och djupa vägar, måste framskaffa sina lefnads- och skjutbehof. Sjukligheten tilltog också mera i deras än i Svenskarnes här, och de förra önskade således vida mer än de sednare, att det besvärliga fälttåget snart måste upphöra. Ryska öfverbefälhafvaren, liksom *Kamenskij*, gjorde således alla möjliga ansträngningar, att, genom afgörande företag, med någon framgång hinna detta mål. Ett enda misslyckadt försök, sådant som vid *Ruona*, och *Kamenskij* och Ryska soldaten, redan utmattad och otålig, hade tröttnat och det verksamma fälttåget varit slutadt.

Men, som sagdt är, *Kamenskij* och hans här, ehuru slagne, hade, genom sina motståndares obetänksamma återtåg, vunnit öfvertaget, återfått sitt förlorade sjelfförtroende. Den modfällda Ryska soldaten trodde sig eller inbillades af sitt befäl att vara segervinnare, ehuru nyss besegrad, ryckte derföre med tillförsigt ånyo fram, ehuru redan på flykt, och lyckades dagen derpå att med verklig vapenmagt tillbakakasta Svenskarne.

Adlercreutz trodde sig likväl vid *Salmis*, på en mindre vidsträckt ställning än den han hade vid *Ruona*, lättare kunna försvara sig mot en öfverlägsen styrka. Han erinrade sig icke, att återtåget minskade i samma förhållande hans andliga motstånds-, som det ökade fiendens lika beskaffade anfallskrafter. Och den andliga kraften utöfvar ett stort, ej sällan afgörande inflytande både på anföraren och soldaten. Och det aflägsna, folktoma, på yttre tillgångar fattiga Finland försvarade sig hela månader, nästan ett helt år, innan det af Europas största koloss, *Ryssland*, understödt af Frankrike, Danmark och Norrige, kunde intagas, ehuru alla tillfälliga omständigheter gynnade anfallet och alla tänkbara missförhållanden, förräderi [1]), misstag och olyckor deremot förlamade försvaret.

Ära således åt detta försvar, som var redbart, uthålligt och modigt, både hos det befäl, hvilket delade krigsfarorna, och hos det manskap, som otaliga gångor blottade sina bröst i den blodiga kampen för det bästa menniskan i dödligheten äger: *frihet och fosterland!* Misstag äro oskiljaktiga från menskligheten och sådant var det förhastade återtåget från *Ruona;* men det oaktadt hade försvarskraften icke upphört, ännu få vi erfara hvilket motstånd, hvilka ansträngningar, hvilka offer det sanna modet, den allt försakande fosterlandskänslan kunna åstadkomma.

Adlercreutz hade stödt sin högra flygel emot byn vid *Salmis*, belägen på en från *Kuortane* sjö något utskjutande udde. Derifrån går en sandås i sned riktning mot landsvägen till en enstaka gård, hvilken lig-

---

1) Utom det förrädiska öfverlemnandet af Svartholm och Sveaborg är det förut anmärkt, huru många af det högre befälet i Finland, såsom generalen *Ehrenroth*, öfverstarne *Jägerhorn* och *Palmfelt*, enligt de Klerckerska anteckningarne, visade föga fosterländska tänkesätt. Samma general *Klercker* tillägger: att öfverste *Wright* qvarlemnade sig i Brahestad, jemte flera officerare; att general-majoren *J. F. Aminoff* ådagalade ett vacklande och inbundet förhållande, samt att, innan Siikajoki försvaret, sjukantalet bland officerarne var så stort, att det väckte grefve Klingspors uppmärksamhet och misshag, hvilket senare han dock icke vågade uttrycka förr än efter sistnämnde strid. General-ordern derom är daterad Lumijoki den 22 April, och uppger, att 105 officerare och 1,100 under-officerare och soldater, utom 400 man gamla sjuke, hopat sig i Uleåborg, utan att man upplyst och undersökt om alla verkligen voro sjuke, hvarom general *Klercker* och öfverfältläkaren *af Bjerkén* borde anställa en noggrann mönstring och undersökning. I samma skrifvelse, som icke är kontrasignerad, uttrycker grefve *Klingspor* sitt högsta missnöje öfver detta förhållande, och detta förklarande hedrar honom. Skada blott att han, i andra hänseenden, både som fältherre och menniska, ej motsvarade sitt fosterlands och sina medborgares anspråk.

Klingspörska hären; Salmis den 2; Adlercreutz.

ger till venster om vägen, der höjden småningom förlorar sig, samt ängsmark och skog vidtaga. På denna ås, närmare landsvägen, utgörande midteln af Svenska härens ställning, voro fältstycken uppställda. Landsvägen från *Lappo* grenar sig ungefär ¼:dels mil framom *Salmis*, den högra till *Ruona* och den venstra till *Lintulaks*, hvarpå öfverste-löjtnanten och riddaren *Adlercreutz*, med sin bataljon Tavastehus jägare och 2:ne trepundingar, utgjorde efterskaran.

Af fjerde fördelningen blef fotfolket ställdt till venster om den ensamma gården, och jägarena längre på samma sida i småskogen och på ängsmarken. Ytterste delen af samma flygel utgjordes af en bataljon Nylands infanteri och en del dess jägare. Första fördelningen innehade högra flygeln i byn och bakom sandåsen. I denna ställning afbidades fiendens ankomst, hvilken ej dröjde längre än till kl. 6 påföljande morgon, efter det nyss slutade återtåget om natten och i regnet, som fortfor hela dagen.

Förskaran blef häftigt anfallen. Öfverste-löjtnant *Adlercreutz*, som fick till sin förstärkning en Savolaks infanteri-bataljon, anförd af den modige löjtnanten *Orbinski*, och en bataljon Karelske jägare, försvarade sig med en lysande tapperhet, emot den Ryska öfverlägsenheten i antal, hvilken beständigt förökades. Han uppehöll fienden i fem timmar och vek endast fot för fot tillbaka. Striden gränsade till förbittring å ömse sidor.

General *Adlercreutz*, hvilken aldrig saknades der faran var störst, skyndade äfven nu att deltaga i den liffiga kamp, som egde rum vid hans förskara. Han ville personligen ordna försvaret; men jägarkedjan på

Klingsporska hären; *Adlercreutz, de Suremain, von Otter.*

begge sidor om vägen blef i detsamma genombruten af Ryssarne, som med stormsteg kastade sig bakom Svenskarnes kanoner, omstjelpte några skjutbehofskärror, för att tillspärra återvägen för *Adlercreutz*, hans förskara och dess fältstycken. Vår hjelpskara hastade att tillbakakasta den oförvägna fienden, och återställa den för ett ögonblick rubbade ordningen. General *Adlercreutz*, med sin stab, hade emellertid brutit sig väg genom skogen, hvarvid ensamt dess adjutant, löjtnant *Klingspor*, blef fången. Öfverste-löjtnant *de Suremain* och majoren, friherre *von Otter* visade lika mycket mod, som rådighet, vid denna genombrytning.

Oaktadt *Adlercreutz* med drufhagelskott sökte hejda fiendens häftiga påträngande, nödgades han dock, i anseende till den stora manspillan och sin motståndares öfverlägsenhet, låta förskaran, hvars flesta officerare blifvit dödade eller sårade, draga sig tillbaka till *Salmis*. Kl. var nu 11 och den modige öfverstelöjtnant *Adlercreutz* hade således, med tre svaga bataljoner, i fem timmar uppehållit en talrik fiende, hvilken, oaktadt sitt ursinniga anfall, på denna tid ej vunnit mera än en åttondels mils väg.

Nu stodo hufvudhärarne midt emot hvarandra. Härförarne ordnade sina skaror och samlade dem på vissa punkter. Allt var stilla. Intet skott lossades på någondera sidan, för än kl. 2 e. m. *Kamenskij*, uppmuntrad af den föregående dagen oväntade framgång, hvarom endast hans i striden segrande motståndares plötsliga återtåg om natten kunde öfvertyga honom, ville begagna sig af denna fördel; men det motstånd

Klingsporska hären; Adlercreutz.

han redan fått erfara, gjorde honom villrådig i valet om anfallssättet.

Kl. 2 började stycke-elden, med kastkroppar och kulor. *Kamenskij* gjorde ett bröstanfall; men då det misslyckades, kastade han en manstark skara mot Svenskarnes venstra flygel, både för att genombryta och kringgå densamma och afskära återtåget åtminstone för våra fältstycken. Detta försök motades, med Svenskt mannamod, af andra Savolaks infanteri-bataljonen, som blef förstärkt med 2:ne sexpundingar, hvilkas, af löjtnant *Smith*, väl riktade drufhagelskott, alldeles sprängde den fiendtliga anfallsmassan.

Stridens raseri tilltog nu på hela linjen; men isynnerhet på Svenskarnes venstra flygel, hvars yttersta Nylands infanteri- och jägare-bataljoner med lysande framgång undanröjde sina motståndare. I detsamma nalkades med stormsteg stora massor, hvilka frambröto ur skogen och hotade vår hufvudställning. En af dem rusade mot den enstaka gården, som denna gång förgäfves försvarades af andra Savolaks infanteri-bataljonen, hvilken drog sig undan.

Kl. var 5 e. m. och den häftiga striden hade å nyo varat i tre timmar, och hade troligen ännu kostat mycket blod, om *Adlercreutz* icke nu erhållit *Klingspors* befallning att draga sig tillbaka, i anseende dertill att Ryssarne fått tillfälle, att, med en betydligare styrka framtränga till *Kauhajoki*, hvarigenom *Lappo* på Svenska härens rygg kunde blottställas, helst vägen dit öfver *Ilmola* endast försvarades af en bataljon, under öfverste-löjtnanten, frih. *von Otter*.

Återtåget fortsattes genast 1½ mil, till *Tiistenjoki*, med temmelig ordning, och utan att Ryssarne voro

Klingsporska hären; *Adlercreutz, Lindström, Bremer, Orbinski.*

serdeles närgångne. Hvaremot Nyländningarne, som med så mycken kraft fullföljt sin fördel, blefvo lemnade åt sitt öde, och således afskurne, genom den öfriga härens oförmodade återtåg. Men äfven Ryssarne voro utmattade, eller kanhända fruktade de ett försåt i detta förnyade, opåräknade och plötsliga utrymmande af ett modigt försvaradt slagfält; de förföljde icke, och Nyländningarne fingo sålunda tillfälle att på omvägar förena sig med hufvudhären, dels samma och dels följande dag.

Så slutades denna trenne dagars långa kamp, den 31 Augusti, 1 och 2 September, vid *Kuortane, Ruona* och *Salmis*. Den utgör ett blodigt treblad i Svenska krigshistorien, hvars ära den ej heller fördunklar, ehuru den sköna, oförgängliga glans, hvaraf hon så lätt kunnat omstrålas, skymmes af ett mörkt moln — det nattliga återtåget från *Ruona*.

Skulle ej detta hafva mellankommit, detta förhastande, detta misstag efter det mest modiga och skickliga försvar, så hade *Ruona*, med all sannolikhet, intagit det utmärktaste rum i Svenska krigsbragdernes häfder, ibland namnen af de ställen, hvarifrån folken räkna sin sjelfständighet, sin frihet och sitt oberoende.

Emellertid kostade denna tre dagars kamp mycket blod. Fienden, som hade massor att uppoffra, förlorade mest. Man beräknar hans förlust till 1,200 man, befäl och manskap. Svenskarnes var icke heller ringa, då den utgjorde omkring 800 man stupade och sårade, utom 100 man fångne; samt af befälet, dödskjutne, vid Åbolåns regemente: fendrikarne *Lindström* och *Bremer;* vid Savolaks infanteri: löjtnanten *Orbinski*,

Klingsporska hären; *Adlercreutz, Neiglick, Schwartz, Finkenberg, Möller, Gripenberg, Gottsman, Kræmer, Ehrenroth, Costian, Carlqvist, Bergenstråle, Heintzii, Forbes, Uggla, Tavaststjerna, Chatelovitz.*

(samt fången, löjtnant C. J. *Neiglick*); dödligt sårad, löjtnant *Schwartz* vid Savolaks jägare och lindrigare, löjtnant *Finkenberg* och fendrik *Möller* vid Åboläns-, major *Gripenberg*, kapitenerne *Gottsman* och *Kræmer* vid Tavastehus-, major M. *Ehrenroth* och fendrik *Costian* vid Savolaks infanteri-, löjtnant *Carlqvist* vid Finska artilleri-, kapiten *Bergenstråle*, löjtnanterne *Heintzii*, *Forbes* och *Uggla* vid Nylands infanteri regementer samt kapiten *Tavaststjerna* och *Chatelovitz*, tillika fångne; oberäknadt flere, som erhållit mer och mindre svåra kontusioner.

Befälets och manskapets ansträngningar förtjena allt beröm. *Adlercreutz* vitsordar, att hären hitintills, vid intet tillfälle, ådagalagt större bevis på tapperhet och ståndaktighet, hvilket sednare isynnerhet pröfvades under den redan kalla och tillika regniga väderlek, som nu inträffade, och hvarunder man i flera dagar måste slås, marschera och stå under bar himmel, och sällan eller blott helt kort erhålla någon hvila. Striden vid *Ruona* var isynnerhet ihärdig och blodig. Der drabbade Finnarne som lejon. Stridsfältet, de tappres täflingsbana, ty Ryssarne visade också stort mod, var på en sträcka af en åttondels mil uppfyldt af döda och sårade. Intet segertecken förlorades på någondera sidan; särdeles berömvärdt för Svenskarne, hvilka drogo sig tillbaka i mörker och regn och på djupa vägar. Major *Charpentier*, hvars kanoner spridde död och förstörelse i Ryska lederna, fick väl tvenne af sina

Klingsporska hären; *Adlercreutz.*

sexpundingar skadade; men lemnade dem icke i fiendens händer. Tvertom tystade han fiendens stycke-eld med de återstående. Allt hvad befäl var täflade med honom i raskhet och djerfhet. Fördelnings-befälhafvarne, öfverste *von Essen* och öfverste-löjtnant *Reutersköld* anförde personligen sin kedja emot fienden, och generalmajorerne *Adlercreutz* och *Gripenberg* samt öfverste *Cedergren*, sparade icke heller sina personer, utan blottställde sig oförväget, der de med sin närvaro kunde leda eller lifva anfallet eller försvaret.

Skada att utgången ej motsvarade så ärofulla, berömvärda och oförgätliga bemödanden på slagfältet, hvilket fiendens mod eller öfverlägsenhet i antal aldrig förmådde eröfra; men segrarena drogo sig ändå undan och de slagne intogo landet. Sanningen kräfver likväl det tillägg, att Svenska härförarens klokhet och beräkningar, ståndaktighet, snille och kraft ej motsvarade härens ihärdiga tapperhet. Man kan väl ej fritaga Ryska öfverbefälet från stora felsteg och misstag, men dessa blefvo, på ett eller annat sätt, godtgjorda; och lyckan, de klokas och dristigas vanliga följeslagare, gynnade *Kamenskij*, hvaremot *Klingspor*, hvilket oftast är fallet med obeslutsamheten och svagheten, föll ifrån det ena misstaget eller felsteget i det andra, och hade hvarken insigt att uppfatta eller sinnesstyrka att verkställa djerfva och afgörande rörelser och företag. Derföre gick det såsom en samtida skämtevisa yttrar: "Man slogs, segrade och drog sig tillbaka."

Klingsporska hären fortsatte återtåget till *Lappo*, dagen efter den tredubbla striden. Här var Svenska öfverbefälhafvarens högqvarter. Derifrån afdelade han sina skaror så, att första fördelningen drog tågade öfver *Kauhava* åt *Nederhärmä;* den Svenska åt *Lillkyro,* den tredje, som utgjorde efterskaran, gick åt *Hanhikoski,* medan den fjerde hade afgått till *Ylistaro,* der densamma inträffade den 6 och hvilade der till den 10. Sistnämnde dag syntes tredje fördelningen i höjd med denna, på högra stranden af *Storkyro* å.

Ryssarne, hvilka, dels uppehållne af *Lappo* bro[1]), som var rifven af Svenskarne, och dels också mattade af de föregående drabbningarne, nu först voro Svenska hären på hälarne, höllo på att här öfverraska fjerde fördelningen. Antingen drog den tredje sig för hastigt undan, eller ock försummade den fjerde något i sin bevakning åt *Lappo;* en af dessa orsaker gjorde, att fienden lyckades oförmärkt, vid ett vad, öfvergå elfven den 10 kl. 1 e. m. Och som han i detsamma gjorde anfall på *Ilmola* vägen, der våra förtrupper redan skottvexlade, blef ett brådstörtadt återtåg enda medlet att komma ur snaran [2]).

Emellertid hade Ryssarne, på andra sidan ån, fått fram ett par kastpjecer, hvilka orsakade några ögonblicks oordning i våra bataljoner. De samlades

---

[1] Den återställdes så illa af Ryssarne, att den brast då första kanonen skulle föras deröfver, hvarföre verkställaren deraf, löjtnanten *Tesch* vid genikorpsen, af fruktan för följderna gick öfver till Svenska hären.

[2] Öfverste *Greg. Ad:son Aminoff* berättar, att han (då löjtnant) med några unga kamrater var bjuden på stekt gås hos adjutanten *C. G. Jack* *), då en jägare inberättade, att objudna gäster infunnit sig. Innan de hunno från bordet, vexlades redan skott i qvarteren, der Kossackerne inträngt. Kölden och ordningen hos våra tappra tillintetgjorde dessa svärmares afsigt att öfverraska, ehuru den påträngande mängden af fiender tvang till ett snart återtåg. Derunder försvarade man sig från gård till gård. Härunder kom en ung qvinna, med ett barn på armen, springande från en portgång, och stupade, genomborrad af en kula, framför *Aminoffs* fötter, då barnet skrikande vältrade sig i modrens och kanske äfven i sitt eget blod. En af krigets smärtsammaste händelser. — Gåssteken blef af en kallblodig och omtänksam uppassare, undantagen, och smakade bra i nästa bivuak.

*) Han hade, jemte löjtnanten vid arméens flotta *Aug. Hagelstam* och tvenne under-officerare, befriat sig, genom egen rådighet och dristighet, ur de bortdagtingades antal på Sveaborg.

likväl snart, och ett kompani Savolaks jägare, under kapiten *von Fieandt*, afsändes att uppehålla de från *Ilmola* anryckande Ryssarne, till dess fördelningen fick tillfälle att intaga en fastare ställning bakom en bäck, som vid *Tuokkala* faller in i samma *Kyro* å. Denna rörelse skedde med lugn och ordning, hvilket hejdade fienden, hvars stycke-eld upphörde vid färjestället. Derefter fortsatte denna fördelning sitt återtåg till *Lillkyro*.

Här inträffade den härfördelning, som utgjort Svenskarnes yttersta högra flygel vid *Lappfjärd*. General-majoren, friherre *von Vegesack* måste, för att hinna åstadkomma denna förening med Klingspor, marschera med den hastighet, att hans trupper tillryggalade 10 mil inom tvenne dagar. Öfverste *v. Döbeln* befalltes, att, från nejden af *Christinestad*, i sträckmarscher draga sig åt *Ny Carleby*, för att understöda öfverstelöjtnant *Reutersköld*, hvilken, med tvenne bataljoner Åboländningar och en bataljon Björneborgare, blifvit tvungen att öfvergifva *Härmä* [1]) och afgå till sistnämnde stad, hvilken fienden redan var en half mil nära.

Så snart *Klingspor* var förvissad om dessa rörelsers framgång, ty *von Vegesack* och *von Döbeln* hade framträngt så långt åt söder på kustvägen, att de befunno sig blott tvenne dagsmarscher från *Björneborg*, beslöt han att utrymma *Wasa*. De dervarande mun- och utrednings-förråder, jemte fångar och sjuke,

---

1) I nejden häraf hade *Reutercrona*, som en kort tid förde befälet under *Reutersköldz* sjukdom, en mindre strid, hvilken föranledde honom till återtåg. Löjtnant *Tidholm* demonterade, med sina väl riktade skott, en fiendtlig kanon, och fendrik *Holmberg*, ehuru kringränd, frälste sig och sin trupp, ehuru vida underlägsen fienden.

blefvo lyckligen bortförde sjöledes [1]). Detta verkställdes med berömvärd drift och omtanka, så att endast 4000 lisp. mjöl, förvandladt till deg, föll i Ryssarnes händer, utom 20 man, så svårt sårade, att de icke kunde medtagas, utan måste qvarlemnas, jemte behöfligt läkarebiträde.

Klingspor gjorde sitt återtåg från *Lappo* den fem mil längre omvägen åt *Ylistaro* och Lillkyro, i stället för den kortare öfver *Kauhava* till *Ny Carleby*, för att betäcka de i *Wasa* befintliga förrådernas undanskaffande, och för att underlätta föreningen med *Vegesackska* fördelningen. Också missledde denna marsch *Kamenskij*, som trodde, att *Klingspor* ernade sig till *Wasa*, för att derifrån sjöledes öfverföra sin här till Sverige. *Adlercreutz* vidtog några mått och steg, hvilka styrkte både Ryssar och Svenskar i denna tanke, hvilket hos manskapet vunnit sådan säkerhet, att 60 man Savolaksare gingo öfver till fienden, af obenägenhet att lemna sin fosterbygd.

I afsigt att, i möjligaste måtto, åtminstone försvåra och hindra denna Svenska härens inskeppning, om det icke lyckades att slå eller tillfångataga större delen deraf, riktade *Kamenskij* sin hufvudstyrka åt detta håll.

Hade han deremot åt *Ny Carleby* afsändt en större afdelning än de 2,000 man, som under general *Kosatschkoffskij* afgick dit öfver *Kauhava*, så skulle *Klingsporska* hären nära nog varit förlorad. Likaså hade han kunnat förekomma både general *von Vegesack* och öfverste *von Döbelns* återkomst från deras

---

[1]) De sednare, ungefär 1,400 man, fördes öfver till Umeå; de förre följde långs kusten Klingsporska härens rörelser eller upplades i de norrut belägna Finska kuststäderna.

så långt afskilda ställning nära *Christinestad*, om han icke låtit missleda sig af *Klingsporska* härens skenrörelse åt *Wasa*. Också förebrådde han sig, att i allt fall icke hafva utfört något afgörande företag åt ettdera hållet, samt att icke hafva dragit nog fördel af *Klingspors* långsamma återtåg. Han räknade för mycket på de fördelningar, dem han under *Kosatschkoffskij* och *Wlastoff* framkastat åt *Ny* och *Gamla Carleby*.

Dessa gjorde också *Klingspor* ett stort bekymmer, så mycket mera, som öfverste-löjtnant *v. Fieandt*, hvars styrka var hopsmält till 550 man, hade dragit sig tillbaka och hans motståndare, general-major *Wlastoff*, redan intagit *Gamla Carleby*, medan *Ny Carleby* hotades med samma öde af general-majoren *Kosatschkoffskij*. *Klingspors* återtåg var sålunda afskuret. *Kauko* och *Himango* broar voro uppbrända, på befallning ifrån Svenska högqvarteret.

Allt berodde nu derpå, att öfverste *von Döbeln*, i förening med *Reuterskölds* och *Gyllenbögels* trupper, kunde öppna den af Ryssarne tillspärrade återvägen, och på det sådant måtte lyckas så mycket säkrare, skickades ytterligare general-major *Gripenberg* med sin fördelning till *v. Döbelns* och *v. Fieandts* förstärkning.

För att uppehålla *Kamenskij*, till dess vägen norrut var öppnad, fattade general-major, friherre *Adlercreutz* stånd vid *Oravais*. Detta beslut var rigtigt och för dess verkställighet hade han, så vidt han medhunnit och belägenheten det medgifvit, med fältverk bordt befästa sin ställning och endast begagna detsamma till sitt försvar, hvartill stället var väl valdt.

Andra delen.

Men det var icke skäl för *Adlercreutz*, att dröja längre qvar vid *Oravais*, än hans afsigt, att uppehålla *Kamenskij*, erfordrade. Hade detta kunnat ske med en mindre styrka, än den hans och general *von Vegesacks* skaror tillhopa utgjorde, hvilket med i hast uppkastade bröst- och styckevärn är att förmoda, så hade återstoden bordt skynda till *von Döbelns* undsättning. Vid *Ny* och *Gamla Carleby* voro de punkter, för hvars intagande inga användbara trupper, inga ansträngningar, intet blod borde sparas. Helt annat hade förhållandet varit, om *Kamenskijs* här utgjort en styrka, som *Adlercreutz* kunde eller hoppades att kunna slå [1]). Men detta ingick ej i den sednares beräkningar, ehuru det likväl höll på att inträffa, i fall klokheten hos anföraren varit lika stor, som hans och hans kämpars tapperhet. Hans plan var blott att uppehålla Ryssarne, och dertill behöfdes icke att uppoffra, snart sagdt, sista blodsdroppan under ett, i detta hänseende, ändamålslöst försvar och anfall. Och likväl skedde detta försvar och detta anfall med den ihärdighet och ansträngning, liksom det gällt hela härens, ja hela Finlands väl eller ve.

Blodbadet vid *Oravais* den 14 var så mycket mera ändamålsvidrigt, som man dagen förut, straxt på e. m. hörde *von Döbelns* och *Kosatschkoffskijs* åskor från *Juutas*, nära *Ny Carleby*. Dit hade *Adlercreutz* bordt skynda, medan general *von Vegesack*, hvilket varit möjligt, uppehöll *Kamenskij*. *Adlercreutz* hade väl icke den 13 hunnit dit; men den 14 om morgonen hade han varit der och hade då kunnat anfalla *Kosatschkoffskij* i ryggen, i fall denne lyckats att besegra *von Döbeln*, hvilken, i sådan händelse och med

---

1) *Kamenskijs* styrka utgjorde ungefär 8,500, och *Adlercreutz*'s 3,500 man.

Klingsporska hären; Juutas den 13; *v. Döbeln.*

kännedom derom, ej dröjt att understödja *Adlercreutz,* hvarigenom *Kosatschkoffskij* blifvit tillintetgjord. Derefter hade *Adlercreutz,* med *von Vegesacks, Gripenbergs* och *von Döbelns* skaror förenade kunnat, med hopp om framgång och med den tillförsigt segren ingifver, anfalla *Kamenskij,* och skulle han blifvit tillbakakastad, så hade krigets utgång, för detta fälttåg, varit afgjordt till Svenskarnes fördel.

Von Döbeln, som låg illa sjuk i *Ny Carleby,* kunde icke med likgiltighet åhöra att Ryssarne anfallit hans fördelning vid *Juutas,* den 13 kl. 10 f. m. Han kastade sig ur sängen, satte sig till häst, hastade till slagfältet [1]), tog der befälet öfver sina älskade Björneborgare och *Gyllenbögels* friskara, ordnade försvaret, mötte med mandom *Kosatschkoffskijs* häftiga och flera gångor förnyade anfall, dem han ej blott tillintetgjorde, utan kastade äfven sin till antalet öfverlägsna motståndare öfverända och förföljde honom, till dess mörkret afbröt striden. Detta gjorde han med trupper, som nästan beständigt marscherat i 14 dagars tid, de sednare två dygnen utan hvila, och nu, efter en blodig kamp, stodo hela natten stridsfärdiga i vatten, som räckte nära knäna. Han tog en kapiten och 9 man till fånga. Ryssarne flydde genom natten två mil, ända till *Ekois,* och, ehuru der förstärkte, fortsatte

---

1) Svenskarne hade venstra flygeln stödd mot elfven, den högra mot skogen, dit fältvakten drog sig för att ditlocka Ryssarne, emedan en stark jägarkedja af Svenskar var dold derstädes. Dessa framryckte, så snart Ryska styckena och slutna massorna på landsvägen hunnit förbi dem och på drufhagelskott nära våra kanoner, som först då började att spela. Tillika hade fienden obehindradt fått kringgå Svenskarnes högra flygel, då det allmänna anfallet skedde och de i skogen förtäckte jägarne framryckte förbi de kringrännande, hvilka derigenom blefvo afskurne och med möda undkommo.

de återtåget till *Nederhärmä*. Efter denna ärofulla vapenbragd, återtog sjukdomen sin rätt. *Döbeln* måste återvända till staden och ånyo intaga sin sjuksäng, hvilken ej mera släppte upp den tappre, under detta årets fälttåg.

Sålunda hade *von Döbelns* seger öfver *Kosatschkoffskij* öppnat åt *Adlercreutz* den förbindelse norrut, för hvars erhållande han uppgifver sig hafva stadnat vid *Oravais;* han kunde ej vara okunnig derom och var det ej heller dagen derpå, då blott 2¼ mil skiljde honom från *Juutas*. Hvarföre då vedervåga en, äfven i hans egen öfvertygelse, så olika strid på detta ställe? Hvarföre åtminstone icke inskränka den till ett försvar, hvartill stället lämpade sig och af hvilken orsak det ej varit ur vägen att låta *Kamenskij*, i och för dess intagande, göra de uppoffringar af folk och blod, hvarpå en Rysk härförare ej behöfver vara så nogräknad? Och hade det af naturen starkt försvarade stället derjemte blifvit försedt med fältverk, till skydd för folk och kanoner, i stället för att man nu, till betäckning för jägarne, endast nedref några hölador, så hade det kostat en afgörande manspillan för Ryssarne att eröfra detsamma.

Den lika djerfve som otålige *Kamenskij* hade emellertid beslutit att, kosta hvad det ville, intaga detta *Oravais*, då han misslyckades, att, genom skenrörelser och *Kosatschkoffskijs* anfall, aflägsna *Adlercreutz*. Att han låtit missleda sig af *Klingsporska* härens tåg åt *Wasa*, ökade hans ifver att godtgöra detta fel, samt att, om möjligt, genom ett enda slag, en afgörande kamp på lif och död, med sina öfverlägsna stridskrafter, förlitande sig på dem och

<small>Klingsporska hären; Wörö den 13. Oravais den 14; von Vegesack, Adlercreutz.</small>

sin lycka, sluta det för hans unga sinne långvariga fälttåget, hvilket årstiden, hans truppers trötthet och den tilltagande sjukligheten eljest kunde afbryta, utan att han fick eröfra flera lagrar, eller vinna den ära och ryktbarhet, som utgjorde målet för hans brinnande åtrå.

Den 13 om aftonen stötte han vid *Wörö* på general *von Vegesack*, hvilken, utan egentligt behof, försvarade sig under det han drog sig undan till *Oravais*. Samma dag på f. m. hade fjerde fördelningen besatt den folktoma byn. Stället, som var utsedt till slagfält, ligger en åttondedels mil söder om byn. Landsvägen går nära tvenne hafsvikar, i hvilka hvardera en liten bäck utfaller. Ifrån den norra viken uppgår en flack äng, hvarpå en mängd hölador stodo. Dessa nedref man till en del, för att tjena jägarne till betäckning. En höjd, på norra sidan om denna äng, beherrskar hela fältet nedanföre, och på denna höjd ställdes Svenska fältstyckena. Till höger derom är ett otillgängligt berg, hvilket sträcker sig ut åt kusten. Till venster en stor äng och ofvan om densamma ett sankt kärr; landet emellan de begge hafsvikarne skogigt och bergigt.

Vid den södra bäcken och hafsviken ställdes förskaran af Helsinge regemente, under öfverste v. *Platens* befäl. Han blef anfallen vid dagningen, kl. emellan 4 och 5 om morgonen, den 14. Han försvarade sig manligt, ehuru anfallet var häftigt och ihärdigt, både med infanteri, jägare och en mördande styckeeld. Med erhållen förstärkning af en bataljon Karelske jägare, uppehöll *von Platen* fienden till närmare kl. 11 f. m.

Emellertid ordnades de öfriga Svenska och Fin-

Klingsporska hären; Oravais den 14; v. Vegesack, Adlercreutz.

ska skarorna, till den började bardaleken, så, att en bataljon af *v. Vegesacks* Svenska trupper intog berget till höger, med sträckning åt hafvet; fältet nedanför beströks dessutom af de på höjden ställda kanonerna, hvarigenom högra flygeln var nästan ointaglig. Till venster om kanonerna på ängen, som utgjorde slagtningens midtel, uppställdes en annan bataljon af samma trupper, under öfverste *Brändström;* och mera till venster vid ängen och skogsbrynet sattes Vesterbottningarne, under öfverste *von Essen*, och ytterst till venster, inemot kärret, Savolaksarne, under öfverste *Cedergren,* hvars ena infanteri- och begge jägare-bataljoner intogo en spridd, men skyddad ställning bakom höladorna. Återstoden af *von Vegesacks* fördelning, med en del Österbottningar och vårt ringa antal rytteri, ställdes i beredskap bakom fältstyckena, som voro på höjden, å ömse sidor om landsvägen.

Befälhafvaren för Svenskarnes modiga förskara, öfverste *von Platen*, var sårad; hans trupper, som tappert försvarat sig, samt till och med tagit några fångar, öfvermannades och drogo sig tillbaka till hjelpskaran, der dem lemnades tillfälle att något hvila sig och att emottaga ett nytt förråd af skott, i stället för dem de bortskjutit. Ryssarne hade emellertid, med liflig stycke- och haubitz-eld samt starka anfallsmassor, närmat sig vår midtel och isynnerhet högra flygeln. Medan den ömsesidiga stycke- och handgevärs-elden här underhölls, med en dundrande och blixtrande liflighet, hade *Kamenskij* skickat sin djerfve och tappre *Kulnéff*, att kringgå och angripa Svenskarnes venstra flygel. Hans bataljoner anryckte efter hvarandra mot denna anfallspunkt, och innan kort befunno de sig, ända till den sista i handgemäng. *Kamenskij* förstärkte dem efterhand, och slutligen hade nästan hela Ryska styrkan blifvit begagnad åt detta håll. Då marken endast medgaf ett spridt stridssätt, måste ovilkorligen en vådlig skingring uppstå, helst det i en tät skogstrakt ej var lätt, att hastigt återsamla de vidt kringspridda skarorna.

Deras stora öfverlägsenhet kunde dock ej förmå Svenskarne att vika. De försvarade sig med en orubblighet, som förtjenar högsta beröm. Hvarje försök afslogs, medan den ömsesidiga stridens häftighet tilltog. Blodbadet var oerhördt och Ryssarnes leder glesnade och afmattades, vid hvarje misslyckadt framryckande.

Adlercreutz, kallblodig och uppmärksam, bemärkte detta, äfvensom att fienden allt mera försvagade sin midtel, för att, med öfverlägsna skaror, öfverflygla och tillbakatränga vår venstra flygel. Han befallte derföre ett anfall på den förra, en genombrytning deraf. Den tappre öfverste *Brändström*, med tvenne bataljoner Svenskar, och tvenne sexpundingar, under den modige kapiten *Panchéen*, fick detta svåra, men ärorika uppdrag. Det verkställdes med oemotståndelig kraft. Inom några ögonblick öfverändakastades denna flock tappre, enligt fiendens eget medgifvande [1]), öfver 7,000 Ryssar vidt kringspridda såsom tiraljörer. Allt flydde för Svenskarnes bajonetter, och i spetsen för de förföljande satte sig de begge härförarne, friherrarne *Adlercreutz* och *Vegesack* [2]), hvilka täflade med hvarandra i mod och djerfhet, och likaså gjorde deras nu förenade och förbrödrade Svenska och Finska krigare.

---
1) Bidraget, N:o 21, s. 180.
2) Denne general kunde dock nu mera endast långsamt följa med, emedan han fått en svår kontusion i venstra sidan af veka lifvet, genom en styckekula, på samma gång, som hans häst deraf blef sårad.

Klingsporska hären; *Adlercreutz, von Vegesack, Ehrenroth, Aminoff.*

I sammanhang med denna genombrytning befalltes vår hårdt ansatta venstra flygel, att också förvandla sitt försvar till anfall. Vesterbottningarne hejdades dervid af ett berg, hvarifrån de möttes af en förfärlig handgevärs-eld, ifrån fiendens i trenne linjer öfver hvarandra ställda jägare. Af denna öfverlägsenhet blefvo de tillbakaträngda och voro i fara att öfvermannas, om de på ängen spridda Savolaksarne icke kraftigt undsatt dem. Dervid utmärkte sig major *G. Ehrenroth* och löjtnant *Greg. Ad:son Aminoff* för mod och rådighet. Den förre hade, med sin bataljon Savolaks infanteri, redan framträngt in i skogen, då Vesterbottningarne blefvo tillbakakastade. Men så snart han af elden hörde hvad som förföll på hans högra flygel, drog han sig tillbaka, för att hjelpa dem och hejdade de under återtåget öfver ängen påträngande fienderna, med en köld och en ordning, som om han rört sig på ett excercisfält [1]). Till de illa tilltygade, tappre Vesterbottningarnes förstärkning, anlände, ur hjelpskaran, en bataljon Österbottningar, hvarefter anfallet förnyades, understödt af en bataljon Vestmanländningar, under major *Fredricksson*, med den framgång, att Ryssarne måste taga till flykten och blefvo förföljde öfver begge ängarne ända till den andra bäcken. Der fortfor den mördande striden ännu i blodiga tre timmar, medan de härvarande trupperna småningom drogo sig mera åt landsvägen. På densamma hade *Kamenskij* blifvit undanträngd och förföljd af *Adlercreutz* och *von Vegesack*, mer än en half mil, då den förra mötte en hjelpskara af fyra bataljoner, åt hvilka *Kamenskij*, i början af drabbningen, gifvit

---

1) Han sköt, enligt Sprengtportenska reglementet, under retirerande ledvis.

1808 SEPTEMBER.

Klingsporska hären; Adlercreutz, Vegesack.

befallning att påskynda sin marsch från *Wasa* till *Oravais*.

Denna förstärkning af *Lithauska* och *Mohileffska* regementerna, nära 2,000 man, utgjorde *Kamenskijs* enda återstående hopp. Han talade till dem, upplifvade deras mod, kastade sig med en hjeltes hela hänryckning i spetsen för desamma, och rusade emot Svenskarne, hvilka nu i sin ordning måste gifva vika.

Det var icke nu för första gången en öfverdrifven, en obetänksam tapperhet hade förderfliga följder. *Adlercreutz's* redan vunna seger hade förblifvit orubbad, om han vetat stadna i tid, straxt efter genombrytningen. *Kamenskijs* erhållna 4 bataljoner hade då föga betydt. Deras försök hade strandat mot samma hinder och samma mod, som de nära åttatusendes, hvilkas bemödanden förut blifvit tillintetgjorda [1]).

Det är förut anmärkt, att det långvariga, i många hänseenden ärofulla fälttågets utgång berodde på denna dags händelser. Hvad som hittills hade skett, bebådade fördelaktiga följder för Svenskarne. Hvad som nu inträffade, efter *Kamenskijs* återvunna öfvertag, bestämde Ryssarnes framgång för den återstående delen af kriget.

Adlercreutz's häftiga och oförsigtiga förföljande hade ej allenast utmattat hans tappra följeslagare, utan

---

1) Sålunda bestod Ryssarnes hela styrka af nära 10,000 man. Svenskarnes under *Adlercreutz's* och von *Vegesacks* befäl, af den sednares Svenska fördelning: 2 bataljoner Uppländningar, 2 d:o Helsingar, 1 d:o Vestmanländningar, (hvar bataljon knappt 400 man), 2 sqvadroner lifgardister (120 man), 6 st. sexpundiga kanoner. Den förres: 1 bataljon Vester- och 5 kompanier Österbottningar; fjerde fördelningen: 2 bataljoner Savolaks infanteri, 1 d:o Savolaks och 1 d:o Karelske jägare (hvardera högst 250 man), en sqvadron Karelske dragoner (75 man) samt 1 fyrapundig haubits, 6 st. sex- och 4 st. trepundingar, eller tillsammans 195 man ryttery, 16 kanoner, 1 kastpjes och något öfver 3,000 man fotfolk.

Klingsporska hären; *Adlercreutz, von Vegesack, Drufva.*

också bragt dem i en ofördelaktig belägenhet, på andra sidan af en liten insjö, som gagnade *Kamenskijs* anfall. Detta var ihärdigt och afgörande.

Svenskarnes återtåg blef brådstörtadt. Ordningen kunde icke bibehållas. De måste uthärda en mördande eld från tvenne håll; ty *Kulnéff* försummade icke heller att på sin modiga motståndare rikta de få skott hans skaror hade qvar. På landsvägen skyddade öfverste-löjtnant *Drufva* med Uppländningarne återtåget, och gjorde det på ett sätt som lika mycket hedrade honom, som hans tappra trupp och dess befäl.

Våra modiga Savolaksare, Vester- och Österbottningar på venstra flygeln, drogo sig genom skogen i skydd af våra kanoner, öfver ängen, till deras utgångspunkt. Men våra till höger om landsvägen stående trupper blefvo, under det oförväntade återtåget, afskurna och instängda, man kunde säga inträngda på udden af hafvet. Här befunnos Svenskar och Finnar blandade om hvarandra. Ehuru förvirringen, skriket och sorlet nått sin höjd, jemte det att språkförbistringen var fullständig, så att den ena icke förstod den andre, lifvades de dock alla, utan undantag, af samma fosterlandskänsla, samma mod, samma beslut att med förenad, gemensam kraft, bana sig en ärofull om ock dyrköpt väg genom fiendens täta massor. Aldrig var ett bajonett-anfall mera förfärligt och tillika mera mördande än dessa krigsbroderligt förenade Svenskars och Finnars. Också gaf allt vika för dessa handfulla tappre, hvilka föresatte sig att helre offra sista blodsdroppan, än lemna sig åt fienden. De som icke stupade med svärd i hand, lyckades att, genomborrande de

Klingsporska hären; *Adlercreutz, von Vegesack.*

Ryska skarorna, förena sig med hufvudhären. De ytterst till höger, skiljda från dessa, blefvo dock öfvermannade; men äfven af dem lyckades några modiga Helsingar att simma öfver hafsviken och på detta vågsamma sätt undgå fångenskapen.

Mörkret och krutröken, hvilken sednare nedtrycktes, af en tillika uppkommen dimma, så att man på tvenne alnars afstånd icke kunde igenkänna någon, försvårade nu allt mera fortsättningen af striden. Den ömsesidiga bristen på skott, ty man hade i allmänhet förbrukat ända till sista patronen, gjorde att stycke- och gevärs-elden minskades och aldeles aftynade; endast de blanka vapnen (och hurraropen) begagnades ännu — och sålunda fortfor mördandet.

Osäkra om antalet af den styrka *Kamenskij* erhållit till sin förstärkning, den allmänna bristen på skott och det infallna mörkret, hvilket i så fatta omständigheter lemnade en djerf fiende tillfälle att göra ganska vådliga försök, hvarigenom allt kunnat förloras, åtminstone trossen och fältstyckena, voro orsaker, som förmådde *Adlercreutz* och *v. Vegesack*, båda ense om detta beslut, att, skyddade af natten, draga sig tillbaka.

Blandade flockar af Svenskar och Finnar utgjorde efterskaran, tills den nu nära till hälften sammansmälta tappra fjerde fördelningen, så vidt görligt var, under natten blef samlad och vid *Munsala* emottog ensam detta hedrande uppdrag. Återtåget fortsattes efter denna blodiga och långvariga strid, genom natten, till *Ny Carleby*. Till all lycka för Svenskarne var Ryssarnes fotfolk så utmattadt, att det ej kunde förfölja och deras rytteri blef, oförklarligt nog, obegagnadt, hvarigenom flere personer, ja hela flockar [1]), som voro afskurne, fingo tillfälle att åter förena sig med sina regementer.

Denna drabbning, som gränsade till raseri och hvarunder Svenskar och Finnar täflade i mod och ihärdighet, var den blodigaste och mest ihärdiga under detta fälttåg, liksom den sista, hvari Klingsporska hären deltog något så när samlad. Den varade öfver fjorton timmar. En dagen derpå närvarande vid slagfältet, har sagt, att åsynen deraf ingaf en smärtande beundran. Det väckte till och med den förhärdade

---

1) Ibland dessa förtjenar isynnerhet fendrik *Ljunggren*, vid Vestmanlands regemente, att omnämnas. Han blef afskuren; men räddade icke blott sina 50 man med sig i mörkret, genom Oravais by, som var besatt af Ryssarne, utan medförde äfven de några och tjugu fångar, dem han tagit under drabbningen. Flera dylika prof på personlig funtlighet, djerfhet och mod, hvilka blefvo bekanta, hafva sedermera gått förlorade genom glömska. Då varande löjtnanten, numera öfversten *Greg. Ad:son Aminoff* uppger följande om soldaten N:o 62 *Djerf* och v. korporal N:o 82 *Stolt* vid Kuopio kompani, af Savolaks infanteri-regemente. Begge gjorde skäl för sina namn, begge voro sidokamrater, bildade en rote och ett verkligt fostbrödralag i den gamla oförfalskade vikinga bemärkelsen. De hörde, vid Oravais blodbad, till dem, som blefvo instängda på udden, emellan de begge hafsvikarne. De voro med vid den mördande bajonett genombrytningen. De hade redan hunnit nära våra kanoner, då de blefvo varse sin åldrige bataljons-chef, major *von Törne* och hans adjutant *Jack*, nära att blifva fångne. De öfvertalade med ord och föredöme de närmast varande af åtskilliga regementen, att följa dem, under försöket att anfalla de närgångne fienderna, dem de också lyckades att genom sin djerfhet uppehålla, till dess adjutanten hann sätta sin uttröttade bataljons-chef i säkerhet. — Soldaten *Rapp* vid samma kompani, hvilken 2:ne gånger befriat sig ifrån fångenskapen, blef under denna slagtning skjuten genom venstra axeln. Bemälte löjtnant *Aminoff* blef äfven sårad i armen, och befann sig på sjukhuset i Brahestad. Då han var ute, mötte han på gatan en soldat, som ganska svag och matt stapplade fram, och igenkände i honom *Rapp*, hvilken, utan att vara förbunden, smygt sig fram från Oravais till Brahestad, 22 1/2 mil, medförande alla sina persedlar. Intagen på sjukhuset blef han snart återställd. Natten emellan den 11 och 12 November föll han tredje gången i fångenskap, blef förd till Ryssland, der han utgaf sig att vara Svensk, och blef, såsom sådan, påföljande året utvexlad. Ankommen till Stockholm fick han höra, att regementet var i Vesterbotten; han afgick dit, och, sedan Finska bataljonen blifvit upplöst, tog han värfning vid Svea lifgarde, samt bivistade 1814 års fälttåg i Tyskland och Norrige.

Klingsporska hären; *Adlercreutz, von Vegesack, Suremain, von Otter, Ehrenroth, Aminoff, Costian, Cedergrén, Ström, Linderberg, Sten, Omberg, Ljungman, Forsvall, Hästesko.*

krigarens deltagande, att se så många offer för det ömsesidiga modet. På det ena stället låge Svenskar och Ryssar i en ryslig ordning, liksom de stupat ledvis; på andra ställen så nära hoppackade, som om de, omfamnande hvarandra, blifvit träffade af döden. Några hade ännu sina fingrar sammanknutna omkring det vapen, hvarmed de så tappert bidragit till den blodiga förödelsen. Till den skörd, som här låg afmejad och som krigaren kallar skön och ärofull, menniskovännen ryslig, fosterlands- och frihetsvännen nödvändig, hade Ryssarne, både i följd af sin ställning, sitt antal och anfallssätt hufvudsakligast bidragit [1]). Man uppskattade deras belopp till nära tretusende man befäl och manskap stupade och sårade, utom några fångar. Svenskarnes till 35 officerare och omkring 1,200 man döda, sårade och fångne.

Ibland det sårade öfverbefälets antal, hvilket tillika utmärkt sig, nämnes öfverste *Brändström*, som verkställde genombrytningen; öfverste *v. Platen*, hvilken hade befälet vid förskaran; vid staben: öfver-adjutanterne, öfverste-löjtnant *Suremain* och friherre *G. v. Otter;* major *G. Ehrenroth*, fendrikarne *Greg. Ad:son Aminoff* och *Costian* vid Savolaks infanteri; vid Helsinge regemente: major *Cedergrén*, kapitenerne *O. P. Ström*, *Linderberg* och *Sten*, löjtnanterne *Omberg* och *Ljungman*, fendrikarne *Forsvall* och *Hästesko*, utom

---

[1]) "Här såg man", anmärker *Greg. Ad:son Aminoff*, "troligen för första gången, hvilken betydlig skillnad i verkan det är emellan de *lätta* och *tunga* sexpundiga Helvigska kanonerna, till förmån för de sednare."

> Klingsporska hären; *Adlercreutz, v. Vegesack, Kaulbars, Ström, Aschling, Mörner, v. Essen, Björnstjerna, Broberg, Gyllenhaal, E. von Vegesack, Drufva, Sture, Örnflycht, von Platen, Mörner, Palmér, von Post, Ankarcrona, Edelfelt, Fredriksson, Köhler, von Schewen, Posse, Falkenberg, Ljunggren, Wigius, Schwerin, Panchéen, Bildt, af Ugglas, von Platen.*

kapitenen, frih. *Kaulbars* och fendrik *Ström*, hvilka tillika blefvo fångna, och löjtnant *Aschling*, som stupade; vid Uppländningarne, löjtnant *O. Mörner*, träffad af tvenne bajonettstyng, utom många, hvars namn icke äro upptagne, hvarken i de offentliga eller enskilda upplysningarne om denna minnesvärda dags händelser.

Dessutom namngifvas i de offentliga rapporterna, oberäknadt general-major, friherre *v. Vegesack*, hvars mod så ofta både under detta och 1789 års krig varit satt på prof, hvilka det alltid bestått, med stor utmärkelse vid staben: öfverste *von Essen*, major *Björnstjerna*, ryttmästar *Broberg*, löjtnanterne *Gyllenhaal* och *Ernst von Vegesack;* vid Upplands regemente: öfverste-löjtnanten *Drufva*, majoren, frih. *Sture*, kapitenerne *Örnflycht, von Platen*, frih. *H. Mörner*, löjtnanterne *Palmér, von Post, Ankarcrona* och fendrik *Edelfelt;* vid Vestmanlands regemente: majoren och riddaren *Fredriksson*, kapitenerne *Köhler, von Schewen* och frih. *Posse*, löjtnanten frih. *Falkenberg*, fendrikarne *Ljunggren* och *Wigius;* vid Helsinge regemente: kapitenen, frih. *Schwerin;* vid Svea artilleri: kapitenen *Panchéen*, under-löjtnanterne, grefve *Schwerin* [1]) och *Bildt*, samt vid lifgardet till häst: löjtnanten, grefve *af Ugglas*, som gjorde adjutantstjenst hos fördelnings-chefen, öfverste *von Platen;*

---

1) En yngling med mod och duglighet; dog af sitt sår.

Klingsporska hären; *Adlercreutz, von Vegesack, von Born, Jack, Aminoff, Charpentier, Hartman, Burghausen, Salmén, Sunn, Breitholtz, Sandberg, Tegelberg, Svansson, Jäderström, Axling.*

vid Savolaks art. komp.: kapitenen *von Born* och vid infanteriet: adjutanten *Jack* [1]); vid Savolaks jägare: kapitenen och riddaren *G. Aminoff*, löjtnanten *M. Charpentier* och under-löjtnanten *Hartman;* vid Karelske jägarne: kapitenen *Burghausen*, löjtnanten *Salmén* och adjutanten *Aminoff;* samt vid Finska artilleriet: majoren *Sunn* och löjtnanten *Breitholtz*. Ibland de många af underbefälet som utmärkte sig för djerfhet, fintlighet och mod äro endast namngifne, vid Upplands regemente: fanjunkaren *Sandberg*, hvars förhållande general *Adlercreutz* personligen anmärkte, vid det han föll ett offer för fäderneslandet, äfvensom vid samma regemente fanjunkaren *Tegelberg*, hvilken bestormade en af fiendens kanoner, som med möda och blott genom en hastig flykt frälstes ur hans händer; och vid Helsingarne: fanjunkarne *Svansson*, *Jäderström* och *Axling*.

General-majoren *Gripenberg*, som hade afgått till öfverste *von Döbelns* förstärkning, anlände sedan denne sednare redan slagit Ryssarne vid *Juutas* [2]). Han

---

1) Densamma, som återkommit från den fångenskap Sveaborgs öfvergång beredde honom, jemte många tappre, och hvilken nu, då alla äldre officerare voro stupade eller sårade, anförde bataljonen med mycken käckhet.

2) Innan detta skett var Svenska öfvergeneralen i stort bekymmer i sitt högqvarter, der oron och fjesket voro gränslösa. De hemligare handlingarne voro redan uppbrända, ångesten rågad, då von Döbelns ilbud anlände och uppväckte en fröjd utan like, hvilken delades med stort fosterländskt sinne äfven af qvinnorna. En hustru frågade det upprymda och vigtiga ilbudet: "*var god, skingra min oro, hur har det gått?*" — "*Beklagligen stupade er son*", svarade han. "*Ack! det var icke derom jag önskade upplysning; huru aflopp drabbningen?*" — "*Jo, vi slogo Ryssarne.*" — "*Gud ske lof!*" svarade den bestörta modren och föll nu i gråt öfver sin sons död. Bidraget, N:o 38.

fortsatte derföre sin marsch åt *Gamla Carleby*, hvilket *Wlastoff* intagit, efter öfverste-löjtnant *von Fieandts* och *Reutercronas* återtåg. *Gripenberg* stötte vid *Kronoby* på Ryssarne, hvilka den 15 om aftonen anföllo honom; men blefvo med tapperhet afvisade, så att de icke blott förlorade stridsfältet, utan ock öfvergåfvo *Gamla Carleby*, dock utan att tillfoga staden någon skada. På samma gång anföllo de *v. Fieandt* vid *Kauko* bro; men blefvo äfven här återkastade. De drogo sig undan till *Neder Wetil*, dit *Gripenberg* följde dem och fattade der stånd. Sålunda var förbindelsen med *von Fieandt* åter öppen och fri, och tilllika *Klingspors* återtåg försäkradt samt hans venstra flygel derunder betäckt. Till allt detta hade ensamt *von Döbelns* och *Gripenbergs* segrar verkat, utan allt samband, utan allt stöd af *Oravaiska* blodbadet, som äfven i detta hänseende var onödigt och gagnlöst. Emellertid synes det, som ingen annan utväg numera återstod än den enda, hvilken begagnades, den *v. Döbeln* och *Gripenberg* genom deras mod öppnat, den nemligen norrut omkring Bottniska viken och genom Svenska polarstaden *Torneå* till Vesterbotten.

Von Döbelns snille hade dock, på sjelfva slagtdagen den 14, uppgifvit en annan, en som i hög grad hedrar hans fosterlandskänsla, mod och djerfhet. Han föreslog general-befälet att taga en motsatt väg, för att, med ett enda steg, afskära Ryska hären från alla dess förbindelser med sjelfva Ryssland, hvarest sjelfherrskaren och ingen fått veta hvart Finlands inkräktare tagit vägen, om de manngrant dukat under för svält eller i en allt härjande sjukdom eller hvarenda, utan undantag, fallit för Svenskarnes svärd. Någotdera af dessa skulle inträffa eller också hade det kostat Ryssarne dyrt, att till sista man besegra och tillintetgöra Svenska hären, som då åtminstone stupat med en oförgänglig ära, i stället att den nu dukade under för vanvård, fältsjuka eller i förtviflan lemnade sina fanor, eller med vanheder till större delen dagtingades bort.

Detta märkvärdiga förslag har följande ordagranna lydelse:

"Att med hela arméen gå till *Lappo, Alavo, Virdois*, åt hvilken trakt fiendens reserv, ammunition, tagna fångar, egna blesserade, voro afsände."

"Tre dagars marsch hade vi i försprång, ingen annan trupp i têten än general *Kosatschkoffskij*, som jag dagen förut kastat tillbaka öfver *Neder Härmä*."

"*Fieandts* corps skulle figurera bakom *Gamla Carleby. Gripenbergs* corps, med hastig marsch från *Kronoby*, gå till *Löfbacka, Lintulaks, Jyväskylä* och förena sig med *Päjänes* vattudrag."

"Utan strid hade armén kommit till *Tammerfors*; rörelsen dit hade attirerat Ryska trupperna i *Åbo* åt *Tavastehus*, också armén som följde oss från kusten; betäckte af *Päjäne* sjöns vattendrag, hade vi haft en kort frontlinie att försvara."

"Alla konungens landstigningar skulle lyckas; fienden vid *Tavastehus* komma emellan två eldar; norra Finland blifva degageradt; lifsmedel vore lättare att få i södra Finland än i norra, som varit begge arméernas krigstheater hela våren och sommaren. Alla patrulleringar ske åt *Kymmene*; kejsaren i Ryssland skulle aldrig höra talas om sin armée. Slagne vid *Tava-*

stehus hade vi sökt gränsen till Ryssland, alltid attirerat fiendtliga arméen, väckt bestörtning i *Petersburg* och säkerligen hade uppenbarelsebokens tolkning gjort Svenska trupperna marschfärdiga öfver passen vintertiden till vår hjelp."

"Segrande vid *Tavastchus* (Svenskarne nemligen) hade helt visst Ryssland aldrig mer tänkt eröfra Finland."

"Min princip är den: om slutligen allt skall förloras, är punkten, hvar det sker indifferent, allenast tiden vinnes. *Petersburg* eller *Torneå* blir detsamma."

Generalen, frih. *Adlercreutz's* svar på detta *von Döbelns* förslag var: "Projectet är något djerft, men väl grundadt; men som excellensen (Klingspor neml.) nu är bortrest och han dessutom fattat det beslut, att förena hela arméen, för att med styrka kunna agera när omständigheterna tillåta, och Tit. subsistence dessutom torde blifva omöjlig, så vågar jag ej tillåta denna expedition."

Var förslaget *väl grundadt*, så hade det bordt antagas. Att det var djerft utgjorde en förtjenst mer hos detsamma; ty en dylik egenskap i krigsrörelserna, är en af dem, som bäst lyckas, då dermed förenas klok beräkning. Att *Klingspor* var bortrest hade så mycket mindre bordt betyda något, som denna fältmarskalk alltid befanns aflägsnad från sjelfva skådeplatsen för krigshändelserna. Hans belut att förena hela hären, för att med kraft utföra något, när omständigheterna det skulle tillåta, var en förevändning af ännu ringhaltigare värde. Sådane *omständigheter* kunde icke, i nu befintliga förhållanden, inträffa och inträffade också aldrig. Att lifsmedel skulle brista vid utförandet af förslaget, var ett inkast, som den snillrike upphofsmannen i förhand hade motat med skäl, hvilka ej kunna vederläggas; ty dit han ville gå, der var tillgången på födoämnen otvifvelaktig. Hvaremot uti den delen af landet, dit man nu begaf sig, ej fanns eller ens kunde finnas några lifsmedel att räkna på, enär både Svenskar och Ryssar, fram- och tillbakatågande, under hela våren och sommaren än med lock än med pock, än mot betalning än med våld, hade tagit, de sednare naturligtvis med svärdet i handen, ofta nog ända till sista brödbiten ur den uslaste koja.

Detta förslag förtjenade således, äfven i detta hänseende, ett allvarligt begrundande. Att förkasta det utan annan och närmare granskning, än hvad ögonblickets, möjligen och troligen falska och förhastade intryck ingaf, var verkeligen lättsinnigt. Ensamt *von Döbelns* sista mening är af beskaffenhet, att hafva bordt fästa en alfvarsam uppmärksamhet. "Om", säger han, "allt skall förloras, är punkten hvar det sker, likgiltig, allenast tiden vinnes. *Petersburg* eller *Torneå* blir detsamma." Deri låg en profetisk varning, mot alla obetänksamma och ensidiga mått och steg. Följderna af ett återtåg åt Norden, åt *Torneå*, åt *Lappmarken* med trupper utmattade af krigsmödor och sjukdomar, längs hela den långa kuststräckan, genom utblottade och förstörda trakter, under 64° polhöjd, med utslitna kläder, vid hvarje dag sig ökande snö och köld, hade noga bordt öfvervägas innan det företogs. Dessa följder kunde ej vara svåra att förutse. Den tappraste härs kropps- och själsstyrka har en gräns — och denna är beräknelig, liksom köldens, sjukdomarnes och mödornas inverkan; denna ökad af ett ondt, som är rågan på allt annat i krig, *hopplöshetens och förtvif-*

lans följder, alstrade af ett gränslöst elände, eller af öfvertygelsen, att man handlöst och för alltid måste lemna den kära fosterbygden.

Helt annat hade det varit, om det utgjort *Klingspors* bestämda och oföränderliga afsigt, att, sedan han förenat hären, våga det yttersta innan han lemnade Finland, antingen vid *Ny* eller *Gamla Carleby*, sedan *Gripenbergs*, *v. Döbelns*, *Reuterskölds* och *v. Fieandts* afdelningar voro samlade, eller längre norrut, vid det väl befästade *Himango*, eller vid andra pass, hvaraf hans återtågsväg hade goda tillgångar, eller ock då han kom i närmare samband med den tappre *Sandels*. Endast i sådant ändamål, hvilket då aldrig bordt öfvergifvas, hade åsidosättandet af *von Döbelns* förslag [1]) kunnat förklaras, kanske ursäktas, ehuru det, i alla hänseenden, var den bästa och säkraste utvägen, att i det längsta försvara landet, att ingifva ett orubbligt förtroende åt hären, att tvinga konungen att skyndsamt undsätta densamma, att bringa *Buxhoewden* i en, om möjligt, mera förtviflad belägenhet, än hvari under-officeraren *Roth* försatte *Rajevskij*, och ändteligen, om allt skulle ohjelpligen förloras, man åtminstone gått under med svärd i hand och med aldrig minskad, helre ökad krigsära. I stället gick man nu ett gränslöst elände till mötes och förlorade allt, antingen utan heder eller också rent af med vanära, det hårdaste och mest smärtsamma, som kan träffa tappra fosterlands-försvarare.

Vi hafva redan anmärkt några felsteg eller misstag i Klingsporska härens rörelser, liksom dess förhastade återtåg, efter tvenne, med stora uppoffringar och

---

1) Det erinrar om Macdonalds lika beskaffade beslut uti Italien, att sjelf omringad kasta sig på andra sidan af Po-floden, bakom koalitionens segrande härar, m. m.

mycket mod tillkämpade segrar. Dessa fel bidrogo visserligen till de motgångar, som hittills träffat denna tappra här. Men hufvudorsaken till detta fälttågs misslyckande härrör å *Klingspors* sida derifrån, att han på den för sig sjelf och sin här farligaste och vigtigaste punkten, ställde en alltför ringa styrka. *Von Fieandt* hade bordt vara dubbelt manstarkare än han var, och ehuru en skicklig och aktningsvärd officer, synes han ej hafva ägt de egenskaper, som erfordrades i hans ställning och på en så beskaffad plats. På detta ställe behöfdes en man med kraft, fintlighet, sjelfförtroende och beslutsamhet, med ett ord: en annan *Sandels* eller *v. Döbeln*, hvilken sednare dertill bordt och kunnat användas med sina tappra Björneborgarne. Då hade *Klingspor* haft ett stöd för sina rörelser framåt, likasom för sina svagaste sidor, sin rygg och sina förbindelser norrut.

Så snart dessa voro hotade, hvilket inträffade uti samma ögonblick *von Fieandt* blef slagen vid *Karstula* och *Lintulaks*, voro *Klingspors* alla rörelser framåt origtiga och förfelade. Den förres framgång hade bordt tillvägabringas, innan den sednare vidare företog sig något.

Det som deremot verkade till hela krigets misslyckade utgång, var konungens flock- och plockvis gjorda landstigningar i Finland. Hade dessa på något ställe blifvit verkstälde med samlad styrka, och icke med smärre, lätt motade och skingrade afdelningar, utan kraft och utan samband sins emellan, så hade *Klingspor* erhållit ett stöd och en hjelp, som ej blott snart återställt jemvigten, utan ock gifvit en bestämd och hastigt afgörande öfvervigt åt hans rörelser, hvilka varit högst klandervärda, om de ej stått i förbindelse med konungens förväntade företag från hafsbandet.

Klingsporska hären; Esse den 20.

Men som de sednare blott voro plan- och kraftlösa hugskott, verkade desamma föga eller intet på fälttåget i det hela samt helre till skada än till gagn.

Klingspors återtåg fortgick emellertid, nästan med hvarje steg, under tilltagande svårigheter, dem årstiden och landets beskaffenhet mera än fiendens rörelser åstadkommo.

Den 17 uppbröt *Klingspor* från *Ny Carleby*, väl i åsyn af Ryssarne; men utan att af dem oroas. Svenska fördelningen utgjorde nu efterskaran, hvilken framgent fördelningsvis ombyttes.

Vid *Esse* bro förefoll den 20 en mindre träffning, hvarunder fjerde fördelningen, som då utgjorde efterskaran, förlorade några och tjugu man, deraf något rytteri. *Kamenskij* hade låtit en förskara af sitt rytteri vada öfver *Esse* å, för att oroa, om det ej lyckades att bortsnappa någon del af Svenska eftertruppen. Men detta försök strandade mot ett vid *Långfors* utstäldt bakhåll af löjtnanten vid Nylands dragoner *Stjernschantz*, hvilken, genom denna krigslist, uppehöll Ryssarnes häftiga förföljande. Kapiten *Gyllenbögel*, i spetsen för sin friskara, betäckte Svenskarnes återtåg och visade derunder mod och skicklighet.

Klingspor fortsatte återtåget till trakterna af *Lohto* och *Himango*, der han fattade stånd, vid det sistnämnda passet, som tillika förstärktes af fältverk.

Den 24 gjorde Ryssarne ett försök mot förposterne af general *Gripenbergs* fördelning. De hade redan framträngt på ¼ mil nära *Kelvio* kyrka; men blefvo dagen derpå, sedan förstärkning erhållits, återkastade mot *Neder-Vetil*.

Klingsporska hären.

Emellertid hade grefve *Buxhoewden*, sedan han blifvit trygg i anseende till sakernas ställning i södra Finland, begifvit sig från *Åbo* till norra delen af landet. Han ernade der personligen leda de stora och afgörande slagen, dem han förberedt. Men *Kamenskijs* verksamhet och lycka hade förekommit honom, på sätt redan blifvit nämndt.

Grefve *Buxhoewden* förlade nu sitt högqvarter till *Gamla Carleby*. Okunnig om händelserna i *Karelen* och vid *Kuopio*, samt fruktande att den missgynnande årstiden och de många passen, som skyddade *Klingsporska* hären, skulle lägga oöfvervinnerliga hinder för honom, att med vapenmagt kunna tillkämpa sig vidare fördelar, beslöt han att försöka den mindre blodiga, men under detta krig mera säkra underhandlingsvägen.

Det var de på denna väg, som de *Sveaborg* eröfrande generalerna *van Suchtelen* och *Kamenskij* äfven nu blefvo begagnade vid den underhandling, hvartill *Klingspor* samtyckte [1]). Sammanträdet skedde i *Lohto* den 29 i denna månad.

Efter någon öfverläggning och ömsesidig jemkning, öfverenskom man om följande:

---

1) General-majoren, frih. *v. Vegesack*, hvilken vanligen satte sig emot hvarje underhandling, som hade någon eftergift å Svenska sidan till föremål, delade likväl vid detta tillfälle Klingspors tanke. Han fick straxt derefter konungens befallning att infinna sig i *Stockholm*, der han ställdes inför krigshofrätten till svaromål, hvarföre han icke landsteg vid *Björneborg* i stället för *Christina*. Ehuru orsakerne dertill voro förut uppgifna och af konungen gillade, och ehuru han af krigs-hofrätten frikallades från allt ansvar, blef han dock af konungen dömd på fästning, hvarifrån den regementsförändring befriade honom, som han icke gillade och som han hade motarbetat, om han icke varit urståndsatt dertill. Likväl hade konungen yttrat om honom, att han borde skjutas för pannan, såsom den der brutit mot bestämda order. Om denna konungens utlåtelse nämner frih. *af Wetterstedt* i bref till kansli-presidenten, af den 23 September.

"Stillestånd emellan Svenska och Ryska arméerna i norra Finland."

"Det skall vara ett obestämdt stillestånd emellan Ryska tropparna, så väl vid Gamla Carleby elf som omkring Kuopio, och den Svenska arméen under fältmarskalken, grefve Klingspors befäl, att räkna från undertecknandet af detta stillestånd tills åtta dagar efter, sedan man å båda sidor uppsagt detsamma."

"Å ingendera sidan skall man begagna sig af detta stillestånd, för att låta marschera någon del af tropparna på andra punkter, der de under stilleståndstiden kunde nyttjas."

"De Ryska troppar, som befinna sig i Wasa län, skola bibehålla deras ställning vid Gamla Carleby, och de Svenska den de innehafva vid *Himango*, samt ej utsträcka sina förposter på andra sidan Kannus och Ylikannus kyrka, ända till sjön *Lesti* och derifrån i rak linie till *Idensalmi* kyrka. På det en neutral trakt må blifva öfrig emellan arméerne, skola Ryska tropparne utsätta sina förposter så, att de ej öfverträda den elf, som faller ut vid Junttila."

"På Kuopio sidan skola Svenska tropparna intaga en sådan ställning, att Idensalmi kyrka blifver neutral. Ryska tropparna skola besätta passet på sydöstra sidan och Svenska tropparna det, som ligger nordvest om kyrkan. I händelse kejserl. Ryska tropparne skulle på någon sida gått förbi Idensalmi kyrka innan ordernes ankomst, så skola de draga sig tillbaka till den öfverenskomna ställningen."

"En utvexling af krigsfångar skall ega rum, man emot man och grad emot grad."

"Högqvarteret Lohto den 29 September 1808."

"*Maur. Klingspor.*   *Suchtelen.*   *Gr. Kamenskij.*"
Fältmarskalk.   Gen. en chef o. gen.-qvarterm.   General-löjtn.

Ehuru denna öfverenskommelse otvifvelaktigt är en af de mindre klandervärda, som under detta fälttåg blifvit eller framdeles blifva träffade, hade det dock bordt fästa *Klingspors* uppmärksamhet, att det ingalunda var utan stora anledningar, som hans kloka och, till antalet öfverlägsna motståndare, under sjelfva loppet af sin segerbana, öppnade en underhandling [1]). Dessa anledningar voro ej svåra att inse. De kunde blott bestå i behofvet af tid för *Buxhoewden*, att ostörd samla sina spridda skaror, eller att skaffa dem födoämnen, hvarpå både *Kamenskij* kring *Gamla Carleby* och *Tutschkoff* vid *Kuopio* ledo brist, eller för att få någon hvila åt sina af sjukdomar och fältmödor utmattade och utledsna trupper, hvilka voro ur stånd att med svärd i hand besegra de naturhinder och befästade pass, dem Svenskarne innehade och dem man derföre på underhandlings väg, utan blodutgjutelse, hoppades och äfven till en del lyckades vinna.

Ehuru *Klingspors* här visserligen också behöfde hvila, efter så många och långvariga ansträngningar, var detta behof, då hären numera befann sig bakom *Himango*, af natur och konst väl beskyddade pass, icke så stort, att man derför bordt göra några offer,

---

[1]) Måhända att hans enskilda missnöje, inverkade på hans öfvertygelse för tillfället. Han fick neml., under sjelfva öfverläggningen veta, att konungen fråntagit honom öfverbefälet. Men för att ej rubba de goda förhållanderna vid de började underhandlingarne, öfverlemnade generalerne *Klercker, Aminoff, Vegesack* och *Adlercreutz* en af dem undertecknad skrift, hvari de anmodade honom att behålla befälet, till dess vapenhvilan vore aftalad och underskrifven. De åtogo sig samfäldt ansvaret för detta steg, om det skulle ådraga honom konungens misshag. — "Uti samma skrift", yttrar friherre *af Wetterstedt* (i ett bref af den 12 Oktober), "göra de en förskräcklig målning af härens usla belägenhet." — "Grefve Klingspor", anmärker generalen *af Klercker* uti sina anteckningar, "hade fått ett ganska hårdt bref från konungen, som fråntog honom befälet och gaf det åt general *Klercker*. Orsaken till konungens misnöje var det oväntade återtåget, som dock lika mycket, om ej mera, förvållades af konungen sjelf som af Klingspor, och hvarom förut är upplyst."

hvarken af egna eller *Sandelska* fördelningens fördelar.

Så skedde likväl, mindre dock på egen sida, der *Klingspor* lemnade åt Ryssarne endast fri öfvergång öfver *Gamla Carleby* elf och några mil af en genomskuren trakt vid kustvägen åt norr, dem *Klingspor* hvarken ernade eller kunde försvara; men så mycket mera oförlåtlig, nästan brottslig eftergift visade han vid bortskänkandet af *Sandelska* fördelningens, både med mod, omtanka och kostnader, väl förvärfvade och för hans egen ringa styrka mer än behöfliga och nödiga fördelar. Det vill dock synas, som detta skett mera af okunnighet[1]) än afsigt; ty ordalaget i öfverenskommelsen är af den sluga Ryska underhandlaren så framställdt, att det alldeles icke förråder det stora offer, hvilket beröfvade *Sandels* dess påräknade och långt förut lika skickligt som kraftigt beredda stöd vid *Palois* pass. Men derom, såsom sagdt är, nämnes icke ett ord i stilleståndsartiklarne, hvilka tvertom ganska förledande, ehuru försåtligt, föreskrifva, att *Idensalmi* kyrka skulle förblifva neutral, med åliggande för Ryska trupperna, "att om de på någon sida hade gått förbi densamma, så skola de draga sig tillbaka till den öfverenskomna ställningen." *v. Suchtelen* lät derigenom påskina, att det vore Ryssarne och icke *Sandels*, som sålunda skulle göra en möjlig uppoffring, af en redan till äfventyrs

---

1) Också anmärker ett bidrag, att hos Svenska härens befälhafvare ganska sällan syntes några kartor eller förmärktes någon säker kännedom om de vigtigaste trakter, och minst om fiendens företag; ty Klingspor var i högsta måtto njugg i betalningen af de spioner han begagnade. Deremot var han icke sparsam, att omgifva sig med öfverflöd, samt att tillåta liderliga qvinnor åtfölja hären och högqvarteret, hvarigenom han gaf föredöme af ett sedefördärf, som väckte vämjelse och missaktning hos alla redbara både medborgare och krigsmän. Huru litet han sjelf kunde, äfven i andra hänseenden, gifva exempel af försakelse, upplyses deraf, att då han en gång saknade färskt smör vid sitt bord, utbrast han klagande: *"Jag svälter ihjäl här i landet."* — Bidraget, N:o 40.

vunnen fördel. Och likväl måste *Sandels*, i följd af denna föreskrift, öfvergifva detta *Palois* pass, som Ryssarne sjelfve ansågo för ointagligt.

Utom den hvila, hvilken för Ryska hären var lika nödig, som efterlängtad och den tid dess öfverbefälhafvare behöfde, för att, obehindrad af krigsrörelserna, hinna förskaffa de skiljda skarorna det samband och de lifsmedel de nu saknade, synes det uppenbart att underhandlingens hufvudafsigt var vinnandet af detta *Palois* pass [1]).

Som kejsar *Alexander* befann sig i Tyskland, blef det den af honom tillsatta regeringens lott, att ej lemna bifall åt detta stillestånd, ett ytterligare bevis derpå, att egentliga afsigten dermed var vunnen. Man trodde sig nu med lätthet kunna tillbakakasta den hittills lika orubbliga som modiga *Sandels*, sedan man lyckats beröfva honom ett af natur och konst befästadt ställe, der man ej tilltrodde sig med vapenmagt och hopp om framgång kunna anfalla honom. Också blef stilleståndet af *Sandels* motståndare uppsagdt. Men innan vi komma till dessa händelser, fordrar tidsföljden ett upptagande af tilldragelserna under denna månad vid Sandelska fördelningen, liksom vid konungens skärgårdsflotta och hans såkallade södra Finska här.

---

1) Klingspor uppger orsaken till denna vapenhvila hafva varit: behof af hvila för trupperna och tillfälle att derunder förse *Sandels* med någon förstärkning. Han uppmanar sin efterträdare, general *Klercker*, att uppsäga stilleståndet, så snart dessa ändamål voro vunna, eller om Ryssarne icke höllo hvad de lofvat.

Sandels fördelning; Toivola.

Sandels fortfor att behålla sin ställning vid *Toivola* och i *Karelen*, ända till sista dagen af denna månad. Vid sistnämnde ställe hade fienden förgäfves sökt tränga sig fram. Han blef tappert tillbakavisad [1]).

Vid *Toivola* upphörde *Sandels* icke, oaktadt sin underlägsenhet, att oroa fienden.

Adjutanten *Tigerstedt*, vid kapiten *Heintzii* frivilliga kompani, hade fått befallning, att, med 30 man, söka framtränga till *Karttula* kyrka. På 1½ mils afstånd vid *Lytikkälä* by fick han kännedom derom, att Ryssarne ofta bespejade Karttula, i hvilken afsigt der nu också befann sig 1 officer och 30 uhlaner, åtföljde af 2:ne fältmätnings-officerare. Och då *Tigerstedt*, af utsände bönder, upplystes, att berörde styrka stadnat i *Wassila* torp, en half mil framom kyrkan, beslöt han att der öfverraska densamma.

Sedan han med utposter tillstängt alla till detta torp ledande vägar och gångstigar, satte han sig i spetsen för sin obetydliga återstod och anföll fienden lika oförväntadt som beslutsamt, den 14 klockan 3 om morgonen.

Utgången svarade fullkomligt emot det raska och klokt beräknade företaget. Anföraren, löjtnant *Lepatinski* och 14 uhlaner stupade på stället, begge fält-

---

1) Vid ett af dessa försök, blef författ., som, jemte 1 trumslagare och 12 man, var ställd för långt från hufvudvakten, omringad och innesluten af Ryska jägare, hvilka smygt sig fram genom en tät skog, och framtill anfallen af Kossacker. Han hade ingen annan utväg till frälsning, än att bortkasta sin packning, och med sina modiga veteraner af Kajana bataljon, med fäld bajonett, bana sig väg åt den sidan, der motståndet syntes svagast. Det lyckades. Men utom soldaten *Hurtigs* rådighet, att, genom barkens och qvistarnes beskaffenhet få rätt på väderstrecket, hade truppen varit förlorad i en vild och okänd skogstrakt. Den irrade der utmattad och uthungrad nära 2 dygn, då den stötte på en Svensk post, hvars anrop besvarades af de vilsegåendes *fröjderop*.

mätnings-officerarne, frih. *Chrone* och löjtnant *Wartenburg*, jemte en uhlan, blefvo fångne, och 19 hästar med tillbehör tagne. De svårt sårade uhlanerne måste qvarlemnas, i anseende till olägenheten att medtaga och vårda dem, på den oländiga återvägen till *Maaninga*.

Samma dag fick *Sandels*, af löjtnanten vid Tavastehus regemente *G. M. v. Fieandt*, emottaga den oväntade underrättelsen, att öfverste-löjtnant *von Fieandt* blifvit slagen vid *Karstula*, att han, i följd deraf, varit nödsakad att draga sig till *Dunkars* och vidare till *Kronoby*, att löjtnant *Fieandt*, i anledning deraf, fått befallning, att, med sina 50 man och 12 dragoner taga vägen åt *Uleåborg*, och under denna återmarsch uppbränna eller förstöra alla broar, samt derefter förena sig med *Sandels* fördelning.

Oaktadt dessa högst ofördelaktiga händelser, hvarigenom han befann sig på en gång afskuren från all gemenskap med *Klingsporska* hären och möjligen från återtåget till *Uleåborg*, samt tillika blottställd att komma emellan tvenne fiendtliga skaror, beslöt *Sandels* att tills vidare ej öfvergifva sin ställning vid *Toivola*.

Deremot trodde han sig böra något närmare hvarandra förena sina vidt spridda flockar. En del af den i *Karelen* varande styrkan erhöll befallning att draga sig tillbaka, och att endast *Uleåborgs* bataljon, under major *Bosin*, skulle qvarblifva, såsom bevakningstrupp.

Denna anordning påkallades af omtanken, att i alla händelser hafva de till *Karelen* medföljda fältstyckena i säkerhet för en öfverrumpling; emedan det blott fanns en enda väg, den genom *Jännenvirta*, hvilken, genom *Waajasalmi* var blottstäld, att kunna afskäras af *Sandels* öfverlägsna motståndare.

Denna farhåga var ej inbillad utan verklig; emedan Ryssarne flere gångor, ehuru hittills förgäfves, försökt att tränga sig fram öfver *Waajasalmi*.

Öfverste-löjtnant *Christiernin* återkom till *Toivola* från *Karelen*, den 17 om aftonen. Derefter förlades en bataljon infanteri, ett kompani jägare och 2:ne sexpundiga kanoner på vägen åt *Idensalmi*, vid *Alapitkä* by, med förposter åt *Saarajärvi*, der vägen går till *Karelen*, genom *Nilsiä*, förenande sig med den från *Maaninga* till *Alapitkä*. Dessutom förlade *Sandels* en bataljon infanteri och 2:ne sexpundingar vid *Kasurila*, för att betäcka inloppet till *Räimä* och tillika närmare sammanbinda föreningen emellan trupperna vid *Toivola* och i *Maaninga*.

Efter dessa rörelser, hvilka åsyftade mera samband i hans ställning, den han numera såg sig, måhända, snart nödsakad att öfvergifva, så framt öfverste-löjtnant *von Fieandts* förlust och olycka ej kunde godtgöras, befallte *Sandels* äfven major *Bosin*, att, med sina 200 man, draga sig tillbaka från *Karelen*. sedan *Bosin* lemnat en bevaknings-postering vid *Kaavi*, der vägen genom *Nilsiä* skiljer sig till *Idensalmi*, förlades hans trupp till *Jaala*, i stället för de der förlagde 100 man af Vesterbottens regemente, hvilka afgått till *Kasurila*.

Denna ställning behöll *Sandels*, oaktadt hans motståndares öfverlägsenhet, ehuru antalet af Ryssarnes kanonslupar nu uppgick till 30 st., utom pråmar och mindre båtar, och oaktadt dessa, med kanoner och landstignings trupper, snart sagdt, natt och dag oroade Svenskarne, hvilka derigenom, och genom den tillta-

1808 SEPTEMBER.

Sandels fördelning; Waajasalmi den 28, 29.

gande kölden, mycket utmattades. Nattvak och ansträngningar [1]) ökade äfven med hvar dag sjukantalet.

Den 28 och 29 gjorde Ryssarne ett mera ihärdigt försök, än hvad som hörde till ordningen för dagen. Deras från *Karelen* framträngande styrka, hade aftonen förut hunnit till *Jännenvirta.* I samband dermed nalkades sex kanonslupar, jemte flera pråmar, med landstigningstrupper, mot Waajasalmi sund, der Ryssarne lyckades upptaga försänkningarne och rycka fram mot *Jännenvirta*, hvarest de användes att öfverföra de från *Karelen* ankomna trupperna, öfver det blott 500 alnar breda sundet, hvilket af denna förenade styrka tillika betäcktes.

Med återstoden af sina kanonslupar nalkades Ryssarne dagen derpå äfven *Toivola*, der de, på *Sandels* begge flyglar, landsatte sina skaror, hvilka med häftighet anföllo hans förposter. Men så snart en mindre förstärkning hann ankomma, blefvo de med kraft tillbakakastade, så att de måste skynda sig ombord och gå till segels, med en ej obetydlig förlust i döde och sårade.

Emellertid hade fienden vid *Jännenvirta* redan öfverskeppat omkring 1,500 man, hvilka voro i antågande emot *Sandels*, medan den afseglande flottan ställde sin kosa åt hans högra flygel.

[1]) Innan författarens afmarsch till Karelen hände äfven honom, att han en gång var så utmattad, genom brist på hvila om nätterna och arbete (såsom fältväbel) om dagarne, att han somnade så hårdt, att han ej hörde fiendens stycke-eld. Den hade likväl dödat och sårat flera omkring honom, hvarförutan han, vid uppvaknandet, knappast trott på dess tillvaro. Hvad dessa ansträngningar, brist på ombyte af linne och kläder verkade på hälsan är otroligt, och utan de, vid sådana tillfällen och i öfrigt ypperliga Finska badstugorna, hade orenligheten och dess lefvande följeslagare alstrat gränslösa lidanden och sjukdomar.

Konungens här; Grälbo.

Vid så beskaffade förhållanden och då *Sandels* hela styrka sammansmält till 1,400 man, var det ej tänkbart att, med något slags hopp om framgång, kunna försvara sig mot en fiende, som hade 9,000 man, hvilka nu på tre sidor omgåfvo Svenskarne. Han beslöt sig derföre till ett återtåg, hvartill han, med en klok anförares hela omtanke, hade förberedt allt.

Den 30 om morgonen lemnade denne tappre anförare och hans modiga följeslagare *Toivola*, hvilket de försvarat under tre och en half månad, emot en till det minsta 6 gångor större fiendtlig styrka.

Han aftågade dock icke längre än till *Alapitkä*, der han fattade stånd.

Konungens här; Grälsby.

Konungen fortfor att hafva sitt högqvarter i *Grälsby* på *Åland*.

Derifrån befallte och ordnade han sina landstignings försök på Finska kusten, för att falla *Klingspors* motståndare i ryggen. Ett sådant skulle nu åter verkställas af general-majoren, grefve *Lantingshausen*, med 2 sqvadroner lifgardister, 3 bataljoner garde till fot, Kronobergs regemente, Vestmanlands vargerings bataljon, 1 batteri sexpundiga kanoner och 4 åttapundiga haubitser. Bataljonerna voro så svaga, att hela denna styrka ej utgjorde mera än 2,654 man.

Lantingshausen hade konungens befallning, att med dem landstiga vid *Helsinge*, fatta stånd vid *Wemo*, besätta *Åbo*, borttaga alla Ryska trupper emellan sin och general *v. Vegesacks* fördelning (hvilken sednare bordt landstiga vid trakten af *Björneborg*), och derefter förena sig med *Klingsporska* hären. Denna på blotta förmodanden grundade plan, härrörde af den försäkran konungen erhållit af en under-officer [1]), att 12 till 13,000 man Finska bönder stodo färdiga att göra gemensam sak med första Svenska trupp som anlände. Konungen utnämnde redan i förhand denne under-officer till befälhafvare öfver denna landtstorm, af hvilken ingen enda man blef synlig [2]).

---

1) Fanjunkaren *Ljungberg*, en äfventyrare, hvilken, sedan han missledt konungen och sjelf misslyckades att samla något medhåll, lopp öfver till Ryssarne och ville dertill öfvertala en korporal vid lifgardet till häst; men denne återvände i stället till sin trupp.

2) *Ljungberg* hade ytterligare lemnat konungen de mest orimliga underrättelser om grymheter, dem Ryssarne skulle hafva föröfvat i Finland, isynnerhet inom de orter, hvars invånare upprest sig emot dem; att Wasa stads borgare blifvit plundrade, hudflängda, mördade; att bönder blifvit upphängda vid fötterna, stekte vid sakta eld eller qväfda i rök; att äldre och yngre qvinnor blifvit misshandlade; att flockar af allmogen, som flyktat till holmar och klippor, blifvit der kringrände, samt att man, under skadeglädje, låtit dem, jemte oskyldiga hustrur och barn, omkomma af hunger, m. m. Allt detta kunde ej annat än uppröra konungens hjerta. Han aflät derföre följande skrifvelse till sin kejserliga svåger. — "Eders Kejserl. Maj:t! Hedern och menskligheten befalla mig att göra starka föreställningar, emot de otaliga grymheter och den orättvisa, som utöfvas af de Ryska trupperne i Finland. Dessa förfaranden äro för väl kända och styrkta, att jag behöfver intyga deras verklighet; ty de olyckliga offrens blod ropar hämd ännu öfver dem, som anbefallt sådana grymheter. Må E. K. Maj:ts hjerta icke vara känslolöst för de föreställningar, jag ser mig föranlåten att göra i mina trogne, Finske undersåtares namn. Detta krig, lika så orättvist, som onaturligt, hvad är väl dess syftemål? Om icke att väcka den starkaste afsky för Ryska namnet. Är det ett brott af mina Finska undersåtare, att ej hafva velat låta förleda sig af löften, lika falska, som de grundsatser, på hvilka de voro byggda? Tillkommer det en regent, att deraf göra ett brott? Jag besvär Ers Kejs. Maj:t, att låta upphöra med olyckorna och ryskligheterna af ett krig, som skall ådraga dess person och dess rike den gudomliga Försynens förbannelser. Hälften af mina Finska stater är redan befriad af mina tappra Finska troppar. E. K. Maj:ts flotta är instängd i Baltisch Port, utan hopp att någonsin derifrån utgå, om icke såsom eröfrad. Eder skärgårdsflotta har nyligen haft ett ganska betydligt nederlag, och i hvarje ögonblick landstiga mina trupper i Finland att förstärka dem, som skola visa dem ärans och hederns väg. I mitt högqvarter

Andra delen.

Konungens här; Järvenpää den 16; *Pauli,*
Kons, Fast.

Grefve *Lantingshausen,* som afseglade den 9 ifrån *Bomarsund,* blef uppehållen af motvind och svårt väder, så att han ännu låg qvar den 16 med transportflottan vid *Löpertö.* Men 300 man af Vestmanlands vargering hade, under major *Stjernstam,* blifvit afdelade till *Grönviks* landet, hvarifrån de, medelst små båtar, satte sig öfver till *Töfsala,* för att derifrån komma Ryska posteringarne mellan *Jerpilä* och *Helsinge* i ryggen.

Vid *Järvenpää* uppstod en träffning, den 16, hvarunder Ryssarne förlorade 2:ne officerare, 1 under-officer och omkring 50 man dödskjutne, samt 34 man fångne. *Stjernstams* förlust bestod af blott en man stupad. Fendrik *Pauli,* afskildes med jägare-afdelningen, till *Järvenpää,* för att öfverflygla fienden, under det major *Stjernstam* med återstoden verkställde ett raskt bröstanfall längs landsvägen. Ryssarne, som hade en kanon och mer än 200 man, försvarade sig hårdnackadt; men blefvo tillbakakastade och flydde i största oordning. Fendrik *Pauli,* under-officerarne *Kons* och *Fast* nämnes serskildt för deras mod och djerfhet. Utom fångarne eröfrades derjemte en hop bevä-

---

den 7 September 1808. GUSTAF ADOLF." — Denna skrifvelse hedrar konungens hjerta; men det hade mera gagnat den goda sak han förfäktade, likeom det folk han ville försvara, om han haft urskillning, att på något ställe samla, i och för sina landstigningar, en tillräcklig styrka, och gifvit dem en anförare, som förstått att visa den på ärans väg, för att på fienden få den hämd, hvarefter de misshandlade och fäderneslandet suckade. — Öfverste-löjtnant *Eek*, med de sina, fick också vidkännas vedermälen af Ryssarnes grymhet. Hans bostad blef plundrad och uppbränd, hans döfstumma bror till döds misshandlad, och hans maka och barn måste, under alla möjliga försakelser och faror, irra omkring i ödemarker, samt på detta sätt söka och ändteligen finna ett skydd inom Svenska härens område, och sedan begifva sig, med sina många barn, ifrån Wasa öfver till Umeå.

Konungens här; Lokalaks den 17 och 18; *Lantingshausen.*

rings- och utredningspersedlar. *Stjernstam* återvände samma dag till *Löpertö.*

Dagen derpå, tidigt om morgonen, lyftade transport-flottan ankar, och inträffade vid *Lokalaks* landet, der jägarne genast landsattes och efter hand de öfriga trupperna. *Lantingshausens* afsigt var att landstiga vid *Helsinge*, hvarmed major *Stjernstams* rörelse också sammanhängde; men underrättad af amiral *Hjelmstjerna*, att en stark fiendtlig skärgårds-flotta var i annalkande, ansåg han vådligt, att inlöpa i detta sund, och landsteg i stället vid *Waranpää* udde af *Lokalaks* landet.

Förtrupperna, bestående af lifgardets och Kronobergs jägare, de förra under kapitenen, friherre *Lagerbjelkes* och de sednare under kapiten *Rudbecks* befäl, tillsammans omkring 300 man, anfördes af majoren vid lifgardet till häst *Arfvedson*. Han framryckte samma dag, ¾:dels mil från landstigningsstället, till *Lokalaks* kapell. Med tvenne kanoner och en haubits samt en öfverlägsen styrka fotfolk blef *Arfvedson* här anfallen af Ryssarne. Han försvarade sig med den beslutsamhet, att fiendens eld tystnade.

Vägen till detta kapell var så dålig, att Vestmanlands vargerings bataljon befalltes att i största hast förbättra densamma. Det skedde också med den skyndsamhet och drift, att tidigt påföljande morgon 4 sexpundiga stycken kunde framkomma till Lokalaks. Förtrupperna blefvo der ånyo anfallne samma morgon kl. 6; men fienden möttes äfven nu af ett raskt motstånd. Eldens liflighet och de stridandes antal ökades.

Konungens här; Lokalaks den 18; *Lantingshausen.*

Man uppskattade Ryska styrkan till närmare 4,000 man, med 10 fältstycken och 2 haubitser. *Lantingshausens* högra flygel hotades på samma gång, som fienden, med öfverlägsna massor och under en förfärlig stycke-eld, framryckte att genombryta hans midtel. Detta sednare försök tillintetgjordes likväl af hans öfver-adjutant, öfverste-löjtnanten *Lagerbrings* och befälets rådighet, samt dess och manskapets tapperhet. "Men den täta skogen", yttrar grefve *Lantingshausen,* "hindrade honom att med bajonetten fullfölja det afslagna anfallet." Ända till kl. 2 e. m. fortfor kampen med yttersta häftighet. Skott måste utdelas i stället för de bortskjutna, på 100 alnars afstånd från fienden.

Furst *Bagration*, som återtagit befälet öfver härvarande trupper, skyndade, att, med några i *Wemo* socken förlagda afdelningar, komma general *Tschoglokoff* till undsättning. Han rörelser voro djerfva, hastiga och afgörande. Han satte sig personligen i spetsen för en öfverflyglings-rörelse, hvars fullföljande *Lantingshausen*, mindre beslutsam än hans motståndare, ej vågade afbida eller ej trodde sig kunna tillintetgöra. Han befallte i stället ett återtåg, hvilket verkställdes med mycken ordning.

Oaktadt ett häftigt förföljande voro rytteriet och styckena undanbergade, långt innan eftertruppen anlände. Kl. 6 e. m. voro äfven alla trupperna ombord och transport-flottan boxerades ut på redden, utan att en enda man blef fången och utan att några beväringseller utredningspersedlar förlorades.

Under sådana omständigheter och med den utrust-

1808 SEPTEMBER.

Konungens här; *Lantingshausen, Adelsvärd,
Berg, Boman, Nauckhoff, Wrangel, Ulf-
sax, Nordenstolpe, Willebrand, Koskull,
Ridderstolpe.*

ning här egde rum, då blott 60 skott [1]) funnos för hvarje man, neml. 30 i patronköken och 30 vid trossen, och med en fältkassa af 900 R:dr, kunde man äfven af denna landstigning icke påräkna stort bättre följder, än de som nu inträffade. Om det också ej kan nekas, att fiendens förlust var betydligt större än Svenskarnes, är de sednares stor nog, då den ändamålslöst kostade 2 officerare och omkring 130 man under-befäl och manskap döde och sårade. Till de förre hörde brigadadjutanten, friherre *Adelsvärd,* en utmärkt officer. Fendriken *Berg* var sårad och saknad; hvilket sednare äfven var förhållandet med en under-läkare. För öfrigt blefvo sårade: kapiten *Boman* vid Kronobergs regemente och fendrik *Nauckhoff* vid Finska gardet; kontusion fingo: majoren *Wrangel* och kapiten *Ulfsax* vid Kronobergs regemente, kapiten *Nordenstolpe* vid Svenska och fendriken, friherre *Willebrand* vid Finska gardet, samt löjtnanterne, frih. *Koskull* och och *Ridderstolpe* vid lifgardet till fot.

Konungen lät dock ej afskräcka sig ifrån förnyandet af dessa ändamålslösa försök, att göra landstigningar. Han insåg ej och trodde icke, att misslyckandet berodde af utrustningen och anordningen. Han lade utgången befälhafvarne till last.

General-majoren, grefve *Lantingshausen* nedlade

---

[1]) På grefve *Lantingshausens* underd. erinran, att detta obetydliga skottförråd lätt kunde förorsaka, att han efter den första allvarsamma drabbningen, vore tvungen att åter gå ombord, svarade konungen med egenhändig anteckning på sjelfva anmälan: "*då general-major, grefve Lantingshausen anmält behofvet af mera ammunition, så har han fullgjort sin skyldighet.*" — Bidraget, N:o 6.

Konungens här; Järvenperä den 26; Lagerbring.

befälet och konungen utnämnde i hans ställe, att börja med, öfver-adjutanten, öfverste-löjtnanten, m. m. *Lagerbring* [1]), till denna fördelnings befälhafvare, med uppdrag, att, i samma afsigt som grefve *Lantingshausens* föreskrift innehåller, genast verkställa en ny landstigning på Finska kusten.

Konungen ernade personligen vara dervid tillstädes, lemnade derföre befälet öfver de på *Åland* qvarblifne trupperna åt öfverste *von Norrman*, och begaf sig, jemte sin stab, ombord på jagten *Amadis*. Men han kom ej längre än till *Lehmäkurkko* sund, hvarest han mötte sina redan återkommande trupper. Det synes således, som han i verkligheten icke genast velat eller ernat vara närvarande; emedan han, dagen före drabbningen, anlände till *Grönvikssund*, blott omkring en mil från stridsfältet vid *Helsinge*.

I trakten af sistnämnde ställe landsteg emellertid *Lagerbring* den 26 f. m. Han framryckte genast, att börja med, under svagt motstånd af Ryssarne, hvilka först vid *Järvenperä* samlade sig till ett allvarsammare försvar, som dock icke varade längre än en timma, hvarefter gardets och Kronobergs jägare med hurrarop intogo byn. Kronobergs regemente, hvilket, ge-

---

1) Trupperne bestodo af, första fördelningen: lifgardet till fot 242 man, Svenska gardet 269, Finska d:o 253, Uplands vargering 486 och jägare-bataljonen 280, tillsamman 1,530 man; andra fördelningen: Kronobergs regemente 673, d:o vargering 346, Vestmanlands d:o 458, jägare-bataljonen 280, tillsamman 1,757 man, samt lifgardet till häst 100 man, eller hela styrkan 3,387 man, med ett sexpundigt batteri, 2:ne trepundingar och 4 st. åttapundiga haubitser. I ett underd. handbref sökte *Lagerbring* ådagalägga omöjligheten för honom, att fullgöra konungens instruktion, hvilken föreskref, såsom nämndt är, ej allenast att eröfra Åbo, utan ock att taga alla de fiender, som voro emellan sistnämnde stad och general *v. Vegesacks* fördelning, m. m.

Konungens här; Wiais den 27; *Lagerbring.*

nom en väl beräknad rörelse, hotade att omringa nämnde by, bidrog derjemte till fiendens hastiga flykt. Löjtnanten, grefve *Cronhjelm* vid Finska gardet, blef sårad, jemte 2 jägare, utom en som träffades dödligt. Ryssarnes förlust i döde och sårade syntes betydlig; men blott en Kossack togs till fånga.

Ryttmästaren, friherre *Klinkowström* afsändes med Uplands vargerings bataljon och 10 man hästgarde, till *Kuosta*, att bevaka vägen från *Lokalaks*.

Så snart *Lagerbring* dagen derpå erfarit, att Ryssarne samlade en betydligare styrka kring förstnämnde ställe, hvarifrån han på olika vägar lätt kunde omringas, befallte han en bataljon af Kronobergs regemente afgå till *Pinnipajo*. Deremot borde friherre *Klingkowström* framkasta sina förposter till *Wartsari* bro. Vestmanlands vargerings bataljon qvarstadnade, såsom hjelptrupp, vid *Järvenperä*.

Derifrån framryckte *Lagerbring*, med återstoden af sin skara, kl. 5 om morgonen den 27. Främst tågade gardes-bataljonerna, återstående bataljonen af Kronobergs regemente, under kapiten *Muncktells* befäl, samt jägartrupperna, anförde af kapitenen *Lagerbjelke*. Fyra stycken sexpundiga kanoner och 2 haubitser medföljde.

Fienden möttes några hundrade alnar utom förposterna. Kl. half 6 var striden redan börjad. Ryssarnes styrka kunde ej bedömas, i anseende till den täta skogen, men de syntes på alla höjder; skottvexlingens liflighet ökade troligheten att de voro talrika. Till jägarnes understöd på högra flygeln afgick Svenska gardes- och på den venstra Finska gardes-bataljonen.

Konungens här; Lagerbring, Gethe, Petré, Rudbeck, Cronhjelm, Hamilton, Gyllensvärd, Lorichs, Bergman.

Bataljonen af lifgardet till fot samt Kronobergs infanteri-bataljon framgingo på landsvägen, för att, dels i sluten dels i spridd ordning, betäcka fältstyckena. Ryssarnes motstånd var förtvifladt; de försvarade sig steg för steg. Den trånga vägen tillät blott en kanon i sender att användas; men den begagnades så mycket bättre. Och härtill medverkade kapiten *Gethes* samt löjtnanterne *Petrés* och *Rudbecks* köld och rådighet.

Än svärmade jägarne och än framryckte fotfolket med hurrarop och fäld bajonett, så att fienden måste ge vika, ehuru blott fot för fot.

Ändteligen, efter en sex timmars så beskaffad kamp, var fienden undanträngd till *Wiais*, öfver skog och kärr, öfver berg och moras.

Dess förlust i döda och sårade var ej heller ringa, utom 40 man, som blefvo tagne, jemte en mängd beväringsoch remtygspersedlar.

På Svenska sidan blefvo 10 man dödskjutne, 2 under-officerare och 64 man sårade. Löjtnanten, grefve *Cronhjelm*, hvilken i gårdags striden blef skjuten genom handen, var dock med i dag och visade prof på sin rådighet och tapperhet, till dess han, i spetsen för sina modiga jägare, blef svårt sårad i låret. Dessutom blefve fendrikarne, grefve *Hamilton* vid Finska gardet och *Gyllensvärd* vid Kronobergs regemente sårade, samt lindrigare kapiten *Lorichs* vid Svenska gardet och fendrik *Bergman* vid Kronobergs regemente, hvilket så väl i dagens, som under gårdagens träffning hade de flesta döde och sårade af manskapet, ehuru

Konungens här; Lagerbring, Boye, Lagerbjelke, Fleetvood, Hederstjerna, Tornerhjelm, Muncktell, Stackelberg, Rudbeck, Thersner.

befälhafvaren för samtlige jägarne, (hvilka sednare mest voro i elden), kapiten *Lagerbjelke,* så förde kedjan och begagnrde sig af belägenheten, att förlusten blef mycket mindre, än hvad under en så häftig och långvarig strid var att förmoda.

Utom fördelnings-befälhafvaren, öfverste *Fletvood* och majoren *Hederstjerna,* samt bataljons-cheferna *Tornerhjelm* och *Muncktell,* berömmer *Lagerbring* stabs-adjutanten, friherre *Stackelberg* och löjtnanten *Rudbeck,* hvilka voro honom behjelplige, att, på 60 alnars afstånd från fienden, undanskaffa en skadad trepundig kanon. Löjtnanten vid fältmätnings-corpsen *Thersner,* som tillika gjorde adjutants tjenst, utmärkte sig äfven, och blef lindrigt sårad. Samtlige truppernas stridslust och mod vitsordas af allt befäl.

Men detta *Lagerbrings* välförhållande, att i tvenne serskildta träffningar, två dagar å rad, hafva ej blott slagit en öfverlägsen fiende, utan ock trängt honom tillbaka och tagit fångar samt en hop beväringspersedlar, gjorde honom icke säkrare att få behålla sitt befäl, som han så värdigt fört, än att han förlorade det samma dag. Här älskade konungen ombyte; men icke i norra Finland, der det så väl behöfts, med en öfverårig och i de flesta hänseenden otjenlig öfverbefälhafvare.

I egenskap af konungens general-adjutant för dagen erhöll öfversten, friherre *G. Boye* befallning, att emottaga öfverbefälet vid denna så kallade andra fördelning af södra Finska hären.

Konungens här; Boye.

Lagerbring skulle i stället under honom, såsom konungens öfver-adjutant för dagen, hafva befälet öfver förskaran. Sådana voro konungens uttryckeliga befallningar.

I den förmodan, att landstigningen ej var ett af dessa ändamålslösa, nästan för ro skull anställda företag hvilka förut så ofta egt rum, skyndade furst *Bagration* till Hemois. General-majoren *Baggohufvud* hade hittills, enligt *Bagrations* föreskrifter, besörjt försvaret. Nu ville den sednare, med de förstärkningar han medförde, personligen leda detsamma.

Underrättad om konungens närvaro och derföre fruktande öfverlägsna stridskrafter, ansåg han sig böra hindra Svenskarnes ytterligare framryckande, och äfventyra en drabbning, utgången måtte blifva hvilken som helst.

Med den honom egna beslutsamhet föresatte *Bagration* sig genast, att genom sitt anfall förekomma Svenskarnes. Öfversten, friherre *Boye*, som fått upplysning, att hans motståndare under natten erhållit förstärkning, samt att han samlat sin styrka vid *Kuosta* blott 1½ fjerdingsväg från *Wiais*, beslöt äfven, att, genom ett raskt bröstanfall och en djerf öfverflyglingsrörelse, fördrifva Ryssarne från denna deras fördelaktiga ställning.

Han anbefallde derföre öfverste-löjtnanten *Lagerbring*, att, med andra bataljonen af Kronobergs regemente och Vestmanlands vargerings bataljon, under major *Hederstjernas* befäl, genast afgå öfver *Hemois*, *Nopperla* och *Randa*, för att, från *Lokalaks* vägen vid *Kuosta*, taga fienden i ryggen. *Lagerbring* borde vara på det utsatta stället kl. omkring half 1, vid

<small>Konungens här; Wiais den 28. *Boye, Lagerbring.*</small>

hvilken tid *Boye*, med sin återstående styrka, skulle börja bröstanfallet. Han hoppades, att, på detta sätt, bringa sin motståndare emellan tvenne eldar, bryta hans linje eller åtminstone förmå honom att ändra sin ställning. Jemte anordningarne till denna rörelse, fick artilleri-brigad-chefen öfverste *Palm* befallning, att från *Helsinge* uppsända 50,000 patroner, hvilka dock, i anseende till vägens längd, icke förr än efter stridens slut hunno ankomma.

Under vanliga förhållanden tycktes friherre *Boyes* beslut motsvara hvad man med skäl kunde vänta af honom; men furst *Bagration* var ingen vanlig motståndare. Såsom redan nämndt är, afbidade han icke hvad Svenskarne skulle företaga sig. Han ilade dem i förväg.

Lagerbring, som afgick kl. $\frac{1}{4}$ till 10 och kl. half 1 skulle börja sitt anfall, mötte redan kl. 10 Ryssarne, der han icke väntade dem, omkring 2,000 alnar från *Lokalaks* vägen, framför en liten äng, och i en tjock skog, hvarest en vidsträckt kedja var uppställd. Hit hade *Bagration* skickat general-majoren *Borosdin*. Han hade befallning, att, utmed sjön, kringgå Svenskarnes venstra flygel; men då han stötte på *Lagerbring*, anordnade han sitt försvar så, att han först kunde tillintetgöra hans försök och sedan fullfölja sitt uppdrag.

Förgäfves gjorde den tappre *Lagerbring* alla möjliga ansträngningar, att komma till målet. *Borosdins* styrka var så betydlig och utsträckt, att *Lagerbrings* kedja af fiendens ej allenast öfverflyglades, utan ock genombröts af slutna massor, dem Svenskarnes mod och

Konungens här; *Boye, Lagerbring, Fredenberg, Elfstjerna.*

ihärdighet likväl flere gånger tillbakakastade. Vestmanlands vargerings bataljon, hvilken i sluten ordning var ställd på den lilla ängen, utvecklade en beundransvärd ståndaktighet. Adjutanten vid denna bataljon, *Fredenberg*, samt fendrik *Elfstjerna* med blott 40 man, hindrade Ryssarne öfver en half timma att komma förbi den till slätten ledande vägen.

Med dessa tappre unga officerare och lika beskaffade trupper försökte *Lagerbring*, att, med bajonetten, fördrifva fienden; men dess mångdubbla öfverlägsenhet gjorde det omöjligt. Detta oaktadt fortsatte han striden, på 30 à 40 alnars afstånd, ända till kl. half 12 f. m., då nära hälften af hans styrka hade stupat. Stridsfältet var betäckt med dödade och sårade, Svenskar och Ryssar, hvilka, i anseende till det korta afståndet, lågo nästan bredvid hvarandra.

Ett längre motstånd ansåg han lika otjenligt, som äfventyrligt, och drog sig derföre tillbaka. Om dessa förhållanden afsände han underrättelse till öfverbefälhafvaren, samt derom att han, utan betydlig förstärkning, icke kunde betäcka hans venstra flygel; men att han likväl ernade draga sig långsamt tillbaka.

Emellertid hade furst *Bagration* låtit generalmajoren *Baggohufvud*, på samma sätt förekomma frih. *Boyes* bröstanfall.

Baggohufvuds rörelser utvecklade sig med sådan kraft och hastighet, att friherre *Boye* med yttersta möda han anordna ett ordentligt försvar. Den förres stycken spelade redan i den sednares slutna trupper, hvilka just nu beredde sig till sin anfallsrörelse, då de i stället, helt oförväntadt sjelfva blefvo angripne. Under tiden framträngde Ryska jägare på *Boyes* flyglar.

<small>Konungens här; *Boye, Lagerbring*.</small>

Han lät genast sina skaror framrycka, jägarne till venster, lifgardet till fot i midteln samt Svenska och Finska gardes bataljonerna åt höger om vägen. En sexpundig kanon och en haubits ställdes på höjden och hela linjen fick befallning, att med kraft mota och undantränga den djerft anfallande fienden. Detta verkställdes några gångor, under en häftig stycke- och handgevärs-eld, med hurrarop; men Ryssarne återkommo med förnyad och förökad styrka.

Nu anlände *Lagerbrings* rapport, att han mött ett oväntadt motstånd af en öfverlägsen styrka, samt att han behöfde förstärkning. Derföre befallte *Boye* den qvarvarande bataljonen af Kronobergs regemente, under kapiten *Muncktell*, att kasta sig åt det mellanrum, som skilde *Borosdin* från sin hufvudstyrka och hvarigenom han på en gång kunde understöda *Lagerbring* och *Boyes* hotade venstra flygel.

Föga fattades, att *Muncktell* hunnit fram till *Hemois* och afgjort utgången till Svenskarnes fördel; men general *Aderkas*, befälhafvare öfver furst *Bagrations* general-stab, skickade en svärm tiraljörer, hvilka, från de omgifvande höjderna och skogarne, gåfvo en mördande eld.

I detsamma gjorde *Bagration* ett plötsligt anfall, med sin hjelpskara, mot *Wiais*, medan en annan omringade *Boyes* högra flygel, för att afskära honom återtåget till *Helsinge*.

Bagration hade dessutom, med en siarblick (af den moraliska verkan det skulle utöfva på hans redan villrådiga och i sina rörelser vacklande motståndare), afsändt major *Beck*, med en handfull tappre, för att, öfver en bergås, direkte hota med tillspärrandet af *Boyes* återtåg till landstignings stället.

Då *Bagration* varseblef verkan af detta steg, befallte han äfven *Borosdin*, att, utan afseende på bibehållandet af ett oafbrutet samband med den öfriga styrkan, rycka fram åt *Helsinge*.

Dessa *Bagrations* djerfva rörelser öfverändakastade *Boyes* alla planer och bragte honom till ett återtåg, hvilket, under sådana omständigheter och med vidt spridda trupper, ej kunde verkställas med tillräcklig ordning, för att undvika förluster.

Major *Tornerhjelm*, hvilken med sin bataljon lifgarde, blifvit skickad till venster i skogen, för att understödja *Lagerbjelkes* dervarande jägarkedja, hade, jemte denna, med raskhet undanträngt fienden, oaktadt dess modiga försvar.

De befunno sig således skiljda från den öfriga styrkan, hvilken redan börjat sitt återtåg, utan att *Tornerhjelm* eller *Lagerbjelke* fått någon kännedom derom. Sambandet i rörelserna var således brutet, och man var ett ögonblick villrådig, hvad mått och steg man borde taga, då brigad-adjutanten, frih. *Wrede*, ankom med befallning, att *Tornerhjelm* och *Lagerkjelke* skulle göra återtåget igenom skogen.

De drogo sig derföre åt *Wiais* vägen och *Tornerhjelm* utgjorde förskaran, med fotgardets bataljon. Ankomne till kanten af denna väg syntes derpå inga andra trupper än de Ryska, hvilkas haubitser och stycken spelade på de återtågande Svenskarne.

För *Tornerhjelm* och *Lagerbjelke*, häftigt förföljde af de fiender, dem de nyss förut undanträngt, afskurne från hufvudstyrkan, omringade af Ryssarne på landsvägen, hvart ögonblick i fara att blifva öfvermannade, återstod endast den utvägen, att kasta sig åt *Pinipajo*, på vägen åt *Merla* och *Kuosta*.

Konungens här; Wiais och Helsinge d. 28; Boye.

Genom detta lika hastigt fattade som ögonblickligt utförda beslut, undgingo *Tornerhjelms* lifgardes och *Lagerbjelkes* gardes jägare-bataljon, att med sina fanor falla i Ryssarnes händer. På halfva vägen till *Kuosta* förföljdes de mindre häftigt och vid framkomsten dit, alls icke. Derefter fortsattes marschen till *Helsinge* obehindradt.

Emellertid hade friherre *Boye* äfven inträffat der med hufvudstyrkan, sedan han vid *Hemois* kommit i förening med *Lagerbring* och hans tappra återstod, och medan *Muncktells* Kronobergs bataljon, jemte en sexpundig kanon och en haubits under *Lagerbring* utgjort efterskaran.

Embarkeringen vidtog genast och öfverste *Palm*, så snart han af de sårades ankomst fick kunskap om återtåget, lät i förhand hala stycke-skutorna till den enda brygga, som der fanns eller i anseende till den långgrunda stranden kunde anläggas.

Major *Tornerhjelm* erhöll det ena ögonblicket befallning, att, med 50 man, förstärka fältvakten och med den återstående delen af bataljonen taga en förmånlig ställning, tvärs öfver berget framför byn, och det andra, att genast gå ombord.

Han tillkännagaf, i förra fallet, att hans manskap var utan skott, hvilka, efter någon väntan, erhöllos och genast utdelades; men just som han skulle sätta sig i rörelse, ankom den sednare befallningen, hvilken upprepades af sjelfva öfverbefälhafvaren, friherre *Boye*.

Vid *Tornerhjelms* ankomst till embarkerings bryggan funnos inga båtar, hvilket förorsakade oreda och trängsel; de måste anskaffas af honom sjelf från transport-fartygen, för att begagnas kompanivis.

Konungens här; *Boye, Gethe, Therner, Lagerbring, Stjernstam, von Schantz.*

Dessa förhållanden och bristen på kanonslupar, som kunnat trygga återinskeppningen, vållade att Svenskarne förlorade 5 fältstycken, flera officerare och omkring 300 man, hvilka föllo i fiendens våld.

Visserligen hade Ryssarne ett öfverlägset antal, uppgående till emellan 5 à 6,000 man, således betydligt starkare än friherre *Boyes*, hvilket ej utgjorde mer än 3,387 man; men denna skillnad var den minsta, som någonstädes egt rum och det var icke den, som förorsakade Svenskarnes motgång. Med mera ordning och och omtanke, hade återtåget åtminstone bordt kunna ske utan all förlust. Denna hade blifvit vida större, utom kapiten *Gethes* och löjtnant *Thersners* verksamma bemödanden att anskaffa båtar, hvaraf blott 4 funnos vid truppernas återkomst.

Öfverste-löjtnanten *Lagerbring*, majorerne *Hederstjerna*, *Boye* och *Stjernstam* voro de, som denna dag särdeles utmärkte sig.

Till de saknades och således fångnes antal hörde: fendrik *Hohenhausen* vid Finska gardet; kapitenerne *Munktell*, *Porath* och *Ulfsax*, löjtnant *Berg*, brigad-adjutanten, friherre *Armfelt*, fendrikarne *Schenfelt*, *Reutersvärd* och *Pålman* vid Kronobergs regemente, samt löjtnanten *Falk* och fendrik *Broman* vid Vestmanlands vargerings bataljon. Dessutom 10 under-officerare och 364 man, hvaraf många troddes hafva stupat. Sårade voro: kapitenen *von Schantz* vid Finska gardet, 8 under-officerare och 160 man. Kontusioner hade kapiten *Geijer* vid Svenska gardet, major *Stjernstam* och fendrik *Elgenstjerna* vid Vestmanlands vargering erhållit.

Konungens här; Boye.

Af de saknades antal instälde sig några dagar derefter 1 under-officerare och 17 man, hvaribland en under-officer och 8 man af lifgardet till häst, med hästar och beväring, hvilka undkommit på den under major *Sjöholms* befäl varande del af skärgårds flottan.

Stridsplatsen, isynnerhet den, hvarpå *Lagerbrings* försvar egt rum, betäcktes af 1,000 stupade; många deribland Svenskar, men likväl de flesta Ryssar, hvilka tillika förlorade 2:ne officerare och 40 man fångne, ehuru återtåget ej tillät att medtaga alla.

Ryttmästaren, friherre *Klinkowström*, som den 26 afskiljdes till *Pousta*, för att bevaka *Lokalaks* vägen, hade, med sina förposter, framryckt till *Hermansaari* by.

Han blef äfven anfallen och sökte försvara sig; men fick, vid hufvudstyrkans återtåg, befallning att draga sig tillbaka. Han förlorade 1 dödskjuten och 3 man mindre sårade och kom med sin styrka lyckligen om bord vid *Helsinge*.

Det är förut anmärkt, att det var samma dag kl. 5 e. m., som konungen på sin jakt *Amadis*, (hvilken låg för motvind vid *Lehmäkurko* sund) hade den oväntade syn, att se transport-flottan, med landstigningstrupperna, anlända flyende från *Helsinge* [1]). Deras återtåg måste fortsättas till *Åland;* men konungen blef ännu någon tid qvar på sin jakt, till ankars än vid *Såttungarne* än vid *Granboda*.

---

1) Konungen befallte, i första öfverraskningen, dem att återvända; men motvinden och branden af Helsinge by, hvarigenom, under den starka blästen, elden kunnat antända hans transportfartyg, tillintetgjorde alla hans försök.

Andra delen. 5

Konungens här; Sköldebrands och Cronstedts fördelning.

För att begagnas i sammanhang med de *Lantingshausiska* och *Boyeska* landstigningarne, hade konungen sammandragit i *Gefle* tvenne andra fördelningar, under öfverstarne *Sköldebrand* och *Otto Cronstedt*. Den förre hade fyra bataljoner lifgrenadierer, med deras vargerings manskap [1]), och den sednare tvenne bataljoner af Södermanlands och Vestgötha-Dahls regementer, med deras vargering. De utgjorde tillsamman omkring 6,000 man; och afseglade från Gefle den 21 och 22 i denna månad, en del af bataljonerna förut, en del efter, men alla ställde till Ålands norra skärgård, hvarest utsände kryssare skulle anvisa dem den af konungen bestämda landstigningsplatsen. De skulle derjemte sammanträffa med den afdelning, som under grefve *Lantingshausen* borde afsegla från Ålands så kallade fasta land.

Skulle denna förening egt rum, så hade utgången af landstigningen otvifvelaktigt blifvit helt annan. Men

---

1) Såsom upplysning, huru fosterlandets försvarskraft den tiden användes, må denna fördelnings öden, här anföras. — "Lifgrenadiererne hade varit en kortare tid vid vestra arméen; men befunno sig nu, under grefve Mörner, i Skåne, då de, i medlet af Augusti månad, erhöllo befallning att afgå till Carlskrona, för att afsändas till Åland. I denna afsigt marscherade de i 2:ne dagar, då deras bestämmelse ändrades till Grislehamn. Några dagar derefter ankom befallning, att de skulle stadna och afvakta vidare order. Tvenne bataljoner af dem voro då 3 mil från Jönköping, tvenne inom den minst bebodda delen af Småland och de återstående tvenne några mil norr om Christianstad. Nu ankom befallning, att tvenne bataljoner skulle gå om bord i Norrköping, och de fyra andra i Carlskrona och Vestervik. Marschen fortsattes till dess befallning mötte, att de skulle återvända till Skåne och der intaga sina förra lägerställen. Denna befallning verkställdes, sedan fördelningens flesta trupper gjort 45 mils tåg och 15 mils sträckmarscher, för att befinna sig på samma ställe, hvarifrån de uppbrutit. Efter några dagars hvila erhöll fördelningen befallning, att utan tidsutdrägt aftåga till Gefle. Der erhöll dess befälhafvare tvenne stridiga order af samma dag, den ena, att bataljonen derifrån skulle afsegla, utan att invänta hvarandra; den andra, att fördelningen, samlad, skulle gå om bord."
—Bidraget, N:o 6.

olyckan och missödet förföljde konungen i alla hans företag. De ifrån *Gefle* afseglade trupperna blefvo uppehållna af svåra vindar, och framkomna till det bestämda farvattnet, sökte de i flera dagar förgäfves de kryssare, som der borde anvisa dem landstignings stället. Derefter uppstodo starka stormar, hvilka dels kastade transport-fartygen mot hvarandra och dels skingrade och drefvo dem än hit än dit. En del sökte och fann sin räddning i åtskilliga Svenska hamnar, en annan del strandade, ledo skeppsbrott och de, som icke förliste, frälstes efter undergångna oerhörda faror, mödor och lidanden. Artilleriet, under kapiten *Jernsköld*, strandade vid Finska kusten och gick förloradt. Endast några kompanier kommo till norra Finland, der de förenade sig med Klingsporska hären.

Så olyckligt slutades de af konungen anordnade landstignings försök, som bordt anfalla *Buxhoewden* i ryggen och sålunda kraftigt och afgörande understöda Finska härens företag och rörelser.

Ehuru betydliga de förluster voro, som öfversten, friherre *Boyes* återtåg ifrån *Wiais* till *Helsinge* åstadkom, skulle de blifvit ännu större, om ej konungen afsändt till *Kahiluoto*, omkring 1½ mil från *Helsinge*, de 12 kanonslupar, hvilka på sistnämnde ställe borde betäcka transport-flottan och landstigningen. Om dessa kanonslupar icke anländt till *Kahiluoto*, och der, genom försänkningar och otroliga ansträngningar, i flera dygn uppehållit den från *Palva* sund anryckande Ryska skärgårds-flottan, så hade denna sannolikt helt och hållit afskurit Svenskarne vid *Helsinge*, der de få Svenska kanonsluparne, i anseende till det otjenliga läget, icke kunnat göra något tillräckligt motstånd mot Ryska öfverlägsenheten.

Landtvärnet.

För att lemna ett begrepp på en gång om landtvärnets utrustning och behandling, samt det öde detsamma undergick vid dessa landstigningar, införes här berättelsen derom af ett ögonvittne. Deraf inhemtas tillika kapiten *Jernskölds* rådiga och fosterländska förhållande, jemte några vackra drag bland det myckna smärtsamma och nedslående.

"Vid landtvärnets utskrifning år 1808 skulle, ifrån Stockholms stad, utgå 600 man; men som antalet af ynglingar inom den bestämda åldern befanns vida större, skulle genom lottning det bestämda antalet uttagas. Vid denna lottning, verkställd på börsen, hände att flere ynglingar, som lyckan gynnat med frilott, sjelfmant begärde att få tjena och åtfölja sina kamrater. En smed (*Wickman*) hade sex lärgossar. Vid lottningen blefvo fyra frikallade; men de låto icke skilja sig ifrån att deltaga i sina tvenne kamraters öde. Sådana exempel funnos många. Härigenom lärer bataljonen blifvit ökad och uppgått till 640 man."

"De utlottade, som nu trodde sig vara sina egna herrar, samlade sig i massa på stortorget och företogo sig der flera frihetsyrande utbrott. Emot sjelfva polismästaren, som ifrån börstrappan ville tala till dem, slungades hviskor och trasor, indränkta i gatsmuts; några fönster inslogos i vissa gränder, o. s. v. Patruller måste slutligen skingra dem."

"Ett par dagar härefter blefvo de kallade till inställelse på ladugårdsgärdet, för att indelas i kompanier och få numror. Efter denna indelning, hvilken dröjde till emot aftonen, blefvo genast 40 man uttagne och aflemnade till några af arméens flottas befäl som voro närvarande. Dessa skulle då med dem marschera till Skeppsholmen; men under vägen dit, ledsagade af en väldig mängd kamrater, kommo de underfund med, att ändamålet var, att, sådane de gingo och stodo, föras om bord på en kanonslup (däckade Ettan), som genast skulle afgå, så snart desse, till roddare bestämde, kommit om bord. Alldeles oberedde på en så hastig afmarsch, begärde de få så lång permission, som behöfdes för att gå hem efter linne och nödiga kläder; men detta vägrades dem. Uppbragte häröfver och ankomne till Skeppsholmsbron, vägrade större delen enständigt att gå öfver bron. Man sökte med våld tvinga dem att lyda; men häraf än mera uppbragte, var ett blodigt uppträde hardt nära att uppstå, då befälet måste gifva efter och lemna dem den begärda permissionen för natten, mot löfte, att de påföljande morgon infunno sig på Skeppsholmen; hvilket också skedde."

"Stockholms landtvärns bataljon blef härefter, på några veckor, skingrad. Ett kompani förlades i Waxholms stad, ett vid Dålarön, ett vid Fredriksborg och ett på Ladugårdsgärdet, der de, hvar på sitt ställe, skulle öfvas i excercis. Till lärare beordrades i början några korporaler ifrån gardet. Kort derpå sammandrogs hela bataljonen uti ett läger på Ladugårdsgärdet, der de förblefvo större delen af sommaren; men der hvarken lydnad eller synnerlig ordning rådde. Hvem som ville afstå sin daglön till befälet, erhöll permission både hela dagar och veckor. Vederbörande lefde som Bacchi män; truppen, hvaraf många tagit lega och fått väl betaldt, lefde äfven friskt i början, så länge penningarne räckte; men snart visade sig vederspelet och det var både ömkligt och löjligt, att se denna, af de mest olika individer sammansatta trupp, uppställd, hvaraf en del var så trasig, att den icke kunde skyla sig, många barbenta, utan skor; men alla med en gul ullgarnssultan instucken genom kullen på hatten eller kaschetten. Vissa timmar skulle väl dagligen användas till excercis; men då befälet till stor del utgjordes af gubbar och invalider och under-befälet af nyskapade, för det mesta i detta yrke alldeles okunniga personer, var det naturligt att instruktionen äfven blef derefter."

"Efter hand skedde små kommenderingar, synnerligen till uttågande artilleri-batterier, der de smärre af landtvärnet begagnades att rida hästarne för pjeserne, och de större att köra ammunitions- och trosskärror. Författaren af denna uppgift blef mot hösten kommenderad med kapiten *Jernskölds* batteri, som skulle marschera till *Gefle*, för att derifrån sjöledes öfverföras till Finland. Vår klädsel var temmeligen tunn, för en sådan kommendering, vid sådan tid af året. Vi erhöllo skor och ridbyxor, läderdamasker med sporrar, skjorta, stallrock af bolstervar samt stallmössa. Ankomne till Gefle inlastades det förnämsta af batteriet, såsom kanoner och ammunition, m. m. på en galeas. Hästar och foder-förråder, m. m. intogos på 7 andra mindre fartyg, eller så kallade Roslags båtar. Befäl och manskap fördeltes på fartygen, och chefen, kapiten *Jernsköld*, tog sin plats på galeasen, som, under färden öfver Bottniska viken, skulle vara de öfriges vägvisare. Något bestämdt landstigningsställe lärer icke blifvit utsatt, utan skulle detta meddelas af de Svenska örlogsfartyg, som kryssade utanför Finska kusterna af Christinestad och Wasa, och rättas efter Finska arméens avancerande eller retirerande. Före afseglingen från Gefle hade man skäl att betvifla, det denna expedition skulle lyckligen aflöpa; emedan fartygen voro för det mesta ganska dåliga och deras besättningar ännu sämre, då allt dugligt sjöfolk redan var begagnadt vid flottan. Den skuta författ. var uppå, var odäckad, hade 22 hästar och en hop foder om bord, fördes af en gammal gubbe, med en enda man, som för första gången skulle fara till sjös. Vid utfarten från Gefle seglade vi emot en påle, som stötte hål i bogen. Detta lappades så godt ske kunde; men kort derpå förlorades äfven båten. Väderleken omvexlade med regn och storm. Nattetid förde galeasen en landtärna, hvarefter de öfriga skulle styra, härigenom hände att man i mörkret seglade på hvarandra, då ett fasligt skrik och oväsende uppkom. I daggryningen den 23 September förmärktes, att vi voro helt nära under Finska kusten; genast vändes till sjös; men stormen hade tilltagit och vinden låg nu rakt på land. Ännu icke fullt dager erfor man, att chefsfartyget stadnat på grund och kort derpå sågs båda masterna gå öfver bord. Nu drefvo de öfriga 7 skutorna omkring liksom förvillade får; den ena sökte sig hit, den andra dit. Ingen kunde komma vår chef till hjelp. Den skuta författ. var uppå kunde icke hålla sig upp emot vinden; med sönderslitna och tilltrasslade segel och tåg drefvo vi allt närmare land. Nu försöktes att kasta ett litet ankare och en dragg; men dessa stoppade blott för en liten stund. Det klena ankartåget brast och nu drefvo vi omgifne af klippor och grund, och, med en besynnerlig lycka, temmeligen nära land, då vi stötte på ett mindre grund, öfver hvilket vi lyftades af en ny sjö, hvilken tillika förde oss mot ett stengrund, der vi blefvo stående. Efter några svårigheter kommo vi dock alla med lifvet i land på en skogbevuxen udde. Af några Finska bönder, som flyktat undan Ryssarne och här gjort sig riskojor, fingo vi veta, att vi befunno oss på kusten utanför Kaskö samt att Ryssarne ¼ mil ifrån oss hade en postering. Chefsfartyget stod ännu qvar på grund. På afstånd låg en Svensk fregatt för ankar; ifrån denne sågo vi sent omsider en barkas komma de strandade till hjelp och först frampå eftermiddagen, då vädret något saktat sig, lyckades de ankomne att frälsa kapiten *Jernsköld* och det öfriga folket, emellan 20 och 30 man, som der var ombord. Vågorna hade gått tvärs öfver skråfvet. För att af dem icke föras öfver bord hade de bundit ett tåg långs fartyget, hvaruti de hållit sig fast. En man blef likväl af en störtsjö bortförd och drunknade. På aftonen landade vår chef, som ifrån vraket sett äfven vår olycka. Han hade, då fartyget stötte på grund, blott haft nattröja och byxor på sig; och som fartyget genast fylldes med vatten, fick han icke rådrum att ens berga sina egna kläder. Blott ett litet tobaksskrin, som flutit upp i kajutgången, kunde han rädda. Deruti hade han förvarat en mindre summa penningar, hvilka blifvit uppblötta; men torkades för elden. Af skepparen, som bodde i ruffen, fick han låna en nedsmord skinpäls, en läderkaschett och ett par becksömsstöflar. Denna drägt, med de rikt broderade byxorna och de stora röda mustascherna, skulle, vid ett annat tillfälle, väckt åtlöje. På det högsta upprörd, både ledsen och förargad öfver hvad som händt och den kinkiga belägenhet, hvari vi nu befunno oss, tilltalade han oss ungefärligen sålunda: "Kamrater! då vi haft olyckan att förlora allt, ända till och med vapnen att försvara oss med, och jag ännu icke vet huru snart eller på hvad sätt vi kunna komma härifrån, hafva vi för närvarande blott ett medel att undvika en neslig fångenskap och äfventyret att blifva förda ända till Sibirien, i fall Ryssarne skulle upptäcka vårt tillhåll, och lyckas att gripa oss, och detta medel är tapperhet och rådighet. Kunna vi icke skaffa oss andra vapen, skola vi med påkar och stänger försvara våra lif och vår frihet. Kommen ihog att vi äro Svenskar och följen blott mitt exempel; jag går i spetsen för eder. Dödas eller fångas måste hvarje Ryss, som kan blifva oss varse. Ryssarne hafva sköna kläder, som vi kunna behöfva. Uti deras linningar och uppslag torde ni finna insydda silfverrublar." — Vidare uppmanade han oss att vara tysta och uppmärksamma, att underhålla helt liten eller ingen eld, m. m. Hans tal och uppförande verkade som ett elektriskt slag på våra unga sinnen. All fruktan, all nedslagenhet var med ens försvunnen och vår högsta önskan var att upptäcka någon fiende. Kapiten *Jernsköld* var både älskad och högaktad af oss. Han var sträng; men rättvis. Hvarje underhafvande, som fullgjorde sin skyldighet, hade i honom den bästa befälhafvare. Helt annat var förhållandet med en under-löjtnant (*W.*), som var med på förf:s skuta. Vid vår strandning var han alldeles rådlös och utan fattning; i sin ångest utdelade han hela sin matsäck till oss. Kommen i land och underrättad om vårt nära granskap med Ryssarne, betogs han af en panisk förskräckelse. Han fick tvenne af de Finska bönder, som, hvad nämndt är, flyktat undan Ryssarne, att ro sig ut på den Svenska fregatten, och der blef han under hela tiden, som vi voro lemnade i sticket. Under ett oupphörligt regn lågo vi i trenne dygn på denna udde, hvarefter vi flyttade till en derutanför liggande kal holme, i en der befintlig liten fiskbod. Här lågo vi ännu ett par dagar, då ändteligen en tom Uleåborgs skuta, i anseende till motvind, lade sig i närheten af denna holme för ankar. Denna farkost togs genast i besittning och skepparen tvingades att föra oss öfver till någon Svensk hamn. Det värsta var nu att vi saknade proviant. Ifrån fregatten, som troligen sjelf haft brist härpå, erhöllo vi blott en säck knallar. Vi sökte nu om möjligtvis något sådant kunde bergas från den strandade galeasen; men vår möda var nästan fåfäng, endast en balja med smör var allt hvad vi kommo åt. Men en hedersman, en handlande från Kaskö, hvilkens namn jag förgätit, hade fått någon hemlig kunskap om vår olycka. Han kom en dag roende ut till oss och berättade att Ryssarne, som innehade staden, låtit uppdraga alla båtar för att hindra invånarne ifrån all förbindelse med utanför kryssande Svenska fartyg. Dock hade fyra båtar blifvit lemnade att begagnas af dem, som hade kreatur på utanför liggande holmar för mjölkning, och det var en af dessa båtar vår handlande begagnade att hälsa på oss. Då denne hedersman fick veta vår brist på proviant, förde han i tysthet till oss litet potates, litet fläsk och litet tobak. Vinden var alltjemt contrair, då en morgon helt tidigt, vår handlande, med en man, kom roende till oss och lemnade den underrättelsen, att Ryssarne fått veta vårt tillhåll och lagade bemannade båtar i ordning för att komma och knipa oss. Han lemnade den mannen, han fört med sig, qvar ombord, för att lotsa oss till en annan hamn långs kusten, en eller par mil derifrån. Vår handlande aflägsnade sig sjelf skyndsamt, efter ett hjertligt afsked [1]). Vi lyftade ankar och kommo lyckligt undan till den bestämda hamnen. Påföljande natt blef vinden god och vi återkommo till Gefle. — De öfriga

---

1) Ehuru denne ädle medborgare i sitt eget medvetande har den bästa belöning för sitt fosterländska handlingssätt, hade det dock varit väl, om hans namn kunnat uppgifvas och ryckas från glömskan.

fartygen, som tillhörde denna expedition och vid chefsfartygets strandning blifvit skingrade, hade också haft sina serskildta öden. Ett hade, lika med det författ. var uppå, gått helt och hållet förloradt; men manskapet hade dock blifvit bergadt af ett annat, till expeditionen hörande fartyg. De i behåll varande kommo efter hand tillbaka, dels till Gefle, dels till Söderhamn och dels till Öregrund. Manskap, hästar och hvad annat som var i behåll samlades åter i Gefle. På ett af dessa fartyg hade, under vistandet vid Finska kusten, följande tilldragit sig. Fartyget hade sökt sig in uti en bukt och der lagt sig för ankar ett stycke ifrån land. Manskapet hade blifvit indelt så, att tvenne man i sender skulle hafva vakt på däck. Tvenne landtvärnister, som skulle posta om natten från 12 till 2, kommo öfverens att rymma. Så snart de märkte att kamraterne voro insomnade, halade de fram båten till relingen, stego sakta uti och rodde i land. Hvarken karlar eller båt saknades på fartyget, förr än en god stund efter deras affärd. Utan båt kunde man icke komma i land att göra någon efterspaning, hvilken i alla fall icke varit rådlig, då fienden innehade landet. Våra två landtvärnister hördes emellertid icke af. Men våren derpå, vid någon af träffningarne på Åland, kommo de åter, rymmande från Ryssen till Svenskarne. De hade, efter rymningen från fartyget, villrådige hvad skulle taga sig före eller hvaraf de skulle lefva, nödgats gå i Rysk tjenst. Men dermed lära de varit mindre belåtna, hvarföre de vid Åland passat på tillfället, att åter rymma öfver till Svenskarne. De blefvo genast arresterade och sutto länge på artilleri-gården i Stockholm. Deras slutliga öde är mig dock icke bekant med visshet, ehuru ryktet sade att de af Carl XIII fått nåd."

"Vid samma tid som kapiten Jernskölds batteri skulle öfverföras till Finland, samlades, för samma ändamål, ett betydligt antal trupper i Gefle, hvilka skulle föras öfver till Finska arméens förstärkning. Dessa inskeppades och afseglade; men kommo kort derpå tillbaka till Gefle, med oförrättadt ärende. Härunder stötte ett af deras fartyg på grund, inne i Gefle skärgård, helt nära staden och sjönk med manskap och allt, utom några få man, som bergades. Händelsen berättades såsom den mest rysliga. — Man tadlade mycket, att denna expedition icke kom fram till Finland; mången ville deri finna förräderi. Verkliga förhållandet är författ. icke bekant."

"Qvarlefvorna af Jernskölds batteri låg qvar i Gefle till vinterns början, då manskapet skulle åter marschera till Stockholm. Likväl skulle först en del af oss göra den omvägen, att rida med batteriets hästar till Grislehamn, för att aflemnas till dervarande batteri, som skulle föras öfver till Åland. Under denna marsch från Gefle till Grislehamn, sleto vi mycket ondt. Emedan sadlarne förlorats vid strandningen i Finland, måste vi rida barbacka, hvar och en med en löshäst. Kölden var mycket sträng, snön räckte öfver gärdesgårdarne, mera kläder hade vi ännu icke erhållit, en stor del af oss voro så godt som barfota och öfver öfra delen af lifvet och armarne hade många icke mera betäckning, än en trasig skjorta och den tunna bollstervarsrocken. Följden blef ock, att många sjuknade efter denna färd."

"Under denna marsch inträffade följande händelse. Första nattlägret ifrån Gefle togs i Elfkarleby. En landtvärnist, med sina begge hästar, råkade här att blifva inqvarterad hos en bonde, som hade ett par hästar, i det närmaste lika landtvärnistens i färg; men kanske en gång till så gamla. Bonden, som hörde att hästarne skulle aflemnas på Grislehamn till ett annat batteri, tyckte sina hästar kunde vara goda nog dertill och föreslog byte. Detta vägrades af landtvärnisten; men efter god traktering och skälig mellangift, blef han slutligen öfvertalad till byte. Den omständigheten var ännu i vägen, att landtvärnistens hästar voro stubbsvansar; men bondens icke. Detta hinder undanröjdes medelst stubbning på bondens hästar. Allt detta öfverenskoms och verkställdes om natten i allsköns tysthet i bondens stall. Detta förehafvande blef likväl genast upptäckt af en landtvärnist i granngården. Han skulle om natten gå ut att se efter sina hästar; genom en springa på väggen ser han ett ljus lysa i den andras stall; han går dit; hör det talas ganska sakta innanför; lyssnar noga till hvad som afhandlas och inberättar tidigt på morgonen alltsammans för löjtnanten. — Huru denna affär emellan den sistnämnde och bonden afslutades är icke bekant; men något byte blef icke af och bonden fick behålla sina nystubbade hästar."

"Författaren af denna berättelse blef, efter ankomsten till Stockholm, illa sjuk och förlagd på sjukhuset, i det så kallade gamla presthuset på Riddarholmen. Sjukhuspersedlarne voro till en del rätt eleganta. Skjortor och lakan voro af finare bomullslärft och kambrits, fina Engelska filtar till täcken, samt nattrockar af kattun; orsaken härtill lärer varit bristande tillgång på gröfre tyger. Detta oaktadt var dödligheten mycket stor. Kölden var ganska sträng. Sjuka, som ditfördes, voro ofta vid ankomsten utan sans samt stelnade af köld. En del dogo få minuter efter ankomsten."

"Liken samlades i högar, inpackades i kistor eller rättare lårar, 2 à 3 i hvarje, hvarefter de affördes på stora rustvagnar. Detta de dödas behandlingssätt gjorde ett vemodigt intryck på de ännu lefvande sjuka."

"Fram på våren 1809 blef författ. kommenderad till baron Flemmings batteri, som marscherade till Upsala. Här lågo vi hela sommaren rent af overksamma. Vi hoppades få medfölja arméen, som ryckte upp till Vesterbotten; men detta hopp var fåfängt. Hästarne släpptes dock på bete i Kungsängen, der de fingo gå till hösten, då de på auktion försåldes till ganska låga priser." — (Handelen med batteriets, till större delen rätt sköna hästar, har dessutom sin egen, just icke vackra historia, som likväl är för nära vår tid, att berättas eller offentliggöras).

"Då landtvärnet slutligen upplöstes och den obetydliga qvarlefvan af Stockholms landtvärn på artillerigården afmönstrades, blefvo de antydde att skaffa sig annat försvar och lofligt näringsfång. Detta var icke så lätt för många af dem, som icke hade egna kläder att skyla sig med, då de kläder, som nyligen af kronan erhållits, nu måste återlemnas. Mången nödgades af denna orsak, emot sin böjelse, taga värfning till soldat."

"Ibland de 40 landtvärnister, som så hastigt kommenderades på kanonslupen N:o 1 i början af kriget 1808, befanns en bokbindare-lärling vid namn Rehnström. Vid 2:dra eller 3:dje träffningen med Ryska skärgårds-flottan, blef han svårt sårad i det ena benet, derefter förbunden och aflemnad på en sjukbåt. Han fördes till Manilla sjukhus på Djurgården, och först när han kommit dit löstes första förbandet. Som benet och låret voro uppsvulna som en stock, och maskar uppkommit i den förruttnade bloden och materien, kunde operation icke genast företagas, samt uteblef ock allde-

Skärgårds-flottan.

les. Benet läktes dock småningom, så att han, efter långvarigt sängliggande, kunde hjelpa sig ut på 2:ne kryckor. Nu afskedad, fattig, utan anhöriga och oförmögen att lifnära sig, hade han hos kongl. krigskollegium och på flera ställen sökt få understöd; men då sådant, genom många omvägar, drog ut på tiden, beslöt han att, till vinnande häraf, vända sig till konung Carl XIII, för hvilken han ock fick tillfälle andraga sin nöd och erhöll nådigt löfte att blifva ihogkommen. Nöjd härmed skulle Rehnström på sina kryckor begifva sig ifrån slottet till sitt hemvist; men kommen i slottsbacken slant ena kryckan, foten fick en stöt och det svagt hopläkta benet afbröts ånyo. Härefter intogs han på lazarettet, hvarest han, ett par dagar efter händelsen, på sjuksängen uppsöktes af sin fordna bataljons-chef, kapiten Bökman, som, på nådig befallning, fästade på hans bröst *medaljen för tapperhet i fält*. Med denna ärebetygelse kunde han dock icke stilla sin hunger, eller ersätta förlusten af sitt ben" [1]).

Skärgårds-flottan.

Sedan striden vid *Grönvikssund*, den 30 Aug., hade öfverste-löjtnant *Brandt* i stånd satt sin eskader, efter dess lidna skador vid *Fiskö* hamn, den han lemnade den 10 dennes. Han inlopp derefter först vid *Löpertö* och sedan i *Grönvikssund*.

Här afdelades kapitenen och riddaren *de Bruncke* till *Helsinge*; men hvarifrån han genast fick konungens befallning att afgå till *Kahiluoto* och *Palvasund*, der han inträffade den 15.

[1]) Bidraget, N:o 7.

Skärgårds-flottan; Palvasund den 16.

Samma dag, kl. 2 e. m., stötte *Brandts* avantgarde på Ryssarnes bespejarefartyg; men hvilka drogo sig undan vid första alfvarsamma motstånd.

Brandt utsatte en afdelning kanonslupar vid inloppet af sundet, och blef, med återstoden, qvar ute på fjärden, färdig till strids. Från ett högt berg upptäcktes Ryska flottan, bestående af 40 st. kanonslupar och jollar, rörande sig åt *Åbo* farleden, hvarest den förenade sig med der liggande tvenne flytande batterier, två kutterbriggar, en kutter och ett tremastadt fartyg, samt flera bakom holmar befintliga slupar och jollar.

Denna syn förskräckte den fåtaliga, men tappra Svenska skärgårds-flottans hvarken befäl eller manskap. Tvertom, den eldade deras mod till ett så mycket ihärdigare försvar.

Brandt skyndade att begagna sig af fiendens aflägsenhet för att undersöka sundet, hvilket syntes erbjuda honom en fördelaktig ställning. Alla sund, som kunde begagnas af fienden, besatte han efter behofvet, med flere eller färre kanonslupar, för att derigenom betäcka farvattnet åt *Töfsala* och *Helsinge*, der friherre *Boyes* landstigning skulle ske.

Redan samma afton kl. 8 återkom fienden med hela sin styrka, och lade sig emellan *Satavais* södra udde och *Kahiluoto* sund, midt emot *Brandts* högra flygel. I denna ställning och utsträckande sig i linje, förblefvo Ryssarne till den 16 kl. 4 f. m., då de, i daggryningen, började röra sig. Allt bebådade en allvarsam kamp. Men tjockan hindrade Svenskarne, att se sina motståndares företag och rörelser.

Ändteligen skingrade sig dimman och då upptäck-

Skärgårds-flottan; *Wessberg, Rosensvärd.*

tes fiendens stora antal kanonslupar, hvilka, längs landet, under full fältmusik, närmade sig midt framför *Brandts* linje. En af hans kutterbriggar låg förtöjd i sundet mellan *Satavais* södra udde och *Kurjoluoto*. Dit framryckte de ryska kanonjollarne, öfver och emot Svenskarnes högra flygel, hvilken icke förr än fienden närmade sig inom nickskotthål, öppnade en så häftig och väl riktad stycke-eld, att Ryssarne genast hejdades i sin anfallsrörelse. Under hurrarop framryckte Svenskarnes kanonslupar och drefvo de Ryska tillbaka i deras första ställning. Det skedde under en liflig och mördande eld, då *Brandts* venstra flygel tillika trängde sig fram i linje med södra sundet af *Talismari*, för att hindra fienden att derifrån omringa densamma.

Under den tjocka krutröken, hvilken skymde alla föremål, minskades skottvexlingen å ömse sidor. Emellertid hade fienden gått bakom *Kurjoluoto* udde, i afsigt att tränga sig fram i nämnde sund, emellan *Talismari* och *Tersala* ön. Genom denna rörelse kom *Brandts* venstra flygel emellan tvenne eldar, hvilken den uthärdade med mycken ståndaktighet, likväl utan att vidkännas någon betydlig skada, emedan Ryssarnes skott på det korta afståndet gingo öfver.

Samma Svenska flygel fick vidkännas det Ryska flytande batteriets åverkan; dess granater itände kanonslupen N:o 39, som flög i luften tillika med dess unga befälhafvare under-löjtnant *Wessberg*. Löjtnant *Rosensvärd*, som hade befälet vid denna fördelnings högra flygel, hade nyss förut blifvit sårad, fått sina kanoner skadade och nödgades gå ur linjen.

Saknaden af dessa officerares ordnande närvaro, och

Skärgårds-flottan; *Hjortsberg. Östansjö.*

den bestörtning och försvagning dessa kanonslupars förlust verkade, åstadkom någon förvirring vid denna flygel, hvars återtåg ej heller skedde med fullkomlig ordning, ehuru, till dess vinnande, förstärkning ditskickades.

Den redan tillkämpade fördelen, öfver en till antalet mycket öfverlägsen fiende, måste derföre öfvergifvas och ett allmänt återtåg anbefallas, på det Ryssarnes öfverflygling icke skulle kunna åstadkomma ytterligare förluster.

Återtåget började kl. 10 f. m. och verkställdes med lugn och ordning. Fiendens försök att förfölja afhölls med några säkra skott. Återkomsten till *Grönvikssund* skedde kl. 5 e. m., med för öfrigt oförminskadt antal kanonslupar, utom den i luften sprängda, af hvars besättning 9 man blefvo bergade. Dessutom stupade fanjunkaren vid landtvärnet *Hjortsberg*, som hade befälet öfver den återtagna kanonslupen N:o 42, och en under-officer och 28 man af sjö- och landtmilisen. Sårade: divisions-chefen, löjtnanten vid flottan, *Rosensvärd*, 4 under-officerare och 49 man af sjö- och landtmilisen. Stridens häftighet gjorde att nästan alla kanonsluparne blifvit mer eller mindre skadade; men likväl icke svårare, än att de kunde iståndsättas, samt, i nödfall, äfven genast begagnas.

Ryssarnes förlust var vida betydligare. Ett större fartyg eller örlogskutter samt tre kanonslupar sjönko under sjelfva striden, oberäknadt en mängd illa skadade; en mängd befäl och manskap voro dödade och sårade.

Major *Sjöholm*, som med sin fördelning låg vid *Östansjö*, blef anfallen af Ryssarne vid begge derva-

Skärgårds-flottan; Grönvikssund den 1.

rande sund i södra farvattnen, i förmodad afsigt, att de ville göra sig underrättade om hans ställning och styrka. Det skedde i slutet af månaden, samtidigt med försöket att intaga en holme, hvarpå *Sjöholm* hade en postering af 30 jägare. Dessa försök, som förnyades dagen derpå, blefvo dock afslagne.

Ryssarnes lätta eskader hade, till en del, tagit sin ställning bakom *Kahiluoto* och *Leikkiluoto* landet, och återstoden fördelte sig kring holmarne, öster och vester om farvattnet till *Palva-* och *Grönvikssund*.

Emellertid hade konungen, genom general-order af den 29, befallt, att de till f. d. andra fördelningen af södra Finska hären, nu mera kallad *Åländska* fördelningen, hörande trupper, genast borde återgå till *Åland*, under frih. *Boyes* befäl.

Konungen fortfor att ännu vistas om bord på jakten Amadis, ankrad än vid *Såttungarne* och än vid *Granboda*, med några smärre utfarter till andra ställen inom dess skärgårds-flottas läge.

OKTOBER MÅNAD.

Skärgårds-flottan; Grönvikssund den 1.

I början af denna månad befallde *Gustaf Adolf* kontre-amiralen *Hjelmstjerna*, att, med en del af galer-eskadern, förstärka skärgårds-flottan vid *Grönvikssund*.

Den 8 återkom konungen till *Åland* och tog sitt

Skärgårds-flottan; Leikkiluoto den 1.

högqvarter på *Lemlands* prestgård. Han lemnade nu befälet öfver *Åländska* fördelningen åt general-adjutanten *Peyron*, hvaremot hans företrädare blef tjenstgörande öfver-adjutant vid expeditionen.

Under tiden fortfor skärgårds-flottans ställning och försvar vid *Grönvikssund*, dit den dragit sig efter striden vid *Palvasund*, och fattade stånd, för att afbida den kanonslups förstärkning, hvilken från *Sattlungarne* blifvit hitbestämd. En del af fiendens kanonslupar och jollar lade sig vid *Hakenpää* under *Töfsala*, medan hans större fartyg och återstoden af kanonslupar och jollar voro till reds att rycka ut från *Palvasund*.

Så snart den väntade förstärkningen ankom, befallte amiral *Rayalin* major *Sjöholm*, att, med 22 kanonslupar, taga sin förutnämnda ställning vid *Östansjö*. Detta skedde i sigte af och förbi fienden. *Sjöholm* stängde med stockar de mindre farvattnen i närbelägna sund, bakom hvilka kanonslupar förlades.

Ryssarne nalkades med hela deras öfverlägsna styrka. De större fiendtliga fartygen, 26 kanonslupar och 20 jollar, lade sig vid *Löpö*, emellan begge Svenska kanonslups-afdelningarne, medan några och 30 kanonslupar och jollar framryckte emot major *Sjöholm*.

Den 1 om morgonen öppnade fienden en liflig eld emot en del af Svenska skärgårds-flottan vid *Leikkiluoto*. Denna skottvexling, ehuru mindre häftig, fortfor hela dagen. Svenskarnes förlust bestod i en man dödad och 2:ne slupar lindrigt skadade. Ryssarnes deremot af flere dödade och sårade bland manskapet, samt tvenne slupar illa skadade och en skjuten i sank.

I anseende dertill, att fienden uppförde fyra styckevärn emot Svenska kanonsluparne vid *Leikkiluoto*,

Skärgårds-flottan.

hvaraf ett var på skråhåll, att vid *Helsinge* äfven börjades med dylika värns anläggande, samt att sundet vid *Lehmäkurko* var af den beskaffenhet, att fienden, genom uppförde batterier, kunde instänga de **26** slupar, hvilka derstädes voro förlagde, fann *Rayalin* försigtigheten fordra, att ej längre bibehålla en så äfventyrlig ställning. Han drog derföre dessa **26** slupar bakom *Lehmäkurko*, der belägenheten lemnade tillfälle till ett starkt försvar och der han tillika kunde få ett lättare samband med de öfriga kanonsluparne genom *Löperlö.*

Ryssarne drogo sig i stället med hela sin styrka till *Palvasund*

Nu anhöll konungens tjenstgörande general-adjutant för flottorna, amiral *Rayalin,* hvilken intet ögonblick svikit i uppfyllandet af sin pligt, som klok och modig ledare af flottornas ärofulla händelser, att, i anseende till sin försvagade hälsa, aftagande krafter, mindre rörlighet och således befarade mindre duglighet till den förtroendeplats han innehade, få sluta sin krigarebana. Han var sålunda en af dessa få embetsmän, som icke ville öfverlefva sig sjelf och icke öfverträda den gräns naturen satt för en hvars kraftfulla verksamhet och användbarhet. Krigarebanan och fosterlandsförsvaret fordra och påkalla framför allt en själs- och kroppsstyrka, hvilken sällan finnes hos ålderdomen.

Den **11** ankom kontre-amiralen *Hjelmstjerna* med sin hit bestämda galér-eskader.

Samma dag hade brigad-adjutanten *Losch* återkommit från en undersökning i *Palvasund,* hvarigenom några dagar förut **107** stycken Ryska fartyg dragit sig undan. *Losch* hade fortsatt sin djerfva bespejning, samt ändteligen funnit, att Ryssarnes skärgårds-flotta låg vid *Palois* udde, bredvid *Ersta* fjärden, äfvensom vid *Hangökramp* och kring *Satava* holme; de större fartygen vid *Wäpsä* sund. Man berättade och trodde, att Ryska flottan skulle afgå till *Åbo*.

Sålunda voro äfven de begge rikenas skärgårdsflottors vidare företag af någon anmärkningsvärd beskaffenhet slutade.

Den Svenska hemförde tillfridsställelsen och äran, att en hel sommar hafva, i många blodiga drabbningar, kämpat mot en tre till fyra gångor talrikare fiende, utan att hafva svikit sin bestämmelse och utan att fienden kunnat taga ifrån densamma en enda slup. Ehuru Ryssarne innehade hela Finska kusten på den sidan, kunde deras skärgårds-flotta, hvilken, isynnerhet mot hösten, erhöll en ojemnförlig öfverlägsenhet, likväl icke fördrifva den lilla Svenska eskadern från skärgården utanför Åbo.

Först sedan, hvad nämndt är, Ryska flottiljen dragit sig tillbaka, tvingade den nu mera och särdeles i November månad inträffade stränga vintren, Svenska kanonsluparne att gå till *Ålands* skären och vidare, öfver *Ålands* haf, hem till Sverige, der de hamnade i slutet af November och början af December.

Att så länge och ihärdigt, på öppna kanonslupar, långt från hemlandet, hafva trotsat öfverlägsna fienders blodiga försök och en kall årstids mödor, kan ej annat än lända befäl och manskap till heder. Ibland det förra, och hvilka förut icke blifvit upptagna, förtjena de unga och modiga officerarne *O. J.* och *A. G. Hagelstam* samt *G. Lundstedt* att nämnas.

Att dessa ansträngningar, ökade af brist på klä-

Konungen och gardet.

der, under en med hvarje dag tilltagande köld, samt tidtals äfven brist på föda, hvilken, då den fanns, icke alltid var sund, skulle alstra smittosamma sjukdomar, var naturligt. Denna smitta, jemförlig med pesten, bortryckte längs Svenska stränderna och i sjelfva hufvudstaden högtals af landets ungdom, fosterlands försvarets skönaste hopp, landtvärnet, som vanvårdades af ett otillräckligt eller stundom mindre dugligt befäl, och af brist på läkarebiträde, medikamenter, kläder, föda och sjukhus.

Det oaktadt igenkände man i dessa bistra och smärtsamma tider och tilldragelser det tåliga gamla Svenska mannamodet, att, då det gäller försvaret af fäderneslandets frihet och oberoende, utan förtviflan, ja utan allmänt och högljudt knot underkasta sig, samt till det yttersta uthärda alla dessa och andra krigets, till en del oundvikliga rysligheter.

Konungen och gardet.

Men innan vi sluta den *Åländska* fördelningens händelser under detta års fälttåg, återstår att omtala det oväntade öde, som öfvergick gardes-regementerne till fot.

Konungen, som i sina krigsföretag gjorde den ena obetänksamheten efter den andra, samt icke insåg sina egna misstag i de planlöst och plockvis företagna landstignings-försöken, sökte utom sig sjelf en orsak till deras misslyckande.

Denna menniskosinnets benägenhet, att, så vidt möjligt är, söka befria sig ifrån de fel man kan kasta på andra, understöddes här af en dunkel aning hos konungen, att misstag voro begångna vid utförandet af dessa landstigningar.

Men hvari de bestodo, liksom den egentliga orsaken till dem, hade den eljest rättrådige konungen ej nog skarpsinnighet att inse. Hans omdöme missleddes dessutom otvifvelaktigt af någon, kanske af den, som närmast hade ledt den sista landstigningen, och således främst och ensam bordt ansvara för utgången, då han hvarken försökte eller kunde, åtminstone offentligt, skylla den på någon annan [1]).

En befälhafvare, som oftast ensamt får uppbära äran af lyckliga företag, undandrager sig icke heller, om han är rättvis och har blott en gnista af sann själsstorhet, att personligen ansvara för de misslyckade, äfven då ett eller annat ofrivilligt misstag eller felsteg är begånget af hans underlydande.

Deras anseende är honom lika kärt som hans eget; och då det gäller att endera, han eller de, måste vidkännas dem, drager han ej ett ögonblick i betänkande, att helre låta ett, förtjent eller oförtjent, missöde öfvergå sig sjelf än dem. Uti intet fall och för intet pris undandrager han sig åtminstone att dela deras öde, om han ej skulle kunna eller få emottaga orättvisan ensam. Och minst af allt låter han bruka sig till medel att vanära dem han med ära anfört.

---

[1]) I första öfverraskningen ville konungen ställa öfver-adjutanten *Lagerbring* till ansvar för den misslyckade utgången, förmodligen derföre, att han, redan i förhand, hade gjort konungen uppmärksam på omöjligheten att verkställa hans föreskrifter. Men i detta hänseende måste friherre *Boye* göra de kraftigaste föreställningar, hvilka öfvertygade den eljest oböjlige konungen. Att straffa den dugligaste, den, som tvenne gångor dagarne förut hade slagit fienden, och som den sista dagen utvecklat de mest utmärkta krigare egenskaper, den största ihärdighet, den lifligaste tapperhet, hade varit en alltför uppenbar ej blott orättvisa, utan äfven dårskap, hvilket icke kunnat undgå att väcka det vådligaste missnöje.

Detta sednare gäller icke kontrasignenten 1) af följande konungabref till Åländska fördelningen:

"Konungens nådiga vilja och befallning är: att, som ej utan största oordning, reträtten den 23 September ifrån *Wiais* till *Helsinge* blifvit verkställd af *lifgardet till fot, Svenska gardet samt Finska gardet*, i det de ej uppfyllt deras ovilkorliga pligt, att, genom ett kraftigt motstånd, uppehålla fienden och rädda artilleri-pjeserna, då Kronobergs regemente deremot till det yttersta försvarade embarkeringen: och Kongl. Maj:t ej anser lämpligt att de, efter detta deras uppförande vidare fortfara som gardes-regementen, så har Kongl. Maj:t i nåder stadgat och befallt, att de upphöra vara gardes regementen och komma att hädanefter bära namn af deras chefer."

"För detta Svenska gardet upplöses samt fördelas att komplettera dessa båda förenämnde regementen, och det befäl, som derigenom blifver öfverflödigt af f. d. Svenska gardet, får tills vidare, till dess de uppå andra regementen kunna på stat placeras, åtnjuta deras löner."

"Högqvarteret Lemlands prestgård den 12 October 1808."

"GUSTAF ADOLPH.

Af Mellin."

Likväl hade äfven denne kontrasignent, ehuru hos en enväldig konung, bordt, genom sin vägran att deltaga i utförandet af ett sådant beslut, lemna all den moraliska vigt, som var möjlig, till fästande af konungens uppmärksamhet på det olämpliga och möjligen orättvisa förfarandet, att, utan föregången undersökning, på blotta förmodanden eller lösliga uppgifter, skymfa och bestraffa trenne regementer, hvaraf många, isynnerhet af befälet, icke voro närvarande, ej ens på sam-

---

1) Hvilken veterligen aldrig personligen deltagit uti krighändelserna.

ma trakter, der felsteget ansågs begånget. Helt annat hade förhållandet varit, om konungen personligen deltagit i dessa händelser, samt kunnat derpå grunda sitt domslut; då hade han ej gjort annat eller mer än hvad Fredrik den store och Napoleon någon gång verkställde, men det skedde omedelbart under eller straxt efter vapenskiftet (ej hela fjorton dagar efteråt, såsom detta Gustaf Adolfs förfarande), och alltid villkorligt, då den dömande neml. hoppades och påräknade, att de bestraffade skulle, vid nästa blodskamp, genom ett motsatt uppförande, återvinna hvad de nu förlorat.

Men ej nog härmed, sjelfva öfverbefälhafvaren vid *Helsinge* och tillika öfver de nu nedsatta regementerna uppdrogs och undandrog sig icke att allmängöra följande brigad-order:

A) "Enligt Kongl. Maj:ts nådiga befallning, aflemna för detta gardes-regementerna deras härvarande fanor, till befälhafvande general-adjutanten på Åland, som tills vidare förvarar dem i sitt qvarter."

"Högqvarteret Grälsby den 15 October 1808. På befallning *Boye*. Konungens tjenstgörande öfver-adjut. för expedition."

B) "Enligt Kongl. Maj:ts nådiga befallning skola officerarne vid f. d. gardes-regementerna genast aflägga de hvita plymerna och anlägga gula, så fort möjligt är. Den 1 December afläggas de hittills nyttjade uniformsknappar, och anläggas släta, hvita, kupiga knappar; under-befälet och truppen aflägger de hvita ståndarne och erhåller framdeles gula. De vapenplåtar, som hitintills äro nyttjade på hattplåten, afläggas."

"Högqvarteret Grälsby den 16 October 1808. På befallning *Boye*. Konungens tjenstgörande öfver-adjut. vid expedition."

Dessa konungens straffdomar väckte en allmän bestörtning, isynnerhet hos den talrika del af gardesofficerare, hvilka under hela fälttåget icke åtföljt deras regementes fanor, utan långt ifrån den Åländska fördelningen, vid rikets öfriga gränsor, blödde för konung och fosterland, icke ens anande, att deras kamrater tågat åt *Helsinge* och dervid åsamkat sig sjelfve och dem en skymf, medan desse frånvarande, genom sitt mod och sina bedrifter, erhållit hederstecken och belöningar.

De vid *Helsinge* närvarande kunde icke heller förebrå sig, att hafva åsidosatt en enda af sina pligter. De hörsammade likväl konungens bud och lemnade ifrån sig, utan motsträfvighet, de fanor, dem de troget följt och med lif och blod försvarat.

Major *J. W. Tornerhjelm*, hvilken i sex och tjugu år tjent vid lifgardet till fot, och hvarvid han, i egenskap af bataljons-chef, under händelserna vid *Wiais* och *Helsinge*, trott sig hafva fullgjort sin pligt, hoppades på lagens hägn och Konungens rättvisa, åtminstone i den grad, att det ej skulle förnekas honom en laglig undersökning öfver hans förhållande. Han aflemnade derföre, genom konungens tjenstgörande general-adjutant, följande underdåniga memorial: "Hos E. K. M. anhåller jag i djupaste underdånighet, att mitt uppförande, såsom befälhafvare för bataljonen af E. K. Maj:ts lifgarde till fot, under retraiten från *Wiais* till *Helsinge* den 28 sistl. September, måtte inför krigsdomstol lagligen blifva pröfvadt, till utrönande huruvida jag vid något tillfälle uraktlåtit uppfylla mina pligter eller försummat verkställa de ordres, som mig blifvit meddelte."

I samma begäran förenade sig fördelnings-befälhafvaren, öfversten, friherre *Fleetvood*, samt bataljonschefen vid Finska gardet, majoren och riddaren *Åkerhjelm*.

På dessa lika rättmätiga som billiga önskningar, behagade konungen meddela följande svar:

"Då det af händelserna och utgången vid ifrågavarande tillfälle, all den upplysning vunnits, som Kongl. Maj:t till kännedom af förhållandet i allmänhet och till grund för dess redan vidtagna beslut, ansett erforderligt, finner Kongl. Maj:t icke nödigt förordna en undersökning, som vid slik beskaffenhet är öfverflödig: varandes det dock öppet för en hvar, som det åstundar, att vid vederbörlig domstol erhålla den undersökning, hvartill han enligt lag och krigsartiklar kan vara berättigad. Högqvarteret Lemlands prestgård den 18 October 1808."

"GUSTAF ADOLPH.

Fredr. Gyllenborg." [1])

Om annan *vederbörlig* domstol än den krigsrätt, hvarvid de hos konungen begärt, hoppats och väntat att få sitt uppförande upptaget, undersökt och pröfvadt, kunde ingen lemna dem kunskap.

Det var nu uppenbart, att man förgäfves skulle söka ytterligare upprättelse i ett mål, som konungen icke ville hafva närmare utredt och upplyst. Och detta förhållande kunde icke annat än både befästa och öka

---

1) Det är märkvärdigt, att en så rättrådig tjensteman, som dåvarande generalauditören, sedermera justitie statsministern, grefve *Fr. Gyllenborg*, kunde kontrasignera ett så beskaffadt beslut, utan att deruti hänvisa till den domstol, som skulle vara *vederbörligare* än den klaganderne uppgifvit. Konungen var visserligen, enligt grundlagarne, nästan enväldig; men om generalauditörens underdåniga föreställningar icke blifvit hörda, hade han bordt befästa deras moraliska värde och orubblighet genom uppoffring af sitt embete, helre än att vara deltagare i ett så rättsvidrigt domslut, som det att neka en laglig undersökning af de ohördan dömdes förhållande.

det allmänna missnöje, hvilket redan egde rum bland den Åländska fördelningens befäl och manskap.

Ännu lefde hos en och annan en gnista af hopp, i anledning af den befallning öfverbefälhafvaren, öfversten, friherre *Boye* erhållit, att i underdånighet förklara sig öfver artilleri-brigad-chefen, öfverste *Palms* rapport [1]), som man förmodade hafva varit orsaken till konungens missnöje med garderna, ehuru *Palm* icke med ett ord vidrört deras förhållande vid detta tillfälle.

Denna förklaring är daterad *Grälsby* den 19 Oktober; men innehåller föga annat, än hvad hans rapport af den 29 September om sjelfva striden och återtåget upptager, och hvaraf det, som öfverensstämmer med *Lagerbrings, Hedenstjernas, Fleetvood, Tornerhjelms* och *Lagerbjelkes* rapporter samt andra trovärdiga uppgifter, här förut blifvit anmärkt.

---

1) Den har följande lydelse: "Sedan jag kl. 8 f. m. var vid Wiais högqvarter och efter vanligheten anmälte mig hos befälhafvaren, fick jag genast order att bestyra om 50,000 infanteri-patroners afsändande till arméen, för hvilken orsak jag måste begifva mig till Helsinge, för att bestyra om verkställigheten deraf; och qvarblef der; så snart jag genom kommande manskap fick höra talas om reträtt, lät jag straxt hala artilleri-skutorne till den enda brygga som fanns, eller i anseende till den långgrunda stranden kunde anläggas, samt lät utan order börja embarkeringen. När en trepunding var ombord samt en sexpunding på relingen, kom ändteligen order genom stabs-adjutanten löjtnant Lefren om embarkering. Denna fortsattes med all möjlig drift; men alla omständigheter förenade sig att åstadkomma den betydliga förlust, som är skedd. Arméens hastiga reträtt om bord, fiendens påträngande och slutliga nödvändigheten att berga hvad som kunde bergas, gjorde, att när Ryska Kossackerna nalkades, endast 5 st. sexpundingar med en lavette och förställare, en åttapundig haubits och en trepunding blifvit bergade, samt någon ammunition tagen ur vagnar och lådor, samt buren om bord. Att kunna uppgifva ett förslag, är för närvarande omöjligt, då trupper äro blandade på alla fartyg och en general-öfversigt måste föregå. Största delen artillerihästar med anspann äro bergade; dessutom är största delen af haubits-batteriets reserv ammunition bergad på serskildta fartyg. Alla officerarne hafva utmärkt sig med drift och rådighet; men på så kort stund kunde ej mer uträttas, och artilleri-fartygen voro de sista, som under fiendens kanon- och infanteri-eld lemnade stranden. Om bord på skutan Anna Katrina den 29 September 1808. *J. A. Palm*."

Äfven i denna förklaring vitsordar han lifgardets till fot, liksom Svenska och Finska gardets välförhållande, ej mindre under striden än vid återtåget. Endast på öfverste *Palm* söker han hvälfva skulden af så många kanoners förlust, genom den långsamhet, hvarmed denne besörjt artilleriets embarkering. Likaså söker friherre *Boye* göra det troligt, *"att artilleri brigad-chefen åtminstone icke under fiendens infanteri-eld embarkerade, hvilket likväl dess rapport innehåller."*

Dessa olika tankar angå väl icke hufvudsaken: gardernas bestraffning, derför att de, enligt konungens förmenande, med största oordning gjort återtåget ifrån *Wiais* till *Helsinge*, samt ej uppfyllt deras ovillkorliga pligt, att genom ett kraftigt motstånd uppehålla fienden och rädda artilleri-pjeserna; men många läsare torde dock önska känna det sanna förhållandet, hvarom friherre *Boye* och öfverste *Palm* lemnat skiljaktiga uppgifter.

Då den sednares rapport innehåller, utan att någon ens försökt att motsäga, mindre kunnat vederlägga det, att han utan befallning, på blotta berättelser af de från striden ankomne, att återtåget hade vidtagit, lät börja artilleri-pjesernas undanskaffande och redan hade några stycken om bord, samt ett på relingen när befallning om embarkering ändteligen anlände, så är det otvifvelaktigt att öfverste *Palm* ingenting försummat. Deremot synes det hastiga återtåget och det mindre ordentliga begagnandet af de få båtar, som voro att tillgå, hafva förorsakat oredan vid embarkeringen och förlusten af folk och kanoner.

Öfverbefälhafvarens rapport strider väl emot detta förhållande, liksom i uppgiften på fiendens styrka. Han föreger, *"att den utgjorde något öfver 12,000 man, med några och* 40 *artilleri-pjeser."* Det är redan förut anmärkt, att detta antal ej uppgick till 6,000 man, med 10 kanoner. Missförhållandet emellan Ryssarnes och Svenskarnes styrka var derföre sällan så ringa, som vid detta tillfälle, då de sednares utgjorde något öfver 3,000 man.

Hans uppgift, att återtåget från *Wiais* både börjades och fortsattes med ordning och långsamhet, liksom att försvaret vid landstigningsstället var ordnadt och uthålligt, är uppenbart stridande mot sanna förhållandet, då han, i major *Tornerhjelms* försvarsskrift, sjelf nödgats intyga rigtigheten af dennes upplysning: att han och *Lagerbjelke* icke erhöllo befallning till återtåg med lifgardet till fot och gardes-regementernas jägare, förrän hufvudstyrkans reträtt redan börjat, hvarigenom de förra voro afskurna och måste frälsa sig genom skogen till landstignings stället.

Major *Tornerhjelm* yttrar således i nämnde försvarsskrift, med fullkomlig rigtighet, att lifgardet till fot så mycket mindre kunde vara vållande till artilleripjesernas förlust, som det vid affärens första början fick sin stridsplats i skogen, der intet artilleri kunde åtfölja. Regementet blef sedan, under dess återtåg genom skogen, skildt ifrån den öfriga hären och såg icke ens några kanoner, förr än vid *Helsinge,* hvarest deras betäckning hvarken blef gardet uppdragen, eller detsamma befaldt att vara behjelpligt vid deras inlastning [1]).

---

[1]) Detsamma vitsordar också numera general-löjtnanten, friherre *Lagerbring*, då han uppger, att "garderna icke hade det minsta att göra med artilleriets embarkering, utan gingo sjelfva om bord, enligt öfversten, friherre *Boyes* uttryckliga befallning, på en annan sida, så att de icke en gång kunde se huruvida kanonerna voro på fartygen eller ej, samt behöfde så mycket mindre dermed befatta sig, som ingen flende då ännu fanns vid sjelfva Helsinge." — Bidraget, N:o 6.

Tvertom befallte öfverbefälhafvaren, enligt sin egen uppgift, garderna att genast embarkera. Deremot ställdes Kronobergs regemente och Vestmanlands varjerings bataljon [1]), att både utgöra arriergarde och kanonbetäckning.

Allt detta bevisar, att gardet icke hade någon befattning med kanonerna, och kunde således ej ansvara för förlusten af dem, och likväl straffades de för en olycka, hvartill de så mycket mindre kunnat vara förvållande, som den inträffade sedan dessa regementen, enligt öfverbefälhafvarens bestämda befallning, redan gått om bord.

Efter granskningen af dessa förhållanden är det visst icke längre tvetydigt, af hvem ansvar med någon rättvisa bordt och kunnat utkräfvas, för denna dags olyckliga utgång, om det nödvändigt skulle äga rum denna gången mera än de föregående, då landstignings eller andra företag misslyckades [2]).

Det var naturligt, att den orättvisa hvarmed, konungen så obetänksamt behandlade gardes-regementerna, sedan friherre *Boyes* förklaring icke heller uträttade något, på det högsta skulle förbittra dess närvarande och isynnerhet dess ännu mera oskyldiga, frånvarande medlemmar af befälet, hvilka hade till föräldrar, anförvandter och vänner rikets mest ansedda och förmögna ätter. Deras hederskänsla, den upplysta menniskans ömmaste egendom, var djupt sårad, och då härtill lägges den förut afkylda tillgifvenheten, hos dessa mägtiga slägter, för konungens person, så kunde allt detta ej annat än kraftigt förbereda och påskynda de händelser, hvilka inträffade i Mars månad påföljande året.

---

1) Att dessa trupper och deras befäl äfven uppfyllt sin pligt, är förut omnämndt.
2) Neml. af den, som förde öfverbefälet.

Missnöjet öfver hans egensinniga och despotiska förhållande på Åland i de minsta småsaker, var redan så allmänt, att mången trodde att han, af fruktan för följderna deraf, helst hade sitt högqvarter om bord, samt, på de sednare tiderna, helre på *Lemlands* prestgård än vid *Grälsby* kungsgård.

Efter gardets beskymfning, hvilket verkade en stor förbittring och ett djupt rotadt hämdbegär, isynnerhet hos dess yngre befäl, gick ett rykte, att man redan på Åland ernat afsätta konungen. Den del af äldre befälet, som hade det yngres förtroende, lärer dock lyckats att förekomma hvarje tanke på våldsamhet, samt till och med hvarje offentligt utbrott af missnöjet [1]).

Det är ovisst huruvida någon dunkel kännedom af detta förhållande, hvarom konungens omgifning ej bordt hafva särdeles svårighet att erhålla kunskap, ty en och annan lärer ganska oförbehållsamt hafva uttalat det rådande tänkesättet, eller om den kalla årstiden påskyndade konungens afresa från Åland. Det säkra är, att konungen helt oförmodadt beslutade återvända till sin hufvudstad, der han, efter fyra till fem dagars dröjsmål på hafvet, för vidriga vindar, inträffade den 4 November.

---

1) Det var isynnerhet den befälhafvande general-adjutanten, öfverste *Peyrons* kloka och försonande förhållande, som verkade fördelaktigt och återhöll hvarje mera högljudt yttrande; anmärkningsvärdt är likväl, att konungen, sedan den 8 (enligt friherre *af Wetterstedts* bref af samma dag) tänkt på hvarjehanda underliga saker, såsom: "att sammankalla riksdag för att fråga om man ville hafva fred eller icke, och på hvad vilkor den kunde beviljas", samt att det till och med undfallit konungen något yttrande om thronafsägelse, "men på allt detta kan ej synnerligt afseende göras." Förut hade konungen, ehuru utan framgång, gjort ett hemligt försök att få fred med Danmark, dit öfverste *Borgenstjerna* i all tysthet afsändes. — Huru ohjelpligen konungen hade förlorat allt anseende, bevisar sig deraf, att grefve *Buxhoewden* icke emottog ett bref, innehållande en framställning om fångars utbyte, utan hänvisade hvarje meddelande, att ske genom öfverbefälhafvaren för Finska hären.

Andra delen.

Klingsporska hären.

Så slutades konungens och dess Åländska fördelnings fälttåg för detta år.

De qvarblifne trupperna intogo vinterqvarter, emedan Ryssarnes verksamhet på detta håll upphörde samtidigt med Svenskarnes.

Klingsporska hären.

Vid Klingsporska hären var hela denna månad en ingalunda obehöflig, ehuru för fälttågets utgång skadlig hvilotid, för de af strider och mödor samt det sednaste återtåget afmattade trupperna och deras ej mindre hårdt bepröfvade befäl [1]).

---

1) Då föga annat märkvärdigt är att anföra om Klingsporska hären, torde några karakteristiska drag om general-majoren *von Döbeln* här upptagas. Uppgiften är lemnad af en utaf hans tappra Björneborgare, så lydande:

"Då *Döbeln* först emottog befälet öfver andra fördelningen, visade han sig kärf och sträng, ett frånstötande sätt, hvilket Björneborgs regementes officerare icke voro vane att finna hos sina chefer. Under Siikajoki affären skrek han en gång, då en lucka skulle fyllas i en jägarked: "*om jag nu hade här en bataljon af mina Nyländningar!*" — En ung officer, stött öfver hans misstroende, svarade: "*Herr öfversten kan skicka dit ett kompani Björneborgare, så vinnes samma ändamål.*" *Döbeln* fixerade sin man; skarpt öga mötte hans. — "*Marsch herre!*" skrek han åter. Utan betänkande kastade sig den unge officeren, med sitt folk, i de djupa snödrifvorna, vältrade fram till det anvista stället, och uppfyllte allt hvad öfversten der kunnat önska. Denna lilla sak och den esprit de corps *Döbeln* snart kunde märka hos officers corpsen, gjorde hans bemötande mera varsamt."

"Sedan Finska hären drifvit Ryssarne tillbaka och hunnit fram till Gamla Carleby, fick andra fördelningen befallning att som förskara gå och undersöka fiendens ställning i Ny Carleby. Uppbrottet skedde om natten, och hela natten måste truppen marschera utan minsta hvila. Ändteligen tilläts en liten rast om morgonen. En trumslagare, som *Döbeln* sjelf ställde ut, borde vara färdig, att, vid första vink, slå marsch. Folket satte sig ned utmed landsvägen och började frukostera ur sina renslar; i en stor träskål bereddes punsch åt officerarne på frukosten. *Döbeln* endast sysselsatt med sina funderingar, vandrade fram och tillbaka på landsvägen och snusade. Knapt var en half timma förliden och alla ännu sysselsatte med sin måltid, förr än *Döbelns* röst dundrade: "marsch!" Som blixten

Under detta återtåg, då manskapets proviantering måste ske från de längs hafskusten följande fartygen, berodde uppfyllandet af denna vigtiga del af härens behof, på de personers drift och omtanke, som dermed hade befattning. Uppdragen att besörja fyllandet af förråden och utredningsbehofven, att vårda och medföra

sprungo några officerare upp och bemägtigade sig trumslagare och trumma, ett kläde kastades öfver trumman och punschskålen ställdes derpå. Trumslagaren fick undangömd börja sin frukost. Då ej, efter några förnyade rop, någon trumma hördes, började *Döbeln* gifva hela sitt missnöje tillkänna, och med vrede försäkra, att han aldrig mera skulle rasta under någon marsch. Emellertid rördes med ifver i punschbålen och när den var färdig, gingo några officerare fram och frågade hvarföver herr öfversten oroade sig? "Den förbannade trumslagaren har rymt", skrek han. — "Är det ej annat", svarade tvenne officerare, som fattade honom kraftfullt under hvardera armen, "*så kunna vi snart lemna upplysning härom.*" Förundrad, men fasthållen, följde *Döbeln* ogerna dit han fördes. Han möttes snart af hela officerscorpsen, som med största höflighet bad honom vara välkommen. Medan öfversten började ett alfvarsamt förmaningstal om pligt och skyldigheter, framräcktes åt honom en snusdosa. Utan att afbryta sitt tal, stoppade *Döbeln* fingrarne i dosan; men förvånad fann han sig hafva doppat dem i punsch. Hans första ord, sedan han sansat sig, var: "*det var en qvick idé!*" Nu visades vakttrumman der den stod som bord under punschbålen, hvar och en täflade att från sina renslar tillbjuda honom frukost. Sansad och mild tog *Döbeln* den med punsch ifylda dosan och ropade: "*Skål kamrater!*" med ett allmänt hurra besvarades denna skål. Han satte sig i vår krets, åt från våra renslar, drack af våra punsch och tillät att ännu en ny bål brygdes. Vid detta tillfälle knöts det förbund af vänskap och tillgifvenhet, som under kriget utmärkte *Döbeln* och Björneborgs regemente. Sällan har någon chef varit bättre lydd, och sällan har någon corps haft mera förtroende till sin chef. Den enkla anledningen härtill var en — frukost, som på lämplig tid tillböds och med klokhet antogs."

Under den första vapenhvilan med Ryssarne, förlorade vi honom. Det var en oersättlig förlust. Utnämnd till general-major och chef för arméen på Åland, reste han ifrån oss i Oktober. Jag slutar med *Döbelns* afskedsbref till Björneborgs regementes officerscorps.

Till Björneborgs regementes herrar officerare!

Kongl. Maj:t har i nåder gifvit mig general-majors benämning — denna, jemte förut äretedda nådiga vedermälen, har jag att tillskrifva mina alltid vördade kamraters tappra krigsförtjenst — den största, den märkvärdigaste ett regementes krigshistoria nånsin kan framte! Älskade kamrater och vänner! emottagen den uppriktigaste, den aktningsfullaste tacksägelse, den jag eder är skyldig, den jag, som ett värdigt föremål för och hugkomst af eder, min lefnads hela tidlängd skall förvara! Konungen har nådigt befallt mig resa till Åland. Ack! hade mitt öde fått vara att qvarblifva hos eder!!! Denna skilsmässan vid fortsättningen af kriget är tungt för mitt hjerta;

de sjuka utgöra, isynnerhet uti ett land fattigt på folk och tillgångar och särdeles under hastiga återtåg, lika ansvarsfulla, som mödosamma och vanligen föga tacksamma eller nog hedrade kall.

De, som under detta fälttåg och dess olika öden, i dessa hänseenden, med beröm uppfyllt sin pligt, böra icke längre glömmas. General-intendenten, öfverste *Jägerhorn*, kammarrådet *Nyberg*, öfver-jägmästaren *Klingstedt* (hvilken sistnämnde med utmärkt drift gått krigs-kommissariatet tillhanda), förråds-intendenten, öfverste *Silfverhjelm*, sjukhus intendenten, öfverste *Platen* och förste fältläkaren *af Bjerkén* förtjena den fullkomligaste rättvisa för sina bemödanden, att ej vid något tillfälle hafva svikit härens och dess befälhafvares billiga anspråk.

Sedan fältmarskalken, grefve *Klingspor* slutligen äfven sjelf funnit, att han var för gammal, sjuklig och otjenlig till härförare i ett krig, som erfordrade de största möjliga själs- och kroppskrafter, uppfyllde han konun-

---

mitt enfaldt sätt att vara, och det ni bäst känner — var öfverensstämmande med eder tillgift och vänskap. Nu förestår ett vidsträcktare befäl vida öfver min förmåga; jag saknar till en början dervid, vänskap af kamrater och värdiga medhjelpares biträde. Bland eder — och med eder — ägde jag allt — och allmagten är mitt vittne, att jag i förtid känner tyngden af den distination mig är anbefalld. Mig återstår att innesluta mig i allas eder vänskap och den utbeder jag mig, städse gör jag mig hopp om — och glädes att tro detsamma mig förunnas. Den högste välsigne eder för hvar stund vi varit tillsammans; måtte krigets snara slut ge oss tillfälle, att ännu kunna råkas i fredliga — sälla yrken!!! Måtte krigets faror afvändas från ett tappert, troget folk och deras förtjenta stridsmän; måtte mina vördade Björneborgs kamrater tillegna sig, och agreera min hjertliga tacksamhet för vänskap, bekantskap, tjenstetid — och de belöningar ni mig förvärfvat!!! Måtte ni ock, en för alla och alla för en — vara öfvertygade om den vänskap, tillgifvenhet och högaktning, hvarmed jag har äran vara.

Björneborgs regementes officerares, vördade kamraters

ödmjuka och högstförbundna tjenare

G. v. DÖBELN.

Brahestad den 24 October 1808.
(Bidraget, N:o 30.)

Klerckerska hären; Sandels fördelning.

gens nu anlända formliga befallning att afresa till Stockholm [1]).

I hans ställe utnämdes till öfverbefälhafvare, den icke mindre ålderstigne, men mera själsraska och modigt sinnade generalen *af Klercker*, ehuru äfven han var för gammal och svag, att föra ett sådant befäl under nu förestående förhållanden.

Fastän det hörde till ett af stilleståndsvilkoren, att ingen rubbning af trupperna skulle ega rum inom de begge härarne, måste dock fjerde fördelningen [2]) genast afgå till att förstärka *Sandels*, och således utan tidsutdrägt, marschera 33 mil, för att hinna till sin bestämmelse.

Sandels fördelning.

Emellertid hade *Sandels* börjat sitt återtåg från *Alapitkä*, för att fatta stånd vid *Palois* pass, der han, under föregående sommar, förberedt sig ett försvar, som kunde trottsa hans motståndares numera sjudubbla

---

1) Bidraget, N:o 21, förmodar, att afslutandet af stilleståndet hade gemenskap med denna resa, jemte det att *Klingspor* trodde, att han kunde öfvertyga konungen, att hoppet om Finlands återeröfring numera vore fruktlöst; att konungen således antingen borde sluta fred eller låta sin krigshär draga sig undan till Sverige. — Det är förut anmärkt, att *Klingspors*, både intellektuelt och materielt svaga krafter, voro följder ej blott af hans höga ålder utan också af hans lefnadssätt. Han hade derföre längesedan bordt veta, att det fordras en stark själ i en härdad kropp, och denna jernhälsa, utan hvilken det ej kan finnas några hjeltar. Hans afresa skedde på befallning, ehuru man derom icke lemnade någon offentlig upplysning, utan tvertom dolde den för alla, utom generaliteten.

2) Hvilken nu var så sammansmält, att af hela Savolaks infanteri ej kunde bildas mera än 2 små bataljoner, af 3:ne Savolaks jägare-bataljoner blott en, och likaså 1 bataljon af hela Karelska jägare-korpsen. De Savolaksare, som varit med öfverste-löjtnanten *von Fieandt*, voro nu återkomne och häri inberäknade.

talrikhet. Han var ännu icke kommen dit, då han erhöll del af den vapenhvila, som den 29 September afslöts emellan grefvarne *Klingspor* och *Kamenskij*, hvaruti stadgades, att *Sandels* skulle draga sig tillbaka norr om *Idensalmi* kyrka.

Sandels, som ogerna ville lemna sitt väl befästade *Palois*, öppnade genast en underhandling med sin motståndare, general-löjtnanten *Tutschkoff* 1, för att, på ett eller annat vilkor, få behålla denna sin fasta ställning. Men alla försök att vinna detta ändamål voro förgäfves. *Tutschkoff* åberopade sig ordalydelsen i de afslutade stilleståndsvilkoren, hvari han lika litet ville, som trodde sig kunna medgifva någon jemkning.

Det syntes ej mindre af detta nekande, än af andre undfallne yttranden, att hufvudföremålet med ifrågavarande vapenhvilan var endast att få *Sandels* ifrån detta, äfven af Ryssarne ansedda, ointagliga ställe, och derjemte vinna så mycket tid, att de kunde samla sina skaror och skaffa dem lifsmedel, obehindradt för alla Rothiska öfverraskningar, för att straxt derpå med ökade, förenade och hvilade krafter anfalla och tillintetgöra sina motståndare.

Sandels, som genast insåg detta förhållande, om hvars vigt hans misslyckade underhandling ytterligare öfvertygade honom, beredde sig att snart få vidkännas följderna deraf.

Jemte det hans trupper intogo hviloställen i *Pardala* och *Walkiais* byar, lät han genast uppföra styckevärn på norra sidan om *Wirta* bro.

Det dröjde också icke länge, innan han blef förvissad om osvikligheten af sina beräkningar, då han, — icke hufvudhären, der vapenhvilan var afslutad — den 19 emottog följande bref, i öfversättning så lydande:

"På erhållen befallning af commenderande generalen, grefve *Buxhoewden*, att uppsäga det stillestånd, som var afslutadt emellan Svenska och Ryska norra arméerna, får jag härmedelst underrätta eder, herr brigad-chef, att i dag åtta dagar till kl. 1 e. m. fiendtligheterna begynna ånyo; hvarom jag, enligt conventionen, bordt underrätta Svenska arméen."

"Jag har äran vara med största högaktning m. m.
Tutschkoff,
General-löjtnant m. m."

"Högqvarteret Savojärvi,
Onsdagen den 7/19 Oktober 1808."

Sandels afsände ett ilbud till Svenska högste befälhafvaren i *Lohto*, på det han skulle erhålla tidig kännedom derom. Och då uppsägningen icke ägde rum vid hufvudhären, hade det icke bordt undgå *Klerckers* uppmärksamhet, hvad som åsyftades med den endast för *Sandels* gällande uppsägningen, nemligen fria händer för Ryssarne, att med förenade krafter kasta sig på honom, utan att, under tiden blifva oroade af Svenska hufvudhären, hvilken, i fall *Sandels* blef slagen, var nödsakad att fly från sin befästade ställning för att ej blifva afskuren.

Fiendens afsigt var uppenbarligen den, att med samlade krafter slå en i sender, *Klercker* eller *Sandels;* och som den förre nu innehade en stark ställning, skulle den sednare först anfallas. *Klercker* skyndade derföre att förekomma sin motståndare, derigenom att han den 2 uppsade stilleståndet.

Sandels påskyndade emellertid fjerde fördelningens ankomst [1]). Öfverste *Aminoff* förde befälet öfver

---

1) Förenad med den femte intogo de samfäldt den fjerdes nummer under *Sandels* befäl, jemte kapiten *Sahlsteins* frivilliga kompani. Denna flock, såsom min-

densamma, och hade nyss kommit till *Pulkkila*, der han, efter den långa och besvärliga marschen, i en svår årstid och på djupa vägar, hoppades få en behöflig hvila åt sina utmattade tappre Savolaksare. Den räckte blott till påföljande dag, då befallningen ifrån *Sandels* anlände till uppbrott, hvilket genast verkställdes och marschen fortsattes med den skyndsamhet, att *Aminoff* tillryggalade 10½ mil till den 27 sent om aftonen, då han inträffade i *Walkiais*. Men som den blodiga kampen vid *Wirta* bro redan var afgjord, måste denna trupp (utom Savolaks jägare, hvilka fortsatte marschen till slagfältet), samma natt återvände till *Wierimä*.

Redan den 26 förmärktes, att Ryssarne beredde sig att anfalla *Sandels*. Deras skaror närmare sig *Idensalmi* kyrka, hvaromkring de lägrade sig på e. m.[1]).

På det han måtte få en säkrare upplysning [2]) om deras förehafvande, afsände *Sandels* den 27 middagstiden (kl. 12) kapitenen och riddaren *Brusin* till general *Tutschkoff*, under förevändning att aflemna några enskildta bref och efterfråga den såsom illa sjuk efter-

---

dre öfvad och vapenför, uppdrogs uppförandet af förskansningar vid *Ntilek-sensaari* pass, hvilket kapiten *Paldani* nu skulle befästa, för att vara en säker tillflykt för *Sandels*, som alltid tänkte på framtiden.

1) Emellan förberedelse dagarne till den förestående drabbningen, lefde Svenska och Ryska befälet, så väl nu som förut vid *Toivola*, ganska förtroligt med hvarandra. Den 23 voro både *Sandels* och flere officerare af hans fördelning, i följd af bjudning, hos general *Alexejeff* på Idensalmi prestgård. Ibland dessa officerare befann sig äfven kornett *Nandelstadt*, densamme som på isen vid *Kuopio* fick sju sår och för hvars frälsning, under en af landstigningarne vid *Kelloniemi*, flere man stupade vid förf:s sida uti hans båt. Denne *Nandelstadt* hade blifvit så väl bemött på dagens Ryska kalas, att hvad deras kulor och svärd ej kunnat uträtta, det gjorde deras punschglas. Han red neml. på återvägen uti mörkret ned i *Wirta* ström och drunknade. En ärofullare död hade en så tapper officer kunnat och bordt erhålla.

2) Tillika skulle aflidne fanjunkaren *Schlyter*, vid Karelska dragonerna, begrafvas på Idensalmi kyrkogård; men liket måste i största hast nedgräfvas i närmaste backe, utan alla ceremonier.

Klerckerska hären; Sandels fördelning; Wirta bro den 27.

lemnade brigad-adjutanten *v. Fieandts* tillstånd. *Brusin* borde vid återkomsten indraga de söder om *Wirta* bro utsatte förposterna, samt låta derefter upprifva nämnde bro.

Vid *Idensalmi* kyrka möttes han af furst *Dolgorukis* adjutant, grefve *Tolstoj*, hvilken väl emottog de bref han medförde; men erinrade honom, att, som stilleståndet inom några ögonblick voro tilländalupit, ett längre samtal icke vidare kunde ega rum. Då kapiten *Brusin* anmärkte, att kl. ännu icke vore ett, svarade *Tolstoj*, att hans generals klocka utvisade denna timma och derefter hade Ryssarne att rätta sig. *Brusin* måste ögonblickligt återvända, med det Ryska rytteriet så nära efter sig och så litet skonande hans person, som underhandlare, att han måste kläda skott under det han, samlande utposterna, drog sig tillbaka.

Ehuru den vid *Kauppila* gård varande Savolaks jägare-bataljonen genast började brorifningen, kunde detta arbete icke numera verkställas fullständigt för den häftiga eld, hvarmed fienden nedgjorde arbetarne. Denna bro blef således rifven blott till en del. Att den icke förut förstördes, måste falla den i öfrigt uppmärksamme *Sandels* till last, hvilken försummelse ingalunda ursäktas derigenom, att han befallte dess rifning en timma förr än stilleståndstiden var tilländalupen. Ställets vigt var alltför stor, att så lemnas till yttersta stunden, ja åt slumpen; ty denna omständighet skulle mägtigt inverka på en förutsedd strids händelser och utgång. Med mera köld och beräkning hos Ryska befälhafvaren, kunde den lätt hafva blifvit förderflig för Svenskarne. Den blef nu i stället nära nog motsatsen.

Klerckerska hären; Sandels fördelning.

Ryska massorna utbredde sig, den ena efter den andra, längs södra stranden af *Wirta* ström, medan deras talrika stycken besköto motsatta stranden med drufhagel, Svenskarnes batterier med täta kulskott samt de trenne under våra bröstvärn belägna gårdar med granater, hvaraf de också innan kort antändes.

Oaktadt våra batteriers [1]) välriktade skott emot bron [2]) och Savolaks jägare-bataljonens lifliga och säkra studsare-eld ifrån *Kauppila* hemman, smögo sig likväl Ryssarne, med orubblig beslutsamhet, öfver densamma. De aktade icke den mördande elden, utan sprungo först utmed brosyllorna, och sedermera uppå deröfver kastade gärdsel, m. m., och förenade sig på norra sidan om bron samt bestormade *Kauppila* gård, hvarifrån Savolaks jägare måste draga sig till våra förskansningar.

Bakom detta hemman samlade sig nu de öfverkomna fienderna, till ett antal af närmare ettusende man, och stormade mot våra batterier, med en beundransvärd djerfhet, under full musik och hurrarop [3]). De hade redan inträngt öfver löpgrafvarne, på bröstvärnen och in i sjelfva skottgluggarne, då den svaga Sandelska närvarande styrkan, bestående af den förutnämnda bataljonen Savolaks jägare, det svaga Wasa re-

1) De voro 4 st. hvaraf 2:ne mot sjelfva passet för 6 st. sexpundingar och 2:ne vid venstra flygeln för 2 tre- och 2 sexpundingar. I de nedra batterierna mot bron eller passet, hade under-löjtnanterne *Kalmberg* och *Gyllenberg* sina stycken och i de öfra under-löjtnanten *Taube;* öfver dessa och styckena vid flygel-batteriet hade kapiten *Elfving* befälet och förde det med mycken kallblodighet.

2) Under detta kulregn stupade furst *Delgorski*, med tvenne sina adjutanter.

3) Under Ryssarnes framrusande togo några yngre af befälet, hvaribland äfven författ., manskapets gevär, för att, med stöd på bröstvärnet, nedskjuta några af de påträngande fienderna Härvid hände att ehuru förf., med olika gevär sköt en mängd skott på en och samma Ryss, igenkänlig af en för vädret viftande kappkrage, träffades han icke, utan kom fram ända till batteriet, liksom besannande *Sandels* och *v. Döbelns* ofta yttrade grundsats, att "*hvar kula har sin pollet.*"

Klercketska hären; Sandels fördelning; *Fahlander, Malm, Duncker.*

gementet, Uleåborgs bataljon, Karelska dragon vargeringen samt en del af Kajana bataljon, af sin modiga befälhafvare uppmanades att med bajonetten tillbakakasta de oförvägne. Öfverste *Fahlander*, majorerne *Malm* och *Duncker*, ett tappert välkändt tretal, kastade sig i spetsen hvar för sin flock, tillsamman knappast 600 man, och rusade från höjden ned på Ryssarne, ibland hvilka först deras blanka vapen och sedan deras skott gjorde ett starkt nederlag. Hvad som icke stupade för bajonetten, eller nedgjordes af batteriernas drufhagel, fann sin graf i strömmen, då de flyende, i hopad oordning, skulle tränga sig öfver bron, der styckeskott och handgevärs-eld gjorde en blodig efterskörd. Tvenne officerare, tvenne under-officerare och 70 man blefvo dessutom tagne till fångar [1]).

Straxt härpå ryckte tvenne trepundingar ned mot stranden för att med drufhagel rensa bron, i fall Ryssarne skulle förnya det nyss gjorda dyrköpta försöket [2]), att gå öfver densamma.

Derefter vidtog ånyo på ömse sidor om bron och längs strömmens begge stränder, en ytterst liflig stycke- och handgevärs-eld.

Dånet ur mer än 30 eldgap [3]), blixtar och hvinandet ur niotusende handgevär, skyhöga lågor ur de brinnande hemmanen, allt detta åstadkom, vid den inträffade mörkningen ett skådespel och ingaf känslor, hvilka, ehuru oförgätliga [4]), likväl icke kunna beskrifvas.

1) Flere af dem, jemte tvenne officerare blefvo förbisprungna af de framrusande Svenskarne, och anmälde sig hos *Sandels*.
2) Hvilket ej hade misslyckats, om fienden icke stormat batterierna, förr än en dubbel styrka öfverkommit, och kanske hade försöket ändå lyckats om furst *Dolgoruki* ej stupat. Denne anförares död väckte bestörtning och oreda bland fienden.
3) Ryssarne hade 22 och Svenskarne 10.
4) Författ. var då ännu icke fylda sexton år.

Klerckerska hären; Sandels fördelning.

Detta märkvärdiga skådespels krigiska högtidlighet ökades af den på sjelfva fienden verkande ordning och lugn, hvarmed Vester- och Österbottningarne samt den återstående delen af Kajana bataljon, nu med flygande fanor och klingande spel, liksom till en paradplats, uppmarscherade på slagfältet, för att aflösa sina tappre kamrater, hvilka hittills tillintetgjort Ryssarnes modiga försök; men nu voro både utmattade [1]) och utan skott.

Den förfärliga skottvexlingen fortfor till kl. 7 e. m., då mörkret och det beständigt misslyckade försöket å Ryska sidan, att komma öfver bron, gjorde att fiendens eld minskades och det ömsesidiga blodbadet ändteligen upphörde.

Sandels skickade genast en underhandlare till general *Tutschkoff*, med förfrågan om han icke ville återtaga sina illa sårade och begrafva sina dödade. Han tackade för anbudet och begärde en 24 timmars vapenhvila, för att derunder hinna verkställa detsamma. Då *Tutschkoff* å ena sidan väl medgaf, att han misslyckats i sitt försök och således förlorat dagens strid; men å den andra försäkrade, att han nästa gång bättre skulle både anordna och utföra sitt anfall, så insåg *Sandels* hvad han hade att vänta. På det han således skulle antingen få mera tid att förstärka sitt försvar eller göra nödiga förberedelser till ett återtåg, som efter 24 timmar, i nästa aftons mörker, i det nu varande vägalaget, omgifven af mångtaligt öfverlägsna fiendtliga skaror, kunnat blifva ganska betänkligt, svarade han *Tutschkoff*, att denne hade att välja emellan

---

1) De hade icke hunnit intaga sin enkla middagsmåltid, då bardaleken började.

Klerckerska hären; Sandels fördelning; *Zidén, Stenberg, Silfverbrand, Löthman, Asp, v. Wendel, Fahlstedt, Svanberg, Hulting. Dolgoruki.*

36 timmars vapenhvila eller en ögonblicklig fortsättning af striden. Han valde det förra.

Stridsfältet företedde en smärtsam syn för menniskovännen, ehuru på samma gång hedrande för fosterlandsförsvaret Ryssarnes förlust var ganska betydlig. Den unge, hoppfulle, redan på krigsbanan såsom anförare utmärkte, general-majoren, furst *Dolgoruki* jemte tvenne öfverstar, 30 andre officerare och öfver 1,000 man under-officerare och soldater, stupade och sårade, utgjorde på fiendens sida sorgliga, om ock för Svenska vapnen ärorika vedermälen af kampens häftighet och de fåtaliga Svenska vapnens rika, ehuru blodiga skörd, oberäknadt de 2 officerare, 2 under-officerare och 70 man, som togos till fånga, och flere hundrade beväringspersedlar, som tillika eröfrades. — På Svenska sidan skjutne: fendrikarne, vid Wasa regemente *Zidén* och vid Vesterbottens *Stenberg* samt 2 under-officerare och 32 man. Illa sårade: kapitenerna *Silfverbrand* och *Löthman*, den förre vid Vester- den sednare, jemte adjutanten *Asp*, vid Österbottningarne. Löjtnanten v. *Wendel* vid Uleåborgs bataljon, jemte fendrikarne *Fahlstedt* och *Svanberg* samt under-officeren *Hulting*, en rask yngling, vid Wasa regemente och 251 man. Dessutom hade 10 officerare, en mängd under-officerare och manskap erhållit mer och mindre svåra kontusioner [1]).

---

[1]) Nemligen öfverste-löjtnanten *Conradi*, majorerna von *Essen* och *Arnkihl*, fendrikarne *Kajalén* och von *Essen*, under-officerarne *Grundström, Carl Fabian* och *Edvard Montgomery* (som var kommenderad till trossbetäckning; men på enträgen begäran, att få vara med i den började striden, fick deltaga deri och åtföljde fältstyckena), jemte *författ.* (deras broder), som

1808 OKTOBER.

Klerckerska hären; Sandels fördelning.

Denna stora skiljaktighet i Svenskarnes och Ryssarnes antal stupade, visar på det mest öfvertygande sätt de förres öfverlägsenhet, att med lugn och säkerhet handtera sina vapen, liksom dessas bättre beskaffenhet, om man ock, vid detta tillfälle, måste tillräkna det olika läget, hvilket var till Svenskarnes fördel, en ej ringa del af Ryssarnes större förlust.

Om man närmare öfvervåger denna dagens händelser, jemför den stora olikheten som egde rum i de anfallandes och försvarandes antal; erinrar sig, att de förres minst utgjorde 8,000 [1]) de sednares endast 1,400 man; att, då det afgörande ögonblicket var inne, då *Tutschkoff* stormade de Svenska styckevärnen och redan var nära att intaga desamma, det var knappast 600 man, med hvilka *Sandels* ej allenast afslog försöket, utan ock tog fångar och nedgjorde större delen af dem som stormat; besinnar derjemte, att stille-

---

tvenne gångor blef kullkastad och nedmyllad i den upplöjda åkern, hvarpå kanonerna ställdes. Också säger *Sandels* i sin rapport, att Uleåborgs och Kajana bataljon samt Karelska dragon-vargeringen, anförde af öfverste *Fahlander* och major *Bosin*, och de sednare, utgörande kanonbetäckning, voro mest blottställde för fiendens häftiga och oafbrutna stycke-eld. Vid artilleriet utmärkte sig under-löjtnanterne *Kalmberg* och *Taube* samt kapitenen *Elfving* och styckjunkaren *Hambom*, samt utom de redan namngifne: vid Vesterbottningarne, löjtnanten *Hedström*, under-officerarne *Claeson* och *Strålberg;* vid Österbottningarne, löjtnanten *Roos;* vid Savolaks jägare, under-löjtnanterne *Tuderus* och *Neiglick*, under-officerarne *Ingerman* och *Sohlyter;* vid Wasa regemente, adjutanten *Borgeman*, fendriken *Björkstén* och under-officeren *Brundin;* vid Kajana bataljon, löjtnanten *af Bjerkén;* vid Karelska dragon-vargeringen, kornett *Brandenburg* och under-officeren *Norring*. Fendriken *Zidén*, som stupade, hade förut utmärkt sig, var belönad både med silfver- och guldmedalj för tapperhet, kastade sig i denna drabbning i spetsen för sina Wasabussar på Ryssarne, fick flere sår; men fortfor att rycka fram, till dess en kula för pannan sträckte denne hjelte till marken.

1) General *Tutschkoff* hade omkring 7,000, och när dertill räknas den ifrån Karelen tillkomna styrkan, under furst *Dolgoruki*, minst 1,000 man, kan Ryska hären icke upptagas till mindre belopp än 8,000, hvilket öfverensstämmer med fiendens egna uppgifter.

ståndet var uppsagdt, endast för att Ryssarne skulle kunna slå *Sandels*, samt att *Tutschkoff* hade befallning att göra det, kosta hvad det ville, på det att han skulle kunna bana sig väg i *Klerckerska* härens rygg och afskära dess återtåg till *Uleåborg;* så måste man medgifva, att denna strid intager ett utmärkt rum i Svenska krigshistorien, samt att den var så väl en af de vigtigaste, som en af de för Svenska vapnen mest hedrande, hvilka inträffat under detta krig.

Dess utgång länder således den Svenska anföraren och dess bepröfvade hjeltar till oförgänglig ära. *Sandels* visade under vapenskiftet både lugn, beslutsamhet, mod och en djerf härförareblick; också förstod han att, med en hand full tappre, begagnande det lämpligaste, liksom det mest afgörande ögonblicket, afslå en storm, som hotade att sluka honom och hans ännu ringa flock. Men det vore lika oförklarligt, som oförlåtligt, att han icke, då stilleståndstimman upphörde, hade på stridsfältet samlade alla sina trupper, hvilka, äfven förenade, voro så föga talrika att de utgjorde en obetydlighet, om författaren [1] händelsevis ej kände, att det icke var hans afsigt att här vedervåga en kamp på lif och död. I det fallet hade han äfven bordt hafva fjerde fördelningens modiga öfverlefvor mera till hands, innan ett sådant försök, med något hopp om framgång, kunde ega rum. Hans egentliga afsigt var blott att, i det längsta, uppehålla fienden i skydd af de försvarsverk han här uppkastat. Derföre lät han redan i förhand, då stilleståndet uppsades, all umbärlig tross, liksom alla sjuke, afgå åt *Uleåborg*.

Det var således händelsen, som förvandlade ett tillfälligt försvar till en alfvarsam, uthållig och blodig

---

[1] Hvilken, ehuru nu som under-officer stridande i ledet, året derpå blef adjutant hos *Sandels* och då fick kännedom om hvad hans egentliga afsigt var.

strid. Det var Svenska anförarens örnblick, som under vapenskiftet upptäckte möjligheten, att med en hand full tappre kunna göra ett afgörande slag deri, då han förbytte försvaret till ett djerft anfall. Men hvad som i allt fall ej låter ursäkta sig, är hans förut anmärkta uppskof, att i tid upprifva den 200 alnar långa bron, hvars förstörande hade gjort ett stort uppehåll i fiendens rörelser och företag.

De 36 timmars vapenhvilan begagnades af *Sandels* att samla och undanskaffa sina sårade, att begrafva de stupade, att iståndsätta de skadade fältstyckena och för syns skull äfven försvarsverken, hvilka af den häftiga stycke-elden blifvit illa tilltygade.

Fienden var, under samma tid, lika sysselsatt och dessutom lät han, i skygd af sitt i fyrkant uppstälda rytteri, uppkasta nya styckevärn; han förfärdigade fältbryggor och hopsamlade båtar, på hvilka sednare han den 28 om aftonen öfverförde trupper till *Niiralanniemi*, jemte det han afsände andra till *Lappiniemi*, för att sålunda på alla sidor innesluta *Sandels*.

Denne fann det således mindre välbetänkt, samt till och med vådligt, att dröja längre vid detta ställe, som af fienden kunde kringgås.

Ett fortsatt försvar skulle endast åstadkomma en ändamålslös blodspillan, och ett tvunget återtåg, i dessa djupa och svåra vägar, kunde lätteligen medföra förlusten af tross och fältstycken.

Fiendens ojemnförliga öfverlägsenhet i antal, gaf honom tillfälle att öfver allt använda massor, dem *Sandels*, med öppna flyglar, ej kunde motstå på någon punkt, med hopp om framgång, helst Ryssarnes kanonslupar också voro i farvattnet.

Dessa förhållanden bestämde *Sandels* till ett frivilligt återtåg, och han företog detsamma natten emot den 29, i största tysthet och ordning. Han qvarlemnade en flock Karelska dragoner, att underhålla eldarne och sålunda dölja sitt aflägsnande.

Återtåget, som i de af regnet upplösta, bottenlösa vägarne, var ytterst besvärligt, skedde den natten till *Wierimä* by [1]), 2 mil från *Wirta*.

Dagen förut hade återstoden af fjerde fördelningen här inträffat, och mottog nu efterskaran, samt utsatte sin bevakning, sina fältvakter och förposter på ömse sidor om *Wierimä* å.

Med den öfriga delen eller den, som slagits vid vid *Wirta*, hvilken dagen derpå arbetat med iståndsättande af förskansningar, m. m. och som föregångne natt marscherat, samt hjelpt tross och fältstycken ur de djupa lervägarne, fortsatte han återtåget till *Salahme* by, en mil från *Wierimä*.

Vid Salahme lät *Sandels* skyndsamt uppkasta nödiga fältverk, på högra flygeln vid sjön, och till betäckande af venstra flygeln gjordes starka förhuggningar.

Som denna by bestod endast af tvenne små bondgårdar, hvilka upptogos af staben, måste de öfriga af befälet och truppen bivuakera. I denna årstid, under en kall och regnig eller snöfylld väderlek, helst marken ej heller befanns öfver allt af en torr beskaf-

---

1) Trängseln var här så stor, att 7 officerare, 5 under-officerare och 50 man måste bo i ett enda pörte af blott 12 qvadrat-alnars storlek. Man låg på bord, bänkar och ugnen, ja till och med inom deusamma. Utom de i dessa pörten brukliga draghål i taket (för rökens utgång), skulle denna massa af menniskor och deras utdunstning genast åstadkommit de mest förpestade sjukdomar, hvilka likväl längre fram ej dröjde att infinna sig.

Andra delen.

fenhet¹), var detta ytterst besvärligt. Födoämnena voro derjemte hvarken öfverflödiga eller de sundaste för manskapet, och befälet led verklig brist derpå. Om också penninge tillgången varit mindre knapp, så fanns, i en så glest bebodd och fattig ort, litet eller intet att köpa. Följderna af dessa beklagliga förhållanden, helst beklädnaden både hos befälet och isynnerhet manskapet var usel, måste blifva mycket smärtsamma.

Till Sandelska fördelningens ytterligare förstärkande hade de 700 man af lifgrenadier regementet, som lyckats landstiga på Finska kusten, blifvit anvista. Denna styrka, under kapitenen och riddaren *Gyllenskölds* befäl, befallte *Sandels*, att, öfver *Muhos*, afgå till *Säräisniemi* kapell. Den borde betäcka och försvara den derigenom till *Kajana* löpande vägen, som hotades af de Ryssar, hvilka ifrån *Karelen* förmodades hafva banat sig väg fram åt denna trakt.

Men då *Sandels* erfor, att blott en mindre ryttare skara nu mera stod qvar i *Karelen*, endast för att hålla allmogen²) i tygel, befallte han 300 man³) af nämnde lifgrenadier regemente, att, på båtar ifrån *Sä*-

---

1) Författ. t. e. var med sitt manskap lägrad på ett sumpigt ställe, der man nödgades omgifva sig med stockeldar; men man måste oupphörligen vända sig för att hålla sig varm och torr, ty den åt jorden vända sidan blef våt, liksom den öfra då det regnade eller snögade. Manskapet ägde kappor, ehuru utslitna; men detta var ej fallet med under-officerarne, och bland dessa icke heller med författ., som saknade allt slags öfverplagg, hvilket öde säkert delades af många. Ungdom och en stark hälsa ersatte allt.

2) *Sandels* hade utsett studeranden *Stenius* till anförare för det landtvärn han samlat omkring sig af *Pielis* och *Nurmis* socknars frivilliga ungdom, med hvilken *Stenius* gjorde ej ringa motstånd i *Karelen*.

3) Den öfriga delen, jemte 100 man af Kajana bataljon, under kapitenen *Gyllensköld*, hade fått befallning att förblifva i *Säräisniemi*, och att sedan, bevakande Kajana-vägen, på densamma jemte alla sårade och sjuka, samtidigt med *Sandels*, draga sig tillbaka till Uleåborg.

Klerckerska hären; Sandels fördelning.

räisniemi öfverfara till *Wuolijoki* och derifrån afgå landvägen till *Wierimä*.

Sandels, som nu blifvit general-major, hade den förtjensten [1]) att skaffa sig tillförlitliga underrättelser om sin motståndares styrka och förehafvanden. Det var denna kunskap, som satte honom i tillfälle och gjorde det för honom möjligt, att, under detta fälttåg, uträtta allt hvad han, med sin ringa styrka, till en eljest nästan otrolig grad åstadkom. Det var derefter han lämpade samt lika klokt som djerft beräknade alla sina rörelser och företag.

NOVEMBER MÅNAD.

I anledning af den kännnedom general *Sandels* hade om Ryssarnes ställning, och, ej sällan, om deras tillernade rörelser, beslöt han nu att öfverraska sin motståndare. — Denne hade för afsigt, att, på *Sandels* venstra flygel, längs en genom *Svenninmäki* gående väg, öfverrumpla och taga Svenska förposterne och de i *Wierimä* by förlagde trupper. En spejareflock afsändes åt *Wierimä*, för att, om möjligt, skaffa sig kunskap om detta förehafvande. Det skedde den 9; men deras bakhåll var så illa utsatt, att 2:ne blefvo skjutne och 11 man af dessa Karelske jägare fångne.

Sedan de förut omnämnde 300 man lifgrenadierer[1]),

---

1) Hvilken icke ägdes af de andra befälhafvarne under detta krig.

2) När de anlände med sina granna uniformer och kaskar med hvita sultaner, yttrade Finnarne på sitt uttrycksfulla språk: "*Hade ni varit i sådana badstugor som vi, så skulle ni vara mindre granna och mindre stolta.*" Grena-

under löjtnanten vid Svea gardet *Sten Piper*, inträffat i *Wierimä*, ställdes desamma, jemte något öfver 300 man Savolaks jägare och 300 man Savolaks infanteri, eller tillsamman 1,000 man, under majoren och riddaren *Dunckers* befäl. Savolaks jägare anfördes af majoren och riddaren *Malm*.

Duncker hade i uppdrag, att, i första hand, förekomma fiendens tillernade öfverrumpling och sedan, nära 5 mil öfver strömmar, skogar och ödemarker, smyga sig fram till *Idensalmi*, taga fiendtliga general-staben, derefter gå öfver till *Wirta* bro, rifva den och vidare med kraft och beslutsamhet anfalla de norr om densamma vid *Fredriksdal* och i *Pardala* by förlagda Ryska generalerna *Gertschoff* och *Alexejeff*, med de trupper de der hade under sitt befäl. Detta anfall borde ske emellan den 10 och 11 kl. 12 om natten, då general *Sandels* med återstoden af trupperna vid *Wierimä*, omkring 500 man med 2:ne sexpundingar, skulle göra ett bröstanfall.

Duncker afmarscherade den 9 kl. 2 om morgonen, i största tysthet, till *Svenninmäki*, der han dröjde en del af påföljande dag, innan tåget fortsattes, så att han midt i natten, ungefär ¼ mil från *Wirta* bro, stötte på Ryssarnes fältvakt, som togs utan att den hann lossa ett enda skott.

Men fienden, som troligast af de tillfångatagne Karelska jägarne [1]) fått upplysning derom, att en Svensk

---

diererna voro nemligen ett realigt folk. Deras modiga uppförande i den *blodbadstuga* hvari de genast fördes, försonade dem snart med Finska soldaten, ehuru allmogen, med eller utan skäl, vet författ. icke, var obelåten med deras uppförande. Då man ej förstår hvarandra, uppkomma lätt missförstånd.

1) I bilagan N:o 23 framkastas den förmodan, att *Sandels* ej hållit sin plan nog hemlig, hvarföre en landtmätare skall hafva fått kännedom derom och skyadat öfverföra densamma till Ryssarne.

afdelning afgått från *Wierimä*, utan att likväl känna sjelfva ändamålet dermed, hade, till betryggande af sin ställning, dragit en betydlig del af sin styrka ifrån *Palois* till *Idensalmi* kyrka, samt lägrat tvenne bataljoner af Revelska regementet vid *Wirta* bro.

Dessa mötte *Duncker* nu helt oförmodadt på sin öfverrumplings väg. Men han lät icke hejda sig af dem. Han, eller rättare majoren *Malm*, som anförde förtrupperna, rusade på dem med den oförvägenhet, att den ena Ryska bataljonen genast sträckte gevär. Men den andra, som emellertid hunnit ordna och uppställa sig, satte sig till kraftigt motvärn, samt uppehöll striden till dess en betydlig förstärkning kom från *Idensalmi* kyrkoby. Kampen blef blodig. Den fångne Ryska bataljonen, som man icke hunnit afväpna, upptog sina gevär och deltog ånyo i striden. En gardes jägare bataljon omringade med detsamma *Dunckers* venstra flygel. Planen var således förfelad; öfverraskningen omöjligen att nu verkställa; all vidare blodspillan ändamålslös. Nu återstod endast att göra ett så hastigt och ordnadt återtåg, som nattens mörker och den svåra belägenheten möjligen kunde medgifva.

Duncker och hans tappre följeslagare, hvilka å ena sidan blifvit svikna i sina förhoppningar, derigenom att deras företag i förtid var röjdt, gynnades å andra af den lyckliga omständigheten, att nattens köld gjort de kärr och mossar till och med för hästar gångbara, som dagen förut med möda buro fotfolket. Denna händelse lättade återtåget och minskade förlusten derunder, hvilken likväl var ganska betydlig, men hade kunnat blifva mycket större, i den oreda som mörkret och belägenheten åstadkommo [1]). Fienden förföljde lyckligtvis icke heller längre än ¼ mil.

---

1) Bevis derpå är att fendriken *Greg. Ad:son Aminoff*, som med 60 Savolaks

> Klerckerska hären; Sandels fördelning; Wirta
> den 11; *Malm, Weber, Savander, Plomgren, Lindgren, Schatelowitz, Djerf, Stolt, Falk, Glad.*

Majoren och riddaren *Malm*, ehuru han i det yttersta försvarades af sina käcka Savolaks jägare, blef, såsom illa sårad, fången jemte löjtnanten *Weber* och fendrik *Savander* vid Savolaks infanteri, samt fendrik *Plomgren* och fanjunkaren *Lindgren* vid Östgöta lifgrenadierer, hvilka, ehuru första gången i elden, täflade i tapperhet med de välbepröfvade Savolaksarne. Dödskjuten: fältväbel *Schatelowitz* [1]) vid Savolaksarne;

---

jägare skulle betäcka återtåget, så snart lifgrenadiererne dragit sig tillbaka, tog miste om eget och fiendens folk. Vid det dunkla sken månan kastade i den skogiga marken, såg han en trupp anrycka till venster om sig, och på 30 stegs afstånd, under hurrarop, gifva eld åt slagfältet. Af techakäernas likhet och eldens riktning trodde han det vara Savolaks jägare; men förundrad att de retirerade under hurrarop, gick han till dem och mötte en man, som frågade på Ryska om de voro deras infanteri. Denne blef tagen efter en kort envig, då det upplystes att denna trupp var Ryska gardets jägare, hvilka omringat Svenskarne. Återkommen till de sina befallte *Aminoff*, mindre väl betänkt, gifva eld på dessa fiender, hvilka besvarade den och sålunda satte eftertruppen i nödvändighet att börja återtåget. Lyckligtvis kände några soldater af Idensalmi kompani trakten; i annat fall hade det icke varit möjligt, att komma undan i mörkret. — Den förutnämnde soldaten N:o 62 *Djerf* syntes otröstlig deröfver, att hans sidokamrat *Stolt* var borta. Men efter en stund hördes ett glädjerop, som förkunnade att *Stolt* var återkommen. En kula hade genomborrat hans venstra hand och tillika bräckt gevärspipan, öfver hvilken sednare förlust, ty det var ett godt vapen, som ofta bistått honom, han var mera ledsen än öfver sin sårade hand. — Soldaten N:o 16 *Falk* af öfverste-löjtnantens kompani vid samma Savolaks infanteri-regemente, råkade, vid detta återtåg, i handgemäng med en Ryss, som fick öfvertag på honom och gaf honom några slag med gevärskolfven i hufvudet. I detsamma ankom N:o 28 *Glad*, hvilken stötte ned Ryssen med ett så kraftigt bajonettstyng, att denne blef, i ordets sanna bemärkelse, fastpålad vid jorden, ty skrufven lossade och bajonetten blef qvarsittande. Sålunda blef *Falk* frälst af sin egen korporal. Samma *Falk* hade under detta krig erhållit 17 skott genom sina kläder och på sin beväring, utan att sjelf hafva blifvit skadad, oberäknadt de nyssnämnde kolfslagen. Han lefde ännu 1834 i Vestmanland och *Badelunda* socken. — Bidraget, N:o 25.

1) Densamma, hvilken, såsom ung gosse, hade befälet öfver den gränspostering vid *Wuoltensalmi*, som 1788 blef anfallen af Svenskar utklädde till Kossacker, hvilken händelse afgjorde anfallskriget och upptogs i krigsförklaringen såsom en af orsakerna till årets fälttåg. — Bidraget, N:o 25.

<small>Klerckerska hären; Sandels fördelning; Furumark, Meinander, Molander, Hjelman.</small>

och sårade vid samma regementes infanteri: löjtnanterne *Furumark* och *B. Meinander*, fendrikarne *Molander* och *Fr. Hjelman*; och af manskapet omkring 250 man döde och sårade, samt omkring 50 man af dem fallne i fångenskap. Denna förlust var ganska känbar, både i afseende på det blod här förgäfves flutit, och i anseende till major *Malms* iråkade fångenskap, såsom en af Finska härens mest använda, skickliga och modiga officerare, saknad och aktad af alla. Fiendens förlust var visserligen icke heller ringa. Hans ställning och stridssätt ökade densamma; men *Duncker* kunde medtaga endast 7 man af de många fångar han gjort.

Sandels, som emellertid med den redan omnämnda styrkan, den 10 e. m. afgick från *Wierimä* åt *Walkiais*, gjorde der halt, då han icke afhörde det tecken från *Duncker*, som skulle tillkännagifva, att han lyckats i sitt företag. *Sandels* afbidade ända till påföljande middag detta tecken, som skulle utgöras af uppkastade raketer. Dess uteblifvande var ett bevis derpå, att *Duncker* i otid blifvit upptäckt samt att han således afstått från sitt företag. *Sandels* fann derföre klokast, att vända om med sin ringa styrka. Emellertid hade han på frammarschen tagit några Ryska uhlaner med deras hästar. — Han inträffade i *Wierimä* den 11 om aftonen, och *Duncker* den 13, ledsna att hafva misslyckats i ett förehafvande, hvars afsigt var lika djerf, som lofvande, men hvars utförande ej svarade deremot, utan att man kan förebrå hvarken *Sandels* eller *Duncker* någonting; ty orsakerna dertill kunde af dem lika litet förutses, som förekommas. Huruvida den derför misstänkte landtmätaren, eller de af fienden tagne Karelska jägarne, eller någon annan omständighet vållat upptäckten af detta öfverrasknings försök, hvilket, lyckligen utfördt, skulle betydligen hafva inverkat på denna sidans krigrörelser, är ej möjligt att afgöra, och kan i det hela vara likgiltigt. Man måste i alla hänseenden räkna dess utgång till de händelser, så vanliga i krig, hvilka bero af lyckan, slumpen eller det så kallade ödet.

Efter dessa samt fälttågets mödor och ansträngningar i allmänhet, hade Sandelska fördelningen behöft någon rast och ro. Men redan dagen derpå, den 14, ankom befallning ifrån öfverbefälhafvaren, att *Sandels* genast borde bryta upp åt *Uleåborg*. Sålunda var han ännu en gång nödsakad att öfvergifva sina i förhand uppkastade förskansningar [1]).

Orsaken till denna befallning var den, att *Klerckers* motståndare lyckats att med en flygskara af betydlig styrka, under general-majoren *Eriksson*, på bivägar hinna *Wihanti*, hvarigenom han på en gång hotade *Sandels* väg till *Uleåborg* och *Klerckerska* härens rygg, samt afbröt dessa Svenska truppers förening och samband med hvarandra. — För att förekomma denna plan, borde *Sandels* påskynda sitt återtåg till *Frantsila*, der han inträffade den 18, efter 11$\frac{1}{4}$ mil hastmarsch ifrån *Salahme*. Det verkstäldes, utan att han blef särdeles oroad af Ryssarne, ehuru en del af *Erikssons* skara redan inträffat i *Piippola* kapell, der Kossackerna voro mycket närgångna; men blefvo afvisade.

---

1) Förra gången vid Palois, och nu vid Niileksensaari, hvilka sednare, vid återtåget, förstördes och jemnades med jorden.

Klerckerska hären.

Emellertid hade general *Klercker*, såsom förut nämndt är, den 27 Oktober uppsagt stilleståndet; men utan att göra några rörelser i öfverensstämmelse dermed, och till skyddande af *Sandelska* fördelningens enstaka och mot en öfverlägsen styrka, vådliga ställning. Dessa hade, om de skett med större styrka, bordt vara endast blinda, eller ock hade han kunnat utskicka, under någon djerf och kunnig persons befäl, en ströfflock att oroa fienden, helst åt *Sandelska* sidan, ehuru en sådan, med mindre alfvar, samtidigt kunnat visa sig på den motsatta. Detta gjorde *Sandels* alltid och på detta sätt lemnade han sin motståndare ingen säkerhet, ingen tid, oaktadt dess mångdubbla flertal, att oroa eller anfalla honom.

Hvad *Klercker* icke gjorde, det verkställdes — hvilket vanligen händer i krig — af hans motståndare, som den 5 November lät anfalla Svenska posteringen vid *Sippo* pass, framför *Kalajoki*.

Det var isynnerhet genom sin långvariga och lifliga stycke-eld fienden tvang denna postering att draga sig undan, hvarefter han genast kastade en fältbrygga öfver *Sippo* å. Dagen derpå öppnade Ryssarne ånyo en häftig eld och angrepo förposterna, hvilka förenade sig med hufvudstyrkan, hvilken stod på norra sidan om *Kalajoki* ström. Här fortsatte fienden både denna och de trenne påföljande dagarne en skarp kanon- och musköteri-eld, likväl utan någon anmärkningsvärd skada; men hvarunder han fick tillfälle att, en mil öster om *Alavieska* kyrka, slå en bro, hvaröfver han genast sände sina skaror.

Dessa skulle mötas och återkastas af fördelnings-befälhafvaren, öfversten, grefve *Ad. L. v. Schwerin* [1]), hvars trupper utgjorde förposterna. Men han betänkte sig så länge, på sätt och medel huru han skulle förekomma brons uppbyggande, tills den var färdig, och sedan huru han skulle tillintetgöra Ryssarnes öfvergång, till dess de redan voro öfver med så betydlig styrka, att han ansåg det försigtigast, att ej anfalla dem. De hade tillika redan hunnit uppkasta flera styckevärn på motsatta stranden och på denna en broskans. Han beslöt, i följd deraf och i anseende till bristen på foder för sina kanon- och tross-hästar, äfvensom på bröd åt folket, emedan proviant-fartyget, under de sednare dagarnes storm förolyckats, att draga sig tillbaka[2]), hvartill han också under återtåget fick öfverbefälhafvarens befallning. Derunder förlorade han 7 man dödskjutne, 9 man svårt och 2 lindrigt sårade.

Stilleståndstiden var icke lika väl begagnad på Svenska sidan, som af Ryssarne. Dessa sednare hade derunder samlat sina skaror, satt dem i samband med hvarandra, uppgjort förberedande åtgärder till ett sammanhängande försvar eller ett lika beskaffat anfall; ifrån aflägsna trakter uppköpt och framskaffadt förut saknade förråder af mat och foder, ordnat sina företag, efter de numera förändrade förhållandena både i afseende på fälttågets moraliska och materiella beskaffenhet, både i afseende på årstiden och den nordliga landsträcka de hade att bekämpa.

De förra hade visserligen icke försummat allt

---

1) Han hade förstärkt Finska hären med en bataljon af Upplands och Vestmanlands regementer.

2) Efterlemnande det föga hedrande och än mindre tillfridsställande minnet, som der i orten aldrig glömmes, det att utan behof och utan ändamål hafva uppbränt *Kalajoki* kyrka, dit kringboende herrskap och allmoge, undan Ryssarnes rofgirighet hade fört sin dyrbaraste lösa egendom, hvilken nu till större delen blef de Svenska lågornas rof.

Klerckerska hären.

detta; men likväl de vigtigaste delarne häraf. De hade väl tänkt på sitt försvar, förstärkt med några trupper den svaga, åt sig sjelf lemnade, aflägsna *Sandels*, hvilken uppfört förskansningar vid *Niilcksensaari*, likasom *Klercker* vid *Himango*. Men försvaret i det hela var icke ordnadt, sammanhängande eller ens så uppgjordt, att *Klercker* och *Sandels* kunde understödja och röra sig i samband med hvarandra, under säker kännedom om och fullkomligt tillit till hvarandras företag. Och, hvad som var oförlåtligast, tillräckliga förråder voro icke samlade, utan anskaffandet deraf berodde så mycket på tillfälliga förhållanden, på väder och vind, på köld och tö, att skiften i dem afgjorde, att det starkt befästade *Himango* måste öfvergifvas utan svärdsägg, utan någon alfvarsam, afgörande kamp.

General *Klercker* hade väl en lifligare, starkare själ och friskare kropp, än hans företrädare, men han var fullt ut så gammal som han, om ej äldre; således tyngd af åren och öfverväldigad af händelsernas mängd och beskaffenhet, dem hans trötta, hvitnade hjessa, ej hade magt att omfatta och reda.

Här hade erfordrats, liksom under hela detta fälttåg, men framför allt nu, en man i sin fulla lifskraft, med brinnande fosterlandskänsla, med ett hufvud, lika rikt på utvägar, som hans förstånd mägtigt att ordna och leda dem, och hans hjerta modigt att trotsa och tillintetgöra alla besvärligheter, alla faror, dem årstiden, landets belägenhet, fiendens tillgångar och ansträngningar nu samlade och hopade på en gång och på ett ställe.

Här gällde det sista försöket, den yttersta, den afgörande blodskampen på Finsk jord. Här gällde detta fälttågs utgång, fäderneslandets ostyckade bestånd, Finlands frihet; d. v. s. dess väl eller ve. Vigtskålen kunde icke längre vara vacklande. Tiden var inne, dagarne, snart sagdt timmarne räknade, då endera vågskålen, den Svenska eller den Ryska, skulle få öfvervigten. Händelserna lärde de uppmärksamme Ryssarne, hvilken lätt beräknelig och afgörande naturkraft November månad medför i norden på krigets utgång, till skada för dem, som ej äro eller kunna vara beredda på dess svårigheter, som äro ovana vid luftstrecket eller för mycket aflägsnade från utgångs-, sambands- och uppehålls-punkten. Dessa sednare inträffade nu med Ryska hären, liksom med *Napoleons*, fyra år derefter, i *Moskwa*.

Här vid detta väl befästade *Himango* — i händelse, något lämpligare ställe icke fanns — hade Svenska öfverbefälhafvaren, under stilleståndstiden, bordt utveckla en nitisk, en af sann ära lifvad härförares och en varm fäderneslands väns alla förmögenheter och tillgångar, att antingen uppehålla Ryssarne eller slå dem. Att uppgifva medlen och sättet dertill, vore att tilltro sig ega detta snille, dessa kunskaper, denna rikedom på utvägar, denna kännedom om förhållandena, denna kraft och förmåga, som nu saknades; men som i likartade fall funnits både hos Svenska och andra krigiska folkslags härförare.

Vi vilja likväl antyda några medel, hvilka kunnat begagnas och hvilka åtminstone i alla hänseenden haft ärorikare följder, än de som inträffade.

Det första hade varit, att från närmare och fjärmare trakter samla, för härens behof, alla möjliga och befintliga tillgångar af födoämnen; att med detsamma öppet och oförstäldt tillkännagifva: att det snart komme att afgöras, om fälttåget skulle slutas med Finlands förlust eller icke; att alla vapenföre män derföre, i fosterlandskänslans namn, bordt öfver allt uppmanas och lifvas att för sista gången träda fram, för att, i samband med krigshären, försvara sitt land och sin frihet; att förslagne, modige, redligt sinnade, rörlige officerare, *Dunckers* och *Malms* vederlikar, underofficerare sådane som *Roth* och *Hake*, korporaler, så raska och fintliga som *Djerf* och *Glad*, öfver allt blifvit afsände bakom och på sidorna af fienden, att samla anhängare, att oroa, att uppsnappa, förstöra, uppbränna dess förråder, afskära dess förbindelser [1]) och att inom en viss dag hafva tillsändt *Klercker* och *Sandels* alla unga, modiga män, som velat deltaga i striden för fäderneslandet; att förse dem med gevär från Uleåborgs förråd, så långt tillgången räckte, låta de öfriga begagna sina säkra lodbössor, eller hvilka andra vapen de kunde ega eller öfverkomma; att uppmana dem som hade råd och lägenhet dertill, att medtaga några dagars torr föda; att uträkna och utsätta en viss tidpunkt, då allt kunde vara i ordning, alla samlade, och sedan, med fosterlands- och frihetskänslans förenade magt, ordna ett gemensamt, storartadt, afgörande anfall, hvari alla utskickade ströfskaror och flockar bordt deltaga, hvar och en på sitt håll och med sin bestämmelse.

Man kan vara öfvertygad att dessa uppmaningar icke varit förgäfves, icke uttalats för döfva öron eller iskalla hjertan, då man erinrar sig hvad både Österbottningarne, vid Svenska härens första ankomst, erbödo sig att göra, och hvad Karelare och Savolaksare redan gjort; när man påminner sig att de förre ville

---

1) Allt detta hade visserligen kunnat och bordt ske förut, samtidigt med *Roths* vikingatåg, och i sådan händelse, hade det visserligen nu varit öfverflödigt; ty Ryssarnes öfvermagt hade då längesedan varit bruten, om ej tillintetgjord.

ville uppställa 2,000 man och att de sednare redan, dels på egen hand och dels i förening med några enstaka krigsflockar, eröfrat fiendtliga förråder, nedgjort mindre Ryska afdelningar, samt deltagit i sina orters försvar.

På mängden af de samlade frivilliga, liksom på flere andra omständigheter, hade det vidare bordt bero, om det afgörande anfallet, den fosterländska kampen, skulle ske vid *Klerckerska* eller *Sandelska* härarne på en och samma gång, eller om förhållanden och tillfälligheter varit sådana, att deras motståndare *Kamenskij* och *Tutschkoff* med mera fördel serskildt bordt och kunnat anfallas, eller om hela försvaret, med större framgång, skulle inskränkas till ett oroande ströfkrig på fiendens flyglar och rygg, emot hans förråder och transporter, till dess, innan kort, nöden och årstiden tvingat honom antingen att öfvergifva ett land, der han icke hade någon säkerhet, der hvar vapenför menniska var hans motståndare, eller åtminstone draga sig tillbaka närmare sin utgångspunkt, för att der intaga vinterqvarter. I hvilket sednare fall Svenska regeringen fått tid och tillfälle, att, med mera kraft, samband, plan och klokhet än hittills, bereda sig till nästa års fälttåg, hvaremot det slutade åtminstone haft det goda med sig, att det gifvit henne en dyrköpt erfarenhet, om hon velat och förstått att begagna sig deraf.

Skulle deremot en blodig, samfäld eller serskild hufvudslagtning egt rum och dess utgång ej svarat mot fäderneslandets förhoppningar, eller deras mod och ansträngningar, hvilka här offrade sitt lif för sin egen och sitt lands heligaste egendom, *frihet och sjelfständighet*, så hade man likväl gjort allt hvad man bordt och kunnat göra. Man hade ej haft något att förebrå sig; man hade blifvit besegrad af öfvermagten, men fallit med vapen i hand, eröfrande en moralisk vinst, som icke erhålles utan stora offer, den af en oförgänglig ära och ökad aktning af vänner och fiender, samtid och efterverld [1]).

I afsigt eller under förevändning, att bevara några förråder, jemte öfverlefvorna af de krigare, hvilka hittills med mod och möder förgäfves fäktat mot bättre anförda fiender, slutas i stället en ny vapenhvila, hvilken lemnade återstoden af Finland åt Ryssarne och större delen af den qvarvarande hären åt förtviflan och dess vanärande följder, eller åt vanvården, fältsjukan, eländet eller ändteligen ett offer åt mindre hedrande dagtingningar.

Men, för att icke gå händelserna i förväg, återstår oss ännu att teckna några föregående tilldragelser vid *Klerckerska* hären.

Öfverste *Schwerin* hade den 9 blifvit tillbakakastad från *Sippo* och *Kalajoki*, och general *Klercker* hade, i anseende till foderbristen [2]), uppkommen af den blida väderleken, som hindrade allmogen att öfver skogar och kärr afhemta sina upplag deraf, samt minskade tillgångar på födoämnen, jemte fiendens öfverlägsenhet, trott sig böra öfvergifva sin fasta ställning kring *Himango*. Till detta frivilliga återtåg ifrån ett väl-

---

1) Så dömer åtminstone den, hvilken icke känner någon gräns för pligten, för äran att försvara sin frihet och fosterjord.

2) Samma brist hade af lika orsak bordt vara rådande vid Ryska hären, och således, med samma skäl, bordt hindra den att röra sig, om dess befälhafvare icke i tid anskaffat förråder, för att vara oberoende af väderlekens ombyte. Att Ryssarne kunde genom plundring, fylla någon del af dessa och andra behof, hvilket Svenskarne icke kunde göra, är väl sannt; men också lemnar man villigare åt egna försvarare än åt fienden, hvad man möjligen kan umbära.

Klerckerska hären; *Adlercreuts.*

försvaradt pass, uppgifves som orsak den stränga årstiden och mödosamma tjenstgöringen [1]), hvilka omständigheter mångfaldigadt de sjukas antal. Deras vård och undanskaffande påkallade mycken omtanke; men den lättades ingalunda, utan tvertom försvårades, genom öfvergifvandet af *Himango* förskansningar, bakom hvilka hären, under de sjukas transporterande åt *Uleåborg*, var i mera säkerhet än under ett återtåg, hvilket beständigt och öfverallt kunde oroas. Antingen hade det skälet, att *Klercker* ville komma i närmare samband med Sandelska fördelningen, som han derföre beordrat till *Frantsila,* innan han ernade vedervåga ett allmännare och allvarsammare motstånd, bordt vara osviklig eller ock skulle han bibehålla sig vid *Himango.*

Han drog sig emellertid tillbaka till *Pyhäjoki.* Efterskaran, under öfverste-löjtnanten och riddaren *H. E. Reuterskölds* befäl, blef anfallen vid *Ypperi* den 11 middagstiden. Fältvakten, som utgjordes af 2 kompanier och ehuru genast förstärkt med ett kompani af Nylands fältbataljon, måste draga sig tillbaka. Derunder skickade Ryssarne en stark afdelning att kringgå *Reuterskölds* venstra flygel, hvarest fienden, vid ett vad, öfvergick *Ypperi* bäck. Ett annat vad, vid *Hejkkilä* hemman, närmades äfven af Ryssarne, hvilka banade sig väg med öfverlägsna stridskrafter, af fältstycken och fotfolk.

Generalen, friherre *Adlercreutz*, alltid till hands då någon fara var å färde, deltog personligen äfven i detta försvar.

---

1) Gällande äfven för fienden.

1808 NOVEMBER.

Klerckerska hären; Wiret den 11; *Herlin, Lagermark.*

Ehuru Åbo läns rusthålls-bataljon, anförd af den tappre kapitenen och riddaren *Finkenberg*, sökte hejda Ryssarnes framträngande på venstra samt kapitenen, frih. *Lybecker*, med 150 man af samma regementes öfverstelöjtnants kompani, med mod och rådighet flere gångor lyckades mota fiendens försök på högra flygeln, under det en annan Rysk styrka, med grofva stycken och häftig eld, förgäfves gjorde ett djerft bröstanfall, ansåg *Reutersköld* likväl rådligast, att draga sig $\frac{3}{4}$ mil undan till *Wiret*, der läget erbjöd ett förmonligare försvar.

Här förnyades Ryssarnes anfall, jemte deras djerfva försök att kringgå *Reuterskölds* venstra flygel; men de blefvo tillbakaslagne, så väl härvid som de trenne gångor de beslutsamt stormade bron vid landsvägen. Vid densammas försvar gjorde under-officeren *Fisk*, med sin trepunding, god tjenst. Han rensade bron med väl riktade drufhagelskott.

Denna förpost-strid var den sista allvarsamma under detta fälttåg. Den räckte ända till kl. 10 på aftonen, då fienden måste lemna slagfältet. Här runno de sista dropparne under detta års fälttåg af de tappres blod, med oförminskad fosterlandskänsla, med samma beredvillighet, som alltid för krigsärans helgd och fäderneslandets försvar, ehuru i det sednare afseendet nu, såsom förut förgäfves. Dödade och efterlemnade voro: 21 man af Åbo läns och tre man af Nylands regemente; sårade: löjtnanten *Herlin*, vid Österbottningarne, fendriken *Lagermark*, vid Björneborgs regement, 1 under-officer och 7 man af Nyländningarne,

Andra delen.

Klerckerska hären; Piehenki den 16. Siikajoki.

1 under-officer och lika många man af Åbo läns regemente samt en konstapel och en kanonhäst. Ryssarnes förlust beräknades till mångdubbelt större, antaglig i anseende till det nära afståndet, sällan öfverstigande 20 alnar, hvarinom skottvexlingen skedde och hvarunder vår stycke-eld med drufhagel synbarligen gjorde en blodig skörd, den sista anmärkningsvärda på Finsk jord.

Dagen derpå, då allt ådagalade att fienden beredde sig till ett förnyadt anfall med tillkomna, ökade skaror, befallte *Klercker* så väl eftertruppen, som hufvudstyrkan, hvilken äfven befann sig på södra sidan om *Pyhäjoki*, att draga sig till den norra, hvarefter bron brändes. Ryssarne, hvilka mer och mer öfvertygades om Svenskarnes afsigt att ej våga ett afgörande försvar, kastade en ansenlig styrka öfver *Marijärvi* mot *Klerckers* venstra flygel, likväl utan att göra något bröstanfall. *Klercker* bibehöll dock sin ställning till den 14. Men som Ryssarne hade förstärkt sin öfverflyglings styrka och tillika företogo sig att, genom *Pirttikoski*, hota hans rygg, hvilket så mycket lättare kunde verkställas, som *Pyhäjoki* å var frusen så starkt att isen bar [1]); och som härvarande fodertillgångar äfven voro uttömda, så drog han sig tillbaka till *Salo*, *Brahestad* och *Patjoki*.

Efterskaran, hvilken stannade i *Piehenki*, anföllt häftigt den 16 och drog sig genast tillbaka, ¼ mil nära *Salo*. Men som *Klercker* beslutit sig att undvika en afgörande strid, till dess en säker förening vore

---

[1] Likväl sålunda att fienden först måste förstärka densamma med bräder och halm, hvarpå ofta göts vatten. En vaksam och djerf motståndare hade lätt kunnat förekomma dessa tillställningar.

vunnen med general-major *Sandels*, och fienden med en betydlig skara, hvilket redan blifvit nämndt, under general-major *Eriksson*, afgått till Wihanti, hvarigenom *Klercker* kunde tagas i ryggen och förbindelsen med *Sandels* afskäras, befallte han sin här återtåga till *Siikajoki* och *Sandels* till *Frantsila*. För att tillvägabringa ett samband dem emellan besattes *Revolaks* och *Pavola* med tredje fördelningens trupper.

I denna ställning ernade *Klerker* afvakta Ryssarne, och kanske ännu en gång tillskynda detta ställe, detta *Siikajoki*, en för Svenska vapnen ärofull namnkunnighet. Ännu var samma general-adjutant för hären qvar, som här gjorde sin första stora vapenbragd. Ännu var han omgifven af samma tappre följeslagare, som en gång förut här hade satt en gräns för Ryssarnes framgång. Visserligen voro de nu något minskade; men de voro ock så mycket mer bepröfvade, mera öfvertygade om sin kraft, sitt mod, sin förmåga att på stridsfältet motstå och slå sina och fäderneslandets fiender.

Vid *Frantsila* voro äfven samma fjerde och femte fördelningar nu förenade, då skiljda när de med *Cronstedt* och *Sandels*, vid *Revolaks* och *Pulkkila*, straxt efter *Adlercreutz's* framgång vid *Siikajoki*, besegrade Ryssarne.

Sådana minnen, förvärfvade genom mannamod och blod, äro heliga, dyrbara och hade af en kraftfull, snillrik härförare hvarken bordt eller kunnat lemnas obegagnade. De utgjorde en helgedom, som ingen velat vanhelga, en moralkraft, som gjort den vanmägtige stark, som skapat hjeltar om de förut ej funnits, som uppvärmt de kallaste hjertan och skänkt dessa en fosterlandskänsla, ett mod och en ståndaktighet, som trotsat och tillintetgjort hvarje motstånd, hvarje öfvermagt.

Men hvad förhoppningarnes tid, hvad vårens allt lifvande värme, utan sådana minnen, kunde uträtta, det förmådde icke ens med dessa den kyliga hösten, den annalkande vintren åstadkomma. Såsom marken nu var betäckt med snö, så var ock härförarens hjessa hvitnad af årens. Den förra kunde icke upptinas af den sol, som nu någon gång kastade derpå sina matta strålar, och den sednares sinne icke uppeldas af höstlifvets aftynande gnista. Naturen och menniskorna voro lika liflösa, lika dystra. Ett slags hemsk förtviflan hade nedstämt, icke utan skäl, de tappres håg, hvilka behöft en mägtig häfkraft till väckelse. En sådan finnes endast i raska, lifvande rörelser och företag, med få ord: i framgång och seger. Men här, då man icke en eller annan dag stod stilla, obeslutsam, villrådig, vankelmodig, så återtågade man; och detta, jemte tilltagande mödor, köld, mat- och foderbrist, kunde ej annat än modfälla krigshären.

Ryssarne, ständigt vaksamme, alltid uppmärksamma på sina motståndares ej mindre yttre än inre förhållanden, ansträngde alla sina krafter, att påskynda slutet af ett fälttåg, hvars minsta förändrade omständigheter kunde nu, liksom några månader förut, beröfva dem sina framgångars efterlängtade frukt.

Allt hvad som bekymrade, oroade och utmattade Svenskarne, neml. årstid, köld, aftagande tillgångar på födoämnen för menniskor och hästar, brist på läkare och läkemedel, allt detta verkade i samma mon menligare på Ryssarne, som de tillika voro omgifna af fiender, långt aflägsnade ifrån sitt hemland och sina hufvudförråder.

Derföre påskyndade de sina rörelser, och ansträngde sig att verkställa de djerfvaste företag.

Grefve *Buxhoewden* hade smickrat sig med hoppet, att *Tutschkoffs* stora öfverlägsenhet i stridskrafter skulle besegra *Sandels* förslagenhet och hans truppers mod.

Kamenskij borde ej förr uppsäga stilleståndet och återtaga anfallskriget, än *Tutschkoff* gjort så stora framsteg, att en sidogemenskap med honom kunde tillvägabringas och det blefve möjligt att sammanbinda de begge kolonnernas rörelser på *Uleåborg*.

Men *Sandels* oväntade motstånd vid *Idensalmi*, och den nu mera otvifvelaktiga omöjligheten att vinna några afgörande fördelar på honom, nödgade *Buxhoewden* att anbefalla *Kamenskij*, att våga allt för att utmed Bottniska viken och mot den mindre ihärdiga och rådiga *Klercker*, åstadkomma några bestämda framsteg, hvarigenom det långvariga fälttåget kunde slutas, hvilket nu pröfvade lika mycket Ryssarnes som Svenskarnes tålamod.

Derföre hade den lika unge som djerfve grefve *Kamenskij* skickat general-majoren *Eriksson*, med en betydligare styrka, till *Wihanti;* derföre lät hanen annan fördelning gå genom *Haapajärviåt Pulkkila*, hvilken sednare likväl måste återvända, emedan denna biväg befanns alldeles obanad.

I stället för att med starka flygskaror slå dessa spridda Ryska fördelningar, i likhet med hvad, nästan på samma orter och ställen, skedde om våren förut, lät *Klercker* dessa *Kamenskijs* lika väl beräknade som hastiga och vågsamma rörelser bringa sig ur fattning och till återtåg.

De gynsamma ögonblicken i krig äro lika flygtiga, som oskattbara. *Kamenskij* begagnade dem i tid, *Klercker* icke. Och när han nu började tänka på dem, voro de redan förbi.

Emellertid hade i dessa dagar en i detta luftstreck ingalunda oväntad sträng köld inträffat; sjöar, mindre forsande elfvar och sjelfva hafsstranden hade tillfrusit, så att all sjöfart plötsligen afbröts. Flere Svenska fartyg, lastade med lifsmedel, lågo i sigte af kusten; men utan att kunna komma närmare. Den flottbro, som skulle slås öfver *Uleå* elf, kunde icke utläggas i anseende till isgång och stark ström och då fiendens i *Wihanti* stående styrka hotade att framtränga till *Limingo*, emellan *Klercker* och *Sandels*, blef Svenskarnes ställning med hvar dag allt mera bekymmersam. Sjukdomarne tilltogo i den grad, att *Klercker* räknade öfver 6,000 man på de illa försedda sjukhusen; födoämnena minskades, inga transportmedel funnos och trupperna voro sålunda blottställda för det yttersta elände och de grymmaste lidanden.

Nu var ej mer tid att tänka på försvar, helst motgångarne rågades af det värsta af allt ondt i krig, af det moraliska giftet, som kallas missnöje och förtviflan, med deras vanärande följder, likgiltighet för hederns fordringar och öfvergifvande af de fanor man besvurit att följa i lust och nöd, i lif och död. Likväl var det endast få af de tappre, som på detta sätt befläckade sitt namn och sitt välförvärfvade rykte.

Nu återstod blott att erhålla någon rimlig utväg, att vinna åtminstone så mycket tid och rådrum, att man icke på en gång tillintetgjordes af eländet och fiendens vapen, det hvar och en tycktes se, likt ett *Damokles* svärd, hänga öfver sitt hufvud.

Hvem skulle underhandla under så brydsamma, så vådliga förhållanden? Hvilken annan än den som genom sitt mod, sin ståndaktighet och sina fosterländska tänke- och handlingssätt förvärfvat sig anseende och aktning, ej allenast hos Svenskarne, utan äfven hos Ryssarne.

De sednares anförare, som noga kände de förres tryckande och till förtviflan gränsande omständigheter, omfattade tillfället att söka föreskrifva de hårdaste vilkor. Men general-majoren, friherre *Adlercreutz* afviste dem med förakt, försäkrande med sin bestämda hjeltestämma, att han och hvar man i Svenska hären skulle helre stupa på stället, än antaga ett enda vilkor, som ens hade minsta utseende af fiendens öfvermod och som icke var fotadt på ömsesidig billighet.

Underhandlaren vid *Sveaborg* [1]) väntade sig icke ett sådant svar, hvilket derföre genast nedstämde Ryssarnes anspråk, och grefve *Kamenskij* beviljade *Adlercreutz* en tvenne dygns vapenhvila, med förbehåll att Svenska eftertrupperna skulle draga sig tillbaka till *Olkijoki* och Ryssarne få besätta *Brahestad*. Det var den 16.

Denna tillfälliga vapenhvila gaf rådrum åt *Klerckerska* hären, som nyss förut lidit af kölden, och för hvilken ett plötsligt töväder, som inföll den 18 och 19, var nära att blifva än mera förderfligt.

Siikajoki elf uppbröt inom några ögonblick och den lossnade isen bortryckte en lång bro, den enda öfver hvilken Svenskarne kunde göra sitt återtåg. Strömmen framvältrade våldsamt ismassor, hvilka än hopade

---

1) Grefve *van Suchtelen* var med äfven här.

sig emellan dess stränder, än, bildande strida forsar, hotade att i sin förfärliga fart lösrycka sjelfva flodbädden.

Denna förstörelse varade väl icke länge; men den tvingade Svenska soldaterna till oerhörda ansträngningar, för att så mycket som möjligt ersätta de skador flödet åstadkommit. Om *Kamenskij* angripit Svenskarne i denna äfventyrliga ställning, då dessa tappre öfverlefvor, hvilka i så många drabbningar undgått döden, nu befunno sig förrådda af sjelfva naturen och hindrade att komma öfver elfven, så hade de varit ohjelpligen förlorade, ja allesamman fångne eller tillintetgjorde.

Tiderna voro sådana, att det länder *Kamenskij* till beröm, att han aktade mera hederns lagar och sitt en gång gifna ord, än en oredligt och oädelt vunnen fördel, ehuru lockande och afgörande den verkeligen hade varit.

Sedan det muntligen öfverenskomna stilleståndet var tilländalupet, afslöts ett nytt fördrag i *Olkijoki* af följande lydelse:

1:o. Kongl. Svenska hären intager genast efter denna conventions ratificerande, sin ställning längs gränsen af *Uleåborgs* län, intagande den linie, som börjar bakom *Kemi* och sträcker sig genom *Paisavaara, Mustivaara,* och *Porkavaara. Kemi* elfs båda stränder förblifva följaktligen i Ryska härens händer.

2:o. Svenska hären utrymmer *Uleåborgs* stad inom 10 dagar, att räkna från denna conventions undertecknande, på sådant sätt, att Svenska trupperna evacuera staden sist den 29 och Ryska trupperna inrycka den 30 November. Den öfriga delen af landet, som öfverlemnas åt Ryska arméen, skall utrymmas efter den å båda sidor öfverenskomna marsche-route, och skulle någon oförutsedd händelse, såsom islossning m. m. inträffa, så skall man derå göra afseende, samt lemna all nödig tid åt Svenska arméen, att afhjelpa det inträffade upphållet.

3:o. Svenska arriergardet drager sig tillbaka efter den öfverenskomna marsche-routen, men allt det, som Ryska avantgardet finner öfvergifvit af Svenska arméen, i brist af hästar eller andra orsaker, såsom sjuka, magaziner m. m. anses som god pris.

4:o. Svenska hären förbinder sig att ej, hvarken förstöra eller utdela till innevånarne eller försälja de magaziner, som den kunde blifva nödsakad att öfvergifva.

5:o. Svenska hären medtager ej från Uleåborg, eller något annat ställe som arméen öfvergifver, hvarken någon af civil-embetsmännen ej eller artiklar eller andra saker som tillhöra provinsen.

6:o. Svenska arméen återsänder alla länsmän, prester och öfrige tjenstemän och andre invånare, som kunde vara tagne å de ställen arméen redan lemnat, hvarvid deras hästar och öfrige tillhörigheter medfölja; välförståendes att detta sker efter deras egen önskan.

7:o. Närvarande Convention skall ratificeras af båda arméernas respective general-befälhafvare och utvexlingen skall ske sist innan morgon afton. *Olkijoki* den **19** November **1808**.

Friherre *Adlercreutz*,   Grefve *Kamenskij*,
general-major.   general-löjtnant.

Gillad den **20** November **1808**. Grefve *Buxhoewden*, general-befälhafvare öfver Ryska arméen.

Föreslaget tillägg till den emellan Kongl. Svenska arméen i norra Finland och Kejserliga Ryska arméen afslutade Convention [1]).

---

1) Af detta tillägg synes att den gamle *Klercker* var både uppmärksam och

Art. 1. Den emellan båda arméerna afslutade vapenhvilan räcker en månad efter den dag Svenska arméen passerat gränsen af Uleåborgs län eller till den 12 Januari 1809, och bör i alla fall vapenhvilan uppsägas femton dagar förut, innan fiendtligheterna kunna börjas.

Art. 2. Under vapenhvilan öfvergå ej de Kejserliga Ryska tropparne Kemi elf. Högqvarteret Limingo den 20 November 1807.

C. N. af Klercker,
general af infant. och general-befälhafvare för Kongl. Svenska arméen i Finland.

Min General! Jag har den äran att tillkännagifva Eder att den convention, som är slutad i går har blifvit ratificerad af H:s E., Generalen, herr grefve Buxhoewden, och afsänder jag nu, efter öfverenskommelsen, grefve Potemkin för att utvexla de ratificerade acter. Angående den i fråga varande vapenhvilan, har general en chef grefve Buxhoewden uppdragit mig meddela Eder, att ehuru han icke vill afsluta ett formelt stillestånd, lofvar han dock, för att gå Eder önskan till mötes, på sitt hedersord, att icke börja ånyo operationerna för än två veckor efter sedan Svenska arméen intagit sin ställning efter conventionen, i den öfvertygelsen, att äfven från Eder sida operationerna ej börjas förr än denna tid är tilländalupen. Jag har äran m. m.

Brahestad den 20 November 1808.

Grefve *Kamenskij.*

---

icke alltför eftergifvande, ehuru han ej hade all den kraft och det härförare-snille, som nu och isynnerhet förut hade erfordrats, om något väsendtligt skulle kunna uträttas.

Denna vapenhvila förekom all vidare blodsutgjutelse äfven å Sandelska sidan. Likväl var en strid nära att utbrista. General *Tutschkoff* 1:e hade redan vidtagit alla förberedande åtgärder, att, med sin samlade styrka, som med de erhållna förstärkningarne nu steg till nära 10,000 man, anfalla *Sandels*. Vid förposterna vexlades redan skott och *Sandels* munteliga budbärare om det vid hufvudhärarne öfverenskomna stilleståndet, blef återförvisad under förevändning, att underrättelsen blott vore en krigslist, då med detsamma en Svensk och en Rysk stabs-officer anlände med det skriftliga fördraget, och den i anledning deraf utfärdade befallningen om fiendtligheternas upphörande [1]).

Det egentliga kriget för året var nu slut, icke återtåget och alraminst dess smärtsamma följder.

Klercker erhöll väl något rådrum att få undan trossen, samt, genom issågning, artilleri- och utredningsfartygen i öppna sjön, för att vidare afgå till Svenska kusten [2]). Flottbron öfver Uleå elf hade äfven kommit i stånd. Hären hade redan deröfver börjat sitt återtåg i ändamål att, enligt den afslutade vapenhvilans innehåll, lemna äfven denna återstående del af Finland åt Ryssarne. Men oberäkneliga, af *Klercker* till en del förutsedda, svårigheter förestodo ännu under ett återtåg i denna årstid, i detta klimat, under 65 och

---

1) Vid den frukost, som anställdes för de begge härarnes förnämsta officerare, i anledning af denna vapenhvila, säges general *Tutschkoff* hafva yttrat: "*general Sandels är ibland vår tids lyckligaste befälhafvare; ty hittills har han med utmärkt heder gått från alla drabbningar, och nu, då allt var så förberedt, att han med sin lilla styrka ovilkorligen skulle bli fången, eller åtminstone fullkomligen slagen, hjelpte händelsen honom på ett särdeles sätt.*" — Bilagan, N:o 23.

2) Både dervid och under återtåget till Torneå, var öfverjägmästaren (numera öfverste) *Klingstedt* en lika rådig, som oförtruten medhjelpare, att undanskaffa de Svenska förråderna.

66 graders polhöjd, kort före vintersolståndet, genom en glest bebodd, af krigsgärder utarmad trakt och med trupper, hvilka saknade ej blott öfverplagg, utan äfven till en del skor, samt för öfrigt egande en utsliten och trasig beklädnad.

Klercker hoppades likväl att, ankommen till *Torneå*, nära moderlandet och med de förstärkningar han derifrån påräknade, kunna med fördel försvara sig, helst han förmodade, att fienden icke med någon betydlig styrka, hvarken ville eller kunde dit framtränga. Aflägsenheten och landets fattigdom trodde han i detta fall vara betänkliga omständigheter för Ryssarne; och af Svenska regeringen hoppades han bättre, klokare och verksammare understöd för nästa års fälttåg, än hvad som egt rum under det nu snart slutade årets, hvars tilldragelser voro alltför påkostande och ofördelaktiga att ej tillika vara lärorika.

Den 23 började *Klerckers* här att fördelningsvis gå öfver bron vid *Uleåborg* [1]), hvilken stad, enligt

---

1) Tjugutre officerare och 1,200 man under-officerare och manskap, alla sjuka, måste qvarlemnas, utom en hop med mun- och bevärings-förråder. Då general *Adlercreutz* tog afsked af de der efterlemnade sjuka officerare, försäkrade han dem, att det var så öfverenskommit med generalen, grefve *Kamenskij*, att så snart de tillfrisknade, skulle de få återvända till Svenska hären och emellertid vårdas af Svenska läkare. Under sjukdomstiden flyttade Ryssarne dem, oaktadt den stränga kölden, än hit och än dit, och alltid i sämre och trängare utrymme. Och då en officer, vid namn *Broberg*, ändteligen tillfrisknade och önskade att begagna sig af *Adlercreutz* löfte att få återvända, uppehölls han med flerfaldiga undanflykter. Han anmälde sig hos general *Kamenskij;* men denne sade sig hafva lemnat befälet åt general *Tutschkoff*, hvilken deremot icke sade sig känna hvad *Kamenskij* lofvat. Efter *Kamenskijs* afresa anmälte *Broberg* sig hos öfvergeneralen, grefve *Buxhoewden*, hvilken lofvade utfärda befallning åt grefve *Tutschkoff* om saken. Men då denne erinrades derom, sade han sig icke fått någon sådan befallning. *Broberg* anmälde sig ånyo hos grefve *Buxhoewden*, då han svarade, att den äskade befallningen bestämdt skulle lemnas påföljande morgon. *Buxhoewden* afreste i detsamma till Petersburg, utan att hålla ord, och då saken ännu en gång anmäldes hos *Tutschkoff*, besvarade han frågan med en beväpnad post för de Svenska officerarnes

stilleståndets andra punkt, sednast den **30** borde öfverlemnas åt Ryssarne.

Sandels, som den **25** uppbröt från *Frantsila* och den **27** inträffade i *Uleåborg*, der kapiten *Gyllensköld* tillstötte med återstoden af lifgrenadiererna och Kajana bataljon, fick befallning att utgöra efterskaran; åt de ärofulla lemningarne af Savolakska fördelningen uppdrogs den mödosamma befattningen att vara eftertrupp, att upptaga och medföra allt som kunde vara qvarlemnadt af de förutgående fördelningarne, att samla och medtaga de här och der i de enstaka byarne af hästbrist, köld eller svaghet efterlemnade sjuka jemte eftersläntrare, flyktingar och härens tillhörigheter, på det dessa, enligt 3:dje punkten i fördraget af den **19**, icke skulle blifva en Rysk tillhörighet.

Återtåget var för Svenskarne i allmänhet och för efterskaran isynnerhet oerhördt besvärligt och mödosamt.

De glesa och till det mesta vid vägarne folktoma byarne (emedan invånarne bortflyktat af fruktan både för fienden och den fältsjuka, som egna trupper medförde), gåfvo föga skydd mot vinterns bisterhet, och ringa tillgång på värma och mat för de af hunger

---

sjukdörr och förklarade dem kort derefter för krigsfångar, samt behandlade dem såsom sådana.

Lagman *Antell* och fru *Niska* hade lemnat de qvarblifne sjuka Svenska officerarne i Uleåborg mycken vård. Genom fendrik *Björketéns* djerfhet, att, efter tillfrisknandet, begifva sig 15 mil genom ett af Ryssarne bevakadt land till Svenska hären i Torneå, blefvo de qvarlemnades öde ännu hårdare och de måste beqväma sig att blifva affärdade till *Wiborg.* Under färden dit mötte de på en gästgifvaregård en Finska, som kände igen en af officerarne. Hon var en tjenstemans dotter från trakten af Gamla Carleby, och hade blifvit bortröfvad af en Rysk major, hvilken fört henne med sig till Ryssland, och der låtit viga sig med henne. Hon var nu ganska nöjd med sitt öde och befann sig på hemresan, för att hälsa på sina sörjande föräldrar, dem hon ville trösta och sedan återvända till Ryssland och sin man.

och köld skälfvande soldaterna och deras befäl, hvilka, med en dålig beklädnad, måste marschera och ej sällan bivuakera i djup snö, yrväder och en ovanligt skarp kyla. Manskapet kunde åtminstone få några födoämnen ur kronans förråder som medfördes, så långt hästtillgången det medgaf; men befälet måste mången gång vidkännas verklig brist derpå. Också inskränkte sig dess föda ofta nog till gröt doppad i bara vatten. Sjelfva tobaksbristen var så stor, att en tums lång bit ansågs som en stor sällsynthet bland manskapet, hvilket vant vid denna öfverflödsvara, saknade den såsom en verklig nödvändighets artikel [1]).

Dessa förhållanden, jemte den nedslående till misströstan och förtviflan gränsande tanken, att kan hända, för alltid lemna sin fosterjord, sin hembygd, maka, barn och vänner, vållade något missnöje och några rymningar. De sednare, liksom det förra voro likväl mera en verkan af yttre bevekelsegrunder än öfvertygelse [2]).

---

1) Befäl och manskap borde derföre aldrig få vänja sig vid så gagnlösa behof som tobak och bränvin. Förf. som aldrig nyttjat någondera, saknade dem också icke och hans hälsa var alltid starkare än deras, som trodde sig vinna styrka af en sup, en tuggbuss eller en pipa tobak. Utom saknadens obehag, då dessa varar, hvilket ofta inträffade, ej kunde erhållas, verkade de hos dem, som äfven mycket måttligt begagnade sådana, efter den ögonblickliga retningen, förslappning och olust.

2) Förf., som delade soldatens öden den tiden, hörde också hans uttalade tankar om sin ställning. Dessa omdömen voro visst icke utgjutelser af tillfredsställelse öfver händelserna, dem soldaten ansåg såsom följder af förräderi hos det högsta befälet; men missbelåtenheten öfvergick aldrig till öfverläggning om flykt, oftare än då någon Ryskt sinnad civil person, under-officer eller korporal, sjelf dertill öfvertalad eller missledd, derpå vändt första tanken. Äfven då behöfdes blott en enda röst höja sig mot förslaget, så blef det genast enhälligt förkastadt. Bevis derpå, liksom på tystlåtenhetens goda verkningar, kunde jag anföra flera; men jag inskränker mig blott till ett enda. Några man af samma kompani, hvartill författ. hörde, hade en natt rymt. Jag hörde väl öfverläggningen derom; men ansåg den för ett löst prat, och efteråt trodde jag mig ej heller böra anmäla dem, som

DECEMBER MÅNAD.

I allmänhet strandade Ryssarnes löften och förledelser mot Finnarnes oböjliga redlighet och fosterländska beslut att till sista bloddroppan, försvara sin frihet och äfven Svenska moderlandet.

I sådan afsigt hade dessa tappre trotsat det förflutna och det närvarande återtågets elände, medan många af dem, och deribland Savolaksarne, marscherat tvåhundrade femtio mil, andra något mindre; i detta ändamål hade de uthärdat alla krigets lidanden, alla dess faror och besvärligheter; öfverhufvud taget hade de i detta ädla hänseende, redan klädt blodig skjorta i mer än åttatio större och mindre träffningar; flere buro i stympade lemmar och sårade kroppar ärofulla vedermälen af sitt mod och sin sjelfförsakelse; andra nedtryckta, giktfulla krymplingar eller eljest sjukliga af de öfverståndna mödorna och förkylningarne, framsläpade sina usla varelser med hopp och tålamod, lifvade af medvetandet att hafva redligt uppfyllt sina pligter.

Med denna öfvertygelse, med denna sköna, allt

---

deltagit deri, emedan en bestraffning af de qvarvarande ej tjenat till annat än att öka missnöjet. Vid ett annat kompani af samma Kajana bataljon, skedde motsatsen och de anmälde flyktade jemte flere deras kamrater till fienden. Några nätter derefter uppstod åter ett samtal emellan soldaterna om det närvarande eländet, om det smärtsamma att lemna det käraste man hade i verlden, om Ryssarnes löften, om deras belöningar i fall man återvände till hembygden, hvarom än den, än en annan lemnat tillförlitliga upplysningar. En korporal, vid namn *Hurtig*, svarade bestämdt: "*Fan må tro Ryssarne, men icke jag.*" — "*Jag undrar*", sade en annan, "*hvad vår fältväbel tror.*" — "*Väck icke björnen, som sofver*", ljudande en tredje. — "*Var icke rädd*", sade en fjerde, "*han har nog hört allt och gjorde det förra gången med; men rapporterade det icke. Låt oss derföre fråga honom.*" — Det skedde. Jag instämde i *Hurtigs* tanke, för att öfvertyga, att jag hört allt; men tillade derjemte: att "*det passar Ryssar, ej Finnar att rymma. Bättre dö med ära, än lefva med skam, eller huru kamrater?*" — Allmänt bejakande och ingen af dem öfvergick till Ryssarne.

annat öfvervägande själslyftning, ankommo qvarlefvorna af Finska hären till moderlandets gräns, hvarest efterskaran inträffade den 11 December vid *Kemi* kyrka och den 13 i och omkring *Torneå* stad och socken.

Den tappre och vaksamme *Sandels* hade befälet öfver densamma, och denna efterskara utgjordes af hans bepröfvade följeslagare, hvaraf Savolaks infanteri, jemte några Karelska dragoner, lemnades, såsom förposter, vid *Kakamo* och *Läköla* byar, Savolaks och Karelska jägarne i och omkring *Laivaniemi* samt återstoden, bestående af Österbottens och Kajana bataljoner samt Wasa regemente, deremellan och *Torneå*.

Alla Svenska trupper fingo genast afgå längre in åt Sverige. Vesterbottningarne förlades på sina rotar. — Dessa anordningar voro vidtagna för att minska matbehofvet på denna aflägsna, glest bebodda och fattiga trakt och för att åt de qvarvarande vinna större utrymme. Det blef likväl ganska inskränkt, då hela Finska härens återstod skulle sammanpackas i och omkring *Torneå*.

Följderna deraf och af sjukhusens otillräcklighet, brist på läkarevård och medikamenter, liksom följderna af fälttågets mödor och lidanden i allmänhet, blefvo snart rysvärda. En pestartad fältsjuka, som redan förut och isynnerhet under återtåget visat sig, tog nu öfverhanden och gjorde smärtsamma härjningar ibland de tappra, dem krigets öfriga olyckor, jemte fiendens kulor och svärd hittills skonat.

Ehuru förpost tjenstgöringen, under en köld, som sällan understeg 35 men ofta uppgick till 40 grader och deröfver, var ganska besvärlig för Sandelska trupperne, befanns dock dödligheten minst ibland densamma [1]).

---

1) Luften var liksom uppfylld af fina ispartiklar, hvilka glittrade mot den

Den uppmuntrande sinnesstämning, som i allmänhet var rådande hos det yngre af befälet, för hvilket kriget med dess faror och mödor, att man så må säga, blifvit en vana, verkade fördelaktigt på alla. Ungdomen älskar äfventyr och leker med dödens lia, tänkande endast på utmärkelser och framgångens förhoppningar. De äldre af befälet, liksom soldaten, lifvades af denna föresyn, glömmande eller döfvande allt det elände, som för det närvarande omgaf dem och alla de kära minnena från det lyckliga framflutna: maka, barn och vänner med fridens ljufva yrken och förhållanden.

Sjelfva julhelgen, denna Finnarnes, liksom barnens, efterlängtade stora och glada högtid, firades af krigarskaran uti och kring nejden af polarstaden, utan att särdeles oroas af eländets, fältsjukans och dödens omgifningar [1]).

---

knappt öfver horizonten sig höjande solen och olycklig den, som ej genast med snö gnuggade sina kinder, näsa och öron, så snart man å dem, i fria luften, kände någon stickning. Under förpost tjenstgöringen erhöll manskapet lappmuddar, lappskor och handskar af renskinn, samt soppa på renkött, hvari öfver-fältläkaren *af Bjerkén*, som ofta tillstyrkte toddy, äfven nu ville att soldaten skulle slå 1/2 jungfru rumm eller konjak; men knektarne, anmärker *Aminoff*, förstodo sig bättre på saken, åto först soppan, togo sedan halfvan och befunno sig deraf väl. *Bäst* förstodo sig likväl de på saken och befunno sig äfven *bäst*, som lika med författ. begagnade hvarken rum, konjak eller bränvin. Dricka och supa var ett ondt, som den tiden hade slagit djupa rötter, och denna vana hade hos många tagit öfverhand, äfven hos det högre befälet. Man räknade mången gång välviljan och nöjet hos de bjudande efter bålarnes antal; 20 bålar och några kopparkittlar punsch ibland 30 eller 40 personer var hederssamt och bevisade att man haft roligt med besked. Bilagan N:o 8 talar äfven om sådana tilldragelser, samt att en bonde tömde ett stop bränvin i en fart och dog på stället, m. m.

1) Att befälet, som i allmänhet var sämre lottadt än soldaten under detta krig, fick några förfriskningar, utgjorde hofjägmästaren *Klingstedts* förtjenst. Befälet med innestående 4 à 6 månaders dagtraktamenten, utslitna klädespersedlar, ingen kredit och icke heller någon tillgång på födoämnen eller andra behof, hade fått en föga uppmuntrande julhelg, om *Klingstedt* icke skaffat hit upp en hop nödvändighetsvaror både för, på och i kroppen, samt lemnat dem mot anvisningar på innestående fältaflö-

Andra delen.

Det i *Olkijoki* afslutade stilleståndet fortfor nästan oafbrutet med först 96 timmars och sedan 5 dygns uppsägning ända till slutet af Mars 1809.

Öfver Svenska förskaran hade, såsom nämndt är, general *Sandels* befälet och öfver den Ryska, generalen *Alexejeff*. Förposterna anfördes på Svenska sidan af nu mera öfverste-löjtnanten och riddaren G. *Ehrenroth*, en tapper och skicklig officer, och på Ryska, af majoren vid Mitauska dragonerna *Barboricken* [1]).

Under denna tid skedde en utvexling af sednast ömsesidigt fångne officerare, ibland hvilka befunnos på Svenska sidan löjtnanterne *Klingspor* och *von Fieandt*, den förre adjutant hos fältmarskalken, grefve *Klingspor*, den sednare hos general *Sandels*, samt å den Ryska, kapitenen i kejserliga sviten, frih. *Crone* (Dansk) och löjtnant *Wartenburg* (Österrikare).

Denne baron *Crone*, som under fångenskapen kommit i närmare kännedom af vissa Svenska personer och förhållanden, begagnades nu af Ryssarne vid Svenska högqvarteret till underhandlingar, hvilkas föremål och beskaffenhet man icke kände [2]). De för den aktnings-

---

ningar, hvaraf författ. ännu ej utbekommit af sitt under-officers traktamente 5 1/2 månads betalning. Flera andra torde finnas i samma belägenhet.

1) Emellan förpost-befälet egde täta förbindelser rum. *Barboricken* var dervid angelägen, att visa de vapen som blifvit fråntagne Svenska öfverlöparne, ehuru de icke voro många. Detta gaf anledning för Svenska befälet att förmå Ryssarne till rymning, hvilket lyckades så väl, att under det *Barboricken* var på besök hos öfverste-löjtnanten *Ehrenroth*, anlände icke mindre än 21 man af den förres beridna och beväpnade dragoner. Denna seger gjorde, att *Barboricken* förkortade sitt besök, ej mera sysselsatte sig med att öfvertala Svenskarne till rymning, och att hans obehöriga förmaksmöbler af Svenska vapen plötsligen försvunno. De flesta öfverlöpare hörde till rytteriet och de värfvade trupperna. — Bilagan, N:o 35.

2) Löjtnanten G. *Ad:son Aminoff*, hvilken från förposterne följt denne frih. *Crone* till högqvarteret i Torneå, fick der uppdrag att oförmärkt bevaka

värde veteranen, öfverbefälhafvaren, generalen, friherre *Klercker* veterliga, voro ganska oskyldiga och rörde vanligen några obetydliga anordningar angående förposterna eller framlemnandet af enskildta bref. Men hvad som öfverlades och aftalades med hans generaladjutant, öfverste *Palmfelt,* hvilken, i följd af sitt kall, hade att besörja Svenska härens både militäriska och diplomatiska angelägenheter, är ej kändt och kan blott anas af de följder som framdeles blefvo synliga [1]).

Under sådana förhållanden slutades detta års fälttåg. Stora, nästan oberäkneliga voro de förluster, hvilka uppstått genom regeringens kortsynthet, amiral *Cronstedts* blinda eller förrädiska handlingssätt, konungens okunnighet i krigssaker, hans rådgifvares liknöjdhet, bristande kraft och insigter, samt den gamle *Klingspors* oförmåga att vara härförare. Dessa omständigheter, mera än Ryssarnes öfverlägsenhet och tapperhet, hade afgjort detta krigs för Svenskarne så smärtsamma utgång, hvilken ej kunde förekommas af de ädla ansträngningar och det osvikeliga mod, de på ärans fält stridande ådagalagt. Alla möjliga missöden hade hopat sig öfver de tappra, som på mer än nittio ställen med sitt blod färgat Östersjöns böljor och den Finska jorden, under det ihärdiga fosterländska försvaret. Olyckorna rågades af en fältsjuka, hvilken ej mindre kring *Torneå* än i hufvudstadens granskap och inom densamma, likt pesten, hoptals bortryckte, på det förra stället krigets veteraner, på det sednare landets

---

honom. Detta uppdrag var ganska svårt med en så slipad person, anmärker *Aminoff*, likasom att han skulle ganska mycket misstaga sig, om ej nu redan åtskilligt uppgjordes, hvilket sedan blef uppenbart den 25 Mars 1809. — Bilagan, N:o 25.

1) Nemligen vid dagtingan den 25 Mars 1809, då *Palmfelt* ännu var generaladjutant hos den mindre skarpsynte general-majoren *Gripenberg*.

10 *

ungdom, värn och blomma. På det förra var det ondas uppkomst och spridande förklarligt genom aflägsenheten från all tillförsel, brist på utrymme, tjenlig föda och vård; men allt detta hade icke bordt kunna ega rum vid det sednare stället, inom embetsmännens verkningskrets, ibland menniskoälskande, med föda och beklädnads-ämnen begåfvade, husegande medborgare, och likväl förgingo de flesta af brist på tak öfver hufvudet, af vanvård, hunger och köld i hufvudstadens granskap [1]), midt i öfverflödets sköte, i åsyn af konung, generaladjutant, de förvaltande embetsverken, krigs- och sundhets-kollegium samt fältläkarevårdens uppsyningsman, konungens egen lifmedikus [2]).

På vårt afstånd ser det verkligen ut, hvad någon redan då förmodade och utländningar nu öppet yrka [3]), att större delen af dessa motgångar och usla anordningar mera voro beräkningens, än de tillfälliga och olyckliga händelsernas verk.

Allt detta onda, alla dessa krigets förödelser, allt det blod som runnit, alla de offer, som blifvit framburna på fäderneslandets sköna altare, alla de mörka, hotande moln, som ytterligare samlades på sjelfva polarlandets eljest ljusa himmel, kunde dock icke utsläcka hoppets sista gnista, hvilken ännu lifvade deras hjerta, som voro hårdast tryckta, hvilka vidkänts de största

---

1) Öfverbefälets bristande omtanke, att i tid underrätta de förvaltande verken om sjukantalet, förorsakade brist på anstalter till deras emottagande, ehuru hufvudstadens borgerskap sedan gjorde allt hvad i deras förmåga stod, både att anskaffa husrum och vård åt de smittade och döende.

2) Denne, doktor *Hallman*, som lyckats att lisma sig in i konungens förtroeende, var en ränkfull man, hvilken gjorde mycket ondt, föga eller intet godt, och befattade sig med saker, som icke angingo honom. Denne samvetslösa varelse smickrade och fruktade lycksökare. Också slutade han, enligt ett allmänt rykte, sin lefnad med sjelfmord.

3) *Arndt*, Skildringar ur Svenska historien under Gustaf III och Gustaf IV Adolf. Öfversättning. Upsala, 1810.

uppoffringar, de ömmaste förluster och de bittraste lidanden.

Finska härens qvarlefvor kring *Torneå* önskade och hoppades vid gränsen af det så smärtsamt förflutna gamla året, att det snart stundande nya måtte medföra och utveckla nya, gladare, mera tillfridsställande förhållanden, både för det älskade nu olyckliga fäderneslandet och för dem sjelfva!

ÅR 1809.

ÖFVERSIGT.

En öfversigt af händelserna i allmänhet, ehuru föga tillfridsställande för Svenska läsare, är dock alltför nödvändig, för att kunna uteslutas. Man ernar likväl blott upptaga de hufvudsakligaste och vigtigaste omständigheter, och så mycket möjligt undvika upprepandet af förut antydda tilldragelser.

Emellertid blir det nödigt, att erinra om tillvarelsen af traktaten i *Tilsit* (1807) emellan *Napoleon* och *Alexander*. Det var för den sednare ett behof, att genom någon bragd, både inför *Europa* och sitt eget folks ögon, öfverskyla de krigsolyckor, hvilka föranledde hans eftergift för och hans förening med den förstnämnde.

Detta behof kunde af ingen eröfring, ingen landvinning bättre fyllas, än af den, som allt ifrån *Peter den stores* till *Alexander den välsignades* tid utgjort föremålet för Rysslands lifligaste åtrå.

Vilkoret i *Tilsiter*-traktaten, att Finland skulle besättas af *Alexander* med Ryska trupper, för att tvinga *Gustaf Adolf* att deltaga i kontinentalsystemet, men att han finge endast i nödfall behålla landet, öfverträdde *Alexander*, i samma ögonblick den förste af hans soldater satte foten på Finsk jord. Ryska öfver-generalens första ord [1]) var en uppmaning till uppror och anfall, under försäkran, att Ryska sjelfherrskaren beslutat, att med sina stater oåterkalleligen förena Finland, åt hvars invånare lofvades lugn och lycka under Ryska väldets *milda regering*.

Gustaf Adolf, som vaggades i en olycksbringande säkerhet af några falska, hemliga förledare, hvilka dolde sig i mörkret, trodde icke på ett alfvarsamt fredsbrott med sin kejserliga svåger, samt åsidosatte derföre de försigtighetsmått, dem hans få sanna vänner ville förmå honom att vidtaga. De sökte öfvertyga honom om nödvändigheten, att lägga starka besättningar både i *Sveaborg* och de andra mindre fästningarne, att sammandraga till Sverige hela Finska skärgårdsflottan, med alla dess förråder, att återkalla alla handelsskepp, och att sedan, så snart *Stor-Brittaniens* hjelp var ankommen, företaga ett kraftigt anfall på *Kronstadt* och *S:t Petersburg*, eller, om det icke kunde ske, i stället landsätta en samlad betydlig Svensk här [2]) i ryggen på de angripande, hvarigenom dessa sednare redan i början af sommarfälttåget 1808 blifvit nödgade att draga sig tillbaka. Men mot konungens blinda envishet strandade alla dessa råd, och de beklagliga följderna deraf hafva vi sett.

Hans fiender förstodo dessutom, att väcka hans misstanke emot hans enda bundsförvandt England, hvilken nyligen på ett så trolöst sätt beröfvat Danmark dess flotta. Det fanns till och med Svenska amiraler [3]),

---

1) Grefve *Buxhoewdens* proklamation af den 21 Februari 1809.
2) Att han ville förmå Engelska hjelpsändningen, att, i samband med en mindre Svensk skara, göra en landstigning, är förut nämndt; men då det misslyckades, inskränkte han sig till enstaka, spridda försök i den vägen, hvilka mera skadade än gagnade.
3) Se *Brown*, l. c., s. 304.

hvilka, icke utan skäl, öppet yttrade, att det icke borde förundra någon, om Engelsmännen afskickade tio linjeskepp till *Carlskrona*, under förevändning att hindra dervarande Svenska flotta att falla i Rysslands våld. Också höll konungen en ansenlig här i Skåne overksam, mindre, sades det, af fruktan för ett anfall af Danskar än af Engelsmän. Medvetandet att hafva understött de sednare med lifsmedel från Skåne, under deras anfall mot de förra, gaf honom dessutom ett ondt samvete, hvilket aggade honom i samma mån svårare, som han icke var van att handla mot ärans och gällande traktaters fordringar.

Den i Sverige allmänt rådande obenägenheten mot England, i anledning af dess ovärdiga uppförande emot Danmark, ökades af dess ministers, herr *Thorntons* personlighet, hvilken saknade alla de egenskaper, som erfordras för att mildra de mot hans land fiendtligt sinnade och att ingifva förtroende [1]).

Hade detta, en mägtig stats, ombud varit en man, som förstått att upptäcka och sönderslita de nät, hvari den välmenande, men ensidiga Svenska konungen befanns insnärd, skulle han blifvit ganska nyttig både för det land han förestälde, och det hvarest han var anstäld. Hade han tillika haft snille och insigter, jemte urskiljning att skaffa sig konungens förtroende och dess rådgifvares tillgifvenhet, skulle han otvifvelaktigt, mera än någon annan, förmått verka på den enrådige konungen, hvilkens åtgärder derigenom kunnat blifva lika nyttiga, som de hittills varit skadliga, ej mindre för Svenskarnes än Englands nu gemensamma bästa.

---

[1]) Då *Brown* frågade *Perceval* i London, hvarföre en dugligare man icke blifvit skickad till Stockholm, svarade denne: "*Ministrarne äro ej alltid i tillfälle att anställa den de finna tjenligast.*"

Visserligen hade han, äfven med de mest lysande egenskaper, haft ganska svårt att minska och tillintetgöra den allmänna hängifvenhet, som hos Svenskarne rådde för Frankrike och dess dåvarande, af dem benämnde *århundratets hjelte*. Men småningom hade han kunnat bortnöta den rost, som lagt sig på Svenska vapenskölden, hvilken som der icke bordt få intränga. Då det gäller sjelfförsvaret är det för upprigtiga fosterlandsvänner likgiltigt, om Ryssar eller Fransmän äro de förnärmande och anfallande. Känslan för de sednare var likväl så stor, att någon höll på att glömma faran af de förras våld på Finsk, och deras närmande till Svensk jord. En del voro så förblindade af *århundradets hjelte*, att de helre ville, att det gamla *Svea* skulle utgöra en Fransk provins, än under *Gustaf Adolf* en egen sjelfständig stat. Finlands bibehållande betraktade en eller annan mera som en olycka än lycka, för det på försvars tillgångar nu mera blottade Sverige [1]).

Att kejsar *Alexander* delade de sednares tanke, bör icke förundra någon.

Med kunskap om statsförhållandens föränderlighet önskade Alexander ingenting lifligare än att, utan vidare omsvep och tidsutdrägt, få behålla detta Finland, som han nu lyckats bemägtiga sig. Det var egentligen för denna orsak han hade inbjudit de stora magterna till ett sammanträde i *Erfurt* den 12 Oktober 1808, hvarunder han föreslog Frankrike och England en allmän fred, naturligtvis med vilkor att han fick

---

1) Dessa tänkesätt hos en och annan blind anhängare af *århundradets hjelte*, eller någon *förrädisk* sinnad Svensk, hafva gifvit herr *Alopæus* och efter honom *Michaeloffskij-Daniloffskij* anledning att anse desamma hafva varit mängdens af Svenskar, isynnerhet inom hufvudstaden. Ofoget deraf behöfver icke en ytterligare vederläggning, ej heller det vanärande deri ännu en gång återkastas på upphofvet.

behålla sin sednaste eröfring. Att detta, i hans tycke, billiga anspråk så mycket bättre skulle vinna gehör och få framgång, föreslog han, sades det, att börja med, en delning af Sverige emellan Danmark och Ryssland. *Motala* ström skulle utgöra skillnaden emellan dessa begge riken. England var dock icke benäget att medgifva denna delning. Det ville ej ens, utan Sveriges begifvande, förbinda sig till Finlands förening med Ryssland.

Genom kabinetternes i Tuillerierna och S:t James ärelystna täflan utdrogs öfverläggningen i *Erfurt* ända till den 15 December, då England plötsligen afbröt alla vidare underhandlingar, och med detsamma tillintetgjorde hvarje förhoppning på den så efterlängtade allmänna freden.

Alla försök i Stockholm, äfven med åberopande af Englands tysta medgifvande, att förmå Gustaf Adolf till en enskild underhandling med Frankrike eller Ryssland, strandade mot hans oböjlighet.

Ehuru densamma för tillfället och i de svåra omständigheter, hvari han befann sig, var ganska olämplig och äfventyrlig, saknade Gustaf Adolf likväl icke alla anledningar till sin tro på en rubbning i de nuvarande statsförhållandena.

Tilldragelserna i Bayonne, rustningarne i Österrike, Englands upphörande att deltaga i underhandlingarne uti Erfurt, sjelfva Napoleons ej sällan kränkande magtspråk, föranledde denna förmodan, hvarvid Gustaf Adolf fäste sig med en tillförsigt, hvilken stegrades till orubblighet, genom hans förmenta hat till det förmenta vilddjuret *Bonaparte*.

Ingenting kunde förmå konungen, att ingå några vänskapliga förhållanden med honom. Åberopandet af

Svenskarnes stora benägenhet för en förbindelse med deras äldsta, ehuru nog aflägsna bundsförvandt Frankrike, att utgöra en kraftig, nyttig och naturlig motvigt mot Rysslands herrsklystnad; hans ädla och sköna gemåls böner på sina knän, att behjerta dessa omständigheter, och hans folks lifligaste önskningar, dess af ett olyckligt fälttågs mödor och uppoffringar betryckta, jemte hans egen villrådiga ställning, fältmarskalken *Klingspor* och generalen, friherre *Adlercreutz's* [1] alfvarsamma föreställningar om landets vanmagt, att bära ytterligare krigsbördor, dessas och andre redlige medborgares försök att åtminstone förmå honom att sammankalla ständerna och höra deras tankar — allt var utan verkan.

Man ådagalade, att det slutade årets fälttåg kostat Sverige den oerhörda summan af fjorton miljoner R:dr Banko, hvaraf blott en tredjedel betäcktes af det Engelska understödet; att, enligt den af konungen sammankallade krigskommitténs beräkningar, nästa års krigskostnader skulle uppgå till tjugusex miljoner R:dr, utan att komitéen kunde uppgifva någon utväg, hvarigenom detta belopp kunde anskaffas. Man tillade: att alla de tillgångar Finland lemnade, voro förlorade, jemte sjelfva landet och minst tredjedelen af krigsmagten; nästan hela landtvärnet var förstördt, och, det värsta af allt, förtroendet för regeringen hade upphört, jemte lusten,

---

1) Dessa Finska härens befälhafvare blefvo mycket firade i hufvudstaden, isynnerhet den sednare, såsom en af fosterlandets varmaste och modigaste försvarare. Så blefvo äfven längre fram generalerna, grefve *Cronstedt*, *Sandels* och *von Döbeln* emottagne och firade af Stockholms borgerskap och hufvudstadens embets- och tjenstemän samt officerare, hvarigenom detta borgerskap på det högtidligaste i förhand, mer än trettio år förut, vederlagt herrar *Alopæi* och *Michaeloffskij-Danileffskijs* beskymfningar mot detsamma, att 1808 hafva varit mindre fosterländskt sinnadt, och hvarföre kejsar *Alexander* ständigt yrkade på en landstigning i närheten af Stockholm och trodde att några tusen man voro tillräckliga att taga detsamma.

isynnerhet hos herreklassen, att vidare göra några uppoffringar för så beskaffade företag, hvilkas olyckliga utgång, verkade liknöjdhet och klagan äfven hos allmogen, genom sättet hvarmed landets till strid uppkallade ungdom behandlades, och det smärtsamma öde den, af bristande vård och omtanke, fått undergå. Men alla föreställningar användes förgäfves.

Konungen litade på sin rättvisa sak och på försynens omedelbara skydd, samt hoppades att Engelsmännen ej skulle neka honom en nödig tillökning i deras hittills otillräckliga subsidier. Men då Engelska ministrarne haft nog erfarenhet af hans planlösa och för deras ändamål onyttiga förfarande, och tillika fått kännedom om det missnöje, hvaraf han var omgifven, afslogo de all tillökning i undsättningsmedlen. De upphörde tillika att hoppas något af ett förbund med denne olycklige konung, hvilken de i stället sökte öfvertala till en enskild fred, för att sålunda lösa dem ifrån sina förbindelser med Sverige.

Ej blott afslaget på konungens framställning om ökade hjelpmedel för kriget, utan ock, samt ännu mera det sednare rådet, bragte honom i raseri öfver Englands förhållande, så att han befallte i sin öfverilning [1], att beslag skulle läggas på all Engelsk egendom och alla Engelska fartyg, hvaraf ett så stort antal befann sig i de Svenska hamnarne.

Hans utrikes statsminister, kansli-presidenten, frih. *Ehrenheim*, hvilken flere gångor förut bemödat sig att öfvertyga honom om nödvändigheten att låta inleda fredsunderhandlingar, mellankom äfven nu med de alfvarligaste föreställningar, i afseende på konungens sist

---

[1] Hvarvid han råkade i sådan vrede, att han satte hatten på hufvudet, närmade sig Engelska sändebudet i en hotande ställning och drog på värjan.

vidtagna, högst obetänksamma och vådliga mått och steg.

Den planlöshet hvarmed Finska kriget fördes, de motgångar derunder man rönte, politiska förhållanden i Europa, Sveriges financiela betryck, den tilltagande allmänna nöden och missnöjet hos alla folk-klasser, gjorde regeringens ställning, menade *Ehrenheim*, nog bekymmersam, utan att råga olyckan till sin yttersta höjd, då man bragte England, Sveriges enda bundsförvandt, i harnesk emot sig. Men ingenting verkade på den halstarrige och förblindade konungen, som svarade: "*Jag skall slås med alla och främst med Engelsmännen, ty de äro högmodiga och näsvisa; dem skall jag knäcka.*" Detta sade konungen med häftiga åtbörder, tilläggande: "*Jag har nog märkt, huru man länge sökt skrämma mig till fred; men jag skall visa, att jag ej låter skrämma mig af någon, ej heller af Er, min baron*", hvarvid han utsträckte knytnäfven mot *Ehrenheims* ansigte. Denne svarade: "*att hans afsigt ingalunda vore att skrämma konungen, utan endast och allenast att uppfylla en andersåtlig pligt, i det han visade konungen den fara, för hvilken han blottställde sig sjelf, sin familj och hela nationen. Och på det E. K. Maj:t måtte finna, att mina råd äro oegennyttiga, får jag härmed, ehuru medellös, nedlägga mitt embete, i fall E. Maj:t ej anser sig kunna följa dem.*" Endast på detta sätt kunde konungen förmås att återtaga sina okloka befallningar mot sin enda bundsförvandt.

Detta konungens uppförande, hvars följder man med möda nu lyckades förekomma; men om hvars förnyande man intet ögonblick var säker, ökade det rådande missnöjet.

Att det hos de stämplande icke hade sitt första upphof från sista fälttågets utgång, bevisar sig af *Browns* resa till England [1]), dit han var bestämd redan i April 1808, såsom befullmägtigadt ombud för de missnöjda eller det sig så kallande konstitutionella partiet i Sverige. Hans resa skedde likväl icke dit förr än sex veckor sednare.

Finska härens framgångar ändrade något Engelska ministerns löfte, att emottaga detta ombud. I sammanhang dermed hade man äfven vändt sig till kejsar *Napoleon*, för att inhemta hans tankar, huruvida han ville tillåta Svenska folket att välja sig en fri regeringsform, i fall *Gustaf Adolf* afsattes från thronen. Napoleons svar var kort och fintligt: "*Man kommer för sent; jag har redan gifvit kronprinsen af Danmark och kejsaren i Ryssland mitt löfte* [2]).

Brown misslyckades äfven i sina bemödanden, att få Engelska ministéren att öppet ingå på de planer, som förehades af de missnöjde i Stockholm, ehuru han, på deras vägnar, ganska skickligt lät förstå, det man var sinnad att utverka hertigens af Glocester val till Svensk kronprins och efterträdare åt hertigen af Södermanland, hvilkens anspråk på kronan man icke syntes sinnad att göra honom stridigt. *Canning* var minst böjd att inlåta sig i något slags uppgörelse med *Brown*. *Spencer Perceval* deremot emottog och hörde detta ombuds framställningar; men afgaf obestämda yttranden i flera månader. Underhandlingen slutades ej förr än den 11

---

1) Äfvensom af general *Michaeloffskij-Danileffskijs* uppgifter, att kännedomen derom medverkade till Sveaborgs öfvergång, och sålunda icke var fremmande för dess kommendant, samt en del af medlemmarne i krigsrådet, m. fl.

2) Dessa och följande underrättelser om *Browns* beskickning, äro hemtade ur hans egen skrift: Svenska Hofvet under Gustaf III och Gustaf IV Adolf. Örebro, 1829.

November 1808, då *Perceval* skriftligen vägrade att inlåta sig i något förslag, och förklarade orsaken till dröjsmålet vara: *det ömtåliga i förslaget, jemte dess vigt, på hvilket sätt det än afgjordes.*

Emellertid förvärrades Gustaf Adolfs ställning allt mera. Finska härens återtåg till *Torneå*, den mördande fältsjukan der och ibland landtvärnet, hvilket sednare förgicks af vanvård midt i hufvudstaden eller i dess granskap; de Svenska krigarne spridda längs kustorterna utan synbart ändamål, utan uppmuntran och utsatta för täta ombyten af befälhafvare; på Åland de förorättade gardes-regementerna, hvars befäl tänkte endast på hämd, samt underblåste missnöjet hos dessa öboer, hvilka också började inse, att de Svenska försvarsanstalterna icke svarade emot fosterländskt sinnade mäns billiga väntan, hvarföre de ledsnade vid de stora uppoffringar de redan fått underkasta sig, då de, utan hopp om bättre tider, voro blottställde, än genom egna krigares pressningar och än genom fiendtliga ströfflockars härjande plundringar; allt detta, jemte de nya krigsrustningarne och utskrifningarne, ökade den tilltagande missbelåtenheten, hvilken, genom det kongl. påbudet af den 7 Januari, om erläggandet af en allmän krigsgärd, uppgående till fem gångor det belopp, hvar och ens bevillning utgjorde, steg till en höjd och styrka, som, med den vanliga smittbarheten af allt ondt, hastigt kringspridde sitt gift, likväl hufvudsakligast uti hufvudstaden och inom Wermland [1]).

En sträng köld hade, under loppet af Januari 1809, med stark is betäckt hela Bottniska viken. Ryska regeringen, otålig öfver dröjsmålet med kriget och fruktande, att en möjlig förändring i statsförhållander-

---

1) Dessa ställen utgjorde de missnöjdes egentliga verkningsorter.

na kunde beröfva henne en af hennes mest efterlängtade eröfringar, omfattade tillfället att göra förberedelser till ett anfall både öfver *Qvarken* och *Åland;* i sednare fallet i afsigt att i sjelfva Svenska hufvudstaden föreskrifva fredsvilkoren.

Då Danmark, vid samma tid, hotade att göra ett infall i Skåne öfver Öresund, som äfven hade tillfrusit, så rågades missnöjet och vådorna till den grad, att allt befann sig uti en fullkomlig oreda inom Stockholm [1]).

I detta sakernas skick, erhöll det så kallade konstitutionella partiet i Stockholm svar från sin utskickade i London. Detta svar bestod väl egentligen blott deri, att Engelska ministéren medgaf att den erhållit del af det Svenska förslaget; men att den icke kunde emottaga befullmägtigade ombud.

Emellertid föranledde dessa förhållanden de missnöjdes förenade öfverläggningar, hvilka hittills icke haft några bestämda, ännu mindre afgörande följder. Nu beslöts likväl, att man borde skrida till verket och dagen bestämdes till den 8 Februari. Man ansåg öfverste *Sköldebrand* [2]) för den, som förenade till ett bestämdt beslut de stridiga viljorna, hvilka hittills nästan utmattat sig med lika onyttiga, som långvariga rådplägningar. Öfver-adjutanten, friherre *Carl Henr. Anckarsvärd* hade nu äfven inträffat i Stockholm, från vestra hären i Wermland, der han var den förste och ifrigaste le-

---

1) Denna sednare farhåga varade dock icke länge; emedan en uppkommen storm öppnade sundet, hvarefter Danskarne inskränkte sina krigiska företag, till att medelst små luftballonger öfversända proklamationer till Svenska kusten.

2) De öfriga hufvuddeltagarne voro friherre *Jac. Cederström*, numera H. E., grefve *Björnstjerna*, sedermera landshöfdingen *Hans Järta*, generalen, friherre (sedermera Hans Exc. grefve) *G. M. Armfelt*, m. fl. De förstnämnde voro gardes-officerare, äfvenså friherre *C. H. Anckarsvärd*, som gjorde de första stegen i Wermland, alltid i samband med de missnöjda kamraterna på Åland och i Stockholm.

daren [1]) af de missnöjdas öfverläggningar. Han anmärker ganska sannt, att "1809 års statshvälfning fostrades i Wermlands skogar [2]), först inom den korps han kommenderade, och, genom ödets besynnerliga sammanfogningar, skulle Dal-regementet verksamt bidraga att afsätta *Wasa* stammen från den thron, på hvilken stamfadren blifvit uppsatt genom Dalallmogens biträde" [3])

"*Anckarsvärd* hade i uppdrag att med major *Klingspor* och kapiten *Törneblad* resa uppåt landet, för att om ställningen inhemta kunskap och för att något pröfva sinnesstämningen. Jag erhöll då", yttrar han, "en afskrift af den sedan allmänt kända (af öfverste-löjtnant *G. Adlersparre* [4]) författade) vestra arméens proklamation, som af mig begagnades vid flera tillfällen under resan, till bestyrkande af förhållandet inom vestra arméen; och ett bland mina uppdrag var äfven, att (i Linköping) söka förmå H. E. baron F.

---

1) "*Uppviglaren*", säger han sjelf, i sin så kallade *Politiska Trosbekännelse*.

2) Det är dock nu mera upplyst, hvad redan förut är antydt, att öfverläggningar om konungens afsättning, eller försök att förmå honom till att frivilligt afsäga sig regeringen, egt rum året förut. Sjelfva generalen, friherre *Toll* och stats-sekreteraren, friherre *Lagerbring* voro medverkande i det sednare fallet. Och som han var kontrasignent af instruktionen för öfver-generalen i Finland, kan dess innehåll derigenom få en hittills oväntad förklaring. Men öfverste *Sköldebrand* har isynnerhet framställt sig, såsom en redan 1808 om sommaren verksam deltagare i och ledare af de missnöjdes planer.

3) Egentligen var det några medlemmar af Finska hären och förnämligast generalen, friherre *Adlercreutz*, som gjorde regementsförändringen, och hvarföre också händelserna dervid borde inflyta till deras hufvudsakligaste delar i denna krigshistoria.

4) Hvilken, känd för sin tidskrift *Läsning i Blandade Ämnen* och för sin opposition vid 1800 års riksdag, hade ett litterärt och medborgerligt anseende, samt blef derföre begagnad af de missnöjda. Likväl var det med svårighet det lyckades, att få honom till något verksamt deltagande i deras företag, och "aldrig", yttrar *Anckarsvärd*, "vågade han derom tala vid två personer på en gång."

Andra delen.

Wrede, att, med sitt stora anseende inom armeen, biträda revolutionsföretaget, i egenskap af öfverbefälhafvare. Mina försök i denna del blefvo likväl helt och hållet fruktlösa, då H. E. icke under någon synpunkt ville lyssna till mitt andragande, utan besvor mig, att helt och hållet afstå från mitt förehafvande."

Straxt derefter inträffade friherre *Anckarsvärd* i *Stockholm*, och fick del af de dervarandes beslut, att konungen skulle den 8 Februari, tagas vid början af Drottninggatan, då han inreste från *Haga* [1]). Konungen skulle genast föras till Dalarön, hvars besättning skulle aflösas med en del af gardet i Stockholm. Lifregementets kuirassierer voro underrättade om den förestående statshvälfningen, för att, i händelse af behof, understöda densamma. Hertigen af Södermanland, som redan 1792, efter *Gustaf III:s* mord, af de missnöjde utsågs till regent, med uteslutande af Gustaf Adolf, fick äfven nu samma bestämmelse [2]). För öfrigt voro de sammansvurnes planer alltför obestämda, osammanhängande och osäkra, hvarföre äfven en af deras förtrogna, den snillrika *Hans Järta* (som afsade sig sitt adelskap vid 1800 års riksdag), ej kunde gilla deras beslut, det han ansåg för tidigt och ej nog förberedt. Han trodde, att man, genom en obetänksamhet helre än att frälsa fäderneslandet, kunde bringa detsamma i förvirring, uppror och olycka. Denna tro yttrade han ännu samma morgon då konungen skulle tagas, hvarföre tankarne om verkställigheten blefvo de-

---

1) Det afkylde också hufvudstadens invånares känslor, att konungen äfven om vintren helre bodde på ett lustslott än i staden, den han tycktes sky.

2) År 1792 hindrade friherre G. M. *Armfelt* verkställigheten af samma plan, som han nu hemligen understödde; emedan hans afsättning från öfverbefälet i Wermland utgjorde en anledning till missnöje hos dervarande befäl, ehuru gardernas beskymfning alltid var hufvudmäunens, samma gardes-officerares, egentliga bevekelsegrund till revolutionen.

lade och sjelfva företaget ogjordt. "Déssutom ville han", yttrar *Anckarsvärd*, "på intet vilkor deltaga i något sådant företag, hvaruti herr G. *Adlersparre* kunde hafva någon befattning, emedan H. *Järta* till hans statsmanna egenskaper och politiska karaktèr hyste ett bestämdt misstroende. Emellertid var det just detta, af H. *Järta* förorsakade uppskof, som vållade herr G. *Adlersparres* och vestra fördelningens mellankomst. Jag är inom mig öfvertygad", anmärker friherre *Anckarsvärd*, "att revolutionens resultater blifvit fördelaktigare, om revolutionen den 8 Februari fått försiggå uti *Stockholm*, såsom en civil handling, i stället för det anseende af väpnad magtinflytelse, som den antog genom vestra arméens — af händelsernas oundvikliga tvång — orsakade rörelser."

Sedan det första försöket att afsätta konungen, på sätt nämndt är, blifvit tillintetgjordt, begärde och erhöll friherre *Anckarsvärd* af general-majoren, friherre *Adlercreutz* det löftet, att icke åt sitt öde öfverlemna öfverste-löjtnanten *Adlersparres* förehafvanden. Ankommen till *Carlstad* tillskref samma lika verksamma som omtänksamma herr *Anckarsvärd* general *Adlercreutz* ett bref, i följd hvaraf denne, enligt sin egen utsago, beslutade sig till den åtgärd, hvilken väsendtligen afgjorde det vågsamma företagets lyckliga utgång [1]).

---

1) Enligt uppgiften i C. H. *Anckarsvärds* biografi, uti det i Upsala utkommande Lexicon öfver namnkunnige Svenske män. Andra uppgifter namngifva grefve U. *Gyldenstolpe*, såsom den, hvilken lyckats öfvertala generalen, friherre *Adlercreutz*, att taga verksam del i tillvägabringandet af en regementsförändring; och öfverste *Sköldebrand* tillegnar sig också samma heder, så mycket helre, som han säger sig hafva anvisat *Adlercreutz* sättet, att, inom slottet, taga konungen, medan han sjelf hade i uppdrag att öfvertala hertig *Carl*, att emottaga riksstyrelsen intill ständernas sammankomst. Detta öfvertalande lyckades isynnerhet derigenom,

Ingenting bevisar mera konungens hjelplösa och enstaka belägenhet än att han och hans förtrogna, så länge och under så många menniskors medvetenhet af och deras flerfaldiga öfverläggningar om samt resor i och för sammansvärjningen, saknade all kännedom derom. Huru blottad på vänner och tillgifvenhet var han icke, då ingen enda fanns som hyste så mycket deltagande för honom, att han kunnat lemna honom någon bestämd, om ock aflägsnare, underrättelse om de snaror och förräderier, hvaraf han snart ett helt år varit omgifven samt den fara, hvari han nu sväfvade hvarje dag. Likväl var Gustaf Adolf långt ifrån icke någon tyran eller någon orättrådig konung. Folket hatade honom icke, och sjelfva missnöjet var ännu ej allmänt och der det tillfälligtvis hos det egentliga folket egde rum, befanns det riktadt mera emot hans rådgifvare än emot konungens person.

Emellertid hade vestra härfördelningen, under öfverste-löjtnanten *G. Adlersparre*, satt sig i marsch åt hufvudstaden, lemnande gränsen blottad på försvar, mot muntligt löfte af högste befälhafvaren i Norrige (prinsen af *Augustenburg*), att, under sin motståndares frånvaro, ej göra infall i Sverige, förr än efter 10 à 12 dygns föregånget tillkännagifvande. Det var först från *Örebro*, som en tjensteman (lands-sekreteraren *Cassel*) sin ed och pligt likmätigt, genom ett klokt

---

att *Sköldebrand* upprepade med djup, tragisk ton: "*När riksskeppet håller på att förgås i stormen, då tar den gamle styrmannen rodret och för det in i en säker hamn.*" Dessa voro hertigens egna ord, yttrade 1788 under det han var magnetiserad. — De la Gardiska Arkivet.

Redan under förmyndare-regeringen sökte den då allsmägtige baron *Reuterholm*, att få Gustaf Adolf förklarad oduglig att regera, på det han, i hertig *Carls* namn, så mycket längre kunde bibehålla sitt välde. Planerna till Gustaf Adolfs afsättning äro sålunda ganska gamla.

utsändt ilbud, underrättade konungen om det *Adlersparreska* tåget¹).

Denna underrättelse ankom till konungen, söndagen den 12 Mars. Konungen öfverraskades och modfäldes deraf; men reste genast till *Stockholm* och tillbragte aftonen och natten på slottet, med förvirrade öfverläggningar och utdelande af hvarandra korsande befallningar ²).

Härunder hade kansli-presidenten, friherre *Ehrenheim* sitt sista samtal med sin olycklige konung, hvilken beslutat att påföljande morgon, med sin familj, resa från hufvudstaden. *Ehrenheim* var befalld att medfölja sålunda, att han förklädd skulle begifva sig förut och uppmana Södermanländningar och Östgöthar, att resa sig i massa för att, i förening med generalen, friherre *Tolls* här, dämpa upproret och försvara konungen.

Den vördnadsvärde *Ehrenheim* besvor, under knäfall, sin oböjliga konung, så framt han önskade undvika fasorna af ett inbördes krig och icke ville blottställa sin krona, kanske sitt lif och sin ätts välfärd, att höra hans, en redlig undersåtes böner "och icke resa ur stället, utan låta en trumpet förkunna

---

1) En Fransk emigrant, general *Rodais*, hade väl några dagar förut lemnat upplysningar derom; men då han ej ville uppgifva sin sagesman, blef han arresterad för besväret. *Adlersparres* afsigter skulle understödas af gardes-regementerna på Åland.

2) Chefen för artilleriet, öfverste v. *Hellvig*, skulle, vid förlusten af sitt hufvud, hålla några stycken i beredskap att åtfölja konungen, ehuru inga hästar funnos. Regementerne befalltes än hit än dit i hufvudstaden, att få lifsmedel och skott; men utan verkställighet. Stats-sekreteraren *Rosenblad* uppdrogs att uttaga respenningar ur banken, dem dess vårdare dock icke kunde atlemna utan sina principalers tillåtelse. Med svaret dröjde *Rosenblad* visligen tills statskuppen var gjord och general-majoren *af Tibell* uppgaf sig vara sängliggande sjuk. Inpackningen af de kongl. sakerna gick också långsamt, och hästbristen för dem var jemväl, sades det, utomordentligt stor. Med ett ord: allt gick motsträfvigt.

ständernas sammankallande och den förhatliga krigsgärdens återkallande, eljest, jag besvär Ers Maj:t för sista gången, spelar E. Maj:t kanske om lif och krona." Konungen bleknade och studsade vid dessa sista ord, och svarade: "*stig upp Ehrenheim, säger Ehrenheim det?*" Men efter några ögonblicks besinning tillade han: "*nej, nej, Ehrenheim, aldrig skall en Adlersparre tvinga mig att sammankalla ständerna, och upproriska undersåtare föreskrifva mig några lagar. Fruktar Ehrenheim Adlersparre? När Toll kommer skall jag nog tukta honom.*" — "Nej", svarade *Ehrenheim*, "jag fruktar ingen, ty mitt samvete är rent och E. Maj:t bör icke heller frukta *Adlersparre;* men allmänhetens missnöje, men det olyckliga krigets följder, men krigsgärden äro i sanning fruktansvärda. E. Maj:t! återkalla åtminstone krigsgärden och tillåt mig öppna fredsunderhandlingar, så torde ännu allt kunna hjelpas." — "*Nej, jag vill först tukta Adlersparre*" [1]), voro den halsstarige konungens sista ord till *Ehrenheim*.

Under samma tid, om natten, hade den beslutsamme *Adlercreutz* en sammankomst med sina förtrogne, hvilka skulle möta honom följande morgon på slottet, der han, jemte flera andra officerare, hade fått konungens befallning att inställa sig.

Detta skedde. På konungens befallning voro slottsportarne stängde och ingen tilläts att lemna borgen. Officerare ställdes af *Adlercreutz* och hofmarskalken, öfversten, friherre *Silfversparre*, på flera ställen och

---

[1]) Amärkningsvärdt är, att konungen icke ville använda *Adlersparre*, oaktadt hans enträgna önskningar att återkomma i tjenst under kriget. Med största möda kunde friherre *Armfelt*, understödd af friherre *Ehrenheim*, förmå konungen att begagna honom, ehuru bristen på officerare var verkeligen känbar. Konungen åberopade alltid sin bestämda, ehuru oförklarliga motvilja mot detta namn.

ett större antal i rummet bredvid konungens sängkammare.

Sedan hertigen af Södermanland, D. E. grefvarne *Ugglas* och *Klingspor*, hvarefter annan varit inne hos konungen, utan att det lyckats någon af dem att förmå honom att lofva inställa sin tillernade afresa, eller att sammankalla ständerna, inträdde *Adlercreutz*, jemte några officerare, utan att vara kallad och utan att låta anmäla sig. Konungen syntes förundrad; men *Adlercreutz* instämde vördnadsfullt i de föregåendes anhållan och förhoppning, att Hans Maj:t för det allmännas och sitt eget bästa måtte qvarstadna i hufvudstaden och låta sammankalla ständerna. Och då konungen fortfor i sitt nekande, förklarade *Adlercreutz* att han i Svenska folkets namn var kommen att sätta sig emot Hans Maj:ts afresa. Konungen ropade genast: "*förräderi! förräderi! J ären alla bestuckne och skolen straffas.*" — "Vi äro inga förrädare Ers M:t", svarade *Adlercreutz* lugnt, "utan sanna och trofaste Svenskar, hvilka önska rädda så väl deras fädernesland, som E. Maj:t från olycka och undergång." — Konungen drog genast sin värja; men *Adlercreutz* sprang emot honom och tog honom om lifvet; *Silfversparre* vred värjan ur hans hand, och begge sökte lugna konungen, med försäkran, att han icke hade att frukta någon misshandling, om han höll sig stilla. Men konungen fortfor att ropa: "*hjelp, de mörda mig, hjelp!*" hvarvid några drabanter och slottsbetjenter sökte att spränga upp dörren. Men generalmajoren *Adlercreutz* lät öppna dörren, och, i det han oförfäradt inträngde, ryckte han sabeln från en kammarhusar och general-adjutants käppen från öfversten *af Melin* [1]), höjande densamma öfver sig, under utrop med

---

1) General-majoren *af Tibell*, såsom Fransyskt sinnad, var medvetande af hvad

hög röst: *"nu är jag general-adjutant och i sådan egenskap befaller jag lydnad och lugn."* — Efter något besinnande blef han åtlydd. Straxt derpå gick han till lifdrabanternas rum, der många af dem voro samlade och synbarligen bestörte öfver hvad som skett. Ehuru friherre *Adlercreutz* sökte öfvertyga dem, att konungen var utom all fara samt att det som inträffat endast hade fäderneslandets frälsning till föremål, tycktes likväl flere, ganska ursäktligt, vara osäkre huru de borde förhålla sig. Äfven denna osäkerhet upphörde, då *Adlercreutz*, med den honom egna bestämdhet, försäkrade både om renheten af sina afsigter och dårskapen, att ej säga vådorna och de möjligen blodiga följderna af att göra motstånd, hvilket man beräknat och således kunde tillintetgöra, hvarföre alla förblefvo lugna och orörliga. Men emellertid hade det lyckats konungen att tillgripa gamla generalen, grefve *Strömfelts* värja, och då han begärde den tillbaka svarade konungen: *"Ni är äfven så god general utan värja, som jag är konung"*, och sprang med detsamma ut genom en lönndörr, som han tillreglade efter sig. *Adlercreutz* återkom nu, uppsprängde dörren och skyndade efter den flyende konungen, som kastade en stor nyckelknippa i ansigtet på honom. Ehuru konungen föll i den stora stentrappan och illa skadade sin ena arm, upphanns han dock ej af *Adlercreutz*. Bestörtningen och villervallan blef stor ibland de sammansvurne. Öfverjägmästaren *Greiff*, en groflemmad och högväxt man, mötte på borggården konungen, springande till den enda port, som var lemnad öppen,

---

som skulle inträffa, och hade, för att draga sig ur allt äfventyr, lagt sig sjuk emellan lakan, under föregifvande, att det var föga hopp om hans vederfående. Man tror äfven honom hafva hört till dem, som illa eller lamt betjenat konungen. — Bidraget, N:o 48.

nemligen åt högvakten. Så snart konungen såg *Greiffs* afsigt att uppehålla honom, stötte han den blottade värjan mot honom, men med så osäker hand, att värjan gick genom *Greiffs* rockärm, nästan utan att såra. Den starke *Greiff* tog den andtrutne och utmattade konungen om lifvet och bar honom tillbaka. Derefter bevakades han bättre [1]).

Sådant var hufvudsakliga förloppet af denna regementsförändring, hvars frö grott nära ett år i vissa sinnen, hvars föremål förföljdes af sin tids tvenne mägtigaste kejsare, och hvilken, genom sin oböjlighet och sitt blinda sjelfförtroende, ehuru begge hvilande på rättsgrund, förlorade allas tillgifvenhet, utan att någonsin hafva begått någon annan offentlig orättvisa än den emot gardes-regementerna, men denna bidrog också egentligast till den olycka, som träffade honom.

Aldrig har emellertid en statshvälfning, ett konunga ombyte med våldsam hand, skett med mera skonsamhet, mindre förföljelse anda, med mera undseende, mindre bitterhet och mera ädelmod mot den förut styrande regerings personalen, hvaraf de flesta bibehöllos [2]), och aldrig med större sans och mindre

---

1) Han bars, på egen begäran, in i det så kallade hvita rummet, der han satte sig på en stol, besynnerligt nog, midt emot ett porträtt af den olyckliga drottningen *Marie Antoinette* af Frankrike. Utmattad af kropps- och själsansträngningar, liksom af harm och smärta, tillbragte han den återstående delen af dagen i ett slags förtviflans lugn. Påföljande natt afsändes han till Drottningholm, åtföjd af hofmarskalken *Silfversparre* och några officerare, under bevakning af lifregementets kuirassierer. Några dagar derefter fördes han till Gripsholm. Drottningen och de kongl. barnen, hvilka hittills vistats på Haga, fingo dela f. d. konungens öde på Gripsholm. I December affördes de till Tyskland.

1) Och läto bibehålla sig, med undantag af kansli-presidenten, friherre *Ehrenheim* och hofkansleren, friherre *Zibet*, hvilka lemnade sina embeten, den förre oaktadt hertig *Carls* och *Adlercreutz's* enträgna önskningar, att denne aktningsvärde man måtte qvarstadna på sin vigtiga plats. Men han ville icke trampa på den fallna kronans spillror, eller bygga sin lycka på sin konungs fall.

öfvermod hos verkställaren, än den som nu utfördes af general-majoren, friherre *C. J. Adlercreutz* [1]). Hans upphöjda, ädla, förföljelsefria, fasta förhållande i så brydsamma, så stormdigra dagar, så afgörande ögonblick, är ett af de vackraste drag något folkslags historia har att uppvisa [2]).

[1]) Vestra härfördelningen var, jemte sin befälhafvare, öfverste-löjtnanten *Adlersparre*, i *Örebro*, der han den 15 Mars erhöll underrättelse om den af *Adlercreutz* verkställda statshvälfningen och riksdagens sammankallande. *Adlersparre* fortsatte likväl tåget först till *Tibble* och oaktadt der erhållen befallning att stadna, till Stockholm, der han och begge *Anckarsvärdarne* samt *Skjöldebrand*, utan ständernas hörande, ville utropa hertig *Carl* till konung. Endast majorerna *Carl Flachs* *), *Christ. Klingspors* och öfverste *L. von Gerdtens* betänkligheter och inkast, förmådde honom att afstå från ett så oklokt steg, att gå rikets redan sammankallade ständer i förväg. Ehuru Wermländska gränsen och Åland voro hotade, och det sednare anfallet af öfverlägsna fiender, qvarhöll *Adlersparre* vestra härfördelningen i hufvudstaden, der han omgaf sig med laddade kanoner och serskild högvakt, och såg till den grad farhågor öfver allt, att han en gång var nära att fly till fremmande land, och han lugnades med svårighet genom sina officerares förnyade trohets försäkringar. Deremot visade sjelfva verkställaren, general *Adlercreutz*, samma orubbliga, värdiga och lugna ståndaktighet efter det vådliga företaget som under detsamma, och omgaf sig ej med någon serskild vakt, icke ens med besoldade spioner, tryggande sig endast på sina rena afsigter, folkets redlighet och dess öfverensstämmelse med hans åtgärder, utan hvilken öfvertygelse han ej heller handlat som han gjort.

[2]) Hvad han var som krigare, derom har hela förflutna årets Finska fälttåg vitsordat. Den verksammaste och ärorikaste delen af *Klingsporska* härens rörelser, träffningar och slagtningar är hans verk. Han är glanspunkten i dem alla. Hans frimodiga, öppna, glada väsende, förenades, hvilket ofta inträffar, med liflig tapperhet, brinnande fosterlandskänsla samt ädla afunds- och hämndfria tänkesätt. På stridsfältet var han en verklig general, jemförlig i mod och kraft med samtidens många utmärktaste, äfven inom den då lysande Franska hären. Han hade icke marskalk *Neys* hänförelse och ihärdighet; men fullkomligt hans tapperhet och stridslust. Men utom slagtningen saknade han den förslagenhet, som en härförare bör ega och som *Sandels* och *von Döbeln* egde i högre grad.

*) Major *C. Flach*, händelsevis inkommen ibland de öfverläggande, ansåg det redan fattade beslutet för olämpligt. Han trodde, "att denna utropnings åtgärd, långt ifrån att stärka den nya statsbyggnaden, snarare skulle alldeles undergräfva den"; han erinrade bland annat, "om det söndringsfrö, som kunde utsås, genom en förtidig handling af några få, i en stor fosterlands-angelägenhet, der endast de redan sammankallade nationens ombud egde beslutande rätt;" han varnade mot en åtgärd, "som kunde väcka misstroende till våra (vestra härens) afsigters orubbliga renhet; han fäste uppmärksamheten derpå, att nu icke allenast var fråga om utropande af en konung, utan äfven att afsätta den förre och förklara dess afkomlingar förlustige all arfsrätt till thronen; och att dessa vigtiga föremål borde behandlas ensamt af rikets ständer, icke af oss, som gifvit en högtidlig borgen för deras fri- och rättigheter." — I detta kloka råd instämde *von Gerdten*, *Klingspor* och *Adlersparre*.

(Serskildt meddelande.)

Åland; *Peyron.*

Efter denna öfversigt af några föregående och andra tidsenliga förhållanden i allmänhet, hvilkas kännedom ej borde saknas, och efter denna teckning af tilldragelserna vid en regements förändring, som verkstäldes utaf en af Finska härens mest förtjenstfulla befälhafvare, biträdd af några andra dess officerare, kan man nu med odelad uppmärksamhet gå till skildringen af detta års krigshändelser, så vidt de äga samband med det *Finska kriget*, hvilket nu mera inskränker sig, utom Åland, der några skott ännu lossades, och *Säfvar*, der Svenskarne på egen hand gjorde ett modigt, men illa ordnadt anfall, till Finska qvarlefvornas försvar på moderlandets jord.

JANUARI MÅNAD.

Åland; *Peyron.*

Början af det ingångna nyåret begagnades af de begge krigsförande magterna, att öka och ordna sina stridskrafter, hvilka, på sätt anfördt är, känbart lidit och minskats under loppet af det förflutna årets blodiga fälttåg.

Äfven på Ryska sidan hade den pestlika fältsjukan bortryckt ett stort antal krigare, samt fortfor ännu i sin härjande medfart. Man vågade således icke heller, der, vid sjelfva krigsorten, öka härens antal med nya skaror, hvilka, jemte betydliga förråder af proviant- och skjutbehof, i stället samlades på något afstånd derifrån.

Svenska regeringens åtgärder blefvo deremot mera obestämda; dess tillgångar voro äfven mycket inskränkta. Alla dess tillgöranden bestodo derföre mera i befallningar att samla förråder och fylla krigarenas glesnade leder, än i verkställighet deraf.

Också fortfor vapenhvilan, utan afbrott vid *Torneå*, hela Januari och Februari månader; och på *Åland* voro äfven krigsrörelserna, under samma tid, föga blodiga och än mindre afgörande.

Ända till slutet af denna månad hade, på sistnämnde ställe, en ömsesidig overksamhet egt rum, ehuru utan all serskild öfverenskommelse.

Ryska öfverbefälhafvaren, numera generalen *von Knorring*, hade dock länge gjort förberedelser till ett härtåg, som åsyftade Ålands återeröfring, och han hade erhållit befallning från Petersburg, att på samma gång äfven utföra tvenne andra lika djerfva, som farliga företag.

Emellertid hade en hop Kossacker visat sig på *Kumlinge*, *Enklinge*, *Seglinge* och *Stora Sattunga*, och af deras förehafvanden tycktes det, att Ryssarne ernade dit försända och der förlägga en större styrka.

Att tillintetgöra möjligheten för Ryssarne att verkställa denna deras afsigt, beslöt befälhafvaren på *Åland*, general-adjutanten *L. B. Peyron*, att skicka till dessa öar en så betydlig styrka, att den kunde taga eller åtminstone undantränga dervarande fiender, samt uppbränna alla hus och byggnader, sedan invånarnes lösa egendom blifvit bergad.

Öfver-adjutanten för dagen, öfverste-löjtnanten och riddaren *C. F. von Schulzenheim*, fick sig anförtrodt detta uppdrag, med 80 lifgardister till häst, under majoren, grefve *Stackelberg*, 300 man af Vestgötha-

Dahls- och Södermanlands regementen, under majoren och riddaren *Hay*, 150 man af *Fleetwoodska* regementet, under kapitenen, grefve *Mörner*, 150 af *Palénska* regementet, under kapitenen och riddaren, friherre *Lejonhufvud* samt tvenne trepundiga kanoner, under löjtnanten *Petrés* befäl.

Denna styrka aftågade från *Wårdö* landet, kl. 1 om natten emellan 28 och 29 Januari, i trenne afdelningar öfver *Delet*, åtföljd af den till flyttningen uppkallade *Ålands* allmoge, med en mängd hästar.

Längre fram på *Delet* afskildes kapitenen, grefve *Mörner* till *Seglinge*, med uppdrag att besätta denna ö. Han blef derföre förstärkt med en officer och 20 lifgardister till häst.

Under frammarschen erhölls upplysning, från ryttmästaren vid nämnde garde *Wahlfelt*, att hans förposter, på *Föglö* skären, blifvit anfallne den 28, vid *Bänö*, af en öfverlägsen fiendtlig flygskara till häst. Denna postering, som bestod af en under-officer och sex man lifgardister, blef kringränd; men det lyckades dock fyra af de sednare att slå sig igenom, och temligen helbregda återkomma till *Föglö*, der de erhöllo en förstärkning, som nödgade de förföljande fienderna att återvända till *Såttunga*.

Öfverste-löjtnanten *v. Schulzenheim* framkom i sigte af *Kumlinge* före dagningen. En officer och 80 man af *Palénska* regementet afsändes till *Bergö*, för att bevaka fiendens rörelser från *Enklinge*.

Emellertid framryckte stabs-adjutanten, friherre *Stackelberg*, med 50 jägare af Vestgötha och Södermanlands regementer, anförde af kapitenen och riddaren *v. Engelbrechten*, jemte 80 lifgardister till häst, under ryttmästaren, friherre *Frisendorff*, för att intaga

Åland, Peyron, Montgomery.

Kumlinge. Kossackerna voro likväl så vaksamme, att de icke låto öfverrumpla sig. De lemnade endast några tunnor korn och bröd i sticket. Deras antal kunde utgöra omkring 60 man, som drogo sig, häftigt förföljde, åt *Enklinge*. Under flykten förbi *Bergö* fingo de några skott af den der stälda posteringen under löjtnanten *Hedenberg*.

Kapitenen, friherre *Lejonhufvud*, med sin styrka, förstärkt af 50 man Södermanländningar, afgick nu till *Enklinge*, hvarifrån Kossackerna också drogo sig undan.

Den tredje afdelningen, under kapitenen, grefve *Mörner*, hvilken samtidigt skulle intaga *Seglinge*, hade äfven verkställt detta sitt uppdrag. Motståndet der var något starkare, än på de andra öarne. Kornetten vid lifgardet till häst *Montgomery* blef sårad af ett Kossackspjut och en gardist stupade. Deremot hade en Kossack blifvit dödad och några sårade, hvilka sednare dock hunno komma undan.

Sedan dessa öar voro intagne, vidtog bergningen af invånarnes redbaraste lösa egendom. Den försiggick med all möjlig drift, hvarefter husens afbränning verkställdes kl. 10 om aftonen den 29. Det var en sorglig syn, att från fyra öar [1]) se lågor, hvilka, itända af egna medborgare, förtärde andra medborgares med svett och möda uppförda boningar, dem egarne, de husvilla, fattiga menniskorna, många af dem ålderstigna och sjukliga, sjelfve nu biträdde att förstöra. Det kan med skäl kallas ett brinnande och likväl skönt, ehuru smärtsamt offer för fäderneslandet [2]).

---
1) Vid Kumlinge, Enklinge, Seglinge och Sättunga, på hvilket sistnämnde ställe ryttmästaren *Wahlfelt*, hvilket nedanföre skall omnämnas, verkställde samma förstörelse.

2) Detta offer medförde dock ingen annan nytta, än att 4 à 500 man Ryssar

Åland; *Peyron.*

Bristen på hästar, eller på omtanke att i tid på längre afstånd samla dem, gjorde att mycken lösegendom, hvilken eljest kunnat bergas, isynnerhet hö och halm, måste offras åt lågorna.

Under dessas förstörande sken skedde återtåget bittida om morgonen den 30 öfver *Delet*, och Kossackerna voro genast till hands att oroa de återvändande; men blefvo afviste af en flock lifgardister till häst. Ryssarne ville äfven kringränna en fältvakt; men genom mod och fintlighet lyckades den att undkomma.

I sammanhang med öfverste-löjtnanten *v. Schulzenheims* uppdrag, hade ryttmästaren vid hästgardet, *Wahlfelt*, fått befallning, att med en för behofvet afpassad styrka, intaga *Såttunga*, der han den 29, sedan en del af invånarnes lösa egendom på medhafda hästar blifvit bergad, itände och uppbrände alla hus och byggnader.

Att de Ryssar, som befunno sig på de närmaste öarne, der husen uppbrändes, icke blefvo tagne, härrörde otvifvelaktigt antingen af felaktiga anordningar i och för anfallet, eller ock af ofullständiga underrättelser om fiendens ställning och styrka.

beröfvades tak öfver hufvudet, under deras tillernade tåg till Åland. Följdrigtigheten i denna plan hade fordrat, att Svenskarne vid återtåget gjort detsamma på hela Åland, hvarigenom, dess eröfring denna årstid nästan blifvit en omöjlighet. Så gjorde Ryssarne 1812 vid Fransmännens inryckande, hvarigenom desse föllo ett oundvikligt offer för kölden.

FEBRUARI MÅNAD.

Åland; v. Döbeln.

Redan den **11** Oktober, det sistförflutna året, hade konungen utnämndt general-majoren och riddaren med stora korset af svärds-orden *von Döbeln* till öfverbefälhafvare på *Åland*. Men hans sjukdom uppehöll honom till början af innevarande år uti *Gefle*, hvarifrån han, vid tillfrisknandet, i slutet af Januari, reste till hufvudstaden, för att göra konungen uppmärksam på de anordningar, som erfordrades till *Ålands* försvar.

Det undgick icke heller generalen *von Döbelns* förutseende, att, om kölden komme att fortfara, Ryssarne skulle begagna denna händelse att intaga *Åland*, samt till och med öfvergå till *Grislehamn*, för att oroa Svenska kusten, hämma förbindelsen med *Torneå* och Svenska stridskrafterna norrut, samt möjligen att tillika hota sjelfva *Stockholm*. Skulle Ryssarne derjemte gå öfver *Qvarken* på *Umeå* och anfalla Finska hären i *Torneå*, så förmodade *v. Döbeln*, att ett så beskaffadt tilltag uppenbarade andra afsigter än Finlands eröfrande, nemligen den förmodade delningen af Sverige, hvarom man trodde att öfverenskommelse egt rum i *Erfurt*.

Sedan *von Döbeln* sökt att förse den här han skulle anföra, med alla de behof, som möjligen i dessa bistra tider kunde anskaffas, och tillika erhållit det löfte, att densamma skulle ökas till **10,000** man användbara krigare, afreste han till *Åland*, der han den **11** emottog befälet.

Hans första omsorg var, att utfärda en allmän uppmaning, hvilken både med godhet och allvar erinrade den del af allmogen, som visat uppstudsighet och missnöje, att återgå till lydnad och belåtenhet, så vidt de ville undvika de hårda påföljder, som krigslagarne anbefalla. Han hade deremot, under sitt vistande i hufvudstaden, helt och hållet afstyrkt de stränga åtgärder man genast ville vidtaga mot de felande.

General *von Döbelns* styrka bestod af några och femtio kanoner, hvaribland 10 st. tjugufyrapundingar, 6 st. tre- och 8 st. tvåpundingar samt 4 st. haubitser, inberäknadt kanonslups och joll-styckena, hvilka betjenades af dess eget manskap; 340 man rytteri af lifgardet till häst, hvaraf flertalet befanns på sjukhuset och omkring 4,500 man tjenstbart fotfolk af f. d. garderna till fot, Södermanlands, Vestgötha, Kronobergs och Jönköpings regementer, utgörande tre fördelningar; den första under öfversten, grefve *Cronstedt*, den andra under öfversten, friherre *Boye* och den tredje under öfversten, friherre *Fleetwood* [1]).

På sjukhusen befunno sig dessutom nära 2,200 man och i rullorna 2,458 *Ålands* landtstorm, af hvilka sednare knappast en tredjedel med säkerhet kunde bringas under vapen, och voro ej mycket att lita på [2]).

Första fördelningen, som utgjorde venstra flygeln, hade sitt högqvarter vid *Kastelholm*, med förposter på *Wårdö;* andra fördelningen hade högra flygeln med sitt högqvarter vid *Granboda*, och sina förvakter vid

---

[1]) I början af Mars tillkomme 300 man Uppländningar. Hela regementet hade den 3 Mars fått befallning att marschera till Åland; men förmodligen återkallades denna kloka åtgärd, ty så skedde med två vargerings-bataljoner, hvilka, redan ankomne på Ålands haf, blefvo återkallade af ilbudet om regements förändringen, major *Arfvedson*.

[2]) Den första försvarslusten hade hos Åländningarne upphört, samt olydnad och missnöje intagit dess ställe. "Affärerna vid Föglö", yttrar general *von Döbeln,* "utvisade tydligt, huru litet man med detta folk kunde uträtta, när uppenbar fara förestod."

Andra delen.

Föglö och *Bänö;* tredje fördelningen innehade midteln, med sitt högqvarter vid *Jomala* prestgård. Öfver-adjutanten, grefve *C. Löwenhjelm* hade befälet öfver högra och öfver-adjutanten *G. Lagerbring* öfver venstra flygelns förposter. Öfver-adjutanten *Schulzenheim* hade befälet öfver general *von Döbelns* skrifvande generalstab. Sjelf hade *von Döbeln* sitt högqvarter vid *Jomala.*

Efter hans egen uppfinning och anordning inrättades telegrafer och raket-ställningar, för att hastigt lemna underrättelse om fiendens företag, hvarom dessutom tecken genom styckeskott, från olika håll och i bestämd ordning, skulle meddelas, så att fördelnings-befälhafvarne, inom några ögonblick, kunde få kännedom om fiendens rörelser.

Befälhafvaren öfver *Wårdö* posteringen, kapitenen vid Södermanlands regemente *von Engelbrechten,* hade erfarit, att ett torp, kalladt *Enklubben*, på ön *Enklinge*, blifvit obrändt; och som Kossackerna der hade sitt tillhåll, befallte han fendriken vid samma regemente, *Wiberg*, med 16 man och korporal *Lochner,* vid lifgardet till häst, hvilken sjelfmant medföljde, att, sedan torparens lösa egendom vore bergad, uppbränna hans hus, samt, om möjligt, taga de dervarande fienderna.

Då vägvisarne, i följd af uppkommen dimma, icke trodde sig hitta fram om natten den 14, måste *Wiberg* dröja på *Leröra* holme till dagningen. Ehuru han med all försigtighet sökte kringgå och instänga de Kossacker, som uppehöllo sig vid *Enklubben,* lyckades det honom likväl icke, emedan de voro för mycket uppmärksamme att låta öfverraska sig.

Likväl togs en Kossack, 3 pikar, en sabel, en

pistol, en sadelmundering och en med silfver rikt beslagen kartusch. En Kossack blef dessutom sårad och dess häst dödskjuten. Sedan torparens redbaraste saker blifvit bergade och medtagne, brändes hans stuga; men logen och fähuset blefvo blott itände, emedan *Wiberg*, underrättad om en större fiendtlig styrkas ankomst, måste skynda sig tillbaka.

Samma postering vid *Wårdö* fick några dagar sednare, af lika anledning, general *von Döbelns* befallning, att företaga ett ströftåg till *Kumlinge*, der också några torpstugor och rior blifvit förra gången obrände och derföre begagnades af Ryssarne.

Kapitenen och riddaren *von Engelbrechten* aftågade den 17 kl. 10 om aftonen, med en under-officer och 18 man af lifgardet till häst, samt 4 officerare och 172 man fotfolk. Han medhade hästar och slädar för bergningen af invånarnes lösa egendom. Något öfver en timma hvilade han på halfva *Delet*, hvarunder han ordnade anfallet så, att fendrik *Wernstedt*, med 30 man Vestgötha Dahls regemente, skulle besätta vägen till *Enklinge*; fendrik *Wiberg*, med lika antal Södermanlands regemente, vägen till *Björkö* och en under-officer och 12 man den väg Kossackerna nyss upptagit, för att från östra holmarne föra hö till byn. I spetsen för rytteriet och det återstående fotfolket tågade *von Engelbrechten* sjelf, förbi *Snäckön* på *Kumlinge* by.

Hans förskara anfölls af omkring 30 man Kossacker. Men så snart *von Engelbrechten* framryckte med fotfolket, flydde desamma. Lifgardisten till häst *Kempe* kastade sig med några man på Kossackerne, högg en af dem i halsen och fråntog honom hans pik.

Dessa Kossacker hade mycken svårighet att frälsa sig, emedan de öfver allt stötte på *von Engelbrechtens* flockar, dem han afskiljt på de olika vägarne. Hans fåtaliga rytteri gjorde, att de lyckades undkomma.

Derefter lät han uppbränna de torphus, rior, badstugor och smedjor, hvaraf fienden begagnat sig, och det foder Kossackerne samlat delade han emellan gardet till häst och bönderna.

Sedan han afsändt smärre afdelningar: en, under fendrik *Wiberg*, till *Enklinge*, en annan, under fendrik *Wernstedt*, till *Seglinge*, att förstöra hus, som på dessa öar ännu kunde vara qvar, samt en tredje, anförd af under-officers korporalen *Strand*, till *Snäckö*, drog han sig tillbaka. *Wiberg* skulle möta honom vester om *Ådö* kl. 2, och *Wernstedt* på höjden af *Leröra* kl. 3 e. m.

Han var knapt kommen på isen, förrän han hade efter sig ett betydligt antal Kossacker. Han lät några man af gardet till häst nalkas dem, för att sålunda locka dem närmare sig. Men de framryckte så varsamt, att blott en kunde nedskjutas.

I detsamma återkommo bönderna, som åtföljt förskaran, och berättade, att det vidsträckta hafsbandet vid *Delet* var fullt med Kossacker. *Von Engelbrechten* uppställde sin skara i fyrkant, med bönderna inom densamma, och fortsatte på detta sätt sitt återtåg, samt lossade derunder, på Kossacker, som voro alltför närgångna, några skott, hvilka sårade tvenne af dem och dödade en häst.

Emellertid mötte han *Snäckö* afdelningen raskt försvarande sig emot de Kossacker, som förföljde densamma. *Von Engelbrechten* lemnade den understöd, ehuru han sjelf mer och mer på alla sidor

Åland; von Döbeln, Petersson.

blef omringad af fienderna. Bönderne upphäfde nödrop, manskapet syntes bestördt öfver sitt ringa antal mot den Kossacksvärm, som nalkades under vildt anskri; men *von Engelbrechten* var lugn och befallte sina soldater sikta väl och nedskjuta de mest närgångna, af hvilka bonden *Petersson* från *Wargata* med sin lodbössa fällde en Kossack. Derjemte befallte *Engelbrechten* sitt folk att hurra och det uppmuntrade alla. Det sålunda misslyckade i Ryssarnes försök öfvertygade äfven bönderna, att ett Kossackanfall, mot ett modigt fotfolk, icke var så farligt, som de förut hade trott.

Emellertid syntes fendrik *Wiberg*, omgifven af de Kossacker, som nu till en del lemnat *von Engelbrechten*, hvilken sednare, för att kunna sända den förra en ändamålsenlig förstärkning, bildade af de medhafvande slädarne ett bröstvärn. På detta sätt blef den hårdt ansatta *Wiberg* hulpen, och så snart han förenat sig med hufvudskaran, fortsatte *von Engelbrechten*, osäker om fendrik *Wernstedts* öde, marschen till *Seglinge* och mötte der, i en vik, en hop af Kossacker, hvilka togo flykten. Men som *Wernstedt* icke afhördes, oaktadt tecken gafs både med trumma och skott, förmodade *von Engelbrechten*, att han dragit sig tillbaka södra vägen, och då det redan började att mörkna, beslöt äfven den sednare att återvända till *Wårdö*, der han inträffade midnattstiden [1]).

Under denna utflykt hade de, som varit till *Enklinge*, inom 26 timmar tågat 9¼ mil och de andre 7¼,

---

1) Kossackerne följde honom; men på längre afstånd. Likväl träffade ett af deras skott en Svensk soldat i patronköket och surrade der omkring. Ett förfluget skott slog en bonde på benet, men utan att skada det.

Åland; *v. Döbeln.*

under hela återtåget förföljde af till antalet mångdubbelt öfverlägsna fiender, hvilka förlorade 14 Kossacker i döda och sårade, jemte 7 hästar. Svenskarne förlorade en lifgardist till häst, hvilken, hänförd af ett obetänksamt mod, föll i fiendens händer, samt 1 under-officer och 4 man af Södermanlands regemente, hvilka, emot *von Engelbrechtens* befallning, oförsigtigt skilde sig ifrån *Snäckö* och blefvo tagne, emedan de ej hunno förena sig med hufvudstyrkan.

MARS MÅNAD.

Åland; *v. Döbeln.*

De föregående vintermånaderna hade, besynnerligt nog, förflutit i overksamhet [1]) i afseende på verkställigheten af den stora planen å Ryska sidan. Nu var ingen tid mera att förlora.

Grefve *Schuvaloff*, åt hvilken kejsar *Alexander* anförtrodt befälet öfver Ryska hären vid *Torneå*, fick befallning att uppsäga den der ingångna vapenhvilan, och tränga återstoden af Finska hären till vestra kusten af Bottniska viken. Tillika skulle generalen *Barclay de Tolly*, med något öfver 5,000 man [2]), samman-

---

1) Om den icke härflutit deraf, att Ryska regeringen, hvilken redan året förut, vid Sveaborgs öfvergång, framstält regementsförändringen såsom förberedd, eller till och med verkstäld, hvarje dag väntat underrättelse derom. Och då denna emot förmodan uteblef, måste Ryssarne nu så mycket mera påskynda verkställigheten af sin så kallade stora plan, för att åstadkomma revolutionen i Sverige, hvarförutan kejsar Alexander förtviflade att få behålla den för honom lika nödvändiga som kära eröfringen af Finland.
2) Åtta bataljoner lifgrenadierer, Tulska, Polotska och Tinginska regementerna, utom hussarer och Kossacker, samt nödigt artilleri.

dragna kring *Wasa*, tåga öfver *Qvarken* och besätta *Umeå*.

Hufvudanfallet skulle likväl ske öfver *Åland*, på *Grislehamn* och *Stockholm*, för att på sistnämnde ställe föreskrifva fredsvilkoren, i fall regements förändringen, hvilken man otvifvelaktigt beräknade att detta tåg skulle påskynda, icke förut mellankommit, med dess väntade följder.

Emellertid hade general-majoren *af Tibell*, såsom då varande general-adjutant för hären, i följd af general *von Döbelns* upplysning, att han var för svag att mota ett befaradt öfverlägset anfall, fästat konungens uppmärksamhet på detta förhållande, liksom på ändamålslösheten att på *Åland* uppoffra den dervarande styrkan. Men medan konungen var på *Åland*, hvars invånare emottogo honom med hänryckning, och i början af kriget visade en berömvärd fosterlandskänsla, hade han lofvat att försvara dem i det yttersta, hvarföre han också ville hålla detta sitt kongliga löfte. Han tillskref derföre general *Tibell* följande svar:

"Haga slott den 6 Mars 1809, kl. 9 e. m. Åland måste försvaras; detta är af högsta vigt, för att bibehålla krigsorten på andra sidan hafvet. Kustarmén bör således sammandragas, för att man derifrån må kunna afsända nödiga förstärkningar till Åland. Eder väl bevågne

GUSTAF ADOLPH."

Någon kusthär blef likväl ej sammandragen, ehuru denna skrifvelse, den sista märkliga, som den olycklige konungen uthändigade, uttryckligen befaller det. Huruvida denna olydnad faller generalen *af Tibell*, eller någon annan, eller flera till last, är ej kändt. H. K. H. hertig *Carl* var emellertid öfverbefälhafvare för denna kusthär, hvilken utgjordes af de närmast hufvudstaden befintliga regementen till häst och fot. Denna omständighet lemnar ett vidt fält för uttydningar, hvilka tyckas äga nära sammanhang med och erhålla någon, om ock en för fosterlandskänslan icke tillfridsställande förklaring, af de snart inträffande tilldragelserna vid regementsförändringen.

Såsom ett förebud till alfvarsammare och mera afgörande företag, hade en svärm Kossacker, den 6 i dagningen, anfallit i sporrstreck de mindre vaksamma utposteringarne vid *Bänö*. Innan de kunde understödas eller hunno draga sig tillbaka, blefvo de flesta nedhuggne eller tagne. Och som kanonhästarne skenade, föllo tvenne sjöartilleri-nickor i fiendens våld. Endast en under-officer och 4 man af lifgardet till häst lyckades hugga sig igenom. Utom några man af landtstormen var förlusten 4 man gardister till häst, med tre hästar och 6 man af *Fleetwoodska* regementet. *Wahlfelt* skyndade genast att försvara sina öfverraskade utposteringar; men Kossackerne hade redan dragit sig tillbaka. General *v. Döbeln* hastade äfven dit, der faran tycktes påkalla hans närvaro. Men det dröjde ännu några dagar, innan en sådan var förhanden.

Det var först den 13, märkvärdigt nog, sjelfva revolutionsdagen, som furst *Bagration*, med trettio bataljoner fotfolk [1]), fyra sqvadroner rytteri, utom 600 Kossacker och 20 fältstycken, intog *Kumlinge*. Ett nästan otroligt antal slädar med lifsmedel, ved, bränvin, kort sagdt, med en hel månads lifsförnödenheter,

---

1) Af Preobraschenska, Ismajlovska, gardes-jägare-, Bieloserska, Petrovska, Pernowska, Libauska, Nevska, Veliko-Lukska, Brzeseska, Willmanstrandska, Riäsanska, Kexholmska, 1:a, 2:dra, 30:de och 31:sta jägare-regementerna, ett halft kompani skansgräfvare, Grodnoska hussarerna samt Isajeffska och Uralska Kossackerna.

åtföljde den Ryska hären på dessa omätliga isfält, som omgifva de Åländska öarne.

Dessa försigtighetsmått, denna oerhörda tross, voro nödvändiga, då alla hus och byggnader, utom kyrkorna, på de egentliga Åländska öarne voro nedrifna eller uppbrända och alla invånarne undanflyttade. Det sålunda ödelagda området upptog en sträcka af öfver fjorton qvadratmil.

Ryska hären var fördelad i fem kolonner, under generalerne, grefve *Strogonoff*, *Demidoff*, *Sussanoff*, *Knorring II* och *Tutschkoff III*. General *Alexejeff* anförde hjelpskaran.

Den förste af dem skulle, öfver *Löddö*, *Lemland* och *Jomala*, tåga åt *Eckerö*. Dess rytteri, anfördt af general *Kulneff*[1]), kringgick södra skärgården och hade befallning att skynda till fjerden, emellan *Eckerö* och *Signilds* skär. Den andra framryckte, genom *Klemetsby* och *Jomala* by, åt *Hammarland* och *Posta*. Den tredje från *Stentorpa* till *Emnäs*, *Emkarby* och *Bjärström*. Den fjerde och femte skulle först, förenade, besätta *Wårdö*, och sedan agera hvar för sig, den ena på *Markusböle*, den andra på *Getha* kapell.

Under dessa hotande rörelser på Ryska sidan ankom major *Arfvedson* den 14 kl. 6 e. m., med underrättelse om den dagen förut skedda regementsförändringen, tillika med följande skrifvelse:

"Som den händelsen inträffat, att H. Maj:t konungen i dag blifvit skild ifrån regeringen och H. K. H. hertigen emottagit regeringen, som Svea rikes föreståndare, så följer härhos den i anledning häraf

---

1) Hvilken samma dag hade tillskrifvit general *von Döbeln*, för att, på detta artiga sätt, som ingalunda förbländade den lika Svenskt sinnade, som modige Döbeln, förnya hans bekantskap sedan sistl. års fälttåg.

utgifna och öfver allt i Stockholms stad upplästa proklamation. — Hans Kongl. Höghet hertigen, Svea rikes föreståndare befaller härmedelst befälhafvande generalen på Åland, general-majoren riddaren med stora korset af Kongl. Svärds-orden v. Döbeln:"

1:o. "Att genast beordra en bataljon af gardesregementerne [1]), att skyndsammeligen till Stockholm afmarschera."

2:o. "Skulle säker anledning vara, det så ansenlig styrka af Ryska trupper vilja attaquera Åland, att det ej kan af Svenska trupperna försvaras, så bör general-major *Döbeln*, med de Svenska trupperna, i god ordning göra sin retrait [2]), och bör derföre såväl sjuke som tyngre tross m. m. skyndsammeligen öfversändas till Svenska sidan, på det att så litet som möjligt af Åländska fördelningens tillhörigheter må förloras."

3:o. "Hosföljande bref [3]), med proposition om stillestånd, afsändes genast med parlamentair till befälhafvaren vid Ryska trupperne. Skulle nämnde Ryska befälhafvare vara benägen att ingå stillestånd, så eger general-majoren m. m. *von Döbeln*, att ett sådant stillestånd på längre eller kortare tid afsluta."

4:o. "General-majoren m. m. frih. *Adlercreutz* är tjenstgörande som befälhafvande general-adjutant uti Stockholm. Stockholms slott den 13 Mars 1809."
"CARL.

C. *Adlercreutz*."

---

[1] Dessa hade således genast återfått sitt förra namn af gardes-regemente, hvars förlust kostade Gustaf Adolf kronan.

[2] I sitt svar på denna befallning underställer *v. Döbeln*: "Om ej Ålands öfverlemnande först borde ske, då nöden dertill tvingade, och enligt öfverenskommelse, på det att dess invånare måtte frälsas från fiendens ofog och våld." Det sammanträde han begärt med Ryska befälhafvaren, syftar derhän. Skulle fienden afslå ett kortare eller längre stillestånd och anfalla Åland, innan Ryska öfverbefälhafvaren lemnat svar, lofvar han bjuda spetsen i det längsta.

[3] Ifrån fältmarskalken, herr grefve *Klingspor* till Ryska öfvergeneralen.

Det märkligaste af denna nya regeringens skrifvelse är åtgärden, att, utan all giltig orsak, mer och mer försvaga och blotta den vigtigaste punkten mot en öfverlägsen fiende, om hvars företag och rörelser ingen af regeringsmedlemmarne kunde vara okunnig och minst riksföreståndaren, hittills kusthärens öfverbefälhafvare, under hvars direkta befäl general-majoren *v. Döbeln* hade f. d. konungens befallning att ställa sig, om han blefve nödgad att draga sig från *Åland* till *Grislehamn*. Men ej nog med den gardesbataljon, som denna skrifvelse beröfvade det af talrika fiendtliga härar hotade *Åland*; major *Arfvedson* hade, på samma nya regerings vägnar, äfven återkallat tvenne *von Döbeln* till förstärkning afgångne vargerings-bataljoner, dem han mötte på hafvet, emellan *Grislehamn* och *Eckerö*.

Då regementsförändringen skedde med borgerskapets i hufvudstaden enhälliga bifall och utan den ringaste blodsutgjutelse, ja utan allt slags motstånd, tyckes det väl, som borgerskapet ensamt kunnat besörja den fredliga bevakningen i *Stockholm*. Och då denna hufvudstad var hotad af en alfvarsam fara, af fiender, hvilkas uppförande i Wasa bordt fästa både regeringens och borgerskapets uppmärksamhet, på nödvändigheten att hålla desamma på så långt afstånd som möjligt från sig; så är det alldeles oförklarligt, hvarföre icke alla tillgängliga trupper helre begagnades mot de anryckande Ryssarne, än i och omkring *Stockholm*, hvars garnison tvertom ökades, på bekostnad af den förut svaga försvarskraften vid *Åland*.

Skulle man i stället begagnat de trupper, som förut funnos i hufvudstaden, Tyska regementerne, lifregementes kuirassierer och en del dervarande garde till ögonblicklig förstärkning af försvaret på *Åland* och genast, i sammanhang med denna åtgärd, befallt *Adlersparreska* hären, Östgöthar, återstående delen af Södermanlands, hela Helsinge regemente med dessa och Upplands, Nerikes samt Dahlslands regementers vargeringar, att i sträckmarscher skynda till *Grislehamn*, så hade man gjort allt hvad man bordt till försvar för den hotade Svenska jorden, hvilken af en i fosterlandskänslans namn, uppkallad och beväpnad allmoge, kunnat få ett ytterligare och kanske icke ringare värn.

Det är obegripligt att något sådant icke vidtogs, under nuvarande sena årstid, då en dags blid väderlek eller några timmars storm, lika hastigt som afgörande och så lätt till hela Ryska härens förderf, kunnat underhjelpa ett så beskaffadt tillfälligt, men Svenska namnet och Svenska likstämmiga minnen värdigt försvar [1]).

Med åtgärder, sådana som de här uppgifna, hade man med all trygghet kunnat låta Ryska hären, likväl efter längsta möjliga uppehåll, som nu också ganska skickligt blef åstadkommit, gå öfver *Ålands* haf, säker derom, att densamma med sina stolta resenärer, antingen lika med Pharaos krigshär blifvit begrafven i hafvet, eller, anländ på Svensk jord, lemnad åt sig sjelf, utan ens något hopp om understöd, uthungrad, sprängd, snart varit tagen, till icke ringa uppmuntran för den nya regeringen och till ökad glans i den gamla Svenska krigsäran.

Denna utgång af det stora, klokt förberedda, men för länge uppskjutna Ryska vågspelet, hade troligen verkat på kriget i det hela, hvilket antingen kunnat utdragas till dess de politiska förhållanderna ändrat sig,

---

[1] Så mycket helre, som general *von Döbeln*, i sitt nyss åberopade svar på underrättelsen om regements förändringen nämner: "att *isen kring Åland börjar bli svag af stormvindar.*"

eller också fått en fördelaktigare utgång än det nu beklagligen erhöll.

Så snart major *Arfvedson* anländt, fick befälhafvaren för venstra flygelns förposter vid Skarpans, öfverste-löjtnant *Lagerbring*, *von Döbelns* [1]) befallning, att, åtföljd af bemälde major, som skulle framföra H. E. grefve *Klingspors* bref, öfverresa till Ryska hären, för att föreslå ett stillestånd.

Lagerbring [2]) återsände genast major *Arfvedson* ifrån *Kumlinge*, för att med skyndsamhet upplysa general *von Döbeln*, om den annalkande talrika fiendtliga hären. Då den mest hotade anfallspunkten på Svenska sidan försvarades endast af omkring 500 man, insåg *Lagerbring*, huru ytterst angeläget det för honom var, att med underhandlingar [3]) och hopp om fred uppehålla fiendens alltför hastiga framryckande. Detta lyckades också slutligen den förslagna och beslutsamma *Lagerbring*, hvarföre det blef öfverenskommet, att Svenska trupperne, utom de yttersta förposterna, skulle bibehålla den ställning de innehade, samt att Ryska hären endast finge besätta *Föglö* och *Wårdö* landet till påföljande dag, då begge härarnes öfverbefälhafvare skulle träffas vid *Klemetsby*, för att närmare underhandla.

Denna öfverenskommelse iakttogs väl icke till alla delar på någondera sidan, emedan Ryssarne framryckte längre än de bordt; men så försummade Svenskarne icke heller tillfället att göra sitt återtåg, i skydd af

---
1) Hvilken också tillskref Ryska öfvergeneralen *Knorring*.
2) I den offentliga rapporten omnämnes, att Ryska öfverbefälhafvaren frågat om *Lagerbring* och *Arfvedson* voro afsände af konungen, i hvilken händelse de icke kunde emottagas; men då de uppgåfvo sig vara skickade från H. K. H. riksföreståndaren blefvo de genast med välvilja bomötte.
3) På eget bevåg, emedan han icke hade något uppdrag dertill af regeringen.

nödiga förposter, till *Eckerö*, der de lyckligen inträffade med alla de fältstycken, till hvilka anspann funnos, och så mycket af förråderna, som med allmogens hästar kunde undanskaffas; större delen af återstoden utdelades åt bönderna.

Faran för general *v. Döbeln*, att, med sin fåtaliga trupp, blifva innesluten af den Ryska öfverlägsenheten, var sålunda förekommen och återtåget till *Grisslehamn* öppet, genom öfverste-löjtnanten *Lagerbrings* berömvärda rådighet och skicklighet.

Den sistnämnde åtföljde general *v. Döbeln* dagen derpå, den 16, till *Klemetsby*, der Ryska öfvergeneralen *Knorring*, furst *Bagration*[1]) och general *van Suchtelen* (ministern, underhandlaren vid *Sveaborg*), m. fl. voro dem till mötes.

Ryssarnes första yrkande var, att den svaga Svenska härfördelningen, hvilken, enligt deras öfvertygelse, redan var kringränd af Ryska massorna, skulle sträcka gevär. Men general *v. Döbelns* bestämda, kraftfulla försäkran, att han förr skulle slås till sista man, än ingå i något slags öfverenskommelse, som medförde minsta skymf för de Svenska vapnen, hvaröfver han hade att befalla, gjorde sjelfva *Sveaborgs* vana underhandlare mera foglig; och slutligen lyckades det general *von Döbeln*, att med Ryska öfvergeneralen blifva ense om följande vilkor: att Svenska trupperna, med deras fältstycken, tross och andra tillhörigheter, skulle inom tre dygn utrymma *Åland;* deras sjuka finge qvarlemnas under Svenskt befäl och Svensk läkarevård, med rättighet, att, efter sitt tillfrisknande, återvända till Sverige.

---

1) Densamma, hvilken under 1812 års Ryska krig mot *Napoleon*, utmärkte sig för enahanda krigare egenskaper, som förut under detta krig.

Detta förslag, redan skriftligen uppsatt, saknade endast underskrifterna, då Ryska krigsministern, grefve *Araktschejeff*, ditsänd af kejsaren att påskynda och leda det stora företaget, anlände till *Klemetsby*. Han sönderref den uppsatta öfverenskommelsen, under tillkännagifvande: att kejsarens afsigt med denna stora expedition ej var blott att intaga *Åland*, utan att i Sveriges hufvudstad afsluta fred och föreskrifva vilkoren, hvilket så mycket mindre kunde förfelas, som en Rysk här vid samma tid inbrutit vid *Torneå* samt en annan tågat öfver *Qvarken*, och sålunda afskurit Finska härens återtåg. Han ansåg dessutom Sverige utblottadt på försvar och förklarade: att då den lilla Åländska fördelningen redan vore af en mångdubbel styrka omringad, så kunde den ej undgå att sträcka gevär; men den skulle likväl icke anses för krigsfångar, förr än upplyst blifvit, om de fredsförslag, hvilka genast skulle öfversändas till *Stockholm*, af Svenska regeringen blefve antagne.

Öfver detta den Ryska krigsministerns oväntade förfarande, att tillintetgöra en redan beslutad öfverenskommelse, likasom öfver hans stolta och diktatoriska språk, blef general *von Döbeln* så uppbragt, att hans förtrytelse steg nästan till raseri, hvarunder han utbjöd de Ryska generalerne till envig, afreste genast från *Klemetsby*, och lemnade *Lagerbring* qvar att fortsätta den sålunda afbrutna underhandlingen. Det skedde kl. 3 e. m. [1]).

Lagerbring, som var öfvertygad om vigten af hvarje timmas uppehåll, och kände att de Svenska trup-

---

1) General *von Döbelns* uppförande förbittrade de Ryska generalerne, hvilka den kallblodige *Lagerbring* hade lika mycken svårighet att lugna, som sin egen generals hetta. Dennes sista ord voro, att han skulle möta sina fiender med vapen i hand och låta dem dyrt betala hvart steg de ville eröfra.

perna höllo på att samla sig vid *Eckerö*, för att fortsätta återtåget, uppsköt i det längsta att bestämdt afslå Ryska krigsministerns anspråk. Han gjorde i stället motförslag, hvilka naturligtvis icke antogos och under dessa öfverläggningar och jemkningar, utsträckte han underhandlingen till närmare kl. 11 om aftonen. Då först förklarade han, med afgörande bestämdhet, att han så mycket mindre kunde ingå på krigsministerns förslag, som Svenska trupperne voro utom all fara att kringrännas. Deremot förklarade han sig villig, att emottaga och till Svenska regeringen öfverföra det Ryska fredsförslaget, hvilket blifvit uppsatt vid underhandlingen. På detta sätt slutade *Lagerbring* sitt ganska vigtiga uppdrag.

Med nyssnämnde förslag begaf han sig, åtföljd af Kossacker, förbi de framtågande Ryska kolonnerna, till *Eckerö*, der han träffade general *v. Döbeln*.

Största delen af Svenska truppen var redan i fullt återtåg till Signilsskär och marschen fortsattes till *Grisslehamn*, på det isbelagda hafvet, under köld och snöyra. Rytteriet tågade främst, utgjorde således förskaran och banade vägen. Bataljonerna, uppställda i fyrkanter, hvaruti en mängd slädar med lifsmedel voro inneslutne, följde efter. Fältstyckena voro fördelta på fyrkanternas hörn. Detta återtåg, utfördt på det omätliga hafvet och öfver dess djup, var sällsamt och vördnadsbjudande; men skedde icke med fullkomlig ordning.

Men innan vi teckna dess närmare tilldragelser, hafva vi att upptaga några föregående händelser, anmärkande derjemte, att *Lagerbring*, på general *von Döbelns* befallning, skyndsamt fortsatte resan till *Stockholm*, för att underrätta regeringen om ställningen på

Åland, och hvad som blifvit åtgjordt vid underhandlingen med Ryssarne.

Redan den 14 tidigt på morgonen hade en Rysk Kossacksvärm, under partigångaren *Davidoff* (*Denis*), densamme, som 1812 kallades Franska härens väckare, lyckats öfverrumpla en postering vid *Löfö*. Underofficeraren *Lockner*, vid lifgardet till häst, försökte, att, med sina tio följeslagare af samma garde, slå sig igenom, men blef fången, efter ett förtvifladt försvar, illa huggen, jemte 3 gardister och 5 man af Södermanlands regemente, hvilka också voro sårade. Återstoden af posteringen drog sig undan till Wargata. Kossackerna intogo *Löfö* by, och ryckte skyndsamt mot *Wårdö;* men drogo sig tillbaka, då de stötte på en der i viken verkställd issågning. En Kossack fick ett bajonettstyng genom halsen och nedföll på stället, en annan blef genomskjuten och flere af Kossackerna och deras hästar sårades.

En sträng köld, utan blåst, gynnade Ryssarnes tåg på dessa stora isfält, här och der afbrutna af granitklippor, emellan hvilka de fiendtliga skarorna framryckte [1]).

Den 16 sträckte sig de Ryska förskarorna på den största ön, från Saltvik genom *Kastelholm* och *Emnäs*, till Jomala. Deras rytteri hade, vid *Degerby*, bemägtigat sig fyra förstörda kanonslupar [2]).

General *Kulneff*, en af Rysslands mest oförvägna och skickliga rytteri-anförare, hade befallning, att, från

---

1) Öfver-adjutanten, grefve *Löwenhjelm*, gjorde sin motståndare, general *Stroganoff* uppmärksam på det muntligt uppgjorda stilleståndet emellan begge härarnes öfverbefälhafvare; men han svarade, att han icke hade någon kännedom derom.

2) Hvilka i de Ryska berättelserna benämnas en eskader kanonslupar.

Degerby, rycka öfver åt *Flaka;* men med afsigt missledd af en vägvisare, som han ej försummade att grymt bestraffa, kom han oförmodadt i dagbräckningen midt emellan de fältverk, hvarmed Svenskarne betäckt inloppet till *Hadnäs*. Han var dock icke något ögonblick villrådig, utan utbredde sig liksom för att kringgå Svenskarnes ställning, hvilken dessa alldeles icke hade för afsigt att försvara. De der förlorade 11 styckena bestodo af upptagne skeppsnickor och de af Ryssarne benämnde kanonsluparne af bondskutor, hvilka segertecken kunde tagas öfver allt på *Åland*.

Derifrån skyndade sig den outtröttlige *Kulnéff*, nästan utan att rasta, genom *Ytternäs* och omkring *Hammarudden*, för att, den 17, förekomma det Svenska återtåget ifrån *Eckerö*. Det var emellertid verkstäldt. Men han träffade och tog en hop efterslän‌tare och uslingar, hvilka, då förråderna uttömdes och lemnades[1]) åt den förstkommande af soldater och allmoge, öfverlastat sig med bränvin och lemnat sig efter. Månge af dem hade ihjälfrusit på isen. Ordningen kunde af sådana orsaker icke tillbörligt iakttagas under återtåget.

Majoren och riddaren *von Engelbrechten*, med 368 man af Södermanlands regemente, utgjorde general *von Döbelns* efterskara, och borde dölja hans återtåg; men icke gifva sig i handgemäng med någon öfverlägsen fiende. Men då *Kulnéff* upphann honom och blef för närgången, lät *Engelbrechten* hänföra sig af sitt mod, att stadna och söka försvara sig. Det lyckades honom också några gångor, att på detta sätt hejda

---

1) Förut hade general *von Döbeln* låtit förstöra eller uppbränna kanonsluparne vid *Degerby* och jollarne vid *Marsund*. Positions- och sjöstyckena hade blifvit förnaglade eller sänkte, liksom de gevär, som ej kunde medföras.

sin motståndare, hvilken, genom detta uppehåll, fick tillfälle att skaffa sig förstärkning, medan *von Engelbrechten* allt mera blef aflägsnad från sin hufvudstyrka. Slutligen inlät han sig i samtal med sin motståndare, hvilken, genom dessa uppehåll, lyckades att alldeles omringa och innesluta honom. Och som han hade befallning att icke ändamålslöst uppoffra sitt folk, gaf han sig [1]). Ytterligare blefvo **163** man af gardets jägare af samma general *Kulnéff*, under återtåget, afskurne och tagne [2]). Han hann ännu samma dag till de kojor, som lotsarne uppfört på *Signilds skärs* klippor, der ett regemente fotfolk förenade sig med denne oförtrutne partigångare, hvilken, sedan åtta dagar, icke förr än nu varit under tak.

Ryska öfvergeneralen, för att så mycket fortare påskynda målet för detta sitt så kallade stora företag, fredens afslutande, befallte *Kulnéff* att öfver Bottniska viken taga samma väg som general *von Döbeln*, hvilken, emot Ryssarnes förmodan, undkommit dem vid *Eckerö*. I spetsen för tre sqvadroner hussarer och **600** Kossacker uppbröt den djerfve *Kulnéff*, i första dagningen den **19**. Spåren efter Svenskarnes ej långt förut gjorda öfvergång utvisade kosan. "På åtta timmar satte sig detta rytteri öfver den eljest stormiga, men nu isbelagda hafsviken, der, ännu få veckor förut, den stol-

---

1) Enligt Bidraget N:o 21; Anmärkningarne s. 74, lemnades majoren *von Engelbrechten* med afsigt efter, för att dölja hufvudstyrkans återtåg, hvarvid han hade bestämd befallning, att ej inlåta sig i en alfvarsam strid med den öfverlägsna fienden, samt icke ändamålslöst uppoffra sin trupp, utan helre gifva sig, sedan han befordrat de öfrigas återtåg.

2) Dessa och *von Engelbrechtens* trupp, jemte de den 14 tagne 1 under-officer och 12 man voro de förluster *von Döbeln* under tåget gjorde; men hvilka Ryssarne uppskattade till 3,000 man, 30 st. kanoner och rika förråder, ehuru de sednare voro ganska obetydliga och egentligen bestodo i ett sjukhus och något födoämnen.

tå Brittaniska flaggan svajade och Gustaf IV Adolfs kongl. jakt utvecklade sina segel" [1]).

Så snart general v. *Döbeln* ifrån sina förposter erhöll underrättelse om det Ryska rytteriets annalkande, betviflade han ej, att flendtliga hufvudstyrkan snart skulle följa efter, hvarföre han afsände öfverste v. *Schulzenheim* med ett bref till Ryska öfverbefälhafvaren. För att söka afvända, eller, så länge som möjligt, uppehålla Ryssarnes ankomst, underrättade han i detta bref, på eget bevåg, att H. K. H. riksföreståndaren vore beredd, att på ett vänskapligt sätt sluta kriget; att H. K. H. erbjudit Danska hofvet att deltaga i samma fredliga uppgörelse, så framt Ryska hären icke satte sin fot på Svensk jord; att han derföre önskade få upplysning, om Ryska kejsaren voro ankommen och hvilken dag H. Maj:t borde inträffa i *Borgå;* att han påföljande dag ifrån *Stockholm* återväntade sin öfver-adjutant, grefve *C. Löwenhjelm*, med uppgift på de personer, som blifvit utsedde till fredsunderhandlare, för hvilka han önskade att Ryska öfvergeneralen ville låta utse qvarter och lemna nödiga pass, m. m. För öfrigt begagnade han tillfället, att innesluta de efterlemnade Svenska sjuke, liksom den lilla truppafdelning, hvilken fallit i Rysk fångenskap, uti öfvergeneralens välvilliga omsorg.

Döbeln hade emellertid vidtagit nödiga mått och steg, att möta det Ryska rytteriet, som var i antågande, och skottvexling egde redan rum vid förposterne, då general *Kulnéff* skickade en officer till general v. *Döbeln* med några uppdrag. Och som den sistnämnde icke ansåg sig böra inveckla förhållanderna, innan han fått svar både ifrån *Stockholm* och på sitt bref

---
1) Bidraget, N:o 21.

till Ryska öfvergeneralen, tillät han *Kulnéff*, att så länge qvarstadna vid *Grisslehamn*.

Redan samma dag ankom detta svar från general *Knorring*, innehållande: "att som han blifvit förvissad om Svenska regeringens benägenhet att ingå fred, hade han befallt general *Kulnéff* att återvända till *Åland*, samt äfven gifvit order åt general-löjtnanten *Barclay de Tolly*, att, om han redan gått öfver *Qvarken* till *Umeå*, genast återvända till Finland."

Samma dag återkom också den nu till öfverste befordrade *Lagerbring*, med tvenne honom åtföljande adjutanter, öfverste-löjtnanten *Adlercreutz* och ryttmästaren, friherre *Stackelberg*. *Lagerbring* hade uppdrag att resa till Ryska kejsaren, för att aflemna det bref, som Svenska riksföreståndaren skrifvit till honom. Men som det var sent på aftonen, dröjde han qvar öfver natten vid *Grisslehamn* [1]).

Påföljande morgon, den 20, begåfvo sig general *Kulnéff*, med sin trupp, och öfverste *Lagerbring* med sina adjutanter, öfver hafvet.

Såsom väntad fredsunderhandlare blef *Lagerbring* mycket väl emottagen vid Ryska högqvarteret; men då han tillkännagaf, att sådant icke var fallet, utan att han endast vore afsänd med bref från riksföreståndaren till Ryska kejsaren, förändrades förhållandet. Och ehuru *Lagerbring* tillade, att han vore säker der-

---

[1]) Der han kom att ligga i samma rum med general *Kulnéff*. Denne tappre och oförvägne rytteri-general, var under 1812 års krig lika djerf mot Fransmännen, som han nu varit det mot Svenskarne. Men mot de förre föll han ett offer för sin djerfhet. Han hade vid Drissa tagit flere hundrade fångar och trossvagnar; men då han skulle fortsätta segern, föll han i ett bakhåll för 2,000 man och 8 fältstycken. En styckekula hade krossat begge hans ben och då han såg sitt öde, förtörnades han på sin öfverdådighet, sönderslet sina ordens-prydnader och dömde sig att dö på samma ställe, der han begått sitt fel. Hans ädla mod saknades af hela Ryska hären.

om, att fredens snara afslutande åsyftades å Svenska regeringens sida med hans beskickning, förklarade Ryska öfvergeneralen, att han hade för mycket bestämd föreskrift om *Stockholms* intagande, för att våga uppskjuta dermed, då det uppgjorda fredsförslaget icke blifvit antaget. Derföre skulle han genast befalla den på *Åland* varande Ryska hären att sätta sig i marsch öfver hafvet, samt återkalla de order han redan utfärdat till *Barclay de Tolly*.

I denna för *Lagerbring* ytterst bekymmersamma och för *Stockholm* vådliga belägenhet [1]), beslöt han att ingå i fredsunderhandling, och som han dertill på intet sätt var befullmägtigad, kunde han icke erbjuda någon annan säkerhet, om Svenska regeringens bifall till det som nu kunde aftalas, än sig sjelf och sina adjutanter, hvilka skulle förblifva såsom gisslan vid Ryska högqvarteret, till dess svar hann ankomma ifrån *Stockholm*.

Derefter vidtog underhandlingen. Ryssarnes första anspråk var naturligtvis hela Finlands afträdande, såsom grundvilkoret för fredsfördraget. Men *Lagerbring* kunde och ville icke medgifva det. Efter många förslag och motförslag blef slutligen öfverenskommet, enligt *Lagerbrings* uppgift [2]), att Ryska hären, utom de trupper, som erfordrades på Åland, skulle återvända till *Finland;* men att Svenska regeringen deremot förpligtade sig, att, under blifvande fredsunderhandlingar, icke

---

1) Det var sålunda och icke genom den nya regeringens kraftiga och kloka åtgärder, som Stockholms intagande förekoms af general *von Döbeln* och *Lagerbring*, tvenne krigare, hvilka i så brydsamma och vigtiga förhållanden gjorde sig väl förtjente af det fäderuesland, som vestra härens så kallade öfverbefälhafvare trodde sig hafva frälst med en proklamation och toma försäkringar deri, att icke en alns bredd Svensk jord mera skulle intagas af fienden.

2) Bidraget, N:o 22, s. 11.

göra något försök att återtaga Åland [1]). Till denna hofsamhet å Ryska öfverbefälhafvarens sida, anser man betydligen hafva bidragit *Lagerbrings* kloka framställning, om det vådliga i Ryska härens tåg öfver ett ishaf, hvilket en storm denna årstid inom några ögonblick kunde upprifva [2]).

Denna öfverenskommelse skickades med ett ilbud till *Stockholm*, och riksföreståndarens godkännande återkom skyndsammeligen, hvarefter *Lagerbring* fortsatte resan och träffade kejsar Alexander i *Helsingfors*. Han blef nådigt emottagen och fick tillstånd att skicka öfverste-löjtnanten *Adlercreutz* till *Petersburg*, med sitt hofs bref till dervarande Franska sändebud.

Ryska öfvergeneralen återvände till Finland med största delen af sin prunkande här, bestämd att verkställa det *stora företaget*, och försvaret af Åland öfverlemnades, på kejsarens serskildta befallning, åt general *Demidoff*.

General-majoren *v. Döbeln* hade, i anseende till sjuklighet och de orimliga anordningarne att minska i stället att, hvad behofvet påkallade, öka *Åländska* försvaret, redan den 15 begärt sitt entledigande [3]);

---

[1]) Enligt Ryssarnes uppgift skulle *Lagerbring* tillkännagifvit Svenska regeringens benägenhet, att, såsom grund för fredsunderhandlingarne, antaga hela Finlands afträdande. — Bidraget, N:o 21, s. 215.

[2]) Också hade en stark sydlig storm samma tid uppstått. Och *Knorring*, säger Ryska krigs-historie-skrifvaren, fruktade då att blottställa den vackraste delen af sin krigshär. Ehuru skicklig general saknade han denna stundom öfverdådiga djerfhet, utan hvilken man ännu ej i något krig vunnit annat än halfva framgångar. Hans beräknande förstånd ville ej anförtro något åt slumpen. Han afstod för lätt ifrån ett ärofullt företag. — Bidraget, N:o 21.

Huru ärofullt och lyckligt det blifvit, om hastiga, kraftiga och beslutsamma åtgärder varit företagna från Svenska regeringen, har förf. redan visat. Såsom förhållanderna nu voro, hade vågspelet lyckats och Stockholm blifvit intaget, utan *v. Döbelns* och *Lagerbrings* personliga egenskaper och nu den sednares ensamt.

[3]) I samma anmälan om åtskilliga brister på Åland, anmärker han äfven, att

Norra hären; Gripenbergs fördelning.

men hans efterträdare nämndes först sedan all fara var förbi och blef general-löjtnanten, grefve *G. Wachtmeister*, hvilken den 20 ankom till *Grisslehamn*, hvarifrån den tappre *v. Döbeln* afreste dagen derpå.

Så slutades detta års fälttåg på *Åland*, hvilket nu mera förblef en Rysk tillhörighet samt är det ännu, till verklig farhåga för Svenska hufvudstaden [1]).

Norra hären; Gripenbergs fördelning.

I trakten af *Torneå* hade återstoden af Finska hären intagit sina vinterqvarter, efter det sist slutade fälttåget i Finland. Dess mest värderade och fosterländskt sinnade anförare, hvilka vunnit krigshärens odelade förtroende, hade, den ena efter den andra, på egen begäran eller på befallning, afrest härifrån. Generalerne *Adlercreutz* och *Sandels* till *Stockholm*, *v. Döbeln* efter sitt tillfrisknande till *Åland*, der vi sett honom vara densamme outtröttlige, mod- och nitfulle officer han alltid varit, och grefve *J. A. Cronstedt* qvarliggande i *Umeå*, dit han, svårt sårad, blef sjöledes öfverförd ifrån *Wasa*.

Ännu återstod en lika tapper, men mindre klok och orubblig officer, hvilken för sitt vaksamma mod hittills vunnit ett rättvist anseende, neml. general-majoren *H. H. Gripenberg.* Han var nu befälhafvare öfver

---

vederbörande icke utdelat den ansenliga summa konungen öfversändt till de fattiga *Kumlinge* boernas understöd.

1) Den redbare, fosterländskt sinnade och modiga generalen, friherre *Lagerbring*, samma man som i denna krigshistoria så ofta och med så mycken heder omnämnes, är af lika tanke, då han, i Bidraget, N:o 22, s. 15, yttrar: "endast önskeligt att Åland vore med Sverige förenadt."

den i Norrbotten förlagda så kallade norra härens *första fördelning*. Den *andra fördelningen* bestod af en hop tillfrisknade till *Umeå* öfverförda sjuke och sårade, hvilka förökades af den härifrån dit afdelte och aftågade återstoden af *Österbottens* norra bataljon, *Wasa* regemente, *Kajana* och *Uleåborgs* bataljoner, sexpundiga batteriet under majoren och riddaren S. *Elfving,* jemte Savolaksarne [1]), hvarigenom äfven desse sednare kommo under sin egen af dem älskade befälhafvare, general-majoren, grefve *Cronstedt* [2]), som förde befälet i *Umeå,* ehuru ännu icke fullkomligt tillfrisknad efter sina sår.

Öfverbefälet hade den gamle, aktningsvärda generalen, friherre *Klercker* i *Hernösand,* omkring 70 mil ifrån trupperna i *Torneå,* hvarest Ryska hären fått en ny befälhafvare i kejsarens general-adjutant, general-löjtnanten, grefve *Schuvaloff*. Denne uppsade den hittills rådande vapenhvilan den 18, hvarföre fiendtligheterna kunde återtagas den 23 e. m.

Under denna mellantid af fem dygn hade generalmajoren *Gripenberg,* om han varit en lika omtänksam och skicklig, som han var en modig befälhafvare, bordt hinna få säker kunskap både om sin motståndares styrka och förehafvande.

Kände han deremot med visshet, hvad han i sin

---

1) Dessa trupper af Finska hären hade, den 9 Februari, uppbrutit från nejden af Torneå och under denna vinters ovanligt stränga köld tågat den långa vägen till Burträsk den 3 Mars, och, sedan Ryssarne hotade att öfvergå Qvarken, fortsattes marschen till och omkring Umeå, der vi inträffade den 12 och 13 Mars. Förf. hörde ännu till Kajana bataljon, och såsom underofficer tågade han i den grufliga kölden med den trupp han tillhörde. — I anseende till foderbristen qvarstadnade Karelska dragonerae i Löfånger och några i Skellefte, för att bevaka dervarande förråd.

2) Ehuru öfverste *Fahlander* var befälhafvare öfver fjerde fördelningen, hvartill Savolaksarne hörde.

<small>Norra hären; Gripenbergs fördelning; Kalix.</small>

rapport den 26 uppger, att fienden hade 7 à 8000 man, så var det en oförlåtlig obetänksamhet, att med sina 2,000 man under vapen (återstoden på sjukhusen) vedervåga en så olika strid, hvilken i sådana förhållanden skulle uppstå.

Han var, såsom nämndt är, 70 mil ifrån sin öfver-general, hvars befallningar och föreskrifter han således icke kunde afbida. Han borde derföre i alla hänseenden vara beredd att besluta på egen hand, att vara sin egen och sina tappre, förut nog hårdt bepröfvade, följeslagares lyckas smed.

Då hans trupper, i anseende till bättre utrymme, voro vidt spridde, beslöt han att sammandraga dem, 6 mil från *Torneå* i nejden af *Kalix*, för att sålunda komma närmare sin första fördelning, som var förlagd i *Råneå*. Efter vunnen förening, ernade han att med samlad kraft sätta sig emot Ryssarnes framryckande.

Flere af hans officerare gjorde honom uppmärksam derpå, att det vore klokare att fortsätta återtåget, innan Ryssarne kunde hindra och möjligen med sitt öfverlägsna antal förekomma det. Men den mera modige än omtänksamme general *Gripenberg* svarade: "nej, vill man söka sak med mig, kan man få på min räkning mycket annat; men feghet skall det ej bli. Först skola vi slås och sedan gå" [1]).

Den 24 blef *Gripenbergs* efterskara, tvenne bataljoner under den tappre öfverste-löjtnanten O. H. v.

<small>1) Bidraget, N:o 30. I detta yttrande framlyser ett bemödande att väcka hans misstroende; mot *hvem* och af *hvad orsak* har ingen upplyst. "*Vill man söka sak med mig*" röjer, att man inbillat honom, att han var omgifven af missnöjde, ehuru sådana ingalunda ännu funnos; men efter den olyckliga dagtingan, uppstodo sådana öfverallt. Dittills hade han inga andra obelåtna omkring sig, än sina, eller, rättare kanske, sin förledare och närmaste man, general-adjutanten, öfverste *Palmfelt*.</small>

Fieandt, anfallen vid *Sangis*, 4⅞ mil från *Torneå*. *Fieandt* afslog anfallet.

Tillika anlände en Rysk underhandlare, med underrättelse, att general *Gripenberg* på alla håll var ohjelpligen innesluten, neml. redan omringad af sin närmaste motståndare, med nära 8,000 man och med en lika styrka hade general *Barclay de Tolly* gått öfver *Qvarken* till *Umeå*, derifrån han nu ryckte norrut. Ett motstånd, menade underhandlaren, vore således detsamma, som att, utan allt deltagande, öfverlemna de fredliga invånarne och Finska krigshären, handlöst och samvetslöst, åt hungerns och en af ett ändamålslöst och orimligt motstånd till blodig hämd uppretad fiendes gemensamma rof. Menskligheten och klokheten borde derföre bjuda Svenskarne att nedlägga vapen. Deras motståndare voro dock ännu nog ädelsinnad, att, om en vänskaplig öfverenskommelse derom genast träffades, erbjuda åt den tappra Finska hären både billiga och goda vilkor. Sådana voro ungefärligen den Ryska underhandlarens sluga framställningar, hvilka den modiga *Gripenberg* likväl, till en början, värdigt och bestämdt afslog.

Men olyckligtvis anlände nästan i samma ögonblick ett ilbud från grefve *Cronstedt* i *Umeå*, med underrättelse, att Ryssarne gått öfver *Qvarken*, med en styrka enligt ilbudets [1]) uppgift, af 9 à 10,000 man.

En sådan upplysning kunde icke annat än vara högst oroande. General *Gripenberg*, ehuru han icke nämner derom i sin rapport af den 26, sammankallade [2]) ett krigsråd af det tillhands varande högre befälet, hvilket ansåg det vara rådligast, att ingå i den

---
1) Fendrik *Enehjelm*.
2) Bidraget, N:o 30.

erbjudna öfverenskommelsen. Ryske underhandlaren inbjöd general *Gripenberg*, att möta general adjutanten, grefve *Schuvaloff* i Torneå, för att närmare öfverlägga om vilkoren. *Gripenberg* begick den obetänksamheten, att, åtföljd af sin general-adjutant, öfverste *Palmfelt*, resa dit inom fiendens område, 6 mil ifrån sin trupp.

Medan denna öfverläggning egde rum i Ryska högqvarteret, hade Finska härens befäl fått tillfälle att inhemta hvarandras och manskapets tankar om ställningen, jemte frågan att nedlägga vapen. Detta sednare var ytterst vidrigt för alla; ingen tycktes vilja underkasta sig en sådan skymf. Trovärdiga berättelser, besannade af ett ankommet ilbud [1]), att *Umeå* stad vore befriad från Ryssarne, hvilka nödgats återvända öfver *Qvarken*, ökade de flestes obenägenhet att ingå i någon underhandling. Man beslöt att om dessa sina tänkesätt, liksom om det förändrade förhållandet med *Barclay de Tollys* inryckande i Umeå, genom ilbud underrätta general *Gripenberg*. Men detta släpptes icke fram af Ryssarne, och *Gripenbergs* hedersvakt blef en fångbevakning [2]).

Emellertid återkom öfverste *Palmfelt*, med den uppgjorda dagtingan, för att sätta densamma i verkställighet.

General-majoren, friherre *Aminoff*, som varit sjuk i *Öfver Torneå*, ehuru ännu icke fullkomligt tillfrisknad, hade också inträffat i Kalix. I hast samlades hos honom flere af befälet, isynnerhet af Björneborgs regemente, och anhöllo att han måtte åtaga sig deras och Finska härens frälsning ifrån den smärtsam-

---
[1]) Under-löjtnanten *Uggla*.
[2]) Bidraget, N:o 30.

ma och oförtjenta skymfen, att nedlägga sina hittills med ära och känbara blodsoffer burna vapen. Han vägrade [1]), utan att derföre gilla den ingångna dagtingan, tilläggande: "mera bestämda och bättre vilkor måste uppgöras och till dess detta hunnit ske, böra trupperna draga sig ifrån *Kalix*.

Men då detta skulle verkställas, kom en Rysk trupp, för att tillegna sig Svenskarnes fältstycken. Dess anförare blef lika förundrad, som overksam, då han såg Svenskarne fortsätta marschen, utan att fästa ringaste afseende på hans gjorda anspråk.

Emellertid hade det lyckats öfverste *Palmfelt*, att få *Tavastehus* och *Nylands* regementer, att foga sig i den uppgjorda dagtingan. Och medan *Björneborgarne* och *Åboländningarne* förgäfves sökte att få en regements-officer till anförare, anlände upplysning, att det af general *Aminoff* fordrade tillägget [2]) blifvit beviljadt, hvarefter alla underkastade sig sitt öde

---

1) I Bidraget N:o 23 anses orsaken till den vägran härröra deraf, att regements förändringen redan var känd samt att general J. F. *Aminoff*, hvilken, under förmyndar-regeringen, stått i högsta ogunst, icke väntade sig stort bättre af *Carl* såsom konung. Bidraget N:o 30 nämner deremot, att *Aminoff* lemnat det svar, att han "med nöje skulle uppfyllt deras önskan, om han icke insåg omöjligheten, att, på 30 mils återtåg, frälsa armeen, i det bedröfliga skick hvari den nu är. För gud och menniskor trodde han sig icke kunna ansvara, att hafva bidragit till de olyckor, som ovillkorligen skulle drabba oss alla. Men", tillade han, "den afslutade konventionen kan jag ändå ej gilla. Mera bestämda och bättre vilkor måste uppgöras, och tills detta hunnit ske, böra tropparne draga sig från Kalix." — Äfven detta uppskof och de dervid fästade vilkor lifvade de tappres hopp.

2) Men hvari detta tillägg bestod, är icke upplyst; och uppgiften om beviljandet synes således vara en af fiendens vanliga krigslister, eller ock var general *Aminoff*, såsom general *Klercker* antydt, tvetydigt sinnad; ty hans förhållande hade alltid visat sig inbundet. Derföre ansågs han mera för diplomat än militär. — Ett bref till general *Klercker*, dat. *Polvirbohn* den 24 Februari, tillkännager, att *Aminoff* stått i vissa förhållanden till en Rysk baron *Pahlen*, hvilken än skrifvit till honom och än lemnat honom små oskyldiga skänker, af hvilka en kagge kavier tillställdes general *Klercker.*

Den dagtingan, som öfverstarne *Palmfelt* på Svenska och *Anshelm de Gibory* å Ryska sidan uppgjort, och hvilken sedan af begge härarnes befälhafvare, general-majoren *Gripenberg* och general-löjtnanten, grefve *Schuvaloff* gillades, har följande, för Svenska krigsäran föga hedrande, ordalydelse:

1 Art. "Hela den armeé-corps, som står under herr general-major Gripenbergs befäl, skall stanna på det ställe, der den för det närvarande befinner sig och aflemna sina gevär."

2 Art. "Finska trupperne återvända till sin hemort, och ge sitt hedersord att icke tjena innan freden."

3 Art. "Generalerne gå med sina hedersord i borgen för andra art:s verkställande, i hvad som rörer förenämnde truppers disciplin [1]), intill dess de återkommit till sina hemvist."

4 Art. "Finska tropparne skola erhålla pass samt proviant, vare sig in natura eller i penningar, tillräckligt för dem att ankomma till deras bestämda orter."

5 Art. "Sedan Svenska tropparne aflemnat sina gevär, skola de aflägga ed, att ej tjena emot Ryssland eller dess bundsförvandter under detta krig och återvända derefter till Sverige."

6 Art. "Kanoner och amunition skola på stället öfverlemnas till den af herr grefve *Schuvaloff* utnämnde kommissarie."

7 Art. "Alla generaler och öfriga officerare erhålla de militäriska hedersbetygelser, som tillkomma deras grader [2]).

---

1) Det synes, att Ryssarne ännu fruktade, att icke sjelfva (oaktadt sin föregifna öfverlägsenhet) kunna ens bibehålla ordning hos sina obeväpnade motståndare.

2) Hvilken motsägelse, att fordra hedersbetygelse för ett befäl, som vid detta tillfälle icke inlagt någon heder, utan aflemnat de vapen, hvar-

8 Art. "Allt bagage och effecter, tillhörande såväl Finska som Svenska tropparna bibehållas dem med full egande rätt."

9 Art. "Alla proviant- och ammunitions-magaziner, som nu finnas på vägen emellan Kalix och Umeå, och tillhöra Svenska kronan, öfverlemnas till den Ryska kommissarie, som dertill skall utses" [1]).

10 Art. "En timma efter denna conventions undertecknande, skall ett general-förslag [2]) aflemnas åt befälhafvaren för Ryska tropparne, öfver de troppar och magaziner, som höra till general-majoren *Gripenbergs* armé, och verkställigheten af förenämnde convention eger rum genast efter undertecknandet och utvexlingen af ofvannämnde artiklar. Seivis den 25 Mars 1809."

"*H. H. Gripenberg.* Grefve *Schuvaloff.*"

Såsom, i hans tanke, tvingande orsaker till denna så kallade konvention uppger general *Gripenberg* i sin rapport till öfverbefälhafvaren, dat. *Månsby* i Kalix den 26, att han, utom Vesterbottens regemente, hvilket låg vida kringspridt på sina rotar och derföre icke kunde samlas så skyndsamt som nu erfordrades, ej hade mer än 2,000 man under gevär, försedde endast till den 20 April med proviant, hvilken var upplagd

---

med heder kunnat och skolat förtjenas. För det oskyldiga manskapet glömde man deremot att begära några hedersbetygelser; detta hade dock bättre förtjenat dem.

1) Genom denna artikel bortskänkte *Gripenberg*, hvad som icke stod under hans befäl och som icke var i fara för hans motståndares företag, utan tvertom hela 20 à 30 mil ifrån krigsplatsen.

2) Brådskan att erhålla detta förslag är mycket anmärkningsvärd och uppenbarar stor farhåga å Ryska sidan, att Svenskarne hade i sinnet, att, emot sin generals afsigt, minska deras antal som borde sträcka gevär. Inom en timma skrifves intet ordentligt general-förslag; men förmodligen hade den Svenska härens Ryskt sinnade *general-adjutant* detsamma, sedan någon tid, färdigt. Den utfästade tiden af en timma, som lika rimligt kunnat bestämmas till en 1/4 timme, bevisar detta mera än väl.

i åtskilliga magaziner i Vesterbotten, att han var alldeles utan foder, då det icke genom utskrifningar från aflägsna ställen mera kunde anskaffas, ej en gång för dagen; att han likaså saknade tillräckligt antal dragare till fältstyckenas och förrådernas undanskaffande vid återtåget; att, enligt general-majoren, grefve *Cronstedts* skrifvelse af den 28, Ryssarne, som intagit Umeå, afskurit härvarande trupper all gemenskap med den andra eller Cronstedtska fördelningen, hvarföre *Gripenberg* fruktade, att han slutligen varit nödgad af svält att antaga hvilka vilkor fienden velat erbjuda; och slutligen ansåg han den ingångna konventionen vara enda medlet, hvarigenom han kunde bevara hela Vesterbotten från härjning och plundring, samt "frälsa öfverlefvorna af en armé, hvilken redan i mer än ett år lidit nästan alla de missöden något krig ännu medfört, ifrån en oundviklig undergång." Han tillkännager med detsamma, "att general-majoren, friherre *Aminoff* har, såsom icke tillhörande denna fördelning, för sin person protesterat emot denna konvention, hvari han icke ville blifva inbegripen"[1]).

Sådana voro de orsaker, som förmådde *Gripenberg* att ingå i denna för hans minne så obehagliga, att ej säga vanärande[2]), och mot hans förut visade

[1]) Några af befälet gjorde detsamma, men verkligare; ty de frälsade sig genom ödemarker till Umeå, hvaribland isynnerhet må nämnas den tappre löjtnanten vid Finska artilleriet och riddaren *Hesselius*, jemte majoren och riddaren *Gustaf Uggla* samt löjtnanten och riddaren *Tidholm*. Den förstnämnde, gjorde allt för att få artilleri-befälhafvaren i Luleå, majoren och riddaren *Bunn*, att undanskaffa fältstyckena och att för detta ändamål uppbåda de till utfodring lemnade hästarne; men han uppgjorde helre en förteckning på dem och sitt manskap, att öfverlåtas åt Ryssarne; än att han och major *Schllät* tänkte på att undandraga sig nämnde dagtingan. Kapiten von *Schantz* hade, förklädd till prest, framfört öfver-jägmästaren *Klingstedts* underrättelse om fiendens återgång öfver Qvarken, med befallning till kronofogden, att anskaffa hästar för de fältstycken och förråder, som kunde undanskaffas till Skellefte. — Bidraget, N:o 56.

[2]) Generalen, friherre *Adlercreutz* i sin underdåniga skrift till H. K. H. rikse-

mod och beslutsamhet så stridiga dagtingan. Detta omdöme kan icke jäfvas af någon, som betänker, att han ej befann sig i något brydsamt eller ens betänkligt läge. Han hade vägen öppen för ett obehindradt återtåg; endast hans eftertrupper hade blifvit oroade, men de försvarade sig med framgång. Hvad som kunde inträffa under ett fortsatt återtåg, derpå hvarken borde eller hade han rätt att fästa afseende. Hans enda tanke hade bordt vara, att uppfylla sin pligt och slås så länge han kunde, på det han sjelf och hans bepröfvade följeslagare måtte bibehålla den ära de dyrköpt förvärfvat, eller, om de saknat denna en krigares skönaste egendom, genom ett tappert förhållande förskaffa sig densamma.

Också hade han, nästan innan han hunnit verkställa ett sådant beslut (ja, det hade skett blott han förblifvit på sin post och ej låtit locka sig inom sin sluga motståndares område, der han fick på en gång en heders- och fångvakt), kommit i erfarenhet af den gamla sanningen, att i krig är ej den ena timman, knappt den ena minuten, lik den andra; att farhågor och fröjdeanledningar, med- och motgångar, lycka och olycka, ständigt omvexla. Han hade icke hunnit taga ett steg till återtåg med sina tappre, förr än han mött under-löjtnanten *Uggla* (hvilken han nu icke träffade förrän det var för sent, neml. sedan dag-

<small>föreståndaren, dat. den 12 April, delar samma tanke; men befriar hären från allt deltagande deri, berömmande dess mod och uppoffringar under det föregående af kriget, tilläggande dessa märkliga ord: "värdes E. K. H. kasta en blick tillbaka på allt hvad de" (Finska trupperna) "för detta gjort och uthärdat, ja till den grad, att mången trott att deras ihärdiga bemödanden endast tjent att förlänga Sveriges olyckor." Dessa ord tyckas förklara orsaken, hvarföre man på Svenska sidan så lamt understödde Finska försvaret. Men hvilka tänkte och handlade så litet fosterländskt, det vågar icke ens den öppne, oförfärade *Adlercreutz* närmare antyda.</small>

Andra delen. 14

tingan var uppgjord), med underrättelse, att den Ryska här han mest fruktade, neml. den som gått till Umeå, hade återvändt. Men att hysa farhåga för en fiende, som på nära 50 mils eller på ett helt konungarikes afstånd kringgått en, är i alla fall oerhördt. Med munnförråder under vägen, både i *Råneå, Luleå, Piteå* och *Skellefte*, ett sexpundigt batteri i *Luleå*, Vesterbottens regemente på återtågsvägen, hvarpå större delen hunnit samla sig och stöta till honom, hade han, utan allt afseende derpå om Ryssarne stodo qvar i *Umeå* eller icke, alla möjliga anledningar att både kunna och böra draga sig tillbaka. Och om han saknade foder för sina hästar, så kunde han lemna dem efter sig eller döda dem, och hvad som af förråderna icke kunde medtagas, borde han uppbränna eller utdela åt allmogen.

Och skulle han ock efter veckotals återtåg, hvarunder så mycket kan inträffa, stött på Ryska hären från Umeå, så hade densamma, ehuru manstark, med grefve *Cronstedt* och hans modiga Savolaksare, Österbottningar och Kajaniter efter sig och *Gripenberg* med sina raska Björneborgare, Nyländningar, Tavastehusare och Åboländningar framför sig, icke varit fruktansvärd. Hade *Gripenberg* vid återtåget tagit alla hästar med sig från allmogen, så långt han med det tillika af dem tagna fodret kunnat föda dem, så skulle grefve *Schuvaloff* varit ur stånd satt, att så hastigt förfölja honom, att icke han med *Cronstedts* tillhjelp förut hunnit slå sig igenom *Barclay de Tolly*. Hade ändteligen också detta, de tappres sista bemödande och tillflykt misslyckats, så skulle han, med godt samvete och bibehållen krigsära, hafva fallit eller blifvit tagen, och då hade han icke behöft förbehålla åt sig och sina officerare några skenfagra hedersbetygelser; ty i

Norra hären; Gripenbergs fördelning; Kemi.

sådant fall hade han och hans följeslagare både af vän, fiende, samtid och efterverld erhållit en lika sann som oförgänglig ära.

I stället förestod honom och dem den smärtsamma, nedslående, men, genom den ingångna dagtingan, nu mera oundvikliga följden, att vid *Kemi* kyrka 2¼ mil från *Torneå* stad åt *Uleåborg*, nedlägga sina vapen. Med hvilka känslor det skedde söker man förgäfves att beskrifva [1]). Förtviflan och sorg lyste ur hvarje ansigte; med förbannelser öfver sin olyckas upphof nalkades de det ställe, der det grymmaste af alla öden skulle öfvergå de tappre. Med en hemsk tystnad; men under tandagnislan, uppfyldes det utan ordning. Soldaterne sönderbröto sina vapen, trampade under sina fötter de trophéer, dem de med lif och blod hittills försvarat. Hvarken Ryska eller Svenska befälet vågade förebrå dem denna ädla harm, hvilken fortfor under hela återtåget [2]) till hembygden och förbittrade

---

1) Ehuru förf. ej många år derefter fick en ganska liflig teckning deraf af ett ögonvittne, som sjelf delade de känslor han då såg uttryckas, blir en beskrifning af dem likväl matt och ofullständig.

2) Hvilket lärer framställt en alltför bedröflig tafla, ej blott i anseende till den dysterhet, som uppfyllde allas sinnen, utan ock i afseende på de återtågandes i öfrigt beklagansvärda utseende. Många vanställda af ärofulla sår, stympade lemmar, af sjuklighet och mödor raglande kroppar, knappt skylda af trasor, alla illa beklädda, modfälda, ångrande att hafva låtit förleda sig ifrån sina på ärans fält och på Sveriges fria jord efterlemnade stridsbröder, med hvilka de helre velat fortsätta och sluta blodskampen, än, på sätt som skedde, återgå till ett hem, hvaröfver deras bittraste fiender voro herrar. Förf. måste, ehuru sönderslitande det är för ett Svenskt hjerta, fullända denna teckning. Den tappre öfverste-löjtnanten *Eek* hörde till dessa bortkapitulerades olyckliga antal och följde sin ringa återstod Björneborgare, v. Döbelns och alla oförfärades älsklingar, till Gamla Carleby, der han hemförlofvade dem. Bittert rörd af de mest förkrossande känslor yttrade han till dem följande: "Älskade kamrater! På vederbörlig befallning upplöses nu den bataljon jag under detta fälttåg haft äran kommendera. Den oförgängliga ära, som bataljonen förvärfvat sig på valplatser vid Kuuskoski, Siikajoki, Lappo, Paljakka, Kauhajoki, Lappfjerd, Juutas,

ännu der det eljest kära och efterlängtade återseendet af föräldrar, makar, barn och vänner.

Men ej nog med denna förlust. *Gripenberg* hade, enligt 9 art., men utan rättighet dertill, bortskänkt alla kronans förråder emellan *Torneå* och *Umeå*, samt derjemte gifvit befallning, att de deremellan varande trupper äfven skulle underkasta sig hans dagtingan. Och major *Sunn* vid artilleriet, äfvensom major *Schildt* vid Vesterbottens regemente, hvilket sednare låg på roten och det förra i *Luleå*, hade den svagheten att lyda en sådan befallning, som var utfärdad af en bortkapitulerad general och stridande emot deras ed, fosterlandspligt och krigsära, att ej, utan högsta nöd, öfverlemna sig åt fienden. Det var så mycket mera brottsligt af dem och deras officerare att göra det, som de, i god tid, kände att den Ryska styrka, hvilken intagit *Umeå* återvändt öfver *Qvarken*. Också blef major *Schildt*, efter Vesterbottens återtagande, anklagad och dömd till en viss tids degradation [1]).

m. fl., äro frukter af ert mod och edra förtjenster. Under de största mödor, uppoffringar och lidanden, hafven J ådagalagt samma beundranvärda ståndaktighet och mod, som från urminnes tider utmärkt Finska nationen. Öfvertygelsen om väl uppfyllda pligter utgör nu mera eder enda, men också ljufvaste belöning. Likväl skola edra tänkesätt mot det Svenska moderslandet, jag är öfvertygad derom, i alla ödets omvexlingar, blifva desamma. Återgån nu till edra hemvist! Er följer oupphörligen min aktning och erkänsla. På grushögarne af min sköflade och blodbestänkta hydda, der saknaden af alla dem jag älskar förbittrar mitt lif, skall hvarje underrättelse om eder sällhet, som under närvarande belägenhet må blifva mer möjlig för er än för mig, gifva mig en högtidlig njutning! Farväl." — Bidraget, N:o 16.

Det var samma *Eek*, som, vid återkomsten till Sverige, slutligen blef öfverste för Jemtlands regemente; men nödgades för skuld taga afsked, måste lifnära sig som en arbetskarl, bärande *Svärds-ordens stora kors*, och glömd af det fädernesland han så tappert försvarat, för hvars skull hans boning sköflades och brändes samt hans döfstumma bror mördades, år 1820 dog utblottad på lazarettet å Kungsholmen, efter en smärtsam stenoperation.

1) Och hans underlydande officerare till en viss tids arrest, utom kapitenen och riddaren *Silfverbrand*, hvilken var den enda officer vid norra bataljon, som nekade att underkasta sig den Gripenbergska dagtingan. Ehuru hans

Major *Sunn* [1]), som med sin vackra park af sexpundiga fältstycken vunnit Ryskt skydd, undkom allt ansvar, äfvensom general *Gripenberg* och den ännu brottsligare öfverste *Palmfelt*, hvilka alla, lika med *Sveaborgs* och *Svartholms* kommendanterne, m. fl., hvilket förut är upplyst (I. D. s. 137 not. 2) *förklarades af Ryska kejsaren höra bland deras antal, som antingen genom gerningar eller tänkesätt till hans förmån under kriget sig utmärkt* [2]) *och således genom 11 art. i fredstraktaten voro skyddade för all rättegång och redovisning.*

General *Gripenberg* begärde likväl en sådan rättegång och dervid blef upplyst att hans styrka under gevär ej var större än 2,000 man; ty nära hälften låg på sjukhusen. Hans hela truppantal uppgick, inberäknade Nylands dragoner och Vesterbottens regemente till 3,900 man; men äfven detta var mycket för stort, att, utan behof och utan fara för tillfället, bortkapitulera, jemte en hop förråder af alla slag [3]).

---

svåra sår vid Idensalmi ännu icke var läkt, ernade han, med sitt kompani, undandraga sig Ryssarnes hemsökelse, men hade icke krafter dertill. Emellertid tog han bataljonens fanor i sitt förvar, hvarföre de icke heller fölle i fiendens händer.

1) Genom öfver-jägmästaren *Klingstedts* omtanke hade han i tid fått kännedom om *Barclay de Tollys* återgång från Umeå, jemte uppmaning att undanskaffa sina fältstycken och de förråder, hvilka voro i Luleå; men han lät icke beveka sig dertill, oaktadt löjtnant *Hesselius*, innan sitt beslut att undkomma, gjorde allt att förmå honom och andra att ej öfverlemna sig åt fienden. — Bidraget, N:o 50.

2) Man kan icke få, så tyckes det förf., ett mera vanärande vitsord om sitt uppförande än det af fienden lemnade, att man utmärkt sig till hans förmån; alla andra bevis på brottslighet eller förräderi, synas derefter vara helt och hållet öfverflödiga. Genom general *Gripenbergs* obekantskap med Franska språket, hvilket hans general-adjutant *Palmfelt* deremot fullkomligt kände, lyckades denne sednare så mycket lättare att vilseföra den förre, vid underhandlingen och uppsättningen af den ifrågavarande dagtingan.

3) Såsom ett bevis huru mycket folk detta krig redan kostat af de utmarsche-

Norra hären; Cronstedts fördelning.

Det är förut antydt, huru Ryssarne både ernade göra och äfven redan verkställt ett tåg öfver *Qvarken* till *Umeå*. Det återstår nu att lemna en närmare och omständligare teckning derom [1]).

Förberedelserna och anordningarne till företagets framgång voro lika beskaffade och lika länge fördröjda, i afseende på utförandet, som de vid *Åland*. Men det samtidiga tåget öfver *Qvarken* framställde, ehuru till väglängden kortare, likväl flera svårigheter.

General *Barclay de Tolly* lemnade *Wasa* natten emellan den 16 och 17 Mars. Hans trupper, som utgjorde åtta bataljoner, 6 fältstycken, 2 haubitser och 300 Kossacker, förenade sig den 18 vid öarne *Replot* och *Björkö*, hvilka ligga ytterst vid hafsbandet.

Den 19 anlände Ryssarne, efter en mycket mödosam marsch, till *Valsöarne*, der de lägrade sig öfver natten. Följande dagen hunno de ej långt, innan vägvisarne förvillade sig ibland de ofantliga ismassor, hvilka stormen uppkastat och kölden befästat. Förgäfves sökte man de stakar, som officerarne, hvilka på förhand blifvit utskickade att undersöka och bestämma vägen [2]), här och der utsatt, och hvilka skulle i denna snö- och isöcken, tjena hären till ledning. Snart blef kompassen den enda säkra vägvisaren. Trossen stadnade ofta framför breda

---

rade Finska trupperne, må, ibland en mängd likartade, anföras, att Kyro kompani af Björneborgs regemente, som vid uttågandet var 205 man starkt, och under kriget af de återkomna regementerne från Sveaborg blifvit tillökt med 80 man, utgjorde vid hemkomsten, efter Kalix kapitulationen, endast 61 man. Kriget hade således kostat detta Kyro kompani 224 man.

1) Förf. följer, i hänseende till tåget öfver Qvarken, Bidraget, N:o 21; hvars uppgifter utmärka sig af sakkännedom; likväl hafva några rättelser dervid varit nödvändiga.

2) Denna svåra förrättning hade blifvit verkställd af grefve *Tolstof*, kapiten vid kejserliga gardet, med biträde af några Kossacker.

Norra hären; Cronstedts fördelning. *Barclay de Tolly;* Qvarken.

remnor, de der måste öfvergås såsom floder eller dem man, med fara att på den omätliga isrymden alldeles förvilla sig eller tröttna, var nödsakad att kringgå. Hästarne snafvade beständigt och sårade sig emot de hvassa isstyckena. Det utmattade fotfolket kunde knappt mera gå. Så dyrbar tiden var, såg *Barclay de Tolly* sig flera gångor tvungen att låta trupperna rasta. Kölden var skarp; men vädret lugnt. En snöyra, här eljest någonting ganska vanligt, skulle ofelbart hafva bäddat en graf åt dessa trupper och denna fältherre, hvilken Europa sedermera sett föra *Alexanders* härar till segern och hvars minne denne monark hedrade med en ärestod [1]).

---

1) Vi hafva sett huru *Barclay de Tolly* utan framgång varit vår kloke *Sandels* motståndare. Likväl var det samma *Barclay de Tolly*, som förorsakade sjelfva Napoleons nederlag i Ryssland. Och förmågan till denna stora seger hemtade han otvifvelaktigt från detta fälttåg, hvars händelser gaf mycken näring åt denues djupt och lugnt beräknande förstånd. Här insåg han hvad årstiden och elementerna förmå öfver menniskokraften och snillet, och han öfvertalade *Alexander*, att anlita mera deras än sina bräckliga härars bistånd, vid försvaret af Ryssland år 1812. Kejsaren utnämnde honom till krigsminister och öfvergeneral, för att med så mycket större och odelad kraft utföra sin plan. Men utom kejsaren kunde han och hans åsigt icke vinna någons förtroende. Ryssland, dess krigshärar och generaler voro till den grad missnöjda med honom, att de misstänkte honom för förräderi, hvartill hans Tyska härkomst gaf ytterligare skäl. *Kutusoff* och *Bagration*, begge djerfve, i striden förfärliga, infödda ädlingar med Rysk national-stolthet, yrkade på en afgörande drabbning, och ville slutligen icke längre, såsom de sade, vanhedra sig med ett återtåg utan strid, och med ett härjande och brännande, liksom de varit i ett fiendtligt land. Förgäfves sökte *Barclay de Tolly* öfvertyga dem om vådan af en sådan kamp, mot en sådan motståndare som Napoleon, hvars härar och snille voro lika oemotståndliga. Missnöjet steg till sin höjd. Allmänna omdömet var öfverallt emot honom. Af Rysslands räddare måste Rysslands sjelfherrskare taga öfverbefälet, för att tillfredsställa det allmänna ropet. Men *Barclay de Tolly* lät denna orättvisa icke en hårsmån rubba sig i sin öfvertygelse, och han visade sig stor ännu i motgången; ty han ställde sig, utan tvekan under *Kutusoff*, hvilken erhöll öfverbefälet, och lydde honom med samma nit, som han förut befallt och utan en gnista af den afund, hvarmed han sjelf som öfvergeneral var omgifven och motarbetad.

Norra hären; Cronstedts fördelning; Qvarken.

Efter ett långt och äfventyrligt tåg, hvars händelser erinra om de oförskräckta polar-resandes berättelser, inträffade Ryssarne ännu samma dag vid den så kallade *Gaddens fyrbåk*. Den ligger nästan midt i *Qvarken*, på sydligaste udden af en sträcka stengrund, som kallas *Gaddarne*, hvilka, i rigtning åt norr, äro skilda från fasta landet genom *Vestra Qvarken*. En del af trupperne, neml. Ryska lifgrenadiererne, Polotska regementet och några Kossacker, anbefalldes att följa denna klippsträcka ända till *Ostnäs* udde. Efter tre ytterligare nattläger på isen ankom *Barclay de Tolly* slutligen till sin bestämmelse.

Så snart underrättelse erhållits från den några mil i hafvet belägna *Holmön*, att Ryska kunskapare der varit synliga, afskiljdes löjtnant *v. Gerdten* med 50 man af Savolaks jägare, att skynda sig dit och derifrån bevaka fiendernas företag.

Öfverste *Fahlander* förstärkte denna bevakning straxt derpå med 140 man [1]), under öfverste-löjtnanten *Furumarks* befäl, och den ringa återstoden af Savolaks jägare, under öfverste-löjtnanten *Tujulin*, lemnades i *Ostnäs* by, dit *Furumark* borde draga sig undan, i fall han blefve för hårdt anfallen.

Ryssarne nalkades *Holmön* den 20 och det med sådan varsamhet, dristighet och snabbhet, att både *Furumarks* fältvakt och en patrull blefvo tagne [2]).

---

1) I det eljest af sakkunskap utmärkta Bidraget N:o 25 står 200 man; men i *Fahlanders* offentliga rapport blott 140 man.

2) Utan att de tvenne bönder, som *Furumark* straxt derefter afsände på skidor att bespeja hvardera sidan af ön, hade sett någon fiende, och ej heller de förut afskickade 1 under-officer och 9 man, som blifvit tagne och af hvilkas försvar en ytterligare affärdad rekognosering sett märken på isen.

Norra hären; Cronstedts fördelning; Qvarken;
Neiglick.

Som han hvarken hade befallning, eller sjelf ansåg det klokt eller ändamålsenligt, att försvara sig mot en öfverlägsen styrka, drog han sig dagen derpå åt *Ostnäs*. Dessutom upptäcktes en serskild Rysk skara tåga söder om ön, rakt på *Umeå*. Den mot *Furumark* framryckande sökte kringgå honom; och Ryska rytteriet, med en fotjägare bakom sig, hade redan hunnit ställa sig emellan de återtågande Svenskarne och kusten. Men *Furumarks* vana och modiga Savolaksare fortsatte helt lugn sin marsch i sluten trupp, föregångne och omgifne af flankörer, hvilka med sina säkra skott bortjagade de mest närgångne, samt en beslutsam eftertrupp, som höll den förföljande fienden på tjenligt afstånd. Så skedde återtåget, med en hand full tappra, omgifne af öfverlägsna fiender, med största ordning öfver den milslånga fjerden till *Ostnäs* och så snart Ryssarne upptäckte våra dervarande trupper, lemnade de *Furumark* vägen öppen. Detta återtåg, under full eld, kostade Svenskarne löjtnant *Neiglick* [1]), 2 under-officerare och 11 man sårade, hvilka medfördes. Ryssarnes förlust är icke känd. De togo nattläger på isen utanför sistnämnda by.

Samma dag anryckte *Barclay de Tolly* med hufvudstyrkan åt Umeå, söder om *Holmö* till byarne *Åbbola* och *Degernäs*. Dit skickades genast en Savolaks infanteri-bataljon, under den tappre och vaksamme major *G. Ehrenroth*. Han höll med sin styrka stranden besatt vid *Åbbola*, ifrån kl. 4 till 9 e. m., då den andra bataljonen af samma regemente, under den kallblodige öfverste-löjtnanten och riddaren *von Törne*,

---

1) Sedermera major, med öfverste-löjtnants fullmagt, vid Smålands grenadierer.

jemte Karelska jägarne under major *Fredensköld* och Kajana bataljon under den modige löjtnanten *G. W. Clementeoff*, anlände till förstärkning.

Flere gångor försökte Ryssarnes rytteri intränga i byn; men hindrades af den uppmärksamme *Ehrenroth*, som var med öfverallt. Om natten den 21 lät befälhafvaren på stället, öfverste-löjtnanten v. *Törne*, trupperna vid *Åbbola* återtåga till *Degernäs*. Konstituerade officeraren *Montgomery* [1]) befalltes att med några skidlöpare, oförmärkt iakttaga fiendens vidare företag och rörelser vid en udde i hafsbandet; men med förbud att uppgöra någon eld. Emellertid hade Ryssarne itändt, icke långt ifrån sistnämnde udde, ett der infruset handelsfartyg. De hade kopplat sina gevär ett långt stycke från elden, omkring hvilken tusentals händer voro sträckta, för att få någon värme för dem och de kroppar, som voro hopkrumpna och nästan förstenade af köld.

Montgomery skickade en v. korporal af sina 12 skidlöpande Kajaniter att rapportera befälhafvaren om hvad han såg, jemte anhållan om rättighet för sig att få personligen inställa sig hos honom. Det beviljades. Han underrättade då om Ryssarnes belägenhet och om den nytta ett raskt anfall, understödt af några fältstycken, skulle göra i denna förfrusna massa, hvilken rörde sig lik en myrstack, men stelt samt utan all

---

1) Förf., nyligen konstituerad officer, var anstäld såsom skrifvarebiträde vid generalen, grefve *Cronstedts* stab, då han såg den bataljon han tillhörde med klingande spel marschera förbi sina fönster. Som han icke fått något vidare att skrifva, och alla adjutanterna voro borta, tog han sitt parti och sprang ut till sin älskade, raska bataljons-befälhafvare *Clementeoff*, och fick sig genast en pluton att anföra. Klädd blott i syrtut, blef den påföljande natten ganska kall för honom; men ynglingaåren uthärda otroligt.

ordning, och skild ifrån sina vapen, hvilka den näppeligen kunnat handtera. Öfverste-löjtnanten *von Törne* [1]) visade mycket deltagande för ynglingens välmening; men svarade: *"vi äro för svaga, knappast* 700 *man och hafva inga kanoner"* [2]).

Tid efter annan gjorde Kossackerna några lama försök, nästan för syns skull, att intaga byn. Det obetydliga motstånd i skygd af hölador, bakom hvilka säkra skyttar ställdes, afvisade dem, och ehuru angelägna de voro att få tak öfver hufvudet, hade de inga krafter att göra något slags ansträngning dertill [3]). Försvaret kostade en man dödad och två sårade.

Straxt vid dagningen ordnade och utbredde sig de fiendtliga skarorna. Med afmätta steg nalkades en del *Degernäs*, medan en annan del hotade att afskära oss återtåget till *Umeå*. Ehuru det Ryska anfallet var liflöst och uppenbarade de angripandes förfrusna beskaffenhet, var ett försvar numera föga ändamålsenligt. Hvad som kunnat ske på en ordningslös, förstelnad massa i nattens skygd, då vårt ringa antal kunde döl-

---

1) En mycket kallblodig och värdig man sade åt den utfrusne och hungrige författ., som kom till honom midt i natten: *"tag sig en smörgås, kanske innan morgonen äta vi hos Abraham, Isak och Jakob."*

2) Att grefve *Cronstedt* dock tänkt på behofvet af dem bevisas af Bidraget, N:o 25, hvari nämnes, att löjtnanten *Greg. Ad:son Aminoff* var skickad ifrån Umeå samma afton till Degernäs med 2 st. sexpundiga kanoner; men de måste återvända för det svåra väglagets skull, hvilket var en stor skada, ty aldrig hade några drufhagelskott gjort en rikare skörd än här; och det är icke otroligt att ett oförfäradt anfall, om ock med 1/7:del af Ryssarnes förfrusna styrka, blifvit afgörande. Samma *Aminoff* vägleddes midt i natten till Degernäs af det brinnande fartyget, såsom af en fyrbåk.

3) Författ. och de med honom utevarande fingo erfara köldens allmagt. Den var också ovanligt sträng eller närmare 40 grader; och då *en natt*, oaktadt alla försök att hålla oss varma, gjorde oss halfförstelnade*), hvad skulle icke de arma Ryssarne då vara, hvilka i *flere dygn*, på det vida hafvet, varit utsatta för dess verkningar.

*) Och några, hvaribland författ., fingo denna natt sina fötter förfrusna, m. m.

jas både af mörkret och ett raskt anfall, som i de försvarandes och isynnerhet de öfverraskades ögon mångdubblar detsamma, var nu ej mer att tänka på. Stridskrafterna voro alltför olika. Likväl skedde Ryska angreppet med mycken varsamhet och, besynnerligt nog, utan begagnande af kanoner. Återtåget, med Savolaks infanteri till efterskara, för sig gick på samma sätt, längs den smala vintervägen. Löjtnanten *Greg. Ad:son Aminoff*[1]), hvilken anförde eftertruppen, utmärkte sig såsom vanligt för klokhet och djerfhet. Några man förlorade Ryssarne innan de fingo fast fot på landet och sedan gaf Svenska eftertruppen och deribland isynnerhet dess raska befälhafvare vid hvarje vägkrökning några säkra skott på de förföljande, hvarigenom en officer och några man fälldes.

Sålunda skedde återtåget, som kostade Svenskarne blott en man sårad, på en åttondels mil nära *Umeå*, då general *Cronstedt* vidtog en underhandling. *Cronstedt* och *Barclay de Tolly* öfverenskommo först munteligen [2]) och sedan skrifteligen om följande vilkor:

Art. 1. Svenska trupperna skola utrymma staden *Umeå* i dag kl. 4 e. m., då Ryska trupperna intaga deras qvarter.

---

1) Numera öfverste i Svensk tjenst och kommendant på Carlsten. Han yttrar i sin relation om detta krig (Bidraget N:o 25): "hade vi egt ett halft ridande batteri och 500 man kavalleri, skulle af denna oss anfallande styrka ej en enda man satt foten på Svensk botten, på annat sätt än som fångar; ty så medtagne voro deras trupper af kölden och marschen öfver hafvet." — Författ. går ännu längre och tror bestämdt, att ett beslutsamt anfall med den ringa styrka*) man hade, skulle varit tillräckligt att om natten skingra och slå den sig uppvärmande förstelnade Ryska massan vid *Degernäs*; men *Cronstedt* var icke der närvarande, och, ehuru lugnt tapper, saknade han detta krigarsnillets djerfhet, som i ögonblicket finner sig och uträttar stora saker.

2) Hvarunder *Barclay de Tolly* upplystes om regements förändringen.

---

*) Hvilken kunnat och bordt ökas med det på rotar overksamt liggande Vesterbottens regemente, så snart kölden blef så sträng, att den gjorde Qvarken farbar.

Art. 2. Svenska trupperna draga sig tillbaka till *Hernösand*, och lemna blott förposter i Nordmaling. Ryska trupperna sträcka sina förposter till gränsen af Umeå län, så att trakten emellan denna gräns och Öreströmmen blifver neutral.

Art. 3. Alla proviant- och ammunitions-förråder skola äfven i dag öfverlemnas vid konventionens undertecknande och Svenska trupperna medtaga ej mera än fyra dagars proviant.

Art. 4. De sjuka af Svenska arméen stanna uti *Umeå*, under en Svensk läkares inseende och vård, i hvilket ändamål han skall förses med deras föda och öfriga behof. De tillfrisknade skola genast öfverlemnas till Svenska arméens förposter, utom de Finska soldaterne, hvilka, försedde med Ryska generalens pass, böra återvända till deras hemort i Finland.

Art. 5. Begge generalerne skola afsända kurirer till högsta befälhafvarena med underrättelse om denna konvention, och så snart fiendtligheterna ånyo böra utbrista, skall man derom förekomma hvarannan 24 timmar förut. Intill dess kurirerna hinna återkomma, blir stillestånd emellan de under general-löjtnant *Barclay de Tollys* befäl varande Ryska trupper och de Svenska trupperna under general-majoren, grefve *Cronstedt*.

Art. 6. Två exemplar skola upprättas af denna konvention, som under deras ömsesidiga undertecknande böra utvexlas.

Underrättad om den i Sverige timade förändring, som ger hopp om fred, och med afseende på mina instructioner, hvaraf jag inhemtat att H. M. kejsaren, min herre, ej önskar bättre än vara i fred med en så aktningsvärd nation [1]), har jag icke kunnat förbigå detta tillfälle att gifva prof på dessa H. K. Maj:s tänkesätt, genom undertecknande af denna konvention. Jag har dertill blifvit så mycket mera föranledd, som jag officielt fått mig tillkännagifvet, att H. K. Maj:t skickat sin plenipotentiair-minister till arméens högqvarter, i afsigt att underhandla med Svenska regeringen. Umeå den 22 Mars 1809.

Barclay de Tolly.

Ehuru jag önskar att kunna gifva Svenska trupperna alla prof af min högaktning, vågar jag likväl icke något utstaka för trupperna vid Torneå, och jag är rätt ledsen att härutinnan ej kunna samtycka till grefve *Cronstedts* proposition.

Barclay de Tolly.

Den synbara hofsamhet, som röjde sig i *Barclay de Tollys* förhållande, härrörde otvifvelaktigt af de svårigheter han mött och de förluster han fått vidkännas, under det äfventyrliga tåget öfver *Qvarken*. Man uppskattade deras antal, som förgåtts af köld och ansträngningar till omkring 2,000 man, utom en mängd sjuke, samt störtade eller förderfvade hästar. Hade *Barclay de Tolly* råkat ut för en djerf och beslutsam motståndare i *Umeå*, kan man taga för afgjordt, att han ingått på bättre vilkor för Svenskarne och säkerligen ej, i sin hjelplösa, enstaka belägenhet, med utmattade, förfrusna trupper, alfvarsamt emotsatt sig, hvilka rimliga eftergifter som helst. Dem han medgaf

---

[1] Som han dock utan orsak anfallit och beröfvat tredjedelen af dess område.

voro visserligen ojemförligt fördelaktigare än de af general *Gripenberg* erhållna, ehuru hans ställning icke var mera, icke ens så brydsam som *Cronstedts*.

Den sednare hade en lika manstark fiende att göra med, som den förre; men blott dennes halfva försvarskraft. *Cronstedt* var på alla håll anfallen och hade redan vidkänts förluster vid försvaret; *Gripenberg* var endast hotad med anfall; och nästan med samma skäl som denne fruktade och dagtingade för en 50 mil bakom sig kringgången fiende (neml. vid Umeå), hade *Cronstedt* kunnat göra det för den, som gått öfver *Åland*. Också åberopade *Barclay de Tolly* denna omständighet; men utan framgång. *Cronstedt*, med få ord, var omgifven af verkliga fiender och faror, *Gripenberg* af inbillade; likväl frälsade den förra sin ringa här, hvaremot den sednare nedlade vapen, med en mer än dubbelt större styrka. Dessa jemförelser bevisa bäst dessa Svenska befälhafvares olika förhållanden och olika förtjenster i samma ställning.

Emellertid begick grefve *Cronstedt* ett stort fel, då han, i stället för att, enligt 3 art., ordentligen uttaga fyra dygns proviant, tillät manskapet sjelft att ifrån förrådet godtyckligt förse sig dermed. Det var lätt beräkneligt, att ett sådant tillstånd, för hvilken trupp som helst, skulle medföra oordningar, hvad mer för en återtågande, som nästan ett helt dygn stått under gevär i den strängaste köld, utan ordentligt njuten föda, och utmattad af besvärligheter.

Ett sådant medgifvande urartar alltid till plundring och till begagnande af armstyrka. Med tillgång på bränvin kan ingen förutse följderna; ty de mest vilda och blodiga böra icke vara oväntade.

Ehuru detta slags proviantering skulle ske kompanivis och under befälets noggranna tillsyn, urartade den genast till oordning, hvilken rågades af ett öfverkommet och snart tömdt bränvinsfat. Ifrån samma ögonblick var befälets mest nitiska bemödande förgäfves, att hejda folket ifrån vildhet. Det onda smittade med blixtens hastighet. En officer (kapiten *v. Fieandt*), som kraftigt sökte afstyra de rusigas ofog, höll på att bli söndersliten af de ursinnige. General *Cronstedt* nödgades till sin och Svenska befälets smärta begära en ordningsvakt af Ryssarne. Lyckligtvis hade Svenskarnes eget nitiska öfver- och underbefäl innan fiendens ankomst [1]) hunnit sakta de vildaste utbrotten och få undanskaffade de mest rusiga.

Men de bedröfliga följderna af denna oordning voro icke ännu slutade. Vid det fortsatta återtåget från *Umeå* yppades nya, än mer både smärtsamma och vanärande. Utom det att 50 à 60 rusiga blefvo efter och föllo i fiendens händer, träffades många af en plötslig, man kan tillägga, ond och bråd död, i den skarpa kölden. Men ej nog dermed: en del af sjelfva de tappra

---

1) Etthundrade man af Tulska grenadiererna, under befäl af *Barclay de Tollys* adjutant, löjtnanten, friherre *Rosenthal*, som åtföljdes af löjtnanten *Greg. Ad:son Aminoff*, hvilken såg på *Rosenthals* ansigte en hemlig glädje öfver våra olyckliga soldaters uppförande. Men, närmare magasinet träffades en Kossack-officer, som ganska broderligen trakterade sig ur samma bränvins-flaska med en af våra soldater, och då *Aminoff* gjorde honom uppmärksam derpå, blef *Rosenthal* förlägen och yttrade: "låt oss icke glädjas åt hvarandras ofärd, utan snarare beklagom gemensamt dessa olyckliga." — Samma unga *Rosenthal* lemnades qvar i Umeå, för att hafva tillsyn öfver Ryssarnes der qvarlemnade sjuka och tillvann sig allmän aktning och förtroende. Vid Ryssarnes återkomst i Juni, hade han tillfälle att visa det han ej var otacksam för den välvilja han åtnjutit. *Aminoff* träffade honom 1813 i Lüneburg och han var då adjutant hos general *La Harpe*, som dog derstädes och vid hvars begrafning Svenskarne paraderade. — Bidraget, N:o 25. — Sedan bränvinslagret stängdes blef ordningen något bättre, ehuru många fingo tillfälle att öfverlasta sig derigenom, att de för en ringa penning eller för litet bränvin föryttrade de köttstycken, skinkor, m. m. som de, flera än en gång, togo ur magasinet. De närmast boende stadsboerna gjorde matuppköp för godt pris. Förf. såg en skinka säljas för 16 sk.

Savolaksarne, *Cronstedts*, det beklagliga upphofvets till dessa händelser, eget regemente mytinerade, och endast genom några unge officerares mest ansträngda och lika fintliga som beslutsamma åtgärder, blefvo de flesta ej blott undanryckte, men undanburne från sin olycka och vanära [1]). På detta sätt skedde första dagens återtåg; och Savolaks jägare, hvilka samma morgon uppbrutit från *Ostnäs*, utgjorde efterskaran. De af ruset förvillade återfingo dagen derpå, då de blefvo nyktra, sin besinning, bittert ångrande sitt förhållande under förflutna dagen. Hästbristen eller rättare saknad omtanke att i tid anskaffa hästar, gjorde att man med

---

1) Numera öfversten *Greg. Ad:son Aminoff*, i sin åberopade Relation om Savolakska Brigadens deltagande i detta krig, lemnar derom följande beskrifning: "Så fort Savolaks första och andra bataljoner hade slutat den omnämnda olyckligt började provianteringen, marscherade de ner på elfven och stannade vid vägen åt *Stöckajö*. Bataljons- och kompani-cheferne voro qvar i staden och endast subaltern-officerare hos manskapet. Förf., som var vid sista kompaniet, hade händelsevis eget åkdon, åtog sig att derpå transportera provianten, samt medtog till den ändan endast några pålitliga soldater till handräkning, resten afmarscherade med bataljon. Då han efter slutad proviantering återvände, fann han bataljon nästan i upplösnings tillstånd. Fylleriet och med detsamma myteriandan hade ifrån första kompaniet spridt sig till de andra. Som queue af kolonnen kom att stå under venstra elfbrinken, hände att, då artilleriet, som med handkraft (i brist af hästar) måste fortskaffas, skulle utför densamma, flere slädar, hvilkas fart ej kunde stoppas, kommo nedhalkandes i bataljon. Som detta var vådligt för manskapet, gick han fram till téten och bad dem sätta sig i marsch till andra stranden; men som befälet derstädes förlorat allt gehör, begagnar han vid återkomsten till kompaniet en lycklig tillfällighet och bryter med detsamma ur kolonnen, samt marscherar förbi de andra till den motsatta stranden och stadnar der i skygd af några hus. Under förbimarschen ropa de qvarstående: *"Gån icke kamrater! Edra officerare narra Er. De hafva fått sin aftoning* (detta trätofrö som förstört så många arméer och tillintetgjordt ännu flera vackra företag), *men vi intet"*; hvarpå de andra svarade: *"vi följa våra officerare, gör ni som ni vill."* Detta exempel verkade, så att de nyktraste och förståndigaste småningom kommo efter; men de mest motsträfvige släpades, i ordets egentliga bemärkelse, öfver elfven utaf adjutanten vid bataljonen *C. G. Jack* och fendriken *A. W. Meinander*, samt mottogos af de på andra stranden varande officerare. Utom de nyssnämnde, deltogo i samma förrättning fendrikarne *C. E. Silfversvan, Greg. Z:son Aminoff, A. Molander, J. H. Hjelmman, J. Malm* och Förf." (*Greg. Ad:son Aminoff*). Bidraget, N:o 25.

Andra delen. 15

handkraft måste framskaffa fältstyckena, bestående af ett batteri sexpundiga kanoner. Återtåget gick derföre mycket långsamt och *Cronstedt* inträffade icke förr än den 23 i *Ångersjö*, der han nu samlade sin förut svaga fördelning, som fått vidkännas ytterligare förluster, hvilka så mycket mera måste smärta honom, som han sjelf var orsaken till de betydligaste af dem.

Utom general *von Döbelns* och öfverste *Lagerbrings* kloka och verksamma åtgärder på *Åland*, hade *Cronstedt*, enligt den afslutade öfverenskommelsen, varit nödsakad att fortsätta återtåget till *Hernösand*, och denna del af landet blifvit intagen och utarmad af Ryssarne. Men redan den 24 ankom ett ilbud från den förstnämnde, tillika med befallning från Ryska öfvergeneralen till general *Barclay de Tolly*, att återvända till Wasa, i händelse han öfvergått till *Umeå*.

I anledning af denna, för *Barclay de Tolly* lika oväntade som oangenäma, men för *Cronstedt*, hans trupper, *Umeå* stad samt Vesterbotten och Vester-Norrland tillfridsställande befallning [1]), upprättades åter emellan dessa generaler, den 25, följande öfverenskommelse:

"Ehuru befälhafvaren för Ryska trupperne erhållet general en chefs för Ryska armén i Finland herr *von Knorrings* ordres, att med sin corps återvända till *Wasa*, kan han likväl icke börja denna marsch, förr än den 27 i denna månad, så att de sista af dess trupper ej förr än den 29 dennes kunna vara vid *Holmön*, och detta med förbehåll af följande artiklar:

---

[1]) Också säger grefve *Cronstedt* i sin rapport den 27, att han icke kan beskrifva den lifliga glädje, hvarmed Svenska trupperne blifvit mottagna i *Umeå* stad, likesom på landet; och har landshöfdingen, friherre *Stromberg* äfven under denna tiden med yttersta nit sökt befordra alla till allmänt bästa ledande ändamål.

1:o. Han hoppas, att detta skall anses såsom ett prof på dess aktning för Svenska nationen och militären, att han ej af det i *Umeå* tagna magasin medför mera proviant för tropparna, än det som erfordras att komma till Wasa. Allt det öfriga skall återställas till de af Svenska generalen utnämnde kommissarier. Hvad de öfrige magasinen angår skall deraf ingenting röras, utom af utrednings förrådet, såsom strumpor, lappskor, pelsar, så mycket som erfordras för de sjuka, hvilka icke kunna åtfölja hären.

2:o. För de sjukas transport, några nödiga effecter och provianten, fordras af landshöfdinge-embetet 120 [1]) hästar med slädar, som skola medföra fyra dagars fourage för hästarne och föda för folket. De återsändas så snart de kommit till *Björkö*. Första antalet af dessa hästar, neml. 40, böra infinna sig i *Umeå* den 25 om aftonen och de andra 80 den 26 middagstiden.

3:o. Svenska trupperna skola ej gå öfver *Umeå* läns gräns förr än den 28, men ett kompani af dem skall den 26 af Ryska trupperne emottaga vakten i staden vid magasinerna, hvilka af de der utsedde personer samma dag återtagas i besittning.

4:o. Efter dessa artiklars undertecknande skall befälhafvaren för Ryska corpsen ej vidare emottaga några desertörer från Svenska corpsen; men dem återsända, äfvensom befälhafvaren för Svenska trupperne förbin-

---

1) Detta bevisar att det icke var brist på hästar utan brist på omtanke hos *Cronstedt*, som gjorde att han vid återtåget saknade alla transport-medel, samt att han sålunda nödgades lemna åt fienden betydliga mat- och utrednings-förråder, hvaraf Ryssarne nu fingo begagna sig, för att kunna göra sitt återtåg till Wasa. Och detta begagnande har *Barclay de Tolly* den försmädliga artigheten att anse: *såsom ett prof på dess aktning för Svenska nationen och militären.*

förbinder sig att på lika sätt förfara, om några Ryska desertörer skulle anmäla sig hos honom [1]).

5:o. Alla Ryska sjuka, som icke kunna åtfölja corpsen, äfvensom de, hvilka förut varit på hospitalet i Umeå, och af Ryska trupperne befriade, skola, efter deras återställande till hälsan, återsändas till Ryska arméen, och befälhafvaren för Ryska trupperne är derjemte öfvertygad, att de lika väl och med lika omvårdnad blifva skötte som de Svenska sjuke.

6:o. Landshöfdinge-embetet i *Umeå* skall förse kolonnerne af Ryska trupperne med säkra vägvisare, som, vare sig natt eller dag, kunna utvisa vägen på Qvarken, och om de rigtigt utföra detta uppdrag, skola de blifva väl belönte.

7:o. Om oförutsedda händelser, isynnerhet en storm med snöyra skulle hindra Ryska truppernes marsch öfver *Qvarken*, qvarstadna de intill dess väderleken ändrar sig [2]).

Så slutades Rysslands, hela vintern förberedda, lika djerft uttänkta som beslutsamt utförda, så kallade stora företag, hvilket kostade ej ringa uppoffringar i folk och penningar; men hvilket misslyckades [3]) till

---

[1] Denna punkt har ingen motsvarighet för den ena och andra sidan; ty det fanns ej den ringaste anledning att tro, att Svenskar skulle rymma öfver till Ryssarne, hvaremot alla möjliga anledningar förefunnos att de sednare, helre än att utsätta sig för ett ytterligare återtåg öfver Qvarken, skulle lemna sig qvar i Svenskarnes händer. I allmänhet var hela denna öfverenskommelse ej allenast öfverflödig, utan ock skadlig för Svenskarne och *Cronstedt*, hvilken sednare bordt inskränka sig att fordra uppfyllelse af Ryska öfvergeneralens befallning och icke tillåta *Barclay de Tolly*, under en viss artighetsform, föreskrifva sig vilkor, på hvad sätt han skulle uppfylla sin befälhafvares bestämda order att gå tillbaka öfver Qvarken.

[2] Lika lycklig som *Barclay de Tolly* var vid öfvergången af Qvarken, var han äfven vid återgången, hvilket skedde emellan den 28 Mars och 1 April. Det hade blott behöfts ett yrväder eller stark storm med tö, för att han och hans här hade blifvit ohjelpligt begrafne i hafvets djup, till varning för stundande försök af samma beskaffenhet.

[3] *Barclay de Tolly* var likväl lyckligare än *von Knorring*, hvilken uträtta-

en del derför, att det verkställdes för sent; men hufvudsakligast derför, att *von Döbeln* och öfverste *Lagerbring* med sällsynt skicklighet, ledde underhandlingarne på *Åland*, både med Ryska härens öfvergeneral och Rysslands krigsminister, ja mot sjelfva Sveaborgs spetsfundiga besegrare, general *van Suchtelen*.

Man kan ej heller neka, att den nya regeringen med mycken klokhet, genom halfva medgifvanden, understödde *von Döbeln* och *Lagerbring*, för att vinna tid och undgå den öfverhängande faran. Ty då inga kraftiga och ändamålsenliga åtgärder voro vidtagna till Svenska kustens och *Stockholms* försvar, hade ett anfall ifrån *Grisslehamn* samt öfver *Torneå* och *Umeå* försatt Sverige i en verkligen bekymmersam ställning, isynnerhet om detta Ryssarnes företag blifvit raskt och beslutsamt understödt af Norrmännen. I alla hänseenden hade hufvudstaden fallit i Ryssarnes händer, och hela norra delen af riket blifvit ett rof för deras omilda framfart, i händelse *v. Döbeln* och *Lagerbring* icke funnits eller ej vidtagit de åtgärder, hvilka tillintetgjorde icke blott öfvergeneralen *v. Knorrings* utan äfven *Barclay de Tollys* planer. Man behöfver således icke upprepa, huru mycket dessa tvenne Svenska officerare gjort sig förtjenta af fäderneslandet.

---

de ingenting, utom återtagandet af Åland, hvilket likväl kunnat ske med mindre styrka och kostnad, hvaremot den förre väsendtligen bidrog till *Gripenbergs* dagtingan i Kalix.

MAJ MÅNAD.

Norra hären; *Wrede*.

Under April månad hade inga krigshändelser förefallit. Man afvaktade å begge sidor fredsunderhandlingarnes fortgång. *Finlands* afträdande hade väl Svenska regeringen nödgats medgifva, men icke *Ålands*, och ej heller var man ense om gränsen norrut. Dessa tvistigheter drogo ut på tiden, så att Maj månad redan var inne och detta dröjsmål gaf anledning till nya inkräktnings försök från Ryska sidan.

Emellertid hade general-löjtnanten, friherre *Wrede* blifvit öfverbefälhafvare öfver norra hären, efter den åldrige generalen, friherre *af Klercker*.

Friherre *Wrede* motsatte sig genast uppfyllandet af general *Gripenbergs* kapitulations-vilkor, i hvad som rörde bortskänkandet af kronans förråder emellan Kalix och Umeå. Grefve *Cronstedt* hade likväl redan gjort allt för att frälsa hvad som af desamma kunde bevaras och möta våld med våld. Jemtlands och Helsinge regementen fingo äfven generalen, friherre *Wredes* befallning, att uppbryta från sina rotar och samlas kring *Hernösand*.

Grefve *Cronstedt* befallte genast öfverste-löjtnanten och riddaren *Furumark*, som efterhand förstärktes till **650** man, bestående af Vesterbottens södra och Wasa fältbataljon, med **20** volontärer och **28** Karelska dragoner, att marschera till *Skellefte* för att berga de betydliga kronan tillhöriga förråder, dem grefve *Schuvaloff*, enligt Gripenbergska kapitulationen, ville tillegna sig. *Furumark* borde, om han icke hann un-

Norra hären; Cronstedts fördelning.

danskaffa dem, försvara dem; men draga sig undan, i fall han blefve anfallen af en öfverlägsen fiende.

Öfverste-löjtnant *Furumark* hade vid dessa förråders undanskaffande ej kunnat uträtta något, utom öfverjägmästar *Klingstedts* omtanke och utmärkta drift [1]. Trettio Ett fältstycken, 9,000 handgevär och en mängd beklädnadspersedlar blefvo på detta sätt, undanryckta fiendens tillgrepp.

För att ytterligare förstärka *Furumarkska* trupperne, och för att isynnerhet så mycket som möjligt försäkra dem om ett säkert återtåg, afsändes öfverstelöjtnanten och riddaren *Duncker* till *Löfånger*, der han borde afvakta *Furumarks* vidare befallningar.

Grefve *Schuvaloff* hade, efter sitt välförhållande emot *Gripenberg*, ryckt framåt, för att, så fort ske kunde, tillegna sig de förråder, hvarom nu tvistades och skriftvexlades emellan begge härarnes befälhafvare. Under tiden undanskaffades de af *Furumark*. Och grefve *Schuvaloffs* framryckande [2] skedde så långsamt, att detta hann verkställas. Emellertid var han nu framkommen till *Skellefte*, och på det han så mycket säkrare skulle lyckas att förbereda en kringrännings rörelse mot öfverstelöjtnant *Furumark*, afskickade han den 14 öfverste-löjtnant *Karpenkoff* till de Svenska förposterne norr om *Skellefte*, under förevändning, att erhålla

---

[1] Han hade, före *Furumark*, rest till Skellefte och der på egen hand, oaktadt mångfaldiga hinder och motstånd, på ett lika klokt som modigt sätt verkställt förrådernas bortförande. Också erhöll han, ehuru civil tjensteman, Svärds-orden, för sitt tappra förhållande härvid.

[2] Likväl kallades det raskt af motsidans historieskrifvare (Bidraget, N:o 21, s. 226). Nära två månader hade passerat sedan händelsen med *Gripenberg*, innan *Schuvaloff* hunnit knappa 25 mil, d. v. s. icke en half mil om dagen; ett ytterligare bevis derpå, att *Gripenberg* haft god tid att komma undan sin motståndare, om han, blott marscherat och icke kapitulerat.

Norra hären; Cronstedts fördelning; Skellefte den 15; *Furumark*.

svar på ett af general *Erikson* den 12 afsändt bref om vägradt stillestånd och med begäran att få resa till *Skellefte* för att samtala med dervarande Svenska befälhafvare. Denna begäran afslogs; men det hade bordt väcka öfverste-löjtnant *Furumarks* eftersinnande, huruvida hans motståndare ej hade något annat i bakhåll, samt att de af honom nu vidtagna åtgärder endast voro för att afleda hans uppmärksamhet derifrån.

Dagen derpå, eller den 15, utvecklades[1] rätta förhållandet. Då isen längs hafskusten ännu bar och hans högra flygel sålunda öfver allt var tillgänglig, hade han bordt med yttersta sorgfällighet bevaka densamma. Dessutom borde han i alla hänseenden mindre tänka på ett alfvarligt försvar, än ett säkert och obehindradt återtåg. Straxt efter det af general *Erikson* den 12 vägrade antagandet af Svenskarnes anbud om stillestånd, hade han bordt vara betänkt på detta förhållande. Han hade två vägar att välja för sitt återtåg: antingen längs allmänna landsvägen, som löper vid kusten och går genom *Löfånger*, der han hade den tappre öfverste-löjtnant *Duncker* med 200 man Savolaks jägare, omkring 5 mil ifrån *Skellefte*, eller en

---

1) Så snart grefve *Cronstedt* erhöll underrättelse om öfverste-löjtnanten *Furumarks* ställning och fiendens framryckande, afsände han adjutanten *Jack*, den 16, åt Skellefte, dels för att undersöka om tillgången af hästar till matförrådens fortskaffande, och dels att anteckna antalet på befintliga båtar och farkoster längs kusten, samt att tillse om isen ännu bar derstädes. Denna raska och omtänksamme officer kom icke längre än till Löfånger, der han erhöll underrättelse, att öfverste-löjtnanten *Furumark* föregångne dag varit anfallen och troligen blifvit tagen, då han ej begagnat sig af Burträsk vägen. Och då *Jack* fann hafsviken ännu stark, var denna hans förmodan så mycket troligare, hvilket också af inträffande allmoge besannades, att neml. Ryssarne marscherat på hafsviken i flera kolonner.

Också erhöll öfverste *Fahlander* straxt derpå befallning, att, med återstoden af sin fördelning, rycka fram till Gumboda, för att betäcka *Dunckers* återtåg och undanskaffa på vägen varande kronoförråder.

något mindre begagnad, men kortare och alltid för öfverrumpling säkrare skogsväg, genom *Burträsk*.

För trossen och fältstyckena hade den förra såsom större och bättre kunnat användas och för trupperne den sednare; men trossen och kanonerna hade han i allt fall, genast den 12, eller sednast den 13 bordt afsända, för att, denna årstid, då vägarne äro svåra, få tid och rådrum att undkomma hvarje fiendtlig öfverraskning. Då han med trupperne alltid hade *Burträsk* vägen öppen, kunde han i *Skellefte* afbida en närmare utveckling af Ryssarnes företag. I stället afskickade han den 14 trossen icke längre än till *Kärnby*, en half mil på återtågs vägen.

Kl. 8 f. m. den 15 ankom rapport ifrån *Boviks* fältvakt, 1¼ mil ifrån *Skellefte*, att en fiendtlig styrka var synlig på hafvet. Dess afsigt var alltför tydlig; hvarföre *Furumark* genast bordt, genom ett hastigt återtåg, söka förekomma den. I stället befallte han öfveradjutanten af dagen, kapitenen och riddaren *Florus Toll*, att resa dit för att göra sig underrättad om förhållandet. Under tiden stodo *Furumarks* trupper under gevär, och trossen fick befallning att sätta sig i rörelse åt *Löfånger*. Han bestämde denna vägen för dess och sitt återtåg, derföre att, ehuru den var en half mil längre, den var bättre och att han räknade på *Dunckers* förstärkning i *Löfånger*.

Emellertid ankom kapiten *Toll* och besannade att en stark Rysk kolonn fotfolk och rytteri var i antågande, för att längs hafsbandet på isen afskära *Furumark* återtåget.

Nu påskyndade han visserligen fältvakternas indragning; men Ryssarne dröjde icke heller längre med sitt anfall. Fendrik *Axelsson* och 9 man Vesterbottningar blefvo genast tillfångatagne. *Skellefte* bro refs (onödigtvis under Ryssarnes kanon- och gevärs-eld), till något hinder för fiendens kanoner; men rytteri och fotfolk kunde komma hvar som helst öfver den tillfrusna strömmen. Det gjorde de äfven, och när Svenskarnes trepunding, hvilken begagnades att undanhålla fienden, skulle rycka undan, brast axeln på dess skottvagn, hvilken stannade på vägen, hvarföre Ryssarne genast omringade den. Men öfverste-löjtnant *Furumark* och *Arnkihl*, jemte adjutanten *Meijer*, återförde en hop Vesterbottningar i elden och skyddade trepundingen. Underofficeraren vid artilleriet *Miltopé*, blef derunder dödligt sårad.

Furumark fortsatte nu väl med raska steg sitt återtåg, under liflig eld, till *Innervik*. Kapiten *Toll* anförde hurtigt efterskaran, och afvisade fienden hvilken flere gångor försökte omringa. Alla broar, som kunde uppehålla dess framträngande, förstördes, och grefve *Schuvaloffs* upprepade underhandlingsförsök afslogos af *Furumark*, hvilken bestämdt sade sig icke ingå i någon slags öfverenskommelse, oaktadt hans motståndares försäkran att han vore kringränd. Också besannades detta snart, då rapport ankom, att Kossackerne anfallit den förutsända trossen. I detsamma anlände från de kringgångne Ryssarnes befälhafvare, general *Alexejeff*, ett bud med antydan att *Furumark* genast skulle sträcka gevär. Äfven dertill nekade han kort, och fortsatte återtåget tills han nära *Yttervik* stötte på *Alexejeffs* styrka, företrädd af fyra fältstycken. Kapitenen och riddaren *Burman* befalltes af *Furumark* att undersöka förhållandet, samt att uppgifva om det var möjligt att slå sig igenom den fiende, som omringat honom.

Wasa fältbataljon, hvars ringa återstod var sig lik i mod och beslutsamhet, hade förskaran och frågade genast *Burman* om den skulle börja leken med en säker salva och sedan med friskt hjerta, hurrarop och fälld bajonett, öppna sig och andra väg? Men han bad de raska gossarne vänta till dess han kom tillbaka. Han fick genast ett samtal med general *Alexejeff* och general *Tutschkoff* den yngre, åtföljde af en betydlig stab. Den förstnämnde erbjöd *Burman* att genast räkna hans trupper, dem han uppgaf utgöra 2,000 man [1]), utom rytteri och fältstycken, tilläggande, att han icke ville onödigtvis börja en så stor manspillan, som här skulle komma att ega rum, om Svenskarne ville försvara sig. Som *Burman* ingenting kunde uppgöra, men ansåg hvarje försök att slå sig igenom vara ett ändamålslöst offer af de tappres blod, hänskötes frågan till öfverste-löjtnant *Furumark*, hvilken tillkallades och då han var af samma tanke som *Burman*, så antog han de vilkor general *Alexejeff* i så fatta omständigheter icke obilligt föreskref, i öfversättning så lydande:

1. Att Svenska och Finska trupperne under öfverste-löjtnant *Furumark* nedlägga sina vapen och lemna sina fältstycken i *Skellefte* till major *Barboriken*, som af general-befälhafvaren *Schuvaloff* fått i uppdrag att emottaga desamma.

2. Att alla de persedlar af trossen, som enskildt tillhöra befälet och soldaterne af nämnde trupp, skola återlemnas dem i *Skellefte*.

---

[1]) I Burmans rapport af den 24 Maj står 4,000 man, men måste vara en misskrifning; ty hela grefve *Schuvaloffs* här utgjorde icke mer än 5,000 man och för att innesluta 650 man behöfde han icke afskilja största delen af sin styrka, helst 2,000 man voro tillräcklige och detta belopp öfverstämmer med de öfriga uppgifterna, samt är sannolikt helre för högt än för lågt tilltagen.

3. Officerarne af Finska nationen erhålla pass till sina hemvist och dagtraktamente efter hvar och ens grad tills framkomsten; de Finska soldaterne få äfven till hemkomsten räkna en bestämd aflöning, som vidtager den 18 dennes.

4. De Svenska officerarne skola anses såsom krigsfångar, men i anseende till deras tappra förhållande vid *Skellefte*, vill general-befälhafvaren grefve *Schuvaloff* hos Ryska härens öfvergeneral förorda att de på sitt hedersord må frigifvas; och det ställe skall bestämmas, hvar de skola afvakta detta svar.

5. På derom gjord begäran tillåtes Svenska befälet att ifrån Skellefte afsända ilbud till Umeå, med underrättelse om denna dagtingan.

6. Finska officerarne tillåtas att begagna sina boställen inoch åtnjuta sina årliga löner intill fridsslutet.

Så föll åter en tapper återstod af Finska hären i Ryssarnes händer, jemte tvenne trepundingar. Det är anmärkt, huru *Furumark*, genom större omtanke och försigtighet, kunnat undkomma denna olycka, hvilken ej mera kunde undvikas, sedan han var innesluten emellan tvenne öfverlägsna fiendtliga skaror. Hans fel var de tappres. Hans försvar hade redan kostat honom en officer, 2 under-officerare och omkring 130 man stupade och sårade. Fiendens förlust är ej uppgifven; men då redan vid återtågets början 7 Kossacker och några kanonhästar voro nedskjutna, och försvaret sedan fortfor i 1¼ mil, måste de dödas och sårades antal ej varit ringa.

Likväl lyckades det för några beslutsamma officerare, neml. kapiten *Florus Toll*, kornett *Brunow* och fendrik *J. F. Wilhelms*, att, med 40 à 50 man, kasta sig in i skogen och genom *Burträsk* komma till Umeå.

Straxt efter *Furumarks* olycka försökte Ryssarne att öfverraska äfven den modige öfverste-löjtnanten och riddaren *Duncker* i *Löfånger,* dit de hastade med en skara. Men så snart *Duncker* hade, genom pålitlige spejare, erfarit, att sambandet emellan honom och *Furumark* var brutet, drog han sig undan till *Gumboda,* för att der möta den sistnämnde, icke tviflande derpå att han skulle göra sitt återtåg på *Burträsk* vägen. Fördelnings-befälhafvaren, öfverste *Fahlander*, gillade detta *Dunckers* beslut, hvarigenom han undgick *Furumarks* öde.

Visserligen är det äfven i dessa nordliga trakter ovanligt, att isen i medlet af Maj månad är så stark, att den både af kanoner, rytteri och fotfolk kan begagnas; visserligen yttrar Svenska öfverbefälhafvaren, friherre *Wrede*, i sin underdåniga rapport af den 22 dennes, att: "*Skellefte* detachements olycka är en af de händelser, som ej stått i mensklig magt att förekomma; att farhågan för ett anfall öfver hafsviken den 15 Maj, ingår ej nog i beräkningen af probaliteter, för att kunna authorisera ett för tidigt utrymmande af den enda post, hvarigenom landet och kronans dyrbara förråder kunde betäckas, och ur ett sådant skäl hade ingen post i hela Norrland bordt försvaras, emedan sjön öfver allt åtföljer landsvägen;" men då en sådan händelse inträffade, att isen denna tid var så stark, och hvarom befälhafvaren på stället ej bordt vara okunnig och icke heller var det, så blef det hans, om ej öfverbefälhafvarens pligt, att rätta sig efter ett så utomordentligt förhållande, och lämpa sitt försvar så, att hvarken hans trupper eller förråder kunde af kringgående fiender öfverraskas. Blott en enda dags, ja blott sex timmars tidigare återtåg, hade gjort, att *Furumark,* äfven på den väg han tog, ej hunnit blifva afskuren. Men hvarken Norrland eller något land bör längre försvaras än årtiden sådant medger och man kan verkställa det med fördel, och i fall Maj månad var dertill lika otjenlig som Februari och Mars, så borde försvaret uppskjutas till Juni, o. s. v.

Och ehuru hela Norrland under sommartiden bör kunna försvaras med framgång, ty det är uppfyldt af mer och mindre strömmar och har blott en *väg längs* hafskusten, samt är på den motsatta sidan betäckt af skogar, sjöar, moras och ödemarker, så hade Svenska öfvergeneralen rätt deri, att det hundrade mils långa hafsbandet, ifrån *Torneå* till *Gefle*, borde skyddas af skärgårds-fartyg.

Om deras afsändande yrkade han hos regeringen, äfven derföre att hans hamnar behöfde beskyddas af dem [1]).

Att han bibehållit en betydlig styrka kring *Hernösand*, försvarar han dermed, att om fienden lyckades taga denna stad, så var norra hären förlorad, emedan dess återtåg söderut derigenom var afskuret. Dessutom befanns all proviant för denna här, jemte den spanmål, som i vår skall begagnas till utsäde åt det olyckliga Vesterbotten, förvarad i *Hernösands* förråder. Genom förlusten af dem skulle icke allenast de Svenska trupperna, utan ock hela Norrland komma i yttersta förlägenhet. "Jag måste således", säger han, "göra allt för att försvara *Hernösand*."

"Kunde jag", tillägger han ganska sannt, "mäta

---

1) Det var så mycket mera angeläget, som Ryssarne byggde kanonslupar i Uleåborg, Torneå, Wasa och längs hela Finska kusten; och härom underrättade friherre *Wrede* Svenska regeringen. — I sin underdåniga skrifvelse af den 11 Maj önskar han, på goda skäl, att Gefle måtte skiljas ifrån hans befäl och ställas under befälhafvaren för kusthären.

Cronstedt.

svårigheterna för en Rysk trupp, att framtåga och subsistera, efter dem våra egna troppar här få erfara, så borde jag vara utan bekymmer; men tyvärr är ej denna måttstock pålitlig. En omensklig fiende, som röfvar sista hötappen från kon och sista brödbiten från bonden, har medel att framkomma, som ej äro verkställbara för våra egna troppar" [1]).

Jemte Helsinge och Jemtlands regementer, dem han hade omkring sig i trakten af *Hernösand*, befallte han uppsättandet af Vesternorrlands landtvärn, för att inöfvas af lediga eller afskedade officerare.

Under tiden hade general-majoren *von Döbeln* fått befallning, att emottaga befälet efter general-majoren, grefve *J. A. Cronstedt*, hvilken, i anseende till sitt öppna sår, måste lemna hären och resa till *Stockholm*, för att sköta sin hälsa.

Cronstedt.

Som grefve *Cronstedt* icke mera kommer att synas på detta krigs skådeplats, den han lemnade med allas saknad och der han förvärfvat ära och rykte, torde en kort teckning af hans egenskaper vara på sitt ställe.

Hans första betydligaste vapenbragd, under detta krig, var vid *Revolaks* [2]), der han, såsom ensam befälhafvare vann en seger, hvilken, i afseende å fångar

---

1) Dessutom hade fienden att begagna de förråder, dem Gripenbergs dagtingan qvarlemnade.

1) Planen dertill uppgjordes icke af honom utan af *Adlercreutz*, hvilken genom sitt föregående djerfva anfall bidrog till *Cronstedts* framgång.

Norra hären; von Döbelns fördelning.

och troféer, var den ärorikaste under detta krig; den andra vid *Lappo*, der han i åtta timmar deltog i anfallet; och den tredje vid *Alavo*, der han blef illa sårad i spetsen för sina Savolaksare. Hans krigiska förtjenster äro således ganska utmärkta; men de förvärfvades icke genom stor verksamhet, genom snille-ingifvelser och djerfhet, utan genom det lugna, jemna, orubbliga mod, som gjorde att han stod der han ställdes, eller gick dit han befalldes eller verkställde hvad honom anvisades, utan att se fram eller tillbaka, till höger eller venster. Han hade blott ett föremål: uppfyllandet af sin pligt, eller af hvad honom ålåg för tillfället. Sålunda saknade han förslagenhet, ett större omfång i sitt omdöme och leddes derföre lätt af en djerfvare och driftigare än han sjelf [1]), samt lydde bättre än han befallte. Till sin enskilda personlighet var grefve *Cronstedt* en anspråkslös, gudfruktig och ädelt tänkande man.

Norra hären; von Döbelns fördelning.

General *von Döbeln*, omtänksam och driftig, vidtog genast kraftiga åtgärder till undanskaffande och bevarande af alla de undan *Gripenbergska* kapitulationen ryckta, kronan tillhöriga förråder, tillika med dem, som funnos i Umeå. Natt och dag fortsattes med inskeppningen af dem på fartyg, dem han lossat genom issågning och hade redan den 23 ute vid hafs-

---

1) Också var hans första adjutant, major *Brusin*, helt och hållet rådande både på fältet och inom expeditionen. Förf., som var anställd vid generalens stab, känner det af egen erfarenhet. Förf. fortfor sedermera att vara anställd, såsom stabs-adjutant, hos hans efterträdare, generalerne v. *Döbeln* och *Sandels*.

redden, ½ mil från *Umeå* lastade med en mängd fältstycken och skjutbehof.

Sedan detta var verkstäldt, och för att bereda sig ytterligare tid och tillfälle att bevara den återstående delen af förråderna, skref general *von Döbeln* till Ryska befälhafvaren, grefve *Schuvaloff*, med framställning af en vapenhvila. Den sednare uppdrog underhandlingen derom åt öfverste *Berlire*, hvilken infann sig i Umeå den 26 och general *v. Döbeln* uppgjorde med honom följande öfverenskommelse:

1:o. Trupperne under general-majoren m. m. *Döbeln* lemna Umeå stad den 31 dennes och Ryska trupperne intaga samma stad den 1 Juni. Fiendtligheterna till lands och vatten upphöra genast och stilleståndet fortfar till den 6 Juni, på hafvet sex mil i längd och bredd, emedan de kontrakterande generalerne icke kunna ansvara för ett längre afstånd och icke eller för andra fartyg än dem som stå under deras befäl.

2:o. Svenska trupperne skola den 23 Juni intaga södra sidan af Vesterbottens länegräns, hvars linie räknas ifrån *Björnö* vid kusten till Stöttings-fjellet vid Norrska gränsen.

3:o. Alla sjuka, vare sig af Svenska eller Ryska trupperne [1]) förblifva i staden tills de tillfriskna; för de Svenska lemnas en månads munförråd och de anses icke såsom krigsfångar. Sålunda öfverenskommit och beslutadt, som skedde i Umeå den **26 Maj 1809**.

G. C. von Döbeln. *Berlire.*

Genom denna lyckliga öfverenskommelse fick *von Döbeln* tid att rädda de i Umeå befintliga förråderna,

---

1) Neml. sedan Barclay de Tollys återmarsch.

dem han med rastlös verksamhet lät inlasta på 7 fartyg, utom de tre, hvilka redan lågo på redden. Dessa fartyg voro för några dagar sedan otaklade, och de fleste måste den 26 utsågas från Umeå hamn. Redan den 30 voro sju af dem med full last inlupna i hamnen vid *Hernösand*.

Utom ett ammunitionsfartyg vid *Rathan*, derifrån det af is hindrades att utlöpa, och som vid Ryssarnes ankomst sänktes, kommo alla dessa fartyg undan med sin dyrbara last.

Sålunda lyckades det general *von Döbeln* [1]), att både genom sin ovanliga drift och skarpa under-

---

[1] Jemte sina många goda egenskaper hade han en och annan egenhet, hvilken någon gång verkade obehagliga, till och med beklagliga följder. Magasinsförvaltare och kronobetjening kunde han icke gerna tåla, och visade ofta mot dem en obillig stränghet. Så hände det i Umeå, att landshöfdingen ej trodde sig på den utsatta timman kunna skaffa så många hästar, som v. Döbeln fordrade för sitt återtåg. Generalen gick då, åtföljd af sin adjutant (författ.), till landshöfdingen, friherre *Stromberg*, för att personligen gifva kraft åt sin skriftliga anmodan. Baron *Stromberg* yttrade, att det erforderliga antalet hästar omöjligen på timman kunde anskaffas; emedan de icke funnos på närmare håll än 6 à 10 mil, och hvarom tillstädes varande kronofogden *Bergstedt* (om jag rätt minnes namnet) också kunde upplysa. Generalen vände sig till honom med bister uppsyn och sade: "om ni intet har det antalet hästar kl. 10 f. m. i morgon, så låter jag hänga upp er." — Den fromsinte och uppskrämde kronofogden, som insåg omöjligheten att uppfylla generalens befallning, gick — och dränkte sig på hemvägen. Dagen derpå inställde sig baron *Stromberg* hos generalen och förebrådde honom hans obetänksamhet, att skrämma den arma kronofogden att afhända sig lifvet. Han efterlemnade hustru och 9 barn i elände. Generalen sökte återhålla *Strombergs* förtrytelse och harm; men han fortfor med en ädel och högsint ståndaktighet, hvilken tystade sjelfva *Döbeln*. — En annan anekdot, som bevisar *Döbelns* egenheter och fintlighet, må här anföras bland de många författ. känner. En hustru inställde sig hos generalen, med en skrift på två ark. Generalen svarade, att han "icke hade tid att läsa så långa anföranden" (några andra uttryck att förtiga), samt att man ej borde kalla honom nådig; "ty detta är blott *Gud och kungen*. Låt någon uppsätta er begäran kort och godt." Dagen derpå anmälde sig en ung man (förmodligen handelsbetjent), med samma hustrus anförande skrifvit på 5 à 6 rader, af innehåll, att hon vid truppernas genomtåg lemnat en häst, som hon icke återfått, och anhöll derföre att genom generalens åtgärd få den tillbaka. Generalen, synbart glad öfver det korta innehållet, frågade om budbäraren författat den och innan denne hann svara, sade generalen, att skriften var bra författad; "men — men — men vid

Norra hären; Sandels fördelning.

handlings-förmåga, med en hand full tappre (700 man), mot en till antalet tiofallt öfverlägsen fiende, frälsa ej mindre sig och truppen, än ock alla förråderna, hvilkas värde ej var ringa. De 230 man sjuke, mest Finnar, som han qvarlemnade i *Umeå*, skulle, efter tillfrisknandet, återvända till Svenska hären.

JUNI MÅNAD.

Norra hären; Sandels fördelning.

Sedan general-major *v. Döbeln*, enligt den träffade öfverenskommelsen, dragit sig på södra sidan om *Öre elf*[1]), vid hvars närmast belägna byar trupperna, till en början, intogo sina lägerställen, men längre fram förlades rymligare uti *Lefvar*, *Nordmalings* kyrkoby, *Olofsfors*, *Baggå* och *Lesjö* byar, måste han lemna detta befäl, för att på ett annat ställe gagna och verka[2]). Befälet emottogs efter honom af den från

---

närmare genomläsande finner jag ändå," tillade han, "att författaren är förbannadt dum; ty nog hade han bordt begripa, att jag skulle förstå det hustrun ville ha igen sin förlorade häst, utan att jag derom behöfde påminnas eller hon derom orda onödigtvis."

1) Under bron vid Öre hade general *von Döbeln* låtit lägga brännbara ämnen, och på södra sidan uppföra ett förtäckt bröst- och styckeväru. Då generalen, jemte författaren, skulle rida häröfver, frågade han "om förf. visste hvad generalen här ernade göra." Svar: "generalen ernar raskt försvara sig." — "Rätt, men" (tillade generalen) "*jag ernar här tillika på en gång nerskjuta, bränna, dränka och spetsa de anryckande Ryssarne.*"

2) Neml. i Jemtland, der Norrmännen inryckt både öfver Herjeådalen och Åre. Sedan v. *Döbeln* ordnat försvaret i Jemtland raskt och ändamålsenligt, och Norrmännen, hvilka ernade anfalla, redan kommit emellan tvenne eldar, funne de tjenligast att ingå i stillestånd med *von Döbeln*, som ålade Norrska trupperna, att genast återvända hem och ersätta allmogen hvad de tagit af densamma. Han hade till Bleckås-skogen lockat Norrska hufvudstyr-

Stockholm återkomne general-majoren *Sandels*, hvilkens egenskaper ej eftergåfvo sin företrädares, hvarken i mod, drift, vaksamhet eller förslagenhet.

Svenskarnes härvarande motståndare hade också erhållit en annan anförare. Den sjuklige grefve *Schuvaloff*, mera hofman än krigare, dessutom till lynnet maklig och obeslutsam, hvilken likväl varit lycklig i sin underhandling med general *Gripenberg*, lemnade befälet åt den unge och driftige (Ryska härens v. *Döbeln*) general-löjtnanten, grefve *Kamenskij*, Sveaborgs eröfrare och Klingsporska härens besegrare.

Han hade under sitt befäl omkring 7,000 man, jemte betydligt artilleri och ryttteri.

Sandels ägde deremot, af sina och *Cronstedtska* truppernas Finska öfverlefvor, jemte en Svensk bataljon, ej mera än 1,200 man; neml. *första Savolaks fältbataljonen* (en återstod af fyra bataljoner), under öfverste-löjtnanten *von Törne* och längre fram under öfverste-löjtnanten och riddaren af Svärds-ordens stora kors G. A. *Ehrenroth*; *andra Savolaks fältbataljonen* (sammanslagen af *Savolaks* och *Karelska* jägarne), under öfverste-löjtnanten och riddaren *Duncker*; *Österbottens fältbataljon* (öfverlefvor af *Österbottens* regemente, *Kajana* och *Uleåborgs* bataljoner, *Wasa* regemente och från *Umeå* sjukhus tillfrisknade andra Finnar), under majoren och riddaren v. *Essen*;

---

kan, omkring 2,500 man, med 6 fältstycken och 9 mörsare, medan v. *Döbeln* på Mattmars vägen, mot Semelå, afskickat en betydligare styrka att kringgå dem. Han ville ställa sina kanoner på en allt beherrskande höjd vid Bleckåsen, medan fotfolket redan intagit dälderna. "*Här*", utropade han i hänförelsen af sin stridslust, "*skall jag nedskjuta Norrmännen, att tarmarne skola fastna i trädtopparne.*" — Men Norrska hären, af någon Norrskt sinnad, underrättad om faran, återvände och underhandlade i stället på sjelfva Bleckås-skogen, samt antog de vilkor den fosterländskt och modigt sinnade *von Döbeln* föreskref. Underhandlingen skedde på stående fot och skrefs i tre korta punkter på ryggen af en nedlutad soldat.

Svenska bataljonen, bestående af tillfrisknade sjuke af *Lifgrenadier, Upplands, Helsinge, Westmanlands* och *Jemtlands* regementer, med Finskt befäl, under öfverste-löjtnanten och riddaren *Bosin* [1]).

Alla dessa anförda af sin fördelnings befälhafvare, öfversten och riddaren med stora korset *Edelstam* (hette förut *Fahlander*, nu mera adlad), hvilken hade ett sexpundigt fältbatteri af Finska artilleriet, under majoren och riddaren *Elfving*, en kallblodig officer, samt en sqvadron rytteri (*Nylands* och *Karelska* dragonerna sammanslagna), till en början under majoren och riddaren *Fuchs* och sedermera anförd af löjtnanten B. *Rothkirch*.

Med så underlägsna stridskrafter hade *Sandels* ännu en gång att motstå en nära sexdubbelt starkare fiende, hvilken uti grefve *Kamenskij* hade erhållit en lika verksam, som klok och djerf anförare.

Lyckligtvis behöfde ej *Sandels* i otid allt för mycket utmatta sina trupper. *Kamenskij* bevakade icke *Öre elf* genom annat än patruller; och derföre inskränkte *Sandels* också sin bevakning, längs samma elf, till blott tre fältvakter [2]) af en officer och 20 man, samt några dragoner på hvarje ställe. För den, som för tillfället utgjorde denna förpost-tjenstgöring var den dock både besvärlig och vådlig; emedan de hade en mil till närmaste undsättning och måste sins emel-

---

1) Vid denna bataljon hade någon af befälet inöfvat en tupp att följa med ett visst kompani, samt tillika att då och då taga sig ett rus. Att börja med var den spirituösa drycken blandad med de gryn han fick till sin föda; men längre fram doppade han sin näbb, med en synbar förnöjelse, i toddykoppen. Man måste noga bevaka honom, att han ej öfverlastade sig öfver höfvan. Ett måttligt rus höjde både hans mod och stolthet. Han hade sitt rum i rullorna och appellerades formligen vid krigets slut till den ort dit kompaniet hörde.

2) Neml. vid *Långede* by, på stora vägen, vid *Håknäs* och *Brattfors*.

lan underhålla en lång och tröttande gemenskap. För stabs-officeren för yttre ärenderna var den långa utsträckningen, som förpostlinjen hade ifrån hafvet och intill fjällen, ganska besvärlig och ej heller utan våda [1]).

Ryssarnes på bestämda tider utgående patruller föranledde Svenskarne att försöka uppsnappa en af dem; men ehuru försigtigt bakhållet utsattes blef blott en Kossack skjuten och tre hästar tagne.

Detta var också den enda vapenbragd, som egde rum under denna månad, vid hvilkens slut *Sandels* förstärktes med två stycken trepundiga kanoner, trenne bataljoner Jemtländningar, under majorerne *Gyllenskepp* och *Arnell* (sedermera stats-sekreterare), samt en fältbataljon *Helsingar*, under öfverste-löjtnanten *Cedergren*. Desse, jemte den förut nämnde Svenska bataljonen, ställdes under kapiten-löjtnanten, grefve *N. Gyldenstolpes* befäl.

Sålunda utgjorde *Sandels* styrka nu nära 2,000 man. Hans högra flygel åt hafvet fick också en behöflig betäckning af några skärgårdsfartyg, under den oförskräckte majoren och riddaren *Sölfverarm*.

På Bottniska Viken i allmänhet fick norra hären äfven ett nödigt skydd, genom anlända fyra Svenska fregatter och en Engelsk korvett (den sednare under den sedermera namnkunnige nordpols-seglaren *John Ross*), jemte deras beväpnade små fartyg och slupar. Deras ankomst var så mycket behöfligare, som Ryssarne utrustat, ifrån *Wasa* och *Uleåborg*, en skärgårdsflotta, hvilken skulle icke allenast befordra framkomsten af deras munnförråder och förstärkningar, utan ock

---

1) Förf., ehuru då blott en yngling, red sig mången gång trött längs densamma och var derjemte en gång ganska nära att falla i Kossackernas händer, emedan de, under skymningen, vadat öfver emellan de Svenska vakterna; men lyckligtvis upptäcktes de i tid och förföljde icke länge.

Norra hären; Sandels fördelning.

öfverföra trupper på *Sandels* rygg samt i öfrigt beherrska hafsbandet eller hela den långa kuststräckan af *Wredes* och *Sandels* högra flygel, hvilken derigenom öfver allt var blottad och hotad.

JULI MÅNAD.

Norra hären; Sandels fördelning.

Fregatternes ankomst verkade stor villrådighet i Ryssarnes rörelser och företag. De förre hade redan uppbringat flera Ryska fartyg, med beväringe- och munnförråder, samt gjort 6 officerare och 120 man fångar.

Kamenskij hyste verklig farhåga för en landstigning i sin rygg. Den fältbrygga han, med stora ansträngningar och kostnader, lyckats att slå öfver *Umeå* breda och strida ström, hade brustit genom flodvattnet i slutet af förra månaden. Derföre var han så mycket angelägnare, att draga sina stridskrafter på norra sidan om nämnde elf.

Sandels, uppmärksam på dessa för fienden missgynnande omständigheter, dem han noga kände genom de skicklige kunskapare, hvaraf han alltid betjenade sig [1], ville omfatta tillfället för att framrycka till *Umeå*

---

[1] Ibland landets fosterländskt sinnade invånare, hvilka, med råd och upplysningar, ehuru omgifne af *Kamenskijs* trupper, samt trottsande de största faror och vågande lif och egendom, gingo *Sandels* tillhanda, utmärkte sig synnerligast v. pastor *Wattrang* och kominister *Stenberg* i *Umeå* landtförsamling; äfvensä en handlande *Burman* i *Piteå* och brukspatron *Grahn* i *Umeå*, hvilken sednare t. o. m. en gång var utledd att hängas, för sina Svenska tänke- och handlingssätt; men sjelfva fienden nödgades slutligen högakta och värdera hans uppförande. Den värdige landshöfdingen, baron *Stromberg* frälsade *Grahn* genom sin ädla och oförfärade mellankomst hos Ryske generalen.

Norra hären; Sandels fördelning; Hörnefors den 2.

elf. Men han berodde nu icke af sitt eget godtfinnande, utan måste rådfråga sig hos sin öfver-general, som vistades i *Hernösand*, nära 20 mil från *Sandels*, hvarigenom denne förlorade en dyrbar tid, hvilken den lika verksamme som uppmärksamme *Kamenskij* ej lemnade obegagnad.

Ryssarnes fruktan för fregatterna hade också hunnit aftaga, så snart de erforo, att de voro för djupgående att göra landstigningar och icke egde några trupper om bord. Dessutom hade det lyckats för den outtröttlig *Kamenskij*, att få bron öfver *Umeå* elf i stånd satt.

Han dröjde derföre icke, att kasta några tusende man på södra sidan om nämnde elf.

Emellertid hade *Sandels* låtit förfärdiga en flottbro öfver Öre elf vid Håknäs såg. Den 1 dennes om natten gick Finska fördelningen, under öfverste *Edelstam*, öfver med tvenne sexpundiga kanoner och 16 dragoner och marscherade till *Hörnefors* bruk, 1¼ mil från sistnämnde ställe.

Dagen derpå öfvergick Svenska fördelningen, under öfversten, grefve *Gyldenstolpe*, samma bro och stötte tillsamman med Finska fördelningen den 3.

Sandels, hvilken följde med den tidigare på morgonen afgångne Svenska bataljonen, hade erfarit att Ryssarne framryckt till *Södermjöle* by. För att kasta dem derifrån, innan de skulle hinna förstärka sig, befalte han *Edelstam*, att tåga framåt med sina Finnar och den tillkomna Svenska bataljonen.

Efter 1⅜ mils marsch erhöll han den underrättelsen, att Ryssarne besatt *Södermjöle* by, med en be-

Norra hären; Sandels fördelning.

tydlig styrka. Innan han framryckte vidare, ansåg han nödigt att få förhållandet närmare utredt. I detta hänseende afsände han framför sig majoren och riddaren *M. Ehrenroth*, med en officer (löjtnanten *Greg. Z:son Aminoff*), 50 man Savolaksare och 8 dragoner. Närmare byn, och förr än *Ehrenroth* hann förvissa sig om fiendens dervarande styrka, stötte han på ett bakhåll, hvarifrån han räddade sig och truppen genom sin rådighet, att, innan han blef alldeles innesluten af den talrika fienden, kasta sig i den täta skogen. På omvägar och med förlust af endast 3 man återkom han innan aftonen till hufvudstyrkan. Dragonerna kommo undan bakhållet, och underrättade *Edelstam* om det som inträffat [1]). Också blef han straxt derefter anfallen, och skottvexling uppstod emellan de anfallande och försvarande.

Edelstam fick befallning att tåga tillbaka under fiendens förföljande, hvilket dock snart upphörde. Endast två man Svenskar voro sårade, utom tjenstförrättande officeraren *Costian*, hvilken för tredje gången blef träffad under detta krig. En Rysk jägare blef

---

[1] Löjtnanten *Greg. Ad:son Aminoff* blef, efter dragonernes återkomst ifrån förtrupperna, dem han nu anförde, endast med 8 man sänd att underrätta sig om Ryssarnes förehafvanden. Framkommen till en bäck fick han befallning att stadna; men blef i detsamma anfallen af jägare och Kossacker. Han spridde då sin lilla flock, för att frälsa någon deraf, och drog sig sjelf åt hafsstranden. Men han blef upptäckt af fem Kossacker, hvilka genast gjorde jagt efter honom. *Aminoff* lät dock icke förfära sig, utan skyndade till en udde, som var tätt bevuxen med enrisbuskar, öfver hvilka Kossackerna antingen icke ville eller vågade rida. I detsamma träffade han en af sina soldater (N:o 7 *Spets*), hvilken hade laddadt gevär. Detta klickade och nu funno de ingen annan utväg än en hastig flykt, förföljde af Kossackerne under utrop: *pardon kamrat*; men *Aminoff* jemte sin *Spets* stötte lyckligtvis på Svenska förtrupperna, hvilka gåfvo eld. *Aminoff* förlorade ingen af sina 8 man; ehuru en man blef öfverriden och miste sin packning. — Bidraget, N:o 25.

> Norra hären; Sandels fördelning; Hörnefors den 3.

fången och några man stupade. Fienden drog sig tillbaka med hufvudstyrkan, hvilken var ganska betydlig.

En stark fältvakt, af 100 man Savolaks infanteri, under löjtnanten *Greg. Ad:son Aminoff* och 100 man af Karelska jägarne, under löjtnanten *Anker*, jemte några dragoner, utsattes på landsvägen åt *Södermjöle*, ¼ mil från *Hörnefors*. Hufvudstyrkan intog sina anvista, förra lägerställen. En del af befälet begagnade dertill äfven brukskyrkan.

Påföljande dag, den 3, visade Ryssarne sig åter. Af de åtta från fältvakten utsända patruller kunde ingen på landsvägen återkomma, utan måste söka sig tillbaka genom skogen på omvägar. Detta bevisar, att dessa utskickade Finnar voro väl krigsvane, då Ryssarnes på ömse sidor om vägen i skogen dolde kedja icke kunde taga en enda man.

Så snart underrättelse derom ankom till *Sandels*, befallte han den djerfve öfverste-löjtnanten och riddaren *Bosin*, att, med 200 man, rycka fram och tillse om fienden hade alfvar eller icke. Han möttes af ett lifligt och raskt motstånd från Ryssarnes sida. De till och med gjorde ett anfall under fältskri; men blefvo af *Bosin* tillbakaträngde ¼ mil från förposterna. Der erhöll fienden förstärkning och då måste *Bosin* draga sig undan, hvarföre till hans undsättning [1] skickades tvenne bataljoner, hvarefter han ånyo framryckte; men så snart *Bosin* drog sig, efter befallning, tillbaka och intog sin förra ställning vid *Hörnefors*, följde Ryssar-

---

[1] Hvarvid författ. (såsom stabs-adjutant) medföljde och tog en Kossackhäst, hvilken återtogs den 5 af Ryssarne. Den 2 var författ. med öfverste *Edelstam*.

ne efter och utsatte sina förposter på ett gevärs skotthåll från Svenskarnes [1]).

Under denna fäktning blefvo löjtnanten vid Savolaks jägare, friherre *F. Wrede* [2]) lindrigt och tvenne man svårare sårade. Ryssarnes förlust bestod i några stupade, 2 man fångne och en Kossackhäst med sabel och pik tagen.

Af dessa tvenne föregående dagars fäktningar erfor general *Sandels*, att Ryssarne återtagit sin ställning på södra sidan om *Umeå* elf, och af sina utskickade, pålitliga spejare hade han erhållit den upplysningen, att den öfverkomna styrkan bestod af 4,000 man, med 4 fältstycken, hvaraf större delen var förlagd i *Söder-* och *Norrmjöle* byar. En bataljon skulle vara afgången till *Strömbecks* glasbruk, och några mindre flockar afskilda på bivägarne åt skogsbyarne, samt framåt Häggnäs. Dessutom hade han fått den underrättelsen, att de i *Skellefte, Burträsk, Löfånger* och *Bygdeå* socknar förut förlagda Ryska trupper, omkring 1,500 man, under generalerna *Kosalschkoffskij* och *Gadaskoj* redan anländt till *Umeå;* men ehuru de ännu innehade norra sidan om elfven, skulle det dock vara deras bestämmelse, att förstärka *Sandels* motståndare.

Af dessa förhållanden drog *Sandels* den slutsats,

---

1) Då löjtnanten *Greg. Ad:son Aminoff* efter striden eftersåg utposterna, gaf Ryska befälhafvaren för sin fältvakt underhandlings-tecken med trumman, och föreslog att utposterna icke skulle skjuta på hvarandra, utan endast på ankommande trupper. *Aminoff* föreslog i stället, att han (löjtnant *Uschin*) skulle draga sin utpostkedja tillbaka; men han svarade: "*anfaller ni mig, går jag visst tillbaka, men så snart ni återvänder, följer jag efter.*" — Den 5 fingo vi erfara ändamålet af denna Ryssarnes efterhängsenhet. — Bidraget, N:o 25.

2) Såsom låghalt anförde han förtruppen sittande i en chäskärra.

att han skulle blifva alfvarsamt anfallen. Och ehuru han icke hade större styrka än omkring 1,800 man under gevär, jemte 44 man rytteri, ett sexpundigt åkande batteri och en afdelning trepundiga kanoner, beslöt han likväl, att i det längsta bibehålla *Hörnefors*, öfvertygad derom, att Svenska flottan skulle göra något försök att oroa *Kamenskij*. Ett sådant försök skulle tvinga honom att draga sig undan och då vore *Sandels* genast tillreds att intaga södra delen af landet intill *Umeå* elf och der fatta en starkare och fördelaktigare ställning.

Han insåg visserligen vådan deraf, att han hade en mer än dubbelt öfverlägsen styrka emot sig, samt att läget vid *Hörnefors* icke var fördelaktigt för ett längre försvar. Den lilla strömmen, som drifver bruket, är på flera ställen vadbar och både deröfver och ifrån *Södermjöle* öfver *Häggnäs* vid *Ångersjö*, ¾ mil bakom Svenskarnes rygg, kunde Ryssarne kringgå *Sandels*. Dessutom var höjden större vid norra sidan af elfven, och det enda ställe, midt för bron på södra sidan, der Svenskarne kunde begagna sina fältstycken, var för trångt. Men *Sandels* förmodade ej att *Kamenskij*, i sin nu varande ställning, bekant med opålitligheten af bron öfver Umeå elf och med sin rygg och ena flygel blottade för landstigningar, sedan Svenskarne voro herrar på hafvet, skulle våga aflägsna sig med sin hufvudstyrka så långt ifrån *Umeå*, och minst att utsätta densamma för en äfventyrlig och blodig drabbning.

Men grefve *Kamenskij* var ingen vanlig anförare; hans djerfhet var jemförlig med hans förslagenhet, ungdom och verksamhet. Han älskade kriget för dess egen skull och såg i hvarje tillfällig fördel, i hvarje framgång för ögonblicket, anledningar nog att

1809 JULI. 253

Norra hären; Sandels fördelning; Hörnefors den 5.

offra menniskolif, att försöka sin lycka på stridsfältet, att der utveckla sina kunskaper och sitt snilles ingifvelser, lik *Napoleon*, drömmande, tänkande, njutande blott af vapenbragdernas och ärans hänförelser [1]).

Sandels kände honom icke fullkomligt; men ville likväl försäkra sig för hvarje öfverraskning. Fältvakten åt *Södermjöle*, ¼ mil från *Hörnefors*, utgjordes af 200 man, med åliggande att hålla gemenskap med Svenskarnes högra flygel vid hafsbandet, der 50 man voro utsatte, och med *Hörnehammar*, der 100 man voro ställda, med befallning att bevaka vägen ifrån *Häggnäs*, hvarifrån *Sandels*, på sin venstra flygel, kunde kringgås, såsom förut nämndt är. Dessa fältvakter borde, jemte gemenskapen sig emellan, hålla den öppen och fri äfven med hufvudstyrkan. Deraf låg Svenska bataljonen i och omkring brukskyrkan. Straxt söder om bron hade *Sandels* sina kanoner, af hvilka likväl, för bristande utrymme icke flere än två på en gång kunde med fördel begagnas. Närmast dem lågo Savolaksarnes tvenne bataljoner och efter dem Österbottens, samt längre fram Svenska fördelningen, under öfversten, grefve *Gyldenstolpe*.

Under högqvarterets aftonmåltid vid *Hörnefors* bruk den 5 och straxt efter tapto, ankom rapport [2]).

---

1) Genom dessa egenskaper segrade han mot grefve *Wachtmeister* vid Säfvar, i den mest kritiska ställning, hvari en befälhafvare någonsin befunnit sig. Dessutom höll han en sträng ordning och lydnad inom sin här, och skyddade landets invånare för allt våld och hvarje förolämpning.

2) Författ., som, i egenskap af generalens adjutant, satt vid samma bord, gaf lyckligtvis sin betjent genast befallning, att ifrån betet på närmast gården varande hage, upptaga och sadla sin tjenstehäst. Några minuter derefter gaf han samma uppdrag i afseende på den två dagar förut tagna Kossackhästen; men detta var för sent: den förre ägaren hade redan återtagit sin egendom.

Norra hären; Sandels fördelning.

från fältvakten på stora landsvägen (der 200 man Jemtländningar, under kapitenen och riddaren *Poignants* befäl, nu voro ställda), att den blifvit häftigt anfallen. Den fick befallning att raskt försvara sig och general *Sandels* förmodade, att Ryssarne [1]) icke hade annan afsigt med detta försök, än han sjelf haft med sina de föregående dagarne. Men i detsamma anlände häftigt instörtande ilbud både ifrån samma fältvakt och den vid *Hörnehammar*, att de blifvit tvungne att draga sig tillbaka; och nästan i samma ögonblick hördes redan skott i och omkring bruket. Förvirringen bland generalens betjening, brukspersonalen och civilstaten blef ganska stor [2]).

Generalen och dess adjutanter voro genast till häst. Kapitenen *von Born* och *Lange*, löjtnant *Wallgren* och adjutanten *Montgomery* erhöllo sina serskildta befallningar att utföra, och en hvar af dem hastade till sin bestämmelse. Den sistnämnde ilade till fältvakten på högra flygeln vid hafsbandet [3]), hvars bevakning fick befallning att skynda undan öfver ett vad, som den under fiendens eld öfvergick och hvilket ställe första Savolaks fältbataljonen, under öfverste löjtnanten G. *Ehrenroth*, uppdrogs att försvara.

Svenska bataljonen [4]) skulle understödja den tillba-

---
1) Anförde af general *Alexejeff* på stora landsvägen, och den skara, som gick öfver Häggnäs till Ångersjö, af general *Kossstschkoffskij*.
2) Också lemnades det dukade bordet och en hop af generalens tillhörigheter i sticket, och med möda kom hans packvagn undan.
3) Ehuru författ., åtföljd af några dragoner, med skarp ridt skyndade tillbaka, hade Kossackerne redan intagit bruket och höllo på att plundra det efterlemnade bordet, då författ. ilade förbi deras fönster och kom med yttersta svårighet och under en förfärlig gevärs- och stycke-eld öfver broa tillbaka, med förlust af sina följeslagare, hvilka blefvo skjutne eller tagne.
4) Som icke hann påtaga sin packning, utan måste lemna den i fiendens våld. Denna bataljon, jemte Jemtländska fältvakten, hvarvid löjtnanten O. *W.*

kakastade fältvakten på stora vägen, tills densamma, jemte staben, hunnit öfver bron.

Fältvakten vid *Hörnchammar*, på Svenskarnes venstra flygel, blef förstärkt af Österbottens fältbataljon, under majoren *von Essen*, hvilken dock icke lyckades att hindra Ryssarnes framträngande på denna ömtåliga sida, der ett bättre ordnadt, kallblodigare och ihärdigare motstånd bordt ega rum [1]).

Savolaks andra fältbataljonen, under den modiga *Duncker*, fick befallning att försvara bron, hvaremot, efter Svenska bataljonens öfvergång, tvenne sexpundiga kanoner spelade mot de framryckande Ryssarne och jemte den lifliga handgevärs-elden gjorde bland dem ett blodigt nederlag. Återstoden af fältstyckena, jemte *Savolaks* första fältbataljon (hvars ställe intogs af en bataljon *Helsingar*, utaf *Gyldenstolpes* hjelptrupper), skickades till Ängersjö, att der försvara den väg hvarpå en Rysk skara, under general *Kosatschkoffskij*, nalkades öfver *Häggnäs*, för att afskära *Sandels* återtåg. Emellertid hade adjutanten *Montgomery* fått generalens befallning, att påskynda trossens undanskaffande. Så snart den oordning, som der uppehöll dess marsch, af honom blifvit rättad, skyndade han tillbaka [2]) till bron, hvaröfver Ryssarne flera gångor sökte storma;

Montgomery blef sårad, utstod en liflig stycke-eld; men försvarade sig manligt.

1) Författ. var skickad dit och möttes i skogen af en häftig eld, hvilken lifligt besvarades; men utan ordning, och Österbottningarne tillbakaträngdes mot och bredvid ett vattenfullt kärr. Här fick förf:s häst ett skott genom örat, och ett afskjutit träd föll på dess länd.

2) Medan några skott lossades på honom af de fiender, som undanträngt Österbottningarne vid vår venstra flygel och framsmugit sig i skogen, hvilken försvarades af en för mycket spridd kedja, utan någon sluten trupp. Då författ. skulle lemna rapport om detta förhållande, och således måste rida generalen helt nära, för att under kanondundret ropa i hans öra hvad han hade att anföra, undansköts hans hatt, hvilken vid upptagandet befanns genomborrad af tvenne kulor.

men blefvo af den modige *Sandels*, med dess fältstycken, jemte *Savolaks* och *Karelska* jägarnes säkra handgevärs-eld, under hurrarop, tilbakadrifne.

Sedan stabs-adjutanten, löjtnant *Wallgren* anländt med ytterligare underrättelse om Ryssarnes framträngande öfver *Hörnehammar* mot landsvägen, hvarigenom de kring bron befintliga Svenska trupperna hotades att komma emellan tvenne eldar, befallte generalen återtåg, hvilket, under fortfarande liflig eld, skedde lugnt och långsamt. Helsingarne och Jemtländningarne, som med raskhet hade försvarat vadställena till höger om bron vid *Hörne* å och såg, under deras kallblodiga befälhafvare, Grefve *Gyldenstolpe* [1]), började återtåget. *Duncker* med sina jägare utgjorde eftertruppen.

Öfverste *Edelstam*, som med sitt kända, ofta bepröfvade lugna mod, hade befälet öfver Finska trupperna, gaf den förstnämnde befallning, att ej uppehålla sig för länge; emedan han hvarje ögonblick hotades att bli afskuren, då *Österbottningarne* voro tillbakaträngde. Men den oförfärade *Duncker*, som icke ville veta af någon fara och icke kunde frukta någon sådan, svarade, att om *Österbottningarne* ge vika i otid, så gör jag och Savolaksarne det aldrig. Men som han tydligen hotades att blifva afskuren af de från *Hörnehammar* framträngande Ryssarne, hvilka, liksom de på motsatta flygeln vid *Hörne* såg öfvergångna fienderna, icke kunde ses vid den starka krutröken, hvilken det stilla vädret ej förmådde skingra, så skickade general *Sandels* en af sina adjutanter [2]), med

---

1) Författ., som med denna befallning skickades till honom, bemöttes af honom, under det häftigaste kulregn, med samma lugna, förekommande och behagliga anblick, som utmärker grefve *Gyldenstolpe* i sällskapslifvet.

2) Det var författ., hvarom en insändare lemnar följande upplysning: "Huru

Norra hären; Sandels fördelning; Hörnefors
den 5; Duncker.

bestämd befallning till *Duncker*, att skyndsamt verkställa sitt återtåg. Han fördröjde det likväl så länge, att då det verkställdes, var denne oförskräckte och för flykt obenägne officer redan omringad. Han skyndade denne fiende till mötes i orubblig afsigt att slå sig igenom, då dess anförare öfverste *Karpenkoff*, befälhafvare för den från *Hörnehammar* framträngande Ryska skaran, uppmanade *Duncker* att gifva sig. Men i stället för svar befallte *Duncker* den fåtaliga flock, som ännu omgaf honom, att rikta en salva på frågaren, hvilken gaf samma befallning, hvars verkan blef, att den oförfärade *Duncker* sträcktes till marken. Hans tappra följeslagare öfvergåfvo icke sin älskade och aktade befälhafvare, med hvilken de delat så många faror och så mycken ära, utan togo honom under armarne, för att, med sin kära börda, bryta sig igenom; men den döende befallte dem att lemna honom och tänka på egen räddning. Det skedde. Och ehuru hans Savolaksare och Karelare voro sprängda, lyckades dock de flesta, genom sin egen jemte befälets djerfhet och

---

adjutanten *Montgomery* kom fram till *Duncker* oskadad, förstår jag icke, som ögonvittne; ty den plan han passerade, besköts från tre sidor. *Duncker* lemnade *Montgomery* bittra svar och fortfor att försvara sig, tills han var omringad och skjuten." — Mörkret uppkommet genom krutrök och dimma, hindrade flera ögonblick att skilja vän från fiende. Löjtnant *Ancker* och några Karelska jägare, samt efteråt några Savolaks jägare lyckades dock att bryta sig genom och komma undan. — Bidraget, N:o 39.

Förf., som i krutröken kom att rida på den tappre *Duncker*, uppbar af honom hårda förebråelser både derföre och att han, en yngling, tilltrodde sig veta bättre än han, när han borde lemna sin ställning. Förf. svarade, att "han redan klädt de kringgående fiendernas skott och dessutom blott framförde generalens befallning, den öfverste-löjtnanten hade att lyda." — Vid återkomsten från denna skärseld, hvari krutröken skyddade honom att bli tagen, befanns förf:s syrtut på flera ställen genomskjuten och hans häst sårad vid halsen och i ena benet.

Andra delen. 17

Norra hären; Sandels fördelning; Creutsin, Longe, Cedergrén, Montgomery.

fintlighet, att bryta sig fram, samt att, på omvägar, öfver kärr och genom skogar, en del flera dagar efteråt, ehuru illa sårade, undkomma den öfverlägsna fienden [1]).

Under tiden fortsatte de öfrige Svenska trupperne sitt återtåg, oroadt af Ryssarne under en half mils marsch, till *Öre elf*, 1¾ mil från slagfältet. Ankomsten till Öre elf och öfvergången vid *Håknäs* skedde kl. half 4 på morgonen den 6 [2]).

Denna häftiga strid, som varade omkring tre timmar, kostade Svenska fördelningens (anförd af grefve *Gyldenstolpe*) Svenska bataljon: dödskjutne, fendriken *Creutsin* [3]) och åtta soldater; fångne: löjtnanten och riddaren *Longe* och 5 soldater; sårade: 19 man. Af Helsinge fältbataljon: sårade, öfverste-löjtnanten och riddaren *Cedergrén* och 1 man, samt skjuten 1 man; af Jemtlands regementes första bataljon: sårade, löjtnanten O. W. *Montgomery* och 20 man; fången, ba-

---

1) Under dessa betänkliga förhållanden, utropade en af underbefälet: "Kom ihåg att vi äro Savolaksare; låt ej Ryssarne få tag i oss." — Bidraget, N:o 23.

2) Så snart den var verkställd anbefalltes första Savolaks fältbataljonen, att företaga flottbrons rifning. Under denna förrättning ankom en Rysk officer och berättade att *Duncker* var död, likaså *Aerekoff*, befälhafvaren för Kossackerne. En af hans söner sades ock hafva stupat, äfvensom en ung *Nartschkin*. — En Savolaks jägare skulle hoppa öfver en gärdesgård och hade ställt geväret förut på andra sidan, då en Ryss fick tag i hans kapott; men han lemnade den och kastade sig sjelf öfver, hvarefter han satte geväret mot ansigtet på Ryssen och tryckte af. Då man frågade honom: "*huru gick det med Ryssen?*" svarade jägaren, med ett äkta soldat-uttryck: "*Mustaks käenst perkelen silmät.*" (Svart blef den f—n i synen). — Bidraget, N:o 25.

3) Träffad vid förf:s sida i tinningen af en kula, som ögonblickligen dödade honom. Han var något illamående; men blef befalld att vara med och straxt efter sedan förf. frågat, huru han nu mådde, och han svarade sig vara något bättre, föll han, såsom träffad af åskan, utan ett ljud eller en rörelse.

Norra hären; Sandels fördelning; *Grundal*, *Edelstam*, *Hobin*, *von Essen*, *Duncker*, *Burghausen*, *Alopæus*, *Lundeberg*, *Ingerman*.

taljons-predikanten *Grundal* [1]), dödskjutne och saknade 9 man. Af Jemtlands regementes andra bataljon: sårade, 2 man. Af åkande sexpundiga batteriet: sårade, 1 man. Af Finska fördelningen, under öfverste *Edelstam:* Österbottens fältbataljon: dödskjutne, löjtnanten *Hobin* och 7 soldater; sårade, 1 under-officer och 15 man; fångne, fendriken *L. W. v. Essen* och 6 man. Af Savolaks andra fältbataljon (den första afgick vid stridens början till Ängersjö): dödskjutne, dess tappre befälhafvare, öfverste-löjtnanten och riddaren *Duncker* [2]) och 46 man; sårade, kapitenen *H. von Burghausen*, underlöjtnanten *Alopæus*, adjutanten *Lundberg* [3]), fanjunkar *Ingerman* och 56 man jägare.

Ehuru Svenska fördelningen täflade i mod med den Finska, var den sednare dock mest begagnad och fick också vidkännas större och smärtsammare förluster; och sedan general *Sandels*, i sin rapport af den 7 Juli, i allmänhet berömt så väl befäl som trupp, utmärker han, utom de redan namngifne, serskildt ka-

---

[1] Blef straxt derefter återlemnad af grefve *Kamenskij*.

[2] En under detta krig mycket begagnad och i alla hänseenden utmärkt officer, hvars förlust djupt saknades.

[3] Han var ibland dem, som, ehuru sårad, återkom flera dagar efter; men de utståndna mödorna försvagade hans krafter och förvärrade hans sår, så att han föll ett offer för sin fosterlandskänsla. Han begrofs med allas deltagande och militärisk heder. Den förste som lyckades att från den kringrända och fallna *Dunckers* sida komma undan, var löjtnanten *Tuderus*, med 50 man Savolaks jägare. Ännu flere dagar efter inställde sig ett större antal med sitt underbefäl, som påmint de kringrände med utropet: "*kom ihog att vi äro Savolaksare; låt ej Ryssarne få taga er!*" — Bidraget, N:o 23.

Norra hären; Sandels fördelning; *von Born, Lange, Wallgren, Montgomery.*

pitenerne *von Born* och *Lange,* samt löjtnanten *Wallgren* och adjutanten *Montgomery.*

Ryska förlusten är icke närmare uppgifven, ehuru grefve *Kamenskij* efteråt medgaf, att den varit rätt betydlig. Men att döma efter hans truppers oförvägenhet, att rycka fram och Sandelska sexpundingarnes goda verkan med drufhagel, mot dem som flere gångor bestormade bron samt Svenskarnes välriktade och lifliga eld i allmänhet, så måste Ryssarne hafva förlorat i stupade och sårade åtminstone några hundrade man, utom befäl, och deribland Kossackernes redan omnämnde anförare.

Hvarken anfallet eller försvaret svarade mot de offer som här skedde. Det herrskar i krig en falsk ära, likasom i fred. Och det var denna, som här skulle tillfredsställas.

Nödvändigt kunde motståndet icke vara och än mindre fördelaktigt; ty i begge fallen hade det bordt ordnas bättre och icke den flygel mest blottas och minst försvaras, som var den enda farliga, neml. den venstra. Derom var visst icke den Svenska anföraren okunnig, och ej heller derom, att försvaret ingen nytta kunde medföra. Det var således blott fråga, att ej alltför hastigt och lätt låta drifva sig undan. Och anfallet tycktes icke heller haft annat ändamål, än att bringa *Sandels* dit tillbaka, hvarifrån han kommit, för att visa honom att framryckandet var onödigt, och att det berodde på *Kamenskijs* behag, att när som helst kasta honom tillbaka. Ty om denne haft ett vidsträcktare syfte, det t. ex., som mången förmodade, att öfverraska och taga Svenska högqvarteret, så skulle han icke anfallit på

Norra hären; *Sandels. Kamenskij.*

den tid han verkställde detta. *Kamenskij* hade, i sådant fall, visst icke uraktlåtit att dertill begagna natten eller den första dagningen, och ej heller försummat att ordna sitt anfall på ett för en sådan plan mera ändamålsenligt sätt. Både anfallet och försvaret var blott ett infall, ett tillfällighetsfoster, hvars följder voro alltför dyrköpta att kunna rättfärdigas på Svenska sidan, åtminstone af den enskildta ärans så kallade anspråk hos tvenne om hvarandras krigsrykte och anseende afundsamme generaler. Det var också första gången *Sandels* blifvit slagen, under ett nära två-årigt fälttåg; och någon annan heder eller någon annan framgång, eller annat ändamål med sitt företag åsyftade visst icke heller den unge och äregirige *Kamenskij* [1]). Men just denna tillfridsställelse hade *Sandels* lätt kunnat och ovillkorligen bordt undvika att skänka sin derefter fikande motståndare.

Efter striden vid Hörnefors den 5, intog general *Sandels* sin förra ställning på södra sidan om *Öre* elf, med den skillnad, att Svenska fördelningen, under grefve *Gyldenstolpe*, förlades längs nämnde elf, från hafvet till *Brattfors*, hvilket bevakades af en bataljon.

―――

1) Till hans heder bör också nämnas, att han, då *Sandels* återfordrade den tappre *Dunckers* lik, svarade, att om det skedde endast för att värdigt begrafva det, så försäkrade han att han visste uppskatta den fallne hjeltens värde och skulle derföre låta begrafva honom med samma ärebetygelser, som om han sjelf fallit på slagfältet. Detta verkstäldes äfven. Den fallne Kossack-chefen *Aerekoff* och *Duncker* jordades bredvid hvarandra i Umeå stads kyrkogård. Öfver *Dunckers* graf uppreste hans öfverlefvande vapenbröder, vid ankomsten till Umeå, en enkel minnesvård, erinrande, med några inristade ord, om den derunder hvilandes värde som krigare och medborgare. Här bör upplysas, att det i Finland gängse allmänna rykte, att general *Sandels* varit vållande till den tappre öfverste-löjtnanten *Dunckers* död, är så mycket mera ogrundadt, som förf. var af *Sandels* skickad med befallning till *Duncker*, att skyndsamt draga sig tillbaka, för att icke blifva omringad och tagen.

1809 JULI.

Eskadern; Lagerbjelke.

Förposterna utgjordes också af en bataljon, som dagligen ombyttes och hvilken hade sin hufvud-bevakning midt emot *Långeds* by.

Eskadern; Lagerbjelke.

Emellertid hade eskadern, under friherre *Lagerbjelke*, varit hvarken overksam eller onyttig. Fregatterna *Euridice* och *Chapman* kryssade norr och söder om *Wasa*, der en Rysk fregatt och en mängd kanonslupar befunno sig.

Fregatten *Bellona* kryssade norr om *Qvarken*, emellan *Skellefte* och *Uleåborg; Fröja* inom vestra *Qvarken*.

Kutterbriggen *Delphin* kryssade framför *Umeå* skärgård; *Vänta litet* framför *Ratan* och *Skellefte; Kotka* underhöll förbindelsen dem emellan och fortskaffade alla befallningar.

Tvenne galerer och tvenne däckade kanonslupar betäckte landthärens flyglar, och voro förlagde vid inloppet af *Öre elf*.

Utom de förutnämnde fångar flottan tagit, hade *Fröja* uppbragt en från *Torneå* seglande storbåt, med munnförråder; fregatternas slupar hade uppsnappat 8 smärre fartyg och storbåtar, med två Ryska officerare, en af dem ett ilbud med föreskrifter till befälhafvande generalen, och farkosterna fyllda med beväringspersedlar, matförråder och några Ryska soldater. Fregatternes små beväpnade fartyg hade, vid *Östö* udde, under friherre *Lagerbjelkes* befäl, landsatt sitt manskap, anfallit och förföljt fienden med mycken raskhet en fjerdedels mil; men icke trott sig böra aflägsna sig längre från sina fartyg.

Vänta Lilet hade uppbragt en jagt med munnförråder [1]), en officer och 11 Ryska soldater; och fregatten *Euridice* en Rysk brigg, en galeas och en jakt med proviant, 3 officerare, 4 under-officerare och 97 man samt en civil-person.

Dessa ansträngningar, jemte de som under nästinstundande månad gjordes från Svenska regeringens sida, hade nu mera egentligen för afsigt, att så mycket som möjligt inskränka Ryssarnes anspråk under de pågående fredsunderhandlingarne. Dessa egde rum i *Fredrikshamn*. Svenskarnes ombud voro friherre v. *Stedingk* och öfverste *Sköldebrand;* Ryssarnes grefve *Rumiäntzoff* och herr v. *Alopæus*.

Det bör medgifvas, att den nya regeringen med klokhet bedref dessa underhandlingar och fördröjde deras afslutande för att vinna tid, i förhoppning att Europeiska statsförhållanderna skulle taga någon för Svenskarne gynsam vändning. Men då de icke gjorde det, så snart man hade skäl att förmoda, och ehuru betänkligt ett fortsatt krig med Sveriges uttömda tillgångar måste vara, hade dock hellre de miljoner man offrade på *Götha kanal,* för detta ändamål bordt anslås. Ett försvarskrig på Svenskt område, med Engelska subsidier och något understöd till sjös från Eng-

---

1) Dessa tagna munnförråder åstadkommo matbrist i *Kamenskijs* här och denna förorsakade rymningar öfver till *Sandels*. Då de utsvultne Ryssarne välment, men obetänksamt, blefvo försedde med mat af Svenskarne, hände att de föråto sig och under svåra magplågor träffades af döden. Detsamma inträffade äfven under förra årets fälttåg, under det general *Sandels* och under-officeraren *Roth* togo så många förråder af Ryssarne, hvilka derföre hoptals gingo öfver till Svenska sidan, för att icke förgås af hunger, men hvaremot många i stället dogo af för mycken mat på en gång.

lands sida, hade icke kunnat blifva allt för kostsamt; men hvaremot tidsutdrägten varit ganska välgörande.

Det kunde icke undgå Svenska kabinettets uppmärksamhet, att redan synbara, åskdigra moln samlade sig på den södra horizonten och att det tillika mulnade på den östra. Detta kabinet hade således bordt kunnat inse att det lönat mödan, att, äfven med uppoffringar, afbida ovädrets utbrott.

I stället ansåg det för sig tillfridsställande, att blott vinna några månaders tid och att derunder uppenbara någon kraft och nästan för syn skull visa att det icke saknade stridsstyrka, hvilken det också tilltrodde sig, ganska lofvärdt, kunna använda på bättre och ändamålsenligare sätt, än hvad som skett under den förra regeringen. Utgången motsvarade dock icke dessa förhoppningar och beräkningar.

En ganska kostsam utrustning, till vatten och lands, skedde emellertid, både med berömvärd hastighet och den hemlighet, att den eljest uppmärksamme östra grannen, och då tillika vår farliga fiende, derom icke erhöll minsta kännedom.

Hufvudsakliga ändamålet med denna utrustning var att tvinga *Kamenskij* att utrymma Vesterbotten, samt, i lyckligaste händelsen, att afskära för honom återtåget, och, om det lät sig göra, nödga honom att sträcka gevär.

Öfver-amiralen *Puke* utnämndes till öfverbefälhafvare både öfver landthären och flottan, hvilken sednare lyftade ankar den 30 vid *Gräddö*. *Puke* hissade sin chefs-flagg på linje-skeppet Adolf Fredrik.

AUGUSTI MÅNAD.

Örlogs- och skärgårds-flottan; Puke. Kusthären; Wachtmeister. Norra hären; Wrede.

Öfver-amiralen *Puke* anlände, före medlet af denna månad, till Hernösands redd, med tvenne linje-skepp, 3 fregatter, 24 kanonslupar och omkring 40 så kallade Roslags storbåtar, hvilka skulle föra landstigningstrupparnes tross, samt den del af manskapet, som ej fick rum på de beväpnade fartygen.

Här tillstötte äfven en del af kusthären, garderna till fot, drottningens lifregemente, v. Engelbrechtens, Östgötha, Upplands, Södermanlands, Kronobergs, Vestmanlands och Jönköpings regementer, tillsamman 6,434 man, med tvenne sexpundiga batterier och fyra haubitser, under generalen, grefve *G. Wachtmeisters* befäl [1]).

Uti *Hernösand*, skulle planen uppgöras, huru kusthären och den norra (under generalen, frih. *Wrede* [2]), som förstärktes med general *von Döbelns* 2,000 man i anmarsch från Jemtland, det hela ställt under *Pukes* öfverbefäl, borde verka i samband med hvarandra och med flottan, för att innesluta *Kamenskij*.

---

1) Det hade varit mycken fråga, att utse en af de beprövade Finska generalerne till befälhafvare öfver denna här; men afunden hindrade det. Detta bädla spel drefs af vestra härens befälhafvare *Adlersparre*. Då grefve *Wachtmeister* redan förut var kusthärens generalbefälhafvare och det dessutom gälde att lemna de Svenska garderna och regementerne ett för dem efterlängtadt tillfälle att utmärka sig, kan man i det hela icke klandra valet. Grefve *Wachtmeister* var dessutom känd för en duglig officer, sedan förra Finska kriget. Klandervärdare var det, att ställa honom under en sjö-officers öfverbefäl, om ock denne var så utmärkt som *Puke*; men hvilken dock icke kunde vara lika skicklig general, som amiral.

2) Med *Sandels* och *von Döbelns* fördelningar utgjorde hans styrka omkring 4,000 man.

Tvenne utvägar framställde sig i detta hänseende [1]). Den ena att göra en landstigning vid *Umeå* och sålunda, mästare af denna elf, genast bringa fienden emellan tvenne eldar. Den andra att landstigningen af *Wachtmeisters* här skulle verkställas så långt bakom fienden (t. ex vid *Skellefte*, hvilket ställe också föreslogs), att general *Wrede* kunde hinna så väl öfver de mindre vattendragen emellan *Öre* och *Umeå*, som ock öfver den sistnämnde elfven, och sålunda blifva i stånd att, så nära som möjligt, följa *Kamenskij*, hvilken troligen skulle söka slå sig igenom, så snart han såg sig omringad af *Wachtmeister*.

Den första utvägen ansågs icke antaglig derföre, att man erhållit kännedom derom att *Kamenskij*, utom uppförda flere stycke- och bröstvärn vid inloppet, hade i *Umeå* en betydlig styrka.

Landstigningen vid *Skellefte* troddes vara för långt bakom *Kamenskij;* ty om han kunde göra ett 14 dagars motstånd [2]), så hade *Wachtmeister*, i brist på munnförråder, hvilka icke voro beräknade att räcka så länge, blifvit tvungen att återvända med oförrättade ärender.

Öfverbefälhafvaren *Puke* beslöt derföre, att landstiga närmare fienden och utsåg dertill *Ratan*, omkring fem mil från *Umeå*. Men genom detta beslut blef tillika afgjordt, att den landstigna hären ensamt skulle komma att strida mot nästan hela grefve *Ka-*

---
1) Förf. har, i sin beskrifning om dessa händelser, i synnerhet fästat afseende på Bidraget N:o 22, hvilket utmärker sig genom sakkännedom och sanningskärlek.

2) Ett så långvarigt motstånd kunde likväl *Kamenskij*, med all sin kraft och förslagenhet, omöjligen åstadkomma, då Svenskarne voro herrar till sjös, och kunde således när och hvar helst öfverföra *Wredes* trupper till understöd för *Wachtmeister*. Inom 14 dagar kunde den senare, med tillhjelp af flottan, få matförråder, ej blott från Hernösand utan ock ifrån Stockholm. Detta inkast förtjenar således intet afseende.

Örlogs- och skärgårdsflottan; Puke. Kusthären; Wachtmeister; den 16 och 17.

menskijs samlade styrka, utan ringaste medverkan af *Wredes* trupper, hvilka, sedan alla broar söder om *Umeå*, samt dervarande flottbro, voro förstörde, omöjligen kunde framkomma för att deltaga i striden [1]).

Detta beslut fattades i *Hernösand*, hvarifrån öfveramiral *Puke* afseglade den 15 kl. 4 om morgonen. De stora skeppen hade i släp både kanonsluparne och de obeväpnade farkosterna. För att icke under kusten blifva upptäckt af fienden, tog *Puke* kurs genom östra *Qvarken*. Sent på aftonen upptäcktes fregatterna *Euridice* och *Chapman*. Påföljande dag anträffades de. Den sednare fick befallning, att fortsätta sin kryssning utanför skären till *Wasa*. Den förra till *Ratan*, sedan han likväl förut framfört befallning, till fregatten *Bellona*, som låg till ankars i vestra *Qvarken*, att, gemensamt med *Chapman*, underhålla kryssning och spärrning utanför *Wasa*.

En på f. m. uppkommen dimma, hvilken fortfor hela dagen, gjorde seglingen både bekymmersam och äfventyrlig. Men för att vinna sitt ändamål lät den dristige *Puke* alla betänkligheter vika; ty tiden trodde han vara dyrbar och skyndsamheten nödvändig om företaget skulle lyckas. Oaktadt den fortfarande tjockan kom han kl. 5 e. m. till *Ratan*, utan haveri och utan att något fartyg veterligen var skadadt [2]).

---

1) Äfven till detta beslut påstås det att den falska äran medverkat, på det de Svenska trupperna ensamma skulle skörda hedern af den väntade och påräknade segern. Af det lydande befälet och truppen var detta anspråk ganska ädelt och berömvärdt; ty det påkallade af dem motsvariga uppoffringar af lif och blod. Men öfverbefälhafvaren, som skall ansvara samtid och efterverld för en säker utgång, får icke bygga den på enskilda anspråk och förhållanden. Förkastandet af det första förslaget styrker denna förmodan.

2) Han seglade således på 36 timmar ifrån Hernösand till Ratan, ostvardt om Qvarken.

Puke; Kusthären; Wachtmeister.

De täta signalskotten öfver-amiralen nödgades anbefalla, för att förekomma fartygens ombord läggning, lemnade tidig underrättelse om landstigningen, hvilken, i anseende till det fortfarande sjömörkret, ej kunde företagas förr än dagen derpå, eller den 17 kl. half 3 på morgonen.

För att, om möjligt, öfverrumpla och bemägtiga sig *Umeå*, med dervarande bro öfver elfven, afsände öfver-amiral *Puke* sin första adjutant, kapitenen och riddaren *Nordensköld*, för att med de under majoren och riddaren *Sölfverarms* befäl varande galerer och kanonslupar verkställa detta uppdrag. Öfver-adjutanten, majoren *Aug. Anckarsvärd* medföljde, såsom befälhafvare för de på dessa fartyg tjenstgörande landttrupper.

En uppkommen motvind hindrade dem att framkomma förr kl. 5 e. m., den 18, då de genast, med de der befintlige 9 st. kanonslupar och en karonad esping, rodde emot *Umeå*. Redan på ¼ mils afstånd derifrån möttes de från elfvens begge stränder af häftig jägar-eld, hvilken fortfor utan afbrott under framryckandet till staden, der fyra kanoner jemte en ännu lifligare handgevärs-eld från alla sidor lät höra sig. Detta och farvattnets beskaffenhet, hvilket hindrade tvenne slupar att röra sig i bredd, och sedan nästan alla nickor på kanonsluparne voro demonterade, nödgade dem att draga sig tillbaka, väl med ordning; men icke utan betydlig förlust i döde och sårade.

Emellertid hade öfver-amiralen *Puke* besörjt att landstigningen gått för sig med den raskhet, att den slutades samma dag, den 17 kl. 8 på e. m. [1]), och öf-

---
1) Styrkan utgjorde 3 afdelningar, sålunda: att första afdelningen bestod af

Puke; kusthären; *Wachtmeister,* Djekneboda
den 17; *Andersin, Klingspor, von Döbeln,
Bergman, Gyllensvärd.*

verste *Lagerbring* hade, med 100 man af Södermanlands regemente och 120 Kronobergs jägare, under kapitenen och riddaren *Andersins* befäl, redan på f. m. ryckt mot *Djekneboda*, hvilket intogs med storm, ehuru det försvarades af 300 man fotfolk och 50 Kossacker. Stabs-adjutanten, kornetten *von Döbeln*, fendrikarne *Klingspor* och *Bergman*, samt löjtnanten *Gyllensvärd* täflade dervid med kapiten *Andersin* i tapperhet. Den sistnämnde och 9 man blefvo sårade och tvenne man skjutne. Tvenne man Ryssar togos, jemte en hop beväringspersedlar. Åtta man sårades och flere stupade.

För att betäcka kusthärens rygg och förekomma undsättningars framkomst åt grefve *Kamenskij*, afskildes öfverste-löjtnanten, frih. *Sture*, med Upplands regementes infanteri och 2:ne fältstycken, att genast afgå norrut till *Bygdeå*, för att fatta stånd vid *Katlåsen*.

För att i händelse af återtåg, betäcka detsamma, befallte grefve *Wachtmeister* fortifikations-befälhafvaren, öfverste *Cedergrén*, att uppkasta fältverk på tjenliga höjder vid *Ratan*. Arbetsmankap dertill utsågs af flottans besättningar.

Sedan dessa försigtighetsmått voro vidtagna [2], fort-

Södermanlands, Jönköpings och Vestmanlands regementer; den andra af Svea lifgarde, Kronobergare, drottningens lifregemente och v. Engelbrechtenska regementet; tredje, af jägare utaf lifgardet till häst, lifgrenadier och Upplands regementer.

[2] Likväl glömdes det vigtigaste dervid, neml. venstra flygeln, som bordt försvaras genom kanonsluparnes förläggning i Säfvarfjärden, då Ryssarne icke kunnat, under slaget vid Säfvar, kringgå densamma genom Ytterboda. — Bidraget, N:o 25.

Puke; kusthären; *Wachtmeister;* den 19.

sattes framryckandet så, att hela hären samma dag, eller den 17, marscherade till *Pålsböle.* Dagen derpå kl. 8 f. m. hade grefve *Wachtmeister* redan inträffat vid *Säfvar.* Och ehuru han hade öfver-amiral *Pukes* befallning att skynda till Umeå, för att hinna dit innan *Kamenskij,* stadnade grefve *Wachtmeister* dock vid Säfvar, i följd af erhållna så kallade *tillförlitliga* underrättelser, att Ryssarne redan kommit till *Umeå*, med *nästan* hela sin hufvudstyrka. Hade han, i stället att låta uppehålla sig af dessa underrättelser, marscherat fram, så skulle han troligen hunnit till *Umeå* före *Kamenskij*, hvilken ej inträffade der förr än samma dag på e. m.; men om han också icke hunnit längre än ⅛ mil söder om *Säfvar,* så hade han funnit en bättre belägenhet än sistnämnde ställe, neml. vid *Tefteå.* Här hade han kunnat hafva sin venstra flygel stödd emot hafvet och den högra betäckt af ett öppet, sankt kärr, hvilket knappast kunde begagnas af fotgångare, tillika med en höjd på mellanrummet, hvarifrån man beherrskade fältet söder om *Tefteå* by.

Men då han icke gjorde detta och ej heller tilltrodde sig att kunna återgå till det bakom honom belägna starka passet vid *Djekneboda,* utan öfverbefälhafvarens tillstånd, hvilket han afsände sin general-adjutant, öfverste *Lagerbring* att inhemta, så hade han åtminstone bordt bereda sig på ett kraftigt och ändamålsenligt motstånd der han stadnade. Han hade derföre bordt noga undersöka läget, så väl framför sig som på sina flyglar. Han hade då genast insett, att han, i händelse af anfall, och isynnerhet ett sådant som en genombrytande är tvungen att försöka, orubbligen borde bibehålla höjden på norra sidan af *Säfvar*

Puke; kusthären; *Wachtmeister;* Säfvar den 18.

lilla ström; att han bordt nedhugga skogen på den motsatta stranden och det fält på begge sidorna af den derifrån löpande landsvägen, på det hans fältstycken, längs denna öppna förhuggning, kunnat göra så mycken säkrare och rikare skörd i de framrusande fiendernas leder; att tillse, det hans venstra flygel vid *Ytterboda* bordt förstärkas åtminstone genom förhuggningar, samt vidtaga allt möjligt, för att betäcka sin högra flygel. Allt detta försummades. Dyrbara, oersättliga, tjugutre timmar gingo förlorade, kanske derföre att han var osäker, om öfverbefälhafvaren tillät honom stadna vid *Säfvar*. Men, utom det att han i alla händelser bordt förstärka sin ställning, så hade han derjemte, med öfverste *Lagerbring*, bordt gifva befallning att skyndsamt förse *Djekneboda* med fältverk, i fall öfvergeneralen befallde honom att draga sig dit, för att på detta tjenligare ställe afbida fiendens anfall. Äfven detta åsidosattes.

All möjlig omtanke är alltid behöflig i krig; men här var den så mycket nödvändigare, som *Kamenskijs* utmärkta duglighet och ovanliga mod voro allmänt kände, liksom hans något öfverlägsna antal krigare, hvaremot *Wachtmeisters* förut något underlägsna stridskrafter betydligen blifvit minskade, dels genom det till *Bygdeå* afskilda Upplands regemente och dels genom den mängd manskap, som måste, i brist af hästar, användas att framskaffa reserv-ammunition. Hans återstående stridbara styrka uppgick derföre till icke fullt 5,000 man [1]), hvaremot *Kamenskij* räknade närmare

---
1) Enligt *Lagerbring.* — Bidraget, N:o 22.

Puke; kusthären; Wachtmeister.

6,000 man [1]) med rytteri, hvilket *Wachtmeister* alldeles saknade.

Det enda grefve *Wachtmeister*, under den långa väntnings- och overksamhets tiden gjorde, var att han lät utsätta vanliga fältvakter [2]). En del af första fördelningens trupper utsattes på andra sidan om bron, för att bevaka vägen åt Umeå. Första bataljonen af Jönköpings regemente, med dess begge jägar-divisioner, afsändes till *Tvärå* mark, för att hindra fienden att på denna väg kringgå *Wachtmeisters* ställning. Dessa trupper åtföljdes af öfver-adjutanten för dagen, öfverste-löjtnanten *Reutersköld*, hvarjemte andra bataljonen af samma regemente ställdes den första till undsättning, framom Säfvar ström.

Innan öfverste *Lagerbring* var återkommen med öfverbefälhafvarens förhållningsorder, började fiendens anfall.

Förtrupperna af första fördelningen blefvo angrip-

---

[1] Enligt de uppgifter förf. erhållit från säker hand. Af ofvannämnde styrka voro många föga tjenstbara under slagtningen, emedan de sprungit mera än de marscherat 7 1/2 mil inom 36 timmar, med dålig föda. Under generalerne *Kosatschkoffskij* och *Erikson* voro nära 3,000 man qvarlemnade i Umeå.

[2] "Utom att frammarschen till *Säfvar* skedde med en oförklarlig långsamhet och under beständiga *halter*, så iakttogs icke heller vid framkomsten någon ordning eller visade sig någon omtanke. Allt var *holter di polter*; den ena timman efter den andra gick förlorad under denna overksamhet, utan order för uppställning; ja, ej ens *fältrop* eller *lösen* meddelades. Man hörde i stället berättelser, att *Kamenskij* redan var besegrad af general *Wrede*, att en parlamentär från general *Wachtmeister* hade afgått till *Kamenskij*, för att uppgöra och emottaga vilkoren för Ryska härens kapitulation. Och dessa uppgifter troddes så mycket mera, som tvenne *Kamenskijs* tagne domestiker sades hafva meddelat desamma. I denna *syndiga* säkerhet tillbragtes hela natten och en god del af morgonen den 19, till dess Ryska kulorna togo alla ur sin förvillelse. Dock voro alla glada att få ett tillfälle, att tillegna sig ett blad af den lagerkrans, som hittills blifvit kringvirad Finska härens panna; ty alla voro öfvertygade derom, att *Kamenskij* skulle blifva slagen och tagen." — B i d r a g e t, N:o 49.

Puke; kusthären; *Wachtmeister;* Säfvar den 19.

ne kl. half 7 om morgonen den 19, af *Kamenskijs* lätta trupper. Detta anfall, som var mycket häftigt, riktades först emot Södermanlands regementes första bataljon, ställd på en höjd af landsvägen, till stöd för jägarkedjan, hvars försvar dessutom förstärktes af samma regementes andra bataljon.

Återstoden af första fördelningen under öfversten, friherre *Fleetwoods* befäl, bestående af Jönköpings och Vestmanlands bataljoner samt de sistnämndes och Södermanlands jägare, med tvenne sexpundiga kanoner, utgjorde förtruppernas undsättning och var uppställd framom bron vid *Säfvars* gästgifvaregård.

Af andra fördelningen voro redan Svea lifgarde och Drottningens lifregemente utsatta på båda sidor om de midt för bron uppställda fältstyckena. Resten af denna fördelning, neml. Kronobergs begge bataljoner samt *von Engelbrechtenska* regementet, under öfversten, friherre *Boye*, äfvensom tredje fördelningen, bestående af tre bataljoner lifgrenadierer, under öfversten, grefve *G. Löwenhjelms* befäl, intogo, såsom hjelptrupper, höjderna bakom byn, hvarest alla hinder af stängsel och gärdesgårdar förstördes, på det utrymme till fritt begagnande af läget måtte kunna ega rum.

Vid ett bakom venstra flygeln nära *Ytterboda* beläget vad, stod en fältvakt af en officer och 25 man af Drottningens lifregemente, med 100 mans stöd [1]), ett stycke derifrån, jemte några ryttare till rapporters afsändande.

---

[1] Så svagt var den angelägnaste punkten bevakad, hvilken bordt vara starkt besatt, samt till och med understödd af skärgårds-flottan. Försummelsen i detta

Puke; kustbären; Wachtmeister.

Sådana voro grefve *Wachtmeisters* anordningar och hans ställning, då *Kamenskijs* lifligare anfall vidtog.

Södermanlands regemente, hvilket utgjorde förtrupper, mottogo detsamma med mandom på södra sidan om *Säfvar* bro åt *Umeå*. De stodo som murar emot det öfverlägsna anfallet och den förfärliga skottvexlingen; och då de längre fram för ett ögonblick blefvo undanträngde af mängden, återtogo de med hurrarop sin förra ställning, ehuru omgifne af fiender. Förstärkte af Jönköpings regementes tredje bataljon, fortsatte de striden med ny kraft; trenne serskildta gångor förlorades och återtogs med storm den höjd, hvarom här kämpades.

Vid *Wachtmeisters* venstra flygel hade hans adjutant, friherre *Stackelberg*, fört befälet vid dervarande förposter, öfver hvilka öfver-adjutanten, major *Hårdh* fick befälet sedan den förre blifvit sårad.

För att afleda *Kamenskijs* fortfarande lifliga bröstanfall längs landsvägen, hvilken Södermanländningarne icke ville lemna för godt pris, befallte *Wachtmeister* öfver-adjutanten för dagen, öfverste-löjtnanten *Reutersköld*, att, i spetsen för Jönköpings andra bataljon, anfalla fiendens venstra flygel. Det skedde, mot den ojemnförliga öfverlägsenheten, med den orubbliga ståndaktighet, att denna bataljon, oaktadt förlusten af dess halfva styrka, icke ryggade förr än det allmänna återtåget anbefalltes.

På samma sätt uppförde sig tredje fördelningens

---

hänseende afgjorde *Wachtmeisters* återtåg och *Kamenskijs* seger, jemte det misstaget, att den förre skickade en bataljon i sender i elden, i stället för att, på norra sidan, afvakta de sednares anfall.

jägare-bataljon, under ryttmästaren, friherre *Frisendorff*.

Emellertid hade general adjutanten för dagen, öfverste *Lagerbring* återkommit och emottagit generalen, grefve *Wachtmeisters* befallning, att taga befälet öfver de i elden varande trupper. I och med detsamma uppdrogs åt öfverste-löjtnanten *Hederstjerna*, att, med Kronobergs första bataljon, rycka fram, för att också kringgå Ryssarnes venstra flygel och söka borttaga deras på landsvägen ställda fältstycken. Frammarschen skedde i jägarkedja med sluten trupp bakom sig; men möttes med den häftighet af Ryssarne, hvilka icke af de spridda trupparnes eld förmåddes att vika, utan tvertom gjorde flere försök att omringa dem, hvarföre *Hederstjerna* måste draga sig tillbaka, helst hans trupper, i den tjocka skogen och starka krutröken, hade förlorat sambandet med den öfriga Svenska styrkan på samma flygel.

Kronobergs andra bataljon, anförd af kapitenen vid Svea lifgarde, friherre *Ad. Lagerbjelke*, befalldes utgöra betäckning för de framom bron ställda sexpundiga kanonerna.

Första rusthålls-bataljonen af lifgrenadiererna, under öfverste-löjtnanten *Sköldebrand*, fick befallning att rycka öfver bron, för att aflösa någon af dervarande bataljoner, som mest varit blottställd.

Ifrån stridens början hade fienden, med tvenne tolfpundiga kanoner och tvenne haubitser, beskjutit ej allenast alla mot honom framryckande Svenskar, utan ock hela slätten framför *Säfvars* by, jemte der uppställda hjelptrupper. I följd deraf befalltes löjtnanten och riddaren *Petré*, att, med tvenne sexpundiga kanoner, skyndsamt rycka på landsvägen öfver bron. Det skedde med sådan hastighet, att han nalkades fienden och dess fältstyrka, som han genast började beskjuta, på så nära håll, att han, nästan i handgemäng med Ryssarne, förlorade en af sina förställare, som vid afbröstningen gått sönder och hvilken af kapitenen vid Södermanlands regemente, grefve *Wrangel* genom stormning återtogs.

Under tiden hade rapport inlupit från *Ytterboda,* att Ryssarne, på en der varande färja, med en betydlig styrka gått öfver och hotade *Wachtmeisters* venstra flygel. Han skickade genast dit Drottningens lifregemente, under majoren och riddaren *v. Hennings* befäl, för att understödja der förut varande andra fördelningens jägar-bataljon, anförd af kapitenen *Liljeström*. Denne hade så länge motstått Ryssarnes försök att tillbakakastade och kringgå honom, att hans jägare bortskjutit alla sina skott och i brist af dem måste draga sig ur elden. Drottningens lifregemente, med *Henning* i spetsen, framryckte i stället med den hurtighet, att Ryssarne flere gångor blefvo tillbakakasta ända till sjöstranden [1]); men då fienderna förstärktes med ett par grenadier-bataljoner, hvilka framkommit på båtar ifrån *Umeå* öfver *Östnäs*, så måste *Henning*, hvilken hotades med öfverflygling och dervid redan förlorat hela sin venstra flygel, under fiendens salfvor bataljonsvis, snart draga sig undan. Emellertid var Svea lifgarde afsändt till hans understöd och kom i lagom tid. Det anfördes af majoren och riddaren, friherre *Lovisin* och han anföll Ryssarne i ryggen med den raskhet och framgång, att han icke allenast gaf Drottningens lif-

---

1) Om der funnits några kanonslupar, så hade denna flygel varit lätt försvarad, och inga fiendtliga båtar hade kunnat ankomma med trupper.

regemente tid att åter samla sig, utan tog jemväl en officer och 39 man fiender till fånga.

I dessa för grefve *Wachtmeister* ännu uti intet hänseende bekymmersamma förhållanden, ansåg han sig (enligt sin rapport af den 25), "föranlåten att vara betänkt på de medel, som kunde försäkra arméen, om en trygg och ordentlig reträtt", dock med tillägg "i fall den blefve nödvändig." Orsakerna dertill uppger han bestå deri, att "alla försök att fördrifva fienden ur dess fördelaktiga ställning blifvit förgäfves anställda, oaktadt hans käcka trupper på högar af fiendtliga lik ännu bestredo honom med envishet hvarje steg; att Ryssarne egde fördelen af lokalen, som i anseende till höjden nästan utgjorde en fästning, och att de med nya bataljoner beständigt kunde aflösa sina redan slagna trupper"[1]).

Till vinnande af detta ändamål befallte grefve *Wachtmeister* v. *Engelbrechtenska* regementet, under öfverste-löjtnanten och riddaren *von Gutzkow*, att taga sin ställning på en rågåker bakom bron; och blef rusthålls-bataljonen af lifgrenadiererna, anförd af kapitenen vid Svea lifgarde, friherre *Axel Lagerbjelke*, befalld till venster om de mot bron ställde sex fältstycken.

---

1) Alla dessa så kallade orsaker och skäl upplösa sig till endast toma ord, så snart man erinrar sig, att *Wachtmeister* icke var den genombrytande, således icke behöfde vara den anfallande, och således hvarken behöft eller bordt uppoffra en enda man. Det var *Kamenskij*, som var tvungen att angripa och derföre bordt ensam få göra det, hvarvid *Wachtmeister* haft fördel af höjden på norra sidan af bron, hvarifrån han aldrig bordt skicka en enda man öfver densamma, utan genast rifvit bron och ordnat sig till ett starkt motstånd. Hvad den sista orsaken beträffar, så var förhållandet nästan motsatsen; emedan *Kamenskijs* trupper voro, af den långa marschen, mycket utmattade och medtagna, att om segerfröjden icke lifvat dem, hade de icke uthärdat att fortsätta striden, utan nödgats sträcka gevär eller draga sig tillbaka åt Umeå och söka en förening med dervarande uthvilade trupper. Den rätta orsaken till återtåget var den äfven af general-löjtnanten *Lagerbring* (Bidraget, N:o 22) medgifna, till någon del förhastade rapport, att *Wachtmeisters* venstra flygel vore tillbakakastad och han kringränd.

Stabs adjutanten, kapitenen och riddaren *Lefrén*, hvilken hade åtföljt venstra flygelns rörelser, ankom nu med rapport derifrån, att fienden med sådan häftighet och öfverlägsen styrka påträngde [1]), att grefve *Wachtmeister* "i anledning deraf trodde sig böra anbefalla ett allmänt återtåg, då inga flera friska trupper från hufvudstyrkan, utan afsaknad för det hela försvaret, dit kunde afsändas."

Om fiendens öfverflyglings-försök på motsatta sidan ankom också underrättelser, hvilka bekräftades af fångar och kunskapare [2]).

Fortifikations-befälhafvaren, öfverste *Cedergrén* fick befallning, att besörja om *Säfvar* bros rifning, sedan de på andra sidan stående fältstyckena hunnit undanskaffas.

Öfversten, friherre *Boye* skulle framrycka med v. *Engelbrechtenska* regementet och andra rusthålls-bataljonen af lifgrenadiererna, att tillbakahålla de Ryssar, hvilka ville hindra brons förstöring eller komma deröfver. Det verkstäldes med sådan beslutsamhet, att flere fiendens försök tillintetgjordes.

Derefter började återtåget, för hvars betäckning och ordning grefve *Wachtmeister* vidtagit ganska kloka åtgärder, hvilka lända honom till mycken

---

1) Under återtåget "märktes först att omförmälde rapport varit till någon del förhastad; ty fiendtliga öfversten *Anselme* hade visserligen med öfverlägsen styrka kommit öfver vadet samt tvungit der varande postering att vika, men icke försatt den ur försvarstillstånd. En bataljon af första gardet, tillhörande denna afdelning, förenade sig i största ordning med hären under dess återtåg, medförande flere fångar. Endast en af de Tyska bataljonerna nödgades genom skogen söka sig väg till Ratan." — Bidraget, N:o 22.

2) Troligen hade dessa försök mindre till föremål att innesluta *Wachtmeister*, än att tillse hvar och på hvilken flygel *Kamenskij*, i nödens stund, kunde undkomma, åtminstone med sitt fotfolk, om också allt annat skulle lemnas i sticket. Med den oväntade framgången växte hans djerfhet till den grad, att han dagen derpå ånyo anföll *Wachtmeister* och sjelfva flottan.

Puke; kusthären; Wachtmeister; Djekneboda.

heder, ehuru de alldeles icke behöfdes; emedan icke ens hans eftertrupper af den utmattade fienden oroades [1]).

Hade det skedt, så skulle de nära 400 man sårade, som medföljde och blefvo burne af deras under den långvariga striden utmattade kamrater, hvilka med fröjd nedtyngdes af den kära bördan, icke kunnat frälsas.

Grefve *Wachtmeister* inträffade med sina tappre, (hvaraf de flesta utan hvila, ja många utan afbrott, uthärdat en åtta timmars häftig och blodig kamp), efter hand emellan kl. 8 och 11 e. m. i *Djekneboda*, hvars belägenhet han af förut afsände fältmätningsofficerare låtit undersöka och hvilka nu lemnade den upplysningen att *Wachtmeister* äfven här kunde kringgås [2]). Och då han tillika erhöll underrättelse derom, att fienden var i anmarsch för att verkställa ett sådant kringgående, "att hans utmattade trupper till större delen behöft begagnas för att besätta och försvara detta pass, samt att alla fältstycken, med deras tillhörigheter, gått förlorade, om fienden lyckats bryta sig fram, emedan en omväg af en och half mils bakväg måste tagas, då fienden, med hela sitt infanteri, kunde på en half mils skogsväg afskära allt återtåg och hafva intagit *Ratans* by innan artilleriets ditkomst" [3]); så beslöt han att ge-

---

[1]) Ett säkert bevis, att han var både svag, samt tillika, att börja med, förlägen och villrådig hvad han borde göra, och hvad han skulle tro i afseende på det för honom opåräknade återtåget å Svenska sidan.

[2]) Visserligen; men icke utan de största ansträngningar och uppoffringar, i fall stället, som har många naturliga fördelar, rätt försvaras och detta kan ske med ringa styrka. Derom voro också generalerne *von Vegesack* och *von Döbeln* öfvertygade, när de efteråt besågo detta ställe, och detta måste hvarje sakkunnig officer medgifva.

[3]) Till dessa skäl lägger general *Lagerbring*, att "så väl öfvergeneralen,

nast, under betäckning af Kronobergs regemente, låta alla fältstycken afgå landsvägen och fotfolket skogsvägen till *Ratans* hamn, hvarest hären inträffade nästan på en gång kl. 4 om morgonen den 20.

Under vägen mötte *Wachtmeister* så väl reservammunition, som de efterlemnade haubitserna, hvilka öfver-amiralen afsändt under handkraft af sina raska sjöbussar. De måste återvända, liksom hela hären, med oförrättade ärender i afseende på hufvudsaken, som måste hafva varit att slå [1]) *Kamenskij*, samt om möjligt, tillintetgöra hela hans här eller taga den.

Att trupperna deremot, liksom grefve *Wachtmeister* sjelf, under den blodiga slagtningen förhöllo sig såsom Svenskar egnar och anstår, samt gjorde allt hvad man af dem kunde vänta, är otvifvelaktigt. Den stora förlust som träffade dem, bevisar att de icke skytt fien-

---

som general *Wachtmeister* ansågo, att, efter förra dagens stora förlust i döda och sårade, vidare blodspillan vore öfverflödig, då hufvudändamålet med detta krigsföretag, en betydlig del af Vesterbottens utrymmande, var vunnet; helst med säkerhet kunde förutses, att *Kamenskij* skulle med skyndsamhet fortsätta sitt återtåg, och ej kunde utsätta sig, hvarken för faran att blifva af de förenade Svenska härarne anfallen, ej eller för möjligheten af en ytterligare bakom honom gjord landstigning." — Om dessa skäl för återtåget från Djekneboda nämner *Wachtmeister* icke ett ord, i sin underdåniga rapport af den 25, och ej *Kamenskij* hade heller brådtom att gå undan, då han dagen derpå anföll *Wachtmeister* och ej lemnade denna trakt, förr än Svenskarne gingo om bord, hvarefter han fruktade en ny landstigning; hvilken bordt ske, eller ock hade man, enligt general *Adlercreutz* efteråt yttrade tanke, bordt undvika drabbning, till dess *Wrede* hunnit efter, och emellertid draga sig undan åt Skellefte, oroa och uppehålla fienden, utan onödig manspillan, och vid sistnämnde ställe taga en fast ståndpunkt, invänta flottan och sedan, i samband med *Wrede*, tvinga *Kamenskij* mellan tvenne eldar, *att slås eller gifva sig*. Att *Puke* icke måtte varit af samma tanke med *Wachtmeister*, om nödvändigheten att öfvergifva Djekneboda, synes deraf, att han skickade till den sednare reservammunition och de efterlemnade haubitserna, under stora ansträngningar af menniskokraft.

1) Ehvad invändningar den aktningsvärde generalen, friherre *Lagerbring* än må göra deremot; ty *Wachtmeisters* eget medgifvande och förhållande bevisar, att han ville slå *Kamenskij*, och hade otvifvelaktigt ej underlåtit att taga honom och hela hans här, om han kunnat det, och visserligen icke eller afslagit hans anbud af dagtingan, om han erbjudit det.

dens eld, utan tvertom gått den oförfärad till mötes. Den, hvilken så snart efteråt som förf. besett slagfältet, kan bäst intyga, att kampen der varit en af de ihärdigaste och blodigaste, som under dessa tvenne årens fälttåg egt rum. De nära skotthållen befintliga husen voro väl stumma, men, med sina oräkneliga hål och märken, ojäfviga och öfvertygande vittnen derom, att striden varit utomordentligt liflig, samt att de, som deltagit deri, icke saknat mod och ståndaktighet. Men, som sagdt är, det säkraste, ehuru smärtsammaste vittnesbörd i dess hänseenden lemna: 39 officerare, 36 under-officerare och 957 man döde och sårade å Svenska sidan [1]), samt 3 generaler, öfver 30 officerare och omkring 2,000 man under-befäl och manskap stupade och sårade på Ryska sidan [1]).

Men innan man närmare går att utmärka personligheterna ibland dessa ädla offer för sitt mod och sin fosterlandskänsla, återstår att ännu upptaga en kort teckning af en opåräknad strid vid *Ratan*.

I detsamma grefve *Wachtmeister*, vid återkomsten dit, besett de der uppkastade fältverk, ordnat försvaret och låtit utsätta nödiga fältvakter, anmälde sig, middagstiden, en Rysk general såsom underhandlare. Hvad han hade att föreslå, är icke närmare uppgifvit, än att grefve *Wachtmeister* ansåg dem icke förenliga med *Svenska krigsäran*; hvarföre samtalet genast afbröts med hotelser till anfall å Ryska sidan samt inbjudning å grefve *Wachtmeisters*, att vara välkomne, under försäkran, att ett sådant företag skulle åtföljas med skäl till ånger.

---

[1]) De vid Ratan inberäknade.

Hotelsen uppfylldes genast. Ryssarne framryckte raskt och började en liflig eld, hvilken besvarades endast af Svenskarnes spridda lätta trupper; ty grefve *Wachtmeister* ville undvika onödig blodspillan och i stället draga all möjlig fördel af sina uppkastade fältverk.

Så snart skärgårds-flottan gaf stridstecknet, ankom öfver-amiralen, friherre *Puke* [1]), hvilken, tillika med grefve *Wachtmeister*, deltog i ordnandet af försvaret. Efter ett redan fortfarande längre och tappert motstånd, befalltes de spridda trupperna, att småningom vika, för att locka Ryssarne ut på fältet, hvilket kunde beskjutas med drufhagel från kanonsluparne samt ett genom friherre *Pukes* försorg uppkastadt batteri på en närliggande holme. Och, så ofta Ryssarne, dels i slutna massor och dels i spridd ordning, försökte tränga sig fram, det de förnyade flera gångor, möttes de af Svenskarnes kanon-eld, hvilken var så mycket kraftigare, som *Wachtmeisters* på en befästad höjd ställda sexpundingar förenade sig dermed. Också funno Ryssarne rådligast, att upphöra med sina modiga och djerfva; men dyrköpta försök på detta ställe.

De kastade sig i stället uti och bakom byn vid *Ratan*, hvarifrån de gåfvo en häftig eld på kanonsluparne, hvilka tillika, jemte transport-flottan, och de på höjden stående trupperna, blefvo beskjutne af tvenne fiendtliga haubitser. Sådant verkade någon oordning ibland de förra; men så snart kanonsluparne hunnit förändra sin ställning, besvarades Ryssarnes eld med den kraft, att deras fältstycken tystnade och striden upphörde kl. 8 e. m.

Ryssarne återvände, utan att medtaga sina sårade

---

1) Vid den nye konungens utropande hade en mängd utnämningar ägt rum; ibland dem hade *Puke* blifvit friherre, *Wrede* grefve, *Sandels* friherre, o. s. v.

och stupade, hvilka betäckte stridsfältet. Några man förlorade fienden äfven i efterlemnade fångar.

Farhåga uppstod, att de döda kropparne snart kunde, genom elak stank, sprida sjukdoms ämnen ibland Svenska trupperna, hvilka ännu, utan att beslut var fattadt om de skulle återgå om bord eller icke, bivuakerade inom en ganska trång krets. Grefve *Wachtmeister* lät derföre föreslå Ryska befälhafvaren ett stillestånd på den korta tid, som erfordrades till likens jordande och de sårade Ryssarnes upptagande och vårdande. *Kamenskij* afslog väl detta; men gaf i stället, genom ett utmärkt artigt bref, sin önskan om ett muntligt samtal tillkänna och hvartill grefve *Wachtmeister* samtyckte. Medan detta samtal egde rum om aftonen [1]), begagnade Svenskarne tillfället att undanskaffa sina egna döda och sårade, samt äfven en del af fiendens.

Efter den dagen derpå skedda öfverläggningen emellan öfver-amiralen, frih. *Puke* och grefve *Wachtmeister*, gingo trupperna om bord, för att återvända jemte flottan [2]). Orsakerna till detta oväntade beslut uppgifves hafva bestått i öfvertygelsen: "att det åsyftade ändamålet, att befria Vesterbotten, så vida var uppfylldt, att fiendens uppmärksamhet blifvit dragen från södra sidan, hvarigenom generalen, grefve *Wredes* här fått tillfälle att framrycka, samt att dessutom fiendens maskerade anfall och öfriga demonstrationer gaf en säker förmodan, att dess återtåg redan påbörjadt och dess öfvergång vid *Piteå*, genom en sjö-expedition, i alla fall

---

1) Hvarvid *Kamenskij* föreslog, att begge härarne skulle bibehålla sin nuvarande ställning till fredens afslutande och honom lemnas tillfälle att förse sig med lifsmedel. *Wachtmeister* nekade dertill.

2) Kl. 7 om morgonen den 21 meddelades denna befallning och kl. 11 samma f. m. voro alla tross-effekter och alla fältstycken m. m. redan inlastade, hvarefter trupperna, i mon af utrymme, gingo om bord och flottan ankrade så långt ut på redden, att den ej mera af fienden kunde oroas.

säkrast kunde förhindras [1]) samt en förening med norra hären försäkra en lycklig utgång af förestående operationer, utan att uppoffra en större del af dessa käcka trupper emot en, genom sin belägenhet, förtviflad fiende" [2]).

Så slutade denna mycket lofvande och ganska rigtigt anlagde landstigning, hvars utrustning kostat statskassan betydliga summor, hvilka ingalunda blefvo ersatta af företagets följder, och än mindre det myckna Svenska blod, som flöt under den, i det hela ändamålslösa striden.

Den modige och beslutsamme grefve *Kamenskij* besannade, så väl vid *Säfvar* som *Ratan*, den gamla föreskriftens rigtighet, att *det är bättre att förekomma än att förekommas*. Med samma djerfhet, som han rusade emot grefve *Wachtmeister* vid Säfvar, anföll han både honom och flottan vid *Ratan*. En vanlig härförare hade trott sig hafva gjort nog, ja mer än nog, då han lyckats att slå den här, som var skickad att omringa och taga honom; och i denna öfvertygelse hade nästan hvilken annan som helst prisat sig lycklig, att, utan att vidare oroa eller oroas, kunna fortsätta återtåget. *Kamenskij* hvarken tänkte eller handlade så. Han insåg, att om han lemnade sin motståndare minsta betänketid, att förnya hvad han en gång gjort eller att genom en annan landstigning ännu en gång innesluta honom, så hade han blott *kommit ur*

---

1) Huru säkert detta skedde, då denna expedition ej ens kunde förstöra bron öfver Piteå elf, derom skall snart upplysning lemnas, äfvensom att företaget skedde utan all förening med norra hären, hvilken dessutom var för svag, att göra hvad den manstarkare kusthären ej förmådde uträtta.

2) Men hvarföre då vilja uppoffra *Wredes* här, eller den ringa styrka, som skulle åtfölja sjö-expeditionen till *Piteå?* Hörde åtminstone dessa sednare icke *ibland dessa käcka trupper?* Lika litet som blod bör spillas utan ändamål, lika litet får det sparas, då dermed ett sådant kan vinnas, hvilket nu var fallet.

Puke; kusthären; Wachtmeister; Säfvar och Ratan; Hägerflycht, Kjellström, von Stegeman, Boye, Cederschiöld.

askan och i elden. Han fortsatte derföre anfallet, icke bekymrande sig deröfver, att hans trupper voro uthungrade, utmattade, medtagne och minskade af den oerhördt långa hastmarschen och blodiga drabbningen, eller deröfver, att han gick emot väl försedda krigare, som hunnit befästa sig på stranden och voro herrar till sjös. Han framryckte mot begge delarne, aktande hvarken *Wachtmeisters* stridskrafter till lands eller *Pukes* på hafvet, väl vetande att begge borde oroas, öfverraskas och bringas ur sin besinning, om han skulle vinna tid och tillfälle, att obehindradt fullfölja sitt återtåg, eller, i bästa fallet, få vara der han var.

Dessa försök, denna djerfhet och den dermed förenade beräkningen, lyckades också ganska rigtigt, ehuru, till heder, för Svenska motståndet och Svenska mannamodet icke utan stora uppoffringar å Ryska sidan [1]).

Att Svenska trupperna också fått vidkännas smärtsamma förluster, är förut upptaget i allmänhet. Det återstår nu att närmare uppgifva dem, hvilkas blod flutit för fäderneslandets försvar och för krigsäran vid *Säfvar* och *Ratan*.

Dödskjutne officerare: vid Svea lifgarde: fendriken *Hägerflycht;* vid Drottningens lifregemente: kapitenen *Kjellström;* vid v. Engelbrechtenska regementet: löjtnanten *von Stegeman;* vid Jönköpings regemente: löjtnanten *Boye* och fendriken *Cederschiöld;* vid Sö-

---

1) General-major *Gatovtzoff* stupade vid *Säfvar*, och begrofs efteråt i Bygdeå kyrkogård. Vid aftåget lemnade hans officerare åt adjunkten *Widenmark* penningar, med anmodan att resa öfver deras aflidne befälhafvare en enkel grafvård, erinrande om dens namn, som hvilar derunder. Det har skett.

Puke; kusthären; *Wachtmeister, Almgrén, Thalén, Fleetwood, Montgomery, Stjerneld, Andersson, von Köhler, Sparre, Qvickfeldt, Krause, Schwartzer, Grönlund, Sparrsköld, Nisbeth, Sköldebrand, Gyllensvärd, Thalén, Forsén. Sundel, Stackelberg, Lovisin, Douglas, Wrangel, Lagerheim, Schwerin, von Schantz, Köhler, Krook.*

dermanlands regemente: fendriken *Almgrén*, och vid lifgrenadiererna: kapitenen *Thalén.*

Sårade officerare: fördelnings-befälhafvaren, öfversten, friherre *Fleetwood;* vid lifgardet till häst: kornetten *Montgomery* [1]); vid Vestmanlands regemente: kapitenen *Stjerneld;* vid Södermanlands regemente: kapitenen *Andersson* och löjtnanten *von Köhler;* vid Kronobergs regemente: fendrikarne, grefve *Sparre* och *Qvickfeldt;* vid v. Engelbrechtenska regementet: fendrikarne *Krause, v. Schwartzer* och *Grönlund;* vid Jönköpings regemente: löjtnanten *Sparrsköld;* vid Upplands regemente: fendriken *Nisbeth;* vid lifgrenadiererna: öfverste-löjtnanten *Sköldebrand*, löjtnanten *Gyllensvärd* och fendrikarne *Thalén, Forsén* och *Sundel.* Lindrigare: öfver-adjutanten, majoren, friherre *Stackelberg*, majoren vid lifgardet, friherre *Lovisin* och grefve *Douglas. Fångne:* majoren vid Svea lifgarde, grefve *Tönnes Wrangel*, fendrikarne *Lagerheim* och grefve *Schwerin*, den sistnämnde tillika sårad; majoren vid Drottningens lifregemente *von Schantz* och löjtnanten *Köhler*, samt vid fältmätnings-korpsen *Krook.*

Under-officerare, spel- och manskap: dödskjutne eller saknade: vid *första fördelningen:* af Södermanlands regemente 75 man, af Jönköpings 48, af Vestmanlands 8.

---

[1] Hvilken efteråt dog af sitt sår.

1809 AUGUSTI.

Puke; kusthären; Wachtmeister.

Vid *andra fördelningen:* af Svea lifgarde 40 man, af Kronobergs regemente 8, af Drottningens lifregemente 101 och af v. Engelbrechtenska 86.

Vid *tredje fördelningen:* Jägare af lifgardet till häst 6 man, af lifgrenadierer 26, och af Upplands regemente 1; tillsammans 399 man.

Sårade: vid Södermanlands regemente 74 man, vid Jönköpings regemente 117, vid Vestmanlands regemente 12, vid Svea lifgarde 26, vid Kronobergs regemente 25, vid Drottningens lifregemente 8, vid von Engelbrechtenska regementet 30, jägare af lifgardet till häst 11, vid lifgrenadiererne 66, vid Upplands regemente 23 och artilleriet 4, eller tillsammans 396 man.

Fångne och saknade omkring 192 man, hvaribland af Svea lifgarde 21, Kronobergs regemente 11, lifregementet 27 och v. Engelbrechtenska 21.

De offentliga rapporterna upplysa: att Svea lifgarde uthärdat den häftigaste strid, hvarunder det varit omringadt och slagit sig igenom, med stor förlust i döda och sårade, hvilkas antal den fyllt med tagna fiendtliga fångar, derigenom bevisande att det aldrig upphört att förtjena namnet af *Konungens första garde* [1]); att Kronobergs regemente stadgat sin förut förvärfvade krigsära [2]); att Drottningens lifregemente på egen hand underhållit en åtta timmars kamp, mot en öfverlägsen fiende, hvilken det med hurrarop flera gångor anfal-

---

[1] Det hade tagit, vid genombrytningen med fälld bajonett, 1 Officer och 39 man Ryska fångar. Majoren, friherre *Lovisin* och stabs-adjutanten, kapitenen *Lefrén* voro i spetsen för de anfallande. Fendriken, grefve *Schwerin* visade dervid mycket mod och blef sårad.

[2] En ung officer vid detta regemente, *Klinteberg*, ådagalade utmärkt mod, och tog en Rysk officer till fånga.

*Puke; kusthären; Wachtmeister, von Henning,
Lovisin, von Thun.*

lit och ryckt på 15 à 20 steg under ögonen, innan det lossat sina skott; att major *G. von Henning* en gång, efter en genombrytning, var omgifven af endast 1 under-officer, 1 trumslagare och 4 man, men kraftigt understödd af friherre *Lovisin*, i spetsen för Svea lifgarde, lyckades han att samla sin lilla återstod, med hvilken han gjorde fångar och medförde vid återtåget 20 man, utom dem han afskickat förut *till hufvudhären*; att hans löjtnant *von Thun* hade, med 25 man, uppehållit fienden 1½ timma; att von Engelbrechtenska regementet, med den mest utmärkta ståndaktighet, uppfyllt det svåra uppdrag, att betäcka härens öfvergång vid den bro, der de tillgränsande husen lemnade fienden tillfälle, att, med ett kulregn, pröfva styrkan af den lefvande mur, som han icke kunde genomtränga; att detta regemente, med orubblig köld, uthärdat och afslagit fiendens alla försök till öfvergång, och sålunda skyddat *Wachtmeisters* både fältstycken och fotfolket, till dess efterskaran emottog samma ärofulla befattning; att lifgrenadiererna visade mycken tapperhet, medan deras modige anförare, öfverste-löjtnanten *Sköldebrand*, blef sårad; att Jönköpings regemente täflade med de andra trupperna i ståndaktighet, att deras förlust i stupade var ganska betydlig; att Södermanlands regemente icke heller gåfvo vika, utan förlorade i döda 75 man, således i antal näst Drottningens lif- och v. Engelbrechtenska regementerna, som vidkändes den största förlusten, neml. det förra 101 och det sednare 86 man stupade; att, ehuru Vestmanlands och Upplands regementer hade minsta förlusten och de sednare blott vid *Ratan* voro i elden, hade de dock tillfälle att ådaga-

Puke; kusthären; Wachtmeister.

lägga, det de ej saknade Svenska krigares vanliga egenskaper: *stridslust och käckhet* [1]).

Enligt hvad förut är antydt trodde öfver-amiralen, friherre *Puke* och grefve *Wachtmeister*, att Ryssarnes fortsatta återtåg kunde förekommas genom ett mindre sjöföretag till *Piteå*.

Majoren och riddaren *v. Hauswolff*, med fregatten *Jarramas* och sex däckade kanonslupar, afseglade i detta ändamål den 23 kl. 9 om aftonen ifrån *Ratan* och ankom den 25 kl. half 5 e. m. till *Pitholmen* vid södra inloppet till staden. Han erfor genast, att Ryssarne hade der en stark bevakning. *Hauswolff* beslöt icke desto mindre att framtränga med kanonsluparne till bryggan, i afsigt att förstöra den och sålunda afbryta de på södra och norra sidan om elfven befintliga fienders gemenskap med hvarandra. I detta ändamål gick han med sin bestyckade barkas i spetsen för kanonsluparne; men hade den olyckan att derunder blifva svårt sårad.

Det oaktadt och ehuru det trånga farvattnet häftigt besköts från begge stränderna, framträngde dock kapitenen *Jägerfelt* och löjtnanten *Murck* med en beslutsamhet och ett mod, som icke låto hejda sig af den lifliga eld, som mötte dem öfver allt.

Löjtnanten *Everlöf* gick nu fram med ett roddfartyg, försedt med verktyg till brons förstörande och brännande. Detta skulle ske i skydd af den eld, som af de beväpnade kanonsluparne underhölls. Men Ryssarne

---

[1] Detta sträckte sig äfven till qvinnorna. En soldat-hustru följde sin man och då han stupade, tog hon hans gevär och hämnade sin mans död med att nedskjuta några Ryssar. Hon belönades med *silfvermedaljen för tapperhet i fält*.

Andra delen.

Puke; kustbären; Wachtmeister, Murck.

voro icke heller overksamme. De hade besatt en närbelägen höjd, hvarifrån de, med en liflig handgevärseld, nedgjorde hvar och en som nalkades bron. Flere försök gjordes att förstöra den, men utan framgång; emedan de djerfve, som gjorde försöket träffades af döden eller illa sårades.

Sålunda misslyckades äfven detta företag, likasom det likstämmiga en vecka förut vid *Umeå*. Svenskarne måste återvända, med löjtnant *Murck*, sårad, jemte 15 man, utom 6 man dödskjutne. Ryssarnes förlust bestod i tvenne under-officerare och 5 man fångne samt 50 man sårade, utom en hop stupade.

Samma dag major *Hauswolff* afseglade till *Piteå*, lät öfver-amiralen, friherre *Puke* transport- och skärgårds-flottan med det på dem befintliga manskapet afgå till *Umeå* stad.

Några dagar sednare, eller den 28, landsteg grefve *Wachtmeister* med 1,500 man åter vid *Ratan*; men som Ryssarne redan den 24 börjat sitt återtåg norr ut, kom han för sent för att oroa detsamma, hvarföre han fortsatte marschen tillbaka till *Umeå*, der han inträffade den 29 [1]).

Orsakerna till öfver-amiralen, friherre *Pukes* och grefve *Wachtmeisters* i det hela misslyckade företag, äro väl förut antydde; men torde likväl böra i ett sammanhang upptagas och närmare utredas.

Att den förstnämnde var en utmärkt sjö-officer be-

---

1) Den 12 September, efter en lycklig segling, ehuru väderleken var stormig och dimmig, återkom friherre *Puke* till Öregrunds redd, med under dess befäl ställda örlogs- och transport-fartyg. De om bord på örlogs-fartygen varande trupper blefvo dagen förut landsatte, för att marschera till *Norrtelje*. Skärgårds-flottan, under major *Wiréns* befäl, inträffade straxt derefter.

Puke; kusthären; Wachtmeister.

höfver icke här vitsordas; men att han tilltrodde sig kunna ändamålsenligt föra ett öfver-befäl [1]) äfven till lands, var ett stort misstag, helst han icke följde hären utan förblef på hafvet. Derigenom förlamade han grefve *Wachtmeisters* rörelser, beslut och företag, dem den sednare icke fritt kunde bestämma, utan måste rådföra sig med den frånvarande öfverbefälhafvaren. Den härigenom uppkomna tidsutdrägten förorsakade vid *Säfvar*, att *Wachtmeister* förlorade fördelen att börja sin rörelse; och innan friherre *Pukes* förhållnings-order hunno ankomma, hade *Kamenskij* redan begynt anfallet, hvilket grefve *Wachtmeister* på ett origtigt ställe emottog och på ett origtigt sätt behandlade, då han hade fullkomlig frihet att välja en lämpligare ställning, antingen vid *Säfvar* eller vid *Djekneboda*. I förra fallet hade han läget till sin fördel på norra sidan om ån, hvilken han bordt orubbligen bibehålla och försvara, i stället för att skicka en eller tvenne bataljoner i sender öfver bron (den han genast vid första skottet bordt rifva [2]) för att krossas af de öfverlägsna fienderna, hvilka innehade höjden och skogen. Derjemte hade det ej bordt ungå hans uppmärksamhet, att hans venstra flygel vid *Ytterboda* bättre bordt och kunnat bevakas, helst han dertill hade att begagna skärgårdsflottan, som emellertid gjorde ingen nytta vid *Ratan*; men på förstnämnda ställe varit af ovärderligt gagn. Med dessa iakttagelser, som icke innefatta några obilliga anspråk på en generals om-

---

1) Enligt generalen, friherre *Lagerbrings* uppgift, var han rent af tvungen att emottaga det; men huru är det tänkbart, att någon kunde förmå honom, att öfvertaga ett befäl, det han ej ville hafva eller trodde sig äga förmåga att föra?

2) Och tillika på norra sidan låta nedhugga så mycken skog, som möjligen kunde medhinnas.

tanke och skicklighet, hade grefve *Wachtmeister* ej blifvit slagen vid *Säfvar*.

Vid *Djekneboda* hade han, hvilket redan är upplyst, ännu lättare kunnat försvara sig, isynnerhet om detta ställe genast blifvit försedt med så många fältvärk, som tiden tillät att uppkasta.

Att grefve *Kamenskij* likväl, både vid det ena och andra stället, kunnat slå sig igenom är otvifvelaktigt; men med stor manspillan, och en oundviklig uppoffring af sina fältstycken och sin tross [1]).

Ehuru således hufvudändamålet att omringa och taga *Kamenskij* härvid förfelades, så vanns likväl en del af det man åsyftade, neml. att befria Vesterbotten från Ryssarne [2]); ty grefve *Kamenskij*, som nu insåg hvad följder hans för mycket långa och öfverallt för anfall och afskärning blottade operations-linje kunnat medföra, skyndade att betydligen förkorta densamma.

---

1) Denna skillnad i utgången är ej så ringa, som general-löjtnanten *Lagerbring*, i Bidraget N:o 22, sid. 26, vill låta påskina, i sin ädla ifver att försvara grefve *Wachtmeister*, hvilken förf. förnekar hvarken mod eller fosterlandskänsla, samt icke heller duglighet både i och utom sitt yrke, ehuru han här begick outplånliga misstag och fel, dem han lätt kunnat förekomma.

2) Men att *Wrede* derigenom blef *Kamenskij* öfverlägsen, hvad motsatta sidans historieskrifvare och äfven Svenskar påstått, strider emot sanna förhållandet; emedan *Kamenskijs* här, äfven efter drabbningarne vid Säfvar och Ratan, samt den derunder lidna förlusten af högst 2,000 man, utgjorde minst 5 à 6,000 man, hvaremot grefve *Wrede* hade knappast 4,000. De belöningar, hvarmed den nya regeringen slösade, var också *Svärds-ordens stora kors* af stiftaren bestämd endast åt dem, hvilka i egenskap af befälhafvare, vunnit en drabbning, eller i sådan egenskap tagit troféer eller en mängd fångar. Här, liksom vid Hörnefors, blefvo Svenskarne slagne, och likväl utdelades för dessa träffningar detta hederskors åt en och annan underordnad, hvilken visserligen förhöll sig tappert, såsom t. ex. grefve *Gyldenstolpe* vid Hörnefors och friherre *Loviein* vid Säfvar, men hvilka bordt erhålla en annan uppmuntran än *stora korset*, det de icke förtjenade. Det blef ock sedermera nödvändigt, att dela denna orden i tvenne klasser, på det stiftarens ändamål med denna vackra belöning icke alldeles skulle förfelas. Lilla korsets och tapperhet-tecknens missbrukade utdelning åt den så kallade vestra eller Adlersparreska revolutions-härens föga krigiska mandater, gick också öfver all höfva. Bättre hade varit att utdela ett serskilt tecken för detta slags tapperhet.

Norra hären; *Wrede, Sandels.*

Sålunda är det till en del sannt [1]) att Svenskarne sågo, oaktadt den olyckliga utgången af landstigningen vid *Ratan*, största delen af Vesterbotten återfalla i sina händer och njöto frukten af det första [2]) krigsföretaget under sin nya regering.

Norra hären; *Wrede, Sandels.*

Emellertid hade norra hären, under generalen, grefve *Wrede*, hvars andra fördelning, anförd af den tappre general-majoren *von Döbeln*, hunnit ifrån Jemtland närma sig norden, med flit låtit Ryssarne hinderlöst vidtaga alla möjliga åtgärder till anfall.

De fortsatte med rastlös ifver en brobyggnad vid Långed, för att sedan i hast kasta den öfver Öre elf. Till att underlätta detta förehafvande och afvända general *Sandels* uppmärksamhet derifrån, gjorde fienden manstarka undersökningar och skenrörelser på Svenskarnes venstra flygel.

För att deremot på sin sida kunna lyckas att stärka Ryssarne i den tro, att Svenskarne väl voro beredda; men dock fruktade ett anfall, skickade *Sandels* all sin tross bakom sig, söder om Lögdeå ström, till Ava.

Hans plan påkallade också dessa mått och steg; ty ju längre in åt landet han kunde locka *Kamenskij*, desto säkrare var kusthären, att, i förening med den

---

1). Hvilket motsatta sidans tecknare i Bidraget N:o 21 yttrar, ehuru icke *största* utan stor del af Vesterbotten återföll i Svenskarnes händer; emedan största delen ännu innehades af Ryssarne, då de befunno sig i Skelefte och en ej heller obetydlig del, då de längre fram fattade stånd i Piteå.

2) Det första var vid Hörnefors och dess frukt var ej afundsvärd.

Norra hären; *Wrede, Sandels;* den 18.

norra, vinna det gemensamma önskningsmålet, *Ryssarnes tillintetgörande* eller *fångenskap.*

Men det som vanligast är en stor fördel, neml. en snar framkomst, var det icke nu. Öfver-amiralen *Pukes* ovanligt hastiga segling ifrån Hernösand till Ratan kunde icke beräknas af grefve *Wrede.*

Ryssarne upphörde väl med broarbetet vid Långed den 17 om e. m.; men en stark förskara, under generalerne *Erikson* och *Kasatschkoffskij,* bevakade så noga stränderna, att Svenska kunskapare icke förr än den 18 om morgonen kunde få kännedom om deras återtåg med hufvudstyrkan i sträckmarscher norrut.

Hade *Pukes* framkomst dröjt en eller annan dag längre, så skulle *Kamenskij* otvifvelaktigt hunnit verkställa sin tillernade anfallsrörelse mot general *Sandels* [1]. Derigenom hade *Kamenskij* varit förlorad; emedan det i sådan händelse med mycken lätthet lyckats grefve *Wachtmeister,* att före honom intaga *Umeå* och då hade för *Kamenskij* icke funnits någon möjlighet att undkomma.

Men hans anfallsrörelse emot *Sandels* blef inställd, och denne kunde icke företaga öfvergången förr än den 18. Den skedde af de Finska bataljonerna först, dels vadande och dels på i hast hopslagna flottor och färjor, hvarpå fältstycken och tross icke öfverfördes förr än natten emot den 20. Den pågående provianteringen hindrade också förföljandet; men ännu mer den omständigheten, att Ryssarne förstört alla broar under återtåget.

Savolaks fältbataljon, anförd af den lika modiga

---

[1] Så mycket helre som det skulle ske den 17 om natten, och hvarföre en del Ryska skaror redan voro bestämda att börja det på Sandels venstra flygel.

Norra hären; *Wrede, Sandels;* den 21.

som förslagne öfverste-löjtnanten och riddaren af stora korset G. *Ehrenroth,* utgjorde förskaran.

Middagstiden den 21 var *Wredes* här samlad i Stöcksjö. Lifgrenadiererna hade tagit en omväg, för att vid Röbäck förena sig med hufvudstyrkan.

Våra förtrupper hade förjagat de Ryska jägare och Kossacker, hvilka hittills visat sig.

Men närmare *Umeå,* utanför Tegsby, på en höjd, som beherrskar dalsluttningen åt Röbäcks by, tycktes ett allvarligare motstånd komma att ega rum; ty Ryssarne hade på detta ställe uppkastat fältverk samt verkställt förhuggningar. På afstånd syntes detta ställe, med sina stycken, sitt fotfolk och de framföre ströfvande Kossackerne, rätt aktningsbjudande.

På den motsatta höjden vid Röbäck uppgjordes plan till anfall, och öfverste-löjtnanten G. *Ehrenroth* [1]) skulle utföra det. Savolaksarne i spridd och Österbottningarne i sluten ordning skulle intaga de Ryska förskansningarne. Svenskarne blefvo qvar i Röbäck, till de framryckandes stöd.

Finnarne tågade framåt på skotthåll, utan att en enda kula hvinade öfver deras hufvud [2]). De voro redan vid förhuggningen; men utan att ännu något skott afhördes. Man trodde att motståndet med drufhagel skulle blifva så mycket mera mördande på närmare håll, och man underrättade truppen derom, på det den måtte vara beredd derpå. De spridda hoparne sammandrogos och stormningen vidtog, som vanligt, med hurrarop och raskt framrusande; förskansningen intogs

---

1) Han anmodade, med general Sandels tillstånd, förf. att åtfölja sig som adjutant.

2) Hvilket vanligen inträffar med Ryssarnes kulor; emedan de skjuta sina skott för högt.

och de Ryska Kossackerne och fotfolket flydde; men i skottgluggarne funnos endast stockändar i stället för stycken.

Löjtnant *Tigerstedt* [1]) skyndade med några dragoner i marsch-marsch efter de flyende Ryssarne, för att, om möjligt, hindra dem att spränga bron öfver *Umeå* elf; men det var samma ögonblick verkställdt, som de framkommo. Dragonerna möttes i det stället af några icke overksamma karteschskott, från ett vid Umeå stadskyrka uppfördt styckevärn.

Svenska kanonerna ryckte också genast fram och den ömsesidiga stycke-elden började och fortsattes en stund med mycken liflighet. Det var i synnerhet ett fiendtligt skott, som inom Svenska lederna spridde en känbar förödelse, emedan det dödade en under-officer och sårade 12 man af Österbottningarne, utom en genom borradkanonhäst [2]).

Samma dag eller den 21 e. m. var hela norra hären framkommen till södra sidan af *Umeå* elf. Finnarne innehade högra flygeln, lägrande sig dels inom dels utom Tegsby; Svenskarne venstra flygeln i Böle by och i de åt den sidan befintliga torp och gårdar, hvaribland öfverste-löjtnants-bostället vid Vesterbottens regemente.

En annan flock, under löjtnanten vid fältmätningskorpsen *J. P. Lefren* [3]), gick, på general *v. Döbelns* befallning, följande natt öfver elfven till ett Ryskt sjukhus vid Umeå landskyrka och tog der några fångar.

---

[1] Och författaren.

[2] Ibland anekdoter må nämnas, att en granat slog ner i en öppnad matrensel (hvarur en soldat höll på att göra sin tarfliga måltid), och förstörde densamma tillika med dess innanmäte, så mycket harmligare för egaren, en tapper, Savolaksare, som han var känd för en *hungrig sälle.* — Bidraget, N:o 38.

[3] Nu varande general-majoren.

Egentliga afsigten var, jemte den att oroa Ryssarne, att underrätta sig om deras ställning och förehafvanden.

Men emellertid var denna utflygt nära att blifva ganska dyrköpt för Umeå stad. Ryssarne förbittrades deröfver i den grad, att deras befälhafvare redan utfärdat befallning att staden skulle plundras och brännas. Landshöfdingen, friherre *Strombergs* mod och rådighet frälsade den från ett så grymt öde [1]).

---

1) Generalen, prins *Siberskij* gick händelsevis förbi friherre *Strombergs* öppna fönster, såg honom der, och yttrade: *La ville est en danger, et vous d'être amené* (staden är i fara och ni att blifva bortförd). *Stromberg*, öppen, ädel och oförskräckt, som han alltid var, gick genast till befälhafvande generalen *Erikson*, hvilken var omgifven af en mängd Ryska officerare, till hvilka, liksom till den inkomne *Stromberg*, general *Erikson* yttrade: att man vanligen brukar skona kyrkor och sjukhus; men som Svenskarne icke göra det, så skola vi hämnas, då alla ropade: ja vi skola hämnas. Men friherre *Stromberg* lät icke förbittringen och hämdropet nedstämma sig. Han begärde blott, att honom måtte förunnas några ögonblicks tystnad, så ville han också yttra några ord om saken. En allmän tystnad följde, och han sade med det honom egna, bestämda i utseende och uttryck: "Af generalen, grefve *Kamenskij* har jag erhållit det löfte och den försäkran, att intet ondt skall vederfaras denna stad, och jag är förvissad, att han icke skall lemna den ostraffad, som vågar öfverträda detta hans löfte eller företaga något mot hans befallning. Dessutom vore det högst orättvist, att utöfva hämnd på Umeå stads stilla invånare, hvilka hvarken företagit eller kunnat företaga något emot Ryska trupperna. Jag känner blott ett exempel af en sådan framfart, det då Svenska generalen, grefve *Stenbock* brände Altona; men efter den stunden var han beständigt olycklig, och jag tviflar ej, att, i sådant fall, förbannelse äfven kommer att följa Ryska vapnen." — General *Erikson* uppsteg, efter detta kraftfulla tal, och räckte friherre *Stromberg* handen, under försäkran att han erinrade sig den händelse, hvarom friherre *Stromberg* nämnt, och så länge hans hufvud stod upprätt skulle intet ondt vederfaras Umeå. Till bevis derpå, att han ernade hålla hvad han lofvade, utsatte han genast vakter och poster, för att hindra all plundring eller något annat öfvervåld. — Så frälsade *Stromberg* Umeå stad; och så hade denna värdige embetsman fortfarit att under hela kriget gagna det län, hvars vård var honom anförtrodd. Då mången annan i hans ställning riktade sig af kriget, gjorde han derunder betydliga förluster, genom förlorade grödor, hästar, m. m. jemte det han måste underhålla fiendens högqvarter. Till belöning för detta sitt förhållande blef han ett mål för afund, förföljelse och orättvisa beskyllningar. På sådant sätt lades honom till last, att han emottagit en gulddosa (af obetydligt värde) af grefve *Kamenskij*, hvilken bodde hos honom. Frih *Stromberg* ville icke behålla densamma; men grefve *Kamenskij* trodde, att han icke hade skäl att neka dertill, såsom ett ringa bevis af hans erkänsla,

Den 23 lemnade de sista Ryska trupperna Umeå och samma dag besattes staden af 50 Savolaksare, under kapitenen och riddaren *C. M. v. Fieandt*, hvilken dagen derpå fortsatte marschen ända till Säfvar, der han fattade stånd. Fyratio à 50 man Ryssar, dels qvarblifne och dels öfverlöpare, togos i denna stad, dit de öfrige Svenska och Finska trupperna efter hand efterkommo, sedan den af Ryssarne uppförda, men till norra sidan svängda flottbron blifvit återställd. Till Tefte hade Ryssarne fört sina vid Säfvar sårade, hvilket förhållande uppenbarar att de icke vågade föra dem norr ut, emedan *Kamenskij* fruktade för en ny landstigning der. I Tefte hade han äfven samlat de sårade Svenskar, hvilka blifvit efterlemnade [1]) vid dessas återtåg.

för det besvär och de kostnader han gjort honom. T. f. justitie-kansleren *Klinteberg* skickades att undersöka friherre *Stromberg*s förhållande såsom landshöfding, och ehuru han vid afresan öppet förklarade, att "det vore väl, om det vid alla landshöfdinge-embeten gick så ordentligt och väl till som i Umeå, der han ej funnit något att anmärka", innehöll hans berättelse, hvilken likväl undanhölls offentligheten, några diktade och således obevista och obevisliga beskyllningar; och hvarje enskild och offentlig begäran, som ända till sista året af *Stromberg*s lefnad förnyades, att få en laga undersökning, vägrades honom både af justitie-kanslererne och justitie-ombudsmännen. Denne rättrådige, skicklige, kraftfulle, oförfärade (och kanske just derföre afundade) embetsman blef ohördan entledigad år 1811, och fick en obetydlig del af sitt betalta ackord ersatt af efterträdaren. Han hoppades medan han lefde, nedtryckt af år och bekymmer, träffad af den ena olyckan efter den andra, af fleråriga missväxter, eldsvådor, m. m. att få upprättelse redan af samtiden, sedan afunden vunnit sitt spel; men då äfven detta hopp svek honom, misströstade han likväl icke, utan trodde att efterkommande skulle göra honom fullständig rättvisa. Han hade steg för steg betalt dyra ackorder, förlorat på kriget 8 à 10,000 R:dr, med stora omkostnader och osparda mödor upptagit ett nybygge nära Umeå, byggt och gjort der vidsträckta odlingar, hvars skördar vådeld mer än en gång tillintetgjorde, tillika med flera påföljande missväxtår, då den sista branden år 1831 beröfvade honom på en gång ladugård, kreatur, åker- och körredskap, jemte den redan inbergade grödan. Sålunda rågades hans olyckor till den grad, att han året derpå måste lemna allt åt sina fordringsägare. Ännu några år framsläpade han sitt hårdt bepröfvade lif i en stark kropp, hvilken slutligen dukade under den 14 December 1838, vid den ovanliga åldern af 88 år.

1) Ibland dem var också fendriken vid Svea lifgarde, grefve *Ph. von Schwerin*. Till hans vård ankom fält-läkaren *Akrell*, åtföljd af fendriken vid

Efter hand framryckte hela Finska fördelningen till Tefte och Säfvar.

SEPTEMBER MÅNAD.

Sedan general-majoren, friherre *Sandels* [1]) haft ett sammanträde med generalen grefve *Kamenskij* [2]),

---

samma garde, friherre *C. H. Wrede*. Då dessa sednare med löjtnanten *Greg. Ad:son Aminoff* skulle bese slagfältet vid Säfvar, upptäcker den sistnämnde en karl med grå beklädnad sittande på en sten. Förmodande honom vara en soldat af de sina, tilltalade han honom på Finska; men han var en soldat af Jönköpingarne (*Orre*, vid andra majorens kompani), som blifvit illa sårad den 19 och alltsedan varit qvarliggande på stridsfältet. Vid sårets undersökning, som *Akrell* genast verkställde, befanns att kulan ingått vid högra örnsnibben och ut under venstra ögat. Karlen, som vid skottets erhållande förlorat sansningen, hade fallit vid en källa och sedan han återkom till sans, hade han då och då öst vatten öfver hufvudet och äfven druckit deraf, men icke haft det ringaste att förtära. Med varsamhet måste hans hunger tillfredsställas. Den 27 var han redan så rask, att han kunde följa med de öfrige sårade till Umeå sjukhus, endast hållande i en kärra, hvari hans svårare sårade kamrater lågo. — Bidraget, N:o 25.

1) Som under resan, i Skellefte, med sina följeslagare, höll på att komma i obehagliga förhållanden med Kossackerna, hvilka der öfverraskade honom under middagsmåltiden, innan de objudne gästerne blefvo öfvertygade, att den Svenska generalen var underhandlare. Framför allt var friherre *C. H. Wrede* blottställd för Kossackernes oartigheter.

2) Hvars namn nu nästan för sista gången förekommer, liksom den förstnämnde. *Kamenskij*, som i denna historia så ofta intagit ett utmärkt rum, var en ung man med mycken bildning, snille och mod. Han hade haft en sträf och sträng far, uti gamla fältmarskalken, grefve *Kamenskij*, som fick ett tragiskt slut. Sonen utmärkte sig tidigt, men isynnerhet under kriget 1807 mot Frankrike, hvars härförare bildade sig sjelfva och sedan nästan hela Europa genom krig. Han hade en liflig uppfattning, mycken kraft, stor äregirighet och ädla tänkesätt. Han hade haft de största framgångar under dessa tvenne årens fälttåg; han var Sveaborgs, Svenska och Finska härarnes besegrare. Han skulle fortsätta denna ärofulla bana mot Turkarne påföljande år 1810; men der slutade han den som öfverbefälhafvare öfver Ryska hären, till sin monarks och nations djupa sorg och saknad.

Hans sednare motståndare under det Finska kriget, näst *von Döbeln*, var den honom värdige general-majoren, friherre *Sandels*, hvilken straxt efter sin sista förrättning, sin underhandling med honom, lemnade den nu mera overksam blefna krigsskådeplatsen, der äfven han vunnit oförgängliga

samt öfverenskommit derom, att Ryssarne skulle utrymma Vesterbotten intill Piteå, och en vapenhvila ega rum, till dess fred blefve afslutad, återvände Svenska trupparna efter hand till sina hemorter och general-majoren frih. v. *Döbeln* fick befälet öfver den qvarblifvande hären. Den bestod af en bataljon Östgötha grenadierer, Kalmare regemente och de återstående Finnarne.

Den emellan generalen, friherre *Sandels*, å öfverbefälhafvaren, öfver-amiralen, friherre *Pukes* vägnar, och general-löjtnanten, grefve *Kamenskij*, i Frostkåge den 2 September skedda öfverenskommelsen, har följande lydelse:

1 art. "Det skall vara emellan de Ryska och Svenska härarne i Vesterbotten en vapenhvila under den tid, som fredsunderhandlingarna emellan begge hofven fortfara."

2 art. "De båda härarne taga följande ställning, neml. Ryska hären i Piteå med förposter i Jäfre, och Svenska hären i Umeå med förposter i Rikleå."

3 art. "Landet emellan Jäfre och Rikleå anses vara neutralt, så att ingendera af de begge härarnes trupper får öfverträda detsamma."

4 art. "Svenska flottan skall återvända från Qvarken, utan att segla mot Åland eller mot Finska kusten, under den påstående vapenhvilan."

5 art. "Under samma tid få de respective härarne icke förökas öfver det nu befintliga antalet."

---

lagrar, för sin fosterlandskänsla, rådighet, mod och kraft. *Pulkkila* och *Wirta* bro; men isynnerhet hans långvariga försvar vid *Toivola*, mot en till antalet mångdubbelt öfverlägsen fiende, utgöra hans ovanskliga äreminnen. Med en storvext kropp och ett manligt utseende, förenade han en förslagenhet, en förbindlighet, som, parade med bestämdhet och tapperhet, utmärka en naturlig anförare, hvilken tycktes liksom skapad att befalla och hvilken således ingen tvekade att lyda, äfven utan annat uppdrag dertill, än den egna sjelfmanda benägenheten.

6 art. "Obeväbrade fartyg ha frihet segla längs hela Bottniska Viken."

7 art. "De båda härarne antaga de dem här förut anvista ställen den 4 dennes."

8 art. "I händelse att fredsunderhandlingarne emellan de båda magterne komme att afbrytas och kriget fortsättas, skall underrättelse derom meddelas åt hvardera hären femton dagar förut. Men som generalen, grefve *Kamenskij* icke har uppdrag att afsluta en dylik vapenhvila, med mindre den blir gillad af öfvergeneralen i Finland, general *Barclay de Tolly*, förbinder han sig, att, icke sednare än 15 dagar, upplysa derom Svenska hären."

9 art. "Men på det öfvergeneralens svar så mycket snarare måtte erhållas, berättigas en Rysk officer att åtfölja det Svenska fartyg, som till honom skall öfverföra denna öfverenskommelse."

Öfvergeneralen *Barclay de Tollys* svar och bifall uteblefvo icke heller och freden i *Fredrikshamn* [1])

---

[1]) Fredsunderhandlingarne fördes å Svenska sidan mycket olyckligt. Ehuru kejsar Alexander, i sitt åberopade manifest, vid början af kriget, utlofvat att icke vilja hafva mera än Finland, icke *en enda by derutöfver*, togo likväl hans underhandlare och de Svenska lemnade, en del af Norrbotten. Derföre blef *Torneå* riksgränsen i stället för *Kemi* elf, enligt V art. Och ehuru sjelfva kungsådran bordt utgöra gränsskillnaden, lemnades likväl, af okunnighet om ställets belägenhet eller af slapphet, *Torneå* stad, som ligger på Svenska sidans fasta land, åt Ryssland, tillika med *Björkö* och *Reutehamn* vid elfvens utlopp. På samma sätt afstods, enligt samma art., *Åland* med dess öar handlöst utan förbehåll, att Ryssland åtminstone ej skulle få der uppföra någon *fästning*. Men icke nog härmed. Art. XI skyddar alla Svenska förrädare för efterräkningar; de få ej lagföras, och de som redan blifvit det skola *frikännas*; hvarje *rättegång upphäfvas och tillintetgöras* samt *intet nytt domslut vidare mellankomma*. Det har derföre varit en så mycket heligare pligt, att inför en eftervärld stämpla de personligheter, som åtnjutit ett så mägtigt beskydd af den, åt hvilken de uppoffrat fäderneslandet och sin egen ära. Så stora eftergifter hade, åtminstone åt handelsförhållanderna emellan Sverige och dess afträdda provinser, bordt bereda större säkerhet och längre bestående fördelar än hvad XVII art. innehåller. Deri upplifvas väl de gamla förhållanderna före kriget; men bibehållas och försäkras ej för längre tid än till den 13 Oktober 1811. Det ha-

den 17 September slutade ett krig, hvilket beröfvade Sverige tredjedelen af dess område och gaf åt Ryssland en eröfring, som det eftersträfvat sedan *Peter den stores* tid.

OKTOBER MÅNAD.

Också fröjdade sig kejsar *Alexander*, i ett långt och prunkande manifest [1]), med rätta öfver detta fredsslut, förklarande ibland annat: "att det har gifvit åt vårt rike säkra och orubbliga gränsor. — Våra nya besittningar äro å ena sidan skyddade genom *Sveaborg* och andra fästningar, samt genom ön Ålands ganska vigtiga läge; å den andra åter genom Bottniska Viken, som omger dem och skilja dem från vår granne. De stora floderne *Torneå* och *Muonio* blifva ständigt en fast och orubblig förmur för vårt rike."

"I besittning af alla hamnar och landstigningsställen vid Finska viken, i Åländska skärgården och på Bottniska vikens östra kust till Torneå samt af ett land, rikt på skog och åtskilliga skogarnes produkter, bebodt af ett arbetsamt och från urminnes tider vid handel och sjöfart vant folk, skall vår handel erhålla

---

de äfven bordt vara en oeftergiflig pligt för de Svenska underhandlarne, att göra mera kraftiga och bestämda förbehåll för det gamla broderlandets fortfarande åtnjutande af samma säkerhet, samma lagar, frihet och rättigheter, som det under Svensk styrelse åtnjutit, än de intet sägande, hvilka VI art. upptager. Deremot tillskyndade Rysslands underhandlare åt Svenska förräderiet vida större skydd i XI art, än de Svenska mägtade eller förstodo att i den VI bereda åt den under sex århundraden bepröfvade troheten, äran och mannamodet.

1) Af den 1 Oktober.

en ny utvidgning, koffardifarten ny verksamhet och vår sjömakt ny tillvext, m. m." [1]).

Då general-majoren, friherre *von Döbeln* underrättade de under hans befäl i Umeå varande Svenska och Finska trupper om detta fredsslut, uppställde han dem omkring sig den 8 Oktober och höll till dem följande tal:

"SOLDATER!

Jag har samlat arméen att tillkännagifva, det en preliminär fredsafhandling den 17 September blifvit gjord emellan Svenska och Ryska magten. Denna fredstidning slutar ett förhärjande krigs alla olyckor — den bör visserligen vara ett gladt budskap, helst Sveriges uttömda källor icke tillåta fortsättning af en strid, började af politiskt misstag och som i tvenne hela år aftynat alla dess krafter. Men Finland frångår Sverige — riks-

---

[1] Svenska regeringen, liksom Svenska folket, tröstade sig i stället med hoppet, "att då ifrån Niemens stränder, från det på nytt födda Pohlens landamären, de Franska härarna intränga i Ryssland — då är för Sverige tid att, med den bittra känslan af kränkt national-stolthet, med hatet och hämnden i hjertat, resa sig och af Ryssland utkräfva en blodig efterräkning." Sådan var hof-kansleren, friherre *Wetterstedts* tröst, den han lät inflyta i stats-rådets protokoll, vid antagandet af fredsvilkoren, och likväl var det just han, som tre år derefter, då hans spådom inträffade, då Fransmännen inträngde i Ryssland öfver Niemen, då "*hämndens och den blodiga efterräkningens stund* var inne", gjorde alldeles motsatsen af hvad denna hämnd, hvad denna "efterräkning, hvad den *kränkta national-stoltheten*" kräfde, hvad han sjelf lofvade och hvad Svenska folket väntade, i stället för att söka *undertrycka* och motarbeta Rysslands anspråk tillintetgjorde Svenska folkets och sina egna förut yttrade förhoppningar. Ingen var likväl mera pligtig och förbunden än han, att på dessa förhoppningar fästa regeringens alvarliga uppmärksamhet; men påkallade deremot statsklokheten ett åsidosättande af detta dyrbara, efterlängtade ögonblick, till hämnd och efterräkning i afseende på den *östra*, aldrig oss skonande grannen, så borde han, hvilken så högtidligt uttalat sin tanke, som så djupt kände efterräkningens behof och vigt, med alla möjliga uppoffringar vakat deröfver, att eftergiften skedde med motsvariga fördelar, hvilka i alla hänseenden motvägt den *stund* till hämnd man lät gå sig ur händerna, en stund, en tid dertill, som kanske aldrig mera återkommer.

Det hedrar deremot statministern, grefve *v. Engeström*, att han icke lät begagna sig som ett verktyg för den östra grannens förfoganden vid denna tid.

gränsen är Torneå elf. Finnar! vid denna fred förloras tredjedelen af Svenska kronans område; Sverige förlorar den stolta Finska nation, sitt kraftigaste stöd. Ej nog härmed, Svenska arméen förlorar kärnan och betydligaste delen af dess krigsmagt. Moderlandet är krossadt, försänkt i sorg och saknad öfver oersätteliga uppoffringar; men den visa allmagten har beslutit våra öden, de måste emottagas med tålamod, med undergifvenhet."

"Soldater! Kamrater! Bröder! Ni som under det nyss slutade krig, med så mycken trohet och mandom, trotts fiendtliga härens talrikhet, med vapnens sinnliga styrka vid Siikajoki, Revolaks, Pulkkila, Lappo, Kauhajoki, Alavo, Lappfjerd, Etseri, Nummijärvi, Juutas och Idensalmi m. m. besegrat fiender; Ni, som på egen hand återtog halfva Finland — Ni, som slutligen öfvermannades att öfverlemna Finska gränsen, J hafven sedermera med ståndaktighet stridit för moderlandets Svenska jord — J, härvarande! ären pretieuse qvarlefvor af den stolta Finska nation och dess tappra krigsfolk, det är till eder jag bör och jag skall, med upprördt hjerta, förkunna konungens, riksens ständers, Svenska folkets, Svenska arméens, mina medbröders, min egen — det är allas uppriktiga tacksamhet."

"Konungens nådiga välbehag, riksens ständers ömmande välvilja [1]), Svenska folkets beundran, Svenska arméens vänskapsfulla högaktning, mina medbröders erkänsla, min egen tillgifvenhet för eder, är det offer, som åt eder helgas och af mig frambäres."

"Finnar! Bröder! Edra bedrifter äro stora, och den tacksamhet jag å allas vägnar förkunnar till eder, är

---
1) Hvarpå likväl inga prof blefvo synliga.

i lika förhållande. Till denna tolkning fordrades en vältalares hela förmåga — men jag är soldat — soldat! — hvad stolt benämning? då jag har denna titel af eder — för eder och med eder. Emottagen då ett upprörd hjertas okonstlade tankar, och Ni Svenske trupper, som vid detta sorgbundna tillfälle ären närvarande, varen lefvande vittnen till Svenska moderlandets oinskränkta tacksamhet. Svenskar! varen stolta att hafva sett dessa Finska qvarlefvor! minnens dem! högakten dem! sen deras aftynade kroppar, deras bleka ansigten, de bära vedermälen af deras trogna, änskönt fruktlösa bemödande under förflutna år! Ack Ni Finnar! när Ni återkommen till fosterbygden, så framfören Svenska folkets tacksamhet till eder nation! Veten att J återvänden med utslitna kläder, afstympade eller genomskjutna lemmar; men J medfören en rättskaffens krigsmanna själs synbara prydnad. Fiender till Svenska moderlandet kunnen J aldrig blifva: derom är jag förvissad; men förblifven i alla tider dess vänner! Skulle det nya herraväldets magt hindra er önskan och er viljas utöfning, så låt med hjertats och tankans tysta språk välsignelsen tilldelas moderlandet! Påminnen edra barn derom; vi skola från slägte till slägte välsigna er, högakta er!"

"Ett ber jag eder: när i J nalkens de ställen, der vi besegrat våra fiender, och då Ni der sen den sandhög som betäcker våra stupade kamrater, gifven deras stoft välsignelsens suck: de hafva dödt hjeltar och deras aska vårdas af ärans vålnader. J kännen menniskohjertats mångfaldiga nycker, dess anlag att hastigt välja föremål, som det tror sig aldrig förgäta; men knappt äro några veckor förflutna förr än ostadigheten gjort ett annat val. Tiden förändrar allt;

Andra delen.

med den glömmes allt; men det försäkrar jag, och J skolen sjelfva finna det, att krigsmanna samband, **knutit vid strid, faror, blod och död, upplöses aldrig**. Således ären J och vi förvissade om hvarandras kärlek; krigsmanna broderskapet räcker lefnadens tidlängd, och den tacksamhet jag er förkunnat och nu förkunnar, har med detta vårt samband en oupplöslig förening. Finnar! Bröder! kunde mina ord beseglas med blodstårar från mina ögon, skulle de strömma och hvarje droppa försäkra eder om min vördnad, min vänskap!!!"

Det var ett eget skådespel, då detta tal hölls. Svenska trupperna på ena sidan, de Finska på den andra i en öppen fyrkant. De förra välklädda, lifgrenadiererna till och med lysande; i motsats hvartill de sednare hade utslitna, trasiga kläder, utmärglade kroppar, krutbestänkta, svartbleka ansigten, stympade, genomskjutna lemmar.

Den i en gammal grå, blodbestänkt syrtut klädda, välkända, ofta bepröfvade *von Döbeln* [1] med sin lika beskaffade stab, midt uti fyrkanten.

Så snart han blifvit, med lika frivilliga som lifliga fröjderop helsad och högtiden med styckedunder, fly-

---

[1] Hans och *Kamenskijs* namn sluta detta krigs händelser och de började dem nästan ock. I skicklighet, i mod, i förslagenhet, i krigisk hänförelse eftergaf också ingendera den andra. Sällan hafva tvenne motståndare i dessa händelser mera liknat hvarandra, än dessa begge. Båda tillgifna sitt fädernesland och hängifna ärans lagar, var den bana på hvilken de verkade och lyste, införlifvad med deras natur. Derföre älskades krigsyrket af dem med en värma, som genast förrådde, att tjenstens utöfning var för dem mindre ett åliggande, än ett nöje och en njutning. *Kamenskijs* egenskaper äro redan i korthet tecknade, äfvensom många drag af *v. Döbeln*. Några återstå ännu af den sednares.

En sorgvärja*) gaf den unge *von Döbeln*, redan bestämd-för andliga ståndet, anledning till att föra ett svärd mot fäderneslandets fiender. Men som han icke ville att det skulle rosta vid hans sida, sökte han genast blifva verksam och for derföre till Paris, der han anmälde sig hos *Franklin*. Redan var han resfärdig till Amerika, då händelsen förde honom till

*) Som enligt den tidens bruk nyttjades vid begrafningar. Den som nu egde rum var efter hans far och bror.

gande fanor och klingande spel tillkännagifven, blottade talaren sin hjessa med det svarta bandet om den genomskjutna hjeltepannan, och sökte med sin genomträngande stämma öfverrösta dagens storm, i det han med sorgbundet hjerta och tårfulla ögon förkunnade de

---

La Marks regemente, med hvilket han delade många äfventyr och faror på verldshafvet omot Engelsmännen, och slutligen i den blodiga slagtningen vid kusten af *Koromandel* den 13 Juni 1783, hvarunder han blef sårad. Såsom belöning erhöll han af konungen i Frankrike en 300 Livres pension, hvilken beröfvades honom af revolutionen.

Så snart han erfor, att fäderneslandet var invecklad i krig mot Ryssland, ilade han hem och deltog verksamt deri, samt blef, vid Porosalmi, träffad af en jägarkula i pannan. Ända till 1797 utkommo flera benskärfvor ur såret, och hela sin lifstid, ehuru han var trepanerad, måste han hafva en bindning deröfver.

Hvad han under 1808 och 1809 årens krig uträttat, behöfver icke upprepas. Han var en af de få ljuspunkterna deri, hvilket visst icke undgått någon Svensk läsares uppmärksamhet. Att han, för sin benägenhet att skydda den af Fransmännen hotade staden Hamburg, blef dömd att skjutas, ökar mångfalden af hans händelserika lefnad, utan att minska hans krigsära. Också blef denna dom af H. K. H. öfvergeneralen, sjelf hjelte, förvandlad till ett års fästning, med bibehållande af alla värdigheter. Och då *von Döbeln*, ankommen till Waxholm, önskade att dela krigets faror, med åliggande för sig, att derefter frivilligt återgå på fästningen, blef han genast befriad derifrån.

Under fredens lugn var han en driftig och omtänksam landthushållare; han förbättrade sitt boställe och gjorde en ej ringa sparpenning af sin knappa lön. Han föranledde tröskmaschiners införande i Sverige.

I hans uppförande röjdes mycken egenhet. Lifligheten förenade sig med en uppbrusande häftighet, hvilken, för en ovan, tycktes hejdlös; men den han dock kunde tygla, då han ansåg det nyttigt eller nödigt. Förhållandet med friherre *Stromberg* är ett bevis, som vi redan åberopat. Men att han äfven kunde med oväntad både köld och flathet bemöta personliga förolämpningar, återstår att upptaga såsom ett slutdrag i hans karakteristik. — Vid återtåget från Umeå, enligt sin kloka öfverenskommelse med sin öfverlägsna motståndare (den 26 Maj 1809) träffade han, på Södermjöle gästgifvaregård, en (genom dom) afskedad kapiten *L*. Af denne, som kom sednare från sistnämnde stad; men som icke kände generalen, frågade *von Döbeln*: "Hvad nytt från Umeå?" — "Intet annat", svarade L., "än att den galna Döbeln kapitulerat." — Förf., som var med generalen och trodde att denne skulle bli ursinnig öfver en sådan förolämpning, anmodade L. att genast aflägsna sig; men generalen frågade helt kallt: "Hvem är ni Herre?" — Och då han fick höra namnet och såg detsamma tecknadt i den på bordet liggande dagboken, tog han den och tillade ordet *utstruken* framför *Kapiten*, med tillsägelse åt *L.*, att alltid begagna samma upplysning framför sin titel, tilläggande: "Jag är den galne Döbeln, och jag förbjuder gästgifvaren att lemna er någon häst och dermed är min hämd öfver ert oförnuft slutadt. Gå för tusan, herre!" — Ännu ett drag af von Döbelns egenheter må här tilläggas. Då han beställde ett vapensigill,

märkvärdiga, vemodsfulla tacksamhets- och afskedsord, hvilka förut blifvit upptagna.

Dessa voro också de enda bevis af erkänsla, den tappra återstoden af Finska hären [1]) offentligen fick emottaga af moderlandets regering.

Ej att den väntade eller ens borde vänta någon annan belöning än den, som utgör den mest varaktiga för alla menniskor, neml. det egna medvetandet, att hafva uppfyllt sina pligter. Men det utgör en dyrbar

---

ville gravören deri insticka ett valspråk; men *von Döbeln* sade sig icke tycka om sådant. Han frågade likväl om någon nyligen begagnat sig deraf. Gravören svarade, att den sednaste som gjort det var general *v. Vegesack*. — "*Nå, hvad har han valt för valspråk?*" — "*Oföränderlig*", svarade gravören. — "*Det är inte sannt; ingen menniska är oföränderlig. Han, ni och hela verlden äro föränderliga och jag således med; derföre sätt i mitt sigill: Föränderlig! Det är åtminstone en sanning.*" — Och dessa motsatta valspråk hade också dessa generaler (hos hvilka begge författ. varit adjutant) i sina vapensigill. I mod, kraft och fosterlandskänsla, liksom i kunskaper, voro de dock fullkomligt jemnlika.

1) Enligt kongl. brefvet af den 22 Nov., hvarigenom dess öfverlefvor, omkring 1,000 man af serskildta regementer och korpser, indelas i tvenne bataljoner, den första under öfverste-löjtnanten och riddaren med stora korset, *G. A. Ehrenroth*, hvilken marscherade genom Hernösand till Gefle, der han låg till slutet af Januari 1810, och afgick sedan till Westerås, der den upplöstes genom afsked eller värfningar till Svenska regementen. Af återstoden bildades ett värfvadt kompani, som införlifvades med Upplands regemente, samt under kapitenen och riddaren *von Fieandts* befäl ställdes vid Grisslehamn. Den andra bataljonen, under majoren och riddaren *Laden*, qvarblef i Umeå, till dess den upplöstes år 1810 och af de msom ville qvarstadna i Sverige bildades, under majoren och riddaren *Florus Toll*, ett värfvadt gränsekompani, som gjorde gränsbevakningen vid Haaparanta, tills det, några år derefter, jemte kapitenen *von Fieandts* kompani, blef tillslaget Götha artilleri-regemente i Götheborg. Månge af desse, liksom af befälet, hade flere månaders fältaflöning att fordra. Något utbetalades deraf; men större delen icke, isynnerhet befälets. Det knappa anslaget till extra löner för detsamma, uppgående till 111: 5, 4 rst. om året för löjtnanter och fendrikar, samt i förhållande derefter åt de högre graderna, nödgade de flesta, att, med blödande hjerta, återvända till Finland, hvars eröfrare visade mera frikostighet mot de öfvervunna, hvilka likväl, öfver hufvud tagit, i mer än 80 större och mindre träffningar *), under de tvenne

*) Nemligen:
1). Vid *Elimä* den 21 Februari 1808, försvarade sig major *Ahrenkils* postering ett helt dygn, mot en vida öfverlägsen styrka af Ryska skidlöpare och ryttare.
2). — *Muttom* den 23 d:o, försvarade sig ett kompani Björneborgare mot flere anfall.
3). — *Kuuskoski* den 24 d:o, en bataljon af samma regemente hedrade sig med mycken tapperhet.

och ovansklig vinst för samhället, att så erkänna och belöna hvarje fosterländsk förtjenst och i synnerhet hvarje offer för det helas sjelfbestånd, ära och frihet, att samtida och efterkommande uppmuntras och lifvas

årens krig, klädt blodig skjorta för ett fädernesland, som icke mägtade lemna dess olyckliga försvarare, alla drifna från hus och hem, många från

4). Vid *Salmela* den 24 Februari, kastade Åbo läns jägare och en afdelning Nylands dragouer ett Ryskt anfall modigt tillbaka.
5). — *Käkelä* den 27 d:o, hade Björneborgs och Åbo läns regemente, jemte Nylands dragouer, i 36 graders köld en bardalek med Ryssarne.
6). — *Okerois* den 28 d:o, fick Tavastehus regemente vidkännas Ryssarnes häftighet.
7). — *Ingilä* i samma månad, jagade en hand full Nylands dragoner en Kossack-postering på flykten.
8). — *Helsingfors*, den 2 Mars, jagades en bataljon Svenskar undan.
9). — *Leppävirta*, den 11 d:o, afviste de tappra Savolaksarne Ryssarne, dem de höllo på att innesluta.
10). — *Tavastehus* samma dag, der nära Hattanpää gård de närgångna fienderna kastades undan af Nylands dragoner.
11). Emellan *Tyrvis* och *Ulfsby* slog en bataljon Åbo läns infanteri sig igenom, med mycken raskhet, en fiende, som omringat honom.
12). Vid *Lauttakylä*, oroades första fördelningen af Ryssarne.
13). — *Ragvalds by*, den 17 Mars, skedde ett tappert försvar af Åbo läns rusthålls-bataljon och Tavastehus jägare.
14). — *Jynkkä*, den 15 d:o, fördes en hurtig kamp med Ryssarne af Savolaksarne.
15). — *Sundby* den 1 April försvarade Tavastehus regemente sig raskt.
16). — *Ypperi*,
17). — *Wiret*, } i medlet af April { Björneborgare och de deri deltagande andre Finnarne förhöllo sig utmärkt väl.
18). — *Pyhäjoki*,
19). — *Siikajoki*, den 18 April, Finska härens *första stora hedersdag*. Ryssarne kastades tillbaka; fångar togos.
20). — *Revolaks*, den 27 d:o, samma härs (Savolaksares) *andra stora hedersdag*. Fienden slogs; kanoner m. m. eröfrades.
21). — *Pulkkila*, den 2 Maj. *Tredje hedersdagen*. Fångar och kanoner togos; af Sandels fördelning.
22). — *Kärsämäki*, den 3 d:o, togos också fångar och lefnadsmedel; af d:o.
23). — *Peippo*, samma dag,   — fångar; af d:o.
24). — *Ahokylä*,   — fångar och mycken proviant; af d:o.
25). — *Kapakka*, den 9 d:o,   — fångar och beväringspersedlar; af d:o.
26). — *Kuopio*, den 12 d:o,   — fångar och betydliga förråder; af d:o.
27). — *Rautalampi*, den 25 d:o, — fångar och mjöl; af d:o.
28). — *Leppävirta*,   mjöl, säd och hö; af d:o.
29). — *Jorois*, den 25 d:o,   d:o   d:o;   af d:o.
30). — *Warkaus*, den 29 d:o,   — kanoner och nickor; af d:o.
31). — *Koivisto*, samma dag,   — fångar och förråder; af d:o.
32). — *Peltokorpi*,   — fångar; af d:o.
33). — *Kivisalmi*, den 7 Juni, en mindre strid; af d:o.
34). — *Jorois*, den 12 d:o, skedde ett modigt försvar mot öfverlägset antal; af d:o.
35). — *Kutumäki*, den 14 d:o, skedde ett modigt försvar; af d:o.
36). — *Henriksnäs*, den 18 d:o,   d:o   d:o;   af d:o.
37). — *Paukarlaks*, den 25 d:o, togos fångar, födoämnen och hästar; af d:o.
38). — *Kelloniemi*, den 26 d:o,   — fångar och kämpades raskt; af d:o.
39). —   d:o,   den 30 d:o,   d:o   d:o;   af d:o.
40). — *Perko*, den 8 d:o, togos förråder och fångar; af Klingsporska hären.
41). — *Ny Carleby*, den 24 d:o, togos förråder och Ryssarne undandrefvos; af d:o.

deraf, till att, under lika olyckliga händelser, ådagalägga lika beskaffade ansträngningar, med samma uppoffringar till fäderneslandets försvar.

Hvarföre detta försvar under 1808 och 1809 icke lyckades, derom torde den nu slutade beskrifningen af dessa årens krigshändelser lemna upplysningar, hvilka,

---

hustru och barn, ett nödtorftigt lifsuppehälle, ett anspråk, som icke må anses obilligt, ej heller framställningen derom såsom någon obehörig klagan, då den föres för fosterlands ärans och sanningens skull!

42). Vid *Wasa*, den 25 Juni†), Svenskarne blefvo slagna och förlorade fångar.
43). — *Lemo*, den 19 och 20 d:o †), striddes med tapperhet.
44). — *Lintulaks*, den 1 Juli, der Finnarne förlorade fångar; men slogos raskt; af Klingsporska hären.
45). — *Kokensaari*, den 11 d:o, der en Svensk ströftrupp blef sprängd; af d:o.
46). — *Lappo*, den 14 d:o, då Ryssarne blefvo slagne i en ordentlig drabbning; af d:o.
47). — *Böttom*.
48). — *Paljakka* måsse, der Österbottningarne slogos raskt; af d:o.
49). — *Ruovesi* trakt, der *Roth* tog fångar och förråder eller uppbrände de seduare.
50). — *Toivola*, den 9 d:o, då Ryssarnes anfall tillbakakastades; af Sandels fördelning.
51). — d:o den 23 d:o, d:o d:o; af d:o.
52). — *Pelgjärvi*, den 9 Augusti, blefvo Ryssarne slagne; af d:o.
53). — *Kauhajoki*, den 10 d:o, der Ryssarne blefvo undanjagade; af Klingsporska hären.
54) Uti *Karelen* trenne gångor, d:o d:o d:o; af Sandels fördelning.
55)
56)
57). vid *Alavo*, den 17 d:o, här blef Ryska hären, efter ett hårdnackadt motstånd, slagen af Klingsporska hären.
58). — *Karstula*, den 21 d:o, blefvo Svenskarne slagne; af d:o.
59). — *Wirdois*, detta pass intogs och fienden undandrefs; af d:o.
60). — *Etseri* i Augusti, hvarvid Ryssarne förlorade fångar; af Klingsporska hären.
61). — *Nummijärvi*, den 28 d:o, hvarest Ryssarne, ehuru anfallande, blefvo slagne, af d:o.
62). — *Lappfjärd*, den 29 d:o, blefvo de tillbakakastade; af d:o.
63). — *Ömossa*, den 30 d:o, d:o d:o; af d:o.
64). — *Kuortane*, den 31 d:o, Gripenberg nödgades gå tillbaka; af d:o.
65). — *Ruona*, den 1 September, der Ryssarne förlorade mycket folk; af d:o.
66). — *Salmis*, den 2 d:o, der striden fortfor att vara mycket häftig; af d:o.
67). — *Ylistaro*, den 10 d:o, kampen der var också alfvarsam; af d:o.
68). — *Juutas*, den 13 d:o, Ryssarne blefvo slagne; af d:o.
69). — *Oravais*, den 14 d:o, en blodig drabbning, som kostade Svenskarne mycket folk; af d:o.
70). — *Kronoby*, den 15 d:o, der fienden måste ge vika; af d:o.
71). — *Kauko* bro, samma dag, d:o d:o; af d:o.
72). — *Esse* bro, den 20 d:o, en mindre träffning; af d:o.
73). — *Kelvio*, den 24 och 25 d:o, d:o d:o; af d:o.
74). — *Karttula*, den 14 d:o, der fångar togos af Sandels fördelning.
75). — *Waajasalmi*, den 28 och 29, Ryssarnes försök misslyckades; af d:o.
76). — *Idensalmi* eller *Wirta* bro, den 27 Oktober, der Ryssarne blefvo slagne och förlorade fångar; af d:o.
77) — *Idensalmi*, den 11 November, der Svenskarne blefvo slagne; af d:o.

†) Dessa träffningar utfördes hufvudsakligast af Svenska trupper, utom frivilliga Finska bönder och ynglingar, som voro bildade i kompanier och deltogo häri.

ehuru smärtsamma för den Svenska fosterlandskänslan, i afseende på de stora, kanske oersättliga förluster krigets utgång medförde, likväl äro lärorika både för regering och härförare; ty det var ifrån dessas, ej ifrån de lydandes och underordnades förhållande, som motgångarne och olyckorna härledde sig.

Författ. har samvetsgrannt och utan menniskofruktan eller personliga afseenden framställt de af honom kända, hittills hemliga eller uppenbara, orsakerna till dessa förhållanden. Han har, enligt sitt åliggande, sökt framställa driffjädrarne och verkningarne, medlen och utslagen, samt ingalunda undandragit sig att ge åt de stridandes krigsära i allmänhet och de kända personligheterna serskildt, den gärd rättvisan och sanningen kräfva.

Han kan med skäl anföra en ryktbar historieskrifvares [1]) ord, att "några felsteg bestraffades med stora motgångar." Jag har berättat några af dem. Jag har på detta haf af olyckor upprest en sorglig fyrbåk, med ett dystert och blodigt sken. Om min svaga hand ej varit vuxen detta värf, har jag åtminstone låtit spillrorna efter vårt skeppsbrott simma på vågorna af detta haf, så att de, som efter komma, skola bemärka faran och undvika den.

---

1) Grefve *de Segur* om 1812 års krigs i Ryssland, der händelserna, ehuru i en ojemförligt större skala, ej voro olika många af de här tecknade.

78). Vid *Sippo*, den 5 och 6 November, en liflig skottvexling; af Kling sporska hären.
79). — *Wiret*, den 11 d:o, Svenskarne undanträngdes.
80). — *Holmön*, den 21 Mars 1809, en förpoststrid.
81). — *Degernäs*, den 22 d:o, en mindre strid.
82). — *Skellefte*, den 15 Maj, Svenskarne blefvo slagne.
83). — *Hürnefors*, den 2 Juli, en mindre förtrupp strid; af Sandels fördelning.
84). —   d:o   den 3 d:o,   d:o   d:o;   af d:o.
85). —   d:o   den 5 d:o, en skarp strid, hvarvid Svenskarne blefvo slagne; af d:o.

Således öfver 80 större och mindre träffningar, oberäknadt några smärre fältvakts strider, hvarunder också blod flutit, samt utom alla de drabbningar, under samma krig, till lands och vatten, hvari Svenska trupper ensamt deltagit, eller äfven Finnarne endast på hafvet.

Ja, "sådana äro", för att sluta med de ord jag börjat denna beskrifning, "de allmänna åsigterna af det Finska kriget, driffjedrarne utom och inom oss med deras resultat. I hela Svenska historien finnes ej en mera bedröflig epok. Å ena sidan en fast beslutad inkräktning af en granne, som, likgiltig om medlen, hade kolossala krafter i bakhåll att utföra den. I eget sköte, en hemsk och rådvill öfverstyrelse, omgifven af förrädiska stämplare, hvilka spridde, slösade eller missbrukade de yttersta krafterna, utan annan synbar plan hos den olycklige konungen, än ett blindt hopp på det tillkommande, under lättsinniga, förtviflade uppoffringar af det närvarande. Patriotism och fädernesland förlorade sig uti ideala fantomer, gömda bakom ruiner, hvilkas gränsor, obestämda för ögat, voro för aningarne förfärliga."

Uti denna mörka tafla äro händelserna på sjelfva stridsfältet ljuspunkter, hvilka skänka ett slags tröst, genom hedrande bedrifter å begge sidor.

"Den Svenska fosterlandskänslan, sårad, förödmjukad af så många sorgliga minnen, får här i någon mon godtgöra dem vid bevisen af Svensk tapperhet, som så ofta höjde sig öfver tidernas förbistring, ehuru den spillde ädelt blod i gagnlösa offer. Hon är skyldig dem sin tacksamhet, som stridde för national äran, och sökte aftvätta en och annan fläck på ett gammalt välförtjent namn. Hon är skyldig några blomster på de fallnes grafvar, en öm gärd åt de vålnader, som irra omkring på en fremmande jord. Deras ben, begrafna i askan af den vulkan, som skakade fäderneslandet ända till dess medelpunkt, begära en hand full Svensk mull, att de må omfattas och inväxa i patriotismens ckrötter, till en kommande uppståndelses dag!!!"

Rättelser till 2:dra Delen.

				står:	läs:
Sid.	6 rad.	18 uppifr.	står:	återfått	och återfått
—	9 —	4 nedifr.	—	dagen	— dagens
—	12 —	11 —	—	marschera och	— marschera, och
—	16 —	1 —	—	von Vegesack	— von Vegesacks
—	80 —	17 —	—	bestått, med stor utmärkelse	— bestått med stor utmärkelse,
—	56 —	6 —	—	blefve	— blefvo
—	63 —	4 uppifr.	—	Lifgardes	— Lifgardes infant.
—	105 —	11 —	—	voro	— var
—	107	4:de noten	—	sexton år	— sjutton år
—	115	sista raden	—	1)	— 2)
—	117 rad.	20 uppifr.	—	omöjligen	— omöjlig
—	151 —	3 —	—	och anfall	— och affall
—	153 —	8 —	—	hvilken som	— hvilken rost
—	156 —	9 nedifr.	—	hvaraf ett så	— hvaraf då ett
—	195	2:dra not., 2 rad.	—	under tåget	— under återtåget
—	203 rad.	17 uppifr.	—	nog ädelsinnad	— nog ädelsinnade
—	235	not., 3 rad. nedifr.	—	2,0000	— 2,000 man
—	245	I not., 3 rad.	—	appellerades	— afpolleterades
—	257 —	2 — uppifr.	—	den plan	— den plats
—	258 rad.	15 —	—	Creutzin	— Creutlein
—	263 —	12 nedifr.	—	miljoner man	— miljoner, man
—	276 —	4 uppifr.	—	Fältstyrka	— Fältstycken
—	— —	18 —	—	tillbakakastade	— tillbakakasta
—	— —	22 —	—	tillbakakasta	— tillbakaträngda
—	277	noten, 3 raden	—	således hvarken	— således, i detta hänseende hvarken
—	279 rad.	10	—	utan afbrott	— utan allt afbrott
—	280	noten, 9 raden	—	Kamenskij hade	— hade Kamenskij
—	281 rad.	13	—	i dess	— i dessa
—	288 —	7 nedifr.	—	gåfvo vika	— gaf vika
—	289 —	9 —	—	1)	— 2)

id RUONA den 1 September 1808.

ens Positions-linie.
Batterier
rus hvilka cacherade vår kedja med bakom den stående
er g.g.

ng sedan vårt Arriere Garde blifvit indrifvit.
aque på vår venstra flygel.
Ryssarne intogo sedan attaquen D.D, *blifvit afslagen*.
å Ryssarnes ställning Я.Я, *som äfven afslogs*.

id SALMIS den 2 September 1808.

kten på vägen till Lintulaks, bestående af 1 Bataillon
och 2 Canoner, som angrepo kl. 6 på morgon och efter er
af 1 Bataillon Savolaks Infanteri och 1 Bataillon Ca-
svarade sig till kl. 11 f.m. då de inryckte i vår position
ssarne intogo ställningen L. *Sedan de omkring kl. 2*
ram sitt Artilleri begynte Canonaden, och Salmis by, längs
uerades, hvilken attaque dock afslogs, hvarpå de med fle-
frambröto ur sin center och attaquerade vår ställning till
agen; hvarefter retraitten åt Lappo begyntes.

Svenska	▬▬	*Arméen*
Ryska	▭▭	*Arméen*
Svenska	ııııı	*Jägare*
Ryska	·· ··	*Jägare*

Pl.V.

Fält-Slaget vid ORAVAIS,

emellan Kongl. Svenska och Kejsl. Ryska Arméerne
den 14 September 1808.

a Svenska Fältvakten, som af Ryssarne tidigt om morgonen d 14:de angreps, och efter ett häftigt motstånd indrefs till Svenska 1:sta Position b.

c Ryssarnes ställning sedan vår Fältvakt var indrifven.

d Svenska truppernas 1:sta attaque på Ryssarne, hvilken afslogs och hvarvid Wästerbottningarne synnerligast förlorade mycket folk.

ee Båda parternas ställning sedan Svenskarnes andra attaque tryckats, och Ryssarne blifvit fördrifne från c.

f Den ställning Svenska trupperne intogo sedan de genom Ryska Reservens ankomst blifvit tvungne att återtaga från e.

g Ryssarnes ställning mot slutet af affairen.

Svenska Första   ▬▬   Uppställningen
Svenska Sista   ▬▬   Uppställn.
Ryska Första   ▬▬   Uppställn.
Ryska Sista   ▬▬   Uppställn.
Svenska   ⋅ ⋅ ⋅   Jägare
Ryska   ⋅ ⋅ ⋅   Jägare

Väg fr. Wasa

Kimo

41
49
50
KALIX
Urdu
Alastaro
Metsämaa
Loimijoki
Bertila
Kamara
Koskis
Nyby
St. Bertil
Haliko
Uskela
Salo
Öfverby
Bjerno
Tenala
EKNÄ
Surenoja
Pamppela
Lintula
Walkiasaari
Dranischnikov
SCHLÜSSELBURG
60
KRONSTADT
S^T PETERSBURG
1 2 3 4 5 6 7 8 9 10 Mil
mellan Gästgifverierna äro utsatta i Fjerdedels Mil och från
St Petersburg i Ryska Werst, hvaraf 10 utgöra en svensk Mil.
41
47
48

Milton Keynes UK
Ingram Content Group UK Ltd.
UKHW050052271124
451586UK00007B/44